一本書讀懂國學

讀書人一定要讀

Chinese Culture

曾愛仕/著

修訂版

諸子百家　儒家思想　民俗禮儀
宗教神話　政制吏制　帝王將相
軍事兵制　教育科舉　史學經典

中國人不能忘記的文化精粹

讀書人不可不讀的國學寶典

一目了然，給記憶一個重要的位址

前言

　　五千年的歷史，積澱了中華民族獨具魅力、博大精深的燦爛文化，數千年的思考探索，凝聚了炎黃子孫卓絕超群、返璞歸真的精神智慧，國學所傳承的中華文化價值，是涵養民族主體意識的根基，是維繫民族精神命脈的源泉，是中華民族雄踞於世界民族之林的靈魂支柱。

　　國學，顧名思義就是中國之學，中華之學，是指以儒學為主體的中華傳統文化和學術思想。以學科分，國學應分為哲學、史學、宗教學、文學、禮俗學、考據學、倫理學、版本學等，其中以儒家哲學為主流；以思想分，應分為先秦諸子、儒道釋等；以《四庫全書》分，應分為經、史、子、集四部，但以經、子部為重，尤其傾向於經部。而醫學、戲劇、書畫、星相、數術等，這些可以說是國學的外延，當然也屬於大國學的範疇。

　　「國學」熱興起於20世紀初，在章太炎、魯迅、王國維、胡適等一大批國學大師的推動下，大盛於20世紀20年代，80年代又有「尋根」熱，90年代「國學」熱再次掀起遂至今日。「國學」熱滲透著今人對於傳統文化的正視與反思，使更多的人接觸到了傳統文化，不再使傳統文化「養在深閨人未識」。

　　國學的內容博大精深，包羅萬象，是中華民族優秀的傳統文化的核心價值，是數千年來中國人思維方式、行為方式、生活方式的高度總結，中華民族因為自己博大精深的文化而存續，而驕傲，而偉大！作為一個中國人，我們有理由為此而深感自豪。

國學不僅是中國悠久傳統文化的明證，也是每一個中國人的立身處世之本，更是我們不可或缺的精神力量。在經濟全球化的大背景下，作為一個中國人，我們不能不瞭解國學，一個人如果連自己本民族的文化都知之甚少，語焉不詳，那豈不汗顏！然而，國學典籍汗牛充棟，國學內容龐雜浩繁，即使窮盡畢生之力，也難通萬一。

　　本書堪稱一部瞭解中國古代文化的趣味百科全書，集傳統文化於一體，內容極其廣博，涉及民俗‧禮儀、哲學‧思想、宗教‧神話、政制‧吏制、軍事‧兵制、經濟‧貿易、教育‧科舉、文詞‧詩賦、史學‧典籍、國粹‧技藝等方面，融知識性、文化性、可讀性於一體。

一本書讀懂國學

目錄

|第一章|民俗・禮儀|

歲時節令

一本書讀懂國學

| 第二章 | 哲學・思想 |

哲學流派

哲學大家

哲學名著

哲學觀點

一本書讀懂國學

| 第三章 | 宗教・神話 |

神靈崇拜

佛教

一本書讀懂國學

| 第四章 | 政制・吏制 |

古代吏制

帝王將相

| 第五章 | 軍事‧兵制 |

兵器陣法

一本書讀懂國學

｜第六章｜經濟・貿易｜

經濟主張

| 第七章 | 教育・科舉 |

教育學府

一本書讀懂國學

人才選拔

蒙學讀本

| 第八章 | 文詞·詩賦 |

文學體裁

文學流派

一本書讀懂國學

重要作家

| 第九章 | 史學・典籍 |

史學體類

| 第十章 | 國粹・技藝 |

中醫養生

一本書讀懂國學

農業科技

國學，顧名思義就是中國之學，中華之學，是指以儒學為主體的中華傳統文化和學術思想。以學科分，國學應分為哲學、史學、宗教學、文學、禮俗學、考據學、倫理學、版本學等，其中以儒家哲學為主流；以思想分，應分為先秦諸子、儒道釋等；以《四庫全書》分，應分為經、史、子、集四部，但以經、子部為重，尤其傾向於經部。而醫學、戲劇、書畫、星相、數術等，這些可以說是國學的外延，當然也屬於大國學的範疇。

倫理常識

「仁」，儒家學說的核心

「仁」是中國古代一種含義極廣的道德範疇，也是儒家學說的核心，對中華文化和社會的發展產生了重大影響。

「仁」這一概念在春秋時即已出現，但最早卻可以追溯至商周時代。《尚書‧商書》中說：「民罔常懷，懷於有仁。」認為百姓歸心仁者。《尚書‧金縢》中說：「予仁若考。」意謂我仁愛且敬順祖考。強調的都是仁之美德。到了春秋時，孔子以這個被普遍認同的範疇來表達自己的一種人生境界。

仁的內容包含甚廣，核心是愛人。仁字從「人」從「二」，通俗的認為，是人們在與另一個人相處時，能做到融洽和諧；凡事不能光想自己，多設身處地為別人著想，為別人考慮，做事為人為己；能愛人。做到這三點即為仁。

《論語》記載：「樊遲問仁，子曰：愛人。」顏淵也曾問仁，孔子曰「克己復禮為仁」。孔子又曾對子貢說：「夫仁者，己欲立而立人，己欲達

而達人。」

　　從孔子與弟子的對話中可以看出，究竟何者為「仁」，一直也是孔門師徒反覆探討的命題，沒有精確的定義。在孔子看來，「仁者愛人」也好，「克己復禮」也罷，甚至恭、寬、信、敏、惠、智、勇、忠、孝、悌等傳統美德，都包含在這一字之中。這樣一來，「仁」便成了一種道德的極致，成「仁」、成「聖」也成了孔門的終極關懷。

　　在孔子之後，孟子在仁說的基礎上，提出了著名的仁政說，強調以仁政統一天下，進而治理天下。孟子曾對梁惠王說：「地方百里而可以王。王如施仁政於民，省刑罰，薄稅斂，深耕易耨。壯者以暇日修其孝悌忠信，入以事其父兄，出以事其長上，可使制梃以撻秦楚之堅甲利兵矣。」

　　「五畝之宅，樹之以桑，五十者可以衣帛矣；雞豚狗彘之畜，無失其時，七十者可以食肉矣；百畝之田，勿奪其時，八口之家可以無飢矣；謹庠序之教，申之以孝悌之義，頒白者不負戴於道路矣。老者衣帛食肉，黎民不飢不寒，然而不王者，未之有也。」

　　王，指稱王。孟子力倡當政者施仁政，實行以德服人的「王道」政治，與法家的「霸政」相對。將仁的學說施之於政治，在中國政治思想發展史上產生了深遠的影響。

「義」，含義極廣的一種道德範疇

　　「義」，是中國古代一種含義極廣的道德範疇，本指公正、合理而應當做的。孔子最早提出了「義」。孟子則進一步闡述了「義」。他認為，「信」和「果」都必須以「義也，無適也，無莫也，義之與比。」又：「君子喻於義，小人喻於利。」《孟子・離婁上》：「大人者，言不必信，行不必果，惟義所在。」

　　此後，「忠孝」、「仁義」、「俠義」等隨之派生而出。如《三國演義》中的關羽就是「義」之典型，他對劉備忠心不二，當有機會擒獲曹操時後能念及舊恩，網開一面。《水滸傳》中，梁山群雄，俠義之士比比皆是，

不分帝王子孫還是富豪將吏。他們所具備的除暴安良、扶弱濟貧、仗義疏財等義舉，在國人看來就是對「義」的最好詮釋。

「義」誕生於封建王朝，但它的內涵已經遠遠超越了時代的局限。簡單地說，就是在別人有難時出手出頭，幫人一把，即為義；或者，在別人需要時，及時出手，幫別人一兩下，即為義。

「禮」，中國文化的基本價值觀

「禮」，傳統社會的價值範疇。「禮」的範圍甚廣，廣義的禮，可以指一個時代的典章制度，比如夏禮、周禮等；狹義的禮，則專指人們的行為規範、規矩、禮節。

禮的起源與原始人類認為，鬼神、祖先是能對人類生活進行干預的力量這一宗教觀念有關。隨著人類對自然認識的加深，僅以祭鬼神、祖先為禮，已經不能滿足人們日益發展的精神需要了，因此，禮便開始脫離現實生活而成為具文，構成了傳統理學的核心和中國文化的基本價值觀。

中國古代有三部最著名的禮典，即《周禮》、《儀禮》、《禮記》，總稱「三禮」，是關於各種禮制的百科全書。其中，《周禮》偏重政治制度，《儀禮》偏重行為規範，《禮記》偏重對禮的各個分支作出符合統治階級需要的理論說明。由這三部「禮」所涉及的內容總和，就是禮的全部內涵。

根據傳統的說法，周公制禮樂，奠定了以禮為治的教化傳統，而孔子將這一傳統發揚光大，除了宣導以禮治國外，更加注重修身，包括孝、慈、恭、順、敬、和、仁、義等。

作為封建「五常」之一，「禮」對人的視聽言動都有著嚴格的規定，像「非禮勿視，非禮勿聽，非禮勿言，非禮勿動」等，頗受今人詬病，覺得是對人性的扼殺、摧殘，而「吃人的禮教」也因而成了著名的文學比喻，在近代作品中比比皆是。

「五常」之禮，未免有矯枉過正之嫌。然而事實上，在社會中，人必定不能事事我行我素。隨著時代的發展，「禮」的內涵也在不斷地被賦予新的

內容，不斷地發生改變和調整。

「智」，儒家宣導的價值範疇

「智」，傳統社會的價值範疇，「五常」之一。這裏的「智」，不是佛家之頓悟，也不是科學智慧，而是指智慧、聰明，有才能，有智謀。

孔子認為，有智慧的人才能認識到「仁」對他有利，才能去實行「仁」。只有統治者才是「智者」，他們之中絕大多數都可成為「仁人」，而「小人」無智。

孟子認為，「智」為「是非之心」，人只要盡心，進一步充實自己的道德智慧，就能知性，知天，繼而達到超凡脫俗的境界。

總的來說，儒家把「智」看成是實現其最高道德原則「仁」的重要條件之一。他們要實現「達德」，而實現「達德」必須要經過「知」的五個步驟，即博學、審問、慎思、明辨、篤行。

「信」，人與人交往的起碼準則

「信」，傳統社會的價值範疇，「五常」之一。「信」，意思是誠實，講信用，不虛偽。被儒家視為人與人之間交往的起碼準則。

孔子教授弟子，「忠信」並提，他舉例說，人要是沒有信，就好比馬車沒有車輪，不能遠行。曾子每日三省其身，其一就是「與朋友交往時守信與否」，意思是，你和朋友交往守信了嗎？

「信」還被孔子推及到治理國家的層面上。他認為，「信」是立國、治國的根本。在「足食」、「足兵」與「取信於民」三者間，首先要「取信於民」。他說：「沒有糧食，不過死亡，但人生自古誰都免不了一死，而國家一旦不能取得國民的信任，就無法立足。」

這種以誠信立國的觀念，除了儒家外，法家等門派也有主張。如著名的商鞅變法，其樹立的就是「言必信，行必果」的威信。當然，相對於法家

「南面立木，下設黃金」，儒家的「信」更側重於君子品德的修為。

到了漢代，董仲舒極力提倡「信」的重要性，「信」也因此被列入「五常」。「誠實」、「不欺」作為一種社會公德，從此便被普遍認同了。

「孝」，儒家倫理思想的核心

「孝」，是儒家倫理思想的核心，指子女對父母應盡的義務，包括尊敬、扶養、順從、送終、守靈等。

孝的觀念在中國源遠流長，可以追溯至商周時期（其時的甲骨文中已出現了「孝」字）。到了西周，隨著宗法制度的建立，孝的觀念被不斷加強。

春秋時期，孔子曾這樣解釋「孝」的具體內容：「生，事之以禮；死，葬之以禮，祭之以禮。」孔子亦始終將「孝」作為其人生哲學的基點，其門下也以「孝」為仁之本。

《孟子‧離婁章句下》中有一篇是公都子與孟子談論匡章的。公都子很疑惑，全國的人都說匡章不孝，而孟子卻與他交遊，就問孟子為什麼。孟子回答：「一般認為不孝有五種：一、懶惰，不贍養父母；二、賭博喝酒，把錢都花光了，而不贍養父母；三、吝嗇錢財，有了老婆把父母丟到一邊；四、自己行事乖張，放縱欲望，使父母蒙羞；五、平常好勇鬥狠，使父母受到連累。」

到了漢代，統治者也力倡孝道，主張「以孝治天下」，連官員的選拔也要「孝」字當頭。像「孝廉」就是選拔官吏的科目之一。此後，歷朝歷代都制定各種制度，來保證這一道德規範的實行。例如，至親亡故，要奔喪、守喪；如果不孝，重者會被定罪，給以極嚴厲的處罰。

元代郭居敬輯錄古代24個孝子的故事，編成《二十四孝》，成為宣揚孝道的通俗讀物。但其中有些內容不僅迂腐，而且不近人情，像「賣身葬父」、「臥冰求魚」乃至尋死等，這些在古代看來留名青史的故事，在今天看來並不足取。無怪乎魯迅先生曾撰文批判，揭露禮教的吃人本質和孝道對國民的巨大危害，大聲疾呼「救救孩子」。

儘管如此，「孝」作為華夏民族的傳統道德，已深入人心，雖然到了現代，有所淡化，但像祭祖、奔喪、守靈、戴孝及對團圓的講究等，仍是不可動搖的。

儒家為何重視「悌」

「悌」，是儒家的倫理範疇，指敬愛兄長，順從兄長。目的在於維護封建的宗法關係。常與「孝」並列，稱為「孝悌」。

儒家非常重視「孝悌」，把它看作是實行「仁」的根本條件。《論語·學而》：「其為人也孝悌，而好犯上者鮮矣。不好犯上，而好作亂者，未之有也。君子務本，本立而道生。」《孟子·滕文公下》：「於此有焉：入則孝，出則悌。」

「忠」，儒家提倡的道德規範

「忠」，中國古代道德規範之一。在先秦時期，「忠」泛指為人誠懇厚道、盡心盡力，如孔門弟子曾參每日三省其身，第一省即「為人謀而不忠乎？」意思是，為人做事，盡心盡力了嗎？「忠」，就是「盡己之心」。到了漢代以後，逐漸演變為忠於他人、忠於君主及國家等多種含義。最早把「忠」解釋為對君主絕對服從的是法家人物韓非子，他說：「人臣不要稱讚堯舜禪讓的賢德，不要讚譽湯武弒君的功績，盡力守法，專心事主，這才是忠臣。」

隨著中國封建專制主義的形成和加強，「君臣之義，無所逃於天地之間」，出現了「君為臣綱」，王權的至高無上，成為臣民絕對服從於君主的一種片面的道德義務。宋代以後，「忠」發展到「君叫臣死，臣不得不死」的愚忠。

但是，隨著時代的變化，「忠」的含義也在不斷擴展，對君王誠惶誠恐的時代已經一去不復返了。

「一夫一妻多妾制」是何種形式

《禮記・曲禮》中說：「天子有後，有夫人，有世婦，有嬪，有妻，有妾。」「公侯有夫人，有世婦，有妻，有妾。」

中國古代的婚姻制度是一夫一妻多妾制，即使是皇帝也只有一個正房妻子，但那個時候只要有條件，可以娶很多個妾，但不能稱妻，只能叫妾。妾下面還有通房丫頭。只有辦了手續的通房丫頭才能稱妾。

一夫一妻多妾制起源於周朝，是與「嫡長子繼承制」相輔相成的，它成功地解決王位繼承的難題。所謂「一夫一妻」是指按照西周宗法制度的要求，從天子到諸侯、百姓，一男子只能有一個「妻子」，即正妻，也稱嫡妻，正妻必須經過聘娶大禮迎娶；「多妾」則指國王與貴族占有的其他女人。

「一夫一妻多妾」制的核心在於區分嫡庶，即所謂「法無二嫡」，正妻所生子是為「嫡系」，妾室所生子是為「庶出」。其政治意義在於它能幫助王族與各方貴族很好地解決王位與爵位的繼承問題，並為「嫡長子繼承制」的實施做好了鋪墊。

「三綱領」說的是哪三者

《大學》開篇便開宗明義：「大學之道，在明明德，在親民，在止於至善。」南宋朱熹云：「此三者，大學之綱領。」「三綱領」由此而來。

「明明德」，就是把人天生固有的善性發揮出來。前一個「明」為動詞，是發揚、弘揚的意思；後一個「明」為形容詞，明德也就是善性。《大學》是儒家思孟學派的作品，所以，大學教育的首要目的是發揚人的善性。

「親民」，就是推己及人。儒家向來主張修己是為了安人的，因此，大學教育的第二個目的就是「親民」。

「止於至善」，這是大學教育要達到的最高目標，它要求所有的人都能在道德修養上達到至善至美的境地，從而使整個社會的道德趨於完善。

《大學》的「三綱領」是從「明明德」到「親民」到「止於至善」這樣一個由低級到高級，由個體到群體到社會的層層遞進的完整體系，它表達了儒家一貫宣導的以教化為手段達到德政禮教目的的施教主張。

「孔門三戒」是指哪「三戒」

　　孔子認為，君子除了自我修養外，還要重視用「戒、畏、思」三項標準嚴格要求自己。孔子在《論語・季氏》中言道：「君子有三戒：少之時，血氣未定，戒之在色；及其壯也，血氣方剛，戒之在鬥；及其老也，血氣既衰，戒之在得。」

　　這是孔子宣導的人生戒色、戒鬥、戒貪的「三戒」修養要訣。他告誡人們：年輕的時候，血氣未足，莫貪戀女色；青壯年，血氣旺盛，性格暴戾，易失去理智，切勿好勇鬥狠：待到老年，血氣已衰，要戒貪得無厭。

　　宋朝朱熹對此在《論語集注》中引用說：「少未定，壯而剛，老而衰的是血氣；戒於色，戒於鬥，君子得的是志氣。君子養其志氣，故不為血氣所動」。至今，「孔門三戒」思想仍具有現實意義。

「三不朽」是指哪三種人生

　　《春秋左氏傳》有云：「太上有立德，其次有立功，其次有立言。雖久不廢，此之謂不朽。」孔穎達疏：「立德，謂創制垂法，博施濟眾；立功，謂拯厄除難，功濟於時；立言，謂言得其要，理足可傳。」立德、立功、立言就是儒家所推崇的三種人生，即「三不朽」。

　　具體來說，「立德」，即樹立高尚的道德；「立功」，即為國為民建立功績；「立言」，即提出具有真知灼見的言論。其中，立德為上聖，如堯、舜、周公、孔子；立功為次聖，如大禹、后稷；立言為大賢，如老子、莊子、荀子、孟子、管子、孫子及史家司馬遷、班固等。

　　中國古代許多思想家認為，人生數十年，死後形體會朽弊消亡，只有人

的品德、功業和言論能夠昭垂永遠。人生不應追求高官厚祿，享受快樂，而應該實踐自己理想的道德原則，永遠成為道德榜樣；建功立業，對百姓、國家作出貢獻；留下經典名言，垂教後世。

「三從四德」是指哪些

中國幾千年的封建社會史裏，制定了許多限制婦女自由的封建禮法、制度，「三從四德」便是其中之一。所謂「三從四德」，其實就是儒家為婦女規定的三種道德關係和四種品德。

「三從」指「未嫁從父，既嫁從夫，夫死從子」。相關文字記載最早見於儒家經典《儀禮・喪服・子夏傳》；「四德」是封建時代女子應具備的四種德行，指「婦德、婦言、婦容、婦功」。見於《周禮・天官・九嬪》：「九嬪掌婦學之法，以教九御婦德、婦言、婦容、婦功。」東漢鄭玄注：「婦德謂貞順（品德），婦言謂辭合（言語），婦容謂婉婉（儀態），婦功謂絲枲（手藝）。」

「三從四德」作為封建社會對婦女道德、行為、能力和修養的綜合要求，規定了婦女要無條件屈從男權，謹守所謂的道德儀禮，它已經成為中國封建社會廣大婦女的沉重精神枷鎖。

「五倫」指的是什麼

「五倫」，又稱「人倫」，是人與人之間基本的道德關係，也就是我們通常所說的「五常」，即調整君臣、父子、夫婦、兄弟、朋友之間的仁、義、禮、智、信。

這在《禮記・昏義》和《孟子・滕文公上》皆有論述。《孟子・滕文公上》中說：「使契為司徒，教以人倫：父子有親，君臣有義，夫婦有別，長幼有序，朋友有信。」孟子認為：父子之間有骨肉之親，君臣之間有禮義之道，夫妻之間摯愛而又內外有別，老少之間有尊卑之序，朋友之間有誠信之

德，這是處理人與人之間關係的道理和行為準則。

在儒家看來，人類社會就是一張覆蓋的網，由這五種關係編織而成，人就置於網下，應按部就班地生活，脫離這五種關係就是大逆不道，與禽獸無異。

何謂「五禮」

在古代，「禮」字本有廣狹二義。廣義的禮，是指一個時代的典章制度，比如夏禮、周禮等；狹義的禮，則專指人們的行為規範、規矩、禮節。

春秋以後，社會發生變革，古代禮儀逐漸被廢棄，禮家著手整理、闡析其意義，並加以系統總結，編輯為五大類，以吉、凶、賓、軍、嘉為類目名稱，總稱為「五禮」。

五禮之首是吉禮。主要是對天神、地祇、人鬼的祭祀典禮。古人祭禮為求吉祥，故稱吉禮。《周禮・春官・大宗伯》云「以吉禮事邦國之鬼神示（祇）」，將祭禮對象分為天神、地祇、人鬼三類，每類之下又細分若干等。

祀天神：主要包括祭昊天上帝、日月星辰、司中、司命、雨師等。古代只有天子可以祭天，周代祭天的正祭是每年冬至之日在國都南郊圜丘舉行，天子點燃積柴，燒著犧牲、玉璧、繒帛等祭品，煙焰飛升，上聞於天，是為燔燎，又稱「禋祀」。

祭地祇：主要包括祭社稷、五帝、五嶽；祭山林川澤；祭四方百物，即諸小神。周代祭地的正祭是每年夏至之日在國都北郊水澤之中的方丘上舉行，不用燔燎，而用瘞薶，即祭後挖穴將犧牲、玉帛等埋入土中。

祭人鬼：主要包括祭先王、先祖，祭必於宗廟之中。周代天子七廟，諸侯五廟，大夫三廟，士一廟。四時孟月而祭。

凶禮，是用於吊慰的禮儀活動。包括喪葬禮（對死者表示哀痛與哀悼之情的禮儀）、荒禮（遇到荒年飢饉或瘟疫流行時，統治階層表達體察災情、與民同苦之意的禮儀）、吊禮（當他國或他人遭受自然災害後，統治階層派

人慰問的禮儀）、恤禮（鄰國遭亂時，統治者派人慰問的禮儀）、袷禮（當他國遭敵人襲擊而殘破後，同盟諸侯籌集財物予以援助的禮儀）五個專案。後多指喪葬、持服、諡號等禮儀。

軍禮，是指軍隊操練征伐之禮，與戰事相關。《周禮・春官・大宗伯》云：「以軍禮同邦國。」《周禮》所說的軍禮包括大師之禮（召集和整頓軍隊）、大均之禮（校正戶口，調節賦征）、大田之禮（檢閱車馬人眾，親行田獵）、大役之禮（因建築城邑徵集徒役）、大封之禮（整修疆界、道路、溝渠）。此外，如校閱、刑賞、獻俘、凱旋、馬政等也都屬於軍禮之列。

嘉禮，是指和諧人際關係、溝通、聯絡感情的禮儀。《周禮・春官・大宗伯》云：「以嘉禮親萬民。」嘉禮主要內容有：飲食之禮（宗族內部透過聚酒飲食以加深聯絡和感情）；婚、冠之禮（古代男女成人後的加冠、加笄及婚禮）；賓射之禮（射擊比賽的禮儀）；饗燕之禮（國君宴飲及設宴款待賓客的隆重禮儀）；賀慶之禮（對有婚姻甥舅關係的異姓之國，在其有喜慶之時，致送禮物，以示祝賀）。

賓禮，具體來講，是諸侯朝見天子及諸侯間相互拜訪時的禮儀。《周禮・春官・大宗伯》云：「以賓禮親邦。」如天子受諸侯朝覲、天子受諸侯遣使來聘、天子遣使迎勞諸侯、天子受諸侯國朝貢或宴請諸侯（使者）等。由於賓禮以天子為主，視諸侯為賓，因來賓身分、時間、目的的不同而又各有稱呼，如朝、覲、宗、遇、會、同、問、視等。

古代賓禮的主要意義是維護邦交，而隨著「邦國」的不復存在，賓禮的意義也有所改變。後世則將皇帝遣使藩邦，外來使者朝貢、覲見及相見之禮亦納入賓禮範疇。

何謂古代婚姻的「六禮」

六禮，是古代的婚姻禮儀。以六禮為代表的婚姻禮儀，是古代婚姻禮制的主幹，在中國延續了2000多年。

「六禮」，早在周朝時期就已經出現了。六禮的名稱分別是納采、問

名、納吉、納徵、請期、親迎。

納采是婚姻程序的開始，即男方派人送禮品到女家，表示願和女家結親。女方如不同意，便拒絕收禮。

問名，即女家接受男家的求婚意向後，男家修書與女家，詢問女方的生辰年月，以及姓名排行等。問名不單專對女方，男方也要向女方出具其子的姓名、生辰等。

納吉，即男家將探問的結果，送到宗廟裏卜問這門婚姻的吉凶，如得凶籤，便止婚，如得吉籤，就通知女家，雙方婚姻關係正式敲定。

納徵，也叫「納幣」，即男方遣使帶財禮與女家訂立婚約。也就是後世所說的「下采禮」、「下茶禮」，這是正式的訂婚儀式。通常以深紅和淺紅的衣物、束帛、鹿皮作為聘禮，不重不豐，多是禮敬的象徵。

請期，即男家確定婚期後，就將日期寫在帖上，備上禮物通知女家。女家若收下禮物，說明女家同意這個婚期；若不收，婚期只好另擇。這就是後世所稱的「下日子」、「定日子」和「下婚書」。

親迎，即婚姻六禮的高潮，指到了結婚的日子，男方先去女方家，女方父親在門外迎接，帶女婿去祠廟拜祭祖先，車或花轎停在大門外，女方來到車（轎）旁，男方長揖，請女方上車（轎）與之同歸，親迎以後，整套婚儀便結束。

六禮已畢，只意味著完成了成妻之禮，還須在次日完成「謁舅姑」，即成婦之禮；若公婆已故，則於三月後至家廟參拜公婆神位，稱「廟見」。

一般說的「五服」是指什麼

五服有三方面的意義：一是統治階層的五等服飾，即天子之服、諸侯之服、卿之服、大夫之服和士之服。二是天子直接管轄地區以外的地方，以五百里為率，視距離的遠近分為五等，依次為甸服、侯服、綏服、要服和荒服。三是指喪葬中用的五種服飾，五服由重至輕的名稱是：斬衰、齊衰、大功、小功、緦麻。一般說的「五服」，即喪葬中用的五服。

喪服又叫孝服。穿孝、戴孝，或叫「成服」，按「五服制度」來穿孝、戴孝，稱作「遵禮成服」。一般來說，服制越重，其喪服形式越複雜，以示不同程度的哀痛之情，而一般是關係越近，服制越重。

最重的孝服是「斬衰」。這種孝服上身曰「衰」，下身曰「裳」。所謂「斬」，就是孝服不緝邊。斬衰裳並非貼身而穿，內襯白色的孝衣，後來有的直接用麻布片披在身上代替，故有「披麻戴孝」的說法。斬衰之服的居喪期是三年（一說是25個月，一說是27個月）。

次於斬衰的孝服是「齊衰」。齊衰又分為四等，即齊衰杖期、齊衰不杖期、齊衰五月、齊衰三月，這四等連同斬衰、大功、小功、緦麻合稱「五服八等」。齊衰喪服用較斬衰略細的粗麻布做，齊謂衣邊縫緝而顯齊整。齊衰三年喪期名為三年，實際上25個月（一說或27個月）而畢。

大功喪期為九個月。喪服用熟麻布做。小功喪期為五個月，喪服以較細的熟麻布做。緦麻喪期為三個月，喪服以細麻布做。

以上「五服」根據服孝人與死者血緣關係及其他具體情況，還有所謂「正服」、「義服」、「加服」、「降服」的說法。此外，還有「殤服」的規定。對尚未舉行冠笄禮就死去的男女的服喪規定，叫殤服，「殤」之喪輕於成人，一律從大功開始。

「五祀」包括哪些內容

五祀，指祭門、戶、井、灶、中（中室）。

周代，春祀戶，夏祀灶，六月祀中溜，秋祀門，冬祭井。漢魏時，按季節行五祀，孟冬三月「臘五祀」，總祭一次。唐、宋、元時，採用「天子七祀」之說，祀司命（宮中小神）、中溜、國門、國行、泰厲（野鬼）、戶、灶。明清兩代，仍祭五祀，清康熙之後，罷去門、戶、中、井的專祀，只在十二月二十三日祭灶，與民間傳說的灶王爺臘月二十四朝天言事的故事相合，國家祀典採用了民間形式。

「七出」是指哪七種理由

七出，是中國古代男子休、棄妻子的七種理由，充分表現了封建禮教宗法制度對婦女的殘酷迫害。

《儀禮‧喪服》說「出妻之子為母」，包括不順父母、無子、淫、惡疾、嫉妒、多口舌、盜竊。丈夫可以這其中的任何一條為藉口，將妻子休棄，因此，稱「七出」。

不順父母，就是妻子不孝順丈夫的父母，即自己的公婆。理由是「逆德」，在中國古代傳統中，女性出嫁之後，丈夫的父母要比自己的父母更具有重要性，因此，違背孝順的道德被認為是很嚴重的事，因此，也被放在了「七出」的首位。

「無子」，就是妻子沒有生兒子，理由是「絕世」。在「七出」中，對被休的婦人而言，最是無辜。在傳統中國，家族的延續被認為是婚姻最重要的目的，按照父系傳承的原則，只有兒子才是延續香火的後代。因此，婦女不得不擔起「無子」的「罪名」。

淫，就是妻子和丈夫之外的男性發生性關係。理由是「亂族」，即認為淫會造成妻所生的子女來路或輩分不明，造成家族血緣的混亂。歷代對犯淫婦女的處罰都很嚴厲，在古時一些地方，婦人犯淫要被綁在竹木板上沉塘底淹死。

惡疾，古人認為婦人惡疾，不能事宗廟，因此，出之。在傳統中國，參與祖先祭祀是每個家族成員的重要職責，因此，妻有惡疾所造成夫家的不便，雖然必定不只是祭祀，但仍以此為主要的理由。

嫉妒，針對的是那些對丈夫納妾不滿、敢於表現在語言和行動上的正妻。因為有背「婦德」中的柔順之德、賢慧之道，所以，也要出之。

多口舌，就是指妻子太多話或說別人閒話，理由是「離親」。在傳統家庭中的女性，尤其是輩分低的女性，被認為不應當多發表意見，而妻子作為一個從原本家族外進來的成員，多話就被認為只有離間家族和睦的可能。

盜竊，不是指在外盜竊他人財物，而是「私假（借）」、「私與

（給）」財物給外人。古時候的婦女沒有獨立的財產權，積攢財物，存私房錢都是不允許的，即使娘家的饋贈也要交給婆婆。這一條的設置是為了更大程度地維護夫權家族的財產利益。

從今天的眼光看，「七出」主要是站在丈夫及其家族的角度並考量其利益的，但從另一方面看，在男性處於優勢地位的古代社會中，這也使得女性最低限度地免於任意被夫家拋棄的命運。

「克己復禮」是什麼意思

「克己復禮」是孔子學說的一個重要概念，語出《論語·顏淵》一章：「顏淵問仁。子曰：『克己復禮為仁。』」

所謂克己復禮，其意思就是說努力約束自己，使自己的行為符合禮的要求。這就是「仁」所要求的。

由此看來，「克己復禮」是達到仁的境界的方法。歷代學者都認為，這是孔門傳授的「切要之言」，是一種緊要的、切實的修養方法。

「禮義廉恥」，古代治國的四大綱紀

禮義廉恥為傳統社會的道德標準和行為規範，是治國的四大綱紀，又稱「四維」。語出《管子·牧民》：「國有四維，一維絕則傾，二維絕則危，三維絕則覆，四維絕則滅……何謂四維。一曰禮，二曰義，三曰廉，四曰恥，禮不逾節，義不自進，廉不蔽惡，恥不從枉。故不逾節則上位安，不自進則民無巧詐，不蔽惡則行自全，不從枉則邪事不生。」

管子認為：「禮」，就是不能越出應有的節度，即思想行為不能超出道德規範；「義」，就是自己不推薦自己，即使自己的思想行為符合道德標準；「廉」，就是不隱瞞自己的缺點錯誤，即廉潔不貪；「恥」，就是不與不正派的人在一起，即要知羞恥。他認為，「禮、義、廉、恥」與法相比，比法更為重要，把它們認作支撐國家大廈的四根柱子。

歐陽修曾對管子之言倍加讚賞，還在《新五代史》中闡釋說：「禮義是治人的大法，廉恥是立人的大節。不廉就會無所不取，無恥就會無所不為。人若寡廉喪恥，貪得無厭，災禍就會接踵而來。若國家大臣寡廉喪恥，恣意妄為，那麼國家必定會滅亡。」可以說，管子對「禮義廉恥」的認識不輸於以德治著稱的儒家，與孔孟之道並沒有本質的差別。

「寡欲」是說要減少人的欲望嗎

　　「欲」是人的一種本能需求，是無止境的，而且還會因為欲壑難填而給自己帶來禍端。正因為此，從古至今，便不斷有人圍繞著「欲」做文章。

　　很多宗教，都因此而提倡禁欲。道教認為，人的欲望是罪惡和災難的根源，無論是治國理政，還是個人修養都要對欲望加以抑制。佛教更視欲望為洪水猛獸，統歸戒絕之列。

　　由於欲望是人之本能，一味制約並不合常理。儒家對此則有著溫和的看法，孔子主張「從心所欲不逾矩」；孟子認為，「養心莫善於寡欲」，「寡欲」最好，即承認人類原始的欲望，認為「飲食男女，人之大欲存焉」（《禮記・禮運》），但要用禮對之進行約束，反對放縱。這和「去欲」、「禁欲」相比，已經頗合中庸之道。

　　南宋理學家朱熹對先儒的主張十分贊同，他雖講「存天理、滅人欲」，但反對的也是過分追求美味美色。他認為，飲食男女，天經地義，本無罪過，奢求食色乃「人欲」，才是萬惡之始。因此，倡「清心寡欲」。

　　從先秦孔孟到理學朱熹，限欲也好，少欲也罷，都在要求人不要有進一步的欲望，這畢竟不合常情。人在滿足基本的溫飽後，有更向上的追求是必然的。這也使得無論是「禁欲」還是「寡欲」，都只能是少數聖賢的一廂情願。

「知恥」，儒家的修身主張

知恥是個人對道德的反省，屬儒家的修身範疇。用通俗的話來講，就是有羞恥感。孟子云：「人不可以無恥。無恥之恥，無恥矣。」言人若能以無恥為可恥，終身就不會再有恥辱之累。

後代儒家則以「知恥」為處世立身的大節，甚至視之為做人的基本準則。發展至明清時，「知恥」的範疇也不斷擴充。思想家顧炎武說：「士大夫之無恥，是謂國恥。」「知恥」從最初的修身要則，轉而與國家榮辱密切相連，內涵被進一步昇華。

何謂儒家的「忠恕」之道

「忠恕」是儒家處理人與人之間關係的原則。朱熹云：「盡己之謂忠，推己之謂恕。」也就是說，盡心盡力地做事，為「忠」；能夠推己及人，寬容他人，為「恕」。

最早將忠恕聯繫起來的是中國春秋時代的曾子。他在解釋孔子「吾道一以貫之」時說：「夫子之道，忠恕而已矣。」「忠恕」，是以待自己的態度對待他人。孔門的弟子以忠恕作為貫通孔子學說的核心內容，是「仁」的具體運用。

儒家的「忠恕」之道，影響深遠，不但在中國人心目中根深蒂固，也對其他國家的思想家產生了一定的影響，如法國的羅伯斯比爾、伏爾泰等，都把孔子的言論作為自己終身奉行的信條。

何為「修身、齊家、治國、平天下」

「修身、齊家、治國、平天下」原文出自《禮記‧大學》：「古之欲明明德於天下者；先治其國；欲治其國者，先齊其家；欲齊其家者，先修其身；欲修其身者，先正其心；……心正而後身修，身修而後家齊，家齊而後國治，國治而後天下平。」

這句話的意思是說：古代那些要使美德彰明於天下的人，要先治理好他的國家；要治理好國家的人，要先整頓好自己的家；要整頓好家的人，要先進行自我修養；要進行自我修養的人，要先端正他的思想……思想端正了，然後自我修養完善；自我修養完善了，然後家庭整頓有序；家庭整頓好了，然後國家安定繁榮；國家安定繁榮了，然後天下平定。

這是儒家思想傳統中知識份子尊崇的信條。他們以「修身」為中心，強調個人道德修養與治國、平天下的一致性，主張由近及遠，由己及人，把「格物」、「致知」、「誠意」、「正心」，作為「修身」、「齊家」、「治國」、「平天下」的基礎，形成封建倫理政治哲學的整個體系。

「孔顏氣象」是什麼精神

「孔顏氣象」，是儒家宣導的一種精神。它不是以天下為己任的磅礴抱負，也不是「知其不可為而為之」的哲學，而僅僅是孔子和顏淵所代表的一種人格境界。

顏淵是孔子的學生，他生活極其清苦，「一簞食，一瓢飲，在陋巷，人不堪其憂，回也不改其樂」說的就是他。他是孔子最喜歡的學生。

孔子還曾請幾個學生言說志向，有的說要當高官，有的說要治國平天下，到了曾皙，他說，我的願望就是，在沂水中游泳，在舞雩臺沐風乘涼，然後哼著歌兒愜意地回家。孔子深表贊同。在他看來，「飯疏食，飲水，曲肱而枕之，樂亦在其中矣。不義而富且貴，於我如浮雲」，如果能夠選擇，有什麼能比擁有輕鬆簡約的生活更好的呢。由此可知，為後世儒家所津津樂道的「孔顏氣象」，其實指的就是一種胸懷：曠達、安貧樂道。

「節烈」對古代婦女有哪些毒害

在封建社會，禮數要求婦女堅守節操，寧死不受辱。「節」，指女子守貞操，不事二夫，夫死不再改嫁；「烈」，指女子在丈夫死後，自殺殉節。

「節烈」大致出現於宋代以後。宋朝以前並不苛刻。西漢時，有「夫婦之道，有義則合，無義則離」的說法，那時候婦女改嫁是比較隨意的。寡婦改嫁，那時稱為「再醮」，意思是再舉行一次酒宴，並沒有禁止的意思。

歷史上也有很多婦女改嫁的事例。例如，孔子在兒子孔鯉死後，主動將兒媳改嫁到衛國；漢武帝的姐姐平陽公主與大將軍衛青的結合，是第二次出嫁；東漢光武帝的姐姐湖陽公主死了丈夫，光武帝召集滿朝文武官員，讓她選擇夫婿。由此可見，宋代以前的宮廷和民間，在一定程度上都是允許婦女改嫁的。

到北宋時，一些理學家宣揚「餓死事小，失節事大」的從一而終的貞節觀，女子改嫁開始受到歧視，宋以後，經明、清統治者提倡，婦女改嫁更被視為非常越軌的行為。

吳敬梓的《儒林外史》中亦有這樣一段：有個叫王玉輝的秀才，他女兒死了丈夫，悲痛之時想尋短見。他對女兒說：「我兒，你既如此，這是青史上留名的事，我難道反攔阻你？你就這樣做罷。」於是女兒果真自殺了。

作者運筆寫實，對所謂「節烈」進行了辛辣的嘲諷。由於「節烈」是特定歷史時期，即家天下時代君臣關係的產物，其本質是約束、扼殺人性的，因此，隨著傳統社會的土崩瓦解，它也就不復存在了。

古人為何講究「男女授受不親」

在《孟子・離婁上》裏有一節：淳于髡曰：「男女授受不親，禮也？」孟子曰：「禮也。」淳于髡曰：「嫂溺，則援之與手乎？」孟子曰：「嫂溺不援，是豺狼也。男女授受不親，禮也。嫂溺，援之以手，權也。」

「男女授受不親」是古代的一種交際禮俗，指的是在交際的場合下，男女應該依守禮節，做任何非禮的舉動都是不恭敬、不嚴肅的。

上古時期，男女之間交際自由，沒有過多的約束。隨著人類進入宗法社會，加諸在人們身上的禮法越來越多，女性的地位開始急劇下降，淪為了男性的附庸。到了戰國時期，儒家經典被更多人所接受，其中就強調男女隔離

與疏遠，嚴防非夫婦關係的兩性有過多的接觸，不允許女子與非自己丈夫的任何男子發生愛情與性關係。

這些看起來是合規範的，但是，後來發展到極致，即使在家庭內部，男女之間遞東西也不允許。宋以後，士大夫家庭中的男女之分更為嚴格，不僅限制女性正常情感的表達，而且扭曲她們的思想、感情和欲望。市井小民也深受影響。

「窮則獨善其身，達則兼善天下」

「窮則獨善其身，達則兼善天下。」語出《孟子・盡心上》。窮，指在仕途上不得志；達，指在朝廷居於高位。意思是說，一個人若有幸參與朝政，就應造福於天下百姓，這是積極的人生；若不能實現治國平天下的抱負，那麼，退而修身，潔身自好，也不失為一種積極的人生觀。

儒家入世的主要方式是參政，稱「學而優則仕」，「治國平天下」，但即使是學富五車的孔子、孟子，從政也不是一帆風順的。孔子周遊列國，碰壁無數；孟子則以布衣終老。人生閱歷的豐富，讓這些先哲對人生有了更透澈的瞭解。

孔子云：不在其位，不謀其政。又云：天下有道則見，無道則隱。孟子提出「獨善其身」與「兼善天下」，則是對我們正文的精煉概括，是對孔子人生觀的補充。「兼善」（也作「兼濟」）是進，「獨善」屬退，進退有據，人生設計雖不同，然均不離儒家聖賢之道。

古人如何「服喪」

服喪是指為死者守喪的禮儀。指喪事辦完後，親屬還要在一定時間內，在衣食起居等日常生活方面遵守一些特殊的儀節，以示哀悼。

服喪時，最重要的是服制，即守喪期間的服飾以及期限。根據與死者關係的親疏遠近，規定有「五服」，對於期限，古代禮制因死者對象不同而有

相應的服喪期限，這些期限往往不十分確定，處在變動之中。其中，以「三年之喪」為最長。

三年守孝有著特殊重要的地位，其淵源可追溯至上古，《尚書》中記載：「帝（堯）乃殂落，百姓如喪考妣，三載，四海遏密八音」，「（殷高宗）乃或亮陰，三年不言。」《禮記·三年問》載「三年之喪」為「子生三年，然後免於父母之懷」，為服喪三年釋義。

《孟子·萬章》甚至記載了這種禮儀的頂真延續：「堯崩，三年之喪畢，舜避堯之子於南河之南。……舜崩，三年之喪畢，禹避舜之子於陽城。……禹崩，三年之喪畢，益避禹之子於箕山之陰。」此後，歷朝歷代，凡涉及守喪儀制幾乎無不提「三年之喪」。

古人「守制」的生活是怎樣的

守制就是居喪服孝，是孝子居喪期間在衣食住行方面必須嚴格遵守的一種制度。這種制度要求守制者的日常生活一切從簡，要像苦行僧一樣地過日子，不能享樂，並以種種自虐和壓抑人性的極端方式來體現所謂的孝道。

所以，居喪也叫「丁憂」或「丁艱」。丁父憂又叫丁外艱，丁母憂又叫丁內艱。以下從衣、食、住、行四個方面來看看孝子守制時的日常生活是如何一切從簡和自虐的。

衣。親人初死，服孝者就應除去華麗的服飾而換以素淡的衣服。大殮之次日就要換上正式的喪服，「五服之人，各服其服」。服期內一般不能洗澡，不能剃頭，不能更換衣服等。

食。飲食必須嚴格節制。父母初終的三日之內，孝子不能飲水，也不得進食，必須空腹盡哀。大殮之後方可少量食粥。居喪期間，只能吃缺鹽寡味的粥飯，禁食瓜果菜蔬，更不要說酒肉了。

住。住處必須簡陋，不得奢華，未葬之前，應在中門外先搭個茅棚作為起居處，謂之倚廬。「寢苫枕塊」，睡草席，枕磚頭，泥塊，身穿孝服守於廬中，深居簡出，不與人來往，睡覺也要和衣而臥。下葬之後，則於墓旁搭

棚而居，謂之墓廬。居廬守制期間不得與妻妾同房。

行。居喪期間停止一切娛樂活動，嚴禁娶婦嫁女，訪親會友也要受到限制，更不允許接受推舉或參加科舉做官。漢律規定，「不為親行三年服不得選舉」；隋唐時，有父母之喪的也是絕對不能去應舉的，其他尚可酌情而定；北宋時，竟嚴到緦麻之喪也不得參加科舉了。

「奪情」現象是怎麼回事

做官的如果碰到親喪，一般應立即辭去官職回家守制。但若情況特殊，則可有所變通，這就是守制中的「奪情」現象了。

奪情猶奪服，就是終止守制，指官員不能回家去服孝，卻要留在朝廷裏辦公。在正常情況下，官員遇到父母之喪是必須去職回家守制的，但遇到特殊情況，如軍事需要或政務需要的時候，該守制的官員就必須在崗位而不能回家守制，這就叫奪情，甚至在家守制的官員也會被召回強令出仕，這叫起復。

因為從封建主義的倫理來說，君臣之義是大於父子之情的。這正如孫權所說的：「孝父母是禮，忠君國是義，國家有事則殺禮以從，以義斷恩，盡節為先，先公後私。」

奪情起復的現象是屢見於史籍的，只是各朝的規定並不完全相同。唐朝的官員常因國事的需要而奉命奪情起復。丞相張九齡丁母憂，結果被詔令奪哀起復；歐陽詢的兒子歐陽通也是丁憂起復的。據說歐陽通被奪情起復後，每次入朝都是光腳走到朝廷的門外才穿鞋，並且很少說話，「非公事不言」，回家之後又「必衣衰垤，號慟無常」。

宋朝的奪情官員則多在官銜前冠以「起復」二字，如宋初宰相趙普丁憂起復後就自稱「起復左僕射中書門下平章事臣趙普」，以示有孝在身。元明時期，一般不允許奪情起復，主張官員應該為父母守制。到了清初，則八旗官員若遭父母之喪，百日後即可起復授職。

由於丁憂守制的官員是沒有俸祿的，而且守制期滿後很難起復為原職，

所以，常有貪圖祿位而不報憂守制的。後唐明宗時的孟異就是一個典型的例子。他在母親去世後不報憂奔喪，事發後被大理寺判為充軍，皇帝卻認為這是忤逆不孝的十惡大罪，結果被賜自盡。

也有不願離職而自謀奪情的。例如，明朝萬曆年間的首輔張居正，在接到父親的訃告時，正忙於一些改革和變法的工作，他不願就此功虧一簣，因而遲遲不去奔喪。年幼的萬曆皇帝雖派官慰問，卻又並不想留他。於是他就透過太后讓皇帝詔令奪情，而他本人卻在表面上一再上疏要求回家守制。雖說反對派和他展開了一場混戰，但最終還是他自謀的「奪情」成功了。

禮制民俗

什麼是封禪？封禪包括哪些儀式

封禪，是中國古時候統治者舉行的一種祀典。「封」指築土為壇祭天，古人認為群山中泰山最高，因此，人間的帝王應到最高的泰山上祭上帝，表示受命於「天」。「禪」指祭地，在泰山下的一些小山如之雲山、亭亭山舉行。實質上封禪是一種具有政治目的、又帶有神秘特點、非宗教性的祭祀活動。

封禪產生於什麼時候，有兩種不同的說法。司馬遷在《史記・封禪書》裏認為，封禪產生於伏羲氏以前的無懷氏。無懷氏曾封泰山，禪云云山。而馬端臨在他的《文獻通考》中則認為，封禪是從秦始皇開始的。

秦始皇統一中國後，曾巡行各地，率領車駕、文武大臣及儒生博士70人到泰山舉行封禪活動。準備行封禪禮時，那些儒生議論紛紛，有人說古代天

子封禪要用蒲裹車輪的「蒲車」，以免損傷山上的土木草石；有人說要掃地而祭，下鋪用麥秸做的席。所說互相矛盾，難以實施，秦始皇由此將隨從的儒生全部撤退，自定封禪的儀式。

封與禪一般都是同時進行的。但封的儀式重於禪的儀式。這是因為天在上，地在下，人們認為天為陽，地為陰，天高於地。

封禪的儀式不但複雜，而且神秘。傳說時代及夏、商、周三代，雖有封禪之說，但無具體記載。進入君主專制社會，雖有記載，但各朝各代的封禪儀式不盡相同。

在封建社會，到泰山舉行過封禪的帝王有秦始皇、漢武帝、漢光武帝、唐高宗、唐玄宗、宋真宗等。但宋真宗以後，封建帝王在泰山的封禪活動基本上就廢止了。西元1420年，明成祖朱棣建成了北京天地壇，此後，天地壇取代了泰山，成為帝王祭祀天地的地方。

祭祀「社稷」有什麼意義

在中國古代，「社」是土神，「稷」為穀神。中國向來是一個有著悠久歷史和高度農業文明的國家，土地和莊稼被認為是人類世代賴以生存的根本。古語云：人非土不立，非穀不食。意思就是說：如果沒有土地，那麼，人便沒有立足之地；要是沒有穀物，人就沒有食物果腹。

沒有了土地和糧食，人們便不能生存，也就更不可能有國家，所以，「社稷」一詞便成了國家的象徵，有時更用於指代「國家」。

封建帝王為了保住自己的江山社稷，每年都要舉行祭祀土神和穀神的活動。北京中山公園內的社稷壇，就是明代皇帝為祭祀土穀兩神而修建的。壇上劃為東西南北中五個部分，並分別鋪以青紅白黑黃的「五色土」，立在壇中央的石柱，被稱為「江山柱」。

什麼是宗廟

宗廟，在中國古代被當作天子、諸侯祭祀祖宗的場所。它對保持以家族為中心的宗法制度及其世襲統治有極大的維繫作用。

宗廟中設有先祖的牌位，還供有祖先的遺像，以便後代子孫瞻仰。中國儒家文化以孝親為人倫之本，孝親又以崇拜祖先為基礎。為祖先立廟，就是因為後人相信，祖先之靈可以保佑子孫，因此，立廟祭祖，代代相傳。

在古代，立廟祭祖無論是帝王還是平民都可以進行，但廟制卻有著嚴格的等級之分，以體現尊卑秩序。《禮記・王制》規定：天子七廟，諸侯五廟，大夫三廟，士一廟，庶人祭於寢。祭品也有差異，如天子祭祖用十八「太牢」（太牢指羊、牛、豬），庶人祭祖就只能選韭、麥、菽、稻等作物。

宗廟建在哪裡也是很有講究的，按《周禮》「左廟右寢」的規定，應設在宮室居處的東面。在稱謂上，由於宗廟非帝王獨有，因此，稱謂也不同，天子廟稱太廟，公卿大臣廟稱家廟，民間則以宗族為單位設屋祭祖，稱祠堂。

古代禮器有哪些

禮器是中國古代在祭祀、宴饗、喪葬以及征伐等活動中使用的器具，其使用的規格有嚴格的等級限制，用以表明使用者的地位、身分、權力。包括鼎、簋、鬲、盂、俎（食器）；盤、匜、鑑、盂（水器）；爵、觚、觶、觥、彝、卣、尊（酒器）；鐘、鼓、鉦、鐸、鐃、磬（樂器）以及玉帛（祭祀時用的璧、璋、琥、琮、圭、璜等玉器和束帛）。

禮器是在原始社會晚期隨著氏族貴族的出現而產生的。進入商周奴隸制社會後，禮器有了很大發展，成為調節統治階級內部秩序的象徵。此時的禮器以青銅器、玉器為代表。其中，青銅器工藝精美，意義重大。以青銅鼎為例，鼎本來是古代的烹飪之器，相當於現在的鍋，用以燉煮和盛放魚肉。最

早的鼎是黏土燒製的陶鼎，後來又有了用青銅鑄造的銅鼎。禹鑄九鼎之後，鼎從一般的炊器變為傳國重器，國滅則鼎遷。

玉帛中，玉指玉器，帛指絲織品。從狹義上講，是指古代諸侯參與會盟或朝覲天子時所持的禮物。從廣義上講，玉帛泛指舉行禮儀時所用的禮器。據《左傳》載：「禹會諸侯於塗山，執玉帛者萬國。」史料中，去朝見禹的人手裏都拿著玉帛，玉帛在後世於是又成了和平的代名詞，俗語「化干戈為玉帛」便由此而來。

古代宮室建築要遵循什麼格局

宮室中，宮一般指整所房子，外面有圍牆包著，室只是其中的一個居住單位。上古時代，宮指一般的房屋住宅，無貴賤之分。秦漢以後，只有王者居住的地方才能稱為宮。

在建築上，古代宮室一般朝南。主要建築物的內部空間分為堂、室、房。前部分是堂，通常是行吉凶大禮的地方，不住人。堂的後面是室，住人。室的東西兩側為東、西房。整棟房子是建築在一個高出地面的臺基上的，所以，堂前有階。要進入堂屋必須升階，所以，古人常說「升堂」。

上古堂前沒有門，堂上東西有兩根楹柱。堂東西兩壁的牆叫序，堂內靠近序的地方稱為東序、西序。堂後有牆和室房隔開，室和房各有戶和堂相通。

漢代文獻中還常提到閣和廂，其指的是堂的東西兩側和堂毗鄰平行的房子，和後世閣廂的概念不盡相同。堂東西有牆叫序。序外東西各有一個小夾室，叫東夾、西夾，這就是閣。東夾、西夾前面的空間叫東堂、兩堂，這就是廂，廂前有階。樂府詩《雞鳴》篇：「鳴聲何啾啾，聞我殿東廂。」東廂即東堂，殿是堂屋。

在統治者的宮室中必有臺榭、觀闕等華美的建築。臺，高而平，便於瞭望。榭，是臺上的木構建築，只有楹柱，沒有牆壁。觀，是宗廟或宮廷大門外兩側的高建築物。兩觀間有一個豁口，叫闕。

漢代帝王宮殿和將相之家還有廊廡，一般人家是沒有廊廡的。

古代車馬的禮儀有哪些

古代典籍中，常看到「車馬」二字一起出現。這是因為在戰國之前，車馬是相連的。沒有無車的馬，也沒有無馬的車。所謂御車，即御馬，乘馬也就是乘車。駕車的馬的數量會有所不同，駕二馬為駢，駕三馬為驂，駕四馬為駟。

馬車的車廂稱輿，這是載人的部分。輿的前面和兩旁以木板為遮罩，人從輿後上車，站在車輿裏。輿兩旁的木板可以倚靠身體，稱輶。輿前部的橫木可以憑倚把扶，稱式（軾），也有繩子可以手持。

一般車輿上有活動裝置的車蓋，主要用來遮雨。車輪的邊框叫輞，車輪中心有孔的圓木叫轂（用來穿車軸），輞和轂為兩個同心圓。連接輞和轂的木條稱輻條。車軸是一根橫樑，兩端露在轂外，上面插著一個三四寸長的銷子，叫轄。轄可以防止車輪外脫。露在轂外的車軸末端，稱軹。轅是駕車用的車槓，後端與車軸相連，夾在牲畜兩旁。車轅前端插上銷子和軛相連，稱作輗。

乘車也有一定的禮儀，由於古人有尚左（以左為尊）的習俗，因此，尊者通常在左，御者居中，右側另有一人陪乘。陪乘叫驂乘，又叫車右。

駕車的馬匹數量也有講究，如果是三匹或四匹，則有驂服之分：兩旁的馬叫驂，中間的馬叫服。貴族的車馬還有考究的裝飾附件等，不一而足。在戰國以前，馬是專為拉車用的，少有單騎。到了戰國時期，趙武靈王胡服騎射，從匈奴學來了馬術，於是騎乘之風便漸漸興盛。

古代帝王為何多「嫡長子繼承制」

嫡長子，就是由符合「六禮」所娶的妻子生育的、有著純正血統的長子。嫡長子繼承制，就是由正妻所生的長子來繼承家產和王位。這是宗法制

度最基本的一項原則，法律規定嫡長子享有繼承優先權。

　　嫡長子繼承制自商朝開始，至西周確立，並一直流傳到民國時期，是與王位繼承和家族延續緊密相連的政治制度和政治倫理色彩極其濃厚的繼承制度。這種制度體現了等級觀念，與宗法制度、妻妾制度相表裏；但在當時多妻（妾）制條件下，一定程度上避免了繼承中的矛盾衝突。所謂「立嫡以長不以賢，立子以貴不以長。」就是所謂的嫡長子繼承制。

宮廷朝會規則是怎樣的

　　君臣相見，自有一番客套，但這卻是由簡而繁，由寬而嚴的。

　　上古時，君臣相見一律站立，討論政事時則同坐，文武大臣向君王施禮、拜叩，君王有時也以禮相還。秦漢以後，皇帝威嚴日漸膨脹，「朕」、「萬歲」等為皇帝專有。但漢時，皇帝召見丞相，仍要從御座上站起來。唐代，大臣向皇上奏事，皇帝還給其賜座。

　　但到宋朝，皇帝為了立天威，一次乘宰相起立遞呈公文之機，密令內侍將相坐移去。從此，宰相立而論事。到了清朝，大小官員覲見天子，則變成跪見。

　　而朝會之時，禮儀更是煩瑣。明清時，每遇新皇登基、大婚、冊立皇后、元旦、冬至，萬壽節（皇帝生日）等，天子都要接受文武百官和外國使臣的朝賀。

　　清代行朝賀儀式時，由鑾儀衛陳設法駕鹵簿於金鑾殿下，直至午門外，樂部把由編鐘、編磬、琴瑟、簫、笙等樂器組成的中和韶樂置於金鑾殿東西簷下，由雲鑼、方響、管子、杖鼓等樂器組成的丹陛大樂設在太和門內東西簷下，禮部把王公百官的賀表放在午門外龍亭內。

　　文武百官皆著朝服，王公在丹陛上，其他官員和外國使臣在太和殿院中，按品級排在規定的位置上。是日，皇帝須穿上黃色朝服，乘輿出宮，午門鳴鐘鼓，至保和殿後下輿，先到中和殿升座，接受在典禮中傳班、執事、導從等官員的三跪九叩之禮，而後進入金鑾殿，這時中和韶樂聲起，皇帝升

寶座。

　　隨之，丹陛大樂奏響，文武百官跪下，樂聲隨即止住。宣表官宣讀賀表，完畢再奏升陛大樂，文武百官行三跪九叩禮。然後皇帝降座，奏中和韶樂，退朝。朝賀結束。

　　在元旦、冬至、萬壽節等，朝會後皇帝還要回到乾清宮分別接受皇后、妃嬪、皇子等的朝賀。

古代宮中實行怎樣的后妃制

　　中國自三代以降，宮中就有所謂的「內職」制度，即天子、國君后妃的編制、禮制。

　　周代是中國歷史上形成完整的禮制統治的時代，周禮規定：王者立后、三夫人、九嬪、二十七世婦、八十一御妻。按照周代官制類推，后之地位同天子，三夫人同三公，九嬪則同九卿，世婦同大夫，御妻同士。

　　秦承周制建立了中國封建社會的后妃制。秦始皇稱帝後，盡收六國宮女充實後宮。秦以皇帝為中心，稱皇帝之母為皇太后，祖母為太皇太后，嫡妻為皇后，妾皆為夫人，又有美人、良人、八子、七子、長使、少使之稱。由於秦朝短暫，所以，完備的后妃體制及其等級劃分還未完全確立和實際執行。

　　漢初，因劉邦「布衣」稱帝，不十分重視皇家禮制，後宮也未形成定制。直到漢武帝時，才制定後宮制度。「漢承秦制」，后妃仍同秦制，爵列八品。漢元帝時，後宮嬪妃又擴充至十四個等級：昭儀、婕妤、娙娥、容華、美人、八子、充依、七子、良人、長使、少使、五官、順常、無涓等。

　　魏明帝時，於王后以下定爵秩十三等。晉武帝參照魏制於皇后下設三夫人（貴嬪、夫人、貴人）、九嬪（淑妃、淑媛、淑儀、修華、修容、修儀、婕妤、容華、充華），九嬪之下還有美人、才人等爵秩。南北朝時，尊承晉制，只在名稱上有所不同。

　　隋煬帝即位，大選美女，擴充後宮，除設三貴人、九嬪、二十七世婦、

八十一御妻外，還有六尚、六司、六典，侍奉宮中雜役。唐代后妃制與隋略同。

北宋重禮儀，內廷宮制與唐代無大差異。遼、夏、金、元雖係游牧民族，但建國後亦以漢族后妃體制為楷模。明初內廷后妃制肅嚴。明中期以後，皇后以下有六妃（賢妃、淑妃、惠妃、順妃、康妃、寧妃），又立六局（尚宮、尚儀、尚服、尚食、尚寢、尚功）和一司（宮正司）。

清朝入關後，重新規定了宮女的數額和等級。皇后稱福晉，是「可敦」二字的轉音。至康熙帝以後，后妃體制日臻完備與鞏固，皇后居中宮，下有皇貴妃、妃、嬪、貴人、常在、答應，分居東六宮與西六宮。至此，俗言所說「三宮六院」體系最終形成。為了保持清種族的純正，宮中規定不蓄漢女，但在清後期已打破這種舊制。

古代帝王「立子殺母」的由來

「立子殺母」始於漢武帝劉徹。劉徹在位期間立有太子，後來太子以罪被廢，其餘皇子如燕王劉旦、廣陵王劉胥等品行不端，就想傳位於幼子劉弗陵。弗陵母趙氏，封鉤弋夫人，年輕聰明，引起劉徹的疑慮，擔心以後弗陵「年稚」而「母少」，「女主專恣亂國家」。為防患於未然，他藉故把鉤弋夫人殺掉。此後，「立子殺母」便時有發生。

北魏前期實行立子殺母制，《魏書・明元帝紀》載：明元帝拓跋嗣被立為太子，父道武帝拓跋珪賜其母劉貴人死，對嗣云：「昔漢武帝將立其子，而殺其母，不令婦人後與國政，使外家為亂，汝當繼統，故吾遠同漢武，為長久之計。」

後經明元、太武、文成、獻文、孝文幾代均不改。至宣武帝元恪篤信佛法，「立皇子（元）詡為太子，始不殺其母。」

由於立子殺母制過於殘酷，北魏之後，各朝均不實行。如清咸豐帝臨死，傳位於載淳（即同治帝），擔心其母慈禧干政，有人便建議效「鉤弋故事」，咸豐帝不忍採納，於是慈禧逃過一劫。

古人的避諱制度是怎樣的

中國避諱的習俗歷史悠久，早在西周時期，就有「二名不偏諱」之說，即官名和人名都與天子名字相同的字，只避諱一字就可以。

秦漢時代，避諱制度漸趨完備。秦始皇生於正月，取名「嬴政」，下令把「正月」改稱「征月」或「端月」。這是秦朝國諱的一項內容。西漢司馬遷著《史記》不用「談」字，是因為其父名叫司馬談，這是避家諱。

唐宋時代，避諱制度更加嚴格，除了本字頭，連音同、音近的字也要避，唐代並且要求七世以內的君主的名字都要避諱。宋代的國諱比唐代更進了一步，七世以外的君主的名字也要避諱。宋代把「鏡子」叫做「照子」或「銅鑑」，是因為宋太祖的祖父叫趙敬。「敬」與「鏡」同音，就犯了避諱，需要用其他字來代替。

清代大興文字獄，國諱最多也最嚴。如順治皇帝名叫愛新覺羅·福臨，乾隆帝見門楣上寫有「五福臨門」，便下詔責問，命令全國不准再在門楣上題寫這四個字，違者治罪。

古代帝王為何祭孔

在古代，孔子被稱為「素王」，意思就是指有聖王之德與才、無聖王之爵與位的人。作為中國思想界的第一人，歷朝歷代都對孔子推崇備至。

漢時，封建帝王開始給孔子上封號，漢平帝追封孔子為公爵，稱「褒成宣尼公」。東漢和帝永元四年，改封孔子為「褒成侯」。此後，孔子的封號越來越多，唐高宗詔贈孔子「太師」封號，後周太祖廣順二年（西元952年），追封孔子為「至聖文宣師」，明世宗定孔子謚號為「至聖先師」，等等。

帝王們不僅給孔子這樣那樣的封號，甚至親臨孔子出生地祭孔，這一形式也作為帝王們的一項傳統承襲下來。

歷史上第一位祭祀孔子的帝王是漢高祖劉邦。劉邦起初不太重視儒學，

但劉邦得天下後，只從儒生叔孫通的建議規範臣下的行為，實行休養生息的政策，社會馬上安定下來，經濟得到了恢復，劉邦這才感覺出當皇帝的尊嚴來。這些引起了劉邦對儒學的興趣。

劉邦於是來到曲阜，用太牢（豬、牛、羊三牲）祭奠孔子，並且還封孔子的九世孫孔騰為「奉祀君」，專職奉祀孔子。劉邦成為中國歷史上第一位祭祀孔子的皇帝。

古人如何定「諡號」

一本書讀懂國學

中國古代帝王、諸侯、大臣等具有一定地位的人死去之後，根據他們的生平事蹟與品德修養，評定褒貶，而給予一個寓含善意評價、帶有評判性質的稱號，並相沿成為制度，這種制度稱為諡法，所給予的稱號名為諡號。

諡法始於西周（夏商時代的王沒有諡號，往往直呼其名，稱呼多用干支，如太甲、孔甲、盤庚、帝辛等）。周公旦和姜子牙有大功於周室，死後獲諡。這是諡法之始。

諡法制度有兩個要點：一是諡號要符合逝者的生平；二是諡號只能於死後由別人評定並授予。君王的諡號由禮官確定，由繼位皇帝宣布；臣子的諡號則由朝廷賜予。諡號帶有總結、蓋棺定論的性質。

諡號有美諡、平諡、惡諡之分，美諡有文、武、景、烈、昭、穆、桓等；平諡有哀、懷、潛、悼等；惡諡有煬、厲、靈等，如西周周厲王的「厲」便是對他予以斥責的惡諡。

先秦時的諡號以用一個字為常，也有用兩三個字的。漢代諡法制度日趨嚴密，朝廷中正式設立大鴻臚一職，管理王公列侯的諡法。宋代開了後代予大臣諡二字的先河。

明清時期，諡法內容基本固定下來。

首先，是各等級人員的諡號字數固定下來。如明代皇帝諡號為十七字，親王一字，大臣兩字；清代皇帝二十一字，碩親王一字，大臣兩字。

其次，賜諡權高度集中於皇帝手中，要取決於「聖裁」。帝王的諡號

一般是由禮官議定，經繼位的帝王認可後予以宣布，臣下的諡號則由朝廷賜予。諡號中還有一種私諡，就是有名望的學者、士大夫死後由其親戚、門生、故吏為之議定的諡號，是一種尊重的稱呼。

有些人的諡號由於經常被後人稱呼，幾乎成為他們的別名，如岳武穆（岳飛）、范文正公（范仲淹）等。

帝王賜姓有哪些情況

在封建社會，帝王具有至高無上的權利，他們可因一時之高興改變別人的姓氏，以示恩寵、嘉獎或懲戒。

一般來講，賜姓有三種情況：

一是賜國姓。這是帝王對受賜者的最高恩寵和嘉獎。這其中，最為著名的當屬鄭成功，唐王朱聿鍵在福州稱帝後，見鄭成功相貌堂堂，十分賞識，遂賜以國姓朱。東南沿海一帶的人於是稱鄭成功為「國姓爺」。

二是賜他姓。帝王賜姓也有不賜國姓而賜以他姓的。其中最為著名的當屬明三保太監鄭和，鄭和本姓馬，名三保，因在燕王府中做宦官時，跟隨朱棣多次立有奇功，所以，朱棣即位後就賜姓為鄭，以示嘉獎。

三是賜惡姓。這類賜姓猶如賜死，是一種嚴厲的懲罰。被賜者大部分是政治舞臺上的失敗者，所賜之姓一般都含有兇惡和不祥的意思，都是貶義的。如三國時的吳主孫皓十分暴戾，他害怕握重兵在外的孫秀和他爭奪政權，就派人偽裝圍獵去抓捕孫秀，誰知走漏了風聲，孫秀攜帶妻子連夜投奔了西晉。孫皓大怒，但又沒有地方可以撒氣，於是把孫秀的姓改為厲，以此來發洩心中的一腔怒氣。

帝王葬儀都有什麼樣的規格

中國古代，普天之下莫非王土，歷代帝王的葬儀，其規模之大，牽涉之廣，禮俗之煩瑣都難以盡數。歷朝歷代葬俗不盡相同，但卻都表現出規模宏

大、莊重肅穆的特點。

歷代帝王對自己百年之後的歸處都做了周全的打算，他們生前不僅大建宮殿為其享樂之用，還要大造墓葬作為死後的安身之處。歷代帝王對墓葬的修建是無休無止的。其中最為著名的也許就是秦始皇了。

在今天看來，秦始皇可謂是皇帝中的典型。西安的秦始皇陵以其宏大的規模、雄偉的氣勢被視為「世界第八大奇蹟」。秦陵為當代的人們瞭解古時的歷史文化和社會狀況提供了可靠的依據。但當時役使民眾為其修築陵墓，弄得勞民傷財，也是導致秦朝滅亡的一個主要因素。

皇帝死後不光有奢華的陵墓和陪葬品，其禮儀的煩瑣也令人瞠目結舌。不僅朝廷內外官員，皇親國戚要著孝服，而且宮中的宮女、太監、民間百姓都要服喪。皇帝死後百日，民間禁止嫁娶和一切娛樂活動。這些制度都是不合理的。

皇帝的葬禮隆重而煩瑣，其中最為殘酷的部分是以宮中婦女殉葬。野蠻的人殉習俗本是奴隸社會的產物，卻為封建帝王原封不動地繼承下來。秦始皇落葬時，二世胡亥命令「先帝後宮」中，沒有生育的嬪妃全部「從死」殉葬，實際執行情況更駭人聽聞，為了防止陵墓機密的洩露，大批建墓工匠和送葬夫役全被殺害在陵墓內。據《漢書》記載，這次殉葬的人數多達萬人。

秦亡以後，歷代帝王於殉葬之事多所隱諱，但披露於史料的仍舊不少，明朝公然將殉葬定為「天子」喪葬制度的一部分。朱元璋死後，後宮婦女葬者達46人，其中有11人是活埋的。明成祖、明仁宗、明宣宗和明景帝的喪葬也都採用婦女殉葬。《朝鮮李子朝世家實錄》記載了永樂二十二年逼殉宮女的悲慘情景：「帝崩，宮人殉葬者三十餘人。當死之日，哭聲震殿閣……」

「報生禮」有什麼講究

所謂「報生禮」，就是嬰兒出生後，父親和家人以不同方式到嬰兒外公外婆家、親朋鄰居家報告喜訊的禮節。中國疆域廣闊，各地流傳的報生禮也不盡相同。

嬰兒誕生後，首先要去外婆家報喜，俗稱「送喜果」，是中國古代普遍流行的一種習俗，今天大部分農村仍保留這種習俗。有新生兒父親去報喜的，常會攜帶荔枝、龍眼、花生及染成紅色的雞蛋（俗稱「紅蛋」或「喜蛋」）等禮物，但以紅蛋為主。紅蛋的數目，生男為單，生女為雙，有的地方生女不送紅喜蛋。

外婆家接到禮物後，會準備喜蛋、衣裙等物送還。接到外婆家所送的喜蛋，要按照男單女雙的數目分送親友，而親友則以火腿、桂圓饋贈，現代社會生活中的「發喜糖」、「發紅蛋」的習俗，就是這種「送喜果」習俗的沿襲和繼續。

從中國古代的報生禮儀中，還可以看出一種明顯的「男尊女卑」思想。舊時，生男被稱為「弄璋之喜」，璋是佩玉，表示富貴、尊貴，要大慶賀；生女被稱為「弄瓦之喜」，瓦是紡錘，表示女工，慶賀從簡。

在「報喜」時也一樣，小孩出世時，如果是男孩，接生婆就會對生母大叫「大喜」，如果是女孩，接生婆則不說話。一些地區或一些少數民族，若生女孩，娘家的賀生禮物明顯要少於生男孩。

「三朝禮」有什麼講究

嬰兒出生三日後，要舉行三朝禮。在清末，三朝要燒太均紙。燒此紙是為了拜謝太均娘娘送子的恩典。

三朝要為嬰兒舉行洗三儀式。清崇彝的《道咸以來朝野雜記》中有錄：「三日洗兒，謂之洗三。」洗兒時，浴盆中放上喜蛋和金銀飾物等。洗完後，取喜蛋在嬰兒額角摩擦，以避生瘡。用金銀飾擦之，以免嬰兒受驚嚇。然後，取嬰兒父親的鞋一隻，碎缸片一塊，肉骨一根，與嬰兒合稱，俗稱「上稱」，取意為嬰兒長大後有剛（缸）骨，繼承父志。這一日，還要用紅帶將嬰兒雙手繫上，以象徵孩子將來必定安靜，不會胡為。

「滿月禮」有什麼講究

滿月禮，即在孩子滿月時舉行的禮儀，很隆重，也很熱鬧。隨著嬰兒的滿月，很多禁忌也隨之解除，所以，主人要請親朋好友來喝滿月酒。據《東京夢華錄》記載，宋朝的小兒在滿月時，主家會在盆中燒上香湯，親友來時，就將錢撒在湯中，稱「添盆」。這是一種獨具特色的饋贈儀式。

另外，滿月時還有剃胎髮、出門遊走等習俗。剃胎髮是滿月禮中的一項重要習俗，多由舅舅主持，這是母系社會人際關係的某種遺留。剃頭時，額頂要留「聰明髮」，腦後要蓄「撐根髮」，眉毛則要全部剃光。剃下的頭髮還要收藏好。這種習俗一直延續至今。

滿月遊走，也叫滿月逛街，是一種為嬰兒祈求吉祥的活動。據《東京夢華錄》載，宋代在滿月禮落胎髮之後，便「抱牙兒入他人房」，一般是由外婆或舅舅抱去禮節性地小住，謂之移窠或挪窩。目的是讓嬰兒象徵性地見見世面，以便將來有出息、有膽識，成為一個精明能幹的人。

「百日禮」有什麼講究

百日禮，又叫百晬，《東京夢華錄》有言：「生子百日置會，謂之百晬。」晬，嬰兒周歲之謂也。又稱百歲，明沈榜《宛署雜記》說：「一百日，曰嬰兒百歲。」所以，過百日也叫過百歲。

百有圓滿、完全等意義，所以，百日禮多在「百」字上做文章，其中最有特色的就是百家衣和百家鎖了。

所謂百家衣，是指親朋好友斂百家之布頭，拼縫而成的小孩子衣服。斂布之時，儘管鄰家皆樂助「百家衣」之成，但一般紫色的布頭是不肯輕易給人的。因為「紫」與「子」諧音，誰都不願將「子」送給別人。要討要紫色布頭，一般要到孤寡老人家裏。

很明顯，民間的這種習俗是仿「和尚衣」，即「百衲衣」而來的。古時候，孩子出家當和尚，主要是因為小孩子從小多災多病，難以養活，父母沒

一本書讀懂國學

有辦法，這才忍疼割愛，交給佛門，讓他吃百家飯，穿百家衣，得以生存。

百家鎖也是一種集百家之金銀打製而成，或由多個人家合送的象徵物。鎖上多有「長命百歲」、「長命富貴」等祝福吉祥的文字或圖案，所以，也叫長命鎖。

「周歲禮」有什麼講究

周歲，既是誕生禮的總結，也是壽禮（生日禮）的開始，所以，一般慶祝時都比較隆重。所送的禮品多為衣服、鞋、帽，其中鞋子是必不可少的，因為此時孩子已能蹣跚行走了。舊時以送虎頭鞋為最多，因為民俗認為老虎為百獸之王，穿上虎頭鞋可以避邪壯膽，富貴長壽，並且說：「穿上虎頭鞋，力大踢死虎。」

周歲禮中流行最普遍的是抓周，也叫拈周或試周等。

一般是父母在孩子剛滿一周歲那天，在吃中午那頓「長壽麵」之前，要在他（她）面前放上一些有代表性的東西，諸如筆墨紙硯、珍寶玩具、服飾胭脂、瓜果點心等，不予以任何誘導，任其挑選，看孩子抓取何種對象，預測其一生的性情和志趣。這種儀式名叫「抓周」，又稱「晬盤」、「試兒」，也是中國一項古老的風俗。

據史書所載，此風俗始於魏晉南北朝。《顏氏家訓‧風操》有述：「江南風俗，兒生一期（一周歲）為製新衣，盥浴裝飾，男則用弓矢紙筆，女則用刀尺針縷，並加飲食之物及珍寶服玩，置之兒前，觀其發意所取，以驗貪廉智愚，名之為試兒。」

當時，人們認為，如果嬰兒抓弓矢，長大後習武為將；抓紙筆，長大後習文為儒；如抓珍寶服玩，則長大後貪婪愛財或玩物喪志；女嬰如抓刀尺針縷，長大後即為賢妻良母……

「冠禮」，古代男子成人的標誌

冠禮，俗稱成年禮、成丁禮，是古代男子成人的標誌。

在中國古代，男子在加冠前稱為「童子」，接近加冠的年齡稱為「弱冠」之年。據《禮記・曲禮》：「男子二十，冠而字。」「冠而字」就是「加冠稱字」。這是因為在古代，每個人都有名和字。名是在人出生三月便取定的，而字則要等進入成年後才取，由成年禮上制定宣布後使用。因此，成年禮也就是人生中的第二次命名禮，或叫稱字禮，有著十分重大的意義。

冠禮，經書記載，最早實行於周代。據《禮記・士冠禮》的記載，冠禮是在宗廟裏舉行的，由父親或兄長主持儀式。日期為二月，冠前十天內，受冠者要先卜筮吉日，十日內無吉日，則筮選下一旬的吉日。然後將吉日告知親友。及冠禮前三日，又用筮法選擇主持冠禮的大賓，並選一位「贊冠」者協助冠禮儀式。

行禮時，主人（一般是受冠者之父）、大賓及受冠者都穿禮服。先加緇布冠，表明他已成人，有了成人所應有的一切責任和權力，可以管理人了；次授以皮弁，表示從此要服兵役了；最後授以爵弁，表明從此有權參加祭祀了。

每次加冠完畢，都由大賓對受冠者讀祝辭，再由大賓為他取字，然後主人送大賓至廟門外，敬酒，同時以束帛儷皮（帛五匹、鹿皮兩張）作為報酬，另外，再饋贈牲肉。受冠者則改穿著禮帽禮服去拜見君，又執禮贄（野雉等）拜見鄉大夫等。至此，成人的加冠禮全部結束。

若父親已歿，受冠者則須向父親神主祭祀，表示在父親前完成冠禮。祭後拜見伯、叔，然後饗食。

在古代，普通的士子，沒有行冠禮，就不能擔任重要的官職。而帝王不行冠禮，就不能執掌朝政。漢景帝在臨死前，抱病給漢武帝行冠禮，就是這個原因。

一本書讀懂國學

「笄禮」，古代女子的成人禮

笄禮，是漢族女孩的成人禮。笄禮的古義，是女子訂婚（許嫁）以後出嫁之前所行的禮，是對人生責任、社會角色的提醒。

笄，為盤頭髮用的簪子。所謂笄禮，就是將頭髮挽起來，用笄簪上。

禮經中關於笄禮並無像冠禮一樣的詳細記載。《禮記・曲禮上》說：「女子許嫁，笄而字。」《禮記・內則》：「女子十年不出，十有五年而笄。」可見，女子在十五歲許嫁之時舉行笄禮，結髮加笄，也要取「表字」，故《儀禮・士昏禮》言：「女子許嫁，笄而禮之，稱字」。另外，《禮記・雜記》還載：「女雖未許嫁，年二十而笄，禮之」，意思是女子到了二十歲，雖然還未許嫁，這時也要舉行笄禮，表示今後要以成人相待。

笄禮的儀式大體依據男子冠禮演變而來，不過，主持者是女性家長，負責加笄的是女賓。南朝梁代禮學家賀場說，笄禮是由主婦為笄者結髮著笄，由女賓以酒醴禮之。《宋史・禮志》對公主笄禮有較詳敘述，可讓今人得識公主笄禮實況：

笄禮在宮中殿庭舉行，皇帝親臨。笄禮始加冠笄，再加為冠梁，二加為九翬四鳳冠。祝辭及取字之辭也多套用男子冠禮。禮畢，公主拜見君父，聆聽訓辭：「事親以孝，接下以慈；和柔正順，恭儉謙儀；不溢不驕，毋詖毋欺；古訓是式，爾其守之」。然後，笄者再接受皇后、妃嬪的祝賀。

至明代，笄禮即廢而不用。在民間，笄禮逐漸消泯或與其他禮儀合併，如後世婚禮便有了成年禮儀的涵義，婚典前的「修眉」、「開臉」就標示了這一點。且大婚之禮本身就宣告了當事者的成人。

古人的生日與祝壽有哪些講究

人們往往在誕辰之日舉行賀誕祝壽的活動。古時，生日，又稱生辰，祝壽，也叫賀壽或拜壽。年輕人慶祝生辰，只能稱「過生日」、「做生日」，不能稱「做壽」，因為「壽」是年齡長久之稱：年滿六十或以上者慶祝生

辰，才可稱為「祝壽」、「做壽」。

中國古代有很長一段時間，人們是不過生日的。很長一段時間內，人們祝壽也不是在生日那天進行。直到殷商時代，人們才有了生日的概念。不過，生日只是出於對太陽神的崇拜，父母用小孩出生之日的干支為孩子起名，沒有慶賀生日的活動。

中國人過生日的習俗，大約是從南北朝時開始的。據北齊文學家顏之推的《顏氏家訓》說，當時在江南就盛行慶賀小孩周歲的習俗。

成人過生日則見於唐代的記載，當時以做生日煎餅為賀。到兩宋時期，有了做壽的習俗。當時，朝政腐敗，做官的過生日，僚屬都要獻壽禮。《水滸傳》一書中，就有一段「送生辰綱」的故事。

除祝壽外，民間還有借壽之俗。過去，人們以為人的壽命由天定，但也可以像物品一樣借用。一般是因人病入膏肓，又希望延壽，於是親友中的一些人，自願借壽一歲，自願借壽的人擇一吉日，齋戒沐浴，到宗廟虔心拜祝，告訴閻王自願借壽給病人。

古人的飲酒習俗是怎樣的

古代飲酒的禮儀約有四步：拜、祭、啐、卒爵。就是先做出拜的動作，表示敬意；接著把酒倒出一點在地上，祭謝大地生養之德；然後嘗嘗酒味，並加以讚揚令主人高興；最後仰杯而盡。

在酒宴上，主人要向客人敬酒（叫酬），客人要回敬主人（叫酢），敬酒時，還要說上幾句敬酒辭。客人之間相互也可敬酒（叫旅酬）。有時還要依次向人敬酒（叫行酒）。敬酒時，敬酒的人和被敬酒的人都要「避席」，起立。普通敬酒以三杯為度。

「磕頭」的由來

在兩三千年以前，中國人就以磕頭跪拜來表示禮貌尊敬了。現在，雖

然用得少了，但在祭祀、拜神，或是婚喪大禮的時候，仍經常看到磕頭的禮節。磕頭是怎麼來的呢？

在東漢之前，是沒有椅凳的，人們都是席地而坐的，下至平民百姓，上至豪門貴族甚至萬人之上的帝王，一律坐在地上。區別只在於，有沒有坐墊、何類坐墊而已。當時，人們坐於地時，為了方便站立起來和臀部下腹不受潮濕和寒氣，人們習慣兩膝著地，屁股坐在自己的兩腿和腳跟上。

這樣坐時，當有客人或長輩到來，或談話中要表示感謝時，很自然地就會從跪坐變成引身而起，即上半身直立起來，變成只小腿著地的跪姿，接著俯身曲背雙手撐地表示恭敬，跪拜禮由此形成。再後，發展成多次俯身，即磕頭禮了。

漢代後，有了凳子、椅子，出現了雙手抱拳的作揖禮，以及再後的點頭鞠躬禮。但在表示最大恭敬時，人們仍沿用下跪磕頭的習俗，直到現在。

「跪拜」禮是怎麼出現的

在中國古代，跪拜禮是最常見的一種禮節。「伸腰及股而勢危者為跪，因跪而益至其恭，以頭著地為拜。」

跪拜禮的出現與當時的物質條件和人們的生活習慣有關。古人坐時，要兩膝著地，然後臀部坐於後腳跟之上，腳掌向後向外，實際上就相當於我們現在的跪。在接待賓客向客人致謝時，為了表示尊敬，坐著的人往往伸直上半身，也就是「引身而起」，然後俯身向下，這樣就逐漸形成了跪拜禮。

桌椅發明後，行跪拜禮愈發顯得不便，但對於受禮人卻更有意義，一是更能體現尊卑之別；二是由於施禮人兩膝著地，以頭著地，難有攻擊性動作，對於受禮者比較安全。因此，這一禮節就流傳了下來。雖歷經王朝百代，卻依舊盛行不衰。

「九拜」是說連續拜九次嗎

在一般的理解中，「九拜」就是連續拜九次，而禮法上的「九拜」真是這樣嗎？

《周禮‧春官‧大祝》云：「辨九拜：一曰稽首，二曰頓首，三曰空首，四曰振動，五曰吉拜，六曰凶拜，七曰奇拜，八曰褒拜，九曰肅拜。」原是祭祀鬼神時的禮節，後來演變為君臣、長幼、尊卑間的禮節。九拜當中，前三種屬於正拜，後六種依附「正拜」演化而來，又稱「附拜」。

稽首。「稽」就是留的意思。是臣拜君，子拜父，弟子拜老師，新人拜天地以及祭祀上墳等場合的隆重大禮。行禮時，屈膝跪地，拱手於地，手在膝蓋前，且左手按在右手上，然後頭緩緩地伏在手前面的地上，並停留較長一段時間。

頓首。這種禮屬於地位相等或平輩間相交的一般禮節。拜時頭，手觸地，觸後即起。由於頭觸地面的時間很短，所以，叫「頓首」。這種禮同現在的鞠躬禮近似。

空首。空首也叫拜手，或簡稱拜。是古代國君回答臣下的拜禮。所謂「空」，就是頭並沒有真正叩到地面。行禮時，拜跪在地上，先以兩手拱至地，然後行頭至手。

振動。振動也叫振董。由於《周禮》無明文說明，所以，後世多猜測之詞，至今沒有一個定論。

吉拜。吉拜是一種喪拜，是非三年之服者所行的一種喪拜。拜時，先空首，後頓首。拱手時男尚左手，女尚右手，即男左手在外，女右手在外。

凶拜。凶拜也是一種喪拜，是三年之服者所行的一種喪拜。拜時，一般先頓首，後空首。拱手時男尚右手，女尚左手。其程序與左右手的位置和吉拜剛好相反，是一種重於吉拜的喪拜。

奇拜。奇拜也有兩種說法。一種認為是漢朝時稱為雅拜的一種拜禮，拜時，先屈一膝，然後再空首拜；一種認為奇是奇偶之奇，即只拜一拜的拜禮。

褒拜。褒拜指拜兩次以上的拜禮,是一種表示恭敬的跪拜禮。古人行禮多用一拜,再拜三拜都是用來表示恭敬的意思。「褒」是大的意思。

肅拜。肅拜也叫手拜,在幾種禮節中,肅拜為最輕的跪拜禮,在軍中使用。由於兵士甲冑在身,所以,只直身肅容,微微下手以拜即可。肅拜也是女子常用的跪拜禮。行禮時,雙膝跪地,手至地面,而頭不下垂。

在各色拜禮中,常禮為兩拜稽首,有時也為三拜稽首。三跪九叩首為大禮。

「拱手」的姿勢為何像帶手枷的奴隸

拱手是古人最普遍、最常用的一種交往禮節,也叫捧手。這種禮節在現在見面或答謝時還經常用到。施禮者兩手合抱於胸前,一般是左手在外,右手在內。但是如遇凶喪,則應該反過來。

拱手禮在周朝時已經很普遍了。《禮記・曲禮上》說:「遭先生於道,趨而進,正立拱手。」《論語・微子》也有子路遇丈人「拱而立」的記載。從這些記載來看,拱手禮主要用來表示對長者的敬意。

據考證,拱手的姿勢最初是雙手抱拳,模仿前面帶手枷的奴隸,意思是願為對方做奴僕,供其驅使。古人的自謙語中有一個「僕」字,「僕」就是奴隸、奴僕,似乎也正是一個佐證。《爾雅・釋詁》釋「拱」為「執也」,《甲骨文編》收「執」字32個,均為枷住人雙手之狀。看來拱手禮就是用這種與戴手枷的奴隸相似的形狀來表達對對方的敬意的。

「作揖」有哪些講究

作揖也是古代常用的相見禮儀。作揖時,兩手抱拳於前,輕微晃動,身體略彎,以此向人表示問候、致謝、邀請或討教等意思。行禮時,還常伴以敬辭或謙辭,並因對象的不同而有土揖、時揖、天揖、長揖和高揖的種種區別。

土揖是對沒有姻親關係的異姓所行的揖禮。行禮時雙手稍稍往下，微微俯身。

時揖是對有姻親關係的異姓親族所行的揖禮。行禮時雙手從胸前平推，俯身。

天揖是對同姓親族所行的揖禮。行禮時雙手從胸前微微向上推舉，俯身。

長揖是對尊長者所行的揖禮。行禮時身體站直略折，兩手合抱，拱手高舉，然後自上而下緩緩移動。

高揖多為平輩間所行的揖禮。行禮時雙手高高拱起，不需彎腰俯身。

作揖是以拱手為基本姿勢而輔以上下動作的一種禮節。行拱手禮時雙手是不動的，而作揖雙手則須有相應的動作，兩者原先是不相同的兩種禮節。但後人在行此禮時，多分不清它們的區別而逐漸混為一禮了，所以，常連名稱之為「拱手作揖」或「打拱作揖」。

「長跪」有哪些講究

雙膝跪地，上體伸直，離開小腿，這個動作就叫「長跪」，也叫跽。行這種禮時以示莊重。

古漢語中，坐、跪、跽這三個詞的動作姿勢有一個相同的地方，那就是膝蓋都是著地的。它們的區別只在於臀部是否靠著腳跟和上身是否挺直。

坐為臀部靠著腳後跟的姿勢，這是一種相對比較安穩舒適的姿勢。

跪為臀部離開腳後跟的姿勢。這種跪姿與坐相比顯得較為謙恭有禮。《穀梁傳‧僖公十年》：「君將食，麗姬跪而請曰：『食自外來者，不可不試也。』」由於跪姿臀部懸浮，不太安穩，所以，又稱「危坐」。東方朔《非有先生論》：「吳王矍然易容，捐薦去幾，危坐而聽。」呂延濟注曰：「危坐，敬之也。」

跽為臀部離開腳後跟且聳身直腰的姿勢。《史記‧孟嘗君列傳》：「秦王跽而問之曰：『何以使秦無為雌而可？』」秦王向馮諼請教時，為表示自

己對他的敬意而跽。但跽有時也可用來表示心情急切或緊張的狀態。如《史記・項羽本紀》：「噲遂入，披幃西向立，瞋目視項王，頭髮上指，目眥盡裂。項王按劍而跽，曰：『客何為者？』」項王對樊噲的突然闖入，心中有所戒備而「跽」了。

由於跽是在跪的基礎上聳身直腰的，腰挺直以後，身體似乎有所加長，所以，就有了長跪的說法。《史記・留侯世家》：「良業為取履，因長跪履之。」《孔雀東南飛》：「府吏長跪告：『伏惟啟阿母。』」長跪多為晚輩對長輩表示敬意的姿勢。

在先秦的古文中，「作」有時也是長跪的意思。如《論語・先進・侍坐章》寫孔子問各弟子的志向，問到曾皙時，寫他「鼓瑟希，鏗爾，捨瑟而作」。這裏的「作」就是起，也就是長跪。這是當時學生回答老師問題時必須有的禮節，就像現在的起立回答問題一樣。

古代男子見面怎樣「唱喏」問候

唱喏，古代男子見面禮節之一。一般是地位低的人在見尊長時，以口中之「喏」聲來表達問候、敬意和祝頌等意思。所謂「唱」，就是將口中的「喏」聲拉成長音。起初，東晉時王氏子弟用唱諾為禮，當時人頗以為異。但後來卻又逐漸盛行開來。《清平山堂話本・簡帖和尚》：「開茶坊的王二拿著茶盞，進前唱喏奉茶。」

唱喏還有種種不同。聲音洪亮而且拖得較長的唱喏稱肥喏或大喏；眾人同聲唱喏的則叫眾喏。古人唱喏時，一般常伴有作揖的動作，邊作揖邊唱喏。如果只是作揖不唱喏，那就叫做啞揖了。

「投刺」（投遞名片）有什麼講究

古時候把名片叫做「名刺」，明清兩代，社會交往特別盛行用名片。那時士人出門拜客，先行「投刺」之禮。就是先將自己的名片遞上，讓主人知

道是誰來拜訪。

據徐珂《清稗類鈔》記載：「京師固冠蓋雲集之地，名士之館於斯者，輒懷刺訪友，倒屣接賓，日不暇給。」有的人家裏「一日間往謁之客，多者以百計」，「途為之塞」，可見，京城社交中名片使用之盛。在拜客應酬中，又盛行只投刺、不見面的陋習，是為「望門投刺」。

明清時，在使用名片上還有不少講究，反映出社會交際中人們的尊卑等級、一定的禮俗和世風，投刺的規矩、禮節不能馬虎。

按照禮法，位尊者才可用紅名片。親王的名片與眾不同，顯得高人一頭。據王世貞《觚不觚錄》說：「親王投刺，例不稱名，有書王者，有書別號者，體至尊也。」

人們只要看名片上寫的「王」字或別號，就知道是親王尊駕到了。那些位尊者連名片的稱謂、顏色、投遞次數都頗有研究，都要顯出尊貴的身分來。投刺拜謁重資格、講輩分，必須很有耐心才行。

《清稗類鈔》還記載，光宣年間，誰家有喪事，則在自己的名片四周卷上黑框，或在姓的左角寫「制」字，期服以外之喪，則在姓的左角書「期」字。以此向別人表示自己有喪事在身。而已嫁婦女的名片上要「輒增夫家姓氏」，以表示自己有了婆家。

一些人在名片上做文章，名片質地或用紅綾，或鏤金鑲銀，製作也更加考究，於投刺拜客之機，鑽營巴結，暗通關節。有一首竹枝詞對此作了揭露：「大字職名筆劃工，門前投遞紙鮮紅。都鏤拜客無他用，關節曾防暗裏通。」

古人對見面禮也有規定嗎

「執贄」，就是見面禮。古代拜謁時是不能沒有見面禮的，但同時又有「不以珍奇為贄」的習俗。《禮記》說：「天不生，地不養，君子不以為禮。」這是古人送禮的原則。

按周禮的規定，執贄應視對方身分的不同而有所不同：天子以鬯（一種

以鬱金香泡黑黍釀成的酒）為贄，諸侯以玉為贄，卿以小羊為贄，大夫以雁為贄，士以雉為贄，百姓多以匹（家鴨）為贄，婦女則多以水果和乾果等為贄。如果是在野外或軍中，那麼，馬纓和箭矢等也可以為贄。

　　總之，古人拜客是不能沒有禮物的。只是這種稱為贄的禮物不同於現在拜客時的禮物：一是不能根據自己的經濟條件隨意地選擇以何物為贄，何人該以何物為贄是確定的，是完全由禮制以及本人的社會地位決定的。二是贄其實並非饋贈的禮物，執贄只是一種禮節性的行為，除了表示社交禮貌外，主要是用來表明身分。

　　按照禮儀和禮制的規定，客人來訪之後，主人也要回拜，所謂「來而不往非禮也」。如果是有來無往，就會被看成是一種失禮的表現。《論語・陽貨》：「陽貨欲見孔子，孔子不見，歸孔子豚。孔子時其亡也而往拜之。」陽貨想讓孔子來見自己，孔子不願意去見他。陽貨就採取拜訪送禮的辦法逼孔子來見自己。孔子也巧妙地在陽貨不在家的時候去回拜，既做到了不失禮，又避免了和陽貨的見面。

　　上古時回拜一般以異日為敬，後來回拜的時間可視情況而隨意確定，方式上也有了不少變化，如富家就多以名刺投帖的方式來示意致敬。

古人的謙稱因身分不同而有什麼差別

　　中國古人在說話時非常注意稱謂，在提到自己時，一般都會使用謙稱，稱對方時則用尊敬之語。在說自己時，謙稱又因身分不同而千差萬別。

　　最常見的為「鄙人」。「鄙人」的本意是指居於郊野的農人，引申為無地位、無文化之人，即所謂鄙俗之人。古人常用來表示自己地位不高，見識短淺。

　　另外，「愚」，謙稱自己不聰明。「敝」，謙稱自己或自己的事物不好。「卑」，謙稱自己身分低微。「竊」，有私下、私自之意，使用它常有冒失、唐突的含義在內。「臣」，謙稱自己不如對方的身分地位高。「僕」，謙稱自己是對方的僕人，使用它含有為對方效勞之意。

帝王稱呼自己則常用「寡人」、「孤」等詞，孤指單，寡指少。君主稱「孤」道「寡」，是一種自我貶損。「孤家寡人」後來成為君王的專有稱謂，其自謙的色彩也逐漸消失。

　　官吏在覲見上級時，則一般會謙稱自己為「下官」、「末官」、「小吏」、「卑職」等。下級將領在統帥面前稱自己為「末將」。

　　讀書人的自謙詞，有「小生」、「晚生」、「晚學」等，表示自己是新學後輩；如果自謙為「不才」、「不佞」、「不肖」，則表示自己沒有才能或才能平庸。

　　古人稱自己一方的親屬朋友時，常用「家」、「舍」等謙詞。「家」是對別人稱自己的輩分高或年紀大的親屬時用的謙詞，如「家父」、「家母」、「家兄」等。「舍」用以謙稱自己的家或自己的卑幼親屬，前者如「寒舍」、「敝舍」，後者如「舍弟」、「舍妹」、「舍侄」等。

　　古代女子的謙稱也有很多，如「妾」、「妾身」、「賤妾」、「奴家」。出家人自稱「貧僧」、「貧道」、「貧尼」等。

　　此外，因為古人坐席時尊長者在上，所以，晚輩或地位低的人謙稱「在下」；有一定身分的人自謙「小可」，意為自己很平常、不足掛齒；子弟晚輩對父兄尊長，自稱「小子」；老人自謙時用「老朽」、「老夫」、「老漢」、「老拙」等。

古人的尊稱又因身分不同有何差別

　　與謙稱相對，尊稱是表示尊敬客氣的態度。

　　在古代，最普通的尊稱是「君」，不論對方身分高低，都可稱「君」，意為「您」或「先生」。下級對上級以及平級之間，常用尊稱「公」，而在「公」前加姓，也是當時非常流行的稱謂，如稱李淵為唐公。「子」原是五爵之一，後演變為尊稱，如稱孔子、孟子、老子、莊子、程子、朱子等。

　　臣子稱君王則為「陛下」、「萬歲」、「聖上」、「聖駕」、「天子」等，稱太子為「殿下」，稱將軍為「麾下」，對使節稱「節下」；對三公、

一本書讀懂國學

郡守等有一定社會地位的人稱「閣下」，君王呼臣子為「愛卿」。稱別人的意見為「高論」、「高見」。稱別人的文章為「大作」。稱友人為「先生」、「足下」、「閣下」。稱和尚為「聖僧」、「高僧」。稱尊師為「夫子」、「師父」、「先生」、「先哲」等。

在提到對方或對方家屬時，敬稱有「令」、「尊」、「賢」等。「令」，意為美好。用於稱呼對方的親屬，如稱別人的父親為「令尊」，母親為「令堂」，親屬為「令親」、「令兄」、「令妹」，兒子為「令郎」，女兒為「令媛」，等等。

「尊」，用來稱與對方有關的人或物，如「尊公」、「尊君」、「尊府」（皆稱對方父親）、「尊堂」（對方母親）、「尊親」（對方親戚）、「尊駕」（稱對方）。「賢」，用於稱平輩或晚輩，如「賢家」（稱對方）、「賢郎」（稱對方的兒子）、「賢弟」（稱對方的弟弟）。

「仁」，表示愛重，應用範圍較廣，如稱同輩友人中長於自己的人為「仁兄」，稱地位高的人為「仁公」等。

稱謂前面加「先」，表示已死，用於敬稱地位高的人或年長的人，如稱已死的皇帝為「先帝」，稱已經死去的父親為「先考」或「先父」，稱已經死去的母親為「先慈」或「先妣」，稱已死去的有才德的人為「先賢」。稱謂前加「太」或「大」表示再長一輩，如稱帝王的母親為「太后」，稱祖父為「大（太）父」，稱祖母為「大（太）母」。

與謙稱的貶損意味不同，尊稱多為表示美好、高貴、高尚的字眼。這些稱謂有很多至今還在使用。

姓和氏最初是一回事嗎

「姓氏」是一個重要的文化傳承符號。據考證，最早的姓可以追溯到母系氏族社會，當時的人由於血緣關係的不同，也會分為若干氏族，每一個氏族都有一個族號，這個族號就是「姓」。不過當時還沒有文字，「姓」也只是在口頭上流傳。經歷了無數世代以後，開始有了文字記載，才有了現在的

「姓」字。姓字的古形字是「人」和「生」組成的，意為人所生，因生而為姓。《說文解字》說：「姓，人所生也。古之神聖，母感天而生子，故稱天子。從女從生，生亦聲。」

秦朝以前，姓和氏是含意不同、各有所指的兩個單音詞。氏字的出現，早在甲骨文中就有。清代文字學家朱駿聲在其名著《說文通訓定聲》中，釋「氏」字本意為木本，是植物之根，為象形字，後來被轉注為姓氏的氏，應是取木之根本的意思。「姓」的社會職能是表示一個人的血統來源，氏則是姓的分支和發展。

商周以前，「姓」用以區別婚姻，故有同姓、異姓、庶姓之說。中國最早的姓都帶有「女」字，如姬、姜、嬀、姒等，姓是由母權制社會中婦女的地位所決定的，其作用就是便於通婚與鑑別子孫後代的歸屬。「氏」用以區別貴賤，貴者有氏，而貧賤者有名無氏。氏同姓不同，婚姻可通；同姓不可通婚。西漢時期，姓和氏的區別分野已經微乎其微。後來就逐漸將姓氏混為一談，成為不可分割的詞了。

據說周代，是氏產生最為頻繁的時代。據知周王室同姓封國得氏近50個。還有異姓封國得氏高達60個。周朝過後，各種不同的氏也陸續出現，越來越多，甚至在數量上超過了姓。

姓氏在形成上也很有意思，有的以古國名為姓，如夏、商、周等；有的以城邑名為姓，如詹、鮑等；有的以先人名或字為姓，如高、刁等；有的以職官名稱為姓，如史、司徒、司寇等；有的以職業技藝為姓，如巫、屠、優、卜等。

郡望和姓氏有什麼關係

郡望，是古人用來表明自己出身名門望族的一種文化習俗。

秦漢以後，有的家族由於世居某地而人才輩出，有的家族由於戰功顯赫而世代高官，這些都可能在當地形成巨大的影響。而這些家族在當地所具有的政治、經濟或文化方面的巨大的威望，就會使自身成為當地人所仰望的對

象，從而成為一地之望族。當地人常以有此望族而感到驕傲，後人也常常會借用古代同姓者的這個地望來為自己增光，這在中國歷史上並不少見。

北宋的祖無擇是上蔡人，但他在題碑時卻自署范陽人，借用的就是晉代名人祖約和祖逖的地望。

韓愈是河內河陽人，但也自稱祖籍昌黎，這是因為昌黎的韓氏在唐代是望族，所以，韓愈就常以「昌黎韓愈」自稱，世人亦稱之為韓昌黎。其實昌黎的韓氏和韓愈的家族之間未必存有某種親族關係。

因為古人總喜歡把自己和歷史上曾產生過影響的人物聯繫起來，希望能和名人的血緣掛上鉤，希望自己的地望能叫得響，希望能讓別人明白自己的出身和來歷是非同一般。於是就有了太原王、汝南周、天水趙、穎川陳和隴西李、南陽張等以地名相標榜的姓氏，從而使姓氏和地域產生了某種固定的聯繫。

而姓氏一旦和地域聯繫起來，就有了高低貴賤之分，就有了所謂的「國姓」、「郡姓」、「州姓」和「縣姓」的等級差異。中古時代的南北朝至隋唐時期，當時的北方就有所謂的四大望族，即范陽盧氏、清河崔氏、榮陽鄭氏和太原王氏。

名、字和號有什麼區別

古人的「名」，是社會上一個人的特稱。古代早期的人名一般都很樸素，後來，隨著語言文字和文化觀點的發展，人名才變得越來越複雜。

「字」往往是「名」的解釋和補充，是與名相表裏的，故又稱「表字」。周代貴族男子年二十行冠禮，即結髮加冠，以示成年，也就是說，「字」是男女成年後才加取的，這表示他們已經開始受到人們的尊重了。

「號」是別人的稱號，即人的別稱。封建社會中的士大夫，特別是文人往往有自己的別號，如唐代李白，號青蓮居士，宋代以後，別號之風尤盛。

一般來說，名、字、號其實都是人的名稱，只是在取用的時候，才顯示出其間的不同。通常名、字多由父母長輩所取，其中多體現了長輩對子女的

期望與想法。別號則是使用者本人起的，並不受家族、行輩的制約，可以更自由地寄託或標榜自己的某種情操。

「行輩」能看出一個人的長幼次序

「行輩」是中國特有的表示家族縱橫關係的方式。行，指排行，是一個人在家族中的長幼次序。表示行輩的方法主要是用字，即以字入名，透過用字區分輩分、排行。

這些字因時代不同而各有特色，在先秦時期，最常見的行輩用字是：孟、伯、仲、叔、季，如伯禽、仲山、叔向、季路等，排行長幼一目了然。

之後的排行如長、次、幼、少、元等也很常見。長、元表示排行第一，如司馬長卿；次，是次子，指排行第二，如祭肜，字次孫；幼、稚，表示排行最末，如東吳孫堅的弟弟孫靜，字幼臺，東晉葛洪，字稚川；少，指弟弟，如東漢時人許荊上有兄長，字少張。

民間的普通百姓還常以數字為名表示排行。魏晉以後，表示行輩的字逐漸從字轉向名，這就是現在的家譜中一般的行輩字派了。如唐代杜甫的兩個兒子分別叫宗文、宗武，顏真卿、顏杲卿、顏春卿三兄弟則同屬顏家的「卿字輩」。

一些大家族通常規定出若干代的輩字，這樣，同一家族即使歷經數代，分散各地，從名字上也能分辨出輩分關係來。行輩字快要用完的時候，就由家族中德高望重的族長再次續字延長。

除了以字入名外，以偏旁作規定也是標明行輩的主要形式，如宋代「三蘇」中的蘇軾、蘇轍兄弟，偏旁都為「車」。

因為行輩有其特定的意義，因此，到了宋元以後，宗譜在中層以上的家族中十分盛行，甚至影響到了皇族。

古人如何確定座次位置

古時官場座次尊卑有別，十分嚴格。官高者居上位，位卑者處下位。秦漢以前，人們以右為尊，「左遷」即表示貶官。古代建築通常是堂室結構，前堂後室。在堂上舉行的禮節活動是南向為尊。

皇帝聚會群臣，他的座位一定是坐北向南的。因此，古人常把稱王稱帝叫做「南面」，稱臣叫做「北面」。室東西長而南北窄，因此，室內最尊的座次是坐西面東，其次是坐北向南，再次是坐南面北，最卑是坐東面西。

集群宴會中座次的排列，也是很有講究的。兩漢以前，人們習慣「席地而坐」，「上坐」，乃宴席的「尊位所在」，亦即「席端」。「席南向北向，以西方為上」，即以面朝東坐為上。在「室」內設宴，座次「以東向為尊」。而在位於宮室主要建築物前部中央坐北朝南的「堂」上，則是以南向為最尊，次為西向，再次為東向。

隋唐以後，開始了由坐床向垂足高坐起居方式的轉變，方形、矩形、圓形諸形制桌椅的出現，讓座次意義也有了新的改變。

以圓桌為例，它是應聚宴人多和席面大的要求而產生的，其最初讓用慣了方桌的人很不適應。清中葉以後，圓桌成為酒樓流行的餐臺式樣，座次一般是依室的方位和裝飾設計風格而定，或取向門、採光，或依廳室設計風格所體現出的重心與突出位置設首位。通常侍者會用餐巾折疊成花、鳥等造型擺臺，由於十分醒目，首位一望便知。

總而言之，上下前後左右的尊卑古今一樣。尊位既定，那麼，排座次的傳統規矩往往以官場中級別的高低為序，分就主次位。在民間，多以輩分長幼為序，長輩、長者坐尊位；在師門，則以進門的先後為序。

結髮禮有什麼講究

自古以來，人們習慣將原配夫妻稱為結髮夫妻。為什麼要這樣稱呼呢？要弄清這個問題首先得弄明白「結髮」的含義。

結髮是中國古代婚禮中的一個重要儀式。上古社會的結髮婚儀已不可考。據《曲禮》云：「女子許嫁，纓。」「纓」是一種絲繩。女子許配人家以後，便用它來束髮，以此表示她已有了對象。即「示有從人之端也。」直到她成婚時，那條絲繩才由新郎親手從她的頭髮上解下，這就是《儀禮・士婚禮》中說的「主人（婿）入，親脫婦之纓。」

可見，「纓」確是夫妻間的信物。漢、唐詩歌中，多有「結髮為夫妻，恩愛兩不疑」（漢・蘇武詩）、「與君初婚時，結髮恩義重」（曹植《種葛篇》）、「結髮為君妻，席不暖君床」（杜甫《新婚別》）之類的詩句，說的就是這種結髮婚儀。

到了唐代中、後期，「結髮」由婚前繫纓、成婚時脫纓，演變成新婚夫婦在喝交杯酒前，各剪下一綹頭髮，綰在一起表示夫妻同心。宋代孟元老《東京夢華錄・娶婦》記載：「凡娶婦，男女對拜畢，就床，男左女右，留少頭髮，二家出疋段、釵子、木梳、頭鬚之類，謂之合髻。」文中寫的就是這種婚儀。後來，人們就習慣將結髮夫妻作為原配夫妻的代名詞了。

「拜堂」的習俗有什麼講究

拜堂也叫拜花堂，俗稱拜天地。這是男女成婚最主要的一個儀式。但在拜堂之前，新娘卻還要經過許多儀俗。例如，迎親隊伍回到男家後，喜轎不能馬上進門，而要留在門外，據說這是在給新娘「憋性子」，能把新娘的脾氣憋得柔順。

喜轎到了院子裏後，還要從預先擺好的炭火盆上慢慢地跨過去，這叫「跨火盆」，意思是燒去一切不吉利的東西。

新娘從轎裏出來後，腳還不能踏地，所以，又有「傳席」的儀俗——地上鋪著紅氈毯，有人不斷地傳遞著朝前鋪，新娘踏席而行。後來也有用米袋的，叫「傳袋」，以袋隱代，取其代代相傳的意思。據說在這個儀俗中，新娘的腳不踏地，還隱含有不可得「地」，即不可讓她在男家有權有勢的意思。這反映了當時男尊女卑的習俗觀念。

這一切儀俗完了之後才是拜堂。江南的舊俗是男左女右，在司儀的引導下，「一拜天地，二拜高堂，三夫妻對拜」。按照古人的意思，男女相交是從結婚開始才具有了人倫之義，而結婚又是有「天神之兆」作依據的，所以，首先要拜天地；從結婚之日開始，新娘就成了男方家庭中的一員了，所以，又要拜父母；結婚之後，男女雙方兩個獨立的個體融合為一體，所以，還要新郎新娘交拜。

拜堂之後就是大宴賓客的宴請活動了。這也有許多講究，如座次的排列、菜肴的配置、敬酒和祝酒等，甚至還有大唱宴席歌的，以此來營造喜慶的氛圍，抒發歡快的情感。

「蓋頭」的習俗是怎麼來的

古時候的婚禮中，新娘頭上蒙著一塊別致的大紅綢緞，被稱為紅蓋頭，這塊蓋頭要入洞房時由新郎親自揭開。

最早的蓋頭約出現在南北朝時的齊代，當時只蓋住頭頂，用以避風禦寒。以後各族人民紛紛仿效，成為一種社會風氣。到唐朝初期，便演變成一種從頭披到肩的帷帽，用以遮羞。

據說，唐朝開元天寶年間，唐明皇李隆基要求宮女以「透額羅」罩頭，也就是在唐初的帷帽上再蓋一塊薄紗遮住面額。

從後晉到元朝，蓋頭在民間廣為流行，已成為新娘不可缺少的裝飾，而且新娘的蓋頭一般都選用紅色的。

關於新娘蒙蓋頭的習俗，有一個神話傳說。

據唐朝李冗的《獨異志》載，宇宙初開的時候，天下只有女媧兄妹二人。為了繁衍人類，兄妹得配為夫妻。於是，兄妹倆上到山頂，向天禱告：「天若同意我兄妹二人為夫妻，就讓空中的幾個雲團聚合起來；若不讓，就叫它們散開吧。」

結果那幾個雲團聚合為一。於是，女媧就與兄成婚。女媧為了遮蓋羞顏，「乃結草為扇以障其面」。扇與苫同音。苫者，蓋也。

以扇遮面，終不如絲織物輕柔、簡便、美觀。因此，執扇遮面就逐漸被蓋頭、蒙頭代替了。其他許多關於人類起源的傳說中，都有用樹葉、獸皮或編織物遮面避羞的描述。也許，新娘蒙紅蓋頭就是由其演變過來的。

「乘花轎」的習俗是怎麼來的

早期，迎娶新娘多是用車，而不是轎子。這是因為，車比轎子出現得要早。

封建社會早期，士大夫家娶親的禮儀很講究。有「納采」、「問名」、「納吉」、「納徵」、「請期」和「親迎」六項規定。每項規定中，又有極為細緻的要求。

譬如，男子到女家「親迎」，要穿黑色衣服，要在黑夜裏用黑漆車子，打著火把前去。新媳婦是坐在車子裏的，車上有蓋，裏面有帷幕，以免被人看見。因為古人認為婦女代表陰氣，迎陰氣入室，宜在晚上進行。

轎子起源大致從唐朝開始，南宋孝宗曾為皇后製造一種「龍肩輿」。上面裝飾著四條走龍，用朱紅漆的籐子編成坐椅、踏子和門窗。內有紅羅茵褥、軟屏夾幔，外有圍幛和門簾、窗簾。可以說，這是最早的「采輿」（即花轎）。這以後，歷代帝王都為后妃製造采輿，而且越來越華麗。

轎子娶親這個儀式出現在宋代，並漸漸成為民俗。這主要和「親迎」儀式出現了一系列變化有關。例如，這時親迎已改在早晨進行，新郎要披紅插花，所以，新娘坐的轎子也改成鮮豔的花轎。

為什麼會有「鬧洞房」的習俗

「洞房」是新婚的房間，中國更有鬧洞房的傳統習俗：新媳婦過門頭天晚上，不論男女老少都擁擠在新房裏，大家七嘴八舌，向新娘提出些五花八門的問題和要求，鬧得小倆口面紅耳赤，啼笑皆非，大家卻哄堂大笑。有時，「洞房」的門口還要貼上喜聯：「桃之夭夭，灼灼其華；之子於歸，宜

其室家」，用來增添新婚的喜慶氣氛。

鬧洞房的習俗起源於戰國晚期，由河北一帶向其他地區傳播。燕太子丹曾被作為人質押在秦國，後來伺機逃回。為了保衛燕國，廣納賓客，搜羅勇士，企圖刺殺秦王。為此，賓客們調戲他的姬妾美人，他亦無所謂，甚至主動獻媚以結歡心。

太子丹這種看重賓客輕視女眷的行為，對民眾產生了很大的影響，導致一國形成愚悍輕薄的風氣。有客人上門，主人會薦婦伴宿，以為體面。舉婚禮時，聽任調笑戲弄，男女無別，認為是榮耀風光。

山東一座漢畫像石墓中，就有一幅「鬧洞房圖」的畫像石，表現一男一女在第三者的強制下做親吻狀。這說明鬧洞房習俗在漢代已經流行。

不光是漢族，甚至北朝當政的鮮卑族，也有鬧洞房的習俗，並以「弄女婿」為重點，甚至貴為皇帝亦不能免俗。北齊文宣帝高洋納殷昭儀的新婚之夕，殷昭儀的嫂子元氏也去鬧洞房，竟然用世俗之「弄女婿法，戲文宣」，高洋為此懷恨。

今天，鬧洞房已經成為向新人道喜、致賀親友共聚的活動。比起古俗來也更文明，且具有現代色彩。

新娘拜見舅姑（公婆）有什麼講究

古代，新娘成婚後的第一道大禮就是拜見舅姑，舅姑也就是我們現在所說的公婆。《爾雅・釋親》：「妻之父為外舅，妻之母為外姑。」

新娘拜見舅姑的禮儀在周朝是非常莊重的。《儀禮・士昏禮》載，新娘拜見舅姑一般是在親迎的第三天，也就是成婚的次日舉行。

那一天，新娘必須早早起床，梳妝整齊後，恭恭敬敬地等待著去拜見舅姑，希望能討得舅姑的歡心。《禮記・檀弓》中說，新婦如果不妝飾打扮是不敢去見舅姑的。

唐代詩人朱慶餘寫過一首《近試上張水部》詩，這首詩十分形象而生動地寫出了一個新嫁娘想要討得舅姑歡心的心理和神態：「洞房昨夜停紅燭，

待曉堂前拜舅姑。妝罷低聲問夫婿，畫眉深淺入時無？」意思是：花燭之夜就早早地起了床，等待著去見舅姑。還怕自己的妝飾不合舅姑的心意，先低聲問問自己的夫婿。

按照《禮記》的記載，新婦拜見舅姑時，還要帶上棗子、栗子和用薑桂醃製的乾肉等作為見面禮，以此來諧音早生子和早立家業的意思。第二天，公婆就要回敬新婦一杯酒，新婦也答謝一杯酒，然後公婆從西階下堂，新婦從東階下堂，以此表示新婦從此代替了主位，公婆成了客。這就是周朝的「著代」之禮。按照周朝的婚禮，新婦在入門之後，還要去宗廟拜見祖宗，行廟見之禮等。這些禮儀在後代都逐漸有所簡化和緊縮。

自南朝晉宋以後，新婦在拜見舅姑時還常有眾賓列觀。唐代則還要拜見新郎的尊長和故舊等，以識記丈夫家的長輩和幼輩，便於以後的稱呼，明確自己在丈夫家族中的地位。這對新娘來說是至關重要的一個禮儀。

古代的婆媳禮有何講究

傳統家禮要求女子恪守「婦道」。媳婦怎樣侍奉公婆才算是恪守「婦道」呢？公婆又應如何對待媳婦呢？

媳婦的職責就是侍奉公婆。《禮記‧內則》說：「婦事舅姑，如事父母」。但由於男女、內外有別，媳婦主要是侍奉婆婆，唯婆婆之命是從。媳婦侍奉舅姑，必須抱著「如事父母」的心情，把做女兒時所學到的禮節，搬到夫家來應用。

侍疾，是家禮中媳婦侍奉婆婆的一項重要內容。封建社會不少「孝婦」，就是靠侍疾於婆婆而博得好名聲的。

古代男子未娶叫「中饋猶虛」，女子出嫁到夫家，「主中饋」是責任之一。「婦主中饋」就是「烹飪飲食」。媳婦主持一家的烹飪，要調和五味，照應長輩的飲食。

媳婦除了照應公婆的飲食外，對於公婆的起居生活，也有照料的責任。平時，舅姑要坐，媳婦就立刻端上「席具」請舅姑就座。到了晚間，安排好

舅姑寢具。

　　媳婦在夫家，在財物方面，不能有私貨，不敢有私蓄，不敢有私器，更不敢把物品私自出借別人，也不能私自把財物送給別人。媳婦得到別人的饋贈，應首先獻給婆婆，公婆收下，應該感到高興；如果不收，或還給媳婦，媳婦應再三辭謝後才接受。

　　婆婆是媳婦恪守婦道的監督者，媳婦如有令人不滿意的地方，婆婆可以體罰她。封建社會，婆婆打媳婦是天經地義的事，媳婦在婆婆的捶楚下，只能默默忍受，不得有絲毫怨言。但家禮規定，婆婆若有過錯，媳婦還必須為她隱瞞，不得告發。

　　如果說，夫妻之禮是男性對女性的壓迫，那麼，婆媳之禮則是女性對女性的壓迫，並且這種壓迫同樣顯出它的殘酷性和不公平性。

古人齋戒有哪些禁忌

　　齋戒是指古人祭祀或舉行重大典禮時，沐浴、更衣、獨居，戒其嗜欲，以示虔誠的程序。嚴格說來，齋和戒是兩回事。「齋」，又稱「致齋」，致齋三日，宿於內室，要求清心潔身、思想集中。「戒」，又稱「散齋」，散齋七日，宿於外室，不參加一切娛樂活動，也不參加哀悼喪禮，以定心靜慮。

　　齋戒時有飲食方面的禁忌。《論語・鄉黨》云：「齋必變食。」即要改變飲食。雖有改變，但並非禁食魚肉葷腥，而是忌食有辛味臭氣的食物，如蔥、蒜、韭等，這些氣味被認為是對神靈的不敬。

　　值得一提的是，在東漢前，齋戒祭祀期間要三餐食肉，學者考證認為，這是為了保證人在齋戒期內有充沛的體力完成祭祀。東漢後，受佛教影響，人們開始食素，忌辛成了忌葷。

　　到後來，隨著佛教的盛行，齋戒期的規定更加細緻煩瑣，如「八關齋戒」中有不殺，不盜，不淫，不妄語，不飲酒，不坐高廣大床，不塗飾，不歌舞唱妓，不故往觀聽，過午不食，等等。所有種種，都是為了表達對祭祀

的無比虔誠。

古時喪葬習俗大概情形如何

喪葬禮儀，是人結束了一生後，由家屬、鄰里、友好等進行哀悼、紀念、評價的儀式，同時也是殯殯、祭奠、安葬的儀式。

中國傳統的喪葬禮儀包括居喪禮儀和安葬禮儀，居喪禮儀還可分為喪禮、喪服禮制以及「諡」禮。

居喪禮儀中的「喪禮」，民間俗稱「辦喪事」，古代視其為五禮中的「凶禮」之一。它是從死者初死至埋葬過程中，生者對死者所施行的各種禮節、儀式、祭奠等。《周禮・春官・大宗伯》載：「以喪禮哀死亡」。以漢族為代表的喪禮，都是從周禮演變而來的。通行的「辦喪事」名目繁雜，擇其大的儀式就有招魂、停屍、報喪、弔孝、入殮、送葬、葬後祭祀與掃墓等，無數繁文縟禮，雜陳其間。隨著各代風俗的變化，喪禮在細節上也有所增改。至於各民族的喪禮更是顯得複雜多樣。

喪服禮制是有關死者親屬弔喪時所穿衣服、服喪期限等的規定。中國傳統喪服制度中著名的「五服」制度是宗法制度的表現形式，它清楚地顯示了父系母系有別、男女有別、親疏有別、嫡庶有別的特點。

「諡」制是人死後獲得的「諡號」的規定，也就是獲得一個褒貶善惡的「評價」稱號。能夠獲得這種「身後名」的婦女僅僅是皇后、妃嬪、公主、命婦們。作為一種禮制，諡的內容、賜諡的儀節都有嚴格的規定。

「葬」是指處置死者遺體的方式。因而安葬禮儀是喪葬禮儀的重要組成部分。中國是個多民族國家，處置死者遺體的方式是多種多樣的，安葬方法與形式五花八門，有土葬、火葬、天葬、水葬、崖葬、塔葬、荒葬等。

古人棺槨制有什麼規定

棺槨是裝殮死者遺體的葬具。棺，即盛放死者的木製葬具；槨，為套在

棺外的外棺。

棺槨的使用，古代也是有等級的。《禮記・檀弓上》載：周代「天子之棺四重」，鄭玄注曰：「尚深邃也。諸公三重，諸侯再重，大夫一重，士不重。」

天子之棺除貼身內棺外，尚套有四層。親身的棺稱椑，其外蒙以犀牛皮及水牛皮；第二重稱櫬或椑，以椴木製成；第三重稱屬；第四重稱大棺。帝后之外槨兩重，多用梓木，因而其棺槨又稱「梓宮」。而諸公以下由內至外遞減，到士這一階層，就只有一層大棺了。至於庶人則有棺而無槨。

周代的棺槨制度在後世帝王、貴族間基本沿用下來。漢代盛行厚葬，皇帝、諸侯墓中槨室四周要用黃心的柏木塊或柏木條疊疊互嵌，木頭內向，緊密圍築，稱為黃腸題湊。因其耗費巨大，魏晉以後多有簡省。

何謂「墓廬」

古代父母或師長去世後，其子或學生服喪期間在墓旁搭築小屋，居住其中以守護墳墓，叫做墓廬。

此風俗早在周代就有。《史記・孔子世家》載：孔子死後葬於魯城北泗上，弟子皆服三年，三年心喪畢，相訣而去。唯子貢廬於塚上，六年乃去。

漢魏之時，廬墓之風非常盛行，有子為父母廬墓者，如《漢書・鄧騭傳》載：「母新野君喪……騭等既還里第，並居塚次。」唐以後一直沿用此俗。

明朝祥符人丘鐸是個孝子，母親去世後葬在鳴鳳山，哭泣說：「我出生以後，母親一直沒和我離開過，現在去世了，怎麼能將她遺棄在荒原裏呢？」於是就在墓地旁邊蓋上廬墓，早晚給母親準備好生前喜歡吃的一種的食物。每當月黑風高之時，就圍繞著母親的墳墓哭著說：「我在這裏，我在這裏！」老虎聽到哭聲都避開了。

歲時節令

元旦是怎麼定下來的

每年的一月一日，也就是新年的第一天，稱為「元旦」。

「元旦」按單個字來講，「元」是第一或開始的意思；而「旦」則是指一天，或是早晨，對於「旦」的釋義，還有文物佐證。在出土的大汶口文化遺物中，有圖畫描繪太陽從山巔升起，中間雲煙繚繞，經考證，即是「旦」字的象形寫法。

把「元」和「旦」合起來，指的就是第一天。雖然我們現在都知道每年一月一日是元旦，可是，這是怎麼確定下來的呢？

在曆法上，人們習慣把地球繞太陽公轉一周所用的時間，稱為一年。但是在地球運行的軌跡上，也沒法像學校操場的跑道那樣，清楚地標上哪是起點，哪是終點。所以，一年的起點和終點其實都是人為規定的。

相傳，「元旦」一詞最早來自中國上古時期的皇帝顓頊，在他的規定中，正月為「元」，初一為「旦」，「元旦」這一日因此得名。但以後各朝均對元旦的具體日期有所改動，夏朝時，「元旦」在正月初一；商朝時，「元旦」在十二月初一；到了周朝，「元旦」在十一月初一。六國統一後，定十月初一為元旦，從此歷代相沿。到了西漢司馬遷重定曆法，最後才確定了正月初一為元旦。

1911年，辛亥革命成功後，政府為了「順農時」、「便統計」，定正月初一為春節，而以西曆1月1日為新年。

過年的由來及習俗

《穀粱傳》說：「五穀大熟為大年」；《爾雅・釋天》說：「年者，禾熟之名，每歲一熟，故以為歲名。」甲骨文中的「年」字是果實豐收的形

象；金文中的「年」原是預祝豐收喜慶的日子。人們為慶賀豐收，迎接新一年的生產，就在立春前後的正月初一這一天，歡聚慶祝，一起過年。

關於過年的來歷，還有一個饒有趣味的傳說。相傳，遠古時期，黃帝曾跟蚩尤大戰，在農曆正月初一那一天，黃帝戰勝了蚩尤，於是，人們就把這一天定為節日，以紀念黃帝的戰績。

民間還有另外一種傳說：古時候，有一種叫做「年」的兇猛怪獸，每到臘月三十，便走村竄戶，覓食人肉，殘害生靈。

有一個臘月三十晚上，「年」到了一個村莊，適逢兩個牧童在比賽牛鞭子。「年」忽聞半空中響起了啪啪的鞭聲，嚇得望風而逃。

「年」又竄到另一個村莊，迎頭看到了一家門口曬著件大紅衣裳，它不知其為何物，嚇得趕緊掉頭逃跑。

後來，「年」又來到了一個村莊，朝一戶人家門裏一瞧，只見裏面燈火通亮，刺得它頭昏眼花，只好又夾著尾巴溜了。

由此，人們發現了「年」有怕響、怕紅、怕光的弱點，便想到了對付它的方法，最後逐漸演化成現在過年的風俗。

古人「過年」，總是和祭祀活動分不開的。人們用自己勞動換來的肉食、穀物，祭祀祖先和鬼神，飲酒宴樂，祈求幸福。後來，佛教、道家的思想影響漸漸滲透進來，給過年的儀式又增添了許多內容，如貼春聯、放爆竹、吃年糕等。

除夕的由來及習俗

「除夕」是中國的傳統節日，在每年農曆臘月的最後一天的晚上，與春節首尾相連。「除」字的本義是「去」，引申為「易」，即交替；「夕」字的本義是「日暮」，引申為「夜晚」。「除夕」即含有舊歲到次夕而除，明日即另換新歲的意思。

據《呂氏春秋・季冬記》記載：古人在新年的前一天，擊鼓驅逐「疫癘之鬼」。這就是除夕的由來，它源於先秦時期的「逐除」。

最早提及除夕這一名稱的,則是西晉周處的《風土記》等書。在古代,除夕還有許多雅稱,如除儺、除夜、逐除、歲除、大除、大盡等。

由於除夕是農曆全年的最後一個晚上,因而全部活動都圍繞著除舊迎新,消災祈福進行,如貼春聯、貼門神、放鞭炮等。

在先秦時期,每年將盡的時候,王宮中都要舉行「大儺」儀式,擊鼓驅逐疫癘之鬼,稱為「逐除」。又稱除夕的前一天為小除,即小年夜;除夕為大除,即大年夜。除夕因常在夏曆臘月三十,因此,又稱年三十。

除夕夜,人們往往通宵不眠,為新年來臨守歲。守歲之俗由來已久,最早的記載見於西晉周處的《風土志》:除夕之夜,各相與贈送,稱為「饋歲」;酒食相邀,稱為「別歲」;長幼聚飲,祝頌完備,稱為「分歲」;大家終夜不眠,以待天明,稱曰「守歲」。

元宵節的由來及習俗

元宵節,即農曆正月十五日,是中華民族的傳統節日,也是過年的最後一個高潮。每逢這一天,家家戶戶要掛彩燈,放焰火,大街上高掛千萬盞琳琅滿目的花燈,東北和新疆等寒冷地區,還要製作千姿百態的冰燈,到了晚上,一家老小圍坐在一起,品嘗各種元宵的風味。

相傳元宵節起源於西漢。當時,周勃、陳平等一起設計解除了「諸呂之亂」,漢文帝登基,這一天正是正月十五。漢文帝深感太平盛世來之不易,為紀念平息「諸呂之亂」,每年正月十五夜,他都要出宮遊玩,與民同樂。

「夜」在古語中,又叫「宵」,正月又叫元月,漢文帝就將正月十五定為元宵節。每逢這天晚上,舉國上下都要張燈結綵,歡度元宵節。

不過,元宵節開始盛行還是在隋唐時期。隋文帝年間,京城長安和各州縣,每逢元宵節來臨,大街小巷熙攘往來,有的舉著火炬,有的敲著鼓點,有的戴著動物面具,有的男人穿著女裝。

唐代,首都長安規定,為維護首都的治安,每天夜晚街鼓鳴響以後,所有行人要回到家裏:但是,每年的正月十四、十五、十六三天夜晚,長安城

內卻允許百姓放三夜花燈。在當時的長安，「西域燈輪千影樹，東華金闕萬重開」。在當時的洛陽，「月下多遊騎，燈前繞看人，歡樂無窮已，歌舞達明晨」。元宵節的玩燈、製燈、觀燈，便逐漸形成了一種民間的風俗。

元宵節，古又稱「上元節」。古時有「三官」，即天官、地官、水官，都是道教信奉的神，並說「天官賜福，地官赦罪，水官解厄」。後來道教以三官配三元，說天官正月十五生，為上元；地官七月十五生，為中元；水官十月十五生，為下元。由於道教的上元節和傳統的元宵節同在正月十五，兩者便逐漸合二為一了。

元宵節除吃元宵、觀花燈等習俗外，歷代還有迎紫姑祭廁神、過橋摸釘走百病等習俗，以及擊太平鼓、扭秧歌、踩高蹺、舞龍、舞獅等活動。

中和節的起源

中和節是唐德宗李適在貞元五年（西元789年）所制定的，又名二月二日「龍抬頭」。本來在二月一日，後將土地神生日納入其中，故改為二月二日。

據《唐書·李泌傳》記載，唐中葉以前，春天只有三個節日——正月九、正月晦（三十日）和三月上巳節，二月沒有節日。唐德宗時，李泌上書，廢正月晦，以二月一為中和節，以示務本。德宗十分贊同，並下令以正月初九、二月朔和三月上巳合稱三令節。

這些記載表明，中和節是從唐德宗時期確認的。但是，中和節有些活動內容卻非自唐代始，如周朝就有春分時去東郊祭日，秋分時去西郊祭月。太陽糕來源也較早，一直沿用到隋唐。唐德宗時，從春分活動中吸取了祭日的內容，充實了中和節，於是中和節與春分混而難分。

上巳節的由來

「上巳節」是中國傳統的節日，俗稱三月三。

相傳漢代時，平源人徐肇在三月初連生了兩個女兒，可是三日內都死掉了，人們以為有邪惡附體，於是相攜來到水邊洗濯，以驅邪避怪。

後來每年這一天，人們便自動來到溪邊河畔，戲水洗濯。人們分別坐在水流彎曲的岸邊，在上流放置酒杯，任其順流而下，停在誰的面前，誰即取飲，叫「流觴」。

《荊楚歲時記》載：「三月三日，士民並出江渚池沼間，為流杯曲水之歡。」傳誦千古的《蘭亭集序》就是王羲之於這一天吟詩作賦後寫下的。

唐玄宗時，每逢上巳節，文人學士、貴族男女多聚於城南的曲江池邊遊覽宴飲。曲江池，原為漢武帝所造，因水路曲折，似廣陵之江，故名。

後來曲江池淤塞，唐玄宗派人疏鑿，大加興建，遂越發明媚繁華，成為貴族文人春遊宴飲的勝地。杜甫曾以《麗人行》詩紀錄：「三月三日天氣新，長安水邊多麗人。」上巳節之盛景，可見一斑。

寒食節源於何時

寒食節是中國農曆清明節前、中、後這三天，古人從這一天起，三天不生火做飯，所以，叫寒食，亦稱「禁煙節」、「冷節」。

相傳春秋時晉文公重耳燒死介子推後，非常後悔，便規定每年此時不得生火，一切吃冷食，於是便稱為寒食節。

其實，寒食節真正起源於古代的鑽木、求新火之制。據《周禮‧秋官‧司烜氏》載：「中春以木鐸修火禁於國中。」古人因季節不同，用不同的樹木鑽火，有改季改火之俗。而每次改火之後，就要換取新火。新火未至，就禁止人們生火，這是當時的一件大事。禁火之時，備以冷食，由此遂相沿成俗，春秋之後始逐漸與介子推的傳說相融合。

寒食節的主要活動內容是禁火三日，吃冷食，即隔日做好的餅和糕。此外，還有上墳、郊遊、鬥雞子、盪鞦韆、打毬、牽鉤（拔河）等。其中上墳之俗是很古老的。

清明節掃墓源於何時

清明節，二十四節氣之一，在仲春與暮春之交，古「三月節」，一般為冬至之後106天，寒食節的後一天，西曆則在四月五日前後。

《歲時百問》曰：「萬物生長此時，皆清潔而明淨，故謂之清明。」其時正是興農事的大好時節，故有「清明前後，點瓜種豆」的俗諺。

清明成為節日，相傳出自帝王將相的「墓祭」之禮，後來民間亦相仿效，於此日祭祖掃墓，經過歷代沿襲，於是成了固定的風俗。

中國廣大地區都有在清明之日祭祖掃墓、插柳踏青，以寄託中華民族對先人的慎終追遠之情。作為綜合性節日，它亦添有競技遊藝的內容，節日中鬥雞走狗，拋球拔河，這是從唐代便有的活動。唐代詩人杜牧的「清明時節雨紛紛，路上行上欲斷魂。借問酒家何處有，牧童遙指杏花村」一詩可謂是對清明節的經典寫照。

端午節的由來及習俗

端午節是漢族的傳統節日，時間為農曆五月初五，晉・周處《風土記》：「仲夏端午，端，始也，謂五月初五也。」古代「午、五」同音，所以，端午又稱端五。又因兩五相重，故稱「重五」，或稱「重午」。又因為午時是陽氣最旺的時刻，端午又可稱為「端陽」。

關於端午節的起源，歷來眾說紛紜。一般傳統的說法認為，源自對屈原的紀念活動，然而據文獻記載與考古發現，端午節最初萌芽於民間的巫術巫醫活動。

農曆五月，是仲夏疫癘流行的季節，民間有「惡月」之稱。因此，早在先秦時代，北方中原地區就把五月五日作為驅邪避瘟的日子。

端午節的重要風俗有賽龍舟、裹粽子、掛艾草、飲菖蒲酒、驅五毒等，均屬驅邪避瘟之列。秦漢以後，賽龍舟和裹粽子這兩項節俗逐漸與屈原的故事相結合，獲得了新的歷史意義。相傳楚國偉大的詩人屈原忠而被謗，流放

他鄉，卻仍不忘憂國憂民，終於五月五日自投汨羅江而死。人民為了紀念他，於是把賽龍舟、裹粽子說成是為了撈救和祭祀屈原。端午節也由此而成為中國傳統中最富有詩意和悲情的節日。

七夕節有哪些習俗

「七夕」是農曆七月初七的晚上，或稱「乞巧節」、「女兒節」。七夕節起源於牛郎織女的傳說。

相傳，織女本是天帝的女兒，卻愛上了人間放牛的青年牛郎，牛郎在老牛的幫助下，與織女見了面，很快相愛結婚，生出一男一女，過著男耕女織的幸福生活。

王母娘娘知道這件事後，把織女捉回天庭，當牛郎擔著兩個孩子到天上追織女的時候，王母娘娘用她頭上的玉簪劃出了一條銀河。這條銀河又長又寬，牛郎過不去，他們就這樣被分開了。

後來，王母娘娘只許牛郎和織女每年七月初七見一次面。每到七月初七夜裏，成群的喜鵲都飛來給牛郎織女搭橋，讓他們在橋上見面，這就是七夕節的來歷。夏秋之夜，晴空萬里，繁星滿天，白茫茫的銀河橫貫南北，河的東西兩岸，各有一顆閃爍的星星，遙遙相對，那就是「牛郎」星和「織女」星。

每年的七夕，各地的少女們往往結夥祭拜牛郎織女星。她們用茶、酒、水果、「五子」——桂圓、紅棗、榛子、花生和瓜子作供品，還有化妝用的花粉。這種儀式叫賀雙星。焚香禮拜之後，把所供花粉分為兩半，一半投到屋頂上獻給織女，餘下的自己用。

七夕最重要的活動是乞巧，在七月初七這一天，姑娘們擺上瓜果，向織女乞巧。如果夜裏有喜子（蜘蛛）結網於瓜果上，就被認為是得到了織女的青睞，必然乞得心靈手巧。

有的地方，年輕的姑娘們用七根線和繡花針進行比賽。誰能以最快的速度把七根線穿進針孔裏，就表明誰最手巧，也就代表她乞到「巧」了。

人們同情牛郎織女，關注鵲橋相會，有許多感人的民間活動。比如，有的地方，在七夕，把全村的雄雞殺掉，意思是沒有雄雞報曉，牛郎織女就可朝夕相守，永不分離。

中秋節的由來及習俗

農曆八月十五，是中國傳統的中秋節。中秋節與元宵節、端午節並稱三大節。每到這天，人們都要賞月、吃月餅、祝福團圓。

中秋一詞最早出現於《周禮》，但它不是指中秋節，而是秋季的第二個月；漢代有秋節，時間定在立秋這一天，也不是八月十五。

唐朝初年，中秋節才成為固定節日。《唐書‧太宗記》記載有「八月十五中秋節」。中秋節的盛行始於宋朝，至明清時，成為主要節日之一。

中秋節的由來，可能與以下兩種說法有關。

一是起源於古代帝王的祭祀活動。《禮記》記載：「天子春朝日，秋夕月」，夕月就是祭月亮，可見，早在春秋時代，帝王就已開始祭月、拜月了。後來貴族官吏和文人學士也相繼效仿，逐漸傳到民間。

二是與農業生產有關。「秋」字的解釋是：「莊稼成熟曰秋」。八月是秋季中間的一個月，稱為「仲秋」。此時，各種農作物相繼成熟，為了慶祝豐收，表達喜悅的心情，便以八月十五這天作為節日。八月十五又在「仲秋」之中，所以，稱「中秋節」。

中秋節的主要內容是賞月和吃月餅。宋代的中秋之夜，顯貴豪門、民間百姓多以先睹月色為快，或者登小小月臺，擺開家宴，全家團圓。後來在賞月之時又融入了賞燈的風俗，但與元宵節不同的是，這些燈多放置於水面。各地街市的懸燈，也是為助月色。明代的祭月活動已遍及全國，親友互贈月餅、水果已成禮俗。

月餅象徵著圓月從空中來到人間，象徵著親友的團圓。每逢中秋，江蘇一帶的人民就用月餅招待歸家的親人，此習由來已久，後來這種風俗流傳到全國。月餅也稱為「團圓餅」，中秋節親人團圓是相沿已久的習俗，故俗稱

「團圓節」。

　　觀桂是中秋節另一個重要的習俗。桂樹是月宮仙境中唯一的植物，又是人間清純的象徵。「桂蘭之交」是高尚的友誼，「桂子蘭孫」是父母期待的後人，因此，賞桂也寄託了對友情親情的期盼和思念。

　　此外，杭州的觀潮，北京的飾玉兔習俗，使中秋節變得更加豐富多彩。

重陽節有哪些習俗

　　農曆九月初九重陽節，又稱為重九節、老人節。《易經》以「陽爻為九」，將九定為陽數，兩九相重，故名「重陽」。

　　重陽的說法起源於春秋戰國時期。屈原在《楚詞・遠遊》中曾寫道：「集重陽入帝宮兮，造旬始而觀清都。」至西漢時，重陽節已成為固定節日。

　　重陽登高，是節日主要習俗，所以，重陽節又叫「登高節」。歷代以來，漢族官民到九月九日成群結隊爬山登山。住在平原地區的百姓苦於無高可攀，就仿製米粉糕點，在糕面上插上一面彩色小三角旗，借「糕」與「高」的同音，以吃糕表示登高消災。

　　歷代詩人都喜歡重陽登高賦詩。杜甫的七律《登高》，就是寫重陽登高的名篇。唐代大詩人王維的《九月九日憶山東兄弟》：「獨在異鄉為異客，每逢佳節倍思親。遙知兄弟登高處，遍插茱萸少一人。」這首詩表達了詩人在重陽這天登高時，思念親人的濃烈感情。

　　重陽節還有插茱萸，飲菊花酒，吃重陽糕等風俗。茱萸，也叫越椒，是一種中藥植物，氣味辛烈，古人認為折以插頭，能夠防止惡濁邪氣的侵襲；燃熏後可以避蟲虺。在這「百足之蟲，死而不僵」之時，熏佩以避之，猶似端午節熏雄黃一樣，是很符合傳統衛生習慣的。

　　菊花是中國一種歷史悠久的名花，飲菊花酒、賞菊，這也是重陽節的主要習俗之一。東晉文人陶潛在重陽節時沉湎在「采菊東籬下，悠然見南山」的意境中。唐代杜牧則追求「菊花需插滿頭歸」的風雅。清代人把不同品種

的盆菊放在庭院，並給它們起了各種美麗的名稱：瀟湘妃子、平沙落雁、杏林春燕、朱砂蓋雪、玉池桃紅、秋火芙蓉……

在民間，還有吃「重陽糕」的習俗。講究的重陽糕要做成九層，像座寶塔，上面還做成兩隻小羊，以符合重陽（羊）之義。

時至今日，重陽飲酒食糕、登高賞菊的習俗依然流行於世，同時還開展了敬老活動，以與「宜於長久」之古意完全合應。

臘八節為何要吃臘八粥

農曆十二月初八的「臘八節」，是中國古代民俗化的宗教節日，為古時「臘日」之一。臘是遠古時代一種祭禮的名稱，即一年辛勤耕作，喜獲豐收，一般會在年底舉行的一種對自然界風調雨順的答謝祭。

自秦以來，「臘日」都作為年節來慶賀，日期一般定在冬至後三戌舉行，至南北朝時才固定於臘月初八。在古代，瘟疫大概曾經極度騷擾我們的祖先，人們傳說那位頭觸不周山的英雄共工有個兒子死後變成了瘟疫鬼，到處散布瘟疫。

這個鬼天不怕地不怕，卻單怕赤豆。於是人們在臘八節的活動中又加入了以赤豆打鬼的內容，一邊打還一邊喊「儺！儺！」這種民間大儺十分熱鬧，驅瘟疫的內容也越來越被遊藝娛樂的成分所取代，最後竟發展為一種地方戲曲。

佛教傳入中國後，藉助臘八祭祖與吃粥的民俗，進行布道，又新編了十二月初八是佛祖釋迦牟尼成道日的傳說故事。其大意是釋迦牟尼成佛之前，曾修苦行多年，餓得骨瘦如柴，決定放棄苦行。此時遇見一位牧女，送給他乳糜充飢。食後體力恢復，坐菩提樹下沉思，於十二月八日成道。為紀念此事，佛教徒便以米加果物煮粥，屆時供佛，稱為臘八粥。

據周密《武林舊事》載：「八日，則寺院及人家用胡桃、松子、乳蕈、柿、栗之類作粥，謂之臘八粥。」大約至明代，家家百姓盛行自己煮臘八粥，祭祀祖先。同時闔家團聚在一起食用，並饋贈親朋好友。這一活動除了

品味各種雜糧外，也包含讓人珍惜米糧，勿暴殄天物的意思。

今天，民間仍有過臘八節的習俗，各家在熬粥之餘，還醃製「臘八蒜」，留到春節時食用。

古代冬至都有哪些習俗

冬至是二十四節氣之一，又是一個傳統節日的名稱。

冬至成為節日，最早可以追溯到周代。當時國家即有節日祭祀神鬼的活動，以求其庇佑國泰民安。到了漢代，冬至正式成為一個節日，皇帝於這一天舉行郊祭，百官放假休息，次日吉服朝賀，這個規矩，其後一直沿襲。

魏晉以冬至賀儀「亞以歲朝」，並有臣下向天子獻鞋襪禮儀，表示迎福踐長；唐、宋、元、明、清各朝都以冬至和元旦並重，百官放假數日，並進表朝賀。

民間的冬至節俗，又要比官方禮儀豐富得多。東漢時，天、地、君、親、師都是冬至的供賀對象。南北朝時，民間又有了於冬至日食赤小豆以避邪的習俗。唐宋時，冬至既與歲首並重，於是穿新衣、辦酒席、禮祖先、慶賀往來等，如同過新年一樣。

明清時，官方依然維持著「一如元旦」的冬至賀儀，民間卻不似過去那樣大事操辦了，主要集中在祀祖、敬老、尊師三個項目上發展，由此衍生出裹餛飩、吃圓子、學校放假、百工停業、慰問老師、相互宴請及全家聚餐等活動，因而相對過新年來講，更富有個性。

十二生肖是如何起源的

十二生肖是中國一種傳統的紀年方法。辦法是，在採用天干配地支紀年的同時，又用十二地支各配一種相應的動物名字，表示這一年的順序和名稱，排列辦法為：子鼠、丑牛、寅虎、卯兔、辰龍、巳蛇、午馬、未羊、申猴、酉雞、戌狗、亥豬；如甲申年又稱猴年，這一年出生的人便屬猴。

探究十二生肖的起源，部分學者認為，它與原始時代人們對動物的崇拜有關。原始社會生產力低下，認識自然能力極其有限，人們對與自己生活息息相關的動物產生一種依賴感（如馬、羊、雞、牛等），對危害自身安全的動物產生一種恐懼感（如虎、蛇），對一些器官功能超過人類的動物產生崇敬感（如狗的嗅覺等），導致產生對動物的崇拜。

關於十二生肖的記載，在現有文獻中，以《詩經》為最早，以王充的《論衡》紀錄最全面。《詩經・小雅・吉日》裏有：「吉日庚午，即差我馬。」以午對馬。《論衡・物勢》載：「寅，木也，其禽，虎也。戌，土也，其禽，犬也。……午，馬也。子，鼠也，酉，雞也。卯，兔也。……亥，豕也。未，羊也。丑，牛也。……巳，蛇也。申，猴也。」給出了完整的對應關係。

日、氣、朔如何區分

中國最遲從殷商時代起就採用干支紀日了。從甲子到癸亥，六十干支日名輪流循環使用，所以，中國古代沒有星期這個概念，日的週期為六十天。

「氣」是中國古曆的陽曆成分。從冬至點開始到下一個冬至點為一年（回歸年）。一年分成二十四個「氣」，稱為二十四節氣。古代二十四節氣的劃分方法不盡相同，按時間分的叫平氣，按一年中太陽所走的路程等分的叫定氣。

「朔」是中國古曆的陰曆成分，指月球與太陽的地心黃經相同的時刻。當月亮在軌道上繞行到太陽和地球之間，月亮的黑暗半球對著地球，所以，地球上的人們是看不見月球的。中國古代曆法把包含朔時刻的這天定為月的初一日，叫做「朔日」。

古人如何計時

儘管古人沒有現代精密的計時工具，可是他們在計時上所顯示出的智

慧卻不輸於現代人。他們將一晝夜科學地劃分為十二個時辰，以十二地支表示，和現在的二十四小時制大體對應。現代所謂的「小時」，也就是古人半個時辰的意思。古人最初將一晝夜分為一百刻，後改為九十六刻，平均每個時辰八刻，與現代每小時四刻正好相合。

除了燃香計時之外，古人還用日晷、漏壺等方法來計時。日晷就是在一個圓盤上，沿盤周分別劃出十二個時辰和九十六刻度，依照太陽照射盤中時針產生陰影所在的位置來確定時刻；現在故宮及北京天文館均有日晷實物陳列。

從周代起，古人已經使用了漏壺計時器。儀器上面是一個漏水壺，下置盛水箱，插著竹箭，箭桿上刻有時辰刻度。漏壺中的水定量均勻地向下滴漏，水箱中水位逐漸升高，箭桿上就顯示出一定刻度。後世滴漏多用銅製，故習慣稱「銅壺滴漏」。故宮中和殿曾有漏壺計時器實物陳列。

漢代以後，中國計時器不斷發展。隋代已有鐘車、漏車、鼓車，都是可以移動的報時器。唐代製作了水力推動的「水運渾天銅儀」，其中包括計時器，每刻有一木人自動擊鼓，每時辰有一木人自動敲鐘。宋以後的計時儀器越來越精巧，元代科學家郭守敬所製「大明殿燈漏」，更為複雜，自動化程度更高。明末清初，西方以發條為動力的機械鐘錶製造法傳入中國，豪門大戶紛紛爭趨時髦，如《紅樓夢》中的賈府裏便有這種洋玩意兒。

何謂三垣二十八宿

中國古代天文學起源很早。殷商時代，據甲骨文記載，已經有了日食、月食的紀錄，並且出現了原始曆法——陰陽曆。春秋戰國時期，三垣、四象、二十八宿已經建立。所謂三垣、四象、二十八宿，是古人對星空的分析，頗似現今天文學上的星座。

三垣是紫微垣、太微垣、天市垣。三垣成為三個天區的主體，這些天區也以三垣的名稱為名稱。紫微垣包括北天極附近的天區，大體相當於拱極星區；太微垣包括室女、後髮、獅子等星座的一部分；天市垣包括蛇夫、武

仙、巨蛇、天鷹等星座的一部分。

　　二十八宿從角宿開始，自西向東排列，與日、月運動的方向相同。東方蒼龍七宿是角宿、亢宿、氐宿、房宿、心宿、尾宿、箕宿；南方朱雀七宿是井宿、鬼宿、柳宿、星宿、張宿、翼宿、軫宿；西方白虎七宿是奎宿、婁宿、胃宿、昴宿、畢宿、觜宿、參宿；北方玄武七宿是斗宿、牛宿、女宿、虛宿、危宿、室宿、壁宿。

　　中國古代選二十八星宿以觀測日、月、五星在空中的運行並以其作為其他天象的相對標誌。有關二十八宿的記載，最早見於戰國初期。唐代溫庭筠《太液池歌》云：「夜深銀漢通柏梁，二十八宿朝玉堂。」即以二十八宿指代星光燦爛、宮殿熠熠生輝的美景。

天干地支分別指什麼

　　天干地支，是中國古代用以紀年紀月紀日紀時的系統，天干也叫「十干」、「歲陽」，即甲、乙、丙、丁、戊、己、庚、辛、壬、癸十個文字符號的總稱。地支也叫「十二支」、「歲陰」，是子、丑、寅、卯、辰、巳、午、未、申、酉、戌、亥十二個文字符號的總稱。兩者按固定的順序互相配合，組成了干支紀法。

　　十天干和十二地支按偶偶、奇奇順序配合，可組成六十對，即甲子、乙丑、丙寅、丁卯、戊辰、己巳……癸亥，周而復始，一般叫做「甲子」或「六十花甲子」，以表示時間的順序。

　　干支在中國曆法史上占有重要的地位。在中國殷墟出土的文物中，有甲骨上刻著完整的六十甲子，說明中國至少在商朝時就已開始使用干支紀日。

　　干支法不但用於紀日，還用於紀年。中國現行的曆法農曆（夏曆），就是干支紀年法。每六十年一個週期（第一年為「甲子」，第二年為「乙丑」，第三年則為「丙寅」，依此類推），民間稱之為「六十年轉甲子」。

「皇曆」和「黃曆」有什麼區別

「皇曆」和「黃曆」都是曆書，但並不是一回事。「黃曆」可要比「皇曆」久遠得多。根據考證，中國早在四千多年前就已有了曆法。西漢以前，中國使用的古曆法主要有六種，即黃帝曆、顓頊曆、夏曆、殷曆、周曆和魯曆。傳說以軒轅黃帝創制的「黃帝曆」（黃帝曆也就是我們所說的「黃曆」）最為古老。

生活中，人們習慣把曆書稱為黃曆，黃曆也由此成了舊曆書的代名詞。現在市場上出售的「黃曆」，除了西曆和農曆的日期外，通常還包括二十四節氣、日食月食的時間、每天的吉凶宜忌、生肖運程、喜神何方等。不少迷信的人，出門辦事之前都要查黃曆，以趨吉避凶。

而「皇曆」則是跟皇帝有關。由於歷代皇帝都很重視曆法，唐文宗大和九年（西元835年），文宗下令今後的曆書必須由皇帝親自審定並由官方印刷，從此，曆書就成了「皇曆」。同時，他下令編制了中國第一本雕版印刷的曆書——《宣明曆》。此後，歷代王朝都參照這種做法頒行曆法，由皇帝親自審定的官方曆書便被稱做「皇曆」。

「皇曆」的曆書裏刻有農曆日期節令，以及在耕作種植方面的普通知識。所有曆法，一般是以一年為限，第二年變更。

哲學流派

諸子百家共有多少種

在春秋戰國時期，曾經出現過林林總總的不同學術流派，被稱為「諸子百家」。其實，所謂的「百家」只是一個概數，以此形容數目之多。

這一時期，一大批聲名顯赫的思想家，如管子、老子、孔子、孫子、墨子、孟子、莊子、荀子、鄒子、韓非子等，人們不稱其名，而是尊稱為「子」，故有「諸子」之說。「諸子」創立的學派，如道家、儒家、兵家、墨家、法家、農家、名家、陰陽五行家、縱橫家、雜家、小說家等，又被稱為「百家」。

「百家」之名，始於《莊子》中的「百家往而不返」之語，其《天下篇》提到的有11人：墨翟、禽骨釐（墨家）、宋鈃（小說家）、尹文（名家）、彭蒙、慎到（法家）、老聃（道家）、尹文、惠施、桓團、公孫龍（名家）。

而《荀子》中則有「無家無所竄」之語，其《非十二子篇》提到的有12人：它囂、魏牟（道家）、陳仲、史鰌、墨翟、宋鈃、慎到、田駢（法

家）、惠施、鄧析（名家）、子思、孟軻。

《史記・太史公自序》記司馬談「論六家要旨」，六家為陰陽、儒、墨、名、法、道家。到了《漢書・藝文志・諸子略》中，諸子開始被細分，有189家，4324篇，前者當指人數，即有189人，後者指著作。

儒家何以被稱為「百家之首」

儒家是春秋戰國時期最主要的學術流派，同時它也是先秦諸子中最大的學派之一，有「百家之首」之稱。

儒，本意是指古代從巫、史、祝、卜中分化出來專為貴族人家相禮的人。孔子早年曾從事過相禮，精通禮、樂、射、御、書、數六藝。中年則聚徒講學，弟子日多，約有三千人，兼通六藝的就有七十二人。因此，後世把這一學派稱為儒家。

儒家奉孔子為宗師，視其言行為最高準則，以《周易》、《尚書》、《詩經》、《禮經》、《樂》、《春秋》「六經」（也叫「六藝」）為經典，後來又加入《大學》、《中庸》、《論語》、《孟子》「四書」以及《爾雅》、《孝經》等，成「十三經」。

儒家思想以仁為核心，政治上繼承西周以來敬德保民的思想，宣導德治。強調維護君臣、父子、夫婦、兄弟之間的倫常秩序，注重倫理道德教育和自我修養，標榜仁義、中庸、忠恕等行為準則。這些都為後世儒家學說的完善奠定了基調。

在孔子之後，儒家開始出現分化，形成不同的派別，有所謂「八儒」及隨後的濂學（以周敦頤為代表）、關學（以張載為代表）、洛學（以北宋二程為代表）、閩學（以朱熹為代表）、泰州學派（以王艮為代表）、東林學派（以東林黨為主）、乾嘉學派（乾隆年間到嘉慶年間儒學的統稱），等等。

儒家思想在漢武帝時成為統治思想，從此占據中國封建社會的主導地位，成為「百家之首」。之後雖受到佛、道兩教以及其他思想的衝擊，但直

一本書讀懂國學

到晚清其思想統治地位才開始動搖。

在漫長的思想統治中，儒家在整理、保存、闡發和推動中華民族文化發展的過程中，做出過巨大的貢獻，影響所及包括各個階層，其某些元素甚至已經內化成我們民族性格的一部分。

墨家為何是儒家的最大反對派

墨家是戰國時的重要學派，也是儒家最大的反對派，與儒家齊名，創始人是墨翟。

墨家是諸子百家中一個相當獨特的學派，旗幟鮮明，組織嚴密。《淮南子・泰族訓》曰：「墨子服役者百八十人。」墨家的首領稱「鉅子」，墨子就是第一代「鉅子」。「鉅子」可以指揮徒屬「赴火蹈刀」，而墨徒則「死不旋踵」。

墨門子弟必須聽命於鉅子，為實施墨家的思想主張，捨身行道。他們被派往各國做官，並在各國推行自己的政治主張，若不被採納時則寧可去職。做官的門徒要捐獻俸祿，所有墨徒有財則相分，而且生活上提倡「以自苦為極」的犧牲精神。當首領的鉅子要以身作則，違反紀律的都要繩之以「墨者之法」。為傳播、堅守自己的主張，他們不僅講學，還進行戰守實驗等。

以墨翟為代表的前期墨家在社會政治觀上，主張崇尚賢人，使用能人；提出官無常貴，民無終賤；有能力的就推舉，無能力的就下來。即使對待貧賤出身的人，也應一視同仁。因此，它的主張中，充滿強烈的平等色彩。也因這樣的主張，墨家與儒家的「親親、尊尊」思想相對立。

墨家又主張統一天下的道理和說法，建立嚴格的等級管理秩序，使社會思想最終統一於天子：天子肯定的，全都肯定；天子否定的，全都否定，從而達到思想上的一致。

在社會生活中，墨家還主張節葬、節用、非樂，強調功利，提倡兼相愛，交相利，認為欲要治世，必先尋世亂之所由起。主張普遍的互利互愛，反對攻伐掠奪和不義之戰。提出非命觀念，反對命定論，強調要用強力來改

變生活境遇。

後期墨家繼承發揮了墨翟的思想，更注重實際功利和人為的作用，提出「義，利也」的觀點，認為合義的行為就能給人以利。否認天能賞善、鬼神罰惡。

這些思想使墨家在先秦社會上產生了很大影響。但在秦漢以後，墨家卻很快走向衰落，墨學逐漸淡出歷史舞臺，成了絕學，有部分弟子就此流入「遊俠」的行列。「墨子之門多勇士」一說似亦由此而來。

道家提倡怎樣的哲學思想

道家是以先秦老子、莊子關於「道」的學說為中心的學術派別。道家之名始見於漢司馬談的《論六家之要旨》，稱為「道德家」，《漢書·藝文志》稱為道家。傳統的看法認為老子是道家的創始人，莊子則繼承和發展了老子的思想。

道家哲學思想的最高概括是道、德二字。認為世界萬物都源於「道」，即「道生萬物」；「道」是事物發展變化的規律，即「物得以生，謂之德」，「德者道之舍」；事物的發展方向是循環的；「道」存在於自然界之先、之外。在先秦諸子學派中，道家思想最富於哲學內涵，是中國傳統思想文化的哲學基礎。

在政治上，道家把社會動盪不安歸咎於新興地主階級的兼併征戰，因而對儒家禮儀德政的說教不滿，對法家的變法革新也持否定態度，要求統治者「處無為之事，行不言之教」，使社會自由發展，率民走「清靜無為」之路。莊子更提倡一種「無君」的社會。

道家的經典主要是《老子》，也叫《道德經》，還有《莊子》等。道家思想不僅在歷史上對社會經濟、政治生活產生了影響，而且老莊的認識論方法還從哲學和藝術兩個方面對中國傳統思想文化產生了深遠影響。

楊朱學派如何衝擊君主專制制度

楊朱學派的創始人是戰國時期魏國人楊朱，其基本政治主張是「貴己」和「為我」，反對墨子的「兼愛」，主張儒家的倫理政治學說。

「貴己」就是順乎自然，《淮南子》將其概括為「全性保真，不以物累形」，性和真，即人的天性，楊朱認為人應保全自己的真性。「為我」則是「貴己」的邏輯發展。

關於楊朱的「貴己」、「為我」的政治主張，孟子指其為「拔一毛而利天下，不為也」。韓非則說楊朱「不以天下之大利，易其脛一毛」。前者表現為極端自私，不為天下謀利。後者表現為對利欲的冷漠，不謀天下之利，看來二者在不損害「自我」這一點上的認同是一致的。楊朱認為，天下治的前提是既不損己為人，又不損人為己，「人人不損一毫，人人不利天下，天下治也」。

楊朱的「貴己」主張，追求個人獨立的思想，對於當時的君主專制制度有一定的衝擊作用。但楊朱及其學派未見著作傳世，其思想史料散見於《孟子》、《莊子》、《韓非子》、《呂氏春秋》、《淮南子》諸書中，《列子·楊朱篇》是後人的著作，不能代表楊朱的思想。

法家有哪些思想理念

法家是「禮崩樂壞」、「主賣官爵、臣賣智力」的戰國時期成長起來的政治派別，也是先秦學派中最後出現的一派。漢代司馬談的《論六家之要旨》第一次為法家流派命名，並將其與儒、墨、道、名、陰陽五家同日而語：「法家不別親疏，不殊貴賤，一斷於法，則親親、尊尊之恩絕矣。」

一般認為，春秋時期的管仲和子產為法家思想先驅。前期和中期法家有李悝、商鞅、申不害、慎到等。李悝所編《法經》，是中國歷史上第一部較完整的法典。

在法家理論上，商鞅強調「法」，主張國君要明法令，用法律來加強

統治；申不害強調「術」，主張國君千萬要注意控制、駕馭臣下和人民的手段；慎到強調「勢」，認為國君必須加強威勢才能統治天下。韓非對商鞅之法、申不害之術、慎到之勢進行了吸收和揚棄，從而形成一個新的法家學說體系。到了戰國末期，法家集大成者韓非才建立了法、術、勢相結合的完整法治理論體系。

在自然觀方面，管仲及其後學提出，上天不會改變常規，大地不會變易法則，春夏秋冬也不替換節氣，自古及今一個樣，自然界有其運動變化的規律；子產提出，天道遠，人道近，兩者是不相關的。這是較早的天人相分思想。

韓非則繼承了荀況和老子的哲學，建立了以「道」為最高範疇的樸素唯物主義哲學體系，提出：「道者，萬物之所以成也」，探討了萬物發展的總規律與特殊規律及其相互關係，強調人們按客觀規律辦事。在認識論方面，韓非提出「參驗」的方法，強調用實際的功用效果來檢驗人們言行的是非。「參驗」方法在中國古代唯物主義認識論上有重要的意義。在歷史觀方面，韓非主張社會制度和治世方法要隨著社會的發展而變化，反對拘泥於古人的做法。

法家也有自己的樸素辯證法，韓非在中國哲學史上首先用「矛盾」來概括矛盾對立的雙方，提出：「不可陷之盾與無不陷之矛，不可同世而立」（《韓非子・難一》）。韓非還試圖探討人口變化與社會發展的關係，認為人口再生產的速度高於生活資料再生產的速度，人口多、財富少是造成社會爭亂的根源。這些認識的提出在中國和世界思想史上都是最早的。

名家為何也叫「辯者」

名家是中國秦代以前注重辯論技巧，探討名稱概念之間、名稱與實物之間關係的一種學說派別，也叫「辯者」。由於成文法的公布，「辯者」在社會上充當了類似律師的角色，他們根據法律條文進行辯護，所以，又稱「刑名之家」。最主要的代表人物有惠施、公孫龍；此外，還有鄧析、尹文和後

期墨家的一些學者。

春秋戰國之際，學術興盛，百家爭鳴，各家各派都在申說自己的學說，批駁他人的學說。隨著辯論的深入，人們發現許多舊的概念不能反映新事物的內容，而新出現的概念還有待於社會的認同，於是，名實不符的問題亟待解決。到了戰國中期，隨著名辯思潮的發展，名家學派應運而生。

名家學派的創始者為春秋末期的鄧析，他當鄭國大夫的時候，正值子產執政。為了給子產出難題，他為人辯護，能將是說成非，非說成是，使執法者難以定案。子產認為他是一個大禍害，於是把他殺了。由此說明，研究辯論規律，制定辯論規則是當時的重要任務。由此形成了名辯學派。

在鄧析之後，又出現了三個基本學派：宋鈃、尹文學派，惠施學派和公孫龍學派。

其中，公孫龍學派強調名詞概念的相互區別，認為一個概念只能指一個事物，而不能既指這一事物，又指另一事物，否則就會產生邏輯混亂，如「離堅白」、「雞三足」、「火不熱」、「目不見」、「狗非犬」等，基本上都是探討一般與個別、主觀感覺與事物屬性等方面的關係問題。

惠施學派則主張「合同異」，強調事物同異的相對性和事物的統一性，認為相同的事物是相互聯繫的，所以，是「同」，不相同的事物表面上看來不同，是「異」，但實際上也是相互聯繫的，也是「同」。因此，「同」也是「同」，「異」也是「同」，「同」和「異」沒有本質的區別，都是一樣的。他還提出大一和小一的概念，探討宇宙的無限大和無限小問題，無論大和小，都是一。

在諸子百家中，名家以自己凌厲的論辯，細緻入微的分析而著稱於世。它與儒、墨、道、法、陰陽等家並列為當時地位十分顯赫的「顯學」中。但由於名家學派的許多命題違背常識情理，並且探討的是抽象的名詞概念和思維規律，較難為大眾所接受，因此，秦以後逐漸勢微。

陰陽家怎樣解說事物的發展變化

陰陽家，是先秦時期形成的以「陰陽」、「五行」解說事物存在和發展變化的一種學說派別。《漢書》認為：陰陽家最早出於傳說中堯舜時代執掌天文曆數、預測吉凶禍福的官吏，他們長期觀測天象，掌握了自然界的變化和規律，用以預測人事變化、禍福吉凶。

陰陽家以陰陽五行為思想基礎，所以，被稱為陰陽家，或者陰陽五行家，列為九流十家之一。戰國時期的代表人物是鄒衍。

陰陽是古人對宇宙萬物兩種相輔相成的性質的一種抽象概括，也是宇宙對立統一及思維法則的哲學範疇。它最初指的是日光向背，後來在《易經》中被作了哲學概括，認為自然界和人類社會的一切事物都是由陰陽兩面組成的，並由陰陽的對立鬥爭而形成事物的運動變化。

西周的伯陽父用陰陽解說地震，鄒衍則用它來解說王朝的更替，並把陰陽和五行兩個哲學概念結合起來，鑄為一體。他認為金、木、水、火、土五種性能的相生相剋體現著陰陽兩個方面的相輔相成，由此推動著社會的變化和王朝的更替。

陰陽家的思想中還包含了若干天文、曆法、氣象和地理學等具有一定科學價值的知識。陰陽五行說曾盛極一時。漢初時，陰陽家還存在，到了武帝罷黜百家後，部分內容融入儒家思想體系，部分內容則為原始道教所吸收，作為獨立學派的陰陽家便不復存在了。

陰陽家的著作，現在已大都湮沒不存，僅在《管子》、《呂氏春秋》、《禮記》等書中，保留了《四時》、《輕重己》、《五行》、《水地》、《度地》、《月令》等篇。陰陽家中集大成者鄒衍的著作也大都流失，但他的一些言論卻散見於《史記》等典籍之中。

縱橫家，早期的外交家

縱橫，即合縱連橫，先秦學派之一，以從事政治外交活動為主，《漢

書‧藝文志》列其為「九流」之一。

戰國時期，群雄並起，爭奪霸王之位，為了適應諸侯兼併的戰爭形勢，形成了一個以政治遊說為特點的謀士集團，即縱橫家。《韓非子‧五蠹》篇認為：縱，就是聯合各個弱國去攻擊一個強國；橫，就是事奉一個強國去攻擊眾多弱國。

戰國後期，秦國強大，地處西部；齊、楚、燕、趙、韓、魏六國弱小；地處東部南北各地。中國人以南北為縱，以東西為橫。六個弱國聯合，從地理位置講是南北聯合，所以，稱「合縱」；強秦拉攏弱國，從地理位置講是東西聯合，所以，稱「連橫」。「合縱」理論最先由魏相公孫衍所宣導；以蘇秦為代表；「連橫」計策最早為張儀所實施。

縱橫家之祖為鬼谷子，戰國時人，因隱於鬼谷而得名。相傳鬼谷子曾有蘇秦、張儀、孫臏、龐涓四大弟子。其後習鬼谷縱橫術者甚多，著名者如甘茂、司馬錯、樂毅、范雎、蔡澤、鄒忌、毛遂、酈食其、蒯通等，均為風雲人物。

縱橫家的智謀、思想基本上是當時處理外交問題的最好辦法。首先在遊說的過程中，縱橫家對現實要有最明確的認識，確定連橫的對象，然後知其諸侯為人而定說辭，其遊說之法，或抑或揚，或抑揚相合，或先抑後揚，或先揚後抑，諸法只要對症必會有收效。

其次，在遊說過程中，須察言觀色，相機而動。察其對己之關係，是同是非，同則繼續，非則補遺，而後或以利誘，或以害說，探其實情，此為遊說最主要的方法之一。

最後，是以揣摩之術察其內心，然後快速作出決斷。縱橫家的人物皆為雄辯之士，他們中的大部分人出身微賤，卻能以三寸之舌攪動整個戰國底盤，重新布局謀篇。

秦始皇統一六國後，兼併戰爭結束，「合縱連橫」學說也就偃旗息鼓了。但作為一種社會思潮，它的長處在於「言其當權事制宜，受命而不受辭」，倘若「邪人為之，則上詐諼而失其信」，就不足稱道了。

縱橫家的論著，今存《鬼谷子》13篇、《戰國策》33篇，另有《蘇子》

31篇、《張子》10篇。這些著作言論無不精妙，有些已從單純的外交領域走進了更廣泛的社會生活，對今天的世界格局也有一定的借鑑意義。

兵家主張以武力統一國家

兵家是戰國時期的一個學術流派，主張運用武力透過戰爭來達到統一國家的目的，故稱。

兵家原出古司馬之職，是「王官之武備」。就思想淵源而言，兵家實出於道家，因為道家最講「沉機觀變」，而兵家則講究用謀出奇。此外，兵家的觀風雲氣色又與術數相近，二者互相出入；而其權謀機變，又與縱橫家相類。

《漢書‧藝文志》中，兵家不入《諸子略》，而別立《兵書略》。《漢志》說，上古以木為弧矢，「以威天下」；其後則金為刃、革為甲，「以師克亂而濟百姓」；到了春秋戰國時期，「出奇設伏，變詐之兵並作」。

兵家主要代表人物，春秋末有孫武、司馬穰苴；戰國有孫臏、吳起、尉繚、魏無忌、白起等；漢初有張良、韓信等。

今存兵家著作有《黃帝陰符經》、《六韜》、《三略》、《孫子兵法》、《孫臏兵法》、《吳子》、《司馬法》等。

這些學說雖有異同，然其中包含豐富的樸素唯物論與辯證法思想，使之在後世得到了長足發展，湧現出了許多兵學名家和兵學名著。

雜家：兼儒墨，合名法

雜家，為戰國末至漢初兼採各家之學的綜合哲學學派，其特點是：「採儒墨之善，撮名法之要」。雜家雖只是集合眾說，兼收並蓄，然而透過採集各家言論，貫徹其政治意圖和學術主張，所以，也可稱為一家，故稱。就其無統一宗旨而言，本不該稱家，但為歸類起見，視其為一家，並名以「雜」，屬於九流之一。

雜家出於古時的「議官」。他們兼儒墨、合名法，雜采眾家之長，闡明自己的觀點，並為自己的政治理想和人生目標服務。也有學者指出，推其淵源，雜家出於道家，其學說以道家為本，兼採諸家。

　　《漢書・藝文志》載有雜家著作「二十家，四百三篇」，今大多不存，現存雜家代表著作有《呂氏春秋》和《淮南子》。

　　《呂氏春秋》又稱《呂覽》，戰國末，秦相呂不韋組織門客共同編寫的著作。該書編寫的目的是指導秦國兼併六國，統一天下，並能長治久安。

　　《淮南子》又稱《淮南鴻烈》，西漢淮南王劉安及其門客所編纂。全書原有內21篇，外33篇，今只流傳內21篇。書中糅合各家，而明顯傾向道家，編纂初衷亦是為皇帝提供治國之道。

　　雜家為先秦學術思想的融合做出了貢獻，對漢代早期的政治也有重要影響。

農家的主張反映了農民的什麼理想

　　農家為戰國時期的一個學術流派，九流十家之一。據稱，農家出於古時的「農稷」之官。他們注重農業生產，旨在播百穀、勸耕桑，以使人民豐衣足食。農家又分為兩派：一是專門探討種穀樹木之事，關注的是人倫日用；二是由人倫日用而進入政治。

　　農家學派在社會政治方面主張推行耕戰政策，獎勵發展農業生產，代表農民的利益和要求；同時他們還注重研究農業生產問題，探討和總結農業科學和農業生產技術。

　　許行是農家的代表人物，楚國人，約與孟子同時代，其生平事蹟可見於《孟子・滕文公上》。許行假託神農氏之言，主張「賢者與民並耕而食」、「市賈不二」，提倡人人平等勞動、物物等量交換，要求社會「均平」合理。

　　他的主張反映了古代社會農民的一種理想，在當時產生了較強的影響，連儒家門徒陳相、陳辛兄弟二人也都棄儒學農，投入許行門下。許行有學生

數十人，他們生活極為簡樸，皆穿粗布衣服，以打草鞋、織席子維持生活。

農家著作有《神農》、《野老》、《宰氏》、《董安國》、《尹都尉》、《趙氏》等，均已佚。農家沒有一部完整著作保存下來，其思想和活動多散見在諸子著述中。雖星星點點，但仍然值得重視，尤其對於現在解決農業問題，也有很多可資借鑑之處。

小說家只是一個著述的流派嗎

小說家為戰國時期的一個學術流派，屬十家之一，不入九流。當時，小說家只是一個著述的流派，並無獨立系統的學術思想，但在後世則長足發展，廣有影響。

小說家出於古時的「稗官」。小說家的著作，是街談巷語、道聽塗說者創造的。這些作品多是故事傳說、遺聞軼事，而且大多有補於政教。因此，孔子說：「雖小道亦可觀矣」。但孔子又說：「致遠恐泥，是以君子弗為也。」這就是說，如果失去了政教意義，只是搜奇獵豔、傳奇語誕，就失去了意義，所以，君子不為。

《漢書‧藝文志》著錄小說家15家、1380篇。其中，如《鬻子說》、《伊尹說》、《青史子》、《虞初周說》等。虞初是西漢小說家，曾根據《周書》改寫為《虞初周說》（亦稱《周說》，已佚），被視為小說家的鼻祖。張衡《西京賦》也云：「匪唯玩好，乃有秘書，小說九百，本自虞初。」

黃老之學是否本源於道

黃老之學是道家的一個支派，形成於戰國時期，由齊國稷下學宮的一些學者宣導，以黃帝、老子為祖師，故稱之為「黃老之學」或「黃老學派」。

黃老之學本源於道，但又將儒、墨、名、法，特別是儒家的仁義思想和法家的法治思想引入了道家學說。它的基本宗旨是自然無為，講究人的行

為、治國方策要順應自然。

黃老之學把「道」視為宇宙法則，認為道無形無象、虛無空廓，眼看不見，手觸不及，耳聽不到，鼻嗅不著，但卻決定著天地萬物運動變化的軌跡，是天地萬物運動變化的法則，什麼東西都不能脫離它。

在社會政治思想上，黃老學派認為，道作為法則，在宇宙中猶如度量衡，天地萬物都要在它面前接受檢驗，都要按照它的要求動行靜止。人與天地萬物一樣，也要遵守大道，除了要遵守自然法則以外，還須遵守社會法規和道德規範。社會法規主旨在律人，而道德規範主旨在誘人。正因為如此，所以，治理國家就要文武兼用，德刑並行。

黃老之學是在人們動極思靜、亂極思安的情況下，應時而生、逢時而盛的。它在一定程度上彌補了道家學說的缺陷，引導人們更客觀、更全面地看待事物，在這一點上對後人頗有啟示。

但是，黃老之學並沒有興盛多久。到漢武帝「獨尊儒術」時，黃老之學退出了統治思想領域。不過，此後每個朝代初期戰亂之後需要與民休養生息的時候，黃老之學就又會被提倡。此外，黃老之學後來還發展出了另一個方向，形成了以黃帝、老子為神仙的原始道教。

宋學是如何發展變化的

宋學，又名新儒學，是經學的一個流派。「宋學」名稱成於清代。

「宋學」的興起與「漢學」的衰微相關。西漢武帝時，罷黜百家，獨尊儒術，五經於是成為經世致用的法典，成為儒生們探索和研究的重要對象。

但是，由於文字的更迭、衍變，加之秦時的焚書坑儒事件，很多古代經典都已散佚，一些儒學宗師不得不重新輯補、校正、訓釋，從而形成了漢學訓詁的獨特研究方法。

但這一研究方法又有其固有的缺憾，即墨守成規、故步自封，非常繁雜瑣碎，往往注釋一兩個字，就要寫上洋洋三五萬言，以致不少學者雖白首而不能通一經。這種情況一直持續到兩宋時期，宋學的興旺終使儒學迎來了轉

機。

漢學治經，從章句訓詁入手，著眼於細微處，以達到通經的目的。宋學則不然，它擺脫了章句的束縛，反從經的要旨、大義、義理入手，即從宏觀方面著眼，來理解經典的涵義，達到通經的目的。由於宋學有別於原始儒學，給人煥然一新之感，所以，被後人稱為新儒學。

到了清代，受政治環境的影響，考據學再興，漢學又尊，一些經學家對宋代理學家空疏解經的弊病大肆攻擊，遂呼之為「宋學」，以示與「漢學」相區別，「宋學」一說遂著。

宋學流派很多，南宋時，其分支理學興起，成為占主導地位的學派。宋學大家中，開山祖師是周敦頤；理學的開創人物則是邵雍。宋學發展時期的代表人物是張載和「二程」；理學的集大成者則是朱熹。

宋學整合了佛道兩家的思想，是從學問變為人生信仰的一種嘗試。然而，由於多談性理，解經空疏，到了清代，隨著考據之學大盛，它的地位不再穩固，然而它的影響卻沒有消失，直至晚清、近代，仍有不少學術大家為其忠實的信徒。其間的聯繫可謂從未斷隔過。

經學就是對儒家經典的解讀

所謂經學，就是解釋或闡述儒家經典之學。

儒家經典，是中國封建政權法定的，以孔子為代表的儒家學說。在中國封建社會中長期傳播，歷代封建地主階級、知識份子和官僚對儒家經典加以闡發和議論，形成經學。

經學主要有如下兩個特點：

一是「唯上」，就是皇帝怎麼講，就怎麼解釋。經學家每每揣摩皇帝的意旨言事。

二是「唯經」，即書上怎麼寫，就按照書上的去解釋。

「唯經」是從，「唯上」是聽，導致窒息學術，禁錮思想。封建主義的經學，名為研究，實為注疏，而且越來越煩瑣，陷入了死胡同。

經學肇端於孔子刪定經書，形成於漢初推宗儒術、設立五經博士，並全盛於兩漢。此後各代經學，都顯示出各自的特色：魏晉經學玄學化；南北朝經學南、北殊異；隋唐經學走向統一；宋代經學演化為理學並影響元、明、清三代經學；明清之際古文經學興盛；乾嘉時發展為漢學；晚清則今文經學活躍。

董學是誰的思想學說

所謂董學，就是西漢董仲舒提出的一些思想學說。

西漢時期，儒學逐漸宗教化，道教正式誕生，佛教也已傳入中國，這些足以表明漢代對宗教的需求及適宜的宗教發生環境。正是在這種情況下，由董仲舒代表的漢代經學家開始熱衷於構建國家的宗教理論。

董仲舒指出，《春秋》所體現的道，就是崇奉上天而效法上古。上天，是百神的大君主。崇奉上天不周到，再怎麼崇拜百神都是沒有益的。明白提出了宗教的特性，從而確立了國家宗教。

他又說，接受天命的君王，天道會在他身上得到大大的彰顯。因此，委屈百姓從而伸張君王，委屈君王而伸張上天，就是《春秋》所表現的大義。從中可看出董仲舒的君權神授和神道設教觀念，一方面抑制地方諸侯勢力，從而樹立天子的權威；另一方面用天道來制約天子的權力，使之奉行儒家仁政。

在西漢當時的社會歷史條件下，董仲舒借重國家宗教觀念和《易傳》的「聖人以神道設教」思想來表達他的政治理想，是值得重視的人本內容。

魏晉玄學是否「玄之又玄」

玄學是魏晉時期的一種學術思潮，因盛行於魏晉時期，故亦稱「魏晉玄學」。所謂玄學，並不是指一種「玄之又玄」、「神秘莫測」的學問，而是指中國古代以解說、闡述、發揮三玄（《老子》、《莊子》和《周易》）為

主要形式，以探求事物之所以產生、之所以存在、之所以變化的根據為主旨的一種學說。

東漢王朝瓦解後，統治思想界的儒學失去了以往的魅力，人們對荒誕的讖緯之學、煩瑣的漢代經學及為統治者服務的綱常倫理深感厭倦，於是轉而尋找新的精神歸屬，正是這一特定背景，讓玄學走到了前臺。

玄學思想的骨架是老莊思想，但又糅合了儒家經義。其中心論題是本末有無——宇宙最終存在的根據；目的在於解決名教與自然的關係問題，從而調和儒道。

玄學的代表人物有魏晉時期的何晏、王弼、嵇康、郭象等。其發展又可分為四個階段：正始玄學、竹林玄學、西晉玄學、東晉玄學。

正始玄學出現於曹魏正始年間，屬玄學的開創階段。代表人物是何晏、王弼。主張貴無，以老子學為主；竹林玄學，以阮籍、嵇康為代表，主張超越名教而任其自然，以老子、莊子學為特徵，是貴無向崇有的過渡時期；西晉玄學，以郭象為代表，主張獨化，自生，崇有，以莊學為主；東晉玄學，張湛是其代表。張湛綜合崇有、貴無學說，把世界和人生視為無常，主張採取「肆情任性」的縱欲主義人生觀。

東晉以後，玄學與佛學趨於合流，張湛《列子注》，顯然受佛學影響：般若學各宗，則大都用玄學語言解釋佛經。於是佛學漸盛，玄學漸衰。

理學為何受到歷代統治者的推崇

理學，產生於北宋，盛行於南宋與元、明時代，理學家們認為，合乎自己願望的事物就是「理」，就是一種自然。在這一點上，「理」與老莊學派的「道」有點相近。

理學認為，理不僅是自然界的最高原則，同時也是人類社會的最高原則。很多理學家將「理」規定為宇宙萬物本原，認為自然界及人類社會一切都是從「理」而來，這個「理」是自己存在的，是永恆的，它「不為堯存，不為桀亡」，不生不滅，不增不減。

封建的倫理綱常也是「理」，「父子君臣，天下之定理」，實際上就把封建倫理關係神聖化、絕對化、永恆化。所以，理學為宋以後的歷代統治者所推崇，成為占統治地位的哲學思想，強迫人們信奉。

理學流派紛紜複雜，主要包括以周敦頤、程顥、程頤、朱熹為代表的客觀唯心主義和以陸九淵、王守仁為代表的主觀唯心主義。前者認為「理」是永恆的，先於世界而存在的精神實體，世界萬物只能由「理」派生；後者提出「心外無物，心外無理」，認為主觀意識是派生世界萬物的本原。

道學提倡「道統」說嗎

道學又稱「程朱理學」，為理學的一派。其代表人物是宋代二程、朱熹，因其思想體系的核心是「理」，故稱程朱理學。該學派肇端於北宋的周敦頤，奠基於二程，完成於南宋的朱熹，是理學中最大的學派，影響極為深廣。

「道學」之名始於北宋，然而早在唐代時，就已有了「道統」的說法。韓愈在《原道》中云：「堯以是傳之舜，舜以是傳之禹，禹以是傳之湯，湯以是傳之文、武、周公，文、武、周公傳之孔子，孔子傳之孟軻，軻之死一不得其傳。」就講述了歷聖相傳的道統，且白漢代以來的儒學都已非聖賢真傳。

韓愈為文有其特定的背景，當時佛、道二教盛行，唐憲宗一度還要迎佛骨入朝。韓愈的文章有為儒家說話，與佛、道二教抗衡之意。

北宋時，大儒們如法炮製，亦拋開漢唐煩瑣的考據注疏，要直接上承孔孟德千載不傳的道統，如此一來，開闢了儒學發展的一片新天地。這一時期的學者名家輩出，如周敦頤、邵雍等。

程顥、程頤早年受業於周敦頤，接受其道德性命之學。他們又自家體會出「天理」二字，認為「天下只是一個理」，就是君臣、父子、夫婦等人倫道德之理。他們以理為最高範疇，建立了自己的思想體系。在理學的發展過程中，二程以洛陽為中心，形成了一個學派，即洛學。

到了南宋，朱熹集諸儒之大成，對北宋以來的理學思潮進行了一次全面總結，將儒學的發展送至頂峰。

朱熹歿後，由於其思想體系的內在矛盾和社會歷史條件的變化，程朱學派在發展中發生分化。一部分人繼承和發展了朱熹的心性學說，統理於心，把朱熹哲學發展為心學；一部分人批判朱熹的理學體系，改造其理氣論和格物致知說，發展成以氣為本的哲學。

明清之際，王夫之等人全面地批判總結了朱熹哲學，陸世儀、張履祥等人批判改造了朱熹的心性說，李光地、陸隴其等人堅持正統理學，但無重要發展。之後，程朱理學逐漸退出學術舞臺，「道學」二字也成了古板迂腐的代名詞。

陸王心學怎樣與理學分庭抗禮

心學，作為儒學的一門學派，最早可推溯自孟子，而北宋程顥開其端，南宋陸九淵則大啟其門徑，而與朱熹的理學分庭抗禮。至明朝，由王陽明首度提出「心學」二字，至此，心學開始有清晰而獨立的學術脈絡。故心學又被稱為「陸王學派」。

宋代陸九淵主張，既然氣聚合為人時，理成為人的本性、精神，那麼，人心也就是理，並且因為整個宇宙都是氣的或聚合或消散的狀態，那麼，這個理也就到處貫通。

從這個意義上說，心學反對程朱學派以理為宇宙本原，而把宇宙本體安置於人心之中，提出心即理、心外無物、心外無理的命題。因此，只要心中能夠樹立一個大的志向，或者說，是一個基本原則，那麼，就可以不受外界事物的干擾和引誘。

到了明代，王守仁認為，人心中都有天生的良知，所以，儒學最基本的任務就是把心中的良知推廣到每一件事物。他和陸九淵一樣，認為不必要一件一件地去考察事物，要認識天理，只要考察自己的心就可以了。在方法論上，他反對程朱理學的支離煩瑣，提倡反本歸心，簡易直截。

陸王心學強調人的精神自覺，直認本心，否定傳統經典文獻以及聖賢的絕對權威，客觀上衝破了理學的思想禁錮，開創了思想界的新局面。尤其是在對心學的論證過程中，闡明了心物關係、心理關係，也即主、客體關係。如果套用西方哲學，就是典型的唯心主義，但其討論的不是物質和意識，而是探討了「人在世上安身立命的根本」這一古老的哲學命題。

陸王心學反對理學、衝擊聖賢以及高揚心性的思想具有思想解放的積極因素，對後世產生了巨大影響，流行數百年，直到近世還為革新派人士所青睞。但發展到後來，理論上走向了空談心性，實踐上則任性廢學，導致沒落。明清之際的學者批判心學，別開新徑，陸王心學遂退出了學術舞臺。

明清實學：儒學發展的新形態

明清實學，是明朝正德以後到清朝鴉片戰爭前夕，儒學發展的一種新形態。

明清實學摒棄宋明理學空談心性的空疏的學風，提倡「崇實黜虛」，在一切社會領域和文化領域中，突出一個「實」字，強調經世致用，而成為那個時代的精神。

明清實學大致可以分為實體實學、經世實學、科學實學、考據實學和啟蒙實學五大類。

實體實學，是就明清實學的基礎而言的。它包括以氣這一物質實體為本的本體論，以實踐（力行）為基礎的認識論，以「性氣相資」為基本內容的自然人性論。以「實功」為主要修養方法的道德論，以利遊欲為基礎的理欲（包括義利）統一說等內容。其主要代表有羅欽順、王廷相、崔銑、楊慎、吳廷翰、黃宗羲、王夫之、顏元、戴震等。

經世實學，是就明清實學的社會政治內容而言的。它既包括對社會弊病的揭露和批判，也包括對拯救時弊方案的構思與實施。其主要代表人物有張居正、顧炎武、黃宗羲、呂留良、全祖望、章學誠、龔自珍、魏源等。

科學實學，是就明清實學的科學內容而言的。它既包括中國古典科學，

也包括從歐洲輸入的西學，其代表人物有李時珍、徐光啟、宋應星、方以智、梅文鼎等。

考據實學，是就明清實學的經學研究而言的。明中葉以後，隨著實學思潮的興起和發展，在經學研究領域裏，出現了漢學和子學的復興，以子學研究代替獨尊經學，以專事訓詁名物的漢學代替以己意解經的宋學。其代表人物有方以智、傅山、顧炎武、毛奇齡、戴震、汪中、焦循、阮元等。

啟蒙實學，是就明清實學的市民意識而言的。主要反映在哲學、文學藝術等領域。其主要代表人物有王艮、何心隱、李贄、湯顯祖、黃宗羲等。

明清實學，是中國儒學發展的邏輯結果。其理論價值在於，它不但對宋明理學所討論的範疇和命題進行了總結性的批判，而且還提出了一些反映市民階層利益和要求的新範疇、新命題，成為中國近代啟蒙思想的理論先驅。

哲學大家

孔子為何又是「至聖先師」

孔子，名丘，字仲尼，春秋後期魯國陬邑（今山東曲阜東南）人，他是殷商王室微子的後代。微子是商紂王的哥哥，也是一位賢臣。微子四傳至宋湣公，生了兩個兒子，大兒子叫弗何父，小兒子叫鮒祀。弗何父曾孫叫正考父，正考父生孔父嘉，是孔子的六世祖，嘉是名，孔父是字，因後世以字為姓，故稱為孔氏。

孔子的父親叫叔梁紇，叔梁紇原配夫人姓施，育有九個女兒，未得一男。後叔梁紇又納一妾，才育有一男，但這個男孩是「庶出」（即妾的兒

女），且又是個瘸子，不能繼承家業。

此時，叔梁紇已經67歲，於是向顏公求婚。顏公有三個女兒，都沒出嫁。顏公深知叔梁紇出身世家，乃名門之後，於是把年僅16歲的小女顏徵在嫁給了叔梁紇，並生下了孔子。因父母曾為生子而禱於尼丘山，故名丘，字仲尼。

孔子3歲時，父親叔梁紇亡故，母親顏徵在攜其移居曲阜闕里。孔子15歲時，確立了堅定的學習志向，決心追求仁和道。再年長一些時，做過管理倉庫和牛羊的工作。他虛心好學，有過無數位老師，相傳他曾向老子問禮，向萇弘學樂，向師襄學彈琴。

由於勤奮好學，孔子30多歲的時候，已經博學多才，成為有名的學者，開始在闕里收徒授業，實行「有教無類」的教育原則，使一大批下層平民可以受到教育，進而踏上仕途。

禮和仁是孔子思想的核心。孔子認為，禮是十分重要的，是立身、立國之本；所以，他說「不學禮，無以立」，又說「禮樂不興則刑罰不中，刑罰不中則民無所措手足」。「仁」是孔子思想中的另一個重要概念，其主要內容是「愛人」，「己欲立而立人，己欲達而達人」。孔子不僅把仁當作一般士人遵循的準則，也要求統治者做到仁，而統治者的仁就是「節用愛人，使民以時」。

孔子35歲時，魯國發生內亂。魯昭公逃往齊國，孔子也來到了齊國。在齊國，他做了貴族高昭子的家臣。到齊國的第二年，齊景公向孔子詢問政事，孔子提出了「君君，臣臣，父父，子子」的主張，得到了齊景公的讚賞，他準備重用孔子，結果因齊相晏嬰的阻撓，最終作罷。

孔子隨後回到魯國，繼續授徒講學。51歲時，被任命為中都宰，由於為政有方，升任司寇，攝行相事。為了提高國君的威望，孔子力主削弱三桓（魯桓公的三個孫子），結果遭到三家大夫的反對，矛盾激化。

不久，齊國送來名馬美女，魯國君臣欣然接受，整日遊樂，不理朝政。孔子失望之餘，帶領弟子離開魯國。開始了周遊列國的生涯。這一年，孔子55歲。

孔子遍遊諸國，只為了尋找施展才能的機會，然而終無所遇。其間，他曾被衛國國君質疑；遭遇過貴族叛亂；出陳國時被楚人圍困，絕糧七日。在周遊列國14年後，魯國季康子聽從孔子弟子冉有的勸說，把孔子從衛國接了回來。

孔子回到魯國後，被尊為「國老」，然而在政治上仍不被重用。這時孔子深感到在現實政治的道路上走不通。他曾一度失望、消沉，但很快就尋找到新的人生支撐點，那就是整理「六經」，建立學派，以此來實現自己的政治理想。因此，孔子的治學並不是單純的治學，而是要參與、干預現實政治的。

孔子死後，他的弟子輯錄他的言論，編成了《論語》一書，此書正成為研究孔子思想的重要材料。孔子本人也被歷代儒林士子尊稱為「至聖先師」。

子思為何被尊稱為「述聖」

子思，孔子之孫，孔鯉之子，名伋，子思是他的字，戰國初期魯國人，儒家的主要代表人物之一。

子思的生平事蹟已很難詳考。《史記‧孔子世家》載：「孔子生鯉，字伯魚。伯魚生伋，字子思」；「嘗困於宋，子思作《中庸》」。

據說子思曾受業於孔子高足曾子，並與自己的門人作《中庸》，其門人再傳孟子。後人把子思、孟子並稱為思孟學派，因而子思上承曾參，下啟孟子，在孔孟「道統」的傳承中有重要地位。

子思哲學思想的核心是「中和」和「誠」。

中庸之道乃孔門最高之道，它出自人的明德之性。子思從人性上闡發了這種必然表現的心理實質，把中庸之道在更深的層次上歸結為一個中和之道。他說：「喜怒哀樂之未發，謂之中；發而皆中節，謂之和。中也者，天下之太平也；和也者，天下之達道也。致中和，天地位焉，萬物育焉。」這就是子思的中和之道。

他又提出，「誠」是世界的根本性質，說「誠者物之終始，不誠無物」，認為天地萬物都是依靠誠存在的。他又說：「誠者，天之道也；誠之者，人之道也。」認為天道、人道都繫之於「誠」。他還提出，「天命之謂性，率性之謂道」，指出人性天賦，遵性而行就是道。《中庸》一書還重點發揮了孔子「過猶不及」的思想，提出了系統的中庸思想。

由於子思上承孔子中庸之學，下啟孟子心性之論，並由此對宋代理學產生了重要影響。因此，北宋徽宗年間，子思被追封為「沂水侯」；元朝文宗至順元年（西元前1330年），又被追封為「述聖公」，後人由此而尊他為「述聖」。

孟子為何又稱「亞聖」

孟子（約西元前372年～西元前289年），戰國時期儒家的重要代表之一。名柯，字子輿，魯國鄒（今山東鄒縣東南）人。春秋魯公族孟氏之後。

孟子3歲時，父親去世，由其母親撫養成人。孟母極其注意對他的教育，劉向的《列女傳》中有孟母三遷其居的故事。相傳孟子曾一度廢學，孟母把織機上的織物用刀割斷，告以廢學和斷機一樣必將一事無成，孟子很受震動。從此勤學不息。

長大以後，孟子受學於子思，繼承並發揚了孔子的思想，影響深遠。孟子曾往見齊宣王，宣王未用；又往見梁惠王，惠王亦未任用；此外，他還到過魏、滕、薛、宋、鄒等國。孟子所闡述的是「唐虞三代之事」，各諸侯君主認為「迂遠而闊於事情」，故均未加採用。無奈之下，孟子回到故鄉，和弟子萬章等人著書立說，著成《孟子》，以為後世垂鑑。

孟子繼承和發展了孔子的「仁」的思想，提出了「仁政」學說。「民為貴，社稷次之，君為輕」，「重民」的思想對封建社會產生了深遠的影響。孟子對儒家學說的另一重大發展，是建構了一個天人合一的思維模式，以及與之相應的盡心、知性、知天的認識路線。

另外，他也很重視環境和教育對人的影響，主張社會分工，但卻由此得

出「勞心者治人，勞力者治於人」的觀點，這種觀點後來長期被統治階級所讚賞和利用。

在主、客觀作用方面，他過分強調人的主觀精神作用，斷言「萬物皆備於我」，在儒家哲學中形成一個唯心主義的理論體系，後來對宋儒影響尤深。

孟子逝後，才漸漸獲得了生前未曾有過的尊榮。《孟子》一書在宋代上升為儒家經典，與《論語》並列《四書》之中；他本人也在元至順元年（西元1330年）被封為「鄒國亞聖公」，明嘉靖九年（西元1530年）定為「亞聖孟子」。至此，「亞聖」之稱流傳下來，封建統治者對孟子的封賜亦達到了極致。

老子為什麼成了「道家祖師」

老子其人，歷來即有多種說法。《辭海》云：「相傳為春秋時思想家，道家的創始人。」一說老子姓李，名耳，字伯陽，楚國苦縣（今河南鹿邑東）厲鄉曲仁里人；一說老子即太史儋，或老萊子；另一說認為老子是魏國將軍李宗的父親李耳。

老子是道家學派的創始人。中國古代著作，常常把道家的老子和儒家的孔子相提並論，而他們的生平事蹟，流傳下來有關孔子的，雖有後人附會的傳說，但還能看個大概。至於老子的，卻大多是道家之徒的誇張之詞，難以憑信。

司馬遷在《史記》中為老子立傳，也只有四百餘字。提到的老子事蹟也只有兩件：一是「孔丘適周，將問禮於老子」；二是老子出關，遇關令尹喜。

老子生活在春秋時期，曾在東周國都雒邑（今河南洛陽）任守藏史（相當於國家圖書館館長）。他博學多才，孔子周遊列國時曾到洛陽向老子問禮。

大約五十多歲的時候，由於周室日漸衰微，便出走赴秦隱居。西行途

中，在經過函谷關（一說為大散關）時，關令尹喜強求其著書。老子於是寫下講述道德的五千言，取名為《道德經》。老子寫成出關後，西去入秦境，從此隱居，不為世人所知。傳說他的壽命很長。司馬遷說：「蓋老子百有六十餘歲，或言二百餘歲。」

《道德經》一書集中反映了老子的思想。老子思想體系的核心是「道」，「道生一，一生二，二生三，三生萬物」，他認為道是萬物的本原。道無形無象，與具體事物不同。道是「常」，是不變的，具體事物則互相依存、互相聯結，而且可以互相轉化。老子否認認識來源於感覺經驗，因此，他反對啟迪民智，所以，要「絕聖棄智」、「絕學無憂」。

老子主張「無為」，強調「聖人之道，為而不爭」，「以其不爭，故天下莫能與之爭」。基於此，老子向望往日「小國寡民」的社會，「鄰國相望，雞犬之聲相聞，民至老死不相往來」。

老子思想是中國古代思想的重要遺產，它在哲學、政治、人生諸方面對後世產生了深遠的影響，除對道教思想影響重大外，對法家、儒家等也產生了一定的影響。

在老子之後，莊周、列禦寇等承襲了老子的思想，成為道家的代表人物。黃帝與老子也被後世尊稱為「黃老」。

莊子為何被封為「南華真人」

莊子（約西元前369年～西元前286年），名周，戰國蒙（今河南商丘東北）人。著名的思想家、哲學家、文學家，是道家學派的代表人物，老子哲學思想的繼承者和發展者，先秦莊子學派的創始人。他的學說涵蓋了當時社會生活的方方面面，但根本精神還是歸依於老子的哲學。後世將他與老子並稱為「老莊」，他們的哲學為「老莊哲學」。

莊子是一個出身破落貴族家庭的知識份子，曾任職蒙地漆園的小吏，有時還以打草鞋為生，生活貧困。他曾向監河侯借粟，人家沒答應；又穿布衣破鞋去見魏王，人家問他為何如此潦倒，他說是窮而非潦倒。他說自己生不

逢時，就像落在荊棘中的猿猴。

　　有一次，楚威王專門派大員去莊子家裏，想用千金俸祿請他出來做楚國的宰相。他卻對使者說：「千金俸祿，價值高昂；一國之相，地位尊貴。不過先生是否見過祭祀用的犧牲之牛啊？當祭祀的人要把牠拉去做犧牲時，給牠披上錦繡，繫上彩帶，一時間是何等榮耀。可是當牠要進入廟堂，知道自己將要被宰殺的時候，想不享受這一榮耀，而去做一隻委身豬圈的小豬，都是不可能的了。拿千金讓我去當宰相，與披錦繡繫彩帶的犧牲之牛有什麼區別呢？」

　　「我聽說楚國有一隻神龜，已經死了三千年了，國君還把它當作神物，用錦巾包裹起來，小心放在木匣裏，供奉在廟堂之上。請問先生，這隻龜是願意作為一把死骨受人尊重呢，還是願意活得自由自在地在泥塘裏爬行呢？你們快走吧！不要再玷污我了。我寧願做一條泥鰍自由自在地在污泥中搖曳，也不願意去做一頭犧牲牛去披錦掛彩。」

　　基於這種志向，莊子一生都沒有做大官，始終維持著和平民一樣的貧苦生活。

　　莊子寓言傳道，著書十餘萬言。作為老子的後學，他「學無不所窺，然其要本歸於老子之言」。其不僅繼承、發展了老子的學說，而且成了先秦道家的集大成者。

　　其作品現存《莊子》33篇。全書分內、外、雜三部分，即內7篇，外15篇，雜11篇。一般認為，內篇思想、結構、文風比較一致，為莊子所著；外、雜思想與內篇不盡一致，摻雜了莊子門人後學以及道家其他派別的作品，但其中某些篇章也反映了莊子的思想。

　　在莊子的哲學中，「道」是客觀真實的存在，是宇宙萬物的本源。在政治上，莊子主張無為而治，放棄生活中的一切爭鬥。莊子嚮往自然，崇尚「天地與我並生，萬物與我為一」的精神境界。莊子認為，人生的至高境界是逍遙自得，是精神的自由。

　　莊子的思想和主張，對後世影響深遠。在魏晉時期，《莊子》和《周易》、《老子》一起並稱「三玄」；唐玄宗天寶元年，莊子被封為「南華真

人」，《莊子》被尊為《南華真經》，正式成為道家經典之一。宋徽宗時，莊子被封為「微妙元通真君」。隨著老莊學說成為道家思想的核心內容，莊子日益被神化。

墨子如何建立自己的學說

墨子（約西元前168年～約西元前376年），墨家學派創始人，名翟，今山東省滕州市人。

墨子出身低賤，是小工業者。他精通手工技藝，可與當時的巧匠魯班相比，他自稱是「鄙人」，被人稱為「布衣之士」和「賤人」。

墨子曾經學習儒術，因不滿「禮」之煩瑣，另立新說，聚徒講學，成為儒家的主要反對派。

在代表新興地主階級利益的法家崛起以前，墨家是先秦和儒家對立的最大一個學派，並列「顯學」。

為了宣傳自己的主張，墨子長期奔走於各國之間，他的足跡東到齊，西到鄭、衛，南到楚、越。墨子還曾和魯班論戰，成功制止了楚國對宋國的侵略戰爭。

此外，墨子還廣收門徒，一般的親信弟子有數百人之多。他把墨家打造成了一個組織嚴密、紀律嚴明、旗幟鮮明的組織，這在當時是唯一的。

墨子的政治主張，都是以解救時弊為目的，宣導兼愛、非攻、尚賢、尚同，宣傳天志、明鬼，針對當時流行的命定論，墨家又主張「非命」。在真理的原則上，主張經驗論。倫理思想上，墨家的根本觀念是「義」，「義」的觀念來源於「天」，在此基礎上，建立了義利統一的道德觀。

墨子提出了「實」是第一性，「名」是第二性的哲學觀點，他以「耳目之實」的直接感覺經驗為認識的唯一來源。這是人類認識發展史上一個很大的進步。

墨子不僅博學多才，還擅長工巧和製作，他曾製成「木鳶」，據說三天三夜飛在天空沒有掉下來。他還擅長守城技術，其弟子將他的經驗總結成

《城守》21篇。

墨子還在名辯說方面有所成就，成為戰國時期名辯思潮的淵源之一。墨子的事蹟，在《荀子》、《韓非子》、《莊子》、《呂氏春秋》、《淮南子》等書中有所體現，他的思想主要保存在墨家弟子所編寫的《墨子》一書中。

荀子是怎樣維護儒家傳統的

荀子（約西元前313年～西元前238年），名況，當時人們尊稱他為荀卿，後避漢宣帝諱，改稱孫卿。戰國末期趙國人。

《史記·荀卿列傳》記載，荀子在五十多歲的時候到齊國遊學，在稷下（今山東臨淄北）學宮與各個學派的學者進行交流和討論。由於學問淵博，其地位一度十分尊貴，曾在稷下三次擔任主講人。

後因有人進讒言，荀子離齊到了楚國，楚國的丞相春申君，正在招賢納士，就派他做蘭陵令。時隔不久，又有人認為荀子會給楚國帶來危險，荀子只好再次離開轉而奔赴趙國。在趙國，荀子被拜為上卿。後來，春申君又派人接荀子回楚國。荀子回楚後，再任蘭陵令。

西元前238年，春申君被殺，荀子被罷官。住在蘭陵期間，他曾先後去過秦國、趙國，最後著書教學以終。韓非、李斯，均為其學生。針對「獨世之政」以及「鄙儒亂俗」，於是「推儒墨道家之行事興壞，序列數萬言」，著成《荀子》。其學說總結先秦諸子學術思想，強調人定勝天，「行貴於知」，由於提倡性惡論，常被拿來與孟子的性善論進行比較。

荀子一直以孔子、仲弓的繼承者自居，維護儒家傳統，痛斥子夏氏、子游氏、子張氏為「賤儒」。對子思、孟子一派的批評尤甚。

李悝，法家的創始人

李悝，戰國初期魏國政治家，生卒年不詳，法家創始人，又稱「李克」，有時也寫作「里克」。

李悝約生活在魏文侯至魏武侯時，曾受業於子夏弟子曾申的門下。做過中山相和上地守，又曾任魏文侯國相。李悝的貢獻，一是輔佐魏文侯使魏國走上國富兵強之路；一是編訂了中國第一部較為完整的法典《法經》。

李悝的著作，《漢書・藝文志》著錄的有《李子》32篇，還有列在儒家的《李克》篇、兵家的《李子》10篇。皆已不存，零簡殘篇見於《水經注》和《文選》等書。

李悝認為，「為國之道，食有勞而祿有功，使有能而賞必行，罰必當」，還要「奪淫民之祿，以來四方之士」。他提倡「盡地力之教」，主張大力發展農業生產，調整租穀，創「平糴法」，兼顧農人和市民的利益。由於李悝和子夏學派有一定的關係，所以，他的有些作品不免帶有幾分儒家色彩，並曾被列入儒家。

韓非，法家集大成者

韓非（約西元前280年～西元前233年），戰國晚期韓國（今河南省新鄭）人，出身貴族世家。

相傳韓非說話口吃，「喜刑名法術之學」，很有才能。曾與秦國大臣李斯同學於荀況門下。當時韓國弱小，常受鄰國欺侮。為了富國強兵，他多次向韓王上疏變法，但都未被採納。之後，韓非寫下《孤憤》、《五蠹》、《內外儲說》、《說林》、《說難》等文章，發表自己的見解，但仍然沒能引起重視。

後來，其著作傳到秦國，得到秦王嬴政（後來的秦始皇）的讚賞。西元前234年，韓非出使秦國，他上書秦王先伐趙而緩征韓。秦王留下韓非，準備重用。但卻被李斯及姚賈陷害下獄，被迫服毒自殺。傳世著作為《韓非子》。

韓非是秦晉法家思想的集大成者，他不善言辭卻善著書。在思想上，他總結商鞅、申不害和慎到三家的理念，提出了一套法、術、勢相結合的法治理論。認為君主應憑藉權力、威勢及一整套駕馭臣下的權術，保證法令的貫

徹執行，以鞏固其地位，為封建中央集權奠定理論基礎。

韓非還繼承了荀子的性惡說，主張治國以刑、賞為本，對法律的起源、作用及社會經濟、國家政權、倫理道德、自然環境等基本問題都有探討，為法理學的發展作出了極大貢獻。

鄒衍怎樣發展了陰陽家的思想

鄒衍（約西元前305年～西元前240年），戰國時期齊國人，是陰陽家的主要代表。

相傳鄒衍曾到稷下學宮講學，號「談天衍」。他「深觀陰陽消息」，喜談宇宙變化。他的「大九州」說和「五德終始」說，適應當時大一統趨勢，諸侯對其「尊禮」甚隆，甚至做過燕昭王的老師，死於長平之戰以後。

鄒衍的著作有《鄒子》49篇、《鄒子始終》56篇，可惜都已亡佚；其學說只能從清代人的輯佚書中看到。

鄒衍在總結早期陰陽、五行學說的基礎上，提出了「五行生勝」的觀點。他認為，木生火、火生土、土生金、金生水、水生木是「五行相生」的轉化形式。這一形式說明事物之間有著統一的關係；同時，又存在著水勝火、火勝金、金勝木、木勝土、土勝水的「五行相勝」的對立關係。

這種五行相生、相勝的特點，不僅表現在自然界的四時變化和萬物生息之中，而且體現在人類社會之中。由此，他提出了「五德終始」循環相生的觀點。他認為，「天地剖判以來」的歷史，按照「五德轉移」的順序，經過了黃帝（土德）、夏（木德）、商（金德）、周（火德）的更替過程，並預見以後的發展是「代火者必將水」。

鄒衍的另一個重要觀點是「大九州」說：鄒衍以前的學者想像全世界是一塊大陸，四圍是海，海盡處與天相接；當時的中國（包括七雄和若干小國）幾乎就是這大陸的全部；相傳這大陸曾經被夏禹劃分為九州。鄒衍卻以為「儒者所謂中國者於天下乃八十一分居其一耳。中國名曰赤縣神州。赤縣神州內自有九州，禹所序九州是也。」這便是「大九州之說」。

鄒衍是用「先驗後推」的方法提出這一學說的。據司馬遷所述，這一方法的特點是：「必先驗小物，推而大之，至於無垠」，即以直接經驗為基礎，由近及遠，由已知推及未知，以至於聞見之所不能及的無限廣闊世界。

鄧析為什麼被視為「名家之祖」

鄧析（西元前545年～西元前501年）。先秦名家的開創者。春秋末年鄭國人，做過鄭國的大夫。他反對不許民知爭端以及禁止民有爭心的禮治，主張刑名之治。

子產治政時，鄧析屢屢與之作對，以致鄭國大亂，遂被子產殺害。《漢書・藝文志》把鄧析列為名家第一，並著錄其《鄧析子》2篇，但其書已失傳，今本《鄧析子》為隋唐時抄綴的偽作。

現在所知鄧析的生平和言論，見於《呂氏春秋・離謂》。鄧析善於利用「刑名之辯」開展訴訟活動，並教人辯訟的技巧和議政的方法。比如，子產禁止議論時政，他就教人們張貼「縣（懸）書（張貼公開信）」批評朝政，禁止「縣書」時則寫信「致書（送意見書）」，禁止「致書」則「傳書」（把信夾在包裹裏送出），因為新的方法有批評朝政之實卻並不違犯已有的禁令（名）。這反映了鄧析關於名必須具有確定性和名實必須一致的邏輯思想。

惠施，名家學派的主要代表

惠施，生卒年不詳，戰國時期思想家，名家學派的主要代表。宋國人。

惠施主要活動於魏國，曾任魏相15年，並促成魏、齊二王會於徐州，互尊為王，開六國稱王局面。魏惠王尊寵惠施，比之於管仲，且欲傳以國位。後張儀來魏國遊說連橫，惠施主張合縱，而群臣及魏王皆聽信張儀，惠施被逐赴楚。

後到宋國，得以與莊子交遊，並在濠上作魚樂之辯。惠施博學善辯，

他死後，莊子認為再無可言之人。著有《惠子》一篇，已不傳；學說散見於《莊子》、《荀子》等書。

惠施的主要思想體現在他有關名辯的言論中。他注重對客觀世界的研究，「弱於德，強於物」，而且能「遍為萬物說」。他的「十事」，注意到了萬物的差異，強調這種差異的相對性，雖有辯證因素，但陷入了相對主義。他還提出「善譬」的推類方法，揭示了由已知到未知的推理過程。

王充為什麼被稱為「無神論鬥士」

王充（西元27年～約西元97年），東漢思想家。字仲任，會稽上虞（今屬浙江）人。

王充出身「細族孤門」。當時正值東漢初年，社會動盪，而王家祖上和父輩都好勇任氣，曾多次與當地富豪結仇，不得不舉家從會稽郡（今蘇州）遷到錢塘（今杭州），再從錢塘遷到上虞，到王充時，其家已「貧無一畝庇身」，「賤無斗石之秩」。

王充自小聰慧好學，又非常孝順，甚得家人和鄰里的喜愛。6歲時，開始在父親的教導下認字。8歲進書館學習。幾年後，15歲的王充被送到洛陽太學讀書。18歲時，王充曾師事班彪。由於家貧無書，常遊洛陽書肆讀書，過目輒能誦憶，遂通眾流百家之言，時人謂「雖前世孟軻、孫卿，近漢揚雄、劉向、司馬遷，不能過也」。

最初，王充很關心一些自然科學，如雲、雨、雷、電的形成，以及琴弦張力與空氣濕度的關係，月亮運行與潮汐的關係等。洛陽又是全國的政治中心，王充在那裏遊學十幾年之久，所見所聞的各派思想互相辯論爭鬥，這一切使得王充逐漸衝破了官方儒學的束縛，並開始用唯物主義觀點解釋自然現象以及社會問題。

永平元年（西元69年）十月，漢明帝親臨太學，舉行敬老尊儒大典，並鼓勵學者各抒己見，進行辯論，圍觀者數萬人，盛況空前。此時的王充遊學已經十餘年，也前往觀戰，興奮之餘，作《大儒論》讚頌其事。

隨著遊學生涯的結束，王充回到家鄉，在縣、郡、州裏做過一些閒散小官。因性情秉直，不肯向權貴低頭，很受排擠，經常主動辭職。元和三年，花甲之年的王充舉家遷往揚州（今安徽和縣），先後在丹陽、九江、盧江等地任職。兩年後，王充再次辭官返鄉，盡心著述。

晚年時的王充，生活非常淒苦，但仍專意著述，六十幾歲時，還完成了《養性》，宣導節欲。約在漢和帝永元九年，王充病逝。著有《論衡》、《政務》、《養性》、《譏俗》、《節義》等，可惜多已失傳。所幸的是，其扛鼎之作《論衡》被學者蔡邕從江浙帶到了中原，王充的思想終得以流傳。

《論衡》歷時30年成書，今存84篇。主要針對當時的儒術和神秘主義的讖緯說進行批判。《論衡》細說微論，解釋世俗之疑，辨照是非之理，即以「實」為根據，疾虛妄之言。「衡」字本義是天平，《論衡》就是評定當時言論的價值的天平。它的目的是「冀悟迷惑之心，使知虛實之分」。因此，它是中國古代一部不朽的唯物主義的哲學文獻，起到了劃時代的作用。

董仲舒與「獨尊儒術，罷黜百家」

董仲舒（西元前179年～西元前104年），廣川（今山東德州）人，漢代思想家、政治家。

董仲舒出生在一個十分富足的地主家庭，自小學習就十分專心刻苦。由於學識廣博，董仲舒在不到40歲的時候，就被時人譽為「漢代孔子」。

在做學問的同時，董仲舒也廣招門徒。董仲舒在講學時，總是在課堂上掛一幅帷幔，他在帷幔裏面講，學生則在外面聽。如此一來，有的學生在聽了幾年課後，仍然不知道尊師長啥模樣。

由於廣招門生，宣揚儒家經典，董仲舒的聲譽也日益擴大。漢景帝時，董仲舒當上了博士，講授《公羊春秋》。武帝元光元年（西元前134年），在《舉賢良對策》中進「天人三策」，建議「諸不在六藝之科、孔子之術者，皆絕其道，勿使並進。」為武帝所採納，形成「獨尊儒術，罷黜百家」

的政治格局，為此後兩千餘年間封建統治者所沿襲。

之後，董仲舒被派到江都王劉非（漢武帝的哥哥）那裏當國相。劉非一直想要稱霸，希望得到董仲舒的輔佐。但是董仲舒借古喻今地對他進行了規勸，指出「仁人者，正其義不謀其利；明其道不計其功。是以仲尼之門，五尺之童，羞稱五伯（霸）」，暗示其不要稱霸。

在江都期間，董仲舒還遭遇了一生最大的變故。有一次，皇家宮殿發生了火災，董仲舒認為是宣揚天人感應的好機會，於是帶病寫就了一份奏章，想以火災警示漢武帝上天已發怒。結果奏章還沒呈上，主父偃到了董家做客，看見奏章，因妒董仲舒之才，就把奏章草稿偷走，交給了漢武帝。武帝看後大怒，決定處死董仲舒。後憐其才，赦免了死罪，罷其國相之職。從此，董仲舒不敢再說災異之事，又開始講學授徒。

西元前125年，公孫弘推薦董仲舒到膠西王劉瑞處擔任國相，在膠西，董仲舒待了14年。後辭職回家，居家著書，朝廷每有大事，便派使者及廷尉到其家請教，仍受武帝尊重。

董仲舒的特點是將儒學神學化，這也成為儒家思想發展的一個關鍵點。董仲舒著作很多，但大部分已經失傳，只有《春秋繁露》一書流傳了下來。而根據考證，《春秋繁露》也是後人輯錄董仲舒的遺作而成，大概成於隋唐時期。

王弼，「貴無論」的創始人

王弼（西元226年～西元249年），字輔嗣，山陽郡高平人（今山東省金鄉一帶）。三國魏思想家，魏晉玄學的早期代表人物，玄學「貴無論」的創始人之一。

王弼出生在世代書香之家，其曾外祖父是東漢末號稱「八俊」之一、身為荊州牧的劉表。由於家世淵源，王弼自幼受到良好的教育，少年即有才名。據何劭《王弼傳》載，王弼十多歲時，即「好老氏，通辯能言」。他曾與當時許多清談名士辯論各種問題，以「當其所得，莫能奪也」，由此深得

當時名士的賞識。

有一天，王弼去拜訪他的父輩裴徽。裴徽當時雖然只是個吏部侍郎，但在思想界卻享有盛名。裴徽一見王弼，就覺得他很與眾不同，於是提出了一個很尖銳的哲學問題：「夫無者，誠萬物之所資。聖人莫肯致言，而老子申之無已，何邪？」一個關於「有」與「無」、「儒」與「道」、「名教」與「自然」關係的哲學命題。

用學術界尚未解決的問題去問年輕的王弼，足見裴徽對王弼的看重了。

王弼則根據自己的研究和體會，明確而又簡潔地回答說：「聖人體無，無又不可以為訓，故言必及有，老、莊未免於有，恆訓其所不足。」大意是，無與有，本體與現象，是反覆循環的關係。「無」不能直接訓說，必須透過「有」來闡明。孔子由於對「無」有了深刻的體驗。儘管從不說「無」而只談「有」，但處處都揭示了那隱蔽著的宇宙本體—— 無。而老子對「無」直接訓說，卻只停留在「有」的現象領域，還不能上升到體「無」的境界。

王弼的「貴無論」見解獨到，尊孔崇老，很符合當時儒道合流的事實。照顧到了當時以儒學為核心的傳統價值觀念，妥善地擺正了孔子與老子的地位，把儒道融為一體。這就把前輩學者的研究向前推進了一大步，建立起以無為本，現象與本體相結合的哲學體系。

這件事很快就在學術界傳開了。何晏極為賞識王弼，由衷地稱讚他說：「仲尼稱後生可畏，若斯人者，可與言天人之際乎！」何晏很器重他，並推薦他做了臺郎。

正始年間（西元240年～西元249年），王弼與何晏、夏侯玄、鍾會等人交遊，同開清談之風，被稱為「正始之音」，標誌著玄學的創立。但由於「事功」「雅非所長」，王弼在仕途上並無進展；同時，他恃才傲物，「頗以所長笑人」，所以，亦為當時的士人所嫉恨。

正始十年，年僅二十四歲的王弼，被時疫奪去了生命。一代奇才、一顆智慧之星從此隕滅了。

王弼人雖死，但他在有限的時間內卻寫了很多著作。據史載，有《老子

注》、《老子指略》、《周易注》、《周易略例》、《論語釋疑》，還有早已佚失的《王弼集》五卷。他創建了自成一家的哲學體系，在經學、哲學領域內取得了巨大的成就。在當時乃至後來，都產生了巨大的影響。

周敦頤與太極圖有什麼關係

周敦頤（西元1017年～西元1073年），原名敦實，避英宗舊諱，改敦頤。字茂叔。從小喜愛讀書，在家鄉道州營道縣（今湖南道縣）頗有名氣，人們都說他「志趣高遠，博學力行，有古人之風」。

由於大量廣泛地閱讀，周敦頤接觸到許多不同種類的思想。從先秦時代的諸子百家，一直到漢代才傳入中國的印度佛家，他都有所涉獵，這也為他後來精研中國古代奇書《易經》，創立先天宇宙論思想奠定了基礎。

15歲時，周敦頤投奔母舅龍圖閣學士鄭向，受到鄭向的特別眷顧，向宋仁宗保奏，為他謀得了一個監主簿的職位。

任職期間，周敦頤不僅在工作上盡心竭力，深得民心，而且在生活中，他也不遺餘力地研究《周易》，後來終於寫出了他的重要著作《太極圖·易說》。

正因為這些研究成果，周敦頤奠定了中國理學開山鼻祖的地位，他繼承《易傳》和部分道家以及道教思想，提出了一個簡單而有系統的宇宙構成論，說「無極而太極」，「太極」一動一靜，產生陰陽萬物。無極是最原始、最根本的，由無極而生太極，太極能動能靜，動生陽，靜生陰，陰陽分而形成兩儀，兩儀就是天地，陰陽的變合產生水、火、木、金、土五行，五行的流布推動春、夏、秋、冬四季的運行。在周敦頤的這個宇宙自然生成論裏，無極就是「無」（沒有），即宇宙是從「無」（沒有）中產生的。

周敦頤後調任南安軍司理參軍，移桂陽令，徙知南昌，歷合州判官、虔州通判。熙寧初知郴州，擢廣東轉運判官，提點刑獄。所到之處，都很有實績。而且他還常常和高僧、道人遊山玩水，彈琴吟詩。

周敦頤酷愛雅麗端莊、清幽玉潔的蓮花，曾於知南康軍時，在府署東側

挖池種蓮，名為愛蓮池，池寬十餘丈，中間有一石臺，臺上有六角亭，兩側有「之」字橋。盛夏他常漫步池畔，欣賞縷縷清香、隨風飄逸的蓮花，口誦《愛蓮說》。自此蓮池名震遐邇。

周敦頤淵博的學識，也吸引了很多人拜在他門下。其中最著名的，莫過於程頤、程顥兩兄弟。

晚年的周敦頤定居廬山蓮花峰下，以家鄉營道之水名「濂溪」命名堂前的小溪和書堂，故人稱濂溪先生，諡號元公。

周敦頤死後，隨著二程對他的哲學的繼承和發展，他的名聲也逐漸顯揚。南宋時，許多地方開始建立周敦頤祠堂，人們甚至把他推崇到與孔孟相當的地位，認為他「其功蓋在孔孟之間矣」。帝王們也因而將他尊為人倫師表。

張載在哲學上有哪些重要貢獻

張載（西元1020年～西元1077年），字子厚，宋代思想家、理學家。

張載祖上是大梁人（今河南開封），小時候父親死於涪州官任上，於是僑居在現在的陝西省眉縣橫渠鄉，這就是張載被人稱為「橫渠先生」的由來。

張載自幼聰慧，喜論軍事。宋仁宗慶曆四年（西元1044年）十月，宋與西夏議和。張載即向當時任陝西經略安撫副使，主持西北防務的范仲淹上書《邊議九條》，陳述自己的見解和意見。范仲淹在軍府召見了張載，認為張載可成大器，建議他讀《中庸》以及其他儒學典籍。

張載聽從范的勸告，回家刻苦攻讀《中庸》。讀完《中庸》後，張載還覺得不滿足，於是又大量地讀了佛教和道教的書，但細心研讀幾年之後，覺得還是沒什麼大進步，於是又回到儒家的經書上來。

仁宗嘉祐二年（西元1057年），38歲的張載赴京城應考，時值歐陽修主考，張載與蘇軾、蘇轍兄弟同登進士，在候詔待命之際，在文彥博宰相的支持下，於開封相國寺設虎皮椅講《易》。一天晚上，遇表侄程顥、程頤兄弟。在虛心聽取了二程對《易經》的見解後，頓感自己學識不夠，第二天即

撤席罷講。這一時期，他完成了名著《易說》。

此後，宋神宗授張載崇文院校書之職。他和王安石看法不一，在弟弟張戩因上疏批評王安石而被貶官之後，張載擔心受到牽連，乾脆辭職回鄉了。他隱居在橫渠讀書，漸漸形成了自己的思想體系，同時他廣招學徒，形成了關學學派。

張載的重要貢獻是提出了以「氣」為核心的宇宙結構說。他認為世界是由兩部分組成的：一部分是看得見的萬物；一部分是看不見的，而兩部分都是由「氣」組成的。「氣」有兩種存在方式：一為凝聚；一為消散。凝聚時就成為萬物，經由光、色顯出形體；散則成為虛空，無形無色。

他用「太虛」表示「氣」的消散狀態，這是本來的原始狀態，「氣」是「太虛」與「萬物」的合稱。

在家鄉時，張載也曾與學生實驗恢復井田制，未成。病逝後「貧無以殮，門人共買棺奉其喪還」。張載著作除《正蒙》、《易說》兩部外，尚有《文集》、《經學理窟》等。明萬曆年間，沈自彰彙編其著作為《張子全書》。

南宋嘉定十三年，宋寧宗賜諡號「明公」。淳祐元年，賜封眉伯，從祀孔廟。明世宗嘉靖九年，改稱先儒張子。

「二程」，理學的創始人

程顥與程頤是兄弟，洛陽人，均為北宋理學家。程顥字伯淳，學者稱明道先生；程頤字正叔，學者稱伊川先生，世稱「二程」。

二程出生在一個仕宦之家。十四五歲時便一起求學於周敦頤。程顥進士及第，程頤則在27歲上科舉廷試落第，從此不再參加科試，大臣屢次推薦而不仕，在洛陽收徒講學。

宋神宗在位時，程顥任御史。後因與王安石政見不合，不受重用，於是潛心於學術，與程頤一起在洛陽講學。聲名日高，從遊者日眾。兄弟倆自此共創「洛學」，為理學奠定了基礎。

他們在哲學上發揮了孟子至周敦頤的心性命理之學，建立了以「天理」為核心的唯心主義理學體系。二程提出的最重要的命題是「萬物皆只是一個天理」。他們認為，陰陽二氣和五行只是「理」，或「天理」創生萬物的材料。

在認識心理思想方面，他們承襲張載的「聞見之知」和「德性之知」的劃分，認為「聞見之知」是物交物而知，其中又有親身經歷的「真知」和間接獲得的「常知」的差異。而「德性之知，不假聞見」，只要「知性」，便「知天」。考察了「得意可以忘言，然無言又不見其意」的言語同思維的關係。主張知先行後。

在情欲心理思想方面，二程深化了性善論，回答了人性為什麼至善，為什麼會產生惡的因素等一系列問題。二程認為，人性有「天命之性」和「氣質之性」的區別，前者是天理在人性中的體現，未受任何損害和扭曲，因而是至善無疵的；後者則氣化而生的，不可避免地受到「氣」的侵蝕，產生弊端，因而具有惡的因素。

二程認為，性中的善自然是其「天理」的本質特徵，惡則表現為人的不合節度的欲望、情感，二程稱之為「人欲」或「私欲」。「人欲」是「天理」的對立面，二者具有不相容性，故二程主張「存天理，滅人欲」。提出透過「敬」和「唯思」等方式來「窒欲」。

王安石變法失敗後，程顥被司馬光推薦為宗正寺丞，未能就任即病逝。後賜諡「純公」，又封河南伯，從祀孔子廟庭。著作不多，見於《二程全書》的有《識仁篇》、《定性篇》等。

程頤則因新黨執政被貶，徽宗即位得赦。不久又受排斥，遂隱居龍門，遣散門徒，不久病逝於家。著作較多，有《程氏易傳》、《遺書》、《經說》等，均輯入《二程全書》。

朱熹為什麼被稱為「理學大師」

朱熹（西元1130年～西元1200年），南宋時期著名思想家、教育家，程

朱理學的代表人物。字元晦，號晦庵、晦翁，別號紫陽，小名沈郎，小字季延。祖籍徽州婺源（今屬江西）人，生於南劍州尤溪，並寓居建州的崇安和建陽兩縣（以上三縣今皆屬福建）。

相傳朱熹父親朱松曾請人算命，卜者說：「富也只如此，貴也只如此，生個小孩兒，便是孔夫子。」此恐是後人附會，但朱熹學成大儒則是事實。

朱熹的出生地南劍州，是道學最初在南方的傳播中心，朱松十分熱衷道學，與當地道學家交往甚密。這種環境對朱熹的一生有著深刻的影響。

朱熹自幼聰明過人，據說在他4歲時，其父指天說：「這是天。」朱熹則問：「天上有何物？」其父大驚。他勤於思考、學習長進，八歲便能讀懂《孝經》，在書題字自勉曰：「若不如此，便不成人。」

19歲時，朱熹以建陽籍參加鄉試、貢試。榮登進士榜，任泉州同安（今屬福建）主簿，聚徒講學，後來罷官。孝宗即位的時候，朱熹上疏反對議和。隆興元年，他被召見。朝廷雖然多次委任他各種官職，但因與執政者政見不合，他都沒有上任。

淳熙八年，朱熹重被任命提舉浙東常平茶鹽公事，但不久辭歸。此後，又經歷了幾次出仕辭歸的官宦生涯，最終歸建陽講學著述而終。

早年，朱熹受業的兩位老師分別好佛、道，朱熹亦出入佛、道之間。31歲時，正式拜程頤的三傳弟子李侗為師，逐漸發現佛、道之學的破綻，遂專心儒學。從此，朱熹開始架構自己的客觀唯心主義體系：理學。其核心為，「存天理，滅人欲」，認為在超現實、超社會之上存在一種標準，它是人們一切行為的標準，即「天理」。

淳熙三年（西元1176年），朱熹曾與呂祖謙、陸九淵等論學鵝湖寺。陸九淵屬主觀唯心論，認為人們心中先天存在著真、善、美，主張「發明本心」，這與朱熹的客觀唯心說截然不同。二人辯論爭持，竟至互相嘲諷，不歡而散。鵝湖論辯之後，「理學」、「心學」兩大派別開始分庭抗禮。

其後朱熹曾主持建陽書院；後建白鹿洞書院，訂立《學規》，講學授徒；也曾在嶽麓書院講學。

朱熹研究領域很廣，在哲學、經學、教育、音韻、文學、地理、考古、

自然科學等方面都有偉大貢獻，其思想體系在中國思想史上是以「致廣大，盡精微，綜羅百代」著稱。與程顥、程頤等共創的理學史稱「程朱理學」，為繼孔子之後在中國思想界影響七八百年之久的正統官方哲學，遠涉海外，影響世界。

朱熹知識淵博，著述宏富。主要著作有《四書集注》、《四書或問》、《太極圖說解》、《周易本義》、《易學啟蒙》、《楚辭集注》、《詩集傳》、《資治通鑑綱目》、《宋名臣言行錄》等；彙集為《朱子遺書》（收入16種著作，103卷）、《朱文公文集》（加《續集》、《別集》，共121卷）。

陸九淵，「心學」的創始人

陸九淵（西元1139年～西元1193年），字子靜，號存齋，南宋金溪縣人。理學家、教育家，曾結廬講學於信州貴溪象山，自稱象山翁，學者稱象山先生；與其兄陸九韶、陸九齡並稱「江西三陸」。

陸九淵於南宋乾道八年（西元1172年）中進士，歷任靖安縣主簿、崇安縣主簿、臺州崇道觀主管、荊門軍知軍等職。他為官清廉、不喜空談、務求實幹，認為任賢、使能、賞功、罰罪是醫國「四君子湯」。他治理荊門政績顯著，丞相周必大稱讚說，荊門之政是陸九淵事事躬行的結果。

陸九淵在哲學上，屬於主觀唯心主義。他認為，「人心至靈，此理至明；人皆具有心，心皆具是理」，「心即理」為核心，宣揚精神的能動作用。陸氏的學說在當時獨樹一幟，與朱熹的學說分庭抗禮。二人曾兩次會晤，切磋治學方式和態度。

西元1145年，二人會晤於江西上饒的鵝湖寺。在這次會晤中，朱熹持客觀唯心主義觀點，主張藉由博覽群書和對外物的觀察來啟發內心的知識；陸九淵持主觀唯心主義觀點，認為應「先發明人之本心然後使之博覽」，所謂「心即是理」，無須在讀書窮理方面過多地費工夫。結果誰都沒有說服對方。陸指責朱「支離」，朱譏諷陸「禪學」，兩派學術見解始終爭持不下。

這就是史學家所說的「鵝湖之會」、「鵝湖大辯論」。

陸九淵還在象山東坡築亭講學，闡釋理學，「每天講席，學者輻輳，戶外履滿，耆老扶杖觀聽」，弟子遍布於江西、浙江兩地。他在長期的講學實踐中，形成了一套獨特的教育思想理論。

他認為，教育對人的發展具有存心、養心、求放心和去蒙蔽、明天理的作用。他主張學以致用，其目的是培養出具有強烈社會責任感的人才，以挽救南宋王朝衰敗的命運。在教育內容上，他把封建倫理綱常和一般知識技能技巧，歸納為道、藝兩大部分，主張以道為主，以藝為輔，認為只有透過對道的深入體會，才能達到做一個堂堂正正的人的目的。因此，要求人們在「心」上下功夫，以發現人心中的良知良能，確認封建倫理綱常。

西元1193年，陸九淵在荊門病逝，諡號「文安」。入殮日，官員百姓痛哭弔唁，送葬者達數千人。

陸九淵著有《象山全集》。他也是中國「心學」的創始人。明代王陽明發展其學說，成為中國哲學史上著名的「陸王學派」，對近代中國理學產生了深遠影響。

王守仁為什麼被稱為「心學大師」

王守仁（西元1472年～西元1529年），明代思想家，心學代表人物。初名雲，字伯安。因築室於故鄉陽明洞，世稱陽明先生。

王守仁出身官僚家庭。其父王華是明成化十七年（西元1481年）的狀元，王守仁於是隨父移居紹興。據傳，王華對兒子管教極為嚴格，王守仁少年時學文習武，十分刻苦，但由於酷愛下棋，往往為此耽誤功課。王華屢次責備，卻收效甚微，他一氣之下，把象棋扔到了河裏。王守仁深受震動，從此愈發刻苦努力，不但學業大進，騎、射、兵法也日趨精通。

21歲時王守仁中舉，28歲時中進士，授兵部主事。當時，提督軍務的太監張忠認為王守仁以文士授兵部主事，心中十分蔑視。一次，他強令王守仁當眾射箭，想讓他出醜。結果王守仁提弓連射三箭，三發三中。全軍歡呼，

張忠尷尬不已。

做了三年兵部主事，王守仁以肺病告歸，在會稽山陽明洞結廬。復職後，因上疏援救言官遭到權奸劉瑾陷害，被貶貴州龍場驛（今貴州修文）驛臣，從此領悟心性之學，並在當地和貴陽的書院講學。

劉瑾伏誅後，王守仁歷任廬陵知縣、江西巡撫、兩廣總督等職，兩次平定農民起義，並平定宸濠之亂。先後修建濂溪書院、稽山書院、陽明書院和南寧書院，講學授徒，刻印書籍，從事著述。

在哲學上，王守仁可謂是中國古代主觀唯心主義之集大成者，其學深受南宋陸學和禪學的影響，但比陸學精緻完整和廣泛得多。王守仁之學，經歷了「學凡三變」的歷程。在記載他最重要的哲學思想的《傳習錄》中，王守仁敘述了自己早先格竹子之理這件事。

一次，王守仁和他的朋友們一起討論透過格物致知來做聖賢，大家決定先從自家花園亭子前的竹子格起。王守仁的朋友先格，結果用盡心思，不但理沒格到，反倒勞累成疾。於是王守仁又去格，堅持了七天，結果同樣是理沒有格出來，自己反生了一場大病。當時，他還以為自己和朋友沒有做聖人的能力。後來才知道，他們從認識的對象、認識的目的、認識的方法上就搞錯了。

嘉靖六年（西元1527年），王守仁又被派總督兩廣軍事，後因肺病加重，上疏乞歸，病逝於江西南安舟中。其一生著作有《王文成公全書》（一稱《陽明全書》）38卷。其中《傳習錄》、《大學問》為重要哲學著作。

總括王氏一生，其上馬治軍，下馬治民，以文官掌兵符，集文韜武略於一身，可謂難得的全才。其政績，其論述（發展為姚江學派）對明代及後世都影響甚巨。

李贄何以稱自己為「異端」

李贄（西元1527年～西元1602年），明代思想家、文學家。原名林載贄，中舉後改姓李，又因避明穆宗朱載重諱而改名贄；號卓吾、篤吾，字宏

甫，別號溫陵居士。

李贄幼年喪母，隨父讀書，學業進步迅速。其性格倔強，善於獨立思考，不信回教，不受儒學傳統觀念束縛。

12歲時，在李贄的作文中，就提出了一些比較異類的看法，他反對孔子把種田人看成「小人」。26歲時，李贄中舉，30歲至45歲為官，歷任縣教諭、國子監博士、禮部司務等職。

為官期間。李贄曾與王守仁弟子王畿及泰州學派的羅汝芳相識，並師事泰州學派創始人王艮之子王襞。公開以「異端」自居，畢生以反對禮教、抨擊道學為己任，言行上多有「狂誕不經」之處。他53歲時曾任雲南姚安知府，因像和尚一樣光頭履職而被上官「勒令解任」，憤而去職。

離職後的李贄寄居在湖北黃安（今紅安縣），同大官僚耿定向的二弟耿定理探究學問，並於「天窩書院」講學論道，他「日引士人講學，雜以婦女」，頗為引人注目。

耿定理死後，耿定向屢次來信指責李贄，二人後來發展為公開的激烈論戰。李贄只好移居黃安鄰縣的座城，過著半僧半俗的「流寓」生活，後來乾脆把妻女送回原籍，自己在座城龍湖芝佛院落髮，與友人周友山等知己在青燈古佛下講學論道。

李贄的《焚書》即是這時在座城刻行的。書中收入了幾封與耿定向論戰的書信。耿定向得知，一口咬定是李贄對他的「誹謗」，並以此為藉口，指示其門徒燒毀了該院，並驅逐75歲高齡的李贄出境。

隨後李贄住在通州好友馬經綸家，當地官員聞訊上疏萬曆皇帝，聲稱通州距京城僅40里，若李氏一旦進入都門，將惑亂人心，後果嚴重。萬曆帝親擬聖旨，緝拿李氏，以「敢倡亂道」、「惑世誣民」下獄；不久，李贄在獄中自殺。

在思想上，李贄對宋朝以來理學家吹捧孔子「天不生仲尼，萬古如長夜」的宣傳不以為然。針對朱熹「存天理，滅人欲」的說教，他提出「穿衣吃飯，即是人倫物理，除卻穿衣吃飯，無倫物矣」的觀點。對尊孔言論和理學的批判，是對封建衛道士的有力鞭撻。

一本書讀懂國學

此外，李贄也很同情生活在社會底層的人民。他公開為商人辯護，說「商賈亦何可鄙之有？」主張各從所好，各騁所長。李贄的這些主張，在客觀上反映了當時新興市民階層自由發展的願望和要求。當然，在封建統治思想占絕對優勢的時代，它無疑像一把利劍刺到了封建思想的痛處，這亦是李贄之死的必然。

王夫之是怎樣的一位哲學家

王夫之（西元1619年～西元1692年），明末清初思想家、學問家。字而農，號薑齋，別號賣薑翁、一壺（瓠）道人。晚年隱居湘西石船山麓，世稱「船山先生」。中國明末清初思想家、哲學家，與顧炎武、黃宗羲同稱「明清三大學者」。

王夫之為湖南衡陽人，自幼熟讀經史，14歲入縣學。崇禎年間，王夫之求學嶽麓書院。師從吳道行。崇禎十一年（西元1638年）肄業。在書院期間，吳道行教以湖湘家學，傳授朱張之道，對王夫之的思想產生了較大影響。

明亡後，清兵大舉南下，王夫之曾在衡陽舉兵抗清，阻擊清軍南下，兵敗後投奔廣東肇慶南明永曆政權。後因彈劾權奸幾遭不測，被迫返里。後曾轉徙、往來於湘江之間，並在衡陽金蘭鄉和湘西船山隱居，課徒授業，潛心著述，至死不仕清廷。

王夫之學識極其淵博，對天文、曆法、數學、地理學、經學、史學、文學等均有研究。在哲學上，他認為，「盡天地之間，無不是氣，即無不是理也」。以「氣」為物質實體，以「理」為客觀規律。在知行關係上，他強調「行」是「知」的基礎。反對陸王「以知為行」及禪學家「知有是事便休」的觀點。

王夫之著述多達近百種（傳世23種），401卷。主要著作有《周易外傳》、《周易內傳》、《尚書引義》、《張子正蒙注》、《讀四書大全》、《詩廣傳》、《思問錄》、《老子衍》、《莊子通》、《春秋世論》、《讀

通鑑論》，全部收入《船山遺書》。

戴震在哲學上有什麼貢獻

戴震（西元1724年～西元1777年），清代思想家、經學家。字東原，安徽休寧人。

戴震早年是音韻學家江永的弟子。在江永的薰陶下，戴震學問大進，後攜所著書北上京城，被紀昀、王鳴盛、錢大昕、朱筠等讚為「天下奇才」，聲名大著。中舉後屢次參加會試均落第，後被賜同進士出身，授翰林院庶起士。曾入四庫全書館任纂修官，校訂曆算、地理等書。

在哲學上，戴震認為物質的氣是宇宙本原，陰陽、五行、道都是物質性的氣。認為理是事物的條理，是事物的規律，不能脫離具體事物而存在，理就在事物之中，「理化氣中」。他還認為，宇宙是氣化流行的總過程，並把這個運動變化的過程，稱之為「道」。「天地之氣化流行不已，生生不息」，即認為物質世界是運動變化的。但在發展觀上，戴震認為道是運動變化的，而具體事物（器）卻是一成不變的，這又具有形而上學的因素。

在認識論方面，他提出「血氣心知」說，「血氣」指活的身體，是人的認識能力得以產生的基礎。他認為，人的認識能力是「天地之化」，透過耳目鼻口之官接觸外物，心就能發現外物的規則，致知格物就是對事物進行考察研究，只有經過觀察和分析，才能認識事物的道理。

他還提出「光照說」，認為心之認識如同火光照物，光小照得近，光大照得遠，這實質上是一種樸素直觀的反映論。在倫理思想方面，認為人「有欲、有情、有知」，這是人的本性，否定情欲，也就否定了「人之為人」。他主張要區別欲與私的界限，認為私是「欲之失」，不能「因私而咎欲」。要「理存乎欲」，使人的自然情欲得到合理的滿足，而不能只「存理滅欲」。他還提出「以情潔情」的主張，反對道學家「以理殺人」的偽善。

戴震一生著述甚多，包括算學、天文、地理、訓詁、聲韻、哲學等多方面的內容。他去世不久，曲阜孔繼涵將其著作統編為《戴氏遺書》。此後，

段玉裁又編定《戴東原集》刊行於世。今有通行本《戴震集》、《戴震文集》。

哲學名著

「群經之首」《周易》

《周易》是儒家重要典籍，又稱《易》、《易經》，有「群經之首」和「大道之源」之稱。周有二義：一指周朝、周文王；一指周遍、周密；易有三義：一是變易；二是不易；三是簡易。合起來，即指周朝探討宇宙人生變易法則的書。

《周易》原本是一種占筮用書，古代用蓍草行筮，須經十八次反覆演變才能形成一個卦象，所以，《易經》最初又稱作《易象》。實際上，《易經》是一部披著神秘的占筮外衣的哲學奇著，是中國也是世界文化寶庫中一顆神奇的明珠。

《周易》包括經、傳兩部分，經是狹義上的《易經》，共記六十四卦和三百八十四爻，並有卦辭、爻辭作說明。傳即《易傳》，是對經的解釋，共十篇，亦稱「十翼」，以示輔助之義，傳為孔子所作。

《周易》的思想價值，體現在它神秘的形式中蘊涵著較為豐富的邏輯思維和樸素的辯證觀念，體現了樸素的哲學思想，如吉凶、得失、禍福等的對立統一，以及否極泰來、亢龍有悔的物極則反等。表達了宇宙萬物對立統一的關係，對統治者的管理和人生的把握起著積極的指導作用。

除了哲學，《周易》還涉及天文、地理、曆數、樂律、兵法、煉丹、醫

卜、堪輿（風水）等方面的內容，其中不乏對自然現象的科學認識，甚至現代科學也汲取了《周易》的營養。

由於周人占筮的範圍很廣，包括祭祀、戰爭、生產、商旅、婚姻、水旱等，所以，《周易》所錄存的舊筮辭，廣泛地反映了當時的社會現實，具有不可忽視的史料價值。

漢代以來，《周易》被儒家奉為經典，對《周易》的眾多闡釋研究，形成了「易學」的諸多流派，如象數派、義理派等。宇宙和社會充滿著神秘，而人生也需要神秘，所以，《周易》就成為人們進入神秘、破解神秘、享受神秘的金鑰匙。

《大學》，科舉考試的必讀書

《大學》是儒家經典《禮記》中的一篇，「四書」之一。舊說為曾子所作，實為秦漢時的儒家作品，這是中國古代討論教育理論的重要著作。經北宋程顥、程頤竭力尊崇，南宋朱熹又作《大學章句》，最終和《中庸》、《論語》、《孟子》並稱「四書」。宋、元以後，《大學》成為學校官定的教科書和科舉考試的必讀書，對古代教育產生了極大的影響。

古人的教學，設立有小學和大學。小學指的是小人之學，教兒童識文斷字；大學指的是大人之學，教成童經籍和六藝等修身、齊家、治國、平天下的學問。

《大學》論及的內容較廣泛，《大學》經一章、傳十章，主要論述個人的道德修養及其功用。《大學》提出了「三綱領」和「八條目」，強調修己是治人的前提，修己的目的是治國平天下，說明治國平天下和個人道德修養的一致性。《大學》開頭就說：「大學之道，在明明德，在親民，在止於至善。」這就是後人所說的《大學》「三綱領」。

《大學》認為統治者治理國家，要在修明天賦之德，要使臣民日新其德，要在行為方面達到至善。這是大學的「三大綱領」。

《大學》還說：「古之欲明明德於天下者，先治其國。欲治其國者，

先齊其家。欲齊其家者，先修其身。欲修其身者，先正其心。欲正其心者，先誠其意。欲誠其意者，先致其知。致知在格物。」格物、致知、誠意、正心、修身、齊家、治國、平天下，後世稱之為《大學》的「八條目」，即探索事物的道理，獲得真正的智慧，真誠意念，端正內心，修養自身，管好家族，治理國家，平定天下。這是古人的人生必修課。

因為我們老祖先的思維模式是覺悟，所以，認識世界的方法千差萬別。宋明時代程、朱學派與陸、王學派論爭之焦點，就在於「致知」與「格物」，極大地豐富了人們的哲學思想和認識途徑，意義深遠。

《中庸》對古代教育有什麼影響

《中庸》原來也是儒家經典《禮記》中的一篇。經宋儒抽出後，成為「四書」中的一書。宋、元以後，《中庸》成為學校官定的教科書和科舉考試的必讀書，對古代教育產生了極大的影響。

關於《中庸》的作者，司馬遷、鄭玄、程氏兄弟和朱熹等人士均認為出自孔子的孫子子思之手。但書中有秦統一後增補的文字。據考證應是秦漢時儒家的作品。

《中庸》重點闡發孔子的中庸思想。中，中正，中和，不偏不倚；庸，平常，常道，日用。首見於《論語‧雍也》孔子：「中庸之為德也，其至矣乎。」

《中庸》強調「以誠為本」，把「誠」說成是世界的本體，是一種完美的「至善」境界。子思說：「誠者，天之道也。」

「尊德性、自誠明」是《中庸》提倡的又一種美德。即如果要切實瞭解一切事物，必須藉由學習，把「誠」體現出來。而要達到這一境界，必須「博學之，審問之，慎思之，明辨之，篤行之」。後來的宋明理學家把它簡稱為「學、問、思、辨、行」五字。

中庸之道作為中國思維或者模式的標誌，對於緩和人與人之間、人與社會之間、人與自然之間日益惡化的矛盾，推進和諧社會早日來到的當今社會

來說，仍然有著不可估量的意義。

《論語》為什麼是「四書之首」

《論語》是孔子及其弟子的語錄結集，結集工作是由孔子的門人及再傳弟子完成的。為儒家經典「四書」之首，現存二十篇，四百九十二章。

《論語》的成書經歷了紀錄和編定的過程。紀錄的時間相對較早，而且是雜出眾手。其中一些紀錄可能是孔子的弟子所作，大部分則出於其再傳弟子。編定的時間當在孔子去世70餘年的戰國初期，參與者以曾參門人為主。

《論語》在漢代有三種不同的本子，即《古論語》、《齊論語》、《魯論語》。《古論語》其書為古文，出自孔子家壁中，有二十一篇，《齊論語》是齊國學者所傳，有二十二篇。以上兩本早已亡佚。《魯論語》是魯國學者所傳，共二十篇，就是現在通行的《論語》。

《論語》一書反映了孔子的思想，中心是講做人的道理。他提出了「為政以德」的主張，認為人要愛人，統治者要愛百姓就是仁政、仁德，否則我們人類就跟禽獸沒有差別；為了實現仁愛、仁德，天下就必須建立或者恢復周公所建立的禮制，叫做克己復禮。因為如果大家都自私，就不會愛別人，社會就充滿了戰爭和動盪；要實現克己復禮，就得知道什麼該做，什麼不該做。

該做的就是義，義的意思是適、合禮，不義就是不該做的；那要怎麼知道什麼是義什麼是不義呢？就得靠教化，教化最好的手段就是音樂。藉由音樂的薰陶和感染，便能知道什麼合義不合義，這就是樂或者樂教。仁義禮樂四字是儒家創始人孔子的政治思想核心。仁義是目的，禮樂是手段。禮輔助仁，樂成就義。

《論語》的思想融政治、道德與教育為一體，而中心是做人的道理，其中許多名言至今仍受到廣泛認同和推崇，充分展示了東方哲人特有的識見和智慧。

《孟子》如何「擬聖而作」

　　《孟子》是記述儒家重要代表人物孟子及其學生言行的著作，為儒家經典「四書」之一。全書共7篇，3萬餘字，在這有限的篇幅中，卻提煉了孟子儒家思想的精華，言簡意賅，形象生動。

　　關於《孟子》的作者，一般認為是孟子及其門人弟子。司馬遷《史記・孟子荀卿列傳》稱，孟子遊說諸侯不成，「退而與萬章之徒序《詩》、《書》，述仲尼之意，作《孟子》七篇」。

　　南宋孝宗時，朱熹將《孟子》編入《四書》。元、明以後又成為科舉考試的內容，更是讀書人的必讀書。東漢趙岐的《孟子注》和宋代朱熹的《孟子集注》以及清代焦循所撰《孟子正義》，都是研究和學習《孟子》的重要資料。

　　與《論語》一樣，《孟子》也是以記言為主的語錄體散文，又有明顯的發展。《論語》的文字簡約、含蓄，《孟子》則有許多長篇大論，氣勢磅礴，議論尖銳、機智而雄辯。

　　《孟子》「擬聖而作」，它既吸收了《論語》中的精華，也接受了《大學》、《中庸》的一些特點。在《孟子》一書中，反映最突出的是仁義思想。仁是儒家學說的中心，孔子常講仁很少講義，孟子則仁義並重，他有句名言，即「捨生取義」，即寧可犧牲生命也不可放棄道德原則。他認為，透過長期的道德實踐，可以培養出一種堅定的無所畏懼的心理狀態，這就是所謂的「浩然之氣」。這種氣「至大至剛」，能夠主動擴張，充塞於天地之間。

　　《孟子》還總結了各國治亂興亡的規律，提出了一個富有民主性精神的著名命題：「民為貴，社稷次之，君為輕。」認為如何對待人民這一問題，對於國家的治亂興亡，具有極大的重要性。

　　與《論語》不同，《孟子》在提出「修身治平」的觀點後，進一步提升了「仁愛」在現實生活中的地位。「民為貴，社稷次之，君為輕」「得道者多助，失道者寡助」體現了君民之愛；「老吾老以及人之老，幼吾幼以及人

之幼」「人人親其親、長其長，而天下平」體現了人與人之間的關愛……這種仁愛，不僅拉緊了彼此的情感距離，也大大減少了各種利益之間的糾紛和摩擦。

《孟子》還是一部優秀的散文集，其語言高度形象化，精練準確，如「王如施仁政於民，省刑罰，薄稅斂，深耕易耨；壯者以暇日修其孝悌忠信，入以事其父兄，出以事其長上，可使制梃以撻秦楚之堅甲利兵矣。」、「庖有肥肉，廄有肥馬，民有飢色，野有餓莩，此率獸而食人也。獸相食，且人惡之；為民父母行政，不免於率獸而食人，惡在其為民父母也？」等均給人以明白曉暢，含蓄出眾之感。

孟子這些文學上的成就，對後世影響很大，唐宋時的散文大師，幾乎都以孟子的文章為典範。所以，《孟子》一書，也是一部優秀的古代散文集。

《荀子》反映了荀況怎樣的思想

《荀子》是戰國後期趙國人荀況的主要著作，包含了荀況的哲學、倫理、政治、人生等各方面的思想主張，同時又是一部著名的古代教育著作。

《荀子》全書始於《勸學》，終於《堯問》。今存32篇，除少數篇章外，大部分是他自己所寫。他的文章擅長說理，組織嚴密，分析透闢，善於取譬，常用排比句增強議論的氣勢，語言富贍精練，有很強的說服力和感染力。

《荀子》一書仿《論語》體例寫成，全面反映了他的思想。

「人性論」是荀子思想的邏輯起點。荀子認為人的本性是惡的，人性善是受聖人制定禮儀，進行教化的結果（《性惡》）。

在天道觀方面，以為天沒有意志，只不過是生長萬物的自然界，不能決定人事的吉凶、禍福。提出人應該順應自然，但也可以改變自然，即所謂「制天命而用之」的人定勝天的思想（《天命》）。

荀子很重視禮，認為禮在調節人際關係中起著重要作用。他宣揚儒家的王道思想，主張以德服人，反對強力壓人。王道的具體內容是禮義和仁政。

在禮的教化中，荀況又極重視聞見、知、行三個方面。

他繼承了儒家「為政以德」的傳統，認為治國應該「平政愛民」。他將君主比作舟，庶民比作水，認為「水則載舟，水則覆舟」。雖然他主張治國要用王道或禮義教化，但主張禮法兼用，刑罰必不可少。

在教學方法上，荀子則指出學生必須主動學習，要從「求諸己」入手，而教者必須察言觀色，待學生先問而後告知，反對不問而告與問一告二的教法。這與孔子的「不憤不發，不悱不啟」意思相似。

在《勸學篇》中，荀子認為，學習的方法在於「積累」與「專心」，聖賢之所以為聖賢，是因為在於積善不息。只要專心致志，虛一而靜，便可最終達到大清明的境地，即所謂的鍥而不捨，金石可鏤。

荀子的學說繼承了儒家學說並有所發展，而且取百家之長，因而有些論點和儒家傳統說法不合，故受到後人指責和非議，如唐代韓愈就說荀學是「大醇而小疵」，宋代程朱理學則揚孟抑荀。清代末年，梁啟超、章太炎等則對荀子的學說重作評價。

《老子》為什麼是「道教聖經」

《老子》是先秦時期的道家典籍，也是後來道教的經典，有「道教聖經」之稱。相傳為老聃（老子）所著。又名《道德經》，分《道經》和《德經》兩篇，共八十一章，五千餘字。

《老子》建構了人類理想社會最完整的道德體系，以為「道生一，一生二，二生三，三生萬物」，「道」乃「夫莫之命（命令）而常自然」，因而應該「人法地，地法天，天法道，道法自然」。「道」為客觀的自然規律，獨立不改，周行而不殆，因此，要尊道而貴德。

《老子》書中還包括了大量的樸素辯證法觀點，如以為一切事物均具有正反兩面，「反者道之動」，並能由對立而轉化，「正復為奇，善復為妖」，「禍兮福之所倚，福兮禍之所伏」。又以為世間事物均為「有」與「無」之統一，「有無相生」，而「無」為基礎，「天下萬物生於有，有生

於無」。這些觀念對於人們認識世界、把握人生、管理社會都有一定的啟迪。

此外，書中也有大量的民本思想，「天之道，損有餘而補不足，人之道則不然，損不足以奉有餘」；「民之飢，以其上食稅之多」；「民之輕死，以其上求生之厚」；「民不畏死，奈何以死懼之？」這些學說後來也成為歷朝起義革命的思想依據。

長沙馬王堆漢墓帛書《老子》甲、乙本是最古的本子。甲本應該是劉邦稱帝以前的抄本，乙本則在劉邦稱帝以後，劉盈、劉恆即位以前。此外，還有項羽妾本、河上丈人本等。明代《正統道藏》搜集的《道德經》本文和漢、魏、唐、宋、金、元、明的注本，多達41種。

《莊子》為何是先秦諸子文章的典範

《莊子》為莊周及其後學的著作集，道家經典之一。據《漢書‧藝文志》著錄，《莊子》52篇，今本33篇。其中內7篇，外15篇，雜11篇。

《莊子》全書以內篇為核心，內篇的《齊物論》、《逍遙遊》和《大宗師》集中反映了莊子的哲學思想。《莊子》強調天道無為，萬物一齊。認為一切事物都在變化，而道是先天地而生的，本來沒有邊界差別。所以，聖賢政治要效法道體，無為而治，反對一切壓迫人性的社會制度，摒棄一切擾亂人心的文化知識。應該透過心齋、坐忘的修煉，進入逍遙無為的大自在境界。這種觀念，對魏晉的玄學和佛教的禪宗、全真道的修煉，都有極其重要的影響。

另外，書中也有不少辯證的因素，尤其對社會黑暗面的揭露、批判，不遺餘力，十分深刻。

莊子的文章，想像力很強，文筆變化多端，並採用寓言故事形式，富有幽默諷刺的意味。

在先秦諸子散文中，《孟子》與《莊子》是最富於文學性的，莊子汪洋恣肆、意出塵外的文風，詭譎神秘、奇妙瑰麗的論說，使其成為先秦諸子文

章的典範之作。

《商君書》，商鞅派法學思想的彙編

《商君書》是戰國時期商鞅一派法家著作的彙編，又名《商子》。《漢書・藝文志》著錄29篇，今存24篇。

《商君書》反映商鞅的政治和哲學思想，側重記載了法家革新變法、重農重戰、重刑少賞、排斥儒術等言論。

《開塞》篇提出了社會發展的四個階段：「上世親親而愛私，中世上賢而說仁，下世貴貴而尊官，今世強國事兼併，弱國務力守。」所以，在當今之世，首要的任務是生存，但要生存就必須增強國力，實行「以力服人」的「霸道」，而不能實行儒家主張的「王道」。基於這樣的認識，商鞅遂提出「不法古，不循今」的主張，即變法要根據現在的具體情況，不能因循守舊。

《商君書》也提出了重農重戰的思想。如《農戰》說：「國之所以興者，農戰也。」《靳令》說：「農有餘糧，使民以粟出官爵，官爵必以其力，是農不怠。」朝廷讓人民拿剩餘的糧食捐取官爵，農民就會賣力耕作。《算地》說：「故聖人之為國也，人令民以屬農，出令民以計戰。……勝敵而革不荒，富強之功，可坐而致也。」國家富強的功效就在農、戰兩項。

此外，《商君書》中還有重刑少賞、重本抑末等內容，反對儒術。其中，「本」是指農戰，「末」是指商業和手工業。

《韓非子》為何代表法家理論最高峰

《韓非子》又叫《韓子》，是戰國末期法家韓非的著作。20卷，55篇，《漢書・藝文志》著錄55篇，與今本同。

作為法家的代表人物，韓非在書中重點宣揚了法、術、勢相結合的法治理論，代表了先秦法家理論的最高峰，不僅為秦統一六國提供了理論指導，

同時也為以後的封建專制制度提供了理論根據。他首先提出了矛盾學說，用矛和盾的寓言故事，說明「不可陷之盾與無不陷之矛，不可同世而立」的道理。

韓非的文章說理精密，文鋒犀利，議論透闢，推證事理，切中要害。當時思想界以儒家、墨家為顯學，崇尚法先王，主張復古，他卻堅決反對復古，主張因時制宜。由於力倡法治，韓非子還提出了重賞、重罰、重農、重戰等政策。他還提倡君權神授，為歷代封建王朝的治國理念提供了借鑑。

此外，《韓非子》還反映了韓非的其他思想觀點。《解老》、《喻老》兩篇，是中國最早注釋和解說《老子》的著作，集中表述了他的哲學觀點；《五蠹》把歷史發展分為上古、中古、近古三個階段，認為時代不斷發展進步，社會生活和政治制度都要發生變化，復古的主張是行不通的；《顯學》則記述了先秦儒、墨顯學分化鬥爭的情況。

書中記載了大量膾炙人口的寓言故事，蘊含著深雋的哲理，給人們以智慧的啟迪，具有較高的人生意義和文學價值。

《公孫龍子》，名家唯一傳世的著作

《公孫龍子》，又名《守白論》，《漢書‧藝文志》中收錄了《公孫龍子》14篇，但留存下來的僅有6篇。此書也是名家唯一傳世的著作。

公孫龍，字子秉，戰國末年趙國人。善於辯論，曾與儒家的孔穿、陰陽家的鄒衍進行過辯論。本書是針對社會上名不副實的現象所作。

《公孫龍子》首篇《跡府》是後人編輯的有關公孫龍的簡介，其餘5篇是公孫龍的作品。其中《白馬非馬論》和《堅白論》體現了名辨思想的核心內容，主要研究了概念的內涵和外延，事物的共性和個性所具有的內在矛盾是其主要內容，並且誇大這種矛盾，再否認兩者的統一，最後自然會得出違背常理的結論。即白馬不是普通所說的馬，顏色中的白色和質地的堅硬也是可以人為地分裂開來論述的。

《指物論》還著重論述了指與物的關係。「指」即事物的概念或名稱，

「物」是具體的事物，二者的關係也就是物質與意識的關係。《通變論》既提出了「類」和「變」的思想，也提出了「二無一」、「雞三足」、「青以白非黃」等論辯命題，《名實論》提出了正名理論，強調「彼」之名必須專指彼之實，「此」之名必須專指此之實，初步闡述了任何一類事物都具有其確定的屬性和屬於其確定範圍的邏輯思想。這五篇構成了一個完整的學說體系。

《孫子兵法》包含了哪些哲學思想

《孫子兵法》，亦稱《孫子》，是世界上現存最早的兵書。《孫子兵法》現有日、法、俄、英、德等多種外文譯本，它的影響已遠遠超出了軍事領域。該書的內容有著豐富的樸素唯物主義和軍事辯證法思想。

春秋時期，人們大都認為戰爭的勝負是無法預知的，要預知只得祈求鬼神，藉助巫覡。孫武則提出「勝可知」。他把「知己知彼」看作是指導戰爭取得勝利的先決條件。「知彼知己者，百戰不殆。」他不僅論述了「勝可知」，而且還探討了「勝可為」與「不可為」的問題，也就是探討了如何發揮指揮者的主觀能動性，以奪取勝利的問題。

《孫子兵法》在論述戰略、戰術的指導原則中，包含了豐富的軍事辯證法思想。它不僅豐富了人類的樸素辯證法思想寶庫，而且至今還在啟迪著人們，在中國哲學史上占有一定地位。

《墨子》，墨翟言行的寫照

《墨子》是戰國末期墨家後學彙編該派的著作而成的一部作品，是墨子言行的寫照，又稱《墨經》或《墨辯》。《漢書‧藝文志》載該書71篇，今僅存53篇。

《墨子》分兩大部分：一部分是記載墨子的言行，闡述墨子的思想。主要反映了前期的墨家思想；另一部分含《經上》、《經下》、《經說上》、

《經說下》、《大取》、《小取》6篇，著重闡述墨家的認識論和邏輯思想，還包含許多自然科學的內容。

墨子思想的根本是自苦利人，主張兼愛、非攻、尚賢、尚同、薄喪、短喪、非樂、天志、明鬼、非命。其中，兼愛為核心；節用、尚賢為基本點。

兼愛、非攻──這包含平等與博愛的意思。墨子要求君臣、父子、兄弟都要在平等的基礎上相互友愛，「愛人若愛其身」，並認為社會上出現強執弱、富侮貧、貴傲賤的現象，是因天下人不相愛所致。

天志、明鬼──宣揚天志鬼神是墨子思想的一大特點。墨子認為天之有志──兼愛天下之百姓。因「人不分幼長貴賤，皆天之臣也」，「天之愛民之厚」，君主若違天意就要受天之罰，反之，則會得天之賞。墨子不僅堅信鬼神其有，而且尤其認為它們對於人間君主或貴族會賞善罰暴。墨子宗教哲學中的天賦人權與制約君主的思想，是墨子哲學中的一大亮點。

尚同、尚賢──尚同是要求百姓與天子皆上同於天志，上下一心，實行義政。尚賢則包括選舉賢者為官吏，選舉賢者為天子國君。墨子認為，國君必須選舉國中賢者，而百姓理應在公共行政上對國君有所服從。墨子要求上面瞭解下情，因為只有這樣才能賞善罰暴。墨子要求君主能尚賢使能，即任用賢者而廢抑不肖者。墨子把尚賢看得很重，以為是政事之本。他特別反對君主用骨肉之親，對於賢者則不拘出身，提出「官無常貴，民無終賤」的主張。

節用、節葬──節用是墨家非常強調的一種觀點，他們抨擊君主、貴族的奢侈浪費，尤其反對儒家看重的久喪厚葬之俗。認為君主、貴族都應像古代的大禹一樣，有著自苦為極的精神，在個人物質生活方面，只取最低的標準。墨子要求墨者在這方面也能身體力行。

此外，《墨子》書中還包括了機械、數學、物理、幾何、光學等方面的內容，並有較完整的邏輯思想體系。墨翟把這些知識和思想教給弟子，使之在知識掌握的深度和廣度上都大大超過了當時其他各家，也使墨翟成為中國最早見諸史料的科技教育家和邏輯家。

《呂氏春秋》，先秦思想文化的總結

　　《呂氏春秋》是一部雜家著作，又名《呂覽》，署名呂不韋，實為其門客集體編撰，成書於秦始皇八年（西元前239年）。其共二十六卷，一百六十篇，分為八覽六論十二紀。

　　相傳《呂氏春秋》初成之時，呂不韋不知價值如何，便把「稿本」掛在首都咸陽的轅門上，吸引天下文人墨客前來斧正，聲稱有能增刪一字者賞給千金。

　　書在轅門掛了很久，也招來了很多賢士，不知是因為這書編得實在是好還是人們畏懼呂不韋的權勢，竟沒有人能增刪書中一字。由此，便引出了「一字千金」的成語。

　　《呂氏春秋》「兼儒墨，合名法」。該書兼收並蓄，細大不捐，是先秦思想文化之總結，以儒家為主流，以道家為基礎，旁採名、法、墨、兵、農、陰陽諸家之長，初步形成了包括政治、經濟、哲學、道德、軍事等各方面內容的理論體系，同時保存了醫學、音樂、天文曆法及農業等多方面的寶貴資料。

　　在自然觀方面，《呂氏春秋》提出太陽是產生大地、陰陽、萬物的本原；在認識論方面，吸收了宋尹學派的別宥思想和《管子》的靜因之道的方法；在歷史觀方面，提出知道現在就認識古代，知道古代就可以認識未來，古今前後本來就是一體；在政治思想方面，提倡尊敬人民與約束君王，認為君王如有能夠替人民著想的，天下百姓一定會歸順他。又繼承和發揮了儒家公天下和道家的貴公思想，提出天下不是君王一個人的天下，乃是天下人的天下，所以，要限制君主的權利。

　　形式上，該書體例統一，語言生動，常用寓言故事說理，富有較強的邏輯力量。其中的一些寓言，如刻舟求劍，至今膾炙人口，其哲理意義頗能給人以啟迪。

《春秋繁露》怎樣解釋《公羊春秋》

《春秋繁露》是漢代大儒董仲舒研究解釋《公羊春秋》的著作，十七卷，八十二篇。或以為是後人輯錄董仲舒遺文而成書，關於書名，有人認為「繁」是「多」的意思，「露」是「潤」的意思。

《春秋繁露》是對《春秋》大義的引申與發揮。在此書中，董仲舒以《公羊春秋》為依據，以陰陽、五行為骨架，宣揚天人合一、天人感應的神學理論，認為天有意志，是宇宙萬物的主宰，是至高無上的神。天造出萬物，所以，自然現象和社會現象往往會神秘感應。天會藉由陰陽、五行之氣的變化而體現其意志，主宰社會與自然。天子便是代替天並按天的意志來統治人民，即君權神授。

天不但為人世安排秩序，還密切注視人間萬象。如果人間違背天理倫常，君主有了過失而不省悟，天便會降下災異警告，即是譴告。反之，如果君主治理天下太平，百姓安居樂業，天就會出現符瑞。統治者必須調整自己的政策，才能導致符瑞的出現。正是天不變道亦不變，所以，一定要有倫理綱常來安定社會，和睦家庭。

可以說，這是一套神秘的神學政治理論。但在論述具體時政時，董仲舒主張減輕對農民的剝削與壓迫，節約民力，保證農時，還是有相當的現實性的。

《淮南子》的主題是什麼

《淮南子》，又名《淮南鴻烈集》。鴻，指意廣大，烈，指意光明，意即包含光明宏大之理，21卷，西漢皇室貴族淮南王劉安招致賓客，在其主持下編著。成書年代大約在景、武帝之間。

劉安，漢高祖劉邦少子淮南厲王劉長之子，劉長死後，襲父爵為淮南王。其人素有野心，屢圖謀反。後陰謀敗露自殺。史載「安為人好書鼓琴，不喜弋獵狗馬馳騁，亦欲以行陰德，拊循百姓，流名譽，招致賓客方術之士

數千人」。

　　《漢書‧藝文志》將《淮南子》列為雜家，載《淮南子》內21篇，外33篇，今只流傳內21篇。全書博奧深宏，孔、墨、申、韓之說間雜其中，尤以老子思想最為突出，因此，有人認為是漢初黃老思想的繼續。

　　《淮南子》之通篇主題為「道」，既講自然之道，也講治世之道，提出了「漠然無為而無不為」，「漠然無治而無不治」的政治理想。提出法制要與時勢變易，禮制要與風俗轉化；衣服器械，各要方便自己的使用；法度制令，各要合乎自己的方便。只要有利於百姓，不必去效法古人；只要適合於事情，不必去遵循舊制。所以，變革古制未必可去貶低，而遵循風俗也未必值得讚美。

　　在最後一篇《要略》中，概括全書以闡明宗旨，「言道」與「言事」，即掌握自然界的規律與考究社會歷史變化規律，此外，還綜述了各家思想及其產生的歷史背景和思想淵源，具有很高的價值。唐代劉知己稱其「牢籠天地，博極古今」，近代梁啟超則盛讚「其書博大而有條貫，漢人著述中第一流也」，「為兩漢道家之淵府」。

《論衡》，東漢著名的無神論作品

　　《論衡》是東漢時期著名的無神論作品。作者王充。「衡」本指稱量物體的工具，「論衡」的意思就是評定當時言論價值的天平。該書大約作成於漢章帝元和三年（西元86年），全書三十卷，共八十五篇，其中《招致篇》有錄無文。

　　王充作《論衡》有其特殊的時代背景：兩漢之際，讖緯盛行，迷信的氛圍濃厚。《論衡》的問世是為了批判神秘主義和世俗迷信。

　　《論衡》總結了前人特別是漢代自然科學的成就，繼承了古代唯物主義傳統，批判了「天人感應」論和讖緯之學，建立起了唯物主義哲學體系。

　　在自然觀方面，王充在書中認為，天是自然之天，天地間萬物是由「元氣」交感變化而產生的，宇宙萬物的運動變化和事物的生成是自然無為的結

果；人也是自然的產物，有生即有死，「人死血脈竭，竭而精氣滅，滅而形體朽，朽而成灰土，何用為鬼？」而且今人與古人氣稟相同，古今不異，沒有根據說古人總是勝於今人，沒有理由頌古非今。

他駁斥讖緯家們的「災異」、「祥瑞」說，認為這些都不過是巧合，只有末世才會特別注意。在認識論方面，反對先驗論，認為感覺經驗是認識的源泉，認識要受事實的驗證。在社會歷史觀方面，王充反對「君權神授」說和崇古非今，主張人為，提倡進化。

這種自然無為的樸素唯物主義和無神論，是中國古代哲學思想的一大進步。但由於《論衡》一書「詆訾孔子」，「厚辱其先」，反叛於漢代的儒家正統思想，故遭到當時以及後來的歷代封建統治階級的冷遇、攻擊和禁錮，將它視為「異書」。

據說王充作《論衡》，一直沒有流傳到北方，漢末蔡邕到江南的時候得到了一部，「歎其文高，度越諸子」。等他回到北方的時候，「諸儒覺其談論更遠」，認為他去江南肯定得到了「異書」。後來終於在隱蔽處搜到了《論衡》，別人拿走了一部分，蔡邕還叮嚀囑咐：「惟我與爾共之，勿廣也。」

其後，《論衡》又直接影響到了後世的無神論作品，如范縝的《神滅論》、熊伯龍的《無何集》等。章太炎評論王充說：「漢得一人焉足以振恥，至今亦鮮有能逮者。」

《神滅論》，古代無神論的哲學名篇

《神滅論》為古代無神論哲學名篇，南朝范縝作於蕭齊永明年（西元483年～西元493年）中。

范縝，南朝齊梁間思想家，字子真，南鄉舞陰（今河南泌陽北）人。他出身寒微，幼年喪父，少孤家貧，卻養成了一種樸實直爽，「好危言高論」，不畏權貴的品格。後與蕭衍、沈約、謝朓同為蕭子良「西邸」文士，曾任寧蠻主簿、尚書殿中郎、宜都太守、晉安太守。

南北朝時，佛教盛行，宣揚宿命論，以致為禍國民。范縝便以偶然論觀點痛斥因果報應論，反對宣揚佛教。

在佛教徒看來，人的富貴貧賤都是命中註定的，是前世積善行惡的因果報應；范縝卻堅決否認這種說法。

有一次，竟陵王蕭子良問范縝：「您不相信因果報應，可是人為什麼會有富貴貧賤的不同呢？」范縝回答說：「人生好比樹上開的花，同時開放，隨時飄落，有的落在殿堂的漂亮坐墊上，有的則翻過籬牆落入糞穢之中。落在席墊上的人，就如殿下您，落入糞穢之中的人就是我呀。這完全是自然現象，毫無因果可言。」范縝的回答使竟陵王在眾多賓客面前無言以對。

《神滅論》的基本思想主要體現在「形神相即」、「形質神用」，認為人的精神和形體是互相結合的統一體：「神即形也，形即神也」。精神就是形體，形體就是精神。「形存則神存，形謝則神滅」。形體存在則精神存在，形體凋謝則精神消滅，形是神的基礎。

他把人的形體與精神，用刀刃與鋒利的關係作譬：形體是精神的本質，精神是形體的功用；精神對於體質，猶如鋒利之於刀刃；形體對於精神，猶如刀刃之於鋒利。沒有聽說過刀刃沒了而鋒利還存，怎能容忍形體滅亡而精神仍在？

《神滅論》嚴厲駁斥「神不滅」的謬說，不僅從理論上揭穿了神學謊言，而且也譴責了當時封建帝王和世家大族佞佛所造成的社會危機，《神滅論》指出，佛教流行，傷風敗俗，危害政治。應該破除佛教，實行無為政治，可以全生、匡國、霸君。

《原道》提出了什麼樣的思想

《原道》為古代哲學名篇，是韓愈復古崇儒、攘斥佛老的代表作。韓愈不僅是文學家，也是思想家。收入《韓昌黎集》中的《原道》、《原性》、《原人》、《與孟尚書書》、《諫迎佛骨表》，就是他政治思想和哲學理論的代表作。

《原道》觀點鮮明，有破有立，引證今古，從歷史發展、社會生活等方面，層層剖析，宣揚「聖人立教」的觀點，論述了儒家的道統；並竭力排斥佛、道，指斥它們破壞倫常關係，是國無寧日的禍根。開啟了宋學的先聲。

他說：博愛就叫做仁，行為合乎社會等級為「義」，由此而進步就是道，內心充滿而無須等待外力就是德。道和德都是隨著仁和義走的，所以，仁與義是個固定的名稱，道與德卻是虛位，可以受納種種不同內容。因此，他所說的道與老子和佛教說的道，是有區別的。

此外，他也繼承了孔子「唯上智與下愚不移」的觀點和董仲舒的人性思想，提出了性情三品說。在教育方面，他肯定人非生而知之，提倡勤奮學習和獨立思考；還說：「弟子不必不如師，師不必賢於弟子」。

《復性書》是反佛的產物

《復性書》，唐代思想家、文學家李翱所作。

李翱，隴西成紀（今甘肅秦安縣）人，貞元進士，歷官國子博士、盧州刺史、中書舍人、戶部侍郎、山東南道節度使等，曾從韓愈學古文，是韓愈宣導復興儒學運動的重要合作者。

《復性書》全文分上、中、下三篇。上篇論證「性」和「情」的關係，以及性和情在「聖人」和「百姓」間的區別，並自謂得到了儒家性命之道的真傳；中篇用問答的形式，提出成為聖人的修養方法；下篇強調道德修養的必要性。

《復性書》是反佛的產物。李翱認為，排佛只用粗暴手段收不到效果，而應當「以佛理論心」，用佛教的方法來修養儒家的心性，建立一套成聖人的理論。因此，他把《中庸》的性命學說和佛教的心性思想結合，形成了一套學說。

他認為，人性皆善，「百姓之性與聖人之性弗差」。但性善情惡，性往往被喜、怒、哀、懼、愛、欲七情蒙蔽。只有除去情欲，善性才能恢復，進而超凡入聖。去情復性的方法是教人「忘嗜欲」，排除物欲的干擾，加強內

一本書讀懂國學

心修養，以達到所謂空寂安靜的「至誠」境界，這就是「滅情復性」。

李翱的觀點體現了融合佛教、道教的思想傾向，這種立論方法到了宋朝就成了理學的先驅，到南宋時，朱熹就是像李翱這樣融會各家而形成了儒學的新成就——理學。

《朱子語類》，朱熹與弟子問答語錄

《朱子語類》是南宋理學大家朱熹與其弟子問答的語錄彙編。朱熹著述甚豐，著作的彙集本有《朱子遺書》、《朱文公文集》，但學者均以為《朱子語類》編排精當，最全面系統地反映了朱熹的思想。

朱熹授徒，循孔子「教學相長」、「誨人不倦」之法，鼓勵弟子提問。而在師徒一問一答之間，盡得儒學性命道德之精微、天人事物之蘊奧，較之朱氏之經傳，語言更詳明曉暢。朱門弟子紀錄其師談經、論事、明理之言，遂成「語錄」，有「池錄」、「饒錄」等，各本互有出入，又因翻刻不一，錯訛間出。

景定四年（西元1263年），黎靖德集諸本之大成，以類編排，刪除重複的1150餘條，分為26門，遂成定編，於咸淳二年（西元1266年）刊為《朱子語類大全》140卷，即今通行本《朱子語類》。

此書編排次第，首論理氣、性理、鬼神等世界本原問題，以太極、理為天地之始；次釋心性情意、仁義禮智等倫理道德及人物性命之原；再論知行、力行、讀書、為學之方等認識方法。又分論《四書》、《五經》，以明此理，以孔孟周程張朱為傳此理者，排釋老、明道統。最後是對宋代與前代君臣人物以及政治、經濟、法制、科舉等制度的評論。《朱子語類》內容豐富，析理精密，基本代表了朱熹的思想。

《陸子全書》與陸九淵的思想

《陸子全書》是宋代理學家陸九淵著作、書箚、語錄的合集，由其後

人、弟子編定刊行。全書共36卷，包括書箚17卷，奏表1卷，記1卷，雜著、語錄各2卷，奏表、記、序贈、講義、策問、詩以及拾遺、諡議、年譜各1卷，祭文、墓誌銘合3卷，程文3卷，並附錄有關序論、與朱熹論辯的書箚及《宋元學案》按語。

陸九淵政治上並不顯要，學術上也無師承。他融合孟子「萬物皆備於我」和「良知良能」說以及佛教禪宗「心生」、「心滅」等論點，以「發明本心」為主旨，提出「心即理」說，獨自建立了所謂的「心學」。

他斷言天理、人理、物理都在吾心之中，心是客觀世界的本源、唯一的實在，「宇宙便是吾心，吾心即是宇宙」。他認為，心與理完全合一，「人皆有是心，心皆具是理」。人心會被物欲蒙蔽，致使天理不明，因此，人們首先應該「明理」。

但「明理」用不著探求外物，甚至連讀書都是多餘的，因為讀書只在於印證「此心之良，人所固有」、「六經皆我注腳」。在反省內求的時候，要用「易簡」、「直捷」的方法，要用「剝落」或「減擔」的功夫。克制了物欲，才能「存心」、「養心」，進而達到「放心」。

他說：「古之教人，不過存心、養心、求放心。」在倫理思想上，他用心學來論證封建綱常的合理性，認為人的本心就是仁義禮智之心，就是善；同時，倫理綱常根源於人心、充滿天地之間，而且亙古不變。

陸九淵的「心學」創建後，一度成為與朱熹理學並立的有影響的學派。陸九淵的學說後來由明代王守仁繼承和發展，稱為陸王學派。

《近思錄》為什麼是理學入門書

《近思錄》是宋代的一部理學入門書。南宋孝宗淳熙二年（西元1175年），呂祖謙從浙江到福建與朱熹會晤，兩人在寒泉精舍一起讀周敦頤、張載、二程的著作，覺得「廣大閎博，若無津涯」，怕初學者不易把握其要義，於是精選620條，輯成《近思錄》，共分14卷。「近思」二字，取自《論語》：「博學而篤志，切問而近思，仁在其中矣。」

朱熹要把《近思錄》當作學習四子著作的階梯，四子著作又為學習《六經》的階梯，以改正厭惡卑近而好高騖遠的毛病。

《近思錄》依據朱、呂二人的理學思想體系來編排，從宇宙生成的世界本體到孔子顏回樂處的聖人氣象，循著格物窮理，存養而意誠，正心而遷善，修身而復禮，齊家而正倫理，以至治國平天下及古聖王的禮法制度，然後批異端而明聖賢道統，全面闡述了理學思想的主要內容。

該書囊括了北宋五子及朱呂一派學術的主體，在理學史上具有重要地位，在確立儒家道統，傳播理學思想上起到了重要作用。錢穆說：「後人治宋代理學，無不首讀《近思錄》。」清人江永稱：「凡義理根源，聖學體用，皆在此編。」「蓋自孔曾思孟而後，僅見此書。」

《傳習錄》有王守仁哪些哲學思想

《傳習錄》是王守仁的言論和論學書信集。王守仁著述多達38卷，但《傳習錄》最能反映他的心學思想。書名「傳習」一詞，源出自《論語》「傳不習乎」。

《傳習錄》包含了王守仁的主要哲學思想，是研究王守仁思想及心學發展的重要資料。全書分為上、中、下三卷。

上卷是與徐愛講論《大學》宗旨，闡述了他「格物致知說」和「心與理一」、「知行合一」的思想，為門人徐愛、陸澄、薛侃所輯。

中卷是與友人論學的書信，這些書信反映了他「致良知」、「知行合一」、「心物合一」、「天人合一」、「天地萬物為一體」等思想。由門人南大吉所輯，後經錢德洪改編。

下卷是及閘人的談話，並記載了他所提出的四句教。

嘉靖三十七年（西元1558年），胡宗憲將三卷合一刊刻，統稱《傳習錄》。其中上卷是得到過他本人親自審閱的。中卷的論學書信都是出自他的親筆。下卷雖未經其本人審閱，但也比較具體地解說了他晚年的各種思想。

《焚書》的由來

《焚書》及《續焚書》是李贄最重要的著作，集中反映了李氏批判傳統、宣導「童心」的「異端」思想。

該書對數千年來一直占統治地位的儒家傳統說教，以及束縛人們思想的程朱理學提出了大膽的懷疑和批判。反對把孔子當做偶像崇拜，指出「孔夫子亦庸眾人類」，「六經、《語》、《孟》乃道學之口實，假人之淵藪」，並非「萬世之至論」。

書中還揭露那些假道學不過是些「口談道德而心存高官」、欺世獲利、患得患失，「被服儒雅，行若狗彘」的偽君子。

李贄主張男女平等，大膽肯定了歷史上的卓文君，並且極端地認為「天下盡道之交」，把人與人之間的關係視為交換關係。在文學體式中，他重視小說、戲曲，稱《西廂》、《水滸》為「古今至文」，把它們和「六經」、《語》、《孟》並提。

李贄深知，自己的觀點不為統治者所容，書出則必被焚禁，故名曰《焚書》。但書出後，卻並未被焚，雖遭明清兩代封建統治階級禁毀，但仍流行不絕。二十世紀初，《焚書》又重新印行，甚至啟迪了二十世紀「五四」時期吳虞等進步思想家。

《日知錄》有顧炎武哪些哲學思想

《日知錄》是明清之際思想家顧炎武的代表作。體裁為讀書筆記，積30餘年而成；書名取子夏的「苟日知，日日知」。全書32卷，包括言經義、論政事、論世風、論禮制、論科學、論藝文、論名義、論古事真妄、論史法、論注書、論雜事、論兵與外交、論天象、論地理、論雜事考證15部分。

顧炎武的哲學思想基本上是傾向於唯物主義的，他認為宇宙本原是氣，「盈天地之間者皆氣也」。在認識論上，他注意到了理性與感性知識之間的關係，認為「形而上者謂之道，形而下者謂之器」，「非器則道無所寓」。

《日知錄》更為突出地反映了顧炎武的學術思想。他繼承了明季學者反理學的思潮，不僅反對陸王心學，也與程朱理學迥異其趣。他摒棄「性與天道」的空談，提倡「博學於文」、「行己有恥」的為學之道。

他主張經世致用，並終生篤行，以「國家治亂之原，生民根本之計」為懷，大聲疾呼「保天下者，匹夫之賤有責焉耳矣」。

顧炎武經世致用的學術旨趣、樸實考據的治學方法，以及他在諸多領域的學術成就，開啟了清代樸學的先路，促成了乾嘉漢學的鼎盛，對清代學術文化的多方面成就產生了影響。

《大同書》描繪怎樣的理想世界

《大同書》，清末思想家康有為所著，成於光緒二十八年（西元1902年），民國二年（西元1913年）曾在《不忍》雜誌上發表甲、乙兩部，後又不斷修改。民國二十四年（西元1935年）由弟子錢定安整理，中華書局出版。

在中國歷史上，有很多思想家持有這一理想。《禮記》載，孔子曾不無感歎地說：我雖沒能趕上古代的太平世界，但心中很是嚮往。之後，他對弟子描畫了一個無限美好的大同世界：「……老有所終，壯有所用，幼有所長，矜寡孤獨廢疾者，皆有所養，男有分，女有歸。……」

到了近代，康有為宣導變法維新。創「孔子托古改制」說，認為孔子的「大同」是烏托邦。康有為以西學觀念昇華了孔子的思想境界，他還著下洋洋數十萬言，這就是《大同書》。

全書分入世界觀眾苦、去國界合大地、去級界平民族、去種界同人類、去形界保獨立、去家界為天民、去產界公生產、去亂界治太平、去類界愛眾生、去苦界至極樂十部。

書中糅合了中國古代儒家經典《禮記‧禮運篇》中的「大同」、「小康」以及近代西方進化論、空想社會主義諸學說，提出了大同思想。康氏的大同思想建立在資本主義大工業基礎上，「凡百舉動，皆有機器」，「機器

日新，足以代人之勞」，「一人之用，可代古昔百人之勞」，「農耕皆用機器化料」。在大同世界中，人權平等，如有人敢提倡「獨尊」，「成一人之尊」，「反判平等之理」，大家就共同除掉他。人們的物質生活水準是很高的，衣食住行都很美滿。同時，科學、文化、教育以及道德風尚都高度發展，整個社會形成「競美」、「獎智」、「崇仁」的良好風氣。

康有為的大同之世，絕不是向原始社會倒退，而是在人本主義旗幟下，設計一個高度工業化的社會前景，構想一幅高度文明的社會藍圖。遠遠超過了洪秀全所描繪的農業社會主義的設想，反映了中國資產階級烏托邦的歷史進步性。

哲學觀點

儒家如何看待「天與人」

天的本意是指人的頭，後來才引申出自然的天、主宰一切的超自然超社會的人格神、或支配主宰人事的神秘力量以及神仙上帝居住的地方、客觀的自然界及其規律。這裏主要指與人相對的但人卻離不了的一切自然因素，也即宇宙或者宇宙本體。人是指人類和人類所創造的一切，包括人的自然和社會屬性，即與宇宙本體相對的一切。早在春秋戰國時期，「天人」這一概念就開始得到了廣泛而深入地研究與討論。

老子說：「人法地，地法天，天法道，道法自然」，主張人和自然的一致；孟子說：「萬物皆備於我」，自然是天人合一；莊子說：「天地與我並生，而萬物與我為一」，認為人的行為與自然法則完全一致；荀子則提出了

「天人相分」的觀念，指出人靠自己的努力可以認識和利用自然，「制天命而用之」。

到了西漢，董仲舒認為天和人是同類，所以，可以互相感應，即認為「天人之際，合而為一」，人間出了問題，上天會示警，人間和平安寧，上天就會降祥。

唐代劉禹錫繼承發展了天人相分說，提出了「天人交相勝」，謂自然造物和人類社會各有其特定的作用和規律，可以相互勝出。而宋代的張載和程頤則認為天就是那廣大的虛空，而虛空就是氣，人是由氣聚合而成的，人的精神和本性是氣中固有的存在，所以，「天人一物」，不必再說合與分的問題。

先秦諸子如何看待「義和利」的關係

所謂「義」，是指一定的行為道德；所謂「利」，是指個人利益。討論行為道德與個人利益之間的關係問題，就是「義利之辯」。

在先秦，孔子提出「君子喻於義，小人喻於利」。認為義利是矛盾的，解決義利的方法是重義輕利。

墨家則認為，義和利是絕對統一的，不存在任何矛盾。他們不認為存在有利無義或有義無利的現象。

孟子認為，追求義是人們行為的唯一目的，而對利的任何關注，都有損於人們道德行為的純潔性和高尚性，所以，利是一種有害的念頭，必須在思想上加以排除。

荀子主張「性惡論」。他認為個人的利欲和社會的道德要求是完全相反的，個人的利欲只能是惡，而應首先規範的是善，所以，在義利關係問題上，他認為義利不相容，它們的關係只能是一個戰勝另一個的關係。

「義利之辯」，是現實生活中義和利既矛盾又統一的關係在思想中的反映。各種不同的觀點，體現了先秦各個階級或階層不同的利益和當時社會政治經濟發展的水準。不過，這些觀點也有相通的地方，即一般都認為，在義

利關係中，義是主要的，個人利益應該遵循和服從義。可以說，重義輕利是先秦義利之辯的主要傾向。

什麼是「和同之辨」

和同之辨，這是儒學關於和諧問題的主張。

孔子以前的政治家和思想家認為「和」，是保持不同因素的相互協調，比如各種調味品調和起來做成美味佳餚；「同」就像不斷添加同樣的調味品，這樣做不出好吃的食物。

用於君臣關係，「和」就是在君主說是的時候，臣子就應該指出其中的非；當君主說非的時候，臣子就應該指出其中的是，以補充君主的不足。儒學繼承了這樣的主張，孔子認為君子採取的態度是和，小人採取的態度是同。

孔子否定「同」，後來的儒者就把如何才能做到「和」作為自己討論的主題，其中周敦頤認為「和」的前提是秩序，有了秩序才有和諧。秩序的前提是人人安於本分，即君主要安於君主的地位；臣子要安於臣子的地位，不可想做君主；百姓要安於百姓的地位，按時如數地向國家繳納賦稅和擔負勞役，而不該有非分之想。只有這樣，才有和諧。

「夷夏之辨」，爭論不休的話題

夷夏之辨是中國兩千多年來一直爭論不休的話題。最早是由《春秋》公羊學家提出來的。所謂夷夏之辨，就是分別出夷與夏的不同。

古時中國人將生活在中原地區，也即中國的人稱為華人或者夏人，全稱華夏；將生活在中國周邊的人稱為蠻夷，或者是「東夷、北狄、西戎、南蠻」。這是從地域的角度來劃分的。

但是夷夏之辨並不完全來源於地域的劃分，而是主要體現在文化上。孔子作《春秋》，對於夷夏的看法是：如果原為夷狄，而採用了華夏的禮樂文

化，就視為華夏；反之，如果原為華夏，而採用了夷狄的禮俗文化，則視為夷狄。而在文化程度上，華夏「先進於禮樂」，禮樂文化發達；四夷則「後進於禮樂」，禮樂文化落後。

早在春秋時期，人們普遍有著「非我族類，其心必異」的觀念，再加上夷狄時常侵擾中國，所以，春秋時期不斷有「攘夷」之舉。

春秋時期齊桓公稱霸，首先打出了「尊王攘夷」的旗幟，受到了孔子的稱讚。孔子認為，中國在南夷與北狄的夾擊下，情況危急，如果沒有管仲輔佐齊桓公「尊王攘夷」，就會出現「夷化」現象。中國倒退接受夷禮、夷俗。夷夏之辨正是在這樣一種歷史文化背景下出現的。

魏晉南北朝時期，北方少數民族大肆入主中原，無法從地域上劃分華夷，於是這一命題開始轉而從文化的角度去判別。即合於華夏禮俗文明者為華（或稱夏、華夏、中國人），不合者為夷（或稱蠻夷、化外之民）。

明清以後，中西方交流頻繁，但因為西方人沒有孝道的概念，因而也沒有三綱五常、華夏八德，所以，被看做是西夷，又有了華夷之辨。但這時候中西方的文化程度卻已有了徹底改變，一些有封閉心態的中國人仍然套用傳統的夷夏之辨來為中國的落後辯護，為此還鬧出了不少笑話。

人的本性、稟性、天賦是善還是惡

人的本性、稟性、天賦是善還是惡，一直以來，這個問題就是中國哲學中爭論最激烈的問題之一。

性善說，首倡於孟子。孟子認為人性中天生就有善的因素，善的萌芽，即善端：惻隱之心、羞惡之心、辭讓之心、是非之心，也稱為四端。由這四個善端加以發展和修養，便成了仁、義、禮、智的四種道德意識和行為，從而達到聖賢的境界。

既然一切人的本性中都有此「四端」，若充分擴充，就變成四種「常德」，即儒家極其強調的仁、義、禮、智。因此，孟子強調後天的教化和自我修養，以此培養良好的道德，而使人人都能成堯舜。正是這種人人可以為

堯舜的觀念，才使得佛教進入中國後大行其道，從而發展出即心即佛、即佛即心，佛即眾生、眾生即佛的中國佛教思想。這種觀念，對於宋明理學、心學的人性論和全真道的人性論也都有著重要的影響。

孟子從人本主義角度出發，注重聖賢教化和自我修養從而提高道德品德的主張，在中華民族道德發展史上有著不可磨滅的貢獻，直到今天還具有不可估量的價值和意義。

但與孟子不同的是，荀子也建立了自己的人性論，他提出的卻是性惡說。

荀子認為，人生來就是貪圖物質利益的，喜歡美麗的女人和悅耳的音樂，並且為了得到這些而憎恨別人，因而人的本性是惡的，孟子認為人性善是不對的。

荀子說，所謂本性，就是不用經過學習而得到的東西。假如必須經過學習才能得到，那就不是本性，而是人為的結果。仁、義、禮、智都是必須經過學習才能得到，所以，它們不是本性，而是人為。這就像彎曲的木材經過矯正才能變直，不能說直是木材的本性；泥土經過陶者的加工成為器皿，不能說器皿的性質是泥土的本性。

仁義或者禮儀都是聖人規定的，他們規定這些，就是為了矯正人惡劣的本性，就像發明了矯正木材的技術是由於木材彎曲一樣。所以，不能把人為的東西說成是本性。在這種性惡說的基礎上，荀子提出了法治理論，為韓非和李斯等人的法治思想提供了理論依據。

到了漢代，董仲舒又把人性區分為所謂的「聖人之性」、「中民之性」和「斗筲之性」。具體來說，聖人之性，指情欲很少，不教而能善的；斗筲之性，指情欲多，雖教也難能為善的；中民之性，指介於兩者之間，雖有情欲，但可以為善也可以為惡的。

董仲舒的人性三品說借鑑了戰國以來流行的陰陽五行觀，認為善的品德，體現了天的陽性，稱「性」；惡的品德，體現了天的陰性，稱「情」，然而雖然「性」體現了天之陽性，可以產生善；「情」與之相反，但也只是具備可能，並不是絕對的。

用董仲舒的話來說，性如同禾，善則如同米，米出於禾，但禾並非就是米。董仲舒對人性的區分，強調了人性之異，與先儒宣導的性善說（如孟子）、性惡說（如荀子）迥然不同。

　　到了唐代，韓愈進一步提出「性之品有上中下三」，即「上品之性」發為「上品之情」，「中品之性」發為「中品之情」，「下品之性」發為「下品之情」，並且「性」和「情」是對立的，「性」的內容為「仁、義、禮、智、信」，是與生俱來的；「情」的內容則是「喜、怒、哀、懼、愛、惡、欲」，是「接於物而生」的。韓愈的理論比傳統的說法更加細緻、系統化。

什麼是「形神關係」

　　所謂形神關係，就是關於人的肉體與靈魂、生理與心理的關係。形神的產生及相互關係問題，也如道器的關係一樣。道器合一，形神不二。無神無形，無形無神，神形兼備，造化自然。

　　《易經》說神無方而易無體，神和易都存在於時間當中，神無方而隨萬物方圓，易無體而隨天地高下。管子則說，要想神存形好，就得虛心去欲。荀子提出「形具而神生」，明確肯定形是神的基礎。莊子則主張形神不能分，神於內而形於外，道德全才能精神內守。列子則認為神屬天而形屬地，神形合則為人，神離形則為鬼。

　　漢代哲學思想家進一步討論了形神的關係。《淮南子》謂形神兼備最好，但志與心變，神與形化。只有修心養性，才能形神兼備。

　　桓譚提出燭火之喻，說「精神居形體，猶火之然（燃）燭矣」；「燭無，火亦不能獨行於虛空」。認為形神關係猶如燭與火的關係，火不能離燭而獨存，神也不能離形而不滅。

　　王充發展了桓譚的觀點，以比較充足的理由，證明「人死不為鬼」，主要論據是：「人之所以生者精氣也」，「能為精氣者血脈也，人死血脈竭，竭而精氣滅」。王充關於「精氣」的論述有不明確之處，但是他堅持了唯物主義立場，基本上正確地說明了形神的關係。

魏晉南北朝時期，形神關係成為哲學關注的重要內容。陶淵明寫過三首《形影神》的詩，專門談形神的關係。南朝的范縝針對佛教的「神不滅」觀點和靈魂離體轉移並能獨立存在的觀念，寫下了《神滅論》，提出「形存則神存，形謝則神滅。」認為形體是精神的物質基礎，精神只是物質形體的功用。

「中庸」是一種什麼樣的思想

「中庸」是中國古代哲學思想上的一個重要內容。孔子說：「中庸之為德也，其至矣乎。」

什麼是「中庸」？把「中」理解為中正、合適、標準，是先秦古籍中的通義。庸指平庸，即平常、常道、平凡等義。關於「中庸」的含義，孔子解釋為「過猶不及」，「執兩用中」，「中立不倚」，中庸就是既無過，也無不及。朱熹引用程顥「不偏之謂中，不易之謂庸。中者，天下之正道，庸者，天下之定理」之觀點，並作了一番解釋。

作為標準的「中」不是一成不變的，而是隨著時間和條件的變化而變化。不少哲學家在用「中」時，所採取的方法是「叩其兩端」，藉由這個手段，達到用中道的目的。

可見，「中庸」思想是主張維持質的穩定性，並不是我們所謂的折中主義。它的主題思想是教育人們自覺地進行自我修養、自我監督、自我教育、自我完善，把自己培養成為具有理想人格，達到至善、至仁、至誠、至道、至德、至聖、合外內之道的理想人物，共創「致中和天地位焉萬物育焉」的「太平和合」境界。

當然，古代推崇的「中庸」思想，歸根到底是要把人們的行動與言行束縛在等級制度和道德模式中，要求既無過也無不及，它在政治上是保守的。

理氣、道器是什麼哲學範疇

理氣、道器是關於世界本原問題的範疇。

在理氣中，「理」一般指世界和事物中具有的秩序、條理、法則或道理；「氣」一般指以彌漫形態存在於世界的物質質料。

儒家認為，「氣」是物質性的客觀存在，它構成了物的形體。物，特別是動物和人，與形體對等的是它的知性或精神。起初，儒者們認為，人的精神也是一種氣，一種比一般的氣精細的氣，或者稱為「精氣」。

後來，儒者們發現，精神不是氣，而是氣中固有的功能，是氣的靈。所以，張載認為人的精神和本性，是氣自身固有的東西。而二程則體會出，「氣」的變化有一定的法則，這就是「理」。這個理，就是世界上所有事物普遍存在秩序的總根源，也是人本性和精神的根源。

張載認為，氣不會產生，也不會消亡；二程和朱熹則認為，氣會消亡，而理才是不會創生也不會消滅，並且可以產生出氣。朱熹雖然反覆強調理和氣不相分離，二者不分先後，但是由於他認為氣可以消亡，並且由理重新創生出來，實際上就承認了「理在事先」、「理在氣先」。肯定理對於客觀事物的第一性。

朱熹之後的儒者批評朱熹的理氣觀，主要批評他認為理存在於氣之前，和氣是兩種不同的存在物，而主張「理」在「氣」中，「理」是「氣」運動變化的規律。不同的事物有不同的理。

在「道器」中，「道」本指人走的道路，引申為天與自然走的道路，後來便指宇宙事物的規律和法則。這裏指具體事物所承載的道理；「器」本指容器、器皿，這裏指與道相對而承載道理的具體可感知的事物。道器關係所探討的是具體事物同規律的關係以及個別與一般的關係問題。

《周易‧繫辭上》說：「形而上者謂之道，形而下者謂之器。」從一個具體形象上說，形象以下的部分看得見，就叫做器；形象以上的部分看不見，就叫做道。道器合在一起，才是一個完整的事物，本來就沒有分別。但為了研究它，把握它，又不得不分開來說。於是，道是靠抽象思維把握的道

理或原則，就是形而上；器是可感可見的具體和個別事物，便是形而下。

對道器關係的較多論爭開始於宋代。程頤認為，道與器相一致而不可分離，後來的朱熹又引入了理氣概念，認為道器不可分離。明清之際的王夫之則認為，道和器並非分離存在，而是統一於具體事物之中：天下只有事物，道理是事物的道理，事物不是道理的事物。沒有事物，自然也就沒有了事物的道理。他已經觸及了個別包括一般、一般寓於個別的辯證關係問題。

中西方文化交流之後，道器之辨又成為熱點。西方人強調科學技術，即是形而下，是器學文明；中國人講究人倫日用，即是形而上，是道學文明。

「體用」關係有什麼含義

所謂體用，「體」指的是有形的身體、物體和實體，後來又指抽象的整體和本體；「用」指的是具體事物的功用和性能。體用關係包括多種含義，但主要有兩種：一是指實體、形體與其功能、作用的關係；二是指本體、本質與現象的關係。

最早提出體用關係的是老子，他認為，萬物有形象的地方是體，無形象的地方則是用，叫做「有之以為體，無之以為用」。比如說一個容器是體，空的地方則能盛物，便是它的用處；後來的荀子也認為萬物形體雖然各異，但各有其功用。

隋唐時期，由於佛教的傳入和流行，中國學者引用玄學的體用觀去闡釋佛教理論，又發展了對體用關係的認識。近代以來，由於中西文化的交流，體用論又側重於主與輔、偏與全、根本原則與具體手段方法的關係，如張之洞等人提出「中學為體，西學為用」的觀念，告訴中國人自己的道德文明是根本，而西方的科技文明是功用。

古代是怎樣闡釋「有無」的

有無屬宇宙本原的哲學範疇。有，指具體存在的事物；無，指無形無象

的虛無，或者是一種抽象的「有」。

此哲學命題最早由老子提出。老子認為：「天下萬物生於有。有生於無。」這裏的「無」與「道」是同義語。老子認為「無」就是天地之始。

那麼，「無」又是如何產生的呢？莊子認為：「有始也者，有未始有始也者，有未始有夫未始有始也者；有無也者，有未始有無也者。有未始有夫未始有無也者。俄爾有無也者，而未知有無之果孰有孰無也。」

言論拗口，玄而又玄，大意是說，「無」不是宇宙的起點，若一直往上追溯，「有」和「無」的存在與否，亦都是不可知的。由於這些概念太過抽象深奧，在整個漢代，幾乎無人問津。

到了魏晉南北朝時，才再次引起人們的關注，王弼認為「有之為有，恃無以生」；「有之所始，以無為本」。所謂「有」，指有形的物質存在；所謂「無」，指沒有任何具體規定性的絕對。認為一切有形的物質存在（有）都源於一個沒有任何具體規定性的本體（無），稱為貴無論。

西晉裴頠著《崇有論》反對「貴無」思想。他認為原始的有是自生的，肯定作為物質存在的「有」是根本的，如貴無賤有，必至於「遺制」、「忘禮」，導致社會秩序的混亂。

郭象受向秀的影響寫成《莊子注》，一方面否認「有生於無」；一方面把「物各自生」說成「獨化」，認為一切都「獨化於玄冥之境」。

此後，歷代哲學家不乏對「有無」的哲學命題進行分析、論辯。但始終沒有開創性的見解。

先秦諸家如何探討「名實」問題

名實就是關於實質和概念的哲學範疇。其中，名指名稱、概念、語言，是對事物實情的表述和概括；實指客觀事實，也指宇宙的本體。

名實在最初，並不是哲學問題，而是嚴肅的政治問題。比如，周公制禮樂，教化民眾之後，社會變革打破了原有的生活秩序，「名實相怨」引起了人們的哲學探討。

在這種情況下，孔子主張「正名」，認為「名不正，則言不順；言不順，則事不成」，強調名實相符，言行一致，而且事事要講尊卑有序，無論是貴族還是平民百姓都要嚴格遵守君君臣臣、父父子子的名分，不尊就是「名不正」，就是違背了等級制度的規範。

墨子則主張「非以其名也，以其取也」，強調了對實際事物的認知和把握。老子提出名的相對性問題，說「名可名，非常名」，「道常無名」。莊子進而主張「大道不稱」，但又說「名者，實之賓也」，承認實對名的決定作用。惠施主要強調事物異同的相對性，也與名實問題有關。公孫龍肯定名是實的稱謂，又提出「指物」之說，論辯抽象概念與具體實物的關係，主張「白馬非馬」和「離堅白」。

墨家將名劃分為達名、類名、私名，認為它們反映的實有不同範圍。荀子提出「實」，並非固有的，而是來自人們的「約定俗成」，所以，名與實可以相符。他將名分為「大共名」、「大別名」、「小別名」，分析了名實亂的三種情況，即以名亂名，以實亂名，以名亂實，稱為「三惑」，對名實問題進行了較為詳盡的論述。這是對先秦名實爭論的總結。

古代哲學如何看待「動靜」觀

動靜是關於宇宙萬物狀態及其變化的哲學範疇。可以說，「動」、「靜」也是一組對立統一。

孔子曾在《論語・雍也》中說過：「知者樂水，仁者樂山。知者動，仁者靜。」雖然在春秋時期已有「動」、「靜」之說，但在當時僅是描述一種生活狀態。最先將「動」和「靜」作為一種哲學範疇的是老子。

《老子》中云：「重為輕根，靜為躁君。」「躁」即「動」，「靜」為「動」的主宰。《老子》又云：「夫物芸芸，各復歸其根，歸根曰靜，靜曰復，復命曰常。」認為宇宙萬物變化的規律是：先靜，後動，再靜。「靜」是宇宙運動的最後歸宿。

此後，儒、釋、道三家都認識到了「動」、「靜」這一宇宙變化的基本

規律。三教均主靜，以動為末。

　　到了兩宋時期，周敦頤、朱熹都對「動」、「靜」進行了系統的思考。朱熹還提出了「動靜互待」、「動靜互涵」，即動中有靜，靜中有動等哲學命題。

　　直到明末王夫之提出「動靜」觀之前，先人均為「主靜」派，認為「人生而靜，天之性也」。王夫之認為，「天地之氣，恆生於動，而不生於靜」；「動」是絕對的，「靜」是相對的；宇宙的運動狀態由「動動」與「靜動」兩種狀態組成，「動靜皆動也，由動之靜，亦動也」。

　　很可惜的是，王夫之的觀點在當時並沒有引起太多人的共鳴，人們仍堅信以「靜」為本，這也是中國古代哲學上的一個基本傾向。

「慎獨」是怎樣的一種修身方法

　　「慎獨」是古代儒家創造出來的具有民族特色的自我修身方法。最先見於《禮記‧中庸》：「道也者不可須臾離也，可離非道也。是故君子戒慎乎其所不睹，恐懼乎其所不聞。莫見乎隱，莫顯乎微，故君子慎其獨也。」

　　其中，慎指從心從真，謹慎誠心；獨是獨處，即沒有人約束的地方。意思就是說，人們在獨自居處的時候，也能自覺地嚴於律己，謹慎地對待自己的所思所行，防止有違道德的欲念和行為發生，從而使道義時時刻刻伴隨主體之身。

　　這種注意個人獨處時的道德修養、慎重自己行為的中國傳統道德觀念，有益於君子人格的培養。

　　到了宋代，理學家也格外注重君子慎獨的修為。邵雍提出只要加強個人內心的道德修養，即使獨處之時，也能不受情欲支配而謹慎行事，自覺選擇合乎道義的行為。朱熹也提出「謹獨」，也就是「慎獨」，並把它的內涵擴大為事不論大小，都要辦得合乎「義理」。

「法先王」與「法後王」有什麼不同

法先王，是先秦以儒家為代表的「法古」政治觀。「先王」指上古帝王堯、舜、禹、湯等。這些先王的德政在很多典籍中都有記載，如堯禪讓、舜選賢能、大禹治水、商湯伐桀等。

孟子主張仁政與「王道」，其心目中的楷模就是古代聖王。孟子曰：「規矩，方圓之至也；聖人，人倫之至也。欲為君，盡君道；欲為臣，盡臣道。二者皆法堯舜而已矣。不以舜之所以事堯事君，不敬其君者也；不以堯之所以治民，賊其民者也。」

古代聖王統被孟子稱為「先王」。孟子所提倡的仁政也就是效法先王「以不忍人之心行不忍人之證」。在孟子看來，為政必須「遵先王之法」，否則就是離經叛道，就可以人神共誅之。孟子的法先王思想是先秦儒家所固有的政治傾向。

漢代之後，儒學被尊為正統，「法先王」隨之成為歷代王朝尊奉的金科玉律，國家大事都要從「先王」處找尋到依據。當然，儒家的「法先王」，並不是墨守成規，《禮記·樂記》云：「五帝殊時，不相沿樂；三王異世，不相襲禮。」其著重效法的是精神，以古代聖王為標準來批評當今的政治。

法後王，則是學術界對荀子歷史思想的概括。指取法今王。荀子認為，古今一也，先王的禮樂制度代代相傳，後王（即當今之王）之法，實際上就是古代聖王之跡。「法後王」，即「法先王」。

荀子的學生韓非又進一步豐富了「法後王」的內涵：「治世不一道，便國不法古」，贊同根據當今的具體形勢制定國家政策，對「以先王之政，治當世之民」的「法先王」之說並不以為然。

韓非的思想固然有其進步之處。但凡事取法今王，必然也會走向另一個極端。秦始皇嚴禁「以古非今」，及下令「焚書坑儒」的獨裁之舉便是最有代表性的例子。

「大一統」思想為何受到推崇

大一統是中華民族一種固有的思想傳統。孔子作《春秋》，開篇云：「隱西元年，春，王正月。」意思是說，（魯）隱西元年的春天，就是周王的正月。什麼意思呢？《公羊傳》解釋道：「王正月，大一統也。」

大一統，就是尊崇一統。大，尊崇的意思。按照大一統的思想，國家不論大小，人口不在多寡，只要民族統一，國家統一，政令統一，思想統一，曆法統一，禮儀統一，度量衡統一，文字統一，貨幣統一等等，都是尊崇一統。

「大一統」的觀念是中國自西周以來立國的基本觀念之一。西周建國之初，雖然大封諸侯，裂土分治，但卻自有一套嚴謹的禮樂制度，這套制度上自天子，下至諸侯、士大夫，不論是祭祀天地祖宗、宴樂相見，還是禮器車輿乃至擁有妻室的數目等，都有嚴格的規定。

制禮作樂是王權至高無上的象徵，諸侯臣民只能奉行。對此，孔子深以為然：「天下有道，禮樂征伐自天子出；天下無道，禮樂征伐自諸侯出。」當歷史進入春秋、戰國，周王朝大一統的政治格局被打破，諸侯群起，禮崩樂壞，但大一統的觀念仍根深蒂固。孟子即預言說：「天下將定於一。」認為大亂之後將迎來大治，天下合久必分。西漢大儒董仲舒則以《春秋》為依據，說服漢武帝「罷黜百家，獨尊儒術」，尊崇一統。

從此，「大一統」思想便成了中國歷朝歷代遵奉的宗旨。

古人如何理解「格物致知」

格物致知屬認識論的範疇，又稱「格致」，出自《禮記·大學》：「致知在格物。」其中，格指感格，溝通，引申為推究，探索；致指招致，獲得。意思就是要想獲得知識，就必須與事物感通。事物被感通了，智慧和知識才能獲得。

格物致知雖是儒家的道德哲學命題，但在不同的時代，人們對它的理解

也不盡相同。

程朱學派認為要獲得知識，必須考察事物，以求認識事物的理。「格物」就是格去外物的迷障、人欲之私的雜念，逐漸由外物而及心性，達到窮盡天理、恢復天性、體認天命的認識高度，實現「窮天理，明人倫，講聖言，通世故」的終極目的，從而對人生作出智慧的指導。

陸王學派認為「吾心」是宇宙萬物的本原和主宰。所說的「格物致知」，就是要把「吾心之良知」送達給天下所有的事事物物。他把「致」字理解為送達、給予的意思。只要我們能夠「發明本心」，則事事物物也都擁有了我們的良知，同時我們也就實現了人生的認識和道德修養的目標。

到了明代，王守仁也反對朱熹的「即物窮理」，他認為，「先儒解『格物』為格天下之物，天下之物如何格得？且謂一草一木亦皆有理，今如何去格？」遂改「格物致知」為「致知格物」。「致知」指「致良知」，「格物」指「正物」，即「致吾心之良知於事事物物」，將「良知」貫徹於萬事萬物當中。

而明清之際的王夫之則把格物與致知解釋為認識的感性階段和理性階段。清時，一些從事自然科學研究的儒者，為了給自然科學爭取應有的社會地位，把自然科學稱為格物學或格致學。晚清時期，西學東漸，物理學，即被稱為「格致學」。

王守仁是怎樣理解「知行合一」的

「知行合一」首倡於明代心學大師王守仁。

王守仁首先強調人的活動是有目的、有意識的，即他說的「致良知」，但如何使人的主體與客體聯繫起來呢？王陽明主張「求理於吾心」，即「知行合一」。

他用主體包容了客體，將客體的獨立性、自然性和物質性否定了。對於「行」，他解釋道：「凡謂之行者，只是著實去做這件事。若著實做學問思辨功夫，則學問思辨亦便是行矣。學是學做這件事，問是問做這件事，思辨

是思辨做這件事，則行亦便是學問辯矣。」

假如一個人不按仁義禮智信原則去行，那麼，他就是未知。因為心中的良知他沒有得到，也就是他沒有認真思索。假如他認真思索，得到了良知，或者說，他知道自己應該對父母行孝，對君主盡忠，那麼，他就一定會行孝盡忠。如果他不行孝，不盡忠，就說明他沒有得到良知，也就是沒有知。

所以，王守仁的「行」範圍很廣，包括了學、問、思、辨，這在《中庸》裏是「知」的四個側面，在王守仁這裏合一了，因為他模糊了二者的界限。

王守仁進一步提出，人的「一念發動處即是行」，實際上是取消了真正的「行」。所以，明末清初的思想家王夫之批評他「銷行以歸知」。

其實，王守仁這樣用意念代替「行」也有合理的方面，他要人們樹立一種信念，在剛開始意念活動時俱依照「善」的原則去做，將不善和惡消滅在剛剛萌發的時候，這也叫「知行合一」。所以，對「知行合一」應該全面理解，這樣才能正確評價。

忠與孝可以兩全嗎

忠和孝，能否兩全，一直是中國封建社會和儒學大家探討的問題。

漢朝初建時，朝廷上就進行過一次有趣的辯論。辯題是商湯和周武，推翻他們的君主建立自己的國家，其行為是不是正確的。

當時，有人認為，商湯和周武不能這樣做。理由是，帽子即使破了，也應該戴在頭上；鞋子即使是新的，也只能穿在腳下。也就是說，君主是帽子，臣子是鞋子，再壞的君主也不能推翻。

這裏爭論的就是臣下對君主是否需要盡忠的問題。

而在這之前，孔子卻將忠和孝聯繫了起來。孔子認為，臣子侍奉君主要忠誠，君主要按照禮制對待臣子，不可對臣子隨意侮辱和殺戮。

孟子進一步發揮孔子的思想說：君主把臣子當做手足，臣子就把君主當做心臟；君主把臣子當做狗馬，臣子就把君主當做不相干的路人；君主把臣

子當做塵土踐踏，臣子就把君主當做強盜和仇敵。

孟子甚至認為，如果君主作惡，臣子就可以把他推翻。所以，孟子讚揚商朝第一個君主商湯，讚揚親自推翻了商朝的周武王，說他推翻了作惡的君主，是順從天意，合乎民心。孔子和孟子的主張反映了春秋戰國時期士人對於諸侯國君主相對獨立的現實狀況。

孔孟推介忠誠，但他非常清楚，這樣的品德是需要培養的，而培養這種品德的最好途徑就是從孝順父母開始。

在孔子看來，孝道不僅僅是孝敬好父母，對於家禽、家畜，也須照顧好牠們的生活。孝順最難得的是和顏悅色，讓父母愉快。

為了保護孝道，儒家學者還大力抨擊佛教。認為佛教僧侶不生產，不納稅，又不服勞役，是不忠；不娶妻，不生子，是不孝。因為從孟子開始就指出，不孝的罪名有很多，但最重要的就是沒有兒子。因為沒有兒子，就不能按照禮制祭祀父母，從而使父母的靈魂挨餓。

因此，在孔子這裏，忠和孝在理論上是可以統一的。

治國方略──「無為而治」

無為而治，是道家宣導的一種治國方略。「無為」作為一種政治原則，在春秋末期就已經出現，然而使之系統化成為一種理論的人是老子。

《老子》說：「道常無為而無不為。」在老子看來，虛無的東西才是最有用的東西。道本身就是空虛而看不見的，而它的作用卻是巨大的。例如車輪，如果沒有中間的圓洞，就不能轉動了。我們用的茶杯、瓷碗等器皿，如果沒有空的地方，就不能裝東西。門戶如果沒有空處，就不能出入。房屋如果沒有空處，也不能住人。

因此，老子認為無和空才是有用的。我們對待事情，無為正是有所作為。無為是手段，而無不為是目的。為了達到無不為，就必須保持無為，所以，無為才是真正的治理，叫做無為而治。

在老子看來，「民之難治，以其上有為，是以難治」。他認為，「有

為」政治帶來的禍害是非常嚴重的。防禁越多，人民越陷入貧困；法令越森嚴，盜賊越增加。而統治者徵收大量賦稅，造成人民飢餓；統治者越是強作妄為，人民就越是難以管理。

故老子主張「勸統治者少干涉」和「使民眾無知無欲」，即不以繁政苛舉擾害百姓，百姓便會淳樸自處，生活自然富足安定。老子說：「天地不仁，以萬物為芻狗；聖人不仁，以百姓為芻狗。」芻狗，古時供祭祀用的草紮狗，祭後棄之。意思是說，君王應像天地一樣麻木不仁，把百姓當做草狗。這並不是宣導統治者與百姓為敵，而是勸統治者不要太懷憐愛之心，應少管閒事，「清虛自守」。

對此，老子還有一個極為有趣的比喻：「治大國若烹小鮮。」意思是治理國家，就如同廚師烹魚，經常翻來翻去，魚就會變得一團糟。總而言之，萬物皆有「道」，順道則生，逆道則亡。施政者多無為，則「我無為而民自化，我好靜而民自正，我無事而民自富，我無欲而民自樸」。民隨德化，天下即大治了。

後來的莊子又主張從精神上徹底擺脫「有為」的欲念，達到絕對的自由。漢初推崇黃老之學，統治者吸取了秦朝滅亡的教訓，以道家無為而治的方針，採取與民生息的政策，減少了繁政苛舉，從而迎來了「文景之治」和「漢武盛世」。

「小國寡民」為何是一種理想社會

小國寡民是老子理想的社會和國家形態，也是道家的一種治國方略。

語出《老子》：「小國寡民，使有什伯之器而不用，使民重死而不遠徙。雖有舟輿，無所乘之；雖有甲兵，無所陳之；使民復結繩而用之。甘其食，美其服，安其居，樂其俗。鄰國相，雞犬之聲相聞，民至老死不相往來。」

意思就是說，國家要儘量小，人民百姓也要儘量少，即使有了器具、車船、武器，人們也不去使用它們，甚至連文字也不要。必須使人民看重生

命，不到處搬遷，使人民有吃有穿，能夠安居樂俗，不要有其他非分之想。相鄰的國家，雞狗的叫聲都能相互聽得到，但人民到老死也不相互往來。

道家的「小國寡民」理想，實際上是一種歷史倒退的幻想。《老子》認為，春秋戰國時代兵連禍結、社會紛亂的根源，主要在於各大國的廣大民眾政策，「奇技淫巧」的工藝發展，民之「智多」而「難治」。消除禍亂的唯一辦法是建立「小國寡民」的社會。因為很多原始部落或氏族公社，生活在其中的人們才能真正做到「日出而作，日沒而息」。無知無欲，無憂無慮。

在此基礎之上，老子提出了自己的歷史發展觀。他認為，社會發展分為五個階段，即「道」、「德」、「仁」、「義」、「禮」。人類社會的最初發展階段是「道」統治的，一切純任「自然」，是完全「無為」的。以後的社會分別由德、仁、義、禮統治。老子認為，每後一個階段與前一個階段相比，離「無為」越遠，美的善的東西越少，醜的惡的東西越多，因而離他的小國寡民的政治理想也就越遠。

老子所追慕嚮往的社會，正是遠古的原始社會。老子的幻想在一定程度上反映了在春秋戰國時代戰爭頻繁，生活動盪不安，統治階級對人民的殘酷剝削，人民迫切要求安靜修養和減輕剝削的願望。

「陰陽」包括了哪些含義

陰陽，最初的涵義是很樸素的，表示陽光的向背：向日為陽，背日為陰。後來引申指氣候的寒暖，方位的上下、左右、內外，及運動狀態的躁動、寧靜等。以此為出發點的《易經》和以後的陰陽五行體系，奠定了中華民族最基本的思維模式和文化架構。

周幽王時的伯陽父，曾用陰陽來解釋當時發生的地震現象。春秋末年，老子提出「萬物負陰而抱陽」，用陰陽表示普遍的矛盾對立屬性。越國大夫范蠡又提出「陽至而陰，陰至而陽」，認為陰陽兩種勢力發展到極端就會相互向對立面轉化，提示了關於矛盾轉化的特點。戰國時期，莊子用陰陽的相互交和作用來解釋事物的產生原因。

《易傳》則進一步提出「一陰一陽之謂道」的學說，把陰陽交替看作是宇宙的根本規律。後來，古人對各種現象進行了抽象概括，以陽代表天、日、晝、暑、剛、強、前、男等，以陰代表地、月、夜、寒、柔、弱、後、女等，認為兩種勢力相互對立和依賴，是事物固有的屬性，是引起事物變化發展的原因。

西漢董仲舒利用陰陽關係來論證其神學目的論，認為「天尊地卑，陽尊陰卑」，用陰陽關係來比附人事。明清之際的王夫之在前人認識的基礎上，認為「陰陽」就是構成世界物質本原的「氣」的兩個方面，本為一體，不可分割。

需要說明的是，陰陽這一對立統一的範疇，是國人的歸納和總結。宇宙在國人的腦海中就是二元的。這種思路讓不少國人養成了一種思維定式，無論宇宙、自然、社會、人生，還是求醫診病，無一不與陰陽掛鉤。我們腦子裏需要明確的是，儘管這種二元思維法經常是符合常識的，但畢竟是一種初級的思維法則，走出常識範圍，就要具體問題具體分析了。

「氣節」是怎樣的一種道德操守

氣節是儒家所宣導的一種道德操守。

「氣」是一種精神狀態，可以理解為志氣、浩然之氣。「氣」是抽象的，但從名家言論中，我們不會覺得陌生，如「貧賤不能移，威武不能屈」；「士可殺，不可辱」所說的都是一個「氣」字。

「節」指節操，是一種道德境界。《論語·泰伯》有云：「臨大節而不可奪。」孟子有「捨生取義」，所說的都是「節」。

操守，即操持、堅守，也就是一個人長期以來所操持堅守的道德原則。

「氣」、「節」最初為兩個概念，合二為一，則成了一個倫理範疇，通常指人處危難之間所表現出來的正氣與操守。

這種崇尚氣節德操的道德傳統儒學對中國民族君子人格的形成和發展有著重要的影響。如伯夷、叔齊的不食周粟，西漢蘇武的百折不撓，南宋文天

祥的視死如歸，明代史可法的忠烈，近代抗日英雄的堅貞不屈等，均是「氣節」的表現。這種高尚德操已經成為中國人寶貴的民族精神。

什麼是「三綱五常」

三綱五常指三條綱領，五項永恆原則。這是儒學的基本道德規範。

三綱、五常二詞最初來源於西漢董仲舒的《春秋繁露》：「三綱」即君為臣綱、父為子綱、夫為妻綱。綱是漁網上的大繩，與綱相對的是目，目是網眼。舉起綱，網眼就張開。目對綱，是絕對服從的關係。把君主、父親、丈夫稱為綱，就決定了臣子、兒子和妻子對於他們的絕對服從關係。

「五常」又稱「五倫」，即父子有親，君臣有義，夫婦有別，長幼有序，朋友有信。意思是父子要有親情，君臣要講道義，夫婦要別尊卑，長幼要立次序，朋友要講信用。儒學認為，這五條原則是永恆不變的，所以，稱為常。

董仲舒提出的三綱五常理論，用神學目的論的謊言肯定了階級統治和等級服從的神聖性和合理性，成為中國封建專制主義統治的基本理論，為歷代封建統治階級所提倡。它作為封建社會的最高道德法則，被寫進封建家族的族譜中，成了封建統治者套在中國人民身上的精神枷鎖。

「貴信」是一種什麼美德

「貴信」一語出自《呂氏春秋・貴信》。意思指在處理人際關係中崇尚真誠無欺，忠實於自己的諾言和義務。

這種美德幾乎為所有的中國古代思想家和政治家、道德家所宣導和闡釋。孔子把「信」看成是人的最大特點：「人而無信，不知其可也。」他要求人們每日三省的事情之一就是「與朋友交而不信乎」，並且開設了一門專講「信」的課程。

就連講究「兵不厭詐」的軍事家孫子也提出「素信者昌」，平常講信用

的軍隊能打勝仗，而戰鬥力的強弱，「其利在於信」。漢代以後，董仲舒又將「信」與仁、義、禮、智並列為「五常」，視為中國人最基本的社會行為規範。

什麼是「道法自然」

道法自然是道家提出關於宇宙萬物本質的哲學命題。

語出《老子》第二十五章：「人法地，地法天，天法道，道法自然。」文中的「自然」指事物本來的樣子。這句話可以理解為：在廣闊無垠的宇宙中，人受大地承載，所以，其行為應效法大地；大地又受天的覆蓋，因此，亦應時時刻刻效法天的法則而運行；而「道」又是天的依歸，所以，天也是效法「道」的法則生生不息。「道」是化生天地萬物之母，其性無為，其發展變化是自然而然的，這又好像「道」是效法「自然」的行為，因此說「道法自然」。

「道」是宇宙本原和萬物運動變化的最高法則，它順萬物之自然而無作無為，生養萬物而不占有干擾萬物。「道法自然」，揭示的是宇宙萬事萬物之間的關係，同時也是人們處世需要遵循的原則。

何謂「兼愛」、「非攻」

墨子提出了「兼相愛，交相利」說，即不分尊卑貴賤，上下左右，人人互相愛，以愛己之心去愛人。他認為當時國家互相攻打，家與家互篡，是因為「不相愛」，或者叫「交相惡」。所以，人與人、家與家、國與國只有「兼相愛」，才能「交相利」。這是墨子處理人們之間政治關係的基本觀點，也是他的基本政治主張。

「非攻」是墨子理論的一個重要組成部分。墨子從其興利除害的救世目的出發，反對戰爭，確切地說，是不合他所謂義、利的那種戰爭，即「攻」，認為它是「天下之巨害」。墨子一生奔波於各國之間，制止了多起

即將發生的戰爭，維護了小國的利益，實踐著他「非攻」的主張，如止楚攻宋、勸齊息戰等。

但是墨子並非一味反對戰爭，墨子「非攻」主張的獨特性在於它並不是反對一般的戰爭，而是反對侵略戰爭，即「攻」。而對正義的戰爭，墨子是持支持態度的，他稱正義的戰爭為「誅」。對於正義的戰爭，墨子是充分肯定而且予以支持的。

何為法家的「法」、「術」、「勢」

法術勢，是戰國時期法家學派的術語。「法」，指公開頒布的成文法律、法令。「術」，是君主駕馭臣民，使之服從於統治的政治權術。「勢」，即權勢，主要指君主的統治權力。

法家學派中對於三者各有側重：商鞅尚法；申不害重術；慎到乘勢；韓非則認為以上三家各有不足，商鞅「徒法而無術」，申不害「徒術而無法」，慎到則偏「自然之勢」，都很片面，因此，主張抱法處勢而用術，將三者結合起來。

三者中，韓非將「勢」看作核心。而關於「法」的理論則最為傑出，他認為法乃治國之本，君主規定明確的法律，讓官府來具體設施，並讓老百姓周知和遵守的規範。他竭力宣導將法律規範付諸實踐，掌握「刑」、「賞」二柄，用嚴刑重罰使國安而暴亂不起；厲行賞罰，獎勵耕戰。

對於「勢」，韓非認為這是使「法」得以順利實施的保證。他提出要「法勢合一」，統治者必須同時兼備兩種權威，即制訂法的權威與實施法的權威，才能達到「抱法處勢則治」的境界。

對於「術」和「法」的關係，韓非則舉過這樣的例子：人如果不吃東西，十天就會死去；嚴寒之時，不穿衣服也會死去。衣和食，對於人來說，都是養生之具，缺一不可。同理，君主有權無術就會困於上，臣民無法就會亂於下，同樣缺一不可。

對於韓非的理論，某些統治者也會持有非議，但對「法」、「術」、

「勢」的基本精神卻都非常信任。因為只要能夠靈活運用法、術、勢這三大要素，就可以勞心而不勞力，治人而不治於人，成為國家最高權力的擁有者和運用者。

何為「民貴君輕」

「民貴君輕」語出《孟子‧盡心》篇：「民為貴，社稷次之，君為輕。」意思是說，人類社會諸多因素之中，最寶貴的是人民，其次是江山社稷，最後才是君王。沒有人民就不會有國家，自然也就沒有國君了。

孟子透過一系列的論證表明了這個觀點。他說，得到人民的擁護，可以做天子；得到天子的信任，可以做諸侯；得到諸侯的信任，僅僅可以做大夫。所以，人民是最可寶貴的，而要得到人民的信任，必須關心人民的生活問題，給人民以應有的生存條件，注重民心的向背，隨時調整政治策略和管理方針以獲得民心，才是國家存在的根本。

按照傳統制度，每個諸侯國建立的時候，天子要派遣使者，為諸侯建立社稷神壇。社稷神的責任，是保證風調雨順，使農業豐收，從而保證國家的安全。因而，社稷也是一個國家的象徵。

相對於社稷神，君主只是個別存在，這就是君為輕。君，這裏主要是指諸侯。

「民貴君輕」思想，繼承了《尚書》「民惟邦本，本固邦寧」的「民本」思想，完善了孟子的「仁政學說」，對後世的一些思想家和政治家產生過積極的影響。出現在《荀子‧哀公》中荀子所說的「君者，舟也；庶人者，水也。水則載舟，水則覆舟」的觀念與孟子的民本思想是相一致的。

何為「君君、臣臣、父父、子子」

春秋時期，被孔子看成是「禮崩樂壞」的時代，那時，臣殺君，子殺父，「邪說暴行」不斷發生，如晉國趙穿殺晉靈公，齊國崔杼殺齊莊公。

儘管晉靈公與齊莊公都是極端暴虐的統治者，但臣殺君，在孔子看來仍是犯上作亂的表現。孔子曾經說：「天下太平，周王朝就能按照周禮的權威掌握全國政治軍事的最高權力，現在天下大亂，諸侯大夫都可以不顧周禮的規定，不服從周天子的權威，擅自執掌大權，老百姓也議論紛紛，簡直不成體統了。」

孔子認為，要制止這些「邪說暴行」，就需要恢復周禮的權威，重新肯定宗法等級制度的秩序，而重要的就是要「正名」。就是說，「實」應當與「名」為它規定的含義相符合。

當時，孔子的一名弟子問他，如果讓您來治理國家，你應該先做什麼呢？孔子說：「必也正名乎！」又有個國君問治理國家的原則，孔子說：「君君，臣臣，父父，子子。」也就是說，每個名都有一定的含義，這種含義就是此名所指的一類事物的本質。因此，這些事物都應當與這種理想的本質相符。

君的本質是理想的君必備的，即所謂「君道」。君，若按照君道而行，他才於實、於名都是真正的君，這就是名實相符。不然的話，他就不是君，即使他可以要人們稱他為君。在社會關係中，每個名都含有一定的責任和義務。君、臣、父、子都是這樣的社會關係的名，負有這些名的人都必須相應地履行他們的責任和義務。

孔子提出正名思想，以求恢復周禮所制定的世襲宗法等級制度。就君臣關係來說，對於君，就應強調君應該享受的權利，對於臣，就應當強調臣應該盡的義務。例如，魯昭公娶同姓女為妻，本來違反周禮，孔子也明知這一點。但當別人問他時，他說魯昭公「知禮」，故意替魯昭公掩飾。季氏有些僭越行為，這在當時已經是相當流行的現象了，孔子卻特別憤慨：「是可忍也，孰不可忍也！」

孔子要求復興周禮，但不是完全因襲周禮，他還對周禮進行了一定的發揮和補充，主要表現在強調道德教化方面。他認為，如果運用禮治德化和政令刑罰相輔而行，就可以預防犯上作亂的事情，引導他們不敢想和不會想犯上作亂的事，人心自然就歸服了。

「而立、不惑、知天命」是什麼意思

孔子曾經說過：「吾十有五而志於學。三十而立。四十不惑。五十知天命。六十耳順。七十而從心所欲不逾矩。」

孔子這裏說的「學」，不是我們現在說的學。《論語》中孔子說：「志於道。」又說：「朝聞道，夕死可矣。」孔子的志於學，就是志於這個道。我們現在所說的學，是指增加知識。

孔子還說：「立於禮。」又說：「不知禮，無以立也。」所以孔子說他三十而立，是指他這個時候懂得了禮，言行都很得當。

他說四十而不惑，是說他這個時候已經成為知者。

到了五、六十歲時，孔子開始認識天命，並且能夠順乎天命。換句話說，他到這個時候也認識到超道德價值。在這方面孔子很像蘇格拉底。

有個與孔子同時代的人說：「天下之無道也久矣，天將以夫子為木鐸。」所以，孔子在做他所做的事情的時候，深信他是在執行天的命令，受到天的支援，他所認識的價值也就高於道德價值。

孔子到了七十歲就能從心所欲，而所做的一切似乎自然而然地正確。他的行動用不著有意地指導。他的行動用不著有意地努力。這代表著聖人思想發展的最高階段。

「內聖外王」是一種什麼思想

「內聖外王」一語出自《莊子·天下》。意思是說，自身具有聖人的才德，對外施行王道。內聖外王是中國古代的理想人格，也就是《大學》所強調的「修身、齊家、治國、平天下」。

「內聖外王」雖出自莊子，但也是儒家的主要思想。

在「內聖」方面，孔子主張「為仁由己」，要「克己復禮」，一個人能不能成為品德高尚的仁人，關鍵在於自己。正所謂「我欲仁，斯仁至矣」。

在「外王」方面，儒家以「修己」為起點，而以「治人」為終點。子

曰：「修己以敬」、「修己以安人」、「修己以安百姓」。

在孔子的思想中，內聖和外王是相互統一的，內聖是基礎，外王是目的。只有內心不斷地修養，才能成為「仁人」、「君子」，達到內聖，然後才能安邦治國，達到外王的目的。同樣，外王實現了，內聖才最終完成。

近代學者梁啟超認為：「內聖外王之道」一語，包舉了中國學術的全部，其宗旨在於內心足以資修養而外面足以經世濟民。

神靈崇拜

帝王與龍是怎樣合而為一的

龍是中華兒女崇拜的圖騰，為「四靈」之首。龍對中國文化的影響可謂深遠，它影響到了中國社會的方方面面，滲透到了文化的各個層次。但世間本來沒有龍，龍是人類想像的產物，現實生活中並不存在。

關於龍的形象，古籍記述不一。一說為細長有四足，馬首蛇尾；一說為身披鱗甲，頭有鬚角，五爪。《本草綱目》則稱「龍有兒似」，為兼備各種動物之所長的異類。其名殊多，有鱗者謂蛟龍，有翼者稱應龍，有角者名虯龍，無角者名螭龍。小者名蛟，大者稱龍。傳說多為其能顯能隱，能細能巨，能短能長。春分登天，秋分潛淵，呼風喚雨，無所不能。在神話中是海底世界的主宰（龍王），在民間是祥瑞的象徵，在古時則是帝王統治的化身。

歷代帝王都將自己稱為真龍天子。那這種帝王與龍的關係又是從何時開始的呢？據說可以追溯到遠古神話傳說。那時的龍都是領袖人物的坐騎，如黃帝乘龍升天等。

不過真正將龍與皇帝合而為一，是始於漢高祖劉邦。《史記·高祖本紀》說，劉邦的母親「嘗息大澤之陂，夢與神遇，是時雷電晦冥，太公往視，則見蛟龍於其上，已而有身，遂產高祖。高祖為人隆準而龍顏，美須髯。」這個故事應該是劉邦的謀士們編造出來的，但卻在中國文化史上影響深遠。

於是，後世帝王為了證明自己的合法地位，紛紛仿效劉邦，自稱「真龍天子」，他們的後代稱「龍子龍孫」，皇宮稱為「龍廷」，寶座稱為「龍椅」，几案稱為「龍案」，連臉面都叫做「龍顏」了。封建時代已經離我們遠去，現代人則以「龍的傳人」自居，把龍視為中華民族的象徵。

鳳凰真的存在嗎

鳳凰，亦稱為朱鳥、丹鳥、火鳥等，是古代人民以幻想中的保護神而演化出來的鳥圖騰形象，是四靈之一，百禽之王。它頭頂華美的頭冠，身披五彩斑斕的羽毛，在自然界，並不存在鳳凰這種禽鳥。鳳凰和龍成為中國對稱美的一個典範，「龍鳳呈祥」成為中國傳統文化的一個體現。

傳說中的「鳳」分雄雌，雄的叫鳳，雌的稱凰。據說黃帝後裔中的商族，以鳳鳥作為自己的圖騰。周武王伐紂，相傳有「鳳鳴岐山」的瑞兆。後來，鳳族後代的商，被龍族後代的周所吞併。經過周文化與商文化的融合，龍、鳳被保留下來，並結下了不解之緣。

在周代名作《山海經》中，提到了鳳凰。書上說，鳳凰鳥，產生在貂國的東北方，其羽毛有紅、黃、青三種顏色，非常美麗，身朝東方。

大約是在龍被古代帝王壟斷之後，鳳凰也就為皇家所專有了。西漢立國之初，高祖劉邦崇龍。但在天下一統之後，由於東部和南部等區域千百年來崇鳳的傳統文化和民俗心理難以盡除，尤其在東部還發生了持續數十年的動亂，因而當「吳楚七國之亂」平定後，最高統治集團不得不同時注重尊崇鳳，以促成民俗心理中龍與鳳的融合。由此，自西漢以來，龍、鳳便成為統一漢民族的共同信仰。

而鳳凰又逐漸演變為象徵女性，帶有對后妃母儀天下的期望。

西漢辭賦作家司馬相如貧困之時，到四川臨邛尋訪好友縣令王吉，時有當地首富卓王孫之女卓文君新寡，司馬相如在卓王宴會上當眾彈奏琴曲《鳳求凰》，卓文君在窗外偷窺，見司馬相如容貌英俊，才華橫溢，當夜隨其私奔。後比喻男女相愛，男子追求女子，也象徵對美滿幸福的姻緣嚮往和歌頌。

麒麟有什麼吉祥寓意

在古代的民間傳說中，常有「麒麟」這種祥瑞之物。

早在周代，就出現了麒麟的傳說。當時，麒麟和鳳、龍、龜並稱為「四靈」。雄獸稱為麒，雌獸稱為麟。傳說中的麒麟性格溫良，不履生蟲，不折生草，是有德行的仁獸，據說其壽命可達兩千年。

漢代的麒麟形象，與現在的鹿相似，頭上有獨角，角上長肉球。《毛詩正義》中說：「麟，麋身，馬足，牛尾黃毛，圓蹄；角端有肉。」與龍、鳳一樣，麒麟也是綜合化了的圖騰。

實際上，麒麟這種怪獸並不存在，它只是人們幻想出來的「靈物」。封建統治者為了滿足政治上的需要，總是詭言麒麟出現，以示自己皇威顯赫，詔示清明。

民間也一直把麒麟看做是吉祥之物。據說古時有一位畫師，尤愛畫麒麟，屋內到處掛著各種神態姿勢的麒麟畫。可是，這位畫師年老尚無子嗣。有一天晚上，老畫師突然看到一頭閃著金光的麒麟背上駄著一個小孩向他走來，畫師連忙迎了上去，醒來才知道是夢。第二年，他老伴果然喜得兒子。這孩子聰明過人，六歲就能賦詩作畫，人們都把這孩子叫麒麟童。於是，麒麟送子的習俗就在民間廣泛地流傳開了。

當然，這只是民間傳說。實際上，它的來歷可能與孔子的出生有關。《拾遺記》中記載：「孔子未生時，有麟吐書於闕里人家，……」以後，人們把吐書生孔子演變為送子，便成了「麒麟送子」的由來。

傳說中的饕餮是怎樣一副形象

饕餮是傳說中一種兇惡貪食的野獸，它最大的特點就是能吃。據古籍記載，這種異獸沒有身體，只有一個大頭和一張大嘴，十分貪吃，見到什麼吃什麼，由於吃得太多，最後被撐死。它是貪欲的象徵，所以，常用來形容貪食或貪婪的人。

由於饕餮具有「惡獸」和「甚貪食」這兩個狼的特徵，而且饕餮紋又像狼。因此，傳說中的饕餮很可能就是狼，或是從狼演變而來的神獸。

古代青銅器上面常用它的頭部形狀做裝飾，叫做饕餮紋。一般是以饕餮為中心，雲紋環繞其周圍。顯然，饕餮神獸在天上，從雲層裏探出頭，俯視人間。它的身體則藏在雲裏，不知是否有身體，但是如果在饕餮腦袋後面續上龍身，那就與後來的標準龍相差不遠了。因此，在狼圖騰和龍圖騰之間可能還有一個饕餮圖騰的過渡階段。饕餮既有狼的性格，又有後來龍的面目，象徵著游牧文化向農耕文化的過渡。

蟾蜍也是吉祥物嗎

蟾蜍，就是癩蛤蟆，它是中國古代一個頗具個性的形象。

據說，月亮裏面就有三條腿的蟾蜍，因此，蟾宮、朱蟾、明蟾等也常用來代指月亮。唐代以後，科舉制度盛行，蟾宮折桂便用來比喻考中進士。唐代大詩人白居易先考中進士，他的堂弟白敏中後來中了第三名，白居易寫詩祝賀說：「折桂一枝先許我，穿楊三葉盡驚人。」

金蟾，常被供奉於商店瓦肆，用以斂財。其實那種金蟾原來叫做貔貅。相傳貔貅也是龍的九子之一，長大嘴，貌似金蟾，披鱗，甲形如麒麟，取百獸之優，有嘴無股，吞萬物而不瀉。可招八方財，可聚寶，只進不出，神通特異。

傳貔貅因為觸犯天條，玉皇大帝罰他只許吃不許拉。所以，貔貅是以財為食的，納食四方之財，肚子是個聚財囊，同時催官運。進而生貪婪之意，

民間亦有「癩蛤蟆想吃天鵝肉」一說。

魚為什麼被寓為和諧與自由的象徵

魚是我們最常接觸的水生動物，由於其有著輕巧自在的特徵，在民間往往被寓為和諧與自由的象徵。

魚的形象從上古時期就已開始流行，在仰韶文化的遺址中就曾出土人面魚紋彩陶盆，這種魚紋裝飾是原始漁獵生活的寫照。稍有變形的魚紋很可能是代表人格化的獨立神靈——魚神，表達出人們以魚為圖騰崇拜的主題。

古代有鯉魚躍龍門的傳說，凡是鯉魚能跳過龍門的，就可變成龍，不能跳過龍門的，點額而歸，黃河的鯉魚多有紅色在額頭，都是未跳過龍門之魚。魚躍龍門同時也表示青雲直上，變化飛騰之意。

在先秦典籍《詩經》、《周易》中魚有隱喻「男女相合」之義，魚因產子多，在農耕文化時期，魚被賦予了祈求生殖繁衍、族丁興旺的含義；也有人認為雙魚象徵女陰，也是古代原始文明生殖崇拜的一種表現。

畫有蓮和魚的圖案，常被人們用以代表「連年有餘」的祝福，其中，「蓮」是「年」的諧音，「魚」是「餘」的諧音。魚，一般是紅色的鯉魚或者用鱸魚。每逢春節或者婚慶，人們都會張貼此圖案，希望來年能夠衣食豐足，財用有餘，生活富裕美滿。

鹿在古代都有哪些吉祥意象

鹿，在古代是一種很常見的動物。因此，在生活中，鹿之意象亦為人們所常用，如用「逐鹿」來比喻競爭天下，出自於《史記·淮陰侯列傳》。「秦失其鹿，天下共逐之」，又見於《漢書·蒯通傳》。

鹿性情溫順，形象秀麗，尤其梅花鹿棕紅毛配以白色斑點更受人們的喜愛。在古代只有王室權貴才能觀賞鹿，自然是一種奢侈的享受。北宋徽宗的鹿苑「養鹿數千頭」，除了觀賞還供食用。後來一些佛堂寺院為了增加靜穆

的氣氛也在養鹿。

除觀賞外，鹿還與人共娛，給人帶來歡樂。如《爾雅》有「鹿車」條款，說的是以鹿拉車，坐鹿車自然是無限愜意的事。

鹿在古代被視為神物，認為鹿能給人們帶來吉祥幸福和長壽，那些長壽神就是騎著鹿。在商代，鹿骨已用做占卜，殷墟還發現用鹿角刻辭。東周時期，楚墓中流行使用本雕鎮墓鳥獸神怪，它們的頭上都安裝真實的鹿角，形成楚文化的特點，認為鹿角有神異之力，對死者在冥界生活起到某種保護的作用。

鶴為什麼被稱為「古之仙物」

鶴形似鷺，嘴長而堅直。中國古代的人很早便注意對鶴的研究，特別是它的叫聲，《詩經》有「鶴鳴九皋，聲聞於天」的描繪。

由於鶴形貌出眾，有高人隱士之風，被視為仙禽和長壽之物，故有「閒雲野鶴」、「駕鶴西去」之說，得道之士往往騎鶴往返，因此，鶴也成為超脫、長生不死的象徵。正因為此，古代的王公貴冑和文人雅士也很愛養鶴以供玩賞。最早記載養鶴的事要屬《左傳》：「衛懿公好鶴，鶴有乘軒者。」晉羊祜鎮荊州時，嘗取澤中野鶴，教之以舞，娛樂賓客。又如陸機為成都王司馬穎所誅，臨死時猶「顧左右而歎曰：『今日欲聞華亭鶴唳，不可復得。』」可見其愛鶴心切。

至於文人雅士以鶴為題材的作品，如白居易《池鶴》、杜牧《別鶴》、蘇軾《鶴歎》等，更多不勝數。

龜有哪些寓意象徵

在中國古代的「四靈」中，龜是唯一存在於現實中的動物，也是所有動物中壽命最長的壽星。因此，自古以來龜就被看做是長壽的象徵。

除了寓意長壽，古人還認為龜有預知未來的靈性。在古代，每當重大活

動之前，巫師都要燒龜甲，然後根據龜甲上爆裂的紋路來占卜吉凶。所以，人們都稱龜為「神龜」、「靈龜」。

　　神龜在中國曾經受到過極大的尊敬，在古代帝王的皇宮、宅院和陵墓裏，都有石雕或銅鑄的神龜，用來象徵國運的久遠。

　　龜在古代也叫「黿」，黃帝族就是以龜為圖騰的氏族。相傳黃帝族發祥於中原的天黿山，黃帝族的領袖黃帝即「軒轅就是天黿」。天黿就是大龜。禹之後，夏統一中國歷16代432年之久，使龜崇拜在中華大地上得以延展深化。古代也傳說大地是由巨龜支撐的。

　　也有以龜為原型創造的神話形象，名之玄武，為四靈之一，又多有文獻記載，《後漢書·王梁傳》：「玄武水神之名。」李賢注：「玄武，北方之神，龜蛇合體。」

財神的原型是誰

　　趙公明，又稱玄壇真君、趙公元帥，它是中國古代諸神中較重要的一位——財神。

　　晉朝干寶所著的《搜神記》記載，他是一位人們避之唯恐不及的冥神，專門勾取人命。

　　到了明朝，趙公明才改變面目。《歷代神仙通鑑》卷九說，趙公明原是終南山人，秦時避亂修行，功成後被玉帝封為「神霄副帥」。他頭戴鐵盔，手執鐵鞭，面色黝黑，身跨老虎，曾被封為「正一玄壇元帥」，為張天師守護仙爐，永鎮龍虎山。誰想求財，他能幫忙調合。

　　後來，經過《封神演義》的宣傳，他名氣大增，手下又有了招寶等四天尊，成為名副其實的財神。明朝以後，民間開始修建財神廟，常年供奉，香火不絕。

　　還有一種說法，說財神共有四個，即「正財神」趙玄壇、「偏財神」五路財神、「文財神」財帛星君、「武財神」關雲長。

　　「正財神」趙玄壇。他就是趙公明，身跨老虎，甚是靈驗。

「偏財神」五路財神。相傳，「五路財神」姓伍，被殺後陰魂不散，常常顯靈，幫窮苦人家得財，讓為富不仁者破財。

「文財神」財帛星君。他的臉白髮長，態度瀟灑，手上捧著一個寶盒。「招財進寶」四個字就由此而來。

「武財神」關雲長，自己不想發財而肯幫助別人發財，所以，受到人們的敬重。

福、祿、壽三星的原型各是誰

「三星高照」是我們常用的一句祝福語。這裏的三星，指的就是福、祿、壽三星，它們都是中國民間信仰的神靈，據說是能給人們帶來榮華富貴與健康長壽的星宿。

古代將木星稱作歲星，人們認為，它所在的地方有福，能降福於民，所以，又稱福星，民間即有「福星高照」的說法。

但道教卻另有一種說法：福星本是漢代道州（今湖南道縣）刺史楊成。當時的皇帝漢武帝覺得道州的侏儒很有趣，於是下令讓道州刺史每年進貢幾名到宮裏做宮奴，楊成認為這項規定不合人道，於是冒死上疏說：「我們這裏只有長得矮的百姓，但沒有長得矮的奴隸。」要求廢除這項進貢。

漢武帝聽後，深感慚愧，於是取消了進貢。道州百姓感念楊成，紛紛建祠繪像供養，奉他為本州的福星，以後各地民間都將他視為福神，成為道教的福星。

祿星掌管人間的榮祿貴賤，他的來歷不太清楚，由於祿有發財的意思，所以，民間往往以財神趙公明的形象來描繪他，頭戴鐵冠，黑臉長鬚，手執鐵鞭。騎著一隻老虎。但在道教的三星群像裏，他卻是一位白面文官。

壽星也稱「老壽星」，是民間信仰的長壽之神，又叫南極老人。壽星本為天上星宿角、亢二星。秦始皇統一中國後，在長安附近杜縣建壽星祠。後來壽星逐漸演變成仙人的名稱。受道教的影響，民間傳說老子為壽星，說他在天地存在之前就已在世了，經歷了三皇五帝直到周朝，長生不老，所以，

稱為老壽星。

壽星鶴髮童顏，精神飽滿，頭部隆起，慈祥可愛。早在東漢時期，民間就有祭祀壽星的活動，並且與敬老儀式結合在一起。拜祭時，要向七十歲左右的老人贈送拐杖。

三星通常成為民間繪畫的題材，常見福星手拿一個「福」字，祿星捧著金元寶，壽星托著壽桃、拄著拐杖。

古人是怎樣祭祀灶神的

灶神，是主持炊灶的神，即東廚司命定福灶君，民間又稱灶君、灶王爺、灶王菩薩，主管人間的飲食。早在夏代，就是民間尊奉的大神。

古代傳說中的灶神主要有三個：一是炎帝；二是祝融；三是黃帝。自人類脫離茹毛飲血、發明火食以後，隨著社會生產的發展，灶就逐漸與人類生活密切相關。崇拜灶神也就成為諸多拜神活動中的一項重要內容。

在中國民間，對灶神的信仰十分普遍。人們以為，灶神既是家庭的保護神，又是家庭的監察之神。不但驅除鬼怪，保障家人安全，還監察一家的善惡是非，定期上報天帝。上帝根據灶神彙報的情況，對每個家庭進行獎懲，包括賜福和降災，甚至決定家人的壽命。

周代天子的「七祀」中，就有「灶」一祀，當時平民百姓允許立一祀，「或立戶，或立灶」。可見，遠在周代，無論王公平民，灶神都是非常重要的崇拜對象。秦漢以後，人們對灶神的崇拜更是有增無減。

人們對灶神的祭祀活動，後來逐漸發展成為一種固定習俗──祭灶。時間大都在每年農曆臘月二十三日或二十四日。這天，人們要用飯肉魚酒等敬灶神，希望灶神吃了它以後，不說人們的壞話。以後敬神還要用麥芽糖、膠糖等甜食，目的是封住灶神的口，據說如果不這樣，一家人都會遭殃。

傳說中的「雷公」是誰的化身

雷公即雷祖，是道教的九天應元雷聲普化天尊，他是浮黎元始天尊第九子玉清真王的化身。也有說是軒轅黃帝升仙以後成為雷精，主雷雨之神。

據說，雷祖居於神霄玉府，在碧霄梵氣之中，離雷城2300里。雷城是天庭行雷之所，高81丈，左有玉樞五雷使院，右有玉府五雷使院。天尊前有雷鼓36面，行雷之時，雷祖擊鼓一下，即時雷公雷師興發雷聲。雷部有神36名，都是當時輔相有功之臣。

在明代小說《封神演義》裏，商朝的太師聞仲死後被封為雷祖，其率領之雷部催雲助雨護法天君共有24名。其中有律令大神鄧忠元帥，銀牙耀目辛環天君，飛捷報應張節使者，左伐魔使苟章元帥，右伐魔使畢環元帥等天將。在《封神演義》中，他們都是聞仲的部下，都在武王伐紂的戰爭中喪命。

因為雷是最有威儡力的自然現象，所以，對雷公、雷神的崇拜，古已有之。但是，在神系中設置雷部，並由九天應元雷聲普化天尊主其事當是北宋末年的事。北宋時期，道教神霄、清微諸派，崇尚施行雷法。於是，雷之功能不僅在於施雨，而且擴大到了「主天之禍福，持物之權衡，掌物掌人，司生司殺」。

城隍是什麼樣的神靈

在封建時代，一般的城市中，最為常見的廟宇就是城隍廟了，那麼，城隍是一個什麼樣的神靈呢？

在周代，已經有城隍的名稱，「城」原指挖土築的高牆，「隍」字的本意為沒有水的護城壕，「城隍」一詞的古意就是護城之河，南北朝時代，城隍正式被認為是一個「神」。

相傳，城隍是由水庸神演化而來，為《周宮》八神之一。古代的人們相信，護城河是由溝渠之神——水庸神主宰的。後來，城市安全的重要性越來

越大，城市的守護神應當一心一意保衛城市，不能像水庸神那樣身兼二職。又由於護城河有保衛城市的作用，於是，本指護城河的城隍就接替了水庸神的位置。

起初，城隍的名聲並不顯赫，只是保障城市安全的神。隨著城市的迅速發展，人們心目中城隍保佑人的職能也日益擴大。據說，他不但捍衛城市，還代天理物，剪惡除凶，護國安邦，判定生死，賜人福壽。凡民間有糾紛，就去拜城隍，於神像前立重誓，斬雞頭。

古時的人們還認為，城隍有著人的形象乃至性格。很多歷史人物就被奉為城隍，受到人們的敬仰和崇拜，如漢朝名臣霍光、明代清官周新、清末將領陳化成等，均被奉為城隍。

城隍既然無所不能，歷代朝廷當然賜其各種封號。唐代的清泰年間，政府封城隍神為王爵；在宋代，城隍被正式列入祀典，成為國家規定祭祀的神靈；元代順承宋代的舊典，也對祭祀城隍非常重視，元大都的城隍神還被封為「佑聖王」；明太祖封京都城隍為「承天鑑國司民升福明靈王」，其尊崇達到無以復加的地步。

人們對城隍的信仰，還能從遍布大江南北的城隍廟中看出。宋代，幾乎每個城市都有城隍廟。據說，最早見於史冊的城隍廟在安徽蕪湖市，修建於三國時代，距今約有1700年。

土地神的地位為何由高變低

土地神是大家都很熟悉的道教神，在《西遊記》中，他的出場率非常高，時常被孫大聖嚇得要死。其實，在中國古代，土地神是地位非常高的神靈。

「土地」是村社的守護神，又稱為「鄉神」。「土地」是由「社神」變化而來的。在上古殷周之時，社神地位極高，古人尊天而親地，為報答大地之恩賜而奉土祭社。相傳社神有兩個：一是句龍，是共工氏之子；一是禹，傳說他勤勞天下，死後托祀於後土之神。

到漢朝以後，人們就已經把「社神」叫做「土地」了。東晉以後，社神的地位有所下降，隨著封建國家從中央到基層官僚制度的完善，土地神也演變為只能管理本鄉本土的最低級的小神，即由顯赫的大神演變為明清小說中所描寫的土地老兒了。

東晉以後，句龍等神已經慢慢被人淡忘，民間就有將當地名人死後祀為土地神的習俗。這樣，土地神就有了人格及姓氏。如清代翰林院及吏部所祀的土地，是唐代文人韓愈，杭州太學又奉岳飛為土地。另外，隨著各地方言的不同，稱謂也有所變化，如在華北地區稱為土地爺，在華南地區稱為土地公，而東南亞一帶的華人則稱其為大伯公。

土地神在道教中的地位非常低微，在道書《無上黃籙大齋立成儀》中，道教列土地神位於神仙序次的最後。供奉土地神的土地廟大多比較簡陋。土地神的神誕之日是二月初二。舊時，官府和百姓都要到土地廟燒香祭祀。

八仙是指哪些人

我們常說「八仙過海，各顯神通」，用來比喻在共同從事某項工作中，各人有各人的本領。那麼，「八仙」是指哪些人呢？

八仙都是道教神話人物，他們的傳說從漢朝就有流傳。《太平廣記》引《野人閒話》，稱西蜀道士張素卿繪製八仙圖，畫的是李已、容成等八人。元人雜劇中的八仙，各不相同。有的「八仙」沒有何仙姑、張果老，而有徐仙翁、風僧壽或元壺子等。現在流傳的八仙，定型於明代。

其實，「八仙」還有「上八仙」、「中八仙」、「下八仙」之說。「上八仙」有王禪、王傲、孫臏、毛遂、南極子等。「下八仙」有柳下惠等。我們常說的「過海」八仙，屬於中八仙。

中八仙有：鐵拐李、漢鍾離（鍾離權）、何仙姑、韓湘子、呂洞賓、張果老、藍采和、曹國舅八位。

「八仙」各自的特點是：鐵拐李容貌奇特，能借屍還魂，富有強烈的反抗精神；漢鍾離能飛劍斬虎，點金濟眾，有治惡濟善之德；藍采和放蕩不

羈，周遊天下，表現出爭取自由的性格；張果老精通萬法，變化莫測；何仙姑是八仙中唯一的女性，她堅貞不嫁，行動如飛，具有女性在婚姻戀愛問題上的新觀念；呂洞賓文武皆通，身兼數藝；韓湘子排難去險，見義勇為；曹國舅剛正不阿，平易近人，也善濟貧窮。

人們對「八仙」的塑造反映出了對現實生活的不滿，對理想生活的追求。

十殿閻王傳說的由來

閻王，即閻羅王，或稱閻魔王。閻王在中國民間有著廣泛的影響，相傳他是陰間的國王，人死後都要去陰間報到，接受閻王的審判，行善者升入天堂，作惡者降入地獄。

在中國佛教中，又有十殿閻羅之說。十殿閻羅是十個主管地獄的閻王的總稱，這一說法始於唐末。分別是：秦廣王、楚江王、宋帝王、五官王、閻羅王、卞成王、泰山王、都市王、、平等王、轉輪王。

有的佛經裏還說，閻羅王因前世惡業，每日夜三時，王宮變為鐵城，獄卒把他放置在熱鐵上，從嘴裏灌入銅汁，使其全身滾燙。他心裏想：「我過去做了那麼多惡事，才受此苦。願我從今能捨己身，信如來法，剃髮出家。」剛想到這裏，所居宮殿，立刻變得像天宮一樣。

最早閻王只有一人，其僚佐有十八人。唐代時，就有天帝冊封閻羅王，並由其統率五嶽衛兵之說，後人把地獄分為十殿，十殿均有主，稱「地府十王」。十王各有名號，合稱「十殿閻王」。這大概也是受了民間神怪小說的影響。

古代人有狐仙崇拜嗎

中國人對狐狸的崇拜由來已久，夏朝就有了狐仙的傳說。屈原的長詩《天問》、子書《呂氏春秋》都載有大禹遇狐仙的故事。大禹治水時，遇到

一隻九尾狐狸，在這隻狐狸的提示下，大禹娶了女嬌為妻並得到了兒子啟。啟，便是夏朝的第一代君主。可見，早在五千年前中國人就已視狐狸為吉祥動物而加以崇拜了。

唐朝時期流行一句諺語：「無狐魅，不成村。」可見，當時是狐仙崇拜的大盛期。狐仙的故事也在中國古典小說中占據了很大比重。被視為鬼狐史的清代小說《聊齋志異》可以說是集狐狸精傳說之大成。這種歷史現象表明狐狸在中國民間的靈物崇拜心理中占據著重要位置。

嫦娥奔月傳說的由來

在中國民間流傳最廣的神仙故事就數嫦娥奔月了。嫦娥是人們心目中美麗而又能帶給人間吉祥的聖潔女神。

嫦娥奔月的傳說最早見於《山海經》，此後在《淮南子》、《搜神記》等典籍中都有過大同小異的記載。

傳說在堯的時代，有十個太陽同時出現在天空，土地烤焦了，莊稼枯乾了，人們熱得喘不過氣來，倒在地上昏迷不醒，一些怪禽猛獸也都從乾涸的江湖和火焰似的森林裏跑出來，殘害人民。

人間的災難驚動了天上的神，天帝常俊命令善於射箭的后羿下到人間，協助堯除去人民的苦難。后羿帶著天帝賜給他的紅色的弓、白色的箭，與美麗的妻子嫦娥一起來到人間。

后羿立即開始了射日的戰鬥。他取下弓，拿出箭，一支一支地向驕橫的太陽射去，頃刻間，十個太陽被射去了九個，留下了最後一個。

後來，后羿覺得對不起受他連累而謫居下凡的妻子，便到西王母那裏求來了長生不死之藥，好讓他們夫妻二人在世間永遠和諧地生活下去。然而，嫦娥過不慣清苦的生活，趁后羿不在家的時候，偷吃了全部的長生不死藥，嫦娥自此成仙，奔入月中，成了月中之精。

嫦娥吃了不死之藥到月宮後，雖過著寂寞的日子，但永遠地保住了她的青春美麗，所以，有些地方的婦女視嫦娥為保護青春美麗的神祇，她們常在

中秋節月亮最圓之時設案供奉瓜果拜嫦娥，以求自己青春不失。

古人想像月中有女神，是緣於古代的圖騰信仰。古代社會有以月為圖騰者，認為先人出自月亮，因而崇拜月亮。

盤古是中國最原初的神嗎

盤古是中國神話中最原初的神。

相傳在天地還沒有開闢以前，有一個叫做帝江（又稱混沌）的東西，他的樣子就好像一個沒有洞的口袋，倏和忽是他的好友。有一天，倏和忽商量為帝江鑿開七竅，帝江同意了。

倏和忽用了七天為帝江鑿開了七竅，但是帝江卻因為七竅被鑿開死了。帝江死後，它的肚子裏出現了一個人，名字就叫盤古。

盤古在這個「大口袋」中酣睡了約一萬八千年後醒來，發現周圍一團黑暗，感到渾身燥熱不堪，於是他拔下自己的一顆牙齒，把它變成威力巨大的神斧，掄起來用力向周圍劈砍。一陣巨響過後，「大口袋」中一股清新的氣體散發開來，飄揚到高處，變成天空；另外一些渾濁的東西緩緩下沉，變成大地。

從此，混沌不分的宇宙一變而為天和地，不再是漆黑一片。盤古擔心天地會重新合在一起，於是又叉開雙腳踩在地上，用雙手托住天空，然後施展法術，身體在一天之內變化九次。每當盤古的身體長高一尺，天空就隨之增高一尺，大地也向下增厚一尺。

經過一萬八千多年的努力，盤古變成一個頂天立地的巨人，而天空也升得高不可及，大地也變得厚實無比。

最後，等天不能再高，地不能再厚時，盤古也累死了。他臨死時，左眼變成了太陽，右眼變成了月亮，呼出的氣變成了風和雲，發出的聲音變成了雷鳴，他的頭髮和鬍鬚變成了閃爍的星辰，頭和手足變成了大地的四極和高山，血液變成了江河湖泊，筋脈化成了道路，肌肉化成了肥沃的土地，皮膚和汗毛化成了花草樹木，牙齒骨頭化成了金銀銅鐵、玉石寶藏，他的汗變成

了雨水和甘露。化育了萬物，豐富了乾坤。

「自從盤古開天地，三皇五帝到如今」。盤古竭盡殫精，以自己的生命演化出生機勃勃的大千世界，為千秋萬代的後人景仰，盤古是自然大道的化身，在開天闢地的傳說中蘊涵了極為豐富而深刻的文化、科學和哲學等內涵，是研究宇宙起源、創世說和人類起源的重要線索，而他的「鞠躬盡瘁、死而後已」的獻身精神，更是人類精神的至高境界，歷來為志士仁人所效仿。

伏羲為何成了人文始祖

伏羲，又作宓羲、庖犧、包犧、伏戲，亦稱犧皇、皇羲、太昊，他是傳說中的中華民族人文始祖。

相傳伏羲有聖德。仰則觀象於天，俯則觀法於地，取鳥獸地理之象，不論近遠，於是始畫八卦，以通神明之德，類萬物之情。又編定書契，取代結繩記事的蒙昧狀態，使得文明發生重大轉變，並且開始制定嫁娶的禮儀，以教化人類情感，規範倫理道德。他還作為漁民的祖先，教他們結網，故稱宓羲氏。

相傳伏羲是人類歷史上第一個帝王，建都陳國（今河南省淮陽縣），在位110年，位列三皇之首。

女媧是人類創世神嗎

女媧是中國歷史神話傳說中的一位女神，與伏羲為兄妹。人首蛇身，相傳女媧摶土造人，制嫁娶之禮，延續人類生命，造化世上生靈萬物。

盤古開天闢地後，她在天地間到處遊歷，時間久了，熱愛生命的她感覺盤古的創造還算不上完整，於是就產生了創造人間生靈的想法。

據說，女媧在正月初一造雞，初二造狗，初三造羊，初四造豬，初六造馬，初七這一天，女媧在黃河邊洗手時，不經意間發現了自己的倒影，突然

來了靈感，應該造一些管理這些動物的人類，於是她就順手從地上抓起一把黃泥，放些水進去揉合，仿照自己的容貌捏成頭部，她又覺得依照自己的身體捏造的有些不好，就把小泥人的下半身捏成了兩條腿的形狀，希望小泥人能夠直立行走。說也奇怪，剛把這小泥人放在地上，泥人就活了起來。

她造了一批又一批，覺得太慢，於是用一根藤條蘸滿泥漿，揮舞起來。一點一點的泥漿灑在地上，都變成了人。為了讓人類永遠繁衍下去，她創造了嫁娶之禮，自己充當媒人，讓人們懂得「造人」的方法，憑自己的力量傳宗接代。

為了讓新生的人類活得更快樂，女媧又用竹子製作了笙、簧等樂器。看著在音樂中跳舞歌唱的人們，女媧自己覺得也很快樂。

又有女媧補天之傳說：相傳當人類繁衍起來後，水神共工和火神祝融忽然打起仗來，他們從天上一直打到地下，鬧得到處不寧，結果祝融打勝了，共工不服，一怒之下，把頭撞向天地支柱——不周山，不周山崩裂了，致使天水下落，地也陷成一道道大裂紋，山林燒起了大火，洪水從地底下噴湧出來，龍蛇猛獸也出來吞食人民。人類面臨著空前大災難。

女媧目睹人類遭到如此奇禍，感到無比痛苦，於是決心補天。她選用各種各樣的五色石子，架起火將它們熔化成漿，用這種石漿將殘缺的窟窿填好，隨後又斬下一隻大龜的四腳，當做四根柱子把倒塌的半邊天支起來。

她還擒殺了殘害人民的黑龍，制住了龍蛇的囂張氣焰。最後為了堵住洪水不再漫流，女媧還收集了大量蘆草，把它們燒成灰，埋塞向四處鋪開的洪流。

經過女媧一番辛勞整治，蒼天總算補上了，地填平了，水止住了，龍蛇猛獸斂跡了，人民又重新過上了安樂的生活。

但是這場特大的災禍還是留下了痕跡：天還是向西北傾斜，地向東南傾斜。因此，太陽、月亮和眾星辰都很自然地歸向西方，而地上的一切江河都向東匯流。

這個故事後來成了改造天地的雄偉氣魄和大無畏的鬥爭精神的代名詞。女媧也成了人類的創世神，受到歷代人們的敬仰。《山海經·大荒西經》郭

璞注即有：「女媧，古神女而帝者，人面蛇身，一日中七十變。」尤為苗人所崇拜，也是華夏文明的始祖之一，部分文獻將其位列三皇之一。

祝融為何被尊為「火神」

祝融，名重黎（簡稱黎），又稱祝誦，祝和。相傳帝嚳高辛氏時，他在有熊氏之墟（今新鄭）擔任火正之官，能昭顯天地之光明，生柔五穀材木，為民造福。帝嚳命曰祝融，後世尊為火神。

祝融為傳說中的古帝，以火施化，號赤帝，後人尊為火神。亦有人說祝融是古時三皇五帝三皇之一。

相傳祝融教化民眾使用火，使人類擺脫茹毛飲血的蠻荒狀態，女媧補天時，女神亦助之，所以，亦有聖人之德。

神農嘗百草的傳說的由來

神農嘗百草也是中國古代傳說故事。許多典籍對此有記述。記述的版本不同，但大致情節是相同的。

據說，遠古時期，百姓以採食野生瓜果、生吃動物蚌蛤為生，腥臊惡臭傷害腹胃，經常有人受毒害得病死亡，壽命很短。

炎帝神農氏為「宜藥療疾」，使百姓益壽延年，便跋山涉水，行遍三湘大地，嘗遍百草，瞭解百草之平毒寒溫之藥性。為民找尋治病解毒良藥，他幾乎嚼嘗過所有植物，「一日遇七十毒」。

在嘗百草的過程中，他識別了百草，發現了具有攻毒祛病、養生保健作用的中藥，使百姓不復為「疾病」所困擾。

後來，炎帝神農氏終因誤嘗斷腸草而死，葬於長沙茶鄉之尾。對這個故事的真實性，歷來有很多爭議，但是，拋開這一點不說，神農氏這種為了民眾的利益而勇於獻身的精神，受到了各個時代人們的尊敬，先民封他為「藥神」，就是敬仰他的一種表現。

佛教

佛教是何時傳入中國的

佛教源於古印度，大約在漢朝時傳入中國，在中國歷史上有著悠久的歷史，影響也極為深遠，久而久之，佛學也不免成為了中國國學的一部分。

在佛教傳入中國的時間方面，不少人都相信「金人入夢，白馬西來」，說是漢明帝夢到金人，所以，派人迎佛法，和尚摩騰、竺法蘭才以白馬馱了《四十二章經》等來中土，在洛陽建了白馬寺。現在洛陽白馬寺作為國家重點文物保護單位，即緣於此。

但有學者指出，竺法蘭其實是三國時人，摩騰則是劉宋以後的人物，白馬寺之名也始見於晉，整個故事至齊梁時才成形，因此，漢明帝說並非事實。

後來，又出現有東漢初的說法，唐韓愈在上唐憲宗《論佛骨表》中說，「佛者，⋯⋯自後漢時流入中國⋯⋯漢明帝時始有佛法」。但此一說法仍有商榷之處。由是觀之，佛教何時傳入中國目前尚無定論。

佛教是如何中國本土化的

佛教是傳人中國甚早而又傳播最廣的外域宗教，在儒學與道教的影響下，漸漸地蒙上了中國色彩，成為適應中國封建統治階級需要和滿足一般中國百姓精神寄託的漢地佛教，它對中國社會的政治、經濟、思想文化，乃至人民社會生活都產生了重要影響。

東漢末期，漢譯佛經大量出現，佛教教義開始同中國傳統思想結合，得到迅速傳播。

魏晉南北朝時期，佛教開始在中國社會大流行，諸朝君臣大多信佛，中國佛教的發展達到第一個高潮。北魏都城洛陽城中有1367座佛寺，其中以永

寧寺規模宏大，僧房達1000餘間。唐朝詩人杜牧的「南朝四百八十寺，多少樓臺煙雨中」的名句，則反映了六朝江南佛風的彌漫。

到隋唐時期，統治者普遍對佛教採取利用政策，佛教進入繁榮鼎盛時期，並形成了若干宗派：天臺宗、三論宗、法相唯識宗、律宗、華嚴宗、密宗、淨土宗及三階教，並傳播到朝鮮、日本和越南，形成了亞洲佛教文化圈。

佛教不僅在漢族地區得以廣泛傳播。西元7世紀初，大乘佛教由漢族地區、印度和尼泊爾分別傳入西藏地區，經過長期傳播與發展，至10世紀後期，形成了既區別於東南亞、日本甚至印度的佛教，又與中國漢地佛教有所不同的、獨樹一幟的藏傳佛教。

唐末以後，佛教開始衰微。宋、元、明、清時，佛教更是每況愈下。各宗思想，由於諸宗間及「三教」日益融合，其界限已愈來愈模糊。

大肚彌勒佛的原型是誰

大腹便便的「皆大歡喜」大肚彌勒佛在中國各地寺廟中都可以見到，他祖露著肚皮，成天笑咪咪的，似乎在讓你把世界上的憂愁煩惱忘個精光。

佛教認為，彌勒是釋迦牟尼佛婆婆國中的一位大菩薩，原來在兜率天宮內院說法度生，後來降生到下界，又繼承釋迦牟尼成了佛，是釋迦牟尼的繼承人。

彌勒雖是佛教人物，但他的形象卻是以真人做原型來塑造的，這個人就是歷史上著名的「布袋和尚」。布袋和尚真名叫契比，五代時吳越（今浙江奉化縣）人，他自號「長汀子布袋師」，常常祖胸露腹，寢臥隨處，成天用一根拐杖掛著布袋，內裝隨身用具，四處化緣。後梁貞明三年（西元917年），他在岳林寺說偈曰，「彌勒真彌勒，分身千百億，時時示時人，時人自不識」，自稱是彌勒化身，然後去世。

此事傳開後，人們以為他真是彌勒佛的化身，於是塑其像作為供奉的偶像。五代以後，很多寺廟由原供奉的頭戴五佛冠天人相狀的天冠彌勒塑像逐

漸變為供奉布袋和尚塑像。

觀音菩薩因何得名？原型是誰

　　觀世音，又稱「觀音」、「觀自在」，是中國化佛教信仰的重要的菩薩之一，民間對她的崇拜極盛，老百姓稱她為「大慈大悲救苦救難觀世音菩薩」。

　　唐朝時候，因為唐太宗李世民名字中有個「世」字，為了避諱，才將觀世音菩薩之「世」字免去，改稱觀音菩薩。

　　觀世音這個名字是釋迦牟尼取的。因為釋迦牟尼要她隨時觀聽世人的聲音。觀世音菩薩是大慈大悲的菩薩，能現三十三化身。救十二種大難。遇難眾生只要念誦其名字，就可以得到拯救和超度，帶到西方極樂世界去。觀音殿堂的匾額上，有所謂「普渡眾生」、「慈航普渡」、「大慈大悲」、「救苦救難」等字元，就是這個意思。

　　在中國的民間傳說中，有說觀音是春秋時期楚莊王的第三個女兒，名叫妙善，生而素食，後來楚莊王病重，只有用親生女兒的肉做藥，才能治好。楚莊王的大女兒、二女兒都不肯，只有妙善捨身救父，她的這份孝心感動了天上諸神，終於成為菩薩。

　　現在寺廟裏的觀世音塑像，大部分是披著白大氅的女士，叫白衣大士；也有的塑著很多手臂和眼睛，叫千手千眼觀世音。

文殊菩薩的身世形象是怎樣的

　　文殊的全稱為「文殊師利」，是梵文Manjusri的音譯，意譯有「妙德」、「妙首」、「妙吉祥」等。文殊形象開始是非男非女的，宋代以後成為面目秀麗、腰肢窈窕、乳房豐滿的美婦人形，常騎一青獅、持一柄寶劍，頂結五髻。據說，以青獅為坐騎是表智慧威猛，手持寶劍是表智慧銳利，頂結五髻則表五智。

文殊的身世來歷眾說紛紜，其最流行的一說出自《文殊師利涅槃經》：文殊生於舍衛國一個婆羅門家庭，有大慈心，成人後投奔釋迦牟尼處學道，成為其弟子，後被釋迦佛推為眾菩薩之首。但實際上文殊「菩薩之首」的地位未能保持多久，觀世音信仰流傳以後，文殊的地位便降而處於次了。

五臺山被佛徒公認為文殊聖地開始於唐代，李淵起兵太原而得天下以後，便將太原府境內的五臺山視為「龍興之地」，於是，唐時五臺山上佛寺建有三百餘座，僧民上萬。至今，歷史悠久的五臺聖地仍文物薈萃，趣典繁多。

「南無阿彌陀佛」是一尊什麼「佛」

經常看到「南無阿彌陀佛」一詞，那麼，「南無阿彌陀佛」是一尊什麼「佛」呢？

「南無」，是梵文Namas的音譯。讀作那謨，譯作「南謨」、「那謨」等，意為致敬、歸敬、歸依，是佛教信徒一心歸順於佛的用語，常用來加在佛、菩薩名或經典題名之前。表示對佛、法的尊敬和虔信，如南無喝羅、南無三寶等。

「阿彌陀佛」本是一句梵語（古代印度的一種語言），為西方「極樂世界」教主的佛號。「阿」是「無」的意思，「彌陀」是「量」的意思，「佛」即指佛祖。故「阿彌陀佛」翻譯過來即「無量壽佛」或「無量光明佛」。當和尚或佛教徒進行祈禱或感謝神靈或請求佛祖寬恕的時候，就口頭誦念著「阿彌陀佛」。

「南無阿彌陀佛」合起來就是一種佛教術語，意思是「向阿彌陀佛歸依」，誦讀此語即謂「念佛」。

佛家「四諦法」是指哪「四諦」

四諦法是佛教最基本的教法，是大小乘各宗的共修必修之法。「諦」，

即真理，「四諦」，就是四個真理。佛教認為，世界是一個痛苦的過程，即所謂的「苦海無邊」。「四諦」說就是一套說明苦難和解決苦難方法的學說。「四諦」，即苦、集、滅、道。

苦諦：「苦」是身心逼迫義。佛教認為，眾生生命的根本特徵就是苦。這些苦又分為「四苦」和」八苦」。「四苦」指生、老、病、死；「八苦」是在生老病死外加四痛：怨憎會（不願相見的敵對的人偏偏在一起）、愛別離（親愛的人在一起又往往分離）、求不得（物質生活的需求常常得不到滿足）、五陰盛。

集諦：「集」是招集義，即招感集起苦果的因，包括一切煩惱和由煩惱所生的業。

滅諦：「滅」，即寂滅義，即聖者以無漏智慧的簡擇力，滅盡惑業苦，究竟證會靜妙安穩的境界，即涅槃果。

道諦：「道」，即能通義，由此道能通往涅槃城，是證得滅果的因，通常指佛教最常見的八正道。

五欲和六欲各指哪些

這兩個詞都是佛教專用語。

五欲是指由聲、色，味、香、觸引起的相關情欲，即聲欲、色欲、味欲、香欲、肉欲。也有的是指財欲、色欲、食欲、名譽欲、睡眠欲五欲。

六欲，佛家所說人的六種欲望，指由六根引起的欲望，即：色欲、形貌欲、威儀姿態欲、言語聲音欲、皮膚的嫩滑光潔欲、人相而引起的情欲。

佛教「六字真言」是哪六字

佛門咒語中最具代表性的，恐怕就是「觀音菩薩六字大明咒」──「唵、嘛、呢、叭、咪、吽」這六字真言了。藏傳佛教認為，常持誦六字真言，可以除病免災，使壽命增加，財富充盈。因此，我們經常能在藏區看到

人們手搖轉經筒，口誦「六字真言」的景象。

「唵嘛呢叭咪吽」的大致意思是：「皈依觀世音菩薩！但願仰仗您的大力加持，使我本具與您同樣的清淨無染、隨意變現的自性功德迅速顯現，隨意達到我要達到的目的！」

「六字真言」據說是佛教秘密蓮花部的「根本真言」。它包含佛部心、寶部心、蓮花部心及金剛部心等內容。

「唵」表示佛部心，謂念此字時，自己的身體要應於佛身，口要應於佛口，意要應於佛意，認為身、口、意與佛成一體，才能獲得成就；「嘛呢」梵文意為「如意寶」，表示寶部心，據說，此寶出自龍王腦中，若得此寶珠，入海能無寶不聚，上山能無珍不得，故又名「聚寶」；「叭咪」，梵文意為「蓮花」，表示蓮花部心，以此比喻法性如蓮花一樣純潔無瑕；「吽」表示金剛部心，祈願成就的意思，即必須依賴佛的力量，才能得到「正覺」，成就一切，普渡人生，最後達到成佛的願望。

《大乘莊嚴寶王經》中講述，這六字可以分別關閉六道輪迴之門，唵：關閉天道門；嘛：關閉修羅道門；呢：關閉人道門；叭：關閉畜生道門；咪：關閉餓鬼道門；吽：關閉地獄道門。因此，念動這六字真言可以關閉六道輪迴之門，獨開往生淨土乃至成佛門的功德。

佛語中的「機鋒」說的是什麼

在佛語中，我們經常會聽到「機鋒」，或「鬥機鋒」的說法，這「機鋒」說的是什麼意思呢？

機，指受教法所激發而活動的心之作用，或指契合真理的關鍵、機宜；鋒，指活用禪機的敏銳狀態。意思是說，禪師或禪僧與他人對機或接化學人時，常以寄寓深刻、無跡象可尋，乃至非邏輯性的言語來表現一己的境界或考驗對方。

禪宗自稱釋迦牟尼教外別傳，以心傳心，所以，他們把師徒之間在動作行為或言語上的相互默契看做是參學的究竟。起初，一般採用隱語、比喻、

暗示等方式，故弄玄虛，以曲折隱晦的興法繞路說禪，如千年懷讓以「磨磚不能成鏡」啟發道一放棄坐禪，而道一又以類似說教引導慧海發現自心佛性。後來進而發展為拳打腳踢，棒喝交加。

例如，僧問：「如何是吹毛劍？」師答：「骼。」問者以為用無比鋒利的般若智慧之劍可以斬斷一切煩惱，就好像以最鋒利的鋼劍，只要把毛髮向它的刃上吹去，毛髮便立時而斷。但是骨骼根本無毛，所以，縱然有吹毛立斷的利劍，也無處可施其能。這是說，從禪宗角度看，本來無菩提可證，無涅槃可得，一切執著都有害無益。

再如，僧問：「如何是佛？」師答：「麻三斤。」這似乎是答非所問，牛頭不對馬嘴，但其用意十分清楚。那就是要把禪僧的一般思路擋回去，令他引起反照，反照自己成佛的本源。每個人本來是佛，只是沒有發現罷了。類似的機鋒還有：問：「萬法歸一，一歸何處？」答：「我作一領布衫重七斤。」問：「如何是佛心？」答：「蘿蔔重三斤。」問：「如何是祖師西來意？」答：「坐久成勞。」或「板齒生毛。」

「緣起而不真」是什麼意思

「緣起」是說事物由因緣而起。因緣是指構成事物的因素和條件。緣起是佛教經常引用的觀點，他們認為緣起可以說明世間一切世象，因緣聚合則事物生起，因緣離散則事物壞滅，因此，事物必須依賴於緣起，沒有獨立的自體。

僧肇認為事物的緣起就表明事物並非真實的存在。他說，事物如果是真實的，那麼，它一定是獨立的和永恆的，不依賴於因緣條件的支持；如果事物不能獨立，而要依賴於因緣條件的支持，那麼，它就不是真實的存在。

按照他的觀點，一個事物是否真實，就在於它是否具有獨立性和永恆性，凡是獨立、永恆地存在的事物就是真實的，否則就是虛假的；而要判斷一個事物是否具有獨立性和永恆性，那就看它是否依賴於因緣，凡是依賴於因緣才能生起的事物就不是獨立、永恆的，凡是不隨因緣的聚合離散而生滅

變化的事物就是獨立、永恆的；既然佛教的經論裏已經充分說明萬物依賴於因緣，那就足見萬物不能獨立、永恆地存在，而不能獨立、永恆地存在也就意味著不是真實的存在。

怎樣才能「由苦入空」

魏晉時期，有的佛教學者從當時流行的玄學背景出發，對講性寬智慧的《般若經》和其他佛教經典作了五花八門的解釋，形成了本無、即色、識含、幻化、心無、緣會六家，其中本無一家又分本無與本無異兩宗，合稱「六家七宗」。

鳩摩羅什的弟子、東晉著名的佛學家僧肇特別作了《不真空論》，針對當時影響最大的本無、即色和心無三家的觀點給予了批判性的總結。僧肇認為，對於佛教空宗所說的「空」，應當從「不真」即「空」的角度去理解，而不能像般若各派那樣，或者從事物沒有實在的本性去理解等。

而所謂「不真」，也就是「假有」，佛教說「空」，並不是說現象世界不存在，即所謂絕對的斷滅的「無」，而只是說它是不真實的虛假的存在；虛假的存在依然是一種存在，依然是「有」而不是無。

所以，性空和假有其實是同一問題的兩種不同表達，它們是相互依存的。例如，道士作法變出的幻化人，漢武帝便有過切身的體驗，所以，不能說沒有這幻化人的存在，只是這幻化人不是真人是假人罷了。「空」的含義，也應當從這一角度去理解。

僧肇的「不真空」論對佛教學者更好地理解空宗性空的學說提供了幫助。其實，中國佛教的各個分支，都是力圖在用不同的方式來引導人們達到對現象世界的虛幻性的認識，從而自覺放棄對主客觀世界的一切執著追求，以此來擺脫人生的痛苦。

一本書讀懂國學

法顯是怎樣西行求法的

　　法顯，東晉高僧，俗姓龔，司州平陽郡（今山西省臨汾西南）人。法顯3歲出家，20歲受大戒。他為人志行明敏，儀執肅整，學問精深，常慨歎律藏傳譯未全，立志西行求法。

　　西元399年，法顯以65歲的高齡，與四位同伴從長安（今西安）出發西行，渡流沙，越蔥嶺，參禮佛跡，尋找佛經，於元興元年（西元402年）進入天竺（今印度）境內，獲《摩訶僧祇律》、《薩婆多部鈔律》、《雜阿毗曇心論》等梵本，於獅子國（今斯里蘭卡）獲《彌沙塞律》、《長阿含》、《雜阿含經》等梵本。

　　義熙七年（西元411年）秋，法顯由海路東行歸國，途遇大風，漂流至耶提婆國。義熙八年夏，他由耶提婆國乘船再行，終於抵達青州長廣郡牢山（今山東青島嶗山）。法顯西行求法，首尾計13年，歷經當時的31國，先後與他同行者增加到10人，途中凍死、病死2人，中途返回6人，留居在外2人，最後只剩他1人回歸中土。

　　法顯是中國歷史上有記載的第一位真正到達印度本土而又求得「真經」回歸的中國人，比唐代高僧玄奘去印度取經還要早200多年。玄奘法師曾說：「昔法顯、智嚴亦一時之士，皆能求法導利群生，豈能高績無追，清風絕後，大丈夫自當繼之。」

　　法顯是第一個把梵文經典帶回國內並直接翻譯成漢文的人。他攜歸和翻譯的經典，填補了中國佛教的眾多空白，對佛學的傳播和研究作出了重要貢獻。

　　法顯還是第一個用文字記述印度取經見聞的人。他著述的《佛國記》，是一部集地理、歷史、社會、宗教之大成的傑作，對中國西北及中亞、南亞、東南亞廣大地區的地理、交通、宗教、文化、物產、風俗及至社會發展、經濟制度等都有所述及，在世界學術史上有著重要地位和廣泛影響。

鳩摩羅什與中國譯經史新的一頁

鳩摩羅什是後秦時龜茲人。其父原為印度婆羅門，世襲高位。鳩摩羅什七歲隨母出家，往來西域各國，拜問名師，研習佛典。他初學小乘，後遍習大乘，並精通漢語，名聞西域各國。

鳩摩羅什58歲時，東入長安，受到後秦皇帝的禮遇，待以國師之禮。入西明閣和逍遙園主持譯經。前後十多年間，共譯佛典三十五部，二百九十四卷。他第一次系統介紹了根據般若經類而成立的大乘性空緣起之學；在翻譯文體上，一變過去樸拙古風，開始運用意譯之法，使中土誦習者易於接受理解，而為義學開闢了廣闊園地，揭開了中國譯經史上新的一頁。

弘忍達到了怎樣的一種禪學境界

弘忍，唐代高僧。俗姓周，湖北黃梅人。七歲時，禪宗四祖道信見他相貌奇秀，就問弘忍姓什麼。他答道：「即使有姓，也不是常姓。」道信又問了他一次姓什麼。弘忍答：「是佛姓。」道信繼續問：「你沒有姓嗎？」弘忍緊接著答：「因為性空，所以，無姓。」道信大驚，便讓他出家在自己門下，法號弘忍。

他在四祖門下，白天從事勞動，夜間靜坐習禪。道信常以禪宗頓漸宗旨考驗他，他觸事解悟，盡得道信的禪法。道信圓寂前，付法傳衣給他。道信圓寂後，由他繼承法席，後世稱他為禪宗第五祖。

因為四方來學的人日多，弘忍便在雙峰山的東面馮茂山另建道場，名東山寺，時稱他的禪學為東山法門。其禪法要點有二：一是說，諸佛只是以心傳心，通達的人則印可，再也沒有別的法門；二是奉行一行三昧。一行是指法界一相，三昧為禪定之意，即以法界一相作為三昧禪定的境界。而弘忍的禪學境界已經可以：緘口於是非之場，融心於色空之境。

弘忍門下的弟子很多，見於各種記載的就有25人，而被認為能傳其禪法的有11人，這些人分散在全國，各為一方師，聚徒傳法，聲震朝廷。因此，

自達摩傳來的禪宗，其真正的發展壯大，可以說始自弘忍門下。弘忍的兩位大弟子——慧能、神秀，一南一北，一宗《般若》，一宗《楞伽》，一倡「頓教」，一創「漸教」，開創了中國禪宗最輝煌的歷史。

神秀為何是「兩京法主，三帝門師」

神秀，唐代高僧。陳留尉氏（今河南省尉氏）人。俗姓李，少習儒術，博覽經史。十九歲出家皈依佛教，五十歲參學禪宗五祖弘忍於黃梅，深得東山法門。在中國禪宗史上，神秀是被譽為「兩京法主，三帝門師」的著名禪僧。

弘忍把衣法付與慧能後，神秀辭別弘忍，退回荊州當陽玉泉山隱居。弘忍圓寂後，神秀在玉泉寺大開禪法，宣傳漸修法門。二十多年中，四面八方從他就學的徒眾很多，武則天聽到他的盛名，令他入京行道，當時神秀已年過九十。

據說神秀入京時，受到朝廷的隆重接待。武則天不計君臣之別，屈萬乘之尊，親加跪禮迎接。武后經常向他問道，還特敕神秀可乘肩輿上殿，直達殿前，見了皇帝，也不必行禮，以跏趺坐見君即可。武后又命於當陽置度門寺，於尉氏置報恩寺，以表彰他的道德。

每逢神秀出行，各地的刺史，以及各級官吏、仕女，皆聞風前來，擎繡幡、舉香花，夾道相迎，有時甚至因為人多而堵塞道路。國內許多王公貴戚，士庶黑白，都不遠萬里，前來禮謁，望塵拜伏，日以萬計。

唐中宗即位，對神秀更為禮敬。此後的唐睿宗對神秀也極為崇仰。神秀被推為「兩京法主，三帝門師」。「兩京」指「西京」長安（唐朝的首都）和「東京」洛陽（當時洛陽是另一政治、文化中心）；「三帝」指武則天、中宗和睿宗。這一稱號，足見神秀在佛教界的權勢和地位。當時流行一句話：「北宗門下，勢力連天」。

神秀在東都洛陽住了六年，於神龍二年（西元706年）在天宮寺示寂，這時他已一百多歲。唐中宗為之送葬至洛陽午橋，並下詔嵩陽之輔山頂為之

造十三級浮屠，諡「大通禪師」。

六祖大師慧能如何創立了「南宗」

慧能，唐代高僧，俗家姓盧，是從達摩開始的禪宗第六代傳人，世稱六祖大師。

慧能自幼家境貧寒，3歲喪父，和母親相依為命，年紀稍長就上山砍柴，維持家用，他本人也目不識丁。

一天，他賣完柴往回走，突然聽見有人在朗誦《金剛經》。他頗有感悟，便前問念經人讀的是什麼經，從哪裡得來。那人告訴他：「這是《金剛般若經》，乃湖北黃梅雙峰山弘忍法師所傳。」

從此，慧能立志拜師學習。西元672年，他來到黃梅東山，拜見弘忍禪師。弘忍瞧不起他這位粗俗的山林樵夫，態度十分冷淡，問：「你是哪裡人？到我這裏做什麼？」

慧能回答說：「弟子是嶺南新州人，來這裏是為了拜師『作佛』。」

慧能的質樸讓弘忍禪師很受感動，為了試探他的慧根，弘忍禪師故意譏諷道：「你是南蠻人，怎麼能成佛呢？」

慧能從容回答：「人有南方北方之別，而佛性則不分南北。我雖嶺南蠻人，與你尊貴的法師身分不同，但你我佛性何別？」

弘忍聽了十分震驚，未料這位鄉下人對佛理有如此深刻的領悟，於是留下他當行者，在寺院中打柴、推磨、做粗活。雖然慧能未有學習佛教經典的機會，但他生性聰穎，經常偷聽和尚們念經，很快地領悟，逐漸得到弘忍的賞識。

一天，弘忍讓弟子們各作一偈，考驗他們對禪學的領悟，以挑選衣缽的繼承人。當時，弘忍的弟子神秀非常優秀，慧根也不錯，於是大家都不作偈。「身是菩提樹，心如明鏡臺，時時勤拂拭，莫使惹塵埃。」神秀吟誦道。

弟子們聞偈讚歎不止。慧能聽罷，隨口說道：「菩提本無樹，明鏡亦非

臺，本來無一物，何處惹塵埃？」

　　弘忍聽後很滿意，決定將衣缽傳給慧能。為了保證慧能的安全，弘忍在夜裏將衣缽秘密傳給慧能後即安排他南行，讓他不要急於公開自己的身分。

　　此後，慧能回嶺南隱居，長達十六年。後於廣東法性寺遇印宗法師，以幡動、風動和心動的公案聞名，得以受戒，正式宣布了自己禪宗六祖的身分，開始收弟子講經、弘法。次年居曹溪寶林寺（今廣東省韶關南華寺）傳法，與北方神秀相對，世稱「南能北秀」。武則天、唐中宗曾徵召入京，均以年邁有病辭掉。圓寂後，唐憲宗追諡為「大鑑禪師」。

　　其思想見於《壇經》，主旨為自性是佛和自性真空。禪法以定慧為本，主張定慧一體觀：外離相為禪，內不亂為定。他認為自性無相，所以，修道要重心行而奉無相戒，以無念為宗；強調直指人心，見性成佛，提倡單刀直入的頓悟法門。這種自心頓現、自性皈依論，是儒、釋、道三教理論長期鬥爭和融合的產物，標誌著中國佛教——禪宗的正式誕生，對後來宋明理學、陸王心學、道教全真都產生了深刻的影響。

　　其言行被其弟子編纂成冊，即《六祖壇經》，專門講述頓悟理論，被奉為禪宗宗經。在佛教中，除釋迦牟尼的言行紀錄被稱為經外，慧能是絕無僅有的一個。

玄奘是怎樣西行求法的

　　玄奘（西元602年～西元664年），名陳禕，洛州緱氏（今河南偃師）人。通稱三藏法師，俗稱唐僧。唐代高僧、佛教學者、旅行家，與鳩摩羅什、真諦並稱為中國佛教三大翻譯家，唯識宗的創始者之一。

　　玄奘少時因家境困難，隨兄長住在洛陽淨土寺，學習佛經。13歲時，洛陽度僧，破格入選。貞觀元年，玄奘到長安，從道岳、法常、僧辯、玄會諸師鑽研《俱舍》、《攝論》、《涅槃》，很快就窮盡各家學說，譽滿京師。

　　玄奘覺得多年來在各地講筵所聞，異說不一，尤其是當時流行的《攝論》、《地論》兩家有關法相之說不能統一，很想得到總賅三乘學說的《瑜

伽師地論》，以求會通一切，於是決心往印度探本究源。

當時唐朝「國政尚新，疆場未遠，禁約百姓不許出蕃」。要出境必須獲得朝廷的准許。貞觀元年（西元627年），玄奘上疏請求朝廷准許自己西行求法，但未獲唐太宗批准。史書是這樣記載當時情形的：玄奘「結侶陳表，有敕不許，諸人咸退，唯法師不屈」。然而玄奘決心已定，乃「冒越憲章，私往天竺」。

西元627年8月，玄奘西出玉門關，度莫賀延沙磧，拉開了西行的序幕。此後，途經高昌、阿耆尼、屈支、颯赤建、吐火羅等國，歷盡艱難險阻，於西元631年，抵達摩揭陀國，併入天竺佛教最高學府那爛陀寺受學。

後來，又遊學天竺各地，著述立論，宣講大乘，獲得較大的聲譽。他曾在曲女城召開佛學辯論大會，有五印18個國王、3000個大小乘佛教學者及外道2000人參加。當時玄奘講論，無一人能詰難，一時名震五印，被大乘尊為「大乘天」，被小乘尊為「解脫天」。

西元643年，玄奘啟程回國，攜梵文佛經657部和各種佛像回到長安。玄奘在歸國之時，行至于闐，先行上表，請求太宗赦其違旨西行之罪。太宗赦免了他的罪責。貞觀十九年（西元645年）唐太宗派大臣迎接，並舉行歡迎大會。

不久，唐太宗接見並勸其還俗出仕，玄奘婉言辭謝。之後便留長安弘福寺譯經，由朝廷供給所需，並召各地名僧20餘人助譯。同年九月，譯成《大菩薩藏經》20卷。顯慶三年（西元658年），玄奘移居西明寺，因常為瑣事所擾，遷往玉華寺。次年始譯《大般若經》。龍朔三年（西元663年）冬，譯經完成，多達600卷。

在譯完《大般若經》後，玄奘深感身心日衰，到麟德元年（西元664年）譯出《咒五首》1卷後，不再事翻譯，專精行道。麟德元年二月五日，玄奘圓寂。

玄奘曾編譯《成唯識論》，開創法相宗，倡說唯識無境，認為世上一切事物皆是人的意識的幻化；論證「我」（主體）、「法」不過是「識」的變現，都非真實存在，只有破除「我執」、「法執」，才能達到「成佛」境

界。

所撰又有《大唐西域記》，為研究印度、尼泊爾、巴基斯坦、孟加拉以及中亞等地古代歷史地理的重要資料。歷代民間廣泛流傳其故事，如元吳昌齡《唐三藏西天取經》雜劇，明吳承恩《西遊記》小說等，均由其事蹟衍生。

鑑真為何一定要東渡

鑑真是唐代僧人，俗家的姓氏是淳于，出身一個商人家庭。14歲時，鑑真在揚州大雲寺出家當了一名和尚，三年後，他離開大雲寺到越州（今浙江紹興）龍興寺學戒律。後來，他又到長安、洛陽遊學，從許多高僧法師那裏受教。由於鑑真勤奮刻苦學習，在他26歲時，就已經成為一名能融貫各家專長、聲名遠播的律宗大師了。鑑真和尚不僅精通佛學，而且對建築、雕塑、美術等也有很深的研究。

中國東面的日本，是與中國一衣帶水的鄰邦。唐朝時，日本驚羨中國多姿多彩的文化，多次組織「遣唐使」到中國學習。佛教也從中國傳入日本，極大地影響了日本的民族精神。但是，日本的佛學大師非常缺乏，甚至沒人主持受戒的儀式。

西元742年，在唐朝留學的日本僧人榮睿、普照邀請鑑真東渡日本，宣講佛法，傳習戒律。54歲的鑑真欣然同意，決定東渡日本，但是前四次渡海嘗試，都沒有成功。

西元748年6月，鑑真進行第五次東渡。他坐船離開揚州，沿江而下，出了長江口，在舟山群島停泊3個月後橫渡東海。不巧，他們遇到颱風，船隻失去控制，在海上漂流了14天後，到達海南島南端的崖縣。在輾轉返回揚州的途中，鑑真的弟子祥彥和日本僧人榮壑相繼去世，鑑真本人也因長途跋涉、勞累過度，身染疾病又醫治不當而雙目失明。

鑑真東渡日本的決心並未因雙目失明而改變。5年後，鑑真第6次東渡，終於到達日本首都奈良，受到天皇隆重的禮遇。不久，天皇又派遣唐副使吉

備真備擔任敕使，向鑑真等宣讀詔書慰勞，並把對僧侶的教育、授戒兩項大權交給了鑑真。

日本天皇還賜給他一塊土地。鑑真在這塊土地上蓋了一座寺院，取名為「唐招提寺」。寺院落成後，鑑真就在寺中講授佛學。唐招提寺的影響越來越大，最終成為日本不可或缺的佛學聖地。西元763年，為日本佛教的普及而獻身的鑑真和尚，因衰老而圓寂。

鑑真在日本的10年，除了傳布律宗，成為日本律宗的始祖外，還帶去了燦爛的唐文化，將中國的建築、繪畫、雕塑和醫學等技藝與知識傳到日本，為日本的文化發展奠定了基礎。

道教

道教是如何起源的

道教是中國本土產生的宗教，它正式形成於東漢的後期，迄今已經有近兩千年的歷史了。道教是由古代的巫術和戰國、秦漢時的神仙方術發展而來的。至戰國時，巫術衰落，神仙方術興起。方士雖也從事巫祝術數，但主要是求仙和煉不死之藥。巫術和方術，都是不成系統的鬼神迷信，要成為宗教，還需有一定的組織形式和系統的理論與之配合。

道教的思想來源是先秦道家學說。在先秦老子、莊子的哲學裏，宇宙萬物的起源被歸結於形而上的「道」，它看不見、摸不著，從無中生出有，分化陰陽，產生天地萬物。在莊子哲學之中，還塑造出了真人、聖人、神人的理想境界，也是道教的一個精神資源。

東漢末年，沛國豐（今江蘇豐縣）人張陵西來巴蜀的鶴鳴山（今四川大邑縣境內），創立早期道教——五斗米道。與巴蜀五斗米道相呼應，鉅鹿人張角則在東方為創立太平道而奔波。由於張角兄弟利用太平道組織黃巾起義失敗，太平道隨之瓦解，而曾經被貶稱為「米賊」的五斗米道在張陵的孫子張魯等人的努力下，不斷擴大勢力，正式成立。老子被奉為教主，尊為太上老君，並以《道德經》作為主要經典。

東晉南北朝時，一些文人士大夫開始信仰道教，先後出現了如葛洪、寇謙之、陸修靜、陶弘景等著名道士，他們給道教注入了更多的理性因素，並吸收儒、釋學說，豐富了道教的教義，建立了龐大的道教神仙譜系。

唐朝皇帝姓李，與老子同姓，道教由於得到皇帝的支援而得到進一步興盛和發展。宋朝的皇帝也都信奉道教，尤其是宋徽宗，自稱「教主道君皇帝」，下詔全國求仙訪道，通道到了癡迷的地步，使道教獲得更大發展。

元、明兩代也十分尊崇道教，明世宗甚至自號「玄都境萬壽帝君」，不理朝政，任命道士擔任朝廷要職，使政教關係更為密切。明朝以後，道教漸漸衰落，分化成民間秘密宗教，如八卦教、白蓮教、紅陽教、黃天教等。

道教作為中國的特產，還一度遠傳到朝鮮、日本、越南和東南亞一帶，甚至遠渡重洋傳到南北美洲，成為世界七大宗教之一。

道家功是怎樣的一種功法

道家功法以道教典籍《道藏》為主，也是道家學者和道教門徒練習的主要功法。在中國氣功各個流派當中，道家功是最有民族特色的一種，是中國氣功的優秀代表，也是唯一能和佛家功法相媲美的流派。

道家功一般分為正一和全真兩大派別。兩派之下、之外又有很多小的派別，各派在功理、功法方面也有自己的獨到之處。但不管怎樣，各派在修煉功法時都是以煉養陰陽、性命雙修作為第一要義，以返璞歸真、天人合一作為最高境界，以延年益壽和長生不老作為追求的最終目的。

道家功以老子、莊子為祖師，《道德經》中明確提出：「虛其心，實其

腹」，「專氣致柔，能歸嬰兒乎」。

　　道教創立後，道教徒便按照這些理論創造了胎息法。到了唐朝，司馬承禎提出了「存想」，就是上存我之神、想我之身，以達到入靜的境界。同時還要用意念導氣運行進行修煉，這是以後「金液還丹」、「大小周天」等功法的創始階段。

　　道家功的理論體系，沒有佛教那麼嚴謹，也不像佛教那樣對氣功名詞、概念進行全面解釋。此外，道家功理方面用隱語較多，致使許多名詞的概念、含義混淆不清。從晉代之後，一些道教學家在進行理論改革時大量借鑑了佛教的功法理論，從而使道家功逐漸形成了一整套比較完善的理論體系。

　　道家功初期的功法比較簡單，除始祖老子創立並提倡的守一法之外，就是莊子創立的心齋、坐忘、踵息、吹噓呼吸和熊經鳥伸之類的仿生導引功。

　　東漢末年道教成立後，出於宗教目的吸收了許多古老的養生術和「仙術」，在總結各派氣功的基礎上創立了一些具有道教特色的功法後，道家功逐漸成熟起來，成為中國古代氣功史上的一種主要流派。

　　在功法方面，道家功有守一、吐納、導引、行氣、存神、坐忘、心齋、還精、辟穀、踵息、胎息、內丹、太極拳、八卦掌等，其中的守一、導引、胎息、存神、內丹最有代表性。

「太極」是什麼

　　在中國古代的傳說中，太極八卦是遠古聖人伏羲所創。伏羲觀察天地鳥獸等萬物演變，從中受到啟發，推演出象徵宇宙真理的八卦；還有人說太極圖案出自仙人陳摶之手；也有人說是宋代理學家周敦頤所創；更有人認為早在陶器時代，就出現了太極圖的雛形──渦形紋。後來由伏羲等人進一步把它簡化抽象，形成今天所見的圖像。周敦頤和陳摶等人只是將它紀錄下來而已。

　　其實，「太極」的概念很早就出現了，《易經‧繫辭上》有：「易有太極，是生兩儀（天地或陰陽），兩儀生四象（四季或日月星辰），四象生

八卦。」之語。至於「太極」究竟是什麼，歷來眾說紛紜，有人認為是「元氣」，有人認為是「天理」，有人認為是「無」，有人認為是「有」。

唐代大儒孔穎達認為，太極是天地未分之前，混而為一的元氣；北宋周敦頤則提出了「無極而太極」的哲學命題，認為「太極」即「無極」。它無形無象，至高至妙，是開始，也是一種無限。

周敦頤的思考是一種進步。充滿了形而上的哲學意味。在周敦頤的觀點中，「一動一靜」是關鍵：太極健運不息，動而生陽，動到一定程度，便出現相對靜止，靜則產生陰氣。靜極復動。一動一靜，互為其根。若要再細究，那麼，一切就都歸於「太極」的本性了。這些一家之言，此消彼長，並沒有一個權威的論斷。

事實上，「太極」是描述宇宙本原及其無限性的哲學範疇。指的是宇宙之本原，即原始的混沌之氣。此時，天地萬物還未產生，一切都處於原始狀態。

「八卦」是怎樣來的？有什麼意義

「八卦」也稱「經卦」，來源於《周易》中的8種基本圖形。它們分別為：乾、坤、巽、坎、離、艮、兌、震。

《周易》是儒家的重要經典。對其作者，儒家學者編造出一套說法：伏羲畫卦，即畫出八卦的符號；文王重卦，即兩卦相疊，演出八八六十四卦；周公作爻辭，即每一卦有六爻，對六十四卦之三百八十四爻之每一爻作了解釋辭；孔子作《十翼》，即作十篇說明文。《易經》就是從原始的八卦長期演化而來的。

對「八卦」作哲學的解釋和闡發始於春秋。那時，人們開始認為，八卦是八種自然物（天、地、雷、風、水、火、山、澤）的象徵物。《易傳》中認為，「八卦」所展示的是一幅宇宙生成的圖畫。「八卦」中最重要的是乾坤兩卦，由乾坤而生出山（艮）、澤（兌）、雷（震）、風（巽）、水（坎）、火（離）。它們兩兩相對，相互作用，產生萬物，並決定著事物的

變化與發展。

「煉丹」的由來

煉丹是道教的一項主要宗教活動，為中國古代道家尋求升仙與長生不老的方法。它源於先秦方士的神仙方術。據資料記載，早在戰國和秦漢時期就有統治者招致方士尋求「不死之藥」之事。方士們認為，「仙人食金飲珠，然後壽與天地相保」。因而研究以丹砂冶鑄黃金之法，若「黃金成，以為飲食器則益壽」，這就是所謂的「金丹術」。

實際上。由於丹丸中含有大量的汞、鉛等有毒物質，吃了之後非但不能長生不老或成仙，反而會中毒而亡。秦漢時期，不乏有人直接服用金屑而喪命的例子。於是方士們轉而講求煉製神丹，或直接餌服，或用以點化藥金，再餌服以求長生，於是方士的煉丹方術中，就有了「金丹術」和「黃白術」之分，在煉製「黃白」的人中，也有人不是為了長生，而想以此謀利發財。

約在此前後，道教開始興起，神仙方術被道教承襲，作為宗教修煉之法，創五斗米道的張陵即曾以《黃帝九鼎丹經》傳弟子。

中國的煉丹術還具有世界影響，大約在唐代中期甚至更早，即已透過阿拉伯人傳往西方，中世紀歐洲煉金術的來源之一，就是中國的煉丹術。

五斗米道為何又叫「天師道」

五斗米道是在先秦方仙道和黃老思想的基礎上，結合古代巴蜀地區的民族信仰，由東漢順帝時期的張陵所創立的一個道教早期教派。

張陵（西元34年～西元156年），沛國豐（今江蘇豐縣）人。相傳是漢朝開國功臣張良的後代，東漢順帝時入蜀，在鶴鳴山（今成都市大邑縣境）學道，並造作道書（或稱符書），說自己是「天人下降」，特地來給百姓們傳授「正一盟威之道」，以為人治病為名開始傳教。因那些想要入道和請求治病的人要先交五斗米作為「信米」，故俗稱「五斗米道」。又因太上老君

還降命他「天師」的稱號，所以，又叫「天師道」。

張陵死後，其子張衡繼續傳道。衡歿，孫張魯繼之。祖孫三代，世人統稱「三張」，兒子張衡為「嗣天師」，孫子張魯為「系天師」。後來，「天師」也就成了對少數道士的尊稱。

張魯當政時，自號師君，他教人民誠信不欺詐，特設「靜室」，宣稱有病的人去靜室裏「思過修善」，病就可以不治而癒，還專門設立了「鬼吏」為病人禱告。

張魯還在漢中地區建立了政教合一的地方政權，雄踞巴漢近三十年。至建安二十年（西元215年），曹操攻漢中，張魯降曹，而五斗米道也隨之傳往北方中原地區，成為魏晉時期的主要道教流派。大書法家王羲之父子，就曾加入五斗米道。

後來，南朝劉宋時期的陸靜修、北魏時期的寇謙之在士族所信奉的五斗米道的基礎上發展創立了南天師道和北天師道。唐宋以後南北天師道與上清派、淨明道、靈寶派等合流，元朝以後都歸於正一道。

張角如何創立了太平道

太平道同五斗米道一樣，也是道教早期的教派之一。它的創始人是東漢末年鉅鹿（今河北平鄉）人張角，因崇奉《太平經》而得名。關於《太平經》的來歷，傳說是漢順帝時的方士于吉，在曲陽泉水之上巧遇太上老君，得到一本神書《太平清領書》，有一百卷之多，這就是道教最初的重要經典《太平經》。這本書把老子神化為至尊天神九玄帝君，宣揚長生不死的神仙思想，提出建立公平而沒有災害的「太平世界」的政治理想。

東漢末年，這本書被張角所得，於是他以此書為經典，創立了太平道，教練弟子，以符水咒語、跪拜首過給人治病，收了很多信徒。張角自稱大賢良師，派遣弟子到四面八方傳教，在十多年間，就有了數十萬信徒。

太平道尊奉「中黃太乙」為其主神，崇尚黃色，以陰陽五行相生相剋的原理為基礎，宣稱要建立「黃天」之治。張角率領徒眾起義後，口號是「蒼

天已死，黃天當立，歲在甲子，天下大吉」，張角自稱「天公將軍」，他的弟弟張寶稱「地公將軍」、張梁稱「人公將軍」。這就是東漢末年著名的黃巾軍大起義。

由於起義的準備倉促和張氏兄弟的先後病故和戰死，這次起義最終被殘酷地鎮壓下去。以後，太平道的教團組織漸漸散落沉寂，傳授不明。其信徒一部分加入到五斗米道，也有一部分在民間秘密流傳著。

全真教是如何創立的

全真教是道教的一個教派，始創於金代初年，興盛於金元時期，元以降，與正一道作為兩大道派延續至今。

全真教創始人王喆（西元1112年～西元1170年），號重陽子，陝西咸陽人，出身富家，早年曾應金朝武舉，為小吏，後辭職還家入道。他自稱於正隆四年（西元1159年）在甘河鎮遇異人授以真訣，自此隱居終南山，修道三年，號其穴為「活死人墓」。

大定年間，王喆出關去山東傳教，招收馬鈺、譚處端、劉處玄、丘處機、王處一、郝大通、孫不二七大弟子，號稱全真七子，全真道至此正式成立。

該教教義受時代思潮影響，力主三教合一，以《道德經》、《般若心經》、《孝經》作為信徒必讀經典。修行方術以內丹為主，不尚外丹符籙，主張性命雙修，先修性，後修命。認為修真養性是道士修煉的唯一正道，除情去欲，識心見性，使心地清靜，才能返璞歸真，證道成仙。還規定道士必須出家住觀，嚴守戒律，忍恥含垢，苦己利人。對犯戒道士有嚴厲懲罰，從跪香、逐出直至處死。

金元之際邱處機嗣教時，全真教得到大發展。元中期至元末時，教風有變，趨於蛻化，教內高道缺乏，開始落入發展平平的局面。明代朝廷重視正一道，全真道勢力相對削弱。清初著名道士王常月整頓教門，曾一度復興全真教，但終難挽救全真教在清代日漸衰落的總趨勢。

古人是怎樣尊崇玉皇大帝的

在《西遊記》裏，我們看到富麗堂皇而又等級森嚴的靈霄寶殿中有一位至高無上的統治者，他就是玉皇大帝。玉皇大帝簡稱玉帝，道經中全稱為「昊天金闕無上至尊自然妙有彌羅至尊玉皇上帝」。他被道教尊為最崇高的神，天上的神、地上的仙、水中的龍王、人間的君王，不論是太白金星，還是如來佛祖，都必須向他致敬朝拜，聽從他的召喚。

據道經記載：玉皇大帝是昊天界上光明妙樂國王與寶月光皇后所生的兒子，出生之時，滿身的寶光火焰，全國都可以看到。他從小就很敏慧，長大了又非常仁慈。在國王駕崩後，他登上王位，治政有方，但他仍不滿足已有的成績，於是捨棄了國王之位，去普明香岩山修道，歷經無數劫而得道成真，最後得到了「玉帝」這個地位。

信仰玉皇、玉帝最早於西元四世紀就已經開始了。南朝道士陶弘景所作的《真靈位業圖》中記載有玉皇、玉帝道君這樣的神靈，列右位第十一位，僅是元始天尊的輔佐。信奉玉皇大帝最盛的是在唐宋之時。不過，唐朝的玉皇、玉帝主要還是一位神仙，還沒有獲得天上人間最高統治者的地位。

北宋時，宋朝皇帝多尊玉帝為「太上開天執符御曆含真體道玉皇上帝」和「太上開天執符御曆含真體道昊天玉皇上帝」。這樣，玉帝就被官方尊為至上神，變成了天上人間的主宰，上掌三十六天，下握七十二地，掌管一切神、佛、仙、聖和人間、地府之事。玉皇有制命九天、徵召四海五嶽之神的權力。萬神都列班隨侍左右，猶如人世間的皇帝和公卿。天地萬物陰陽造化無不在玉皇大帝掌握之中。

玉帝住在金闕雲宮靈霄寶殿，那裏有三十三座天宮和七十二重寶殿，「殿殿柱列玉麒麟」，「壽星臺上有千千年不謝的名花；煉丹爐邊有萬萬載常青的瑞草」。玉帝手下十代冥王管人間生死；四海龍王管天氣變化；九曜星、五方將、二十八宿、四大天王等神勇蓋世；太白金星、二郎真君、五方五老各路神仙，個個法力無邊。

道教傳說正月初九是玉皇大帝的聖誕日。這一天，道士們要舉行祝壽

道場，誦經禮懺，稱「玉皇會」。每年臘月二十五日，玉皇大帝都要出巡天上人間，考察眾生的善惡禍福，所以，道教徒要在這一天開設道場，隆重接駕。

太上老君就是老子嗎

在道觀的大殿正中一般都供奉著「三清」的尊位，其中的太清就是太上老君（其他兩位是玉清元始天尊，上清靈寶天尊，他們統領所有天神，為神王之宗，飛仙之主）。

太上老君是道教對老子的尊稱，歷史上實有其人。據《史記》記載，老子姓李名耳，字伯陽，謚號聃，是楚國苦縣（今河南鹿邑東）人。他是道家學派的創始人，春秋時期的思想家，後來被道教尊奉為始祖，並受到歷代帝王的青睞。

老子與道教其實並無關係，老子是哲學家，不是宗教家，也未創立宗教。老子的著作是學術性的，不是宗教性的。後來道教奉他為始祖大致有三個原因：一是他的《道德經》正合道教宗旨；二是老子出生年代早；三是老子有許多神奇的傳說。

有關老子的傳說，最著名的要數「紫氣東來」的故事。相傳周康王時，東宮賓友尹喜觀星望氣，見東方紫氣西移，天文呈現出祥瑞之象，知道將有聖人入關，就求為函谷關令。第二年夏天七月，老子果然離開中原西行入關，尹喜就把他挽留下來，對他執弟子之禮，邀請到玉樓觀。老聃給他講授了《道德五千言》。次年，老子升天而去。尹喜繼續留在玉樓觀清修三年，撰寫了《關尹子》。尹喜後來遠赴蜀地追尋老子，也升天成仙了。

道教在關於老子的傳說上，進一步加以神化。魏晉時老子已成為玄妙玉女所生，並認為他是宇宙生成的根本，是萬物之源。

陶弘景為何是「山中宰相」

陶弘景（西元456年～西元536年），字通明，南朝齊梁間道士、道教思想家、醫學家，自號華陽隱居，丹陽秣陵（今江蘇南京）人，卒諡號「貞白先生」。

陶弘景自幼聰明異常，讀書萬餘卷，琴棋詩畫，無不精通。15歲著《尋山志》，不到20歲即被蕭道成引給諸王作侍讀。西元479年，蕭道成建立齊國。對陶弘景更加倚重。但陶弘景此時已一心向道。

梁武帝永明十年（西元492年）陶弘景辭官赴句曲山（茅山）隱居，從孫岳遊學，並受符圖經法，遍歷名山，尋訪仙藥。梁武帝幾次禮聘，他都不至，卻常常向他諮詢朝廷大事，當時的人都稱他是山中宰相。

由於王公貴戚，「參候相續」，干擾頻仍。他索性在山中建了一幢三層樓，「弘景處其上，弟子居其中，賓客至其下」，關門讀書，與世無爭。陶弘景終生未婚，於大同二年（西元536年），無疾而終，享年81歲。傳說，他逝後的很多天，身體顏色不變，屈伸自如，香氣氳氳滿山。

陶弘景的思想源於老莊，並受葛洪道教影響，亦雜有儒、佛觀點。主張儒、佛、道三家合流，並將儒家倫理觀念引入道教理論體系。善書法，尤精行書，長於醫藥、曆算、地理。在整理古籍《神農本草經》的基礎上，吸收當時藥物學新成就，撰著《本草經集注》七卷。另參照佛家宇宙諸天體系和經典規模，著作《真誥》，是道家重要典籍之一。

呂洞賓為何成了「八仙」之一

呂洞賓，著名道士，原名呂岩，又名岩客，字洞賓，號純陽子、回道人，河中府永樂鎮（今山西芮城縣）人。

呂洞賓生於世代官宦之家，自幼熟讀經史，有人說他曾在唐寶曆元年（西元825年）中了進士，當過一段時間的地方官吏。

後來，他因厭倦兵起民變的混亂時世，拋棄人間功名富貴，和妻子一起

來到中條山上的九峰山修行。他和妻子各居一洞，相對可望，遂改名為呂洞賓。

民間傳說他在修煉過程中，巧遇仙人鍾離權，拜之為師，得成仙果，遂與鐵拐李、漢鍾離、藍采和、張果老、何仙姑、韓湘子、曹國舅並稱為「八洞神仙」。之後更是雲遊天下，在岳陽、洞庭、泰山、華嶽等地扶危濟困，點化孝子，深得百姓敬仰。

呂洞賓是鍾、呂內丹派的代表人物。他最大的貢獻就在於，將道教修煉的丹道學，由外丹的燒煉轉化為內丹的修煉。這是道教史上一次驚天動地的變革。

呂洞賓仙去後，家鄉百姓為他修建了「呂公祠」。之後，在民間長期流傳中，他的名聲也像雪球的滾動一般，故事越來越加豐富，成為一個箭垛式的傳說人物。

元初，丘處機弟子宋德方奉敕在呂洞賓家鄉按照皇家宮殿格局大興土木，為呂洞賓修建了永樂宮，在無極殿供奉三清諸神，純陽殿供奉呂祖，重陽殿供奉王重陽和全真七祖。

王重陽與「活死人墓」是怎麼回事

王重陽（西元1112年～西元1170年），道教全真派創始人。原名中孚，字允卿，又名世雄，字德威，入道後改名喆，字知明，道號重陽子，故稱王重陽。

他生於陝西咸陽大魏村的一個富裕家庭，從小才思敏捷，善屬文，又頗喜弓馬。後因感社會動盪不安，遂棄家修道。

相傳，他在48歲那一年，於甘河鎮（今陝西境內）遇呂洞賓之化身，得授修煉口訣，遂通仙道。仙師曾指東方讓王重陽觀看，竟有七朵金蓮結子。仙師笑曰：「豈止如是，將有萬朵玉蓮房也。」此後，他在終南山修了一個隧道，名活死人墓，穴居修道。

金世宗大定七年（西元1167年），悟道後的王重陽忽然燒掉自己的居

所，隻身去山東傳道。很快就有了很多徒眾，並且收了七個大弟子，即馬丹陽（鈺）、孫不二（馬鈺之妻）、丘處機、劉處玄、譚處端、王處一、郝大通七人，應七朵金蓮之兆，世稱「全真七子」。

王重陽糅合儒家和道、釋的思想，主張三教合一，聲稱「儒門釋戶道相通，三教從來一祖風」。認為修道的根本在於修心，達到心地清靜，則身在凡塵而心已在聖境。著作有傳道詩詞千餘首，另有《重陽立教十五論》、《重陽教化集》、《分梨十化集》等，均收入《正統道藏》。

張三豐為何成了著名道士

張三豐（生卒不詳），元、明著名道士，名全一，又名君寶，字君實，號玄子，南召縣人，因其不修邊幅，人稱張邋遢。自稱張天師後裔。他曾遊寶雞山中，有三山峰，挺秀倉潤可喜，因號三豐子。

傳說其風姿魁偉，大耳圓目，鬚髯如戟。無論寒暑，只一衲一蓑，一餐能食升斗，或數日一食，或數月不食，事能前知。游止天下，居無定所。進入明朝，自稱是大元遺老，時隱時現，行蹤莫測。

張三豐認為，古今只有正邪兩教，所謂的儒、釋、道三教只是創始人有所不同而已，實則是釋迦牟尼、孔子、老子，都可以稱作是道。

張三豐在武當山住持修行期間，以太極立宗，創立了一個新的道派——三豐派，掀起了中國道教發展史上的最後一波，並成為武當派武功的創立者。後人編有《張三豐先生全集》，收入《道藏輯要》。

丘處機為何被尊為「長春真人」

丘處機（西元1148年～西元1227年），字通密，號長春子。棲霞縣濱都里人。金元時期，道教全真派創始人之一。

丘處機自幼失去雙親，嘗遍人間辛苦。童年時即嚮往修煉成「仙」。棲身村北之公山。過著「頂戴松花吃松子，松溪和月飲松風」的生活。為了磨

煉意志，他曾一次次地將一枚銅錢從石崖上扔進灌木叢，然後再去尋找，不得不止。

19歲時，丘處機獨自去崑崙山煙霞洞修行。第二年，聞王重陽至寧海州傳道，遂下山拜師，成為王重陽的弟子。

大定十四年（西元1174年）八月，丘處機入磻溪（今陝西省寶雞市西南）穴居潛修七年，行攜蓑笠，人稱「蓑笠先生」。後又赴隴州龍門山潛修六年。成為全真龍門派創始人。修煉期間，丘處機「煙火俱無，簞瓢不置」，「破衲重披，寒空獨坐」，生活極其清苦，但他「靜思忘念，密考丹經」，潛心於養生學和道學的研究，並廣交當地文人學士，獲得了豐富的歷史、文化知識。

興定三年（西元1219年）冬，成吉思汗在西征途中，聽隨行的中原人介紹丘處機法術超人，便派近臣劉仲祿持詔書相邀，丘處機說：「我循天理而行，天使行處無敢違。」興定九年（西元1225年），帶弟子18人從山東萊州動身，行程萬餘里，與成吉思汗在大雪山會面。成吉思汗詢問長生事宜，丘處機進言：「要長生，須清心寡欲；要一統天下，須敬天愛民。」成吉思汗深為讚賞，尊其為「神仙」，並贈與虎符及璽書。

元太祖十九年（西元1224年），丘處機回到燕京，奉旨掌管天下道教，建天長觀（今白雲觀）。全真教盛極一時，丘處機聲譽顯赫。從此，寺廟改道觀，佛教徒更道教者不計其數。元太祖二十二年（西元1227年），丘處機在天長觀病逝。終年80歲。元世祖時，追封為「長春演道主教真人」。

制度措施

先秦部落首領怎樣實行「禪讓制」

在中國原始社會，部落首領是經過部落聯盟議事會選賢與能產生的，這就是禪讓制。中國傳說中的唐堯、虞舜、夏禹就是經過禪讓產生的部落聯盟首領。

相傳帝堯是陶唐氏部落的首領，為黃帝嫡裔，被選舉為炎黃部落聯盟首領，到他86歲那年，他覺得自己年老力衰，想要找一個人來接替他。這時，聯盟議事會推舉了舜，舜是有虞氏部落首領，深得部落的擁護和支持。堯對舜進行了為期三年的考察，覺得他確實很能幹，於是堯死後，舜就繼承了部落聯盟的首領。

到舜年老時，聯盟議事會又推舉了夏禹，因為禹治水有功，深得民心。這樣，禹就繼承了部落聯盟的首領。禹繼位後，聯盟議事會本來推舉了皋陶為繼承人，但是皋陶死得早，便又推舉伯益為繼承人。但在禹死後，禹的兒子啟殺死伯益，自己當了首領，並建立了夏朝。禪讓制於是宣告結束，從此中國從原始社會邁入了奴隸社會。

「兄終弟及」的王位繼承制度

兄終弟及，指的是在諸侯、帝王中，兄長死後，由弟弟繼承王位的制度。在夏代之前的傳說時期，部落聯盟首領採取「舉賢不舉親」的禪讓制。堯傳舜、舜傳禹採取的都是這種方式。

自從夏啟將禪讓制改為世襲制後，皇位的繼承方式就成了父死子繼和兄終弟及並行，但以父死子繼為主。

商朝的王位繼承制度也是父死子繼與兄終弟及並行，但以兄終弟及為主。商代後期出現了「廢嫡而更立諸弟子，弟子或爭相代立」局面，所以，逐漸以立嫡為主。

周初實行宗法制，建立了嚴格的王位繼承者，實行嫡長子繼承制。歷史上由兄終弟及得到大位的有多位皇帝，如漢文帝，是因為哥哥惠帝孱弱，呂氏專權，後來大臣周勃、陳平支持劉恆，滅諸呂之後即帝位。

女主臨朝稱制始於誰

在封建社會，當繼位的新君年齡還小時，往往需要皇后或者皇太后臨朝聽政，幫助處理國家大事，這就是女主臨朝稱制。歷史上最早「臨朝稱制」的女主是戰國時期的宣太后羋八子，她為日後有野心把持朝政的后妃們開了一個成功的範例。

羋八子是秦惠文王來自楚國的姬妾，姓羋，八子是她的封號。八子在當時的秦國後宮中地位不高。所以，羋八子在秦惠文王身後，和兒子嬴稷就在皇后和新君秦武王的合謀下，被送往燕國做了人質。

三年後，秦武王意外死亡。羋八子在燕國的支持下，果斷地聯絡到了自己的異父弟魏冉擁立嬴稷回國，經歷了三年的「季君之亂」，終於使嬴稷登上了王位的寶座，成為秦昭王。她也因此成為「宣太后」，並在秦國臨朝稱制了41年。在她統治期間，秦國的國力日益強盛，為她的玄孫嬴政統一六國積累了實力。

大一統王朝中首位臨朝稱制的皇太后是西漢高祖劉邦的皇后呂雉。她在兒子惠帝死後正式臨朝代行天子之權，是當時西漢真正的掌權者。在她執政的七八年中，史書中直接以「高后某年」記事，《史記》、《漢書》等正史也為她專門立了帝王資格的「本紀」。呂后的執政生涯也算成功，她雖然扶植諸呂，對待朝臣心狠手辣，但政治局面基本穩定，社會經濟得到恢復，為其後的「文景之治」打下了基礎。

商周時期怎樣實行「分封制」

分封制是指中國古代皇帝或國君分封諸侯的制度。這一制度在商、周時期尤其盛行。

夏朝時，在今中原地區就由國君分封了若干小國，商代時，又逐漸為諸侯確立了侯、伯等稱號。周滅商後，地域更廣、人口更多，周天子為了方便控制，也陸續把自己的兄弟叔侄及某些有戰功的異姓貴族分封到各地為諸侯。

當然，諸侯必須受天子管轄，為其承擔鎮守疆土、捍衛王室、繳納貢物、朝覲述職等義務。只是後來，王室衰微，各諸侯國才趁勢崛起，遂成春秋戰國之混亂局面。

秦漢以後，帝王們不再大肆分封功臣宿將，而僅以兄弟子侄為一方之王，起拱衛皇室之用。但即便如此，宗室叛亂亦屢禁不止，成為皇帝最為頭疼之事。雖各朝均有相關措施，但分封制始終在延續，故也只能治標不治本。

較為簡單的商周官制

商朝時期，官制較為簡單，大體有以下三類：一是政務官，有「尹」、「卿士」；二是宗教官，其中管占卜的叫「多卜」、「占」，充當人神之間媒介的叫「巫」，管著作簡冊，為國王發布文告命令的叫「作冊」；三是事

務官，主要是管理各種奴隸的「小臣」，如王廷中的奴隸總管叫「宰」，管手工業奴隸的叫「司工」等。

其中，政務官、宗教官的地位高，權力很大，百官又叫「內服」職官。商王朝中心區以外設置的官吏，有侯、伯、男、甸等，稱為外服官。

周朝的官制是在商代基礎上發展而來的，形成了一套龐大的管理組織和制度。相傳輔佐周王治理國家有三公：太師、太傅、太保，其職責是總管百官，權力最大。

三公之下，朝廷中最高的官員是卿士，即太宰、太宗、太史、太祝、太士、太卜。周朝還設有五官：司徒、司馬、司空、司士、司寇，分別掌管土地、軍賦、工程、群臣爵祿、刑罰等。

在地方機構上，實行的是封建諸侯制。周王、諸侯、卿大夫和各種官吏，都是世襲的，形成世卿世祿制。這一體制對於穩定和鞏固周初中央政權的統治，促進其政治、經濟和文化的發展起了積極的作用。但隨著社會生產的發展，各諸侯國勢力強大，王權相對削弱，終於導致春秋時期諸侯互相兼併爭霸的局面，官制也相應發生了變化。

九品中正制如何品評和使用人才

九品中正制度，又稱門閥制度，創建於曹魏初期。東漢時期，出現的一批大地主已經成為一支不可忽視的政治力量，稱為世家大族。曹操當政時，許多世家大族認為曹操出身低微，不肯合作，使得曹操很傷腦筋。後來，曹丕篡漢建魏，採納陳群的建議，創立了九品中正制。

九品中正制就是透過各州、各郡中正官的品評，把人才分為上上、上中、上下、中上、中中、中下、下上、下中、下下九等。被評為上等的人才將推薦給各級政府，吏部選拔官員時要向中正官徵詢被選者的家世情況、品級。晉以後就完全由家世確定品級，形成了重家世輕德才的風氣。所謂「平流進取，望至公卿」的說法，就是對這種積弊的抨擊，這樣就形成了豪門世家把持各級官僚機構的局面。

隋代以後，隨著門閥制度的衰落，此制終被廢除。

郡縣制源於何時

郡縣制是相對於分封制的地方行政管理制度。其本質的區別在於，郡縣制下的地方管理，脫離了家族管理的形態，而變為國家官僚體系下管理的一個部分。

郡縣制最早出現在春秋時期，確立完善於秦代。

春秋初期，楚、秦、晉等國已經在邊地開始設縣，後逐漸在內地推行。其長官可以世襲，不盡同於後來的縣。春秋末年，各國在邊地設縣，逐漸形成縣統於郡的兩級制。

秦統一六國後，全面推行郡縣制。分全國為三十六郡，後增至四十郡，一郡轄若干縣。郡的長官稱「守」，對上承受中央命令，對下督責所屬各縣。縣是郡的下級行政機構，長官稱縣令或縣長，由朝廷任命，其主要任務是治理民眾，管理政財、司法、獄訟和兵役。郡守藉由每年的考核和平時的檢查，對縣令的工作進行考察。

無論是郡守還是縣令，都由國家統一發放俸祿，不世襲；而且郡縣的行政、軍政和監察諸權分立，尤其是獨立而直受中央的監察權，利於加強中央集權政體和鞏固國家的統一。

其後，郡縣制被歷代沿用，雖然行政的建制和名稱也有變化和發展，但所置略同。

「三省」、「六部」各有什麼職能

三省六部制是西漢以後長期發展形成的，是封建社會的主要政治制度。

「三省」是中國古代皇帝之下的三個最高政務中樞機構尚書省、中書省（隋朝時稱為內史省）、門下省的合稱。尚書省掌管行政，長官是尚書令和左、右僕射；中書省掌管軍國政令，負責起草制定政策，也是決策機關，長

官是中書令和中書侍郎；門下省掌管政令的審核，進行議論封駁，政令不善者可以駁回，長官是侍中（隋朝時稱納言）和門下侍郎。

三省的長官實際上相當於秦漢的宰相。那麼，把宰相之職一分為三，避免了權臣專權，使中央集權進一步加強。後來，又因三省長官品位崇高，中書令、侍中也不再常設。但是宰相不可沒有，故唐代特置「同中書門下平章事」，凡以本官加帶此類頭銜的官員，即為宰相。

「六部」是中國古代中央政府六個行政管理機關的合稱，即吏部、戶部（隋朝時稱度支）、禮部、兵部、刑部（隋朝時稱都官）、工部，具體負責人事、財政、禮儀、科舉、軍事、刑法、工程等國家事務。

魏晉時期的士族占有哪些特殊地位

魏晉以來，地主階級中開始有了士族和庶族之分，形成了士族制度。到東晉時，士族制度得到進一步發展，士族在經濟上占有大批土地和勞動力，在政治上享有特殊地位，高門士族世世代代擔任重要的官職。

士族在社會上有特殊地位，他們講究身分和門第的高低，不與庶族通婚、共坐，不穿同樣的衣服，甚至不互相往來。士族子弟不學無術，整天遊蕩，吃喝玩樂，縱情聲色，他們「無不熏衣剃面，傅粉施朱」、「骨脆膚柔，不堪行步，體羸氣弱，不耐寒暑」，「出則車輿，入則扶持」是一群極端腐朽的社會寄生蟲。

南方士族勢力到南朝末年才逐漸削弱。到了隋唐時期，由於實行了科舉制度，重視門第高低的觀念不復存在，士族更加趨於衰弱。到唐末農民起義時，在黃巢農民起義的打擊下，士族制度徹底瓦解。

八旗制度是社會組織還是軍事組織

八旗制度是清朝的一種社會組織形式。努爾哈赤統一了建州諸部後，伴隨統一戰爭的進行，歸服的人口日眾，先前那種只憑血緣關係的軍事與生產

組織，已不能適應統一戰爭的需要了。於是在這種特殊的政治歷史環境下，八旗制度便應運產生了。

明萬曆二十九年（西元1601年），努爾哈赤在「牛錄制」的基礎上，參考猛安謀克制，初建黃、白、紅、藍四旗。萬曆四十三年（西元1615年），為了進一步適應滿族社會的發展，又增加鑲黃、鑲白、鑲紅、鑲藍四旗，總共為八旗。每旗下轄五甲喇，每甲喇轄五牛錄。凡滿族成員分隸各牛錄，平時生產，戰時從征。清太宗時，又建立蒙古八旗，再建立漢軍八旗，從而使八旗制度更加完善。

八旗由皇帝、諸王、貝勒控制，旗制終清未改。八旗初建時兼有行政管理、軍事征伐和組織生產三項功能模式，與當時的社會經濟基礎是相適應的。把分散的女真各部組織在旗下，進行生產戰鬥，保證了統一戰爭的勝利，推動了女真社會經濟的發展。

入關後，滿族統治階級繼續利用八旗制度加強對人民的控制，其生產的意義日趨縮小，八旗成為一種軍事組織。八旗兵額共二十二萬，一半駐守在北京附近，其餘分駐奉天（瀋陽）、吉林、成都等各要地。八旗的行政機構，在某些地區仍和各級衙署州縣並存。1911年，清王朝被推翻，八旗制隨之土崩瓦解。

秦國是如何實行客卿制度的

客卿是戰國時秦國任用遊說之士的一種制度。當時，秦國位處關西，不被看在當時的中原文明國家之列，而被認為是一個蠻荒之國。但就是這麼一個蠻荒之國，野心卻很大，時刻夢想著向東方擴展勢力。

為了實現這個目的，秦國廣羅六國的優秀人才，希望他們能到秦國來做官。為了得到一個人才，甚至不惜動用武力。著名的韓非子就是秦國用武力硬奪來的。很多六國的遊說之士，看準這個有利時機，紛紛來到秦國。到了秦國之後，他們往往能謀得一官半職。

在秦國，六國遊說之士的入仕做官一般有兩種情況：

其一是受秦王賞識後，直接被授以高官，主持國政。像商鞅就是藉由這種方式得以主持變法的。

其二就是先拜為客卿，然後再升遷為正卿或相。所謂客卿，相當於秦王的高級顧問，並不是正式的官職，但可以參與商討國家大政。由客卿拜為正卿或相，必須統兵參加過征戰，並立有軍功才行。張儀、蔡澤、李斯等人就是由客卿而拜相的。這就是秦國的客卿制度。除了相之外，秦國的許多文臣武將也都是外來的客卿，如尉繚、王翦、蒙恬和李信等。

秦國的客卿制度，極大地提高了秦國的政治、經濟和軍事實力，秦最終得以統一六國，客卿制度無疑是一個重要的因素。但由於客卿勢力過於強大，使秦國的貴族勢力受到了較大的衝擊，因此，在秦統一六國之前曾有過一次驅逐客卿的運動，李斯還為此寫下了著名的《諫逐客書》，最終促使了這些外來客卿留在秦國。

土司制度是管理少數民族的嗎

土司制度，是指元、明、清的統治階級用來統治西南少數民族地區的民族政策。

西元1253年，元世祖忽必烈消滅大理政權後，想將西南各少數民族置入自己的統治之下，但遭到少數民族的反抗，使元朝難以直接委官統治，於是忽必烈開始大量使用當地各部族酋長為地方官，史稱土官。元朝的土官，有宣慰使、宣撫使、安撫使、招討使、知府、知州、知縣等職。當時關山阻隔，難以控制，以土官統治土民，對維護元朝統治確實起到了一定的作用。

明朝建立後，承襲元制，規定只要是歸附的西南夷，均以原官設職。以宣慰使、宣撫使、安撫使等統領士兵，改屬兵部，土知府、土知州、土知縣等官隸屬吏部，並陸續制定了土官的承襲、等級、貢賦、徵調的制度。

到明朝中葉，土官開始改稱土司，土司均為世襲制，他們既是朝廷命官，對中央要履行規定的職責和義務，又是土皇帝，在轄區內保存傳統的統治機構與權力。

天朝田畝制度具體有哪些內容

太平天國定都天京（今南京）後，由洪仁玕提出，洪秀全批准實施天朝田畝制度。這一制度以土地制度為核心，包括經濟、政治、軍事、文化等內容。

這一制度宣布一切土地都屬於「皇帝」所有，實行土地公有制。確定「凡天下田，天下人同耕」的平均分配和使用的原則。把土地按產量高低分為上、中、下三級九等。它規定不論男女，「分田照人口」。

還規定，縣以下設立各級鄉官，其體制、稱號與軍隊相同。社會的基層組織為「兩」。凡居民二十五家為一「兩」，設兩司馬負責管理生產、分配、行政、教育、禮俗、司法及地方武裝等工作。每兩設一「國庫」、一禮拜堂，均由兩司馬主持。

根據財產共有的原則，每家所得扣除口糧外，其餘全部送繳「國庫」。「所有婚娶彌月喜事，俱用國庫」，「其餘鰥寡孤獨殘疾免役，皆頒國庫以養」。

太平天國希望用這個方案，建立「有田同耕，有飯同食，有衣同穿，有錢同使，無處不均勻，無人不飽暖」的理想社會。它所提出的平分土地方案，是對地主階級土地所有制的否定，反映了廣大貧苦農民的土地要求，對鼓舞鬥志有積極作用。但採用了絕對平均主義，是不可能實現的。

歷朝歷代實行怎樣的兵役制度

兵役制度是徵調兵員服役的制度，是國家的重要軍事制度之一，它隨著國家的出現而產生，又隨著國家的經濟情況、政治制度和軍事需要而變化。就類型而言，主要包括民軍制、徵兵制、募兵制、世兵制、府兵制等。

夏代時，軍隊就已產生。在軍事構成上，實行兵民合一的民軍制，有受田權利的成年男子，都有服兵役的義務，平時耕牧為民，戰時出征為兵。商代兵役制大體沿襲夏代，西周時，規定每家出一人為「正卒」，隨時準備

出征；其餘為「羨卒」，服後備兵役。軍隊的核心虎賁等精銳在「王族」或「公族」中徵集。車兵即甲士，在「國人」即平民中產生，步卒即步兵則由庶人組成，廝徒等雜役則來自於奴隸。

戰國時期，王權得到強化，開始實行普遍的徵兵制。秦始皇統一中國後，規定17歲至60歲的男子無論貴賤都必須服兵役兩年。守衛京師一年稱「正卒」，守衛邊防一年稱「戍卒」。西漢推行與勞役相結合的兵役制度。制度規定：男子23歲至56歲間，須服兵役兩年。其中一年在本郡為「車騎材官卒」，即正卒。一年在京師為衛士或在邊郡為戍卒。

世兵制是魏晉南北朝時期普遍實行的兵役制度。它以軍戶為依託，軍戶亦稱士家或兵家，單立戶籍，平時屯田，戰時從征。軍戶為世兵，父死子繼，兄終弟及，世代服兵役。

府兵制為西魏宇文泰創建。設六柱國統兵，下設十二大將軍，二十四開府，四十八儀同，每儀同約有千人，總兵力五萬左右。編入府兵者，另立軍籍，不承擔國家賦稅，專事作戰。隋唐仍以府兵制為主要兵役制度，並有所改革。唐代的府兵建立在均田制基礎上，男子20歲至60歲受田，都有服兵役的義務。府兵由設置在各地的軍府管理，平時散居務農，農隙進行教練，還要輪番宿衛京師或戍守邊防，戰時奉命出征。戰爭結束後，「兵散於府，將歸於朝」。

宋代以募兵為主。宋代招兵，禁軍，從全國各地招募；守衛各州的廂兵，在本州範圍內招募；守衛邊境地區的番兵，從當地少數民族中招募；保衛鄉土的鄉兵，由各地按戶籍抽調的壯丁組成。這些士兵，應募之後，終身為兵，由國家發給糧餉，具有職業兵的性質。

此外，遼、西夏、金均實行全民皆兵的部落兵制。

蒙古族入主中原前也沿襲金的兵役制，元朝建立後，兵役制度呈多樣化。蒙古各部全民皆兵，其他民族則實行世兵制。明代主要實行以衛所為單位的世兵制。明中葉以後，衛所流於衰敗，為保證兵源，明政府又實行募兵制。清代兵役制度雜有世兵制和募兵制。規定凡16歲以上的八旗子弟，「人盡為兵」。後又招募漢人當兵，稱「綠營兵」。

古代採取怎樣的宦官制度

宦官又稱侍人、奄（閹）人、中官、內侍太監等，它是中國封建專制主義政治體制特有的產物。

宦官在中國出現得很早，大約在夏商周時期就已經存在了。當時，人們把在皇宮中為皇帝及皇族服務的官員，統稱為宦官。東漢以前，充當宦官的有閹人，也有其他人。東漢時期，宮廷之禁越來越嚴，於是宦官開始「悉用閹人」。

儘管宦官地位低賤，但因為他們是君王的近侍，比一般的外臣更容易受到君王的寵信，所以，能對君王施加某些影響，甚至干預政事。

從春秋時期起，外臣和貴族勾結宦官以謀取權勢甚至發動宮廷政變的事，屢見於史載。秦國宦官嫪毐專權，東漢時期中常侍的專權迫害，唐代中後期宦官掌握了神策軍、天威軍等禁兵的兵權而造成的禍亂，明代的汪直、劉瑾、魏忠賢等的危害百姓與忠良，都是很典型的例子。

辛亥革命後，清王朝被推翻，封建制度終結，宦官制度也隨之結束。

錦衣衛有什麼特殊職能

明朝建立後，朱元璋怕大臣對他不忠，為了加強監視，洪武十五年（西元1382年），朱元璋將御用拱衛司改為「錦衣衛」，令其掌管刑獄，賦予巡察緝捕之特權，下設鎮撫司，從事偵察、逮捕、審問活動，且可以不經過司法部門，首領稱為指揮使（或指揮同知、指揮僉事），一般由皇帝的親信武將擔任，很少由太監擔任。

由於朱元璋出身的特殊性，他們對皇權的維護有其他朝代所沒有的強烈欲望，這就使得錦衣衛「巡查緝捕」的職能日益被無限度地擴大了。以至於到後來，錦衣衛又擁有了自己的監獄，可以自行逮捕、刑訊、處決犯人，不必經過司法機構和正常的司法程序。

錦衣衛因穿橘紅色服裝，騎馬，又被稱為「緹騎」。緹騎的數量，最少

時為1000，最多時有60000之眾。錦衣衛官校一般從民間選拔孔武有力、無不良紀錄的良民入充，之後憑能力和資歷逐級升遷。同時，錦衣衛的官職也允許世襲。

明成祖的時候，有「倚錦衣為心腹」，增設了一個「北鎮撫司」，「專治詔獄」，就是專門審訊皇帝不交的案件，與專門處理錦衣衛內部案件的「鎮撫司」相並列。

明朝為什麼要設置東廠和西廠

明成祖朱棣在發動「靖難之役」奪取了建文帝的皇位之後，精神狀態一直處於高度緊張之中，他迫切感到需要一個強有力的專制機構，可是設在宮外的錦衣衛使用起來畢竟不是很方便，於是決定建立一個新的機構，這就是東廠，以其位址位於東安門北側（今王府井大街北部東廠胡同）得名。

起初東廠只負責偵緝、抓人，但到了明朝末期，東廠權勢日益擴張，也開始有了自己的監獄。同時，東廠的偵緝範圍也非常廣，聽審、監視官員、查看奏折，甚至連普通百姓的日常生活，柴米油鹽的價格，也在東廠的偵察範圍之內。而東廠所獲得的情報，可以直接向皇帝報告。

東廠的番子每天在京城大街小巷裏面活動，並非完全為了「公事」，更多的是為自己謀取私利。他們常羅織罪名，誣陷良民，之後屈打成招，趁機敲詐勒索；使得舉國上下人人自危，民不聊生。

西廠設立於明憲宗時期，目的是加強特務統治而增設，並且其權力超過東廠，活動範圍自京師遍及各地。後因遭到反對，被迫撤除。

御史臺，古代最高的監察機關

御史臺，別稱憲臺，是中國古代最高的監察機關。御史臺最早設於戰國時的秦國，秦統一六國後仍置，以御史大夫掌章奏與監察，為副丞相。

漢初承秦制，監察機構稱御史臺，長官為御史大夫，一面參預朝政，一

面有「制監百司，糾繩不法」的監察權。漢成帝時，御史大夫改稱大司空，東漢稱司空，為三公之一，掌水土營建軍事，非監察職，御史中丞遂為御史府長官，東漢始稱御史臺，文屬少府，成為專門的監察機關。

自魏始，御史臺脫離少府而獨立，仍以御史中丞為其首長，其下有治書侍御史、治書執法御史、侍御史，分曹監察。「自皇太子以下，無所不糾」（《通典·卷二十四·中丞》）。

隋唐因之，但改御史大夫為首長，御史中丞為輔佐官，內部機構也有較大變化。唐時御史臺分為臺院、殿院、察院，臺院掌糾舉百僚，推鞫獄訟；殿院掌殿延供奉之儀式；察院掌巡按郡縣和六部的稽查監察以及監軍等。

唐末，節度使、觀察使多兼御史中丞銜，其幕府有「外臺」之稱。宋因唐制而略有損益，御史大夫不常授人，遂復以御史中丞為臺主，且另設他官監察地方，察院遂專察。

中央六部，元代例由皇太子兼御史大夫，其臺主實際上仍為御史中丞。下轄機構為殿中司和察院，並在22道監察區設肅政廉訪使，為加強對其領導，遂於江南與陝西兩地設中央御史臺的派出機構——行御史臺。

明清時期，御史臺改為都察院，派出巡按地方的稱巡按御史，係「代天子巡狩」，權力很大。

翰林院的職能是什麼

「翰林」之名漢代已有，本指文學之林，是文翰薈萃所在。唐代開始作為官及官署名。唐玄宗時，置翰林院，為文學、藝術、方技、醫學、僧道等在內廷的供奉之處，內設翰林待詔，翰林供奉，後來又稱翰林學士。如唐代大詩人李白被稱為翰林學士。後來，翰林院演變為草擬機密詔制的重要機構，任職者稱待詔。

安史之亂後，軍事頻繁，「深謀密詔，皆從中出」，翰林學士的地位越顯突出，不但在草擬詔制方面分割了中書舍人之權，而且在參謀密計方面也分割了宰相之權。

宋代進一步抬高了翰林學士的地位，設立翰林學士院，與實際掌政事堂（中書門下）樞密院居平等地位，很多宰相都從翰林院學士中選拔，因此，很為文學之士羨慕。

遼代在南面官中設置翰林院。元代設翰林院兼國史院，分別掌管制定詔旨，編修國史和翻譯文學等。

明代開始將修史、著作、圖書等事務歸併翰林院，正式成為外朝官署。清代翰林院以大學士為掌院學士，其下設侍讀學士、侍講學士、侍讀、侍講、修撰、編修、檢討等官。

軍機處的由來

清朝時，軍機處是皇帝處理軍國大事的機密之地，是清朝中後期的中樞權力機關。其設立年月，說法不一。有起於雍正七年（西元1729年）、八年、十年諸說。

軍機處之職掌主要是：掌書諭旨，參贊軍國機務，參議重要政務及刑獄；用兵時則考其山川道里、兵馬錢糧之數，以備顧問；文武官員的簡放、換防、引見、記名、賜與，以及擬定對外藩朝覲者的頒賜等。

軍機處無正式衙署，其辦公處所設於內廷隆宗門內，稱為值房，無專職官員，全部工作由軍機大臣主持，設軍機章京辦理一切事務。

軍機大臣，正式稱謂是「軍機處大臣上行走」，俗稱「大軍機」。分設滿、漢員，由滿漢大學士、各部尚書、侍郎、總督等官員奉特旨充當，均為兼差。其僚屬成為軍機章京，俗稱小軍機。

軍機大臣少則三四人，多則六七人，被稱為「樞臣」。清末漢人只有左宗棠、張之洞、袁世凱等短時間擔任過軍機大臣。

宣統三年（西元1911年），內閣成立，軍機處被撤銷，以軍機大臣為總理大臣與協理大臣。

秘書省，管理圖籍的官署

秘書省是官署名，東漢時始設秘書監一職，負責管理圖籍。曹操設置秘書令，則典尚書奏事。南北朝以後始設秘書省，其主官為秘書監，監以下有少監、丞及秘書郎、校正郎、正字等官員，領國史、著作兩局。

南北朝門閥士族制度盛行，秘書省在這種環境裏深受影響，當時世閥的子弟長大後，往往就可以掛職為著作佐郎；只要能寫得好基本的應酬文字，就可以做個秘書郎了。同時，因為秘書郎往往居職十日就升遷他職，以至於有人為了遍觀群書而固求不遷的。

唐代曾經改稱「蘭臺」和「麟臺」，在唐代初年，秘書省職位清閒，門庭冷落，一向沒有統領它的官署，雖然名聲清廉，可是不能算重要的部門。好名好利的人，大多數不願意幹這個差使。但是好學的文人，也有願意任這個職務的。並且唐代科舉出仕，往往是先在秘書省工作，然後步入真正的仕途，所以，唐代有許多著名的文人曾在秘書省任職。

秘書省後來逐漸衰落，到了明代，更是因為丞相胡惟庸謀反案所波及，朱元璋廢中書省，罷秘書監，藏書由翰林院典籍管理。遷都北京後，宮內文淵閣藏書實由內閣執掌。具有千年歷史的秘書省，就此銷聲匿跡。

都護府，設在邊區的軍政機構

都護府是唐朝設置在邊區用以統轄羈縻地區的軍事行政機構。「都」為全部，「護」為帶兵監護，「都護」即為「總監護」之意。

「都護府」源自西漢宣帝神爵二年（西元前60年）設在烏壘的西域都護府。魏、西晉設有西域長史府。唐朝統一西域，設立安西、北庭、昆陵、蒙池等都護府。都護府置都護、副都護、長史、司馬等職，又置錄事參軍、錄事、諸曹參軍事、參軍事等，如州府之職。有大、上、中之分，大都護府由親王遙領大都護，別置副大都護主府事。自貞觀十四年創設安西都護府起，終唐一代，建置時有改易。

元代也有設置，主管維吾爾族和漢族之間的訴訟。值得注意的是，唐初的統治者民族偏見較少，採取了合理的民族管理制度，唐太宗將治理內地的經驗推廣到周邊，於少數民族地區列置州、縣，而使各部首領管理本部。而正是為了管理這些州、縣，唐王朝才仿照漢代西域都護府的建制在民族地區設置都護府。

尚書省，古代最高的政府機構

尚書省是中國古代魏晉至宋時期中央最高政府機構之一，「尚」是執掌的意思。

「尚書」始置於戰國，到了秦朝，尚書成為少府（九卿之一）的屬官，掌政務文書，地位相當之低。

西漢時期，漢武帝設尚書五人，開始分曹治事。漢成帝也設尚書，群臣奏章都得經過尚書，地位雖不高，權力卻很大。東漢時期，朝廷設立尚書臺，使尚書正式成為協助皇帝處理政務的官員。從此，三公權力大為削弱。

三國時期，尚書臺已成為全國政務的總匯。曹魏的時候，尚書臺之外復有中書省，侍中也逐漸成為參與機密的要職，尚書臺不再擁有獨占機樞的地位。

東晉以後，錄尚書之權漸分，有時以三四人並錄尚書事。南北朝時期的宋孝武帝孝建中，為防大臣威權過盛，遂省去錄尚書之職，以後南朝的尚書則置廢不常。至於北朝，北魏道武帝拓跋珪仿魏晉立尚書臺，置三十六曹。東魏、北齊承襲北魏這一制度，但是尚書之權較重。西魏時官制改革，宇文泰以大行臺執政。大行臺的組織略同於尚書省，有僕射、尚書、丞、郎等職。

隋文帝楊堅代周稱帝，恢復了尚書省，並使之成為名副其實的全國最高行政機構。唐沿隋制，三省並置，而尚書省事無不總，是全國行政的總匯機構。唐代後期，尚書省已經有名無實。北宋初期，雖然形式上還保留著尚書省的系統，但權力既不歸屬，郎官又不治事，尚書省的制度名存實亡。遼、

金的情況與宋制略同。元代以後，尚書省遂廢除。

門下省是怎樣的政府機構

門下省也是中國魏晉至宋代的中央最高政府機構之一，後來發展成為與尚書省、中書省鼎足而立的三省之一。

東漢設有侍中寺，是宮內侍從官的辦事機構，晉時改稱門下省。門，指皇宮內門，因其門戶漆以黃色，故又稱黃門。

南北朝時，門下省權力逐漸擴大，北朝時政出門下，成為中央政權機構的中心。隋唐時與中書省同掌機要，共議國政，在唐代前期是真宰相。宰相議政的政事堂，最初也設在門下省，以後才移到中書省。侍中具有封駁權，即對皇帝頒發詔書的審核權。

宋代初，門下省僅主朝儀等事。元豐改制後，始恢復審查詔令的舊制。南宋初，中書、門下三省合一，稱中書門下省。遼、金時亦置門下省，金海陵王時廢。

中書省是怎樣的政府機構

中書省也是中國魏晉至宋代的中央最高政府機構之一，後來發展成為與尚書省、門下省鼎足而立的三省之一。

中書省始設於魏晉，為秉承君主意旨、掌管機要、發布政令的機構。至隋唐時成為全國政務中樞。隋代廢六官制，置內史省，即中書省。煬帝末又曾改名內書省。唐代先後曾改稱西臺、鳳閣、紫薇省等。

唐代的中書、門下和尚書三省同為中央行政總匯，政策由中書決定，由門下審議，然後交給尚書執行，故實際任宰相者稱為「同中書門下平章事」。

宋代仍然設置尚書、門下、中書三省，而中書省之權特重。中書省掌握著行政大權，它與掌管軍事大權的樞密院、合稱「二府」。

到了元代，以中書省總領百官。與樞密院及御史臺分掌政、軍、監察三權，門下、尚書皆廢，中書省的地位尤顯重要。地方行政一部分亦由中書省掌握。

明代朱元璋廢中書省，由皇帝直接統領六部，機要之任則歸「內閣」，此後便無中書省這一機構，甚至在一定程度上，可以說「宰相」一位從此也沒有了。內閣大學士成為實際意義上的宰相，清朝亦然。

樞密院，中國古代的國家軍政機構

樞密院是中國古代國家軍政機關，與中書省並稱「二府」。

樞密院最初設置始於中唐時期，宋太祖沿襲此制，職在管理軍籍、武官之升遷調轉、軍事機密、邊防布置及作戰計畫，有調兵之權而無掌兵權。以樞密使為首長，另設樞密副使、知樞密院事等官。任此職者一般為文官，且往往即由同平章事兼任。

金元因宋制，唯元例由皇太子兼領樞密使；且樞密院已不再與中書省並列，地位低於中書省；為征戰需要，兩代均有行樞密院之設。此外，遼代亦有樞密院之設，但其制較為特殊。

遼在北面官系統的北南宰相府下設此樞密院，相當於兵部；南樞密院相當於吏部；在南面官系統中，初以樞密院兼行尚書省事，行政機關吏房、兵刑房、戶房、廳房等，皆歸其統轄。後尚書省獨立，樞密院始作為純軍政機關存在，但其職任較輕，以掌管漢人兵馬之政為主。明代改樞密院為大都督府，後廢止。

路、州、府各是什麼行政單位

路是宋代的地方一級行政單位，在宋太宗初期，一直實行「道」、「路」並存的行政區劃制，在至道三年（西元997年）始定天下為15路：京西路、京東路、河北路、河東路、陝西路、淮南路、江南路、兩浙路、福建

路、荊湖南路、荊湖北路、廣南東路、廣南西路、西川路、峽西路。

當時，路的長官稱為監司（有四個），路下設州，州的實際長官是知州，州下設置縣，縣的實際長官為知縣。

此外，宋代在重要的地方設為府。宋代實行的是三級制地方行政制度，它對於地方行政管理制度進行了以分權和制衡為中心的一系列改革，削弱了地方政府行政長官權力，在路級行政機構實行分權管理，監司互察，加強對州縣官的監管。但是宋代的地方官受制於中央太大，最終還是流入了卑弱的境地。

「省」是怎樣成為行政區劃的

將省作為行政區劃的名稱始於元代。

元世祖忽必烈統一中國以後，整頓中央和地方的行政機構，創立了行省制度。在中央設中書省，相當於今天的國務院。它不僅統管全國行政，還直轄大都附近的河北、山東等地區。在地方則設行中書省，置丞相、平章政事、左右丞、參知政事等官職，總攬該地區的政務。當時全國共有河南、江浙、湖廣、陝西、嶺北、遼陽、四川、甘肅、雲南、江西等十一個行中書省。這是地方最高行政區劃。

行中書省簡稱「行省」或「省」。元代的十一個行省劃分，成為後來中國行政省區的雛形。明朝朱元璋雖改行中書省為承宣布政使司，但人們習慣上仍稱行省。到清代，不僅恢復了省制，而且增為十八行省，後又增為二十二行省，已很接近中國現行區劃了。

不過，「省」的名稱早在西漢時就已有了。當時稱宮禁之中為省中。魏晉以後又逐漸把設在宮禁附近的尚書、中書和門下等中央政府機構都稱為省，即尚書省、中書省和門下省。這些名稱為後來的歷代王朝所沿用。

綜上所述，省原是中央政府機構的名稱，後來把中央的臨時派出機構稱為行省，到了元朝，由於行省存在的時間過長，於是臨時的中央派出機構就固定為地方一級政區的名稱。這個名稱一直沿用到了現在。

在古代，「賣官」也是一種制度嗎

在中國封建社會，買官賣官是比較氾濫的，甚至形成了一套統一的制度。

古代的賣官制叫做「貲選」。「貲」，是指財貨，「納貲」，指向政府繳納金錢或財物，拜官授爵。故「貲選」，又叫做「賣官鬻爵」。

秦代的時候，規定可以納粟授爵。而到了西漢文帝時，為了培養一般老百姓對於抵抗匈奴的愛國感情，下令「邊民入粟邊」則拜爵，與此同時，又頒布了納貲錢可以為官的法令。中國的賣官制從此興起。

這個制度創立之初有反貪的意味，這是因為西漢初期，中下級官吏俸祿並不高，所以，政府擔心家庭貧苦者一旦為吏，容易貪污。例如，漢代著名的廉吏張釋之，就是「以貲為騎郎」，後官升至廷尉，相當於現在的最高法院法官。可見，賣官制度並不能全然用現代人的眼光去評價，應該放到歷史背景中。

到了東漢中後期，賣官甚至成了國家財政的主要收入。漢靈帝時期，在京城的皇宮宮門外，公開貼榜，標價出售。當然這樣的做法最終會造成官員素質的整體下降，政府與有錢人達成了一個買賣協定，而這個協定是以魚肉人民為代價的，可見，政府最終的垮臺是不可避免的。

古代王朝如何為功臣皇族封爵

每個朝代的君主為了鞏固自己的統治，就會授予一些貴族和功臣爵位，以此來調整統治階級內部的關係。爵位就是身分和地位的象徵，同時也會有相對應的食邑或財富。

《通典‧職官‧封爵》記載，自堯帝、舜帝以及夏朝，置五等爵：公、侯、伯、子、男。商朝置爵三等：公、侯、伯，無子、男二等。這一時期，封爵就是分封諸侯，爵稱同時也是官稱。

周朝的封爵以血緣關係為主，所封爵位、邑地都由嫡長子孫世襲。到了

春秋戰國時期，諸侯強悍，封爵制度發生了很大變化。不少國家改變了按血緣關係封爵的做法，主要依據對國家的貢獻與功勞的大小來授予爵位。

比如，秦國從商鞅變法以後，就取消了王族封爵，定二十等軍功爵，由低到高為：一級公士，二上造，三簪嫋，四不更（以上相當於「士」），五大夫，六官大夫，七公大夫，八公乘，九五大夫（以上相當於「大夫」），十左庶長，十一右庶長，十二左更，十三中更，十四右更，十五少上造，十六大上造，十七駟車庶長，十八大庶長（以上相當於「卿」），十九關內侯，二十徹侯（以上相當於「諸侯」）。是否授予爵位要看軍功的大小，如在戰場上斬敵方甲士首級一個，即可賞爵一級，增加田一頃，宅九畝。

秦國的這種典型的軍功爵制，把軍功與爵位、待遇相結合，對象也多為戰士和平民，很有開創性。但是，這種爵位享有的僅是衣食租稅，稱「食邑」，其爵位不能世襲，也不能擁有邑地內的政權和兵權。

西漢以後，皇族封爵與功臣封爵並存，皇族可封為王、侯兩等，功臣封爵沿襲秦的二十等爵制。西晉以後，皇族封爵與功臣封爵名稱合併，但最高一級的王、親王只封予皇族。

唐代封爵分九等，有親王、郡王、國公、郡公、縣公、縣侯、縣伯、縣子、縣男。元代時凡是宗室、駙馬通稱諸王。明代以皇子為親王，親王之子為郡王。文武官員的封爵是公、侯、伯三級，各加地名為封號，但只有歲祿而無實際的封邑。清代宗室封爵為十等，名目有親王、郡王、貝勒、貝子、國公、將軍等。按宗親世系分別授予。其中，貝勒、貝子是滿語「天生貴族」的音譯。

另外，封爵制度對皇帝的妃嬪、女兒、姐妹、姑母，以至功臣的母親、妻子等，也授予封號，如唐代王之母、妻均稱妃，一品官之母、妻稱國夫人，三品以上官之母、妻稱郡夫人，四品官之母、妻稱郡君，五品官之母、妻稱縣君等。享有朝廷封號的貴婦稱「誥命」，在封建社會意味著無上的榮耀。

古代的官吏也有休假嗎

中國的休假制度很早就有了。漢朝時，政府機關便規定工作人員每5天休息1天，稱「五日休」；唐朝時改為「旬休」，即每10天休息1天，古時的休假可能是採取輪休的制度，因為在休假日裏，政府機關的辦公活動還是要照常進行的，如漢代的霍光在休假時，就往往由上官桀代他辦公。

古代除定期的休假日外，也有節假日，如唐代中秋節放假3天，寒食清明節放假4天；明代冬至日放假3天，元宵節放假10天；此外，還定有「急假」，官吏用以處置緊急家事，一年以60日為限。

對官吏的假日，歷代均有嚴格的規定，唐朝規定二品以上的官員，在假滿時，要向衙門報到，不然就會扣掉一個月的俸祿，更有甚者，還會因此被免職。

古人在休假日時，雖然可以自由活動，但通常還是用以洗頭、洗澡，所以，古代的休假日又稱「休沐」（洗頭）或「休浴」（洗澡），因為古代男子蓄髮梳髻，頭髮長，洗一次很費力，所以，都放到休假日來進行了。

到清朝初年時，隨著西方傳教士進入中國，「禮拜天」一詞開始在中國出現，辛亥革命以後，開始實行星期日休息制。

古代也有人才招聘嗎

招聘作為一項選拔官吏和徵求人才的辦法，在中國可以追溯到殷商。據《孟子》記載，商湯曾五次派人「以幣聘」伊尹輔治國政。到了周代，人才招聘開始形成一種制度，規定每年三月，都要「聘名士，禮賢者」，廣徵各方人才。

戰國時期，群雄割據，有的國家利用招聘辦法取得賢才，使國家興盛起來。著名的有燕昭王示賢的故事：燕昭王為郭隗築宮，樹立禮賢樣板，卑詞厚幣招聘天下賢才，招得樂毅、鄒衍、劇辛等賢才。一時間，「士爭趨燕」。此外，秦國從關東六國徵聘大量人才，使得秦國強盛一時，終有滅六

國之舉。

　　兩漢時期，人才招聘進入黃金時代，漢高祖發布詔令說：只要發現了賢才，郡守要親自勸勉，駕車送至京師，如果不這樣做，就要受免職處分。漢武帝即位之初，也下詔招聘人才，當時，應聘者達上千人。

　　漢代以後，在九品中正制度下，招聘制度開始徒具虛名。特別在隋朝以後，科舉成為主要選官辦法，招聘制度漸趨衰微。但是仍有一些帝王將相，利用招聘制度延攬了一大批人才，如三國曹操、唐高宗李淵、唐太宗李世民、明太祖朱元璋等。特別是朱元璋，曾於龍鳳十年，命中書省引拔卓犖奇偉之才，地方官選民間年二十五以上有學識有才幹的人，薦舉到中書省，與年老官員參用。洪武元年，他還下詔「征天下賢才為守令」，「有能輔朕濟民者，有司禮遣」，指示有關部門「以禮聘致賢士」。

古代也有官員退休制度嗎

　　古時將官吏年老退休，稱為「致仕」，即「還祿位於君」，意為交還官職。周朝初年，隨著國家機構的發展，官吏增多，分職任事，「致仕」則成為官制中的一項內容。到漢朝時，逐漸形成一套人事行政制度，明確規定了條件和待遇。

　　周朝規定，「大夫七十而致仕」，這一制度被歷代所沿襲，唐朝也規定，諸職官到了七十歲後，由於精力衰竭，就可以退休了，如果是身體有病或受傷，還可以提前退休。唐以前，一品至五品的高、中級官吏可致仕，元為三品以下，明、清凡官年老告休，則令致仕。但朝廷重臣，有功者，特旨選用者，不受限制。元規定：「集賢、翰林老臣」不致仕，即使三品以下，也可例外。如天文、曆法專家郭守敬，超過70歲後向朝廷申請退休，朝廷不准，最後他死在太史院任上。

　　古代官吏退休後，政府在政治和物質上均給予優待。唐對致仕官吏加授級、銜，五品以上官可得半祿，有功之臣，天子恩典，可行全祿。如唐朝名相房玄齡、宋璟退休後，皇上都賜以全祿。明太祖規定：「四品以下者，各

第四章　政制・吏制

263

升一等，給予誥敕。」高級官吏致仕後死亡還有贈官，贈諡，派人祭奠，准入「賢良閣」等優惠。

古代的官服有什麼考究

補服，又名補子和背胸，是古代官服上的一種徽飾，用金線和彩絲繡成鳥獸形象，補綴在官服的前胸和後背，標識官的不同等級。

這是明代的發明，當時，文官一品繡仙鶴；二品繡錦雞；三品繡孔雀；四品繡雲雁；五品繡白鷴；六品繡鷺鷥；七品繡鸂鶒；八品繡黃鸝；九品繡鵪鶉。武官一品、二品繪獅子；三品繪虎；四品繪豹；五品繪熊；六品、七品繪彪；八品繪犀牛；九品繪海馬。文武官員一至四品穿紅袍；五至七品穿青袍；八、九品穿綠袍。

後來，這些又都為清代承襲，但又有所不同。文官：一品鶴，二品錦雞，三品孔雀，四品雁，五品白鷴，六品鷺鷥，七品紫鴛鴦，八品鵪鶉，九品練雀。武官：一品麒麟，二品獅子，三品豹，四品虎，五品熊，六品彪，七品、八品犀牛，九品海馬。另外，御史、按察使、提法使這類執法者，均繡獬豸。

清代官服還講究戴紅頂子，即帽頂上的珠飾，一品紅寶石，二品花珊瑚，三品藍寶石，四品青金石，五品水晶石，六品硨磲，七品素金，八品花金，九品花銀。

古代吏制

「官」的本義是什麼

「官」的本義是指庇護人民的人，但在五千年的發展史中，「官」給人的印象卻從庇護人民變成了庇護自己，欺壓百姓。

「官」是治人的，人民處於他的管轄範圍之內，因此，民眾希望得到一個安穩的庇護，但是沒有保障機制可以使得他們的願望發揮太大作用，所以，古代政治的極致也只是民享，而不是民治。

「僚」如何有了官員的含義

在《詩經・陳風・月出》裏有「皎人僚兮」的句子，這裏的「僚」字意為美好的容貌，也是「僚」字最初的意義。

後來這個意義又引申出「同僚」一詞，《尚書・酒誥》裏面有「百僚庶尹」的句子，屬於商王朝的內廷官員，後來，僚就變成了一般官員的意思。

但是，有一點值得注意，「僚」一般指的是內部的官吏，這個「內部」是相對的，對於君王，內部就是朝廷，對於地方官，內部就是衙門裏面，即使是幕僚這樣非編制的群體，還是用了「僚」這個稱呼，加上一個「幕」字更加可見私屬的意味。

「吏」指的是什麼官

在上古文字中，「吏」與「史」、「事」、「使」都是一個字，指的是拿著筆記事的官員，從《周禮》看出，地位不會太高，早期很可能遍及各個部門，管理記事與文獻。

因此，在整個歷史進程中，「吏」指的都是低級官員，在「官」之下，而且「吏」強調作為官守的責任所在，從這個意義上說，倒是很接近今天所

謂的技術官僚。

還有一點值得注意，「吏」在古代也指官府裏面的胥吏或者差役，屬於政府機構裏面跑腿的傭人，已經不屬於官僚的範疇了。

還有一點，傳統上說「吏治」，一般指的是地方政治，因為「吏」經常被指稱為地方官員，所謂「西漢吏治之美」，就是說西漢地方政治的優良。

「丞相」的權力有多大

丞相，是中國歷史上的一種職位稱號。在中國君主專制時期，丞相的權力很大，僅次於天子。丞相的職責是輔佐皇帝，總攬政務。

據歷史記載，早在商周時代，就已經出現了太宰、尹、太師等官職，起著輔佐天子、管理國家的作用，但不具備後來丞相的權勢。到了春秋戰國時期，相的名稱開始出現。

史載，秦悼武王二年（西元前309年）設左右丞相，其後或置丞相，或置相國，統一後仍舊。漢朝承襲秦朝的制度。置丞相，間或亦置相國或左右丞相。成帝以後，丞相改為大司徒，與大司馬、大司空同行相權。東漢相權轉歸尚書臺行使，丞相變稱的司徒只是「備員而已」（《後漢書‧仲長統傳》）。東漢末年，又恢復了丞相之職。

魏、晉時期，以中書監、中書令、侍中、尚書令、僕射以及重要的將軍等執政者為相，無定名也無定員。南北朝期間，宋、齊、梁、陳、魏、周等朝，均設丞相或相國。隋代，廢除丞相，以中書令、侍中、尚書令、僕射行相權。

唐承隋制，行相權者多不稱丞相，僅在唐玄宗時，尚書省長官稱左右丞相，宋因唐制而損益之，直至南宋孝宗時，改尚書左右僕射為左右丞相，行相權者復稱丞相。

元朝時，中書省的實際長官稱左右丞相，明初沿元制，到西元1380年，明太祖朱元璋宣布廢除中書省，罷左右丞相，此後因此不再有丞相之稱。但明清兩代的內閣大學士雖無相名而有相職，故尊稱為相。

歷代宰相之名與職權有什麼不同

「宰」原意是指主祭祀時宰殺牲畜的主要家臣，「相」則是在古代主人會見賓客的時候，輔助主人進行接待儀式的人，一般由家中高級家臣擔任。宰、相這樣的名稱成為國家最高行政長官的名稱，說明家天下的情形已經出現，原來是管理一家的家臣因為這個家庭成為天下之主而成為管理天下的行政官員。

歷代宰相之名與職權，各有不同。秦和西漢時，以相國或丞相為宰相，以御史大夫為丞相之副。到了東漢，司徒的權利相當於丞相，與司空、太尉共同掌政。當時的實權統歸尚書，由尚書令主贊奏事，總領紀綱，無所不統。

魏晉以後以中書監、中書令、侍中、尚書令、尚書僕射等為宰相，並不固定。隋時，頒行三省六部制，以三省長官為宰相。唐代，因襲隋制，以三省之長，中書令、侍中（門下）、尚書令，共議國政，行使宰相職權。

唐玄宗開元後，加銜稱同中書門下平章事（簡稱平章事）。宋代，直接以同平章事為宰相之官稱。與其副職參知政事、樞密使等合稱宰執。神宗元豐時，以尚書左右僕射為宰相。南宋時，又改為左右丞相。

到了元代，以中書省為政務中樞，丞相、平章政事為宰相，左右丞、參知政事為副相。明初沿襲元制，到洪武十三年（西元1380年），太祖廢丞相，親攬政務。明成祖時，以翰林官入值內廷殿閣，參與機務。此後，內閣大學士成為明代實際上的宰相。到了清代，雍正另設軍機處於內廷，軍機大臣逐漸成為清代事實上的宰相，但仍沿舊稱，以授內閣大學士為拜相。

「太尉」是全國最高的軍事長官嗎

太尉始設於秦代，時為全國最高軍事長官，相當於現在的軍委主席，與丞相、御史大夫並稱為三公，漢代襲秦制。

太尉之名最早見於《呂氏春秋》，西漢武帝建元二年（西元前139年）

後不再設置，西漢早期，設太尉官多半和軍事有關，故帶有虛位性質，不同於丞相、御史大夫等官職。

武帝時以貴戚為太尉，一變過去由力戰武功之臣充任太尉的慣例，而又和丞相同等，這也和西漢早期有所差別。

光武帝建武二十七年（西元51年），又將大司馬改為太尉。東漢太尉實為丞相，與西漢早期掌武事的太尉名同而實異。每逢皇帝剛剛即位的時候，太尉與太傅同錄尚書事，權位極重。後代的王朝或者設置，或者不置，設置的也往往只限於大臣的加官，此外，太尉也成為高級武官的尊稱。元代以後再未設置太尉一官。

「尚書」職權是怎樣越來越大的

尚書，或稱掌書，是古代官名，始置於戰國。

漢朝時，尚書屬皇帝的直接隨員之一。六尚是尚衣、尚食、尚冠、尚席、尚浴和尚書，屬於皇宮的內臣，負責皇帝的日常起居和工作，類似於現在的秘書。

東漢光武帝親政以後，以尚書臺總領紀綱，職無不統，並且御史臺也合併在少府下面，而不以實權交給三公等傳統意義上的權臣。自此以後，尚書的權威日益高漲。

魏晉以後，尚書事務越來越繁雜。隋代設置尚書省，分為六部；唐代確定六部為吏、戶、禮、兵、刑、工，以左右僕射分管六部。宋代以後，三省分立之制漸成空名，行政全歸尚書省。

元代僅存中書省之名，而以尚書省各官隸屬其中。明代初期，尚存此制，後來廢去中書省，直接以六部尚書分管政務，六部尚書等於國務大臣，相當於今天的部長。清代相沿，末期改官制合併六部，改尚書為大臣。

歷代御史大夫都有哪些職權

御史大夫為秦代設置的官名，負責監察百官，代表皇帝接受百官奏事，管理國家重要圖冊、典籍，代朝廷起草詔命文書等。

西漢時丞相、御史並稱，丞相府和御史大夫府合稱二府。凡軍國大計，皇帝常和丞相、御史共同議決。《漢書‧百官公卿表》謂「掌副丞相」。西漢丞相位缺，常以其遞補。

御史和皇帝很是親近，因此，群臣奏事須由他向上轉達，皇帝下詔書，則先下御史，再達丞相、諸侯王或守、相，因而皇帝常常利用御史大夫督察和牽制丞相。

成帝綏和元年，仿古制設三公，御史大夫改為大司空，漢哀帝建平二年（西元前5年），復為御史大夫。元壽二年，又改名大司空。從此到東漢，遂延續不變。

漢獻帝時，在曹操的專權下，又恢復了丞相和御史大夫的官制。值得重視的是，西漢晚期，從原來的丞相、御史大夫、大司馬變為三公並立，是漢代官制中一大變革。到東漢初年，御史大夫的官屬，由御史中丞總領，中丞替代御史大夫而成為執法和監察機構的首腦人物。

魏晉南北朝偶爾也恢復御史大夫的名稱，或替代司空，或替代御史中丞。隋、唐以後所設御史大夫，除宋代為虛銜外，均為御史臺長官，已經不再具有漢、魏三公的性質。明代改御史大夫為都御史，自此其官遂廢。

「三公」分別是指哪「三公」

古人做官將位列「三公」作為最高的目標，那麼，這「三公」指的是哪「三公」呢？

周代時已有「三公」一詞。西漢今文經學家據《尚書》、《禮記》等書認為三公指司馬、司徒、司空。古文經學家則據《周禮》認為太傅、太師、太保為三公。

秦代不設三公。西漢最初繼承秦制，輔佐皇帝治國者主要是丞相和御史大夫，最高軍事長官是太尉，但不常置。

而從武帝時起，因為受到經學影響，丞相、御史大夫和太尉也被稱為三公了。其時，漢武帝為了加強中央集權，對丞相的權利有所削弱。

漢昭帝時，大司馬之職權利較大，逐漸凌駕於丞相之上。漢成帝時，御史大夫被改為大司空，又把大司馬、大司空的祿位提高到與丞相相等，確立起了大司馬、大司空和丞相鼎足而立的三公制。

西漢末雖是三公鼎立，但仍以大司馬權力最大，如董賢、王莽均居此職而專擅朝政。新莽時，沿襲了西漢三公制。

東漢初仍設三公，改大司馬為太尉，改大司徒、大司空為司徒、司空。三公各自開府置官屬。如三公各置秩為千石之長史一人，又各置掾屬數十人。以太尉為例，下有分管諸事的西曹、東曹、戶曹、奏曹、辭曹、賊曹、金曹、倉曹等。三公府當時簡稱為三府。三公中仍以太尉居首位。

漢光武帝時，三公的實權開始削弱，逐漸歸尚書臺，但是三公的名位還在。和帝、安帝開始，外戚、宦官更迭專權。外戚竇憲、梁冀等，都拜為大將軍，大將軍開府置官屬，位在三公之上，三公有名無實了。

東漢末年，漢朝的統治逐漸衰微，董卓自任太師、相國，居三公之上。西元208年，曹操罷去三公而又設置丞相、御史大夫，曹操自任丞相。兩漢時，實行了兩百年之久的三公制至此遂告終止。

後來，曹魏建國，又重新恢復了三公制。

在魏晉南北朝時期，三公依然位居極品，且開府置僚佐，但實權則進一步向尚書機構轉移。

至隋代，三公完全變成虛銜或優崇之位。宋代以後，往往亦稱太師、太傅、太保為三公，但其虛銜性質不變，並漸次演化成加官、贈官。明、清沿襲不變。

一本書讀懂國學

「九卿」是指哪些機構和官職

九卿是中國古代中央政府機構和官員的合稱。

「卿」為官名。周曾以少師、少傅、少保、塚宰、司徒、宗伯、司馬、司寇、司空為九卿，前三卿專輔天子，後六卿分管政務，按其次序，相當於後來的吏、戶、禮、兵、刑、工六部尚書。

戰國時期，一般以中央政務機關之首長為卿。秦以奉常（主管禮儀祭祀）、郎中令（主管宮外警衛）、衛尉（主管宮內警衛）、太僕（主管車馬）、廷尉（主管刑獄）、典客（主管內外客使）、宗正（主管皇族譜籍）、治粟內史（主管鹽鐵錢穀）、少府（主管皇帝財產），這些機關首長為九卿。

漢承秦制，只是將奉常改為太常、郎中令改為光祿勳、典客改為大鴻臚、治粟內史改為大司農。秦漢九卿，隸屬宰相，在其指揮下負責執行政務，且參與朝議，職權較重。

魏晉南北朝大體沿漢制，梁時曾增設機關，置十二卿，雖然增太府、大匠、太舟三卿，但仍以舊九卿為骨幹。

隋、唐、宋諸代，仍有九卿之稱，其官署改為寺、監，增減裁併，變化頗多，因六部執行政務，九卿僅為中央辦事機構的長官，且要受六部的指導。

明代九卿有大小之分，一般以六部尚書和都察院都御史（主管監察）、通政司使（主管奏章）、大理寺卿為大九卿；乙太常、光祿、太僕、鴻臚、苑馬（主管御馬）、尚寶（主管印璽）六機關首長和詹事府詹事、翰林院學士、國子監祭酒為小九卿。

清代則不把六部列入大九卿，除都察院、大理寺、通政司之外，其餘具體指某官並無明文規定。而小九卿則一般為宗人、太常、太僕、光祿、鴻臚五機關首長、詹事府詹事、國子監祭酒、左右春坊庶子、順天府尹。

兩漢「郎官」地位很重要嗎

所謂郎官，是指古代負責皇宮勤雜事務一種地位很低的小官。「郎」始設於戰國，是帝王侍從官侍郎、中郎、郎中等的通稱。其職責原為護衛陪從、隨時建議，備顧問差遣等侍從之職。

到了漢代，郎官的位置日漸重要，可理解為皇帝的護衛。更為重要的是，它是漢代官員選拔的重要環節，因為漢代的郎官都是在貴族子弟中選拔的優秀人才。漢朝初年，二千石以上的大官僚任職三年以上，可以送子弟一人到京師為郎，叫做「任子」；擁有資產十萬錢（景帝時改為四萬錢）而又非商人的人，自備衣馬之飾，也可以候選為郎，叫做「貲選」。

在皇帝身邊做侍衛，其實就是學習做官，增加閱歷，一般經過一段時間的歷練，都會被任命正式的行政職位。像曹操、袁紹這樣的人都是郎官出身。

當然，西漢初年，因為多是地主階級子弟為郎，在這種選官制度下，較高的官吏多數出於郎中、中郎等郎官和吏二千石子弟，選郎、吏又以財富為準，未必都是人才，所以，漸漸也難以適應日益加強的專制王朝的需要。後來的選孝悌或舉賢良方正的制度就興起來了。

「侍中」就是皇帝的侍從嗎

侍中為官名，始設於秦代，漢為上起列侯、下至郎中的加官，沒有定員。加此官者可出入宮廷，擔任皇帝侍從。由於侍中近在帝側，常備顧問應對，地位漸趨貴重，等級也超過了侍郎。

東漢末年設有侍中寺，到了晉代或稱為門下省，而到了南北朝時期門下省權力逐漸擴大，北朝更是政出門下，乃成了中央政治機構的重心。

應該說，從內廷侍衛發展到外廷權臣，這其中的過程可以和尚書作一個比較。以至於唐代，則與中書、尚書合稱三省，與中書省同掌機要。其間一度改稱東臺、鸞臺、黃門省等，旋復舊稱。其最高長官侍中，其下設黃門

侍郎、給事中、散騎長侍、諫議大夫、起居郎等官。宋代沿置。但是整個宋代，門下省之主要職權為都政事堂（中書）所奪。元代以後則廢，不再設置。

古代將軍有多大的權力

早期軍隊中沒有將軍這一職務，由司馬來掌管軍事。

那時候，國家軍隊的數量並不多，天子只有六軍（每軍2500人），諸侯最多不超過三軍。各軍的統帥叫卿，卿以下叫大夫，大夫以下叫士。

到了春秋時代，諸侯為了建立霸業，總是費盡心思來擴充兵力。大國諸侯，如齊、晉、楚等，常常擁有三軍以上的兵力。可是在編制上，諸侯只能有三軍，只能設三卿。於是，有些諸侯就把擴充軍的統帥稱作「將軍」，即率領一軍的意思。行軍打仗時，軍隊得由一人統一指揮，方能發生效力。因此，便在將軍中選拔出大將軍或上將軍來全盤指揮。

到漢朝時期，軍隊數量更多，單設一位大將軍管不過來了，於是又出現了不同級別的驃騎將軍、車騎將軍、衛將軍等職位。

晉朝的將軍名目眾多，有驃騎、車騎、衛將軍，還有伏波、撫軍、都護、鎮軍、中軍、四征、四鎮等大將軍，開府（所謂開府，是指官員可以成立府署，自選僚屬）者位從公，不開府者秩二品。三品將軍秩二千石。而晉諸州刺史多以將軍開府，都督軍事。

南北朝時，將軍名號更多，權位不一。而唐代以後，上將軍、大將軍、將軍，或為環衛官，或為武散官。到了宋、元、明三朝，多以將軍為武散官；殿廷武士也稱將軍。明清兩代，有戰事出征的時候，才置大將軍和將軍，戰爭結束則免去。清朝，將軍成為宗室的爵號之一，而駐防各地的軍事長官也稱將軍。

古代刺史有多大的權力

刺史，漢武帝元豐五年（西元前106年）始置。「刺」為檢核問審之意。漢武帝時，全國共分為十三部（州），每州各置部刺史一人，後通稱為「刺史」。

刺史巡幸郡縣，「省察治狀，黜陟能否，斷治冤獄」，對地方政事，實無所不包。刺史可乘傳奏事，隸屬於御史中丞。

東漢的時候，刺史的權力逐漸擴大，成為實際的地方長官。靈帝時期，改部分資深刺史為牧，刺使實際已為一州軍政的長吏、太守的上級，州郡兩級制隨之形成。

魏晉南北朝時期，以刺史領州，多帶使持節、持節、假節、都督諸軍事銜。隋文帝廢除郡，以州領縣，則刺史與前代的太守無異。歐陽修撰《豐樂亭記》，自稱刺史。撰《醉翁亭記》，又自稱太守。可見，此時的刺史與太守已無區別。

晚唐五代時，節度使、觀察使所領諸州不得逕自奏事上計，節度使甚至自署刺史，最終導致刺史職任漸輕。宋代以朝臣充知州，刺史成為專供武臣遷轉的虛銜。元以後，刺史之名廢，清人用作知州的別稱。

知府的演變過程是怎樣的

在中國的許多朝代中，都設置了「知府」這一職位。

「知府」這一官職，是由「知」和「府」兩詞結合而來。府作為一級地方行政單位，它的演變經歷了一個較長的過程。

在魏晉時期，州刺史兼任將軍之職。州刺史是文職，將軍是武職。州有州的衙門和幕僚，將軍有將軍的衙門和幕僚。將軍的衙門，就叫做「府」。

到了唐朝，中央政府在首都、陪都以及皇帝登基前任職的州設置府，如京兆府、河南府、太原府等。府的長官，統稱府尹。

宋朝時，府的設置逐漸多了起來。府隸屬於路（路是介於中央與州之間

的一級行政區劃）。

明、清兩朝，省、縣之間的一級行政單位被稱為「府」。除了首都、陪都所在地的府長官仍然稱府尹外，一般的府長官，都稱為「知府」，意思是「知（即主持）某府事」。

知府之下，設同知、通判等官員，輔佐知府處理公務，分掌糧稅、鹽稅、江海防務、水利等。

在明朝，按照繳納稅糧的多少，「府」被分成三等：納糧20萬石以上為上府，20萬石以下為中府，10萬石以下為下府。當時，全國有150多個府。清朝時，各府因自然條件的差異、人口多寡、路程遠近，相互間的差別也很大。

為何稱一州行政長官為「知州」

在中國，許多地方的名稱，都帶有一個「州」字。如杭州、福州、廣州、永州、青州等。而且先秦時期還有刻「九州」於一鼎之說。這些名稱都是歷史上延續下來的，那麼，州是如何得來的呢？

在西漢時期，州這一名詞開始出現。但當時的州，並不是行政區劃。據史書記載，漢武帝為了有效地管理地方，將全國劃分成13個監察區，稱為「州」。每州都由中央派遣一長官，負責監察郡、縣的官吏。這一長官，便被稱為刺史。

到了東漢後期，州慢慢演變成一種地方行政區劃。州轄郡、縣，刺史又稱州牧，就是州的行政長官，擁有行政軍事權。

隋朝時，郡的建制被取消，只保留州、縣。唐朝繼承隋朝的制度，將地方分成州、縣兩級。當時州的行政長官仍稱為刺史。

在宋代，開始把州的行政長官叫做「知州」，知州下屬的官員有同知、通判，分別掌管財政、刑法、治安等。

明清兩朝，州有兩個級別：直隸州和散州。直隸州直屬於省，級別與府相同；散州隸屬於府，級別與縣相同。

「使節」的本義是什麼

現在世界各地，「使節」是指一國派往常駐他國的外交官，或派駐他國的臨時代辦，是指人，但是「使節」一詞，最初的意思卻並不是指人，而是指物。

「使節」原來的本意，「使」是出使，「節」指的是「符節」，也就是信物。因此，使節就是指古代出使之人奉命去外國時手拿的信物。

「符節」也有不同式樣，一種是用竹石等刻上文字，然後一分為二，每人各拿一半做信物；另一種是君王用上乘物料精工細作的，他人不易仿製的特殊信物，不必一分為二。出使之人所用的這類特殊信物稱為「使節」，這種帝王特製信物多用銅鑄造而成，裝上一條長竹為柄，上面點綴著犛牛尾之類的裝飾物，也叫旄節。由出使之人手持這種「使節」出訪他國。

西漢時，張騫出使西域，蘇武出使匈奴，都拿著這類「使節」。

「欽差大臣」的稱呼源於何時

古代，由皇帝派往某地專辦某事的官員就叫「欽差大臣」。「欽」意為皇帝任命的，「差」指差遣。

這一稱呼始於明代，當時，凡由皇帝親自派遣，出外辦理重大事情的官員統稱為欽差。清代沿襲。其出於特命並頒授關防（即印章）者，加有欽差大臣的頭銜，可以直接向皇帝上奏，權力很大，一般簡稱欽使，統兵者則稱欽帥。駐外使節則稱欽差出使某國大臣。

「總督」具體負責什麼

總督是管轄一省或數省軍政的地方最高長官，起於明朝。正規的跨省總督制出現在憲宗成化五年（西元1469年）常設兩廣總督以後。

明代的總督還不是固定的職務，主要負責軍務和糧餉。之後其職權日益擴大，逐漸成為地方的軍政首長，才開始兼掌民政。實際上，清康熙以後，

總督成了一品封疆大臣，正式地行使軍政民刑的督管職能。其時，全國共設直隸、四川、兩江、湖廣、閩浙、兩廣、雲貴、陝甘八員總督。

「巡撫」是如何成為官號的

巡撫又稱撫臺，以「巡行天下，撫軍按民」而名，始於明太祖令太子朱標「巡撫」陝西。後來每年都派中央官員巡撫地方。這一時期，巡撫性質同於「欽差」，本身不是官號，沒有品級，例兼中央監察、組織部門的都御史和吏部尚書、侍郎等官銜，以便主掌地方官吏考察和軍民安撫。因為屬中央官，所以，有事派出，事畢返京。

明宣宗宣德二年（西元1427年）以後，由於地方動亂，開始常設巡撫。並開始了以省為管轄單位的巡撫制。巡撫職權不斷擴大，不僅掌權，而且掌軍，實際上已成為地方軍政首長；但其中央性質未變，還必須經常上京彙報地方軍政事務。

清代康熙以後，全國除直隸、四川外，每省都設一員巡撫，規定了巡撫品級。至此，巡撫正式成為地方官。但仍遵行舊的兼銜制。

清代「道員」是怎樣的一種官職

清時，地方行政機構分為省、道、府、縣四級，其中道設道員，為介於省藩、臬二司與府、廳中間一級的地方長官，各省無定員，因事添設。

道有分守道與分巡道的區別，分守道專管錢穀等事，分巡道專管刑名等事。此外，還有專職道，是主管一省某一方面的事務的，比如糧儲道、鹽法道、兵備道、河丁道等。

道員其實起源於明代，明初布政司、按察司因轄區大而事務繁雜，布政司的左右參政、參議分理各道錢穀，稱為分守道；按察司的副使、僉事分理各道刑名，稱為分巡道，這就是道員稱謂之始。

至清乾隆間裁去世參政、參議、副使、僉事等職，專設分守道與分巡

道，多兼兵備銜，管轄府、州，於是就成為省以下府、州以上的高級行政長官。道員俗稱道臺，尊稱觀察。

南洋、北洋大臣有何區別

北洋大臣為北洋通商大臣的簡稱，清朝末期官職。西元1861年初，清政府鑑於北方已有通商口岸，對外交涉日繁，遂設立三口通商大臣專職，辦理北方新闢的牛莊、天津、登州三口對外交涉事宜，後由直隸總督兼任，職責範圍相應擴大。

北洋大臣除辦理北方地區的外交、通商外，還負責訓練北洋海陸軍，及興辦輪船、電報、煤礦、鐵路、紡織等洋務企業。

西元1870年8月，李鴻章調任直隸總督，此後李鴻章擔任直隸總督兼北洋大臣達28年之久，專辦清政府外交，興辦北洋海陸軍，並在北方兼長江流域籌辦輪船、電報、煤鐵、紡織等企業，致使北洋大臣地位不斷提高，職權不斷擴大，勢力遠遠超過了本來地位與之對等的南洋大臣。王文韶、榮祿、袁世凱也曾先後任此職。

南洋大臣為南洋通商大臣的簡稱，是清末專管中國南部沿海通商口岸交涉、通商、海防等事務的欽差大臣。《南京條約》訂立後，清廷設置五口（廣州、廈門、上海、寧波、福州）通商大臣，由兩廣總督兼任，後改由兩江總督兼任，先後有湘系集團的曾國藩、曾國荃、左宗棠、沈葆楨、劉坤一等專任40餘年，職掌除交涉、通商、海防外，還訓練南洋海陸軍，興辦工礦、交通事業等，不過因為局限於兩江一帶，所以，遠遠趕不上與之對等的北洋大臣的地位以及職權。

節度使的由來

節度使這一官職，始建於唐朝。「節度」一詞意為節制調度。

西元711年，唐睿宗任命賀拔延嗣為河西節度使，節度使的名稱從這時

開始出現。後來，朔方、隴右、河東等邊鎮也相繼設置了節度使。

　　節度使是地方最高軍政長官。因此，如果某人被拜為節度使，那麼，他上任時一定備受重視。皇帝親自派大員為其餞行，屬下州縣官吏要舉行隆重的儀式迎接。

　　節度使管轄數州，總攬轄區內的軍事、民政、財政，權力極大，甚至可以隨意任命官吏。西元755年，平盧、范陽、河東三鎮節度使安祿山率領15萬軍隊叛亂，後雖被鎮壓，卻使唐王朝由盛轉衰，從而出現了節度使割據四方的局面。

　　直到宋代，宋太祖杯酒釋兵權，才解除了節度使對中央政府的威脅。從此節度使成為一種帶有榮譽性質的封賞。

「祭酒」是什麼官職

　　祭酒為古代官名。最初指饗宴時酹酒祭神的長者。早在《儀禮·鄉飲酒禮》中就有「祭酒」的記載。戰國荀子在齊為三老，被稱為「祭酒」。

　　東漢時，稱博士首席為博士祭酒，主管太學，祭酒遂演變成學官。西晉改設國子祭酒，隋唐以後稱國子監祭酒，為國子監的主管官。清代光緒年間廢國子監，設學郡，置尚書，「國子監祭酒」一職遂廢除。

古代任官授職有哪些稱謂

　　「三省六部」制出現以後，官員的升遷任免由吏部掌管。官職的任免升遷常用以下詞語：

　　徵：招聘授官，尤指朝廷直接招聘授官。

　　薦：下級向上級推薦授官。

　　點：指派，尤指皇帝指派。

　　進：升任，尤指高級官員的升任。

　　起：由民間徵聘，或罷官後再授官職。

署：代理無本官的職位，也稱「署理」。

護：上級官員離職，由次一級官員守護印信代行職權。

贈：對官員的先世或已死的官員授予職稱封銜。

拜：初任命官，或罷官後再授官職。

遷：由一官調任另一官。

轉：同「遷」。

除：再任某官。

試：試任某官。

攝：兼理，也指暫兼。

判：中樞官兼任地方官。

知：同「判」。

辟：招聘授官。

選：量才授官。

舉：選拔。

簡：任命。

行：兼官，指比本職低的兼職。

帝王將相

商湯是怎樣推翻夏朝的

湯，又稱武王、天乙、成湯，為傳說中部族首領帝嚳之子契的十四世孫。

夏朝末年，夏桀酗酒荒淫，殘酷暴虐，引起百姓強烈不滿。而湯則施行仁政，很得百姓擁戴，經常有周圍的小國慕名前來歸附。

隨著勢力的日益壯大，商由夏的屬國變成了足以與之抗衡的對手。他任用伊尹為相，勵精圖治，大義除暴。對內以寬治民，緩和矛盾，積聚力量，準備滅夏；對外聯絡周邊國家，建立反夏聯盟。

在消滅了夏朝的幾個附屬國後，湯率領戰車七十輛、敢死隊六千人，聯合各方的軍隊，以迂迴之術繞道至夏都以西，突襲夏都。夏桀倉促應戰，同商的軍隊會戰於河東的鳴條崗。商湯軍隊奮勇作戰，擊敗了夏桀的主力部隊。夏桀敗退，率殘部倉皇逃奔南巢（今安徽壽縣南），不久病死。夏朝滅亡。

湯回師商都，召開了盛大的諸侯集會，在三千諸侯的擁護下，成為商代的第一位君王。他吸取夏朝滅亡的教訓，要求臣下勤於職事，有功於民，為老百姓辦些實事，從而緩和矛盾，鞏固商朝統治。周圍的少數民族，也懾於商朝的強大，不敢不向商王稱臣納貢。

《詩經》頌篇中有「自彼氏羌，莫敢不來享，莫敢不來王」的詩句，即反映了商湯時的盛況。商湯在位三十年，死後諡稱湯，其子孫中的一支以諡號命氏，成為湯氏。

周武王，周王朝的初創者

周武王姓姬名發（約西元前1087年～西元1043年），是周王朝的創建者。殷商晚期，其父周文王姬昌已經成為天下諸侯的領袖。當時，商紂王荒淫無道，暴虐殘忍，酒池肉林，草菅人命，還把姬昌拘於羑里，使他推演出《周易》不說，更激起了天下諸侯的反叛之心。

後來，文王姬昌脫逃，以重禮聘請姜子牙出山，勵精圖治。武王繼位後，採納姜太公先謀後事之策，認真做好伐商準備。受命九年，在盟津大會諸侯，前來會盟的諸侯竟有八百個。

受命十一年，紂王已把商朝搞得不成樣子。武王見時機已到，聯合各部

諸侯後大舉伐商。兩軍戰於牧野（今河南淇縣以南、河以北地區），因商朝奴隸兵陣前倒戈，商軍大敗，紂王自焚於鹿臺，商朝滅亡。

武王建立周朝後不久去世，時年四十五歲。

秦始皇，中國歷史上的第一位皇帝

秦始皇（西元前259年～西元前210年），姓嬴，名政，秦莊襄王之子，出生於趙國首都邯鄲（今河北省邯鄲市），後由呂不韋接回，即秦王位。

嬴政即位時，已是戰國末期。他採納李斯的建議，重用客卿，派謀士攜金帛財物遊說、離間列國，以金錢利誘與武力相結合的方略，加快了吞併六國的步伐。

從西元前230年到西元前221年，嬴政採取遠交近攻、分化離間、合縱連橫等策略，先後滅掉韓、趙、魏、楚、燕、齊六國，完成了統一六國的歷史偉業，建立起第一個以早期漢族為主體的多民族統一的封建大帝國——秦朝，定都咸陽。

統一六國後，嬴政自以為功勞勝過三皇五帝，便將大臣議定的尊號改為「皇帝」，稱為秦始皇帝。他是中國第一位皇帝，創立了皇帝尊號、皇帝制度和多民族的中央集權帝制時代。

此後，秦始皇開始實行專制統治。他設郡縣制，三公九卿；收繳天下兵器，遷徙六國貴族和豪富至咸陽附近和四川等地（以便控制）。而為了加強思想領域的控制，他採納了李斯的主張，下令除了醫藥、卜筮、種植等書外，其他書籍一律燒毀。翌年，因方士侯生、盧生叛逃，秦始皇下令追究方士、儒生的罪行。

由於國土已經統一，秦始皇開始大興土木，興建宮室、陵墓。但他暴戾而又橫行無道，農民起義的呼聲四起。西元前210年出巡途中，在人民「今年祖龍死」的詛咒聲中，秦始皇病死在沙丘平臺。不久，陳勝吳廣起義，秦王朝滅亡了。

漢高祖如何推翻了強秦

漢高祖（西元前256年～西元前195年），名劉邦。沛郡豐邑（今屬江蘇）人。

劉邦自小豪爽，不喜讀書勞作，堪稱一「酒色之徒」，被父親斥為遊手好閒的「無賴」。長大後，劉邦做了沛縣泗水亭長，在當地小有名氣。

一次，他送本縣刑徒去驪山（今臨潼東南）。途中，刑徒陸續逃亡，劉邦見此，乾脆釋放了所有的刑徒，自己藏隱於芒、碭山澤間。

西元前209年，陳勝、吳廣起義，在陳（今河南淮陽）建立了「張楚」政權。同年九月，沛縣百姓殺縣令，推劉邦為沛公，在蕭何、曹參等人的擁戴下，劉邦聚兵三千揭竿反秦。

翌年四月，劉邦投奔同起反秦的項梁，與項羽協同作戰。陳勝被殺後，項梁擁立楚懷王的孫子做了楚王，定都盱眙（今屬江蘇）。後項梁戰死，劉邦被封為武安侯、碭郡長，收集陳勝、項梁的殘兵西向攻秦，轉戰半年多，率先進入關中，挺進灞上（在咸陽東側）。

秦王子嬰見大勢已去便獻城投降，劉邦進入咸陽，採納蕭何「殺人者死，傷人及盜抵罪」的「約法三章」之策，大大取得了民眾的支持。

其後，在鉅鹿取勝的項羽也引兵入關。聽說劉邦已平定關中，伐滅秦朝，大怒之餘，進駐鴻門，準備攻打劉邦。當時，項羽勢大，劉邦勢弱，劉邦乃聽從張良的意見，親赴鴻門（今臨潼東北）向項羽謝罪。項羽設宴款待劉邦。其謀士范增在宴席上刺殺劉邦未成，劉邦逃脫，暗暗積蓄力量。

西元前202年，劉邦打敗項羽，在定陶（今山東定陶西北）舉行登基大典，建立漢朝。

劉邦在位十二年，屢次親征，陸續平定了燕王臧荼、齊王韓信、淮南王英布等反叛。他還採納了婁敬強幹弱枝的建議，把關東六國的強宗大族和豪傑名家十餘萬人遷至關中定居，剪除隱患。

在對外政策上，他休兵養民，以和親之策結好匈奴，對南越割據政權實行安撫，緩和彼此的關係。

西元前195年，劉邦在討伐英布的叛亂中中流矢，乃稱天命而不治，後病重去世，終年62歲。葬於長陵，諡號高皇帝，廟號高祖。

漢武帝創造了「六個第一」

漢武帝（西元前157年～西元前87年），名劉徹，幼名彘，生於長安，漢景帝劉啟第十子。劉徹自小機敏聰慧，膽識過人，深得漢景帝的喜愛。十六歲時，劉徹登基，是漢朝的第七位皇帝。

劉徹在位之初，大權一直由竇太后掌控。西元前135年，竇太后死，漢武帝親政，隨即進行了一場大刀闊斧的改革，建立了西漢王朝最輝煌的時代。

在位期間，漢武帝創造了六個第一。

他首次用儒家學說統一思想。他接受董仲舒的治國思想，「罷黜百家，獨尊儒術」，所舉賢良，皆為儒家，以「天人合一」和「大一統」的思想為依據，制定一系列變通政治、軍事的措施。

他首次創立太學培養人才。他建立了文官選拔制度，將漢初的軍功政府轉變成文官政府。

他首次大力拓展中國疆土。他曾先後十五次出兵討伐匈奴。西元前127年，與匈奴交戰河南，奪取河南地；西元前121年，霍去病與匈奴在河西交戰，大敗匈奴，將其趕出河西走廊。兩年後，再次出擊，與匈奴在漠北進行了一次大規模的較量，一舉殲滅了匈奴主力。漢朝疆域擴充至西域蔥嶺。又派大將唐蒙開西夷，併兩越，疆域拓展至海南，大展漢家雄風。

他首次開通西域。他在發動對匈奴戰爭的同時，派張騫出使西域，開闢了絲綢之路。

他首次用皇帝年號來紀元。

他首次用罪己詔形式進行自我批評。西元前89年，漢武帝下「罪己詔」，說：「增賦稅、駐軍輪臺實乃『擾勞天下』之舉，朕廢苛政，減賦稅，與民休息。」封丞相田千秋為富民侯，與民休息。其時，由於賦役繁

重，用民過度，致使齊、楚、燕、趙等很多地區都爆發了農民起義，漢武帝及時醒悟轉運危局，讓自己的一生有了一個圓滿的結局。

由此可見，漢武帝確是雄才大略，他的文治武功使得漢朝成為當時世界上最強大的國家，他也由此成為中國歷史上與秦始皇並稱的偉大皇帝。

恢復漢室政權的光武帝

光武帝（西元前6年～西元57年），名劉秀，字文叔，南陽蔡陽（今湖北棗陽西南）人，漢景帝後裔。

西漢末年，王莽建立「新」朝，倒行逆施，農民起義爆發，劉秀乘機起兵，加入綠林起義軍。在昆陽之戰中，劉秀力挽狂瀾，使新莽四十餘萬之眾土崩瓦解，由此敲響王莽政權的喪鐘。

此後，劉秀以偏師徇行河北，掃平王郎，降伏銅馬，歷盡艱難，統一天下，定都洛陽，重新恢復漢室政權，為漢朝中興之主。

劉秀即位後，政治上提倡清靜儉約，興建太學，提倡儒術，尊崇節義。在位三十三年，諡號光武，即光紹前輩事業之意，廟號世祖。

北魏孝文帝，北魏漢化的主要宣導者

北魏孝文帝，原名拓跋宏（西元467年～西元499年），後改姓元。他是一位卓越的少數民族政治家和改革家，是北魏漢化運動的主要宣導實施者。

他崇尚中原文化，即位之後，勵精圖治，在統一的北方大膽地實行漢化。在他統治下，北魏將首都從平城遷至中原文化的中心洛陽，並制訂了一系列漢化政策，如改革官制、禁止胡語胡服、改鮮卑姓為漢姓、禁止同族通婚、禮樂刑法等，提高了鮮卑人的文明素養，是西北方各民族陸續進入中原後民族融合的一次大總結。

此外，孝文帝統治期間，還使得佛教迅速發展起來，推動了佛教藝術的發展。中國三大石窟之一的洛陽龍門石窟，就是孝文帝正式遷都洛陽那一年

開鑿的。

唐太宗是怎樣開創「貞觀之治」的

唐太宗李世民（西元598年～西元649年），唐高祖李淵次子。他是中國古代歷史上著名的帝王。他的名字和他與群臣共同創立的「貞觀之治」一直為後代史家所稱頌。

李世民自小聰明英武，道德高隆，李淵建唐之時，李世民受封為秦王，他趁機暗中羅致了許多人才，其中又以十八學士最為知名。即位後，便在殿左設置弘文館，安置大學士工作學習。

唐太宗登基初期，面臨的是相當嚴峻的現實。為了緩和唐初的階級矛盾，唐太宗制定了「偃武修文，中國既安，四夷自服」的方針，終於取得了為後世所稱道的「貞觀之治」。

他凡事從簡，節制欲望，戒除奢侈，在國內厲行節約；十分重視農業，減賦輕稅，實行均田制和租庸調制，使農民安定生產，耕作有時，使百姓休養生息；實行三省六部制和科舉制，使宰相人數比以前增多，便於控制；唐太宗採取「四海一家」的和親政策；在對外關係上，唐太宗開道路，暢通「絲綢之路」，鼓勵各國商人前來經商，對外兼收並蓄，使中外交流盛況空前。

他更善於用人和納諫，重用房玄齡、杜如晦、魏徵、長孫無忌等能臣，終於出現了國泰民安的局面，即「貞觀之治」。為後來的開元盛世奠定了重要的基礎，從而將中華民族推向鼎盛時期。

貞觀二十三年（西元649年）七月，唐太宗病死於長安含風殿，終年51歲。葬於昭陵（位於今陝西省禮泉縣東北）。諡號「文皇帝」，廟號「太宗」。

武則天如何成了「一代女皇」

中國歷史上皇太后掌權並不少見，但真正改朝換代的女皇帝卻只有唐朝的武則天。

武則天（西元624年～西元705年），并州文水人。由於姿色出眾，14歲那年，武則天被召入宮，當了太宗李世民的「才人」，賜號「武媚」，人稱武媚娘。

太宗死時，她才26歲，按照當時的制度，她和太宗的其他嬪妃一起被遣入長安感業寺為尼，後來偶遇即位不久的高宗李治，得以再入宮中，被封「昭儀」，不久，設計使高宗廢黜了皇后，自己封號「宸妃」。西元655年，武則天被冊封為皇后，並參與朝政，與高宗一起被時人稱為「二聖」。

西元690年，她自名曌，號聖母神皇，開始革唐朝命而改國號為周，定都洛陽，並號洛陽為「神都」，直至705年於神都上陽宮病逝。武則天在位15年，史稱「武周」，成為中國歷史上唯一的女皇。

武則天稱帝後，大開科舉，破格用人；獎勵農桑，發展經濟；知人善任，容人納諫。尤其是擅長發現、搜羅人才，這使得在她當政的年代裏，始終有一批能臣幹將維護左右，穩定了武周政權。

在抗擊外來入侵，保護邊境安寧，改善相鄰各國的關係方面，武則天也做了很多努力。因此，在她掌政的近半個世紀裏，社會穩定，經濟發展，為後來的「開元盛世」打下了堅實的基礎。

雖然政績顯著，但是殺害親子，大封武氏諸王，重用酷吏，嚴刑峻法，冤獄叢生，也讓她遭到了歷史的譴斥。中宗神龍元年（西元705年），宰相張柬之乘武則天年老病危，擁立中宗復位，尊武則天為「則天大聖皇帝」。同年冬，武則天死，終年82歲，遺詔「去帝號，稱則天大聖皇后」。

宋太祖是怎樣建立宋朝的

宋太祖趙匡胤（西元927年～西元976年），北宋開國君主。生於洛陽

的一個軍人家庭，其父趙宏殷，曾是後唐、後晉、後漢、後周四代王朝的武將。相傳，趙匡胤出生時，「赤光繞室，異香經宿不散，體有金色，三月不變」，史稱「香孩兒」。到少年時。「既長，容貌雄偉，器度豁如，識者知其非常人」。

趙匡胤生在亂世，受家庭影響，不愛學習，偏好騎射、武藝。21歲時，趙匡胤告別父母妻子，開始浪跡天涯。

西元949年，趙匡胤投至後漢樞密使郭威軍中，因功升至禁衛軍長。在職期間，甚得開封府尹柴榮的賞識，由此成了柴榮的部屬。

西元954年，柴榮即位（後周世宗），趙匡胤升任殿前都點檢，手握重兵。西元959年，周世宗死，其子柴宗訓即位，年僅7歲。第二年，趙匡胤發動陳橋兵變，迫宗訓退位，建立了宋朝。

登基後的趙匡胤恐武將難制，先以「杯酒釋兵權」的方式將大將手中的兵權收歸中央；對於地方藩鎮，他採納宰相趙普的建議，「削奪其權，制其錢穀，收其精兵」，派文官到地方州郡擔任長官，極力壓制藩鎮勢力。

在中央內部，他又著手分割宰臣的權力。在宰相之下增設副相參知政事，分散和牽掣宰相。這樣一來，中央權力更加集中，杜絕了重臣專擅的局面。

在外交上，宋初時所轄的地域只有黃河、淮河流域一帶。後經趙匡胤、趙光義南征北討，逐步平定其餘小國。

西元976年，宋太祖崩。關於他的死因，由於正史中少有記載，由是也成為一個千古之謎。

宋仁宗為何成為了「千古仁君」

宋仁宗趙禎（西元1010年～西元1063年），北宋第四位皇帝，初名受益，西元1018年立為皇太子，賜名趙禎。

趙禎登基以後，以仁政治國，使得國家太平，邊境安定，經濟繁榮，科學文化發達，人民生活安定。嘉祐時（西元1056年～西元1063年），宋朝的

政治、經濟發展到鼎盛，史稱「嘉佑之治」。

仁宗知人善用，選賢用能，手下的宰輔名臣有王欽若、呂夷簡、晏殊、范仲淹、文彥博、宋庠、富弼、韓琦、狄青、包拯等。

仁宗在位四十二年，病逝於汴京福寧殿宮中，葬於永昭陵。當他死亡的消息傳出後，「京師罷市巷哭，數日不絕，雖乞丐與小兒，皆焚紙錢哭於大內之前」。訃告送達遼國，竟然「燕境之人無遠近皆哭」，遼國皇帝耶律洪基握著使者的手哭道：「四十二年不識兵革矣。」

當時有人在仁宗寢宮題詩：「農桑不擾歲常登，邊將無功更不能。四十二年如夢覺，春風吹淚過昭陵。」

「為人君，止於仁」。「仁政」一直是中國傳統政治的最高理想，趙禎廟號「仁宗」，當之無愧。

一代天驕成吉思汗征服了哪些地方

成吉思汗（西元1162年～西元1227年），孛兒只斤氏，名鐵木真。蒙古族傑出的軍事家、政治家。

鐵木真自幼失父，與母親生活在樹林裏，幫助母親打獵、採集，練就了他剛強的性格。他曾說過：拼殺衝鋒的時候，要像雄鷹一樣勇猛；高興的時候，要像三歲牛犢一般歡快；在明亮的白晝，要深沉細心；在黑暗的夜裏，要有堅強的忍耐力。

至西元1206年，鐵木真統一蒙古高原各部落，他也被推舉為成吉思汗。

隨著國勢日盛，鐵木真開始對外發動大規模戰爭。先是與西夏頻繁爭戰，屢創夏軍主力。隨後南下攻金，金被迫遣使求和。

其後，鐵木真又率大軍約二十萬分路西征。數年間，征服地域西達黑海海濱，東括幾乎整個東亞，建立了世界歷史上著名的橫跨歐亞兩洲的龐大帝國。晚年，他不遠萬里邀請全真道士丘處機為其講述神仙長壽術，深受啟發。自悔先前殺業太重，開始實施仁政，勸勉百姓行孝道。

忽必烈建立元朝後，追封成吉思汗為元太祖。

明太祖是如何建立明王朝的

明太祖（西元1328年～西元1398年），名朱元璋。本名重八，又名興宗，字國瑞，濠州（今安徽鳳陽縣東）鍾離太平鄉人。

朱元璋自幼貧寒，受生活所迫曾到皇覺寺落髮為僧。西元1351年8月，郭子興在濠州起義。朱元璋見四面揭竿而起，於是投奔了郭子興的紅巾軍。

朱元璋入伍後，由於作戰勇敢，機智靈活，粗通文墨，很得郭子興的賞識。並將養女馬氏嫁給了他。

郭子興死後，朱元璋統領部眾，西討陳友諒，東征張士誠，南攻陳友定，隨著兵力的勢如破竹，朱元璋打出了「驅逐胡虜，恢復中華，立綱陳紀，救濟斯民」的口號，開始全力北伐。

北伐軍出師後，捷報頻傳。至正二十八年（西元1368年）八月，攻克元朝首都大都（今北京），元順帝棄城逃走，奔向漠北，元朝滅亡。至正二十八（西元1368年）正月，朱元璋告祀天地，於應天南郊登基，改元洪武，正式建立了明王朝。

總體來說，明初是中國歷史上較強盛的時期，朱元璋也是一位傑出的政治家。洪武三十一年（西元1398年），朱元璋病逝，終年71歲。葬於孝陵。諡號「聖神文武欽明應運俊德成功統天大孝高皇帝」，廟號「太祖」。

明成祖與《永樂大典》

明成祖朱棣（西元1360年～西元1424年），明太祖朱元璋第四子，初封燕王，鎮守北平。西元1399年起兵，自稱「靖難」。

經過四年，攻破京師（今江蘇南京），奪取其侄朱允墳的帝位，並殺了方孝孺等人。西元1421年，遷都北京，以南京為留都。在位期間，極力肅整內政，鞏固邊防，政績頗著。在文化事業上，加強儒家文化思想的統治，大力擴充國家藏書。

永樂年間，朱棣命解縉等文人儒臣三千餘人，彙聚古今圖書八千餘種，

於西元1408年編成了達二萬二千八百七十七卷、一萬一千零九十五冊的《永樂大典》，藏於文淵閣。遷都後，在北京宮內東廡南建文淵閣，南京之書大量北運，《永樂大典》也運至北京存放。清以後大量散佚，現存世僅為原來的百分之三。

康熙都有哪些功績

清聖祖康熙，名愛新覺羅・玄燁（西元1653年～西元1722年），為順治帝第三子，八歲即位，年號康熙。據說，順治接受湯若望的意見，因康熙出過天花，最有可能不夭折，而把他選為繼承人。

康熙親政後，鰲拜自恃功高，結黨營私，專擅朝政，因此，康熙決計剷除鰲拜。他從各王府中挑選親王子弟一百多人做自己的侍衛，組成善撲營，練習蒙古摔跤技藝。康熙八年（西元1669年）五月，他以下棋為名詔鰲拜進殿。當鰲拜目中無人地走進大殿時，眾少年一下將鰲拜撲倒在地，捆綁起來。康熙當眾宣布了鰲拜的三十條罪狀，對其終身幽禁。康熙從此奪回大權，開始了自己的宏圖偉業。

此後，康熙撤除吳三桂等三藩勢力（西元1673年），統一臺灣（西元1684年），平定準噶爾叛亂（西元1688年～西元1697年），並抵抗了當時沙俄對中國東北地區的侵略，簽訂了中俄《尼布楚條約》，維持了東北邊境一百五十多年的邊界和平。

康熙一生勵精圖治，不僅平定了多次叛亂，奠定了祖國今日的疆域，而且崇尚科學，是中國古代帝王中極為少有的思想進步之人。他曾學過歐幾里得的《幾何原本》和巴蒂斯的《實用理論幾何學》的滿文譯本，還將自己學到的知識用於治水的實踐中。

為了更好地管理漢族和其他民族，並使滿族儘快漢化，他還組織編輯與出版了《康熙字典》、《古今圖書集成》、《曆象考成》、《數理精蘊》、《康熙永年曆法》、《康熙皇輿全覽圖》等圖書、曆法和地圖。他還褒封道教白雲觀方丈王常月，並依於門下。

鑑於他的文治武功，歷史上將他與乾隆的時代並提，稱為「康乾盛世」。

乾隆開創了哪些文治武功

乾隆（西元1711年～西元1799年），名愛新覺羅‧弘曆。是清朝第五代皇帝，雍正帝第四子。弘曆自小喜歡藝術創作，因此，很得祖父康熙的寵愛。

相傳，在雍正即位當年，弘曆就被以「秘建皇儲」的方式確立為繼承人。雍正在位時，弘曆經常以欽差的身分出京辦事，其行事穩重，恩威並施，很有政治天分。

雍正駕崩後，弘曆順利繼承皇位，是為乾隆。

乾隆帝以文治武功著稱。文治，主要表現在政治、經濟和文化上。即位之初，乾隆矯其祖寬父嚴之弊，實行「寬嚴相濟」的政策，整頓吏治，修訂各項典章制度，優待士人，安撫前朝受打擊之宗室。在經濟上，獎勵墾荒，興修水利，與民休養生息。在文化上，乾隆帝下詔編纂成《四庫全書》，成為後世寶貴的精神財富。

在武功上，乾隆帝也十分傑出，有「十全老人」之稱，意謂有十全武功。乾隆登基後，曾兩次平定西北的準噶爾部，一次平定新疆回紇部，兩次征服大小金川，一次鎮壓臺灣林爽文起義，還出征過緬甸、越南和尼泊爾，是一位傑出的軍事指揮家。

乾隆帝在位六十年，退位後又當了三年太上皇（一說其實際統治到逝世）。在半個多世紀的統治中，中國封建王朝迎來了最後的盛世。西元1799年，乾隆帝逝世，終年89歲，是中國歷史上執政時間最長的帝王。

伊尹是如何受到商湯重用的

伊尹是商湯的重要輔臣。據《呂氏春秋》記載，有嫄氏女於伊水邊得嬰

兒於空桑，故以伊為其姓。相傳伊尹出仕前曾在「有莘之野」躬耕務農，湯娶有莘氏之女為妃，伊尹自願作為陪嫁之臣，隨同到商。

到商後，由於身分低微，伊尹被安排背負鼎俎為湯烹炊，但這種生活使他覺得枯燥無味，常為自己一身才華沒得到商湯發現而鬱鬱不樂。於是，他總想找機會展露一下自己。

後來，伊尹故意把飯菜做得不合口，待商湯召見時，坦然分析天下大勢，提出「伐夏救民」的主張，得到湯的賞識和重用，任其為相。

其後，商湯在伊尹的幫助下，終於滅掉了夏朝，成為商朝的首功之臣。並為商朝理政安民六十餘載。商湯死後，歷佐外丙、仲壬相繼為王。

仲壬死後，立太甲為王，太甲昏庸暴虐，不遵守湯的法度而亂德敗行，被他放逐到桐。伊尹自行代理國政。三年後，太甲悔過自責，又被接回復位。伊尹死於沃丁時，商代後王對其舉行隆重的祭祀，《詩·商頌·長發》也高度讚揚他。

姜尚是如何輔佐武王滅商的

姜尚就是姜子牙，東海海濱人。因為《封神演義》的影響，我們通常稱他為姜子牙。

姜尚曾經非常窮困，年紀很大了，還常到渭水之濱垂釣。一天，文王將出外狩獵，占卜得到：「捕獲的不是龍、不是虎，也不是羆，而是獨霸天下的輔臣。」於是，文王西出狩獵，果然遇姜尚於小溪之上。兩人談論之後，文王對姜尚的識見十分滿意，稱其為「太公望」，立為周之國師。

不久，商紂王懷疑周文王欲圖謀商之天下。遂將周文王拘捕在都城的監獄裏。於是姜尚、散宜生廣求天下美女和奇玩珍寶，獻給紂王，贖出了文王。

文王歸國，便與姜尚暗地裏謀劃如何傾覆商朝政權。為此，姜尚策劃出許多兵家謀略和新奇妙計，由於這個原因，後人言及兵家權謀時都首推姜尚，於是，他成了兵家的始祖，或稱鼻祖。

文王去世，武王即位。姜尚輔佐武王討滅商紂，建立周朝。周朝建國之後，姜尚封於齊，都城營丘（今日臨淄）。在自己的封國，姜尚又開始改革政治制度。他順應當地的習俗，簡便周朝的繁文縟節。大力發展商業，讓百姓享受魚鹽之利。於是天下人來齊國的很多，齊國成為當時的富國之一。

在周成王時，管叔、蔡叔作亂，淮河流域的少數民族也趁機叛亂，周王下令對姜尚說：「東到大海，西到黃河，南到穆嶺，北到無棣，無論是侯王還是伯男，若不服從，你都有權力征服他們。」從此，齊國成為大國，疆域日益廣闊。太公姜尚活了一百多歲而卒，但葬地不詳。

周公是如何輔政的

周公，姓姬名旦，又名叔旦，是周文王姬昌第四子。因封地在周（今陝西岐山北），史稱周公。

周公先後輔佐周武王滅商，周成王治國，並製作禮樂，天下大治，是西周初期傑出的政治家、軍事家和思想家，亦是儒學奠基人，被尊為「元聖」，是孔子一生最崇敬的古代聖人。

周公是周武王姬發的母弟，在周滅商之戰中，「常左翼武王，用事居多。」滅商兩年後，武王病死，想傳位給德才兼備的周公，周公涕泣不肯接受，乃由武王之子誦繼位。姬誦年幼，政權由周公掌攝。武王的另外兩個弟弟管叔和蔡叔心中不服，便勾結紂王的兒子武庚，並聯合東夷部族反叛周朝。

周公奉成王之命，率軍東征。經過三年苦戰，收降了謀反的貴族，斬殺了管叔及武庚，蔡叔被流放。叛亂平定，也鞏固了周朝的統治。

為了加強對東方的控制，周公正式建議成王把國都遷到雒邑，並實施封邦建國之策，加封武王的十幾個兄弟和一些功臣為諸侯，使連成屏障捍衛周王室。另外，在封國內普遍推行井田制，將土地統一規劃，鞏固和加強了周王朝的經濟基礎。

他還制定和推行了一套維護君臣宗法和上下等級的典章制度，其中，

嫡長子繼承制和貴賤等級制等內容對後世產生了深遠的影響。成王長大後，周公便還政退位，專心「制禮作樂」。周公死後，成王將他葬在畢邑文王墓旁，以示對他的無比尊重。

管仲怎樣助齊國成為「春秋五霸」

管仲（約西元前723年～西元前645年），名夷吾，字仲，又稱敬仲，齊國潁上（今安徽省潁上縣）人。他是輔佐齊桓公建立霸業的名相，是中國歷史上一位傑出的政治家。

管仲少時喪父，老母在堂，生活貧苦，不得不過早地挑起家庭重擔。為維持生計，與鮑叔牙合夥經商，分錢時管仲常常多取，鮑叔牙並不以為意，反而處處為他設想，一直都善待管仲。

後來鮑叔牙事公子小白，管仲事公子糾，到小白立為桓公，公子糾死，管仲被囚而歸齊。在鮑叔牙強烈推薦下，齊桓公不計前嫌，拜管仲為相，甚至尊為「仲父」，使齊桓公完成霸業。

管仲主張選舉賢能，賞罰分明。他在齊國的舉賢制度中規定每年實行「三選」（即鄉長所進，官長所選，公所訾相）。鄉長所屬中如果有賢德之人不報告，就是犯了「蔽賢」之罪。管仲自己帶頭執行尚賢政策，親自推薦放牛出身的寧戚為大司田，成為齊桓公富國強兵的得力助手。

管仲十分重視發展農業生產，提倡「農戰」。他認為，管理國家必須先從經濟入手，只有倉庫裏裝滿了糧食，才能談得上道德。他主張按土地好壞分等徵稅，適當徵發力役，禁止掠奪家畜。同時他還主張發展官營煮鹽冶鐵，製造農具，鑄造錢幣，促進農業生產的發展。還透過商人的經商活動，擴大交流，通貨積財。

管仲重視商業，在淄博設立七處市場，為了吸引外來商人，還設立了七百處「女閭」，也就是妓院。所以，管仲也可以稱為是中國官營妓院的始作俑者。清代褚人獲《堅瓠續集》卷一記：「管子治齊，置女閭七百，徵其夜合之資，以充國用，此即教坊花粉錢之始也。」

管仲為幫助齊桓公建立霸業，還對軍制進行了改革，在國都的十五個士鄉中，實行軍政合一的編制。同時，還對國都以外無權當兵的奴隸居住區的居民進行了類似的編制，從而改革了西周以來的舊軍制，使齊國有了一支平時能生產，戰時能打仗的強大軍隊。

齊國經過管仲五年的內部整理，於西元前618年時，已兵精糧足，成為中原各諸侯中的一個強國。於是他們打起了「尊王攘夷」的旗號，「挾天子之命以令諸侯」，終成春秋五霸之首。

李斯推行過哪些措施強秦

李斯（西元前280年～西元前208年），字通古，楚國上蔡人，是秦代著名政治家、文學家和書法家。

李斯早年做過郡小吏，掌管文書，見到廁鼠與倉鼠的不同境遇，感歎道：「人之賢不肖譬如鼠矣，所在自處耳！」於是從荀子學帝王之術，戰國末期入秦，為呂不韋舍人，很快得到器重，任以為郎。後藉機勸說秦王嬴政滅諸侯、成帝業，深受秦王賞識，被擢為長史。

秦王接受李斯的建議，遣謀士持金玉遊說關東六國，離間各國君臣，收效甚著，遂拜其為客卿。秦王政十年（西元前237年）下令驅逐六國客卿。李斯寫下《諫逐客書》以期勸阻秦王，為秦王所採納，取消了逐客令，李斯更加受到重用，不久即官封廷尉。

在得到秦王重用後，李斯以其卓越的政治才能輔佐秦王建立統一大業。僅用了十餘年的時間，便相繼吞併了六國，建立了統一的秦王朝。李斯被升為丞相。

之後，為了鞏固秦朝政權，李斯又實行了一系列措施，如廢除分封制，推行郡縣制；「書同文，車同軌」，統一全國度量衡和貨幣制；又主張焚燒民間收藏的《詩》、《書》、百家語，禁止私學，以加強專制主義中央集權的統治。

秦始皇死後，趙高與胡亥、李斯合謀，偽造遺詔，迫令始皇長子扶蘇

自殺，立胡亥為二世皇帝。後來，李斯為趙高所忌，於秦二世二年（西元前208年）被腰斬於咸陽，並夷三族。

諸葛亮在蜀漢政權中有哪些作用

諸葛亮（西元181年～西元234年），字孔明，琅琊陽都（今山東沂水）人，三國時期傑出的政治家、軍事家、外交家。

東漢末年，諸葛亮隱居鄧縣隆中（今湖北襄陽西），一面躬耕讀書，一面留心世事，伺機施展抱負，被時人稱為「臥龍」。

建安十二年（西元207年），諸葛亮27歲時，劉備「三顧茅廬」，會見諸葛亮，問以統一天下大計。諸葛亮精闢地分析了當時的形勢，提出了先奪取荊、益作為根據地，然後對內改革政治，對外聯合孫權，南撫夷越，西和諸戎，等待時機，再興兵北伐，從而統一全國的戰略思想。此番談話即著名的《隆中對》。劉備讚賞備至，心悅誠服。

從此，諸葛亮便成為劉備的重要謀士，輔佐劉備稱帝。建安十三年（西元208年），諸葛亮說服孫權與劉備結盟，聯合抗曹，大敗曹軍於赤壁，形成三國鼎足之勢，隨即奪占荊、益二州。諸葛亮以功拜丞相，錄尚書事。

劉備死後，諸葛亮繼佐後主劉禪，封武鄉侯，以丞相兼領益州牧，掌握蜀漢軍國大事，他更加勤勉謹慎，持法謹嚴，賞罰必信，重視人才的選拔和任用；積極發展農業生產，派人維護都江堰水利工程，鼓勵百姓種植棉桑，在漢中大興屯田；對西南少數民族採取「和撫」政策，改善和他們的關係，並派人到那裏推廣內地先進的生產技術和文化，促進西南各族社會經濟的發展，加強西南地區的統一。

此外，還注意保持蜀吳聯盟，以維持三國鼎立的均勢。經過諸葛亮的勵精圖治，使一度民貧勢弱的蜀漢終於成為「天府之國」。

建興五年（西元227年），上疏《出師表》，率軍出駐漢中，先後六次北伐中原，多因糧盡退軍。十二年，諸葛亮再次北伐，因積勞成疾，於八月病故於五丈原軍中。

諸葛亮一生鞠躬盡瘁，死而後已，世所欽仰，唐代杜甫《蜀相》詩云：「三顧頻煩天下計，兩朝開濟老臣心。出師未捷身先死，長使英雄淚滿襟。」可謂其傳神寫照。

謝安在東晉政權中有哪些功績

謝安（西元320年～西元385年），字安石，號東山，祖籍陳郡陽夏（今河南省太康縣），東晉著名政治家、軍事家。

謝安出生於世家大族，陳郡謝氏顯赫當時，與琅琊王氏並稱「王謝」。謝安自幼聰慧，思維敏捷，性愛讀書，不喜為官。年輕時隱居會稽，常與王羲之、支道林、許詢、孫綽、李充等名士相往還，寄意詩文，放情山水。

四十多歲時，謝安受征西大將軍桓溫徵召，作了司馬，從此步入仕途，官至衛將軍、開府儀同三司、加封建昌縣公。

謝安一生最大的功績是在西元383年的淝水之戰中，以八萬人馬戰勝了苻堅的百萬大軍，創造了歷史上以少勝多的光輝戰績，留下了「八公山上，草木皆兵」的歷史典實。

然而，淝水之戰的煙火還未完全散盡，謝安卻因功名極盛遭到了一些陰險好利之徒的陷害。於是，他上疏辭官，幾日後病卒於京師建康。謝安死後，晉廷哀悼三天。追封太傅，諡號「文靖」。又念其平定苻堅有功，改封號為「廬陵郡公」。

王猛如何成就了前秦的霸業

王猛（西元325年～西元375年），字景略，北海劇縣（今山東省壽光縣東南）人，十六國時期前秦著名政治家、軍事家。

王猛小時家裏貧窮，曾以販畚為業。長大後隱居華陰山，博學好兵書，懷佐世之志。其時北方正陷入十六國之亂，南方東晉亦是風雨飄搖。

王猛早先欲事東晉，但在求見桓溫時卻因「捫虱談天下」為桓溫所惡，

不得錄用。後前秦大將苻堅欲成霸業，素聞王猛之名，派人前去懇請王猛出山，雙方一見如故。東晉升平元年（西元357年），苻堅自立為大秦天王，以王猛為中書侍郎，職掌軍國機密。因治績卓著，很快升為尚書左丞、咸陽內史、京兆尹，再升為尚書左僕射，輔國將軍、司隸校尉，一時權傾內外。

王猛明法嚴刑，禁暴鋤奸，有罪必罰，有才必任，表現出卓越的政治才能和軍事才幹；他還興修水利，獎勵農桑，辦學重教，協洽周邊，關中一時大治。因此，在當時就有「關中良相唯王猛，天下蒼生望謝安」之說。

東晉寧康三年（西元375年），王猛積勞成疾，終致病危，苻堅親臨探視，並詢問後事，王猛遺言不可攻晉。王猛死後，被隆重安葬，並追諡為武侯。後苻堅不聽王猛之言，攻東晉，以至有淝水之敗。

何謂「房謀杜斷」

這裏的房指的是房玄齡，杜指的是杜如晦，兩人都是唐初的名相。早先二人皆為秦王李世民幕府屬官，常從征伐，參與機要，為秦王得力謀臣。

玄武門之變，二人亦居功甚大。秦王即位，是為唐太宗，房玄齡為中書令，貞觀三年遷尚書左僕射；杜如晦為兵部尚書，貞觀三年遷尚書右僕射。

據《舊唐書・房玄齡杜如晦傳論》：「世傳太宗嘗與文昭圖事，則曰：『非如晦莫能籌之。』及如晦至焉，竟從齡之策也。蓋房知杜之能斷大事，杜知房之善建嘉謀。」也就是說，兩個人在執政上各有所長，房玄齡主意多，善謀劃，杜如晦能當機立斷。

房玄齡、杜如晦同掌朝政，同心協力，配合默契，謀劃和掌管國家大事，出現了「貞觀之治」的大好局面，房、杜二人也成為歷史上良相的典範。元人雅勒呼有詩贊曰：「房謀兼杜斷，蕭律繼曹遵。」

魏徵是如何諫諍的

魏徵（西元580年～643年），字玄成，鉅鹿曲城（今河北鉅鹿）人，初

唐名臣。

魏徵幼年喪父，生活清苦，但他喜好讀書，深通學術，常懷濟國救民之志。初事太子李建成，「玄武門之變」後又事太宗李世民，被擢為諫議大夫。貞觀初授秘書監，參掌朝政，校訂圖籍。後一度任侍中，封鄭國公。

魏徵以善諫著稱，即使在太宗大怒之際，也敢面折廷爭，從不退讓，令太宗又敬又畏。有一次，太宗想要去秦嶺山中打獵取樂，卻終未成行，魏徵問及此事，太宗笑答：「當初確有此意，但怕你直言進諫，故打消此念。」還有一次，太宗得到一隻上好的鷂鷹，逗弄玩樂，很是得意，忽見魏徵走來，忙將其藏入懷中。魏徵故意奏事很久，致使鷂鷹悶死在太宗懷中。

魏徵一生以諫諍為己任，前後向唐太宗進諫兩百餘事，大至朝廷大政方針，小至皇帝生活私事，都無所迴避。武德九年，冒著被罷官的危險，拒不簽署李世民征點中男（16～18歲）的決定，最後終於諫止，使百姓免於一次兵役負擔。

貞觀六年，魏徵又力排眾議，諫止太宗赴泰山封禪，節約了大量的開支。魏徵所諫，匡正了唐太宗的許多失誤，對「貞觀之治」的出現起了重要作用。

為何說趙普靠半部《論語》為相

趙普（西元922年～西元992年），字則平，祖籍幽州薊縣，北宋著名政治家。

西元960年，趙普助趙匡胤發動陳橋兵變，推翻後周，建立宋朝，趙普因功升為右諫議大夫；次年，趙匡胤又依趙普之計「杯酒釋兵權」，削奪了朝中諸將兵權。西元967年，趙普加職右僕射兼門下侍郎、同中書門下平章事、昭文館大學士，成為名副其實的宰相。

西元963年，宋太祖想改年號，要求這個年號以前沒有用過。有人提議「乾德」，宰相趙普稱頌不已。後來發現偽蜀曾用過這個年號，驚問趙普，趙普不能回答。

太祖感歎說：「宰相須用讀書人啊。」趙普惶愧，歸家閉門讀書。後來每當朝廷有事難決時，趙普便回家讀書，第二天就把事情解決了。

太宗繼位，繼續任用趙普為相，有人告訴太宗，趙普只懂《論語》，其他書都沒讀過。太宗問趙普此話可屬實，趙普回答說：「臣平生所知，誠不出此，昔以其半輔太祖定天下，今欲以其半輔陛下致太平。」

趙普死後，家人在他書房裏發現一個小箱子，打開一看，裏面果然只有《論語》二十篇。趙普兩度罷相，又兩度入相，幾番浮沉，全賴一部《論語》，有遠見而乏卓識，一生哀榮功過，足堪回味。此後，人們便用「半部論語治天下」，強調學習儒家經典的重要性。

王安石為什麼要推行新法

王安石（西元1021年～西元1086年），字介甫，號半山，小字獾郎，封荊國公，世人又稱王荊公。撫州（今臨川）人，北宋傑出的政治家、思想家、文學家。

王安石出生官吏家庭，少好讀書，博聞強記，受到了較好的教育。慶曆二年（西元1042年），王安石得中進士，後歷任淮南判官、江寧知府、參知政事、同中書門下平章事等職。

王安石在做地方官吏時，能夠關心民生疾苦，多次上疏建議興利除弊，減輕人民負擔。經過對現實社會長期的接觸、瞭解，他「慨然有矯世變俗之志」。嘉祐三年（西元1058年），他上《上仁宗皇帝言事書》，系統地提出了變法主張，要求改變北宋「積貧積弱」的局面。

在神宗當政期間，他取得了支持。於是以「理財」和「整軍」為兩大主題，積極推行農田水利、青苗、均輸、方田均稅、免役、市易、保甲、保馬等新法，史稱「王安石變法」。

新法開始後，遭到了以司馬光為代表的守舊派的堅決反對，神宗也開始動搖。不久，革新派內部又產生分裂，新法遂被全部廢止。王安石變法，對當時生產力的發展和富國強兵起到了一定的推動作用，也減輕了一些農民的

負擔，在歷史上具有進步意義。列寧還就此稱譽王安石是「中國十一世紀的改革家」。

張居正推行過什麼改革

張居正（西元1525年～西元1582年），字叔大，號太嶽，湖北江陵人，明代著名政治家、改革家。

張居正少年時就聰明過人，是遠近聞名的神童。嘉靖十九年（西元1540年），張居正透過鄉試，成為一名少年舉人。嘉靖二十六年（西元1547年），中進士，授庶起士。

隆慶元年（西元1567年），張居正入閣。萬曆元年（西元1573年）神宗即位，為內閣首輔，在此期間，他整頓吏治，興除利弊，為挽救明王朝實行了一系列改革措施，是封建社會末期最負盛名的改革家。

在政治上，張居正創制「考成法」，以「尊主權，課吏職，行賞罰，一號令」和「強公室，杜私門」作為為政方針。

在經濟上，推行「一條鞭法」，把各項賦役合併歸一，並按田畝徵銀，使一向以實物繳納的賦稅和勞役轉由貨幣完納，成為中國封建社會賦役史上的重大變革，但在頑固派的阻撓下，貫徹不徹底。

在軍事上，任用戚繼光鎮薊門，李成梁鎮遼東，又在東起山海關、西至居庸關的長城上加修「敵臺」三千多座，鞏固了北方邊防，並在邊疆實行互市政策，促進貿易往來。

張居正改革的收效明顯，後來雖被守舊頑固勢力清算，改革被否定，但對歷史的影響是不可泯滅的。

萬曆九年（西元1581年），張居正病倒，翌年六月二十日病逝。死後，神宗為之輟朝，贈上柱國，諡號「文忠」。

兵器陣法

弓箭如何變成了作戰兵器

　　弓箭由兩部分組成：一部分是力量的來源，即弓；另一部分就是箭。早在28000年前的原始社會，中國人便製造出了人類歷史上最早的弓箭。弓箭這種器具，在當時主要用於狩獵。原始社會後期，發生了部落戰爭，弓箭便演變為作戰的武器。最早的弓箭很簡陋，一根樹枝或一根竹子一彎就是弓體，用藤或獸筋做弦。這種半月形的弓，由於弓體已經彎曲到很大程度，發射的力量也就小了。後來人們改為「弓」形，使弓體中央部分凹進去，不上弦時弓形沒有多大變化，這就可能儲備更多的力量，增大發射威力。到了周代，弓箭製作水準逐漸提高。

弩的形制和特點是什麼

　　所謂弩，是利用機械力量發射箭鏃的一種遠射兵器。據傳，中國最早的弩機是戰國時的楚琴氏發明的。他發明的弩機製造十分精巧，外面有一個

匣，前面有掛弦的鉤，後面和照門連接，照門上刻有定距離的分劃，匣下有扳機。發射時，先將弓弦向後拉，掛在鉤上，對準目標後，一扣扳機，箭即射出。這種弩機的原理和現代的槍、炮擊發裝置有些類似。

強弩的特點是又遠又準，有時間從容瞄準，但上弦比較費力耗時。根據這些特點，強弩通常被用於防禦和伏擊。

弩的種類很多，小的如背弩、踏弩，可藏於衣內、馬腹之下做暗器使用，大型弩可用於攻堅和守城，甚至有的床弩能發射長約3公尺的大鐵箭，能射穿薄點的城牆。

殳的形制是怎樣的

殳又稱投、戟柄、杵、桔等，為先秦時使用的一種竹或木製的棍棒類兵器，主要裝備於徒卒。兩端套有銅帽和銅鐏，長一丈二尺。

周代時，殳為「車之五兵」，屬實戰兵器。帝王、諸侯出巡時，前導衛士執殳開道。春秋殳時期，殳是常用兵器之一。從考古發掘看，殳可分為有尖鋒和無尖鋒兩類。春秋晚期，在南方的楚、越、吳、蔡諸國出現過一種帶鋒刃的殳。它在積竹柄的頂端裝有一個呈三棱矛狀的銅殳頭和帶有尖刺的銅箍，既可以刺殺，也可以砸擊。陝西臨潼秦始皇兵馬俑坑出土有無尖鋒的殳首。

到戰國時期，步兵、騎兵的地位上升，殳成為侍衛的守備兵器，是「步卒五兵」之一，有時作為軍事指揮的一種標識。漢代以後，殳逐漸被淘汰。

戈的形制是怎樣的

「戈」是古代較為常見的一種兵器，橫刃，用青銅或鐵製成，裝有長柄，長度通常為1公尺左右，最長超過3公尺。這種武器盛行於商至戰國時期，秦以後逐漸消失。

戈上突出的部分叫援，援上下皆刃，用以橫擊和鉤殺，勾割和啄敵人。

在古代，戈和干合稱「干戈」，是各種兵器的統稱。

　　商代的戈有三種形式：直內戈、曲內戈、有鑾可以插秘的戈，一般沒有胡。商末出現有胡的戈。西周的戈多短胡，有一穿至二穿。春秋戰國時期，戈是重要的格鬥兵器之一。長胡有三至四穿，便於固定在秘上，同時援狹長而揚起。戰國晚期，鐵兵器使用漸多，鐵戟逐漸淘汰了青銅戈。西漢後期，戈逐漸絕跡。

匕首有什麼優勢

　　匕首，其頭類匕（古指飯勺），故曰匕首。匕首長七寸至一尺許，兩面利刃，鋒端尖銳，也名短劍。匕首以其便利、易藏的特點，歷來為人們所器重，是最輕短兵器之一。

　　「圖窮匕首見」、「專諸刺王僚」即是關於匕首令人心儀的歷史故事。大詩人李白也曾以匕首為題作詩：「少年學劍術，匕首插吳鴻；由來萬丈勇，挾此生雄風。」

　　匕首術潑辣兇悍，招式詭譎；它巧妙地將劍術與拳法揉合一體，時而短兵長進，時而拳匕交襲，有神出鬼沒之能，使敵防不勝防。技擊匕首運用刺、撩、削、劃、捋、切、推、擲等，既迅猛快捷，又輕靈巧快，是防身禦敵，抵擋強盜惡獸的理想技法，或者是對敵作戰的輔助手段。

朴刀是一種什麼刀

　　朴刀屬大刀的一種，是一種木柄上安有長而寬的鋼刀的兵器，刀身無鞘。就其長度而論，不是長兵器，而屬於短兵器一類。全長60～150公分，刀刃長度45～70公分。由於是兩手握著使用，故又有「雙手帶」之稱。

　　朴刀極為簡陋，安上短把就是用於「刀耕火種」的「佘刀」，裝有長把才是「朴刀」，二者都是兵農兼用的，可以裝在木柄上成為比一般大刀還要長的長兵器，也可以卸下來單獨作為一種短兵器。朴刀是步行打鬥用的兵

器，可用來劈、刺、砍，殺傷力比較小。

朴刀出現於宋代，清末前後被廣泛使用。在《水滸傳》中，各路英雄使用朴刀的描寫隨處可見。太平天國時期，太平軍多用朴刀，故又得名「太平刀」。

矛的形制是怎樣的

矛是古代用於直刺、扎挑格鬥的冷兵器。長柄，有刃，為兵刃中最長之物，通常為1.8～2.7公尺，長者達4公尺。矛頭一般長40公分，長者達80公分。矛頭多以金屬製作，矛柄多採用木、竹和藤等材料製作，也有金屬材料製作的。

矛的歷史悠久，商朝時期，青銅製作的長矛就是重要的格鬥兵器。直到春秋時期，一直用青銅製造矛頭。戰國時期，開始出現鐵矛，鐵矛頭比銅矛頭體長，而且十分鋒利。宋代以後，馬戰盛行，矛因其太長，不免有周轉不靈之病，故矛逐漸被槍代替。

矛與槍名稱雖異，但都是古代戰場上一種直而尖形的刺殺兵器，是古代軍隊中裝備最多、使用時間最長的冷兵器。槍由矛演變而來。槍、矛形制基本相同，但矛頭沒有血擋（俗稱紅纓）；矛桿多為硬木或金屬，彈性差、分量較槍重；槍用的是柔韌的白蠟桿。

槍的形制、種類和用法各有哪些

長槍的發展歷史悠久，在遙遠的車戰時代，除了弓箭之外，雙方交戰最常用的就是長矛，後來逐漸演化成了長槍。然而當時只是用長槍互相亂刺，並無章法。相傳槍實傳自苗蠻武吃氏。

槍從晉代開始流行，當時所用的一半為青銅矛頭，唐代善槍者甚多，宋代以後，矛基本上就被槍代替了。槍也被稱為「百兵之王」。

槍由槍尖、槍纓、槍桿組成。槍尖為鋼鐵打製，原始社會槍尖以竹、

木削成。槍纓古時多用馬鬃製成，槍桿古時多用鐵製，攢竹製，槍的長短不同，名稱也不同。1.83公尺稱步下槍、2.33公尺稱花槍，2.76公尺稱中平槍，4公尺為大槍，5.33公尺為大桿兒，6公尺稱為矛，11公尺長的為毛竹大桿。長度約相當於人體直立，手臂伸直向上的高度。槍桿的粗細，根據使用者性別、年齡而異。

槍的種類有：花槍、筆槍、大槍、錐槍、槌槍、梭槍（又稱飛槍、標槍）、尖槍、太寧筆槍、抓槍、雙頭槍、雙頭雙槍、四角槍、箭形槍、曲刃槍、環子槍、拐子槍、攢竹槍、長頂槍、鴉項槍、素木槍、綠沉槍、渾鐵槍、龍頭槍、龍刀槍、虎牙槍、虎頭槍、龍鳳槍、單鉤槍、雙鉤槍、鐵鉤槍、柳葉槍、蛇鐮槍、蛇尾傘槍、櫃馬槍、搗馬突槍等。

槍的用法主要以攔、拿、扎為主，此外，還有點、崩、挑、撥、纏、舞花等法。槍法流傳較多的常有羅家槍、楊家槍、岳家槍、馬家槍、沙家槍、六合槍、八母槍、子龍槍、大犁花槍和峨嵋槍等。

劍的演變過程是怎樣的

劍為古代短兵之祖。相傳創自軒轅之時，素有「百兵之君」美稱。

目前發現中國最早的劍是西周時期的青銅劍。在陝西省長安縣張家坡、北京琉璃河等地的西周時代的墓葬中，都曾經挖掘出柳葉形青銅短劍。

春秋時期，吳、越等國的步兵都擅長用劍。他們所使用的劍，劍身長度都在50公分以上。那時候，吳國、越國善於鑄劍，鑄劍技術非常先進，鑄出了一些名揚天下的寶劍，如吳王夫差劍、越王勾踐劍等。

戰國時期，劍身繼續加長，鑄劍技術進一步得到提升，鑄出了脊部和刃部具有不同銅錫配比的青銅劍。這種劍的脊部很柔和，刃鋒卻很堅利，大大提高了作戰禦敵的殺傷力。代表著最高技術水準的青銅劍是陝西省臨潼縣秦始皇陵兵馬俑坑出土的青銅劍，這種劍長達94公分，劍身又窄又薄，刃部鋒利，表面還進行了防鏽處理。

東漢時，劍逐漸退出了戰爭舞臺，主要用於儀仗或自衛。漢代後青銅劍

漸被鋼鐵劍替代，並趨於定型，即劍身中有脊，兩側有刃，前有劍尖，中有劍首，後有莖，莖端設環處稱鐔，此外，尚有劍鞘、劍穗等附屬飾物。隋唐時，佩劍盛行。宋代以後，劍舞盛行。

戟的形制是怎樣的

戟是將戈和矛結合在一起，具有鉤啄和刺擊雙重功能的格鬥兵器，殺傷力比戈和矛都要強。

戟在商代就已出現，西周時，也有用於作戰的，但不普遍。到了春秋晚期，由於戟比戈和矛更為先進，它很快成為將士們作戰的格殺利器。

因為戟是在戈和矛的基礎上演變而成的，所以，它既有直刃又有橫刃，呈「十」字或「卜」字形。卜字矛戟突出了矛的優勢，刺殺有利，但鉤啄易掉頭；另一種以戈為主，前有援，尾有內，上有刺，下有胡，呈「十」字形。這種戟形體單薄，易脆易折，不適於實戰，多屬儀仗用的飾兵器。

西漢以後，戟的「援」由平直變為弧曲上翹，進一步增強了前刺的殺傷力。三國時期，戟的種類增多，有長戟、手戟、雙戟等。晉代，長兵重矛槍，戟已降為儀仗之器，軍士均執槍而不執戟了。唐代時，戟廣泛用於舞具。

硬鞭和軟鞭各有什麼特點

鞭為短兵器械的一種，起源較早，至春秋戰國時期已很盛行。明代出現了兩節鐵鞭，重視以拳棍技術為基礎，來提高鞭的實戰能力。清代鞭形制已有軟硬之分。

硬鞭多為銅製或鐵製，軟鞭多為皮革編制而成。常人所稱之鞭，多指硬鞭。硬鞭一般用於馬戰，持鞭之將多持雙鞭。鋼鞭沉重而無刃，以力傷人，故持鞭者均需大力勇士。硬鞭有兩種：一是竹節鋼鞭，形如竹節；另一種是十三節水磨鋼鞭，長約一公尺，鞭尾有堅木或鐵製柄，頭尾皆可握，能兩頭

使。常用的鞭法有劈、掃、扎、抽、劃、架、拉、截、摔、刺、撩等。

軟鞭由鏢頭、握把、若干鐵製鞭節和圓環相連而成。軟鞭在晉代即已出現，被認為是猛烈武器，不易抵禦，有七節鞭、九節鞭、十三節鞭之分。攜帶方便，使用可長可短，軟硬兼施。技法主要有纏、掄、掃、掛、拋、舞花及地趟鞭等。軟鞭以圓運動為主，藉助手臂搖動，身體轉動，增加鞭的擊打速度，改變鞭的運動方向。軟鞭分單鞭和雙鞭，也可與其他器械配合。

還有一種木質鞭桿，其長度以人之一臂加肩寬，亦稱短鞭。因其形短小，用時極方便。著名的還有方節鞭、秦家鞭、雷神鞭。

槊是怎樣的一種兵器

槊是古代重型兵器之一，多用於馬上作戰。

槊用堅木製成，分槊柄和槊頭兩部分，長約兩公尺，柄端裝有一長圓形錘，上面密排鐵釘或鐵齒六至八行，柄尾裝有三棱鐵鑽。因其形狀與狼牙相似，故也稱「狼牙槊」。槊柄一般長六尺，槊頭呈圓錘狀，有的頭上裝有鐵釘若干，有的槊柄尾端裝有鐏。

槊是由矛和棒演變而來的。《正字通》云：「矛長丈八謂之槊。」所以，古代也把丈蛇矛稱為「鐵槊」。《武備志》載：「棒首施銳刃，下作倒雙鉤，謂之鉤棒；無刃而鉤者亦用鐵爪植釘於上如狼牙者，曰狼牙棒；本末均大者為杵，長細而堅重者為桿，亦有施刃鐏者，大抵皆棒之一種。」《水滸傳》中「百勝將」韓滔用的是一桿棗木槊；此外，還有指槊、掌槊、雙槊、衡槊及棗陽槊等。

槊的種類很多，結構複雜，較為笨重，多為力大之人使用。其主要技法有劈、蓋、截、攔、撩、衝、帶、挑等。

鐗是怎樣的一種兵器

鐗為秦漢以後出現的兵器，鞭類，短兵兼為暗器。長而無刃，有四棱，

上端略小，下端有柄。

鐧因其外形為方形有四棱，亦作「簡」。鐧為銅或鐵製，長為四尺。鐧由鐧把和鐧身組成。鐧把有圓柱形和劍把形兩種。鐧身為正方四棱形，鐧粗約二寸，其後粗，越向其端越細，逐步呈方錐形。鐧把與鐧身連接處有鋼護手。

鐧身有棱而無刃，棱角突出，每距六七寸有節。鐧身頂端尖利可作刺擊之用。鐧把末端有吞口，如鑽形。吞口上繫一環，環扣上絲弦或牛筋可懸於手腕。鐧無刃，每距六七寸有節者，名竹節鐧；自把至端，完全平直者，名方棱鐧。另有八棱鐧、平棱鐧、凹面鐧、四棱鐧、渾圓鐧、狼牙鐧、少林方楞銅鐧。

鐧多雙鐧而用，故有雌雄鐧、鴛鴦鐧等。主要擊法有擊、梟、刺、點、攔、格、劈、架、截、吹、掃、撩、蓋、滾、壓等。唐初的戰將秦瓊善使雙鐧。發現於福建的宋代著名抗金將領李綱使用的鐵鐧，是最早的實物。

斧是怎樣的一種兵器

斧又稱戰斧。其起源很早，原始人就曾經做過石斧。而最早的銅斧見於商代，不僅用於武事，還為儀仗之用。《六韜‧軍用篇》「大柯斧，刃長八寸，重八斤，柄長五尺以上。」至漢代將長斧和矛狀物結合在一起，有兵器之劈、刺作用，成為鉞戟或斧形戟。

長柄的斧，古時多為馬上用的重兵器，有「祥手宣花斧」、「開山斧」、「偃月斧」、「金蘸斧」等。短柄的斧，有單、雙斧之分，為古時步兵所用。短柄因形狀扁寬，也稱為「板斧」。黑旋風李逵使用的就是兩把板斧。

宋曾公亮《武經總要》載有大斧、鳳頭斧，都是隋、唐遺制。元代軍隊喜用小斧、大斧和寬體大斧。清代將士喜用雙斧，斧柄僅有尺餘，斧刃小，雙斧均可插腰，戰場上使用靈活。斧的主要用法有：劈、砍、剁、抹、砸、摟、截等。中國古代的作戰兵器中，斧一直沒有占據重要地位。

鉞是怎樣的一種武器

鉞為古代用於劈砍格鬥的冷兵器。由青銅鉞頭、長柄構成，鉞頭尖鋒直刃、扁莖，穿透力很強。

1972年，在河北省槁城臺西發現了商代隕鐵刀銅鉞，周秦時代的銅鉞亦屢有發現，這種銅鉞實質就是古代的大斧，與新石器時代的砍削工具穿孔磨光的石斧十分相像，說明鉞是由產生工具斧頭發展而來的。

鉞與斧的區別是，鉞形體薄、刃部寬且成圓弧形。鉞比斧頭大三分之一，桿長一尺半。鉞桿末端有鐏。鉞在斧頭之上加有突出之短矛，長約六寸。

斧與鉞是罕見的兵器，斧鉞在古時候是不分的，長柄巨斧名為鉞，也叫大斧，長達2.66公尺。《古今注》載：「金斧黃鉞也，鐵斧玄鉞也，三代通以斷斬。」

由於使用方法的不同，斧和鉞還是有所區別的，凡斧背上有鉤或斧上有槍刺者即為鉞。長柄鉞，古時多為馬上用的重兵器，有「開山鉞」和「壓丑鉞」等。

鉞的形成與斧的形成屬相同的時代，戰國時期開始大量使用。使鉞之法合斧、矛、槍三者為一體。其用法除有斧、矛和槍的技法之外，還有刺、撥、點、追四法。鉞有長桿之鉞和短桿之鉞，如八卦掌拳派所用的子午鴛鴦鉞，就是一種短雙器械。使用方法有劈、剁、摟、抹、雲、片等。

由於其殺傷力不如戈矛，在春秋時期實戰中的地位已降低，已多用於儀仗、裝飾之需，作為軍權的象徵。所以，鉞大多鑄造精良，鉞身上刻有人面或獸面紋飾，形象猙獰而華美，給人一種威懾力。

金瓜是一種什麼武器

金瓜為古代兵器、儀仗用具，是金屬的一種。古籍中常稱槌、椎、縋、骨朵等。錘起源於原始人追殺野獸、敲砸堅果用的短木棒。後來出現石頭

錘、銅錘。組合方式：一是由錘頭和短柄組成；另一種是在錘頭上繫繩索。錘頭除球形外，還有瓜形、蒜頭形。

戰國時期已開始用鐵錘，多用於個人防身，不是軍隊的常備武器。山東沂南漢畫像石墓中荷矛持錘的騎士從車圖，表現出漢代侍衛錘與長兵器配合使用。中國北方的游牧民族善用此類兵器。元代蒙古騎兵用的就是六棱形的瓜錘。明代的錘是銅首鐵柄，稱為「銅瓜」，是元代瓜錘的延續。清代所用都是瓜錘。清軍入關前，專設鐵錘軍。

後來為衛士所執之兵仗。亦被作為刑具。仗端作瓜形，有立瓜和臥瓜兩式，以黃金為飾。因棒端呈瓜形，金色，故稱金瓜。

火銃，現代槍炮的「祖先」

火銃，又稱火筒，為現代槍炮的「祖先」。

火銃通常分為：單兵用的手銃、城防和水戰用的大碗口銃、盞口銃和多管銃等。火銃是中國古代第一代金屬管形射擊火器，標誌著火器發展的新階段。依據南宋火槍尤其是突火槍的發射原理製成，用火藥發射石彈或鉛彈、鐵彈，在較遠距離殺傷敵人。

火銃初見於宋元之交，明代大量使用。現存的元文宗至順三年（西元1332年）所製、安放在架上發射的盞口銃，元惠宗至正十一年（西元1351年）研製的手銃，分別是當時所製大型火銃和手銃的代表性製品。它們在構造上基本相同，都由前膛、藥室和尾鞏構成，是元時期軍隊的重要裝備。

同火槍相比，火銃的使用壽命長，發射威力大。到明初，火銃除了已形成可以看做是槍、炮雛形的手持銃和大碗口銃以外，還開始發展了大口徑的銅炮、鐵炮，把火炮製造技術提高到了一個新的水準，增加了品種和數量，改進了結構，提高了品德，組建了專用火器的神機營。嘉靖以後，由於中國早期火器的不斷成熟，火銃逐漸被鳥銃和火炮所取代。

炮是一種什麼武器

炮也稱拋石機，在火炮出現以前，是攻城守城作戰的重要兵器，基本結構包括機架、拋射桿和動力裝置，主要是利用槓桿原理拋射石彈。

《武經總要》記載：炮以大木為架，結合部用金屬件連接，炮架上方橫置可以轉動的軸。固定在軸上的活動槓桿稱為「梢」，也就是拋射桿。可以單梢，可以多梢，梢越多，拋出的石彈越重、越遠。發射形式多數是將炮架置於地上或埋在地下，固定發射。其中，威力最大的是七梢炮，需二百五十人拽放，發射的石彈重近百斤。另有可以機動發射的車炮，可以旋轉發射的旋風炮。

早在春秋時代就已使用炮，東漢以後，成為重要的攻守戰具。東漢建安五年（西元200年）曹操攻袁紹時使用的「霹靂車」就是最早出現的車炮。宋代戰爭頻繁，炮的使用更多。蒙古軍西征，主要靠炮攻取城壘。炮的作用除了拋擲石彈外，有時也用於拋擲圓木、金屬等重物。火器出現以後，用於拋射燃燒彈、毒藥彈和爆炸彈。宋代曾用於拋射火毯。明末清初被淘汰。

火炮源於何時

火炮的最初形式是火藥箭，火藥箭始於唐末宋初年間。即在箭頭上附上火藥，點燃後發射出去。中國歷史上試製火炮的先驅者是西元1000年的唐福和西元1002年的石普，他們所製造的火箭、火球、火蒺藜，都是十分成功的。

西元1126年，人們又創造了類似火炮的「霹靂炮」和「震天雷」等武器。《金史》中曾有這樣的記載：「火藥發作，聲如雷震，熱力達半畝之上。人與牛皮皆碎進無跡，甲鐵皆透。」

世界上第一門金屬炮出現在西元14世紀中葉的元朝。金屬炮的發明和製造，中間經過了100多年的時間。由於火槍和突火槍的射程有限，人們想透過提高槍膛裏的爆炸力，來延長其射程。但由於突火槍的槍管是由竹管做成

的，爆炸力太小，裝多了又會炸傷自己人。遲至元朝，終於出現用銅或鐵鑄成的筒式火炮，這類炮統稱為「火銃」，又因為它威力大，被人尊稱為「鐵將軍」。

戰車的種類有哪些

洞屋車：用於攻城的戰車。南北朝時，侯景曾經用它和它的改進型尖頭木驢攻克建康，上面抗矢石，下面可以挖掘破城。

偏箱車：明朝戚繼光對抗北方游牧民族軍隊的戰車，一側的裝甲可以作為初步的掩體。

春秋戰車：中國古代的正式戰車，成員包括一個使用長兵器的武士，一名射手和一名御手。

衝車：諸葛亮攻擊陳倉的武器，也是歷代進行攻城的時候使用的重要戰車，在陳倉，被郝昭用鏈球式磨盤所破。

巢車：古代的裝甲偵察車，用於窺伺城中動靜，帶有可以升降的牛皮車廂，估計是唐代出現的。

正箱車：三面帶有裝甲，可以用於推出去進攻。

塞門車：守城的武器，一旦城門被撞開，它就是活動的城門。

雲梯車：雲梯可不是一般電影上那樣一個簡單的梯子，它帶有防盾、絞車、抓鉤等多種專用攀城工具。

塞門刀車：加以改進的塞門車，敵方很難攀援，便於形成活動的壁壘。

魚麗陣，最早的古代陣法

魚麗陣是目前所知在具體戰役中使用過最早的古代陣法。

《左傳》記載，西元前707年，鄭國子元在繻葛（今河南長葛北）之戰中，曾以「先編後伍，伍承彌逢」為原則布陣迎敵。實際上這是一種以步卒環繞戰車的疏散方陣。戰車二十五輛為編，步兵五人為伍，以車為主，輔以

步兵，層層補充，交替作戰，隊形如游魚逐隊，故名魚麗陣。

六花陣有何特點

此陣又名七軍陣，唐代名將李靖根據諸葛亮八陣圖演變而成。六花陣以中軍所在圓陣為中心，外由六陣組成，全陣形如花瓣，故名六花七軍陣。戰鬥時，一方面可以集中步兵整體作戰；一方面又可指揮騎兵相機出擊，調配兵力，轉化為曲、直、方、圓、銳五種六花陣，具有很強的機動靈活性。

鴛鴦陣有何特點

是明代名將戚繼光在抗擊倭寇時所設。每個鴛鴦陣由十二人組成。陣前是兩名牌手，牌手身後是兩名狼筅手，狼筅手旁邊則是四名長槍手，長槍手後面則是兩名短刀手，此外，還有隊長、夥伕各一人。與敵交戰時，「筅以救牌，長槍救筅，短兵救長槍」，相互配合和支持。鴛鴦陣不但使矛與盾、長與短緊密結合，充分發揮了各種兵器的效能，而且陣形變化靈活。既可多個鴛鴦陣組成大陣迎敵，又可分拆為若干個小陣作戰，能夠適應不同規模、不同地形戰鬥的需要，威力很大。

八陣法各陣名稱是什麼

八陣法是《孫臏兵法》中提出的八種最基本的陣法，其各陣名稱為：一為方陣，用於截斷敵人；二為圓陣，用以聚結隊伍；三為疏陣，用於擴大陣地；四為數陣，密集隊伍不被分割；五為錐陣，如利錐用以突破敵陣：六為雁陣，如雁翼展開用於發揮弩箭的威力；七為鉤陣，左右翼彎曲如鉤，準備改變隊形、迂迴包抄：八為玄襄陣，多置旌旗，是疑敵之陣。

古代名將

主持變法的軍事家吳起

吳起（？～西元前381年），戰國前中期著名法家、兵學家，衛國左氏（今山東定陶）人，曾學於著名儒家人物子夏與曾申等人。

吳起善用兵，初任魯將，曾率魯軍擊敗齊軍的進犯。後遭讒離魯，入魏謀求發展。被魏文侯任為將軍，率軍擊秦，攻拔五城，並協助樂羊攻滅中山，因功出任西河郡守。魏文侯死，吳起繼續輔佐魏武侯，曾率魏軍伐齊，攻至靈丘（今山東高唐南）。吳起在魏前後27年，經國治軍，功績卓著，因而引起魏國貴戚大臣的妒忌，終於遭讒而被迫出走楚國。

吳起入楚後被楚悼王任為宛（今河南南陽）守，一年後，升為令尹，主持變法。「明法審令，捐不急之官，廢公族疏遠者，以撫養戰鬥之士」，堵塞私門請托，摒除縱橫說客，獎勵耕戰，以強兵為要，使楚國迅速強盛起來。接連取得「南平百越，北併陳蔡」，「卻三晉，西伐秦」與救趙攻魏等軍事上的重大勝利。不久，楚悼王病故，以陽城君為首的舊貴族發動武裝叛亂，殺害了吳起。

一生從無敗績的白起

白起（？～西元前257年），秦國武安君，又名公孫起，郿卜（今陝西眉縣東）人，戰國後期秦國名將，一位極富智謀的軍事家、卓有建樹的統帥。

白起16歲從軍，秦昭王十三年（西元前294年），白起任左庶長，率兵攻打韓國新城（今河南伊川縣西）。次年，由相國魏冉推薦，白起提拔為左更，率領秦軍在伊闕（今河南洛陽龍門）攻打韓、魏，採取避實擊虛、先弱後強的戰術，全殲韓魏聯軍24萬。

後白起又攻楚三次，攻破楚都，燒其祖廟，共殲滅35萬楚軍，攻韓魏殲滅30萬，從最低級的武官一直升到封武安君，六國聞白起之名而膽寒。

秦昭王四十七年（西元前260年），白起更是在長平（今山西高平北）利用趙軍統帥趙括驕躁輕敵、缺乏實戰經驗的弱點，大破趙軍，一舉坑殺趙國降卒40餘萬，這便是歷史上最早、規模最大的包圍殲滅戰——「長平之戰」。

白起戎馬一生，其指揮的大規模戰役共11起，無一敗績。但他最終卻因相國范雎嫉妒，政見不合，並因拒絕攻趙觸怒秦昭王，於秦昭王五十年（西元前257年）十二月，被秦昭王賜死。

西楚霸王項羽為何沒能稱霸天下

項羽（西元前232年～西元前202年），名籍，字羽，下相（今江蘇宿遷）人，楚國名將項燕之孫，秦漢之際反秦農民起義軍領袖、著名軍事家、戰略家。

項羽自小膽識過人，力能扛鼎。秦二世元年（西元前209年），陳勝、吳廣起義後，在吳（今江蘇蘇州）中的項梁與侄兒項羽也率子弟兵積極回應，殺死會稽太守並占領會稽郡。

後在定陶之戰中，項梁被秦國將領章邯殺死，項羽率楚軍救援，渡漳河後破釜沉舟，於鉅鹿之戰中七戰七勝，大破秦軍，章邯投降，加速了秦王朝的滅亡。

秦滅亡之後，項羽自封西楚霸王，分封十八諸侯，造成割據局面，加以燒殺擄掠，喪失民心，諸侯紛紛叛離。漢王五年（西元前202年），項羽被劉邦困於垓下（今安徽靈璧南），慷慨悲歌，自刎於烏江。

項羽是中國歷史上極富傳奇色彩的英雄人物。他叱吒風雲又重情重義，既神勇無比又親善士兵。在反秦鬥爭中，項羽是指揮起義軍的主導者，同時又是摧毀秦軍主力的勝利者。雖然項羽以失敗而告終，但他敢作敢當、勇猛豪爽的個性品格，卻為人們留下了無盡的讚歎。

為後世留下了大量軍事遺產的韓信

韓信（約西元前231年～西元前196年），淮陰（今江蘇清江西南）人，中國歷史上卓越的軍事家、戰略家、統帥、軍事理論家。

秦末農民大起義時，韓信投靠項梁、項羽，未被重用，繼歸劉邦，因授職太低欲離去，經丞相蕭何力薦，於漢王元年（西元前206年）被封為大將軍。

楚漢戰爭之時，劉邦採納其還定三秦以奪天下的方略，攻占關中。劉邦與項羽在滎陽、成皋之間相持時，韓信率軍數萬抄襲項羽後路，破趙取齊，占領黃河下游。又以數千人在井陘之戰中背水為陣，用「陷之死地而後生，置之亡地而後存」的策略，大破趙軍二十萬，斬趙軍主將陳餘，繼而又在濰水之戰中，藉助河水，分割楚軍，將齊、楚聯軍各個擊破。

後劉邦封韓信為齊王，參與指揮垓下（今安徽靈璧南）決戰，擊敗項羽。韓信在軍中的威信越來越高，劉邦恐其謀反，故在西漢王朝建立後，便剝奪其兵權，徙封為楚王。後韓信遭人陷害，又降為淮陰侯。呂后乘機與蕭何設計，於漢高祖十一年（西元前196年）正月，以謀反罪名，將其誘殺於長樂宮。

韓信為漢王朝的建立做出了重要貢獻。他熟諳兵法，自言「多多益善」，為後世留下了大量的軍事典故。其用兵之道，為歷代兵家所推崇。

李廣為何被譽為「飛將軍」

李廣（？～西元前119年），隴西成紀（今甘肅省肅寧縣）人，秦國名將李信之後，善於騎射，被稱為「漢之飛將軍」，西漢著名軍事家。

李廣武功精湛，勇猛過人，才氣無雙，射得一手好箭。西元前166年，匈奴大舉入侵邊關，李廣英勇殺敵，使漢文帝大為讚賞。

西元前140年，漢武帝即位，調李廣為未央衛尉。四年後，李廣率軍出雁門關，被成倍的匈奴大軍包圍，受傷被俘。押解途中，他飛身奪得敵兵馬

匹，射殺追騎無數，終於回到了漢營。從此，李廣便贏得了「漢之飛將軍」的美譽。歸朝後，李廣被漢武帝革除軍職，貶為庶人。

幾年後，匈奴殺遼西太守，擊敗韓安國將軍。漢武帝重新起用李廣為右北平太守，匈奴聞「飛將軍」鎮守右北平，數年不敢來犯。

西元前120年，李廣率四千騎兵出右北平，配合張騫出征匈奴，兵進數百里，突然被匈奴左賢王率四萬騎兵包圍，李廣令士兵們引弓不發，他自己以大黃弓連續射殺匈奴兵將多人。匈奴兵將大為驚恐，紛紛被李廣的神勇所鎮住而不敢妄動。

次日，漢軍主力趕到，李廣軍得以突出重圍。元狩四年（西元前119年），李廣被任命為前將軍，隨大將軍衛青出征攻打匈奴，因違抗軍令而自責，引頸自刎，一代名將就此隕落。

李廣一生皆在邊關戍敵，與匈奴七十餘戰，屢戰屢勝，匈奴聞風喪膽，堪稱不戰而屈人之兵。李廣治兵寬緩不苛，與士卒同甘共苦，深受邊關軍民的愛戴。唐朝時期，有不少詩句歌頌李廣，如王昌齡《出塞》、盧綸《塞下曲》、高適《燕歌行並序》等。

曾經七次擊退匈奴的衛青

衛青（？～西元前106年），字仲卿，河東平陽（今山西臨汾）人，西漢中期著名將領。

衛青率軍與匈奴作戰，屢立戰功，七次擊退匈奴。他為人謙讓仁和，敬重賢才，從不以勢壓人。

衛青少時為平陽侯曹壽家奴，長於騎射，勇力過人。建元二年（西元前139年）春，其姐衛子夫被漢武帝選入宮中，衛青也隨之入宮任建章監侍中。漢與匈奴之間的大規模戰爭爆發後，於元光五年（西元前130年）受任車騎將軍。

元朔二年（西元前127年）春，匈奴騎兵侵入上谷（今河北懷來）、漁陽（今北京密雲西南），殺掠吏民數千人。衛青奉命率四萬鐵騎，從雲中

（今內蒙古托克托）出發，採用迂迴包圍戰法，繞道匈奴後方，迅速攻占高闕（今內蒙古杭錦後旗），擊敗匈奴樓煩王、白羊王，殲敵數千人。隨後被封為長平侯。

元朔五年春，衛青率軍十餘萬，針對匈奴右賢王驕傲輕敵的弱點，乘夜襲擊，殲敵一萬五千人，後升任大將軍。不久，他又兩次率軍出擊漠南單于本部，殲敵兩萬人，迫使單于遠徙漠北。元狩四年（西元前119年）夏，衛青與霍去病各率五萬騎兵，越過沙漠，進擊匈奴，以正面箝制、兩翼包圍的戰法，殲敵兩萬人，追至育顏山趙信城（今蒙古人民共和國杭愛山南）而還，後升任大司馬。

衛青治軍嚴明，指揮靈活機動，善於以己之長，擊敵之短，用出敵不意、攻敵不備的戰法殲敵制勝。他作戰勇敢，身先士卒，七次遠征擊敗匈奴，為維護漢朝的安定和統一建立了不朽功勳。

英年早逝的青年統帥霍去病

霍去病（西元前140年～西元前117年），河東平陽縣人，漢初大將軍衛青的外甥，從小善於騎射，18歲時，霍去病被漢武帝召為侍中。不久，武帝令他隨衛青北擊匈奴，其後封為驃騎校尉。

在作戰實踐中，霍去病注意學習鍛鍊，迅速成長為一名機智勇敢的將領。一次戰鬥中，霍去病憑著一身虎膽，獨自率800騎兵，遠離主力幾百里襲擊敵人，斬俘匈奴軍幾千人。漢武帝發現霍去病是個難得的將才，遂破格封其為冠軍侯，放手讓其領兵作戰，使之一躍成為當時僅次於衛青的青年統帥。

元狩二年（西元前121年），他任驃騎將軍，先後兩次率軍擊河西（今河西走廊及湟水流域）地區的匈奴部，殲敵四萬餘人，收降了匈奴渾邪王所部四萬餘人，控制了河西地區，打開了通往西域的道路。

元狩四年夏，他與衛青各率五萬騎兵從東西兩路進軍大漠（今蒙古草原大沙漠），擊敗左賢王部後乘勝追擊，深入兩千餘里，殲其部眾七萬餘，升

任大司馬，與衛青同掌兵權。

霍去病作戰勇敢，用兵靈活，注重方略，出奇制勝，深得漢武帝的信任。漢武帝曾為他建造府第，他說：「匈奴未滅，何以家為？」於元狩六年（西元前117年）病逝，年僅24歲。

郭子儀對鞏固唐王朝發揮了哪些作用

郭子儀（西元697年～西元781年），華州鄭縣（今陝西華縣）人，武舉出身，唐代著名政治家、軍事家。

郭子儀在其父的影響和教育之下，自幼飽讀兵書，勤於習武。他不僅武藝超群，陣法嫻熟，而且為人正直，不畏權貴。

天寶十四年（西元755年）安祿山叛唐，時任朔方節度使的郭子儀率部平叛，與李光弼部進軍河北並擊敗史思明，收復常山（今河北正定）等十餘郡。

至德二年（西元757年），郭子儀以關內、河東副元帥名義，統兵收復長安（今陝西西安）、洛陽及河西、河東、河南諸州縣，因功升至中書令，又晉封為汾陽郡王，後因兵敗，遭人陷害，被解除兵權。

廣德元年（西元763年），僕固懷恩叛變，糾合吐蕃、回鶻兵相繼攻唐，郭子儀被朝廷重新起用，再度領兵並呈絕妙禦敵之策，於永泰元年（西元765年）十月，在回鶻與吐蕃兵壓境之際，他率領幾名騎兵出城至回鶻陣前，與回鶻議和，共同抗擊吐蕃兵。吐蕃首領聞訊後連夜引兵逃遁，郭子儀乘機派唐軍精銳騎兵與回鶻兵一道追擊，在靈臺（今屬陝西）西大敗十萬吐蕃軍，穩定了關中局勢。德宗即位後，尊郭子儀為尚父，加太尉。

郭子儀用兵持重，長於謀略，治軍寬嚴得當，深為部下敬服。他雖功高望重，但從不居功自傲，被後人視為名將典範。他以身許國，臨危不懼，身經百戰，功勳卓著。歷事唐玄宗、唐肅宗、唐代宗、唐德宗四朝，勤於職守，身繫國家安危二十餘年，對鞏固唐王朝的統治起到了舉足輕重的作用。

狄青本是罪犯，他是如何成名的

狄青（西元1008年～西元1057年），字漢臣，汾州西河（山西汾陽）人，北宋名將。

狄青出身貧寒，16歲時，因其兄與鄉人鬥毆，狄青代兄受過，被「逮罪入京，竄名赤籍」，開始了他的軍旅生涯。

宋仁宗寶元元年（西元1038年），宋朝西北黨項族首領李元昊建立夏國，宋廷擇京師衛士從邊，狄青入其選，任延州指揮使，成了一名低級軍官。

在宋夏戰爭中，狄青驍勇善戰，多次充當先鋒，率領士兵奪關斬將。他每戰披頭散髮，戴銅面具，一馬當先，所向披靡。在四年時間內，狄青參加了大小25次戰役，身中8箭，但從不畏怯。在一次攻打安遠的戰鬥中，狄青身負重傷，但「聞寇至，即挺起馳赴」，衝鋒陷陣，在宋夏戰爭中，立下了累累戰功，聲名也隨之大振。

皇佑四年（西元1052年），狄青因功封為樞密副使。就在這一年，文本少數民族首領儂智高起兵反宋，狄青奉命征討。他大刀闊斧整肅軍紀，使軍威大振，接著又命令部隊按兵不動，從各地調撥、囤積了大批的糧草。儂智高的軍隊看到後，以為宋軍在近期內不會進攻，放鬆了警惕。而狄青卻乘敵不備，突然把軍隊分為先、中、後三軍，自己親率先軍火速出擊，一舉奪得崑崙關，占取了有利地形，接著命令一部分軍隊從正面進攻。他執掌戰旗率領騎兵，分左右兩翼，繞道其後，前後夾攻，一戰而勝。

班師回朝後，論功行賞，狄青被任命為樞密使。但隨著狄青的升遷，朝廷對他的猜忌、疑慮也在逐步加深。嘉祐元年（西元1056年）八月，僅做了四個月樞密使的狄青被罷官，不到半年，即發病鬱鬱而死。

岳飛與金軍戰，未嘗一敗

岳飛（西元1103年～西元1142年），字鵬舉，諡武穆，後改諡忠武，相

州（今河南安陽）湯陰人，南宋抗金名將。

岳飛勤奮好學，武藝高強，身先士卒，事母至孝。他十九歲投軍抗遼，不久退伍還鄉守父孝。西元1126年，金兵大舉入侵中原，岳飛再次投軍，開始了他抗擊金軍、保家衛國的戎馬生涯。傳說，岳飛臨走時，其母姚氏在他背上刺了「精忠報國」四個大字，成為岳飛終生遵奉的信條。

岳飛投軍後，因作戰勇敢升秉義郎，後多次升職。建炎三年（西元1129年）秋，完顏兀朮繼續南侵，高宗被迫流亡海上。岳飛率孤軍堅持敵後作戰，六戰六捷。次年，岳飛在牛頭山大破金兀朮，收復建康，金軍被迫北撤。從此，岳飛威名傳遍大江南北，建立起一支紀律嚴明、作戰驍勇的抗金勁旅岳家軍。

紹興六年（西元1136年），岳飛再次出師北伐，但因無援兵糧草，無奈撤回鄂州（今湖北武昌）。岳飛壯志未酬，寫下了千古絕唱《滿江紅》。

紹興十年，兀朮撕毀和約，再次大舉南侵，岳飛奉命出兵反擊，在郾城大破金軍精銳，乘勝進占朱仙鎮，距開封僅45里。兀朮被迫退守開封，金軍士氣沮喪，不敢出戰。岳飛招兵買馬，聯絡義軍，積極準備渡過黃河直搗黃龍府。這時高宗連發十二道金字牌班師詔，命令岳飛退兵，他只好揮淚班師。回臨安後，岳飛即被解除兵權，任樞密副使。

紹興十一年八月，高宗和秦檜派人向金求和，金兀朮要求「必殺飛，始可和」。秦檜乃誣岳飛謀反，將其下獄。紹興十一年（西元1142年）十二月二十九日，秦檜以「莫須有」的罪名將岳飛毒死於臨安風波亭，其子岳雲及部將張憲也同時被害。岳飛死後二十年，宋孝宗繼位，下令給岳飛平反昭雪，官復原職，以禮改葬。

岳飛善於謀略，治軍嚴明，其軍以「凍死不拆屋，餓死不擄掠」著稱。他親自參與指揮了一百多仗，未嘗一敗，是名副其實的常勝將軍。

韓世忠是怎樣的一位抗金名將

韓世忠（西元1089年～西元1151年），字良臣，南宋名將，陝西綏德

人。

韓世忠出身貧寒，身材魁偉，勇猛過人。十八歲時，韓世忠應募從軍，在戰場上，韓世忠英勇善戰，屢立戰功。宋欽宗即帝位後，韓世忠升為武節大夫，率部屯滹沱河。

當時，宋室屢弱，北方大部淪於金人之手。韓世忠往援真定，被金軍圍困，部下勸他突圍而走，他不許。夜半下大雪，他命敢死士卒300人突襲敵營，致敵軍自亂，互相攻殺，金兵主將竟被刺死，金兵盡退。

宋高宗趙構即位後，授韓世忠御營左軍統制。平滅苗傅、劉正彥叛亂後，高宗手書「忠勇」二字賜予韓世忠，授檢校少保。

後金軍大舉南犯，韓世忠引兵至鎮江，屯兵焦山寺，與金兵大戰黃天蕩48天，取得了最終勝利，史稱「黃天蕩大捷」。

宋、金停戰期間，韓世忠晉為少保，他為官正派，不肯依附丞相秦檜，為岳飛遇害而鳴不平，是中國歷史上一位頗有影響的人物。

徐達，明朝第一開國功臣

徐達（西元1332年～西元1385年），明朝大將，開國功臣，字天德。濠州（今安徽鳳陽）人，家世務農，少有大志。

徐達少時，全國各地反元義軍頻起，徐達也於元至正十三年（西元1353年）加入朱元璋部，跟隨朱元璋南略定遠，奪取滁、和二州。次年又渡長江、拔採石，克太平。十六年下集慶、鎮江。徐達因功被封為統軍元帥。

朱元璋與張士誠之爭中，徐達統兵克盧州（今安徽合肥）、江陵、辰州（今湖南沅陵）、衡州（今湖南衡陽）、寶慶（今湖南邵陽）諸路，湖湘平。二十五年冬，又率軍取淮東，克泰州，攻高郵，至次年三四月間，濠、徐、宿三州相繼下，淮東平。同年八月，拜為大將軍，與常遇春率軍二十萬同張士誠進行決戰。先下湖、杭二州。吳元年（西元1367年）九月，克平江（今江蘇蘇州），執張士誠，吳地平。論平吳功，晉封為信國公，右相國。

南方基本平定後，徐達又受命率步騎25萬北伐中原，並連戰連捷，將蒙

一本書讀懂國學

古殘餘勢力趕回了漠北。朱元璋即帝位後，以徐達為右丞相，兼太子太傅，後又封魏國公。

徐達治兵嚴明，且謙虛謹慎，能與部下同甘共苦，行軍持重，不妄殺戮，士無不感恩效死，故所向克捷，功勳卓著，為開國功臣第一。

抗倭名將戚繼光和他的「戚家軍」

戚繼光（西元1528年～西元1587年），字元敬，號南塘，晚號孟諸，山東蓬萊人，明朝抗倭名將，著名軍事家、武術家。

戚繼光指揮抗倭作戰，機智勇敢。戚繼光於嘉靖二十四年（西元1545年）襲父職，任登州衛指揮僉事，又於三十二年薦署都指揮僉事，備倭山東。三十四年，調浙江都司，任參將，分部鎮守寧波、紹興、臺州三府。

戚繼光到浙江時，見當時衛所駐軍將驕兵惰，軍紀鬆弛，兵不習戰，戰鬥力低，遂於三十八年親至金華、義烏等地，招募精壯農民和礦工三千餘人，按年齡和身材配發不同兵器，進行編組訓練，教以擊刺槍法，長短兵器兼用，因地形練陣法，創編了鴛鴦陣。同時，他更置戰艦，製造各種器械，選用當時最精良的火器。戚繼光以「岳家軍」為榜樣，教育士兵嚴守紀律，勇敢殺敵，愛護百姓，終於練成一支名聞天下的「戚家軍」。

四十年，在浙江等地九敗倭寇，又率兵入閩，大敗倭寇。四十二年，奉命率兵萬餘急赴福建，於平海衛大敗倭寇，升福建總兵。是年冬，倭寇萬餘圍仙遊（今屬福建），次年二月，他率軍數千前往馳救，以內外配合、各個擊破之策，解仙遊之圍，追殲逃敵數千。隆慶二年（西元1568年），戚繼光奉命以都督同知總理薊州、昌平、保定三鎮練兵之事。他在薊鎮練兵十六年，邊備整飭，軍容整肅，薊門晏然。萬曆十一年，被調任廣東總兵官，十五年後病逝。

戚繼光在抗擊倭寇的戰爭中建立了不朽的功績，贏得了當時乃至後世人民的讚頌。其所著《紀效新書》、《練兵實紀》兩部軍事名著均被列入中國古代經典兵書，還有一些有關的奏書豐富了中國兵法智慧的寶庫。

保護明朝邊關的袁崇煥

袁崇煥（西元1584年～西元1630年），有明一代最後的「長城」之稱。字元素，號自如。

袁崇煥本為一介書生，萬曆四十七年進士。萬曆四十五年，後金努爾哈赤起兵攻明，逼近山海關。天啟二年（西元1622年），明軍廣寧大敗，13萬大軍全軍覆沒，40多座城失守，明朝邊關岌岌可危。然而，就在這一年，袁崇煥挺身而出，投筆從戎，出鎮山海關。

四年之後，努爾哈赤率兵13萬，攻打孤立無援的寧遠，卻被袁崇煥的一萬守軍打得大敗而歸。努爾哈赤縱橫天下數十年，第一次嘗到了慘敗的滋味，還在戰鬥中被打傷，不久鬱鬱死去。這是明清的長期交戰中，明軍取得的首次勝利。

又過了一年，皇太極欲為其父報仇，親率兩黃旗兩白旗精兵，圍攻寧遠、錦州，攻城不下，野戰不克，損兵折將，連夜潰逃。袁崇煥從此威震遼東，令清兵聞名喪膽。

後金無法攻破袁崇煥駐守的寧遠，遂繞過遼東，直抵北京城下。袁崇煥得知後，兩晝夜急馳三百餘里，以九千士兵與皇太極10多萬大軍對陣於廣渠門外，親披甲冑，臨陣督戰，戰士無不以一當十，奮力殺敵，終於擊退清兵，保住京師。

但在得勝之後，崇禎皇帝卻聽信讒言，認定袁崇煥是內奸，袁崇煥被逮，並被處以凌遲極刑，一代名將就此被無罪枉殺。

一本書讀懂國學

兵家謀略

假道伐虢

春秋時，晉獻公把大夫荀息叫到身旁問道：「我打算攻打虢國，而虞國肯定會救它；進攻虞國，而虢國又要救虞，你說如何是好呢？」

荀息說：「虞國國君非常貪婪，喜愛珍寶，請您把屈邑出產的千里馬和垂棘出產的璧玉送給他，向他借路去攻打虢國。」

晉獻公說：「宮之奇是虞國的賢臣，他一定會進諫阻止這件事。」

荀息說：「宮之奇的為人是：內裏聰明而性格懦弱，他是虞國國君從小養大的。性格懦弱就不會強爭勸諫，聰明通達則說話簡潔，從小在宮中長大，就不會受到虞公的重視。況且禍患遠在他國之後，而寶物珍玩就擺在眼前，虞公是個平庸之人，他不會預料這件事的後果。」

於是晉獻公就派人到虞國，送上寶玉名馬，宮之奇果然進諫說：「『唇亡則齒寒』，虢國和虞國互為屏障，相互依存，並不能互相把對方當成禮品送給別人。晉國現在可以從我們這裏借道把虢國滅掉，不久以後就可以把我們滅掉。」

虞公沒有聽他的勸告，堅持給晉國借路。晉滅掉虢國後，回來順道便攻打虞國，虞國國君只好牽著名馬、抱著玉璧前來投降。

運用假道伐虢的計謀，重在「假道」。因此，實施這一計謀，要巧妙地找出「假道」的理由，掩蓋自己的目的，不使對方懷疑。

遠交近攻

戰國末期，范雎本是魏國官吏，他是個很有才能的人，但在魏國卻因受誣陷遭到殘害，不得已逃至秦國，受到秦昭襄王重用。

秦昭襄王請他為自己出謀劃策。范雎向秦王分析了秦國的地理優勢和強

大的兵力，認為秦國進展不大，根本原因在於沒有正確的對外政策，建議秦王遠交齊、楚、燕等國家，攻打鄰近的韓、趙、魏，實行遠交近攻的策略。

秦王採納范雎的意見，對齊、楚、燕、韓、趙、魏逐步吞食，各個擊破，打破六國合縱抗秦聯盟，最終統一了中國。

遠交近攻，就是當作戰目標受地理條件所限時攻打近敵有利，攻打遠敵有害，對遠隔的敵人，如有利於己，也可以暫時聯合。

圍魏救趙

西元前353年，魏國大元帥龐涓率數十萬重兵包圍了趙國首都邯鄲，趙國陷入了戰火之中，國王升朝向文武百官問計，有位大臣向國王獻計：不如由主公寫一封求救信，再備上金銀，然後派使者向齊國求救。

國王想了想，也只能這樣了，於是急忙派使者向齊國求救，齊國國王接到信和財物後就派大將軍田忌和軍師孫臏率軍趕去趙國解圍，田忌隨即點兵準備來日向趙國進軍，軍師孫臏勸阻說：「要解開雜亂糾紛，不能握拳不放，要解救相鬥之人，不可舞刀弄槍。避實就虛，給敵人造成威脅，邯鄲之圍便可自解。如今魏軍全力攻趙，精兵銳卒勢必傾巢而出，國內一定只剩下老弱兵丁。將軍不如輕裝疾奔魏都大梁，占據險要，擊其虛處。敵人必然放開趙國，回兵自救，這樣，我們便能一舉解開邯鄲之圍，又可乘魏軍疲憊之際，一鼓殲之。」

田忌立刻按照孫臏的布置進行。果然，魏軍得悉大梁被圍，慌忙回師。人馬行到桂陵地面，齊軍蜂擁殺出，將魏軍打得丟盔棄甲，橫屍遍野。

「圍魏救趙」後被演化為三十六計之一，意指攻其所必救，迫其所必退，要擊中要害，這樣才能調動和消滅敵人，達到排圍解難的目的。

破釜沉舟

秦末，天下大亂。在鎮壓農民起義中，秦將章邯打敗項梁的軍隊後，以

為楚地已不足憂慮，於是便渡河北上，攻擊張耳、陳餘等人。

當年秦國圍困趙王歇、張耳於鉅鹿的時候，越王向楚懷王求援，趙義軍決定派宋義為上將軍，項羽為次將軍，范增為末將，北上救趙。

宋義率大軍至安陽畏縮不前，項羽便殺掉宋義，用斧子鑿沉船隻，以示沒有退路，表示決戰。軍隊士氣大振，直驅鉅鹿，九戰九捷，大敗秦軍，擊殺秦將蘇角，俘獲王離。這就是著名的鉅鹿之戰，「破釜沉舟」的兵家謀略也由此而來，意指在敵我雙方關鍵性的決戰時刻，斷絕自己的退路，把部隊置於死地，以激勵將士下決心拼死戰鬥，從而爭取決戰的勝利。

暗渡陳倉

秦朝被推翻後，企圖獨霸天下的項羽，知道最難對付的敵手是劉邦，便故意把巴、蜀、漢中四十一縣劃歸劉邦，封為漢王。而把關中（今陝西一帶）劃為三部分，分給秦朝的降將章邯、司馬欣和董翳，以便阻塞劉邦向東發展的出路。項羽自封為西楚霸王，占領長江中、下游和淮河流域一帶廣大肥沃的地方，以彭城（今江蘇徐州）為都城。

劉邦聽從張良的計策，把一路走過的幾百里棧道全部燒毀。表示以後不打算再回關中，以消除項羽對他的疑忌。

西元前206年，劉邦準備出兵東征，先派了百餘名士兵去修復棧道，佯裝要從老路殺出。章邯聽說劉邦拜韓信為大將在修復棧道，大笑劉邦糊塗，更加輕視劉邦，毫不做戰爭的準備。

就在章邯高枕無憂的時候，劉邦卻率領主力部隊，暗中抄小路襲擊陳倉，趁敵不備，取得了勝利。這就叫做「明修棧道，暗渡陳倉」。漢軍隨即攻占了雍地、咸陽。章邯兵敗，只得自殺。

沒多久，翟王董翳、塞王司馬欣先後投降。不到三個月的時間，關中就變成了漢王劉邦的地盤。

「明修棧道，暗渡陳倉」，即故意暴露一種行為，利用敵人在這裏固守的時機，悄悄在那邊採取另一種行動。運用這一謀略，要把握好「明」和

「暗」的奇正關係，明修棧道是迷惑敵人，掩蓋自己行動企圖的手段；暗渡陳倉才是真正的目的，最終達到出奇制勝的目的。

背水一戰

楚漢相爭時，韓信與張耳率領大軍東下井陘，攻打趙國。趙王歇及成安君陳餘聽說後，聚齊了二十萬兵馬，部署在井陘口迎擊韓信大軍。

趙王認為漢軍只有一萬兩千人馬，人少且疲乏，決定正面迎敵。韓信得知後，大膽前進，在離井陘口三十里處停下休息。半夜傳令出發，選出輕騎兩千人，要他們每人持一面紅旗，從小道偷偷靠近趙軍，監視趙軍。

韓信對他們說：「趙軍見我軍撤走，肯定會從後追趕，那時你們就火速占領趙軍的壁壘，拔掉趙旗，插上漢旗。」

接著，韓信又命令副將安排宴會，對諸將說：「我們今天要為打敗趙軍而用餐。」諸將領心中都不太相信，但都假裝說「好」。

鑑於此，韓信一反常規，先派出一萬兵馬，在河邊背水列陣，趙國的將士見此情景，都大笑不已，以為對手必死無疑。清晨，韓信命令萬人軍隊大張旗鼓，擂鼓走出井陘口，趙軍離開壁壘前來應戰，漢軍背水搏戰，拼死抗擊。此時預先潛伏的輕騎乘虛馳入趙軍營壘，樹起兩千面赤旗。趙軍進攻受挫而欲退兵，回望營壘漢軍旗幟而驚惶。漢軍前後夾擊，大破趙軍。殺了陳餘，活捉了趙王歇。

此戰，韓信背水設陣，貌似不合作戰常規，實則深得兵法「投之亡地然後存，陷之死地然後生」（《孫子‧九地篇》）的精義，為世代兵家提供了靈活用兵的範例。

以逸待勞

此語出《孫子兵法‧軍爭篇》，原文是「以佚待勞」，「佚」通「逸」，即先到達戰場等待敵人的就安逸，後到達戰場奔走應戰的就疲勞。

善於作戰的人，應該以逸待勞，以自己精銳嚴整之師對敵之疲憊虛弱，就可以取得戰場上的優勢和主動。尤其是處於戰略防禦的一方，力量弱小，不要輕率過早地同敵人進行戰略決戰，應充分利用天時、地利等條件，採取邊防禦、邊養精蓄銳的辦法，待進攻者疲憊不堪、士氣沮喪後，再轉守為攻，變被動為主動，奪取戰爭的勝利。

運用以逸待勞之計謀，要注意：「逸」，不是無所事事；「待」，不是消極等待，而是要充分準備，積極防禦；「勞」，就是要巧妙地調動敵人、激怒敵人，以達到使敵人疲勞的目的。

反間計

《孫子兵法・用間篇》述：「反間者，因其敵間而用之。」即巧妙地利用敵人的間諜反為我用。反間計的手段就是以假亂真，迷惑敵人，達到己方目的。

它包含兩個方面：一是發現了敵間諜，並摸清他的來意，但不露聲色，採用將計就計的辦法，透露一些假情報，使敵人以假當真，藉以利用敵人的錯誤達到目的；二是敵間諜被發現或被我捕獲後，不是公開審判，而是暗中以重金收買，使他變為己方控制，給敵方提供假情報，以達到目的。

施用反間，無論是將計就計，還是重金收買，借問用間，都不過是巧施騙術。使用「騙術」，不在於製造完全的假象，而是要善於改變實際的景象或者轉移其重點。反間計是一條可以運用到軍事、政治、經濟、外交等許多領域的重要謀略，它充分體現了「上兵伐謀」的思想，運用得好，可起到「不戰而屈人之兵」的效果。

知己知彼

此語出《孫子兵法・謀攻篇》：「故曰：知彼知己，百戰不殆；不知彼而知己，一勝一負；不知彼，不知己，每戰必殆。」即戰爭指導者既瞭解敵

人，又瞭解自己，百戰都不會有危險；不瞭解敵人而瞭解自己，勝敗的可能各半；既不瞭解敵人也不瞭解自己，那就每戰都有失敗的危險。

這裏的「知」，是知道、瞭解的意思，就是要求戰爭指導者在作戰前和作戰過程中，對敵我雙方涉及的方方面面情況有準確的瞭解，並根據戰場上的實際情況確定戰略戰術。這一思想揭示了戰爭活動的客觀規律，是一條極其重要的軍事原則，具有普遍的指導意義。

兵不厭詐

《孫子兵法・軍爭篇》：「兵以詐立，以利動，以分合為變者也。」即軍隊要利用巧妙的方法隱蔽自己的意圖，根據有利的情況決定自己的行動，把分散和集中兵力作為戰略戰術變化。

《孫子兵法・計篇》：「兵者，詭道也。」曹操注：「兵無常形，以詭計為道。」兵不厭詐，意思是指用兵時，為了制勝敵人，盡可能地使用欺詐的戰術。「兵以詐立」、「兵不厭詐」，都是「兵者，詭道」思想的反映，戰勝敵人，要靠謀略、靠詐偽，這是歷代軍事家所推崇的重要的謀略思想。

古代兵書

《孫子兵法》為何是「兵家聖典」

《孫子兵法》是中國現存最早、最完整的兵書，是中國古典軍事思想成熟和大發展的標誌，具有劃時代的意義。歷來有「古代兵經之道」、「兵家鼻祖」、「兵家聖典」之稱。

《孫子兵法》為春秋末期軍事家孫武所著，亦稱《孫子》、《孫武兵法》、《吳孫子兵法》。該書現在的存篇有《計》、《作戰》、《謀攻》、《形》、《勢》、《虛實》、《軍爭》，《九變》、《行軍》、《地形》、《九地》、《火攻》、《用間》十三篇，近6000字。

　　《孫子兵法》總結了春秋末期及以前的作戰經驗，揭示了戰爭的一些重要規律，它首先提出了重戰、慎戰、備戰和善戰的戰爭觀。強調戰爭是關係國家存亡、人民生死的大事，一定要鄭重對待。認為戰爭的目的在於保全自己，又使戰爭獲得完全勝利，因此，不打無把握之仗。強調有備無患，力爭做到「立於不敗之地」。而要立於不敗之地，還需要善戰。善戰之道有三：一是「道」（政治）；二是注重謀略，決策制勝；三是以詭詐之法取勝。

　　其次，《孫子兵法》還提出了「將」、「法」並重的治軍思想。它對將帥品德提出了五項具體要求，即智、信、仁、勇、嚴。同時也強調以法治軍，主張「令之以文，齊之以武」，既重視教育，又有嚴格的軍隊紀律和法令來約束士兵，恩威並施，寬嚴相濟。

　　此外，《孫子兵法》還十分重視戰爭的各種客觀條件，「兵貴勝，不貴久」的速勝思想，就是從戰爭對人力、財力和物力的依賴關係出發的。對戰爭的勝負也從作戰雙方的「道」、天時、地利、將帥和法制等方面客觀實際的比較加以判斷，這反映了《孫子兵法》具有樸素的唯物論思想。

　　在特殊戰法的運用方面，《孫子》也進行了許多有益的探討，其中對「火攻」和「用間」的闡述，發前人所未發，引起很多研究者的重視。

《孫臏兵法》包含哪些軍事思想

　　《孫臏兵法》又名《齊孫子》，為孫臏及其弟子所著。孫臏，孫武的後世孫，曾與龐涓同學兵法。龐涓後來在魏國為將，「自以為能不及孫臏」，遂把孫臏騙到魏國，藉機迫害，施以酷刑，「斷其兩足而黥之」。「孫子臏腳，而論兵法」，發憤著書。後在齊國使者的幫助下，孫臏逃到齊國，受到齊威王和大將田忌的重用，任為軍師。孫臏在齊國改革軍事，且謀略出

眾，取得齊魏桂陵之戰和馬陵之戰的輝煌勝利，以此「名顯天下，世傳其兵法」。

《孫臏兵法》在繼承《孫子兵法》的基礎上，根據新的形勢提出了若干有價值的觀點和原則。

在對待戰爭問題上，孫臏主張「戰勝，所以在（存）亡國而繼絕世也。戰也勝，則所以削地而危社稷也。是故兵者不可有察」。面對戰國諸侯紛爭的局面，他鮮明地指出：「戰勝而強立，故天下服矣」的主張，認為仁義禮樂並不能制止爭奪，只能以戰止戰。但贏得戰爭勝利的先決條件是有道而得人心。此外，進行戰爭必須有充分的物質準備。在這裏，孫臏清醒地看到政治、經濟與戰爭之間是有機聯繫的整體。

在作戰指導上，孫臏提出：「欲保國泰、欲立君威、欲使民安，必須懂得用兵之道，即知陣（軍陣）、勢（兵勢）、變（機變）、權（主動權）。」他十分強調創造有利條件來作戰，比如用「必攻（敵之）不守」以達批亢搗虛；示弱以麻痺敵人；「能分人之兵」以達敵分我合等。「孫臏貴勢」是其軍事思想的一大特點。在戰法上，孫臏主張靈活多變，指出「以一形之勝萬形，不可」。

在軍隊建設上，孫臏首先強調「兵之勝在於篡（選）卒」，即嚴格逃選士卒；其次是用「義」、「仁」、「德」、「信」進行教化，以法規律令約束軍隊，使之令行禁止。作為「王者之將」，除了具備德、信、忠、敬等品格外，還須上知天道，下知地理，內知民心，外知敵情，對陣時則掌握八陣之要。

《六韜》論述了哪些軍事觀點

《六韜》是中國古代著名兵書，舊題為姜太公所著，並且自始至終是以姜太公（呂望）與周文王、周武王問答的形式寫成。但今本《六韜》可能是商周之際成書的作品，書中春秋戰國的時代痕跡很多。該書分文韜、武韜、龍韜、虎韜、豹韜、犬韜6卷，共60篇。

《六韜》對政治與軍事的關係敘述頗詳，它認為「天下非一人之天下，乃天下人之天下」，唯有道者才可君臨天下，施政唯有「愛民而已」，並認為用兵目的在於「除害安民」，弔民伐罪。

　　它認為將領要熟知敵情、友情、我情，對於不同的作戰、不同的敵人、不同的地形，都要根據具體情形部署相應的陣勢和採取不同的戰法。在使用兵力上，它主張「必有分合之變」，圍城攻邑則要集結三軍，在軍隊建設上，要求將領具備勇、智、仁、信、忠等德行，要求執行嚴格的戰場紀律。

　　《六韜》還十分注重「寓兵於農」，耕戰結合，加強戰爭後備力量的建設。其對後世有重大影響，該書在中國軍事學術史上具有很高的地位。

《三略》論述了哪些軍事與政治觀點

　　《三略》也是中國古代著名兵書，又稱《黃石公三略》、《黃石公記》。舊題下邳神人黃石公撰，今考證大概為秦、漢之間無名氏所作。

　　所謂《三略》，意為上、中、下3卷韜略。「上略設禮賞，別奸雄，著成敗。中略差德行，審權變。下略陳道德，察安危，明賊賢之咎。」

　　該書是一部從政治與軍事的關係上論述戰勝攻取的兵書。在政治上，它強調以「道」、「德」、「仁」、「義」、「禮」治國，要求明君得人心，選賢才，「主將之法，務攬英雄之心，賞祿有功，通志於眾」。在軍事上，它認為從事戰爭要從保民的目的出發，「扶天下之危」，「除天下之憂」，「救天下之禍」，「以義除不義」。它還認為「將者，國之命也」，要求將帥「必與士卒同滋味而共安危」。「以身克人」，重賞勇士，嚴明號令，確保機密等。

　　值得重視的是，它對將帥、士兵和民眾的各自作用作了中肯的論述，指出「統軍持勢者，將也；制勝破敵者，眾也。」

　　《三略》這些獨具特色的論述，是既有歷史意義又有現實意義的古代兵家精言妙語。

《吳子》展現了吳起的哪些主張

《吳子》是中國著名軍事家吳起的著作，它反映了新興地主階級的戰爭理論、軍隊建設和作戰指導方面的觀點。

《吳子》主張「內修文德，外治武備」的戰略指導思想，所謂「文德」，就是「道、義、禮、仁」，並以此治理軍隊和民眾。所謂「武備」，就是「安國家之道，先戒為室」，必須「招募良才，以備不虞」。可以看出，政治因素是被放在首位的。

在治軍思想上，《吳子》主張兵不在多，「以治為勝」。治，就是建設一支訓練有素的軍隊。要求選募良才，重用勇士和志在殺敵立功的人作為軍隊的骨幹，並充分發揮士卒各自的優長，分別編組訓練，提高軍隊的凝聚力和戰鬥力。將領必須與士卒同甘苦，共安危。獎勵有功者，勉勵無功者。撫慰和慰問犧牲將士的家屬，以恩結人心。選拔文武兼備、剛柔並用的人為將。

在作戰指導上，《吳子》認為要根據敵人的情況，審時度勢，分別輕重，採取不同的對策。此外，看準戰機，猛攻敵之薄弱環節。另外，根據敵將的弱點設謀，即「因形用權，則不勞而功舉」。

《吳子》繼承和發展了《孫子兵法》的思想，在歷史上曾與《孫子》齊名，並稱為「孫吳兵法」，為歷代兵家所重視。

《尉繚子》提出了哪些軍事思想

《尉繚子》被有些學者譽為「不在孫武之下」的著名兵書。《文獻通考》引《周氏涉筆》認為它「能分本末，別賓主」，「理法兼盡」。自漢唐以來，它一直受到學術界的推崇和重視。

關於兵書《尉繚子》的作者，陳玖《七子兵略》注云：「尉姓，繚名，魏人，乃鬼谷子之高弟。善理陰陽，深達兵法，與弟子隱於夷山，因惠王聘召，陳兵法二十四篇。」但是，六國時有兩個尉繚：一個是與魏惠王談論兵

法的尉繚；一個是秦始皇時擔任國尉的尉繚；於是，《尉繚子》究竟出自哪個尉繚之手便出現了兩種不同的看法。

《尉繚子》主張戰爭是「誅暴亂，禁不義」的手段，其中含有軍事從屬於政治，並相互依存的意思，這種認識對古人而言是難能可貴的進步。它重視農戰，強調國富民治的重要性，認為「土廣而任則國富，民眾而治（制）則國治」，倘如此，則可「威制天下」。它充分肯定人在戰爭中的突出作用，提出與其求助於「鬼神」、「時日」、「天官」，莫若求助於自己。

《尉繚子》重視戰前準備和「廊廟」決策，認為「若計不先定，慮不蚤（早）決，則進退不定，疑生必敗」。對於作戰原則，它提出：若攻城，「攻不必拔，不可能言攻」。「戰不必勝，不可以言戰」。根據敵之多寡，或力勝或謀取，奇正相變，虛實相兼，先發制人，爭取主動；若守，一則「不失其險」（城外要地），二則守軍、援軍「中外相應」，三則守必出（必要的出擊，守中有攻）。

在治軍方面，它主張「明制度」，嚴刑賞。認為「凡兵，制必先定。制先定則士不亂，士不亂則刑乃明」，「民內畏重刑，則外輕敵」，要用重刑威逼士卒作戰。

書中制定了一系列法規，如《重刑令》、《伍制令》、《束伍令》等篇，規定了懲治戰敗、投降、逃跑者的措施，以及什伍連坐、戰場賞罰制度等。

《司馬法》的核心是什麼

《司馬法》不只是先秦齊國兵書的代表作之一，在整個古代歷史上也是一部極為重要的兵家著作。其作者為春秋時期齊國著名軍事家司馬穰苴。司馬穰苴為春秋末年齊國人，本姓田，由於田穰苴治軍嚴明，收復了被晉、燕奪佔的土地，並迫使兩國與齊國通使和好，以軍功被授予大司馬之職，從此得名司馬穰苴。

今本《司馬法》雖只有五篇，其內容卻彌足珍貴，包含著豐富的軍事思

想。它的治軍思想以禮、仁、信、義、勇、智「六德」為核心，其中禮和仁被放在突出的位置，認為戰爭的勝敗與百姓的好惡息息相關，只有得到百姓支持的仁義之師，才能奪取戰爭的勝利。主張在農閒時興兵伐罪，以免耽誤農時；進入敵國作戰時必須紀律嚴明，以贏得敵國百姓的同情和支持；不趁敵國喪亂、災難之時發動戰爭。這種思想在今天仍有重要意義。

《李衛公問對》總結了哪些軍事思想

《李衛公問對》又稱《唐太宗李衛公問對》、《李靖問對》，唐代軍事家李靖著，是唐太宗李世民與李靖討論軍事問題的言論輯錄，經後人整編成冊。現存全書分為上、中、下三卷，一萬餘字。

該書在軍事思想方面具有如下幾個特點：

一是作者繼承和發展了《左傳》用戰例來闡述和探討戰略戰術原則的方法，把軍事學術的研究方法，從哲學推理發展到理論與實踐的密切結合，在總結戰爭經驗的基礎上發展戰略戰術原則，使其科學化。

二是隋唐兵家多醉心於古代陣圖的考察，捕風捉影，穿鑿附會成風，《李衛公問對》卻堅持實事求是的態度，反對一切玄虛之詞。

三是《李衛公問對》一書堅持科學的態度，絲毫不涉及陰陽迷信的說法。

《李衛公問對》多處對《孫子兵法》的命題進行了闡發，豐富和發展了《孫子兵法》的思想，在歷史上產生了比較大的影響，在宋代被列入《武經七書》中，成為武科必讀之書。

《太白陰經》，綜合性的軍事著作

《太白陰經》又稱《神機制敵太白陰經》，是古代一部綜合性的軍事著作。古人認為太白星主殺伐，因此，多用來比喻軍事，書名由此而來。作者為唐朝的李荃。全書共十卷，百餘篇，約兩萬字。

一本書讀懂國學

該書內容十分豐富。在軍事上，它繼承了歷代兵法家眾人的思想，論述了人與戰爭的勝敗、國家的強弱、地形的險夷等因素之間的關係。尤其在對待地之險夷問題上，它指出地形的險夷因人而異，國家的存亡和攻守的成敗在於人。在作戰指導方面，它提出「以權術用兵」的思想。「權術者，奇也」，即以奇用兵。

另外，書中對軍儀典禮、公文程序、戰陣隊形、人馬醫護、攻防戰具等分別進行了論述。

《虎鈐經》大概的內容是什麼

《虎鈐經》為宋代兵書。北宋許洞著，成書於1004年。許洞（西元976年～西元1015年），字淵夫，又字洞夫，吳郡（今江蘇吳縣）人，自幼習弓矢技擊，平生以文章自負。宋真宗時進士，曾被派往雄武（今甘肅天水）任軍官，後罷官隱居。

《虎鈐經》共二十卷，分篇論二百一十個問題。《虎鈐經》以上言人謀，中言地利，下言天時為主旨，兼及風角占候、人馬醫護等內容。許洞認為，天、地、人三者的關係應是「先以人，次以地，次以天」，重視人（主要是將帥）在戰爭中的作用。要求將帥應「觀彼動靜」而靈活用兵，做到「以虛含變應敵」。儘管天時有吉凶，地形有險易，戰勢有利害，如能吉中見凶、凶中見吉，易中見險、險中見易，利中見害、害中見利，就能用兵盡其變。

該書在體例上分類編排，按類闡述，彙集與軍事有關的天文、曆法、記時及識別方位等知識，有許多為過去兵書所少有。此外，還彙集了不少陣法，並創造了諸如飛鶚、長虹等陣，但書中天人感應等荒誕迷信之處則不可取。

《武經總要》，古代第一部官修兵書

《武經總要》是中國古代第一部官修的綜合性兵書。宋朝在軍事上比較薄弱，對外作戰中屢遭敗績，多次受到外來侵略的威脅。宋仁宗趙禎針對當時武備鬆弛、將帥不懂兵學的狀況，令曾公亮和丁度負責編輯一部新體裁的軍事著作。五年後，二人完成了一部包括軍事理論和軍事技術等廣泛內容在內的類似軍事學百科全書的軍事著作，這就是《武經總要》。

《武經總要》全書共四十卷，分前後兩集，每集二十卷。

前集制度十五卷，論述了選將料兵、教育訓練、部隊編組、行軍宿營、古今陣法、通信偵察、軍事地形、步騎應用、城邑攻防、水戰火攻、武器裝備等建軍和用兵的基本理論、制度和常識；邊防五卷，描述了邊防各路州的方位四至、地理沿革、山川河流、道口關隘、軍事要地等兵要地志方面的內容。

後集故事十五卷，「依故兵法」，分類介紹歷代戰例，比較用兵得失，欲使人彰往察來；占候五卷，由司天監楊惟德奉命參考舊說撰成，附之於書，多迷信荒誕之談。

該書是中國第一部規模宏大的官修綜合性軍事著作，對於研究宋朝以前的軍事思想非常重要。其中大篇幅介紹了武器的製造，對科學技術史的研究也很重要。

經濟制度

井田制是一種怎樣的土地制度

　　井田制是中國奴隸制社會時期的土地制度。所謂「井田」，就是具有一定規劃、畝積和疆界的方塊田。長、寬各百步的方田叫一「田」，一田的畝積為百畝，作為一「夫」，即一個勞動力耕種的土地。井田規劃各地區不一致。有些地方採用十進位，有些地方則以九塊方田叫一「井」。因為把九塊方田擺在一起，恰好是一個「井」字形，井田的名稱就是這樣來的。「井田」一詞，最早見於《穀梁傳・宣公十五年》：「古者三百步為里，名曰井田。」

　　井田制起源頗早，傳說黃帝「造兵井田」。甲骨文中「田」字為棋盤式方塊田的形象，是商代實行井田制的遺跡。西周是井田制盛行的時期，那時所有的井田都歸屬周王所有，分配給奴隸主使用。奴隸主不得買賣和轉讓井田，還要交一定的貢賦。奴隸主強迫奴隸集體耕種井田，無償占有奴隸的勞動成果。

　　周朝施行井田制，既作為諸侯百官的俸祿等級單位，又作為控制奴隸的

計算單位。井田制下的土地一律不准買賣，只能由同姓依照嫡庶的宗法關係去繼承。井田制是商周時期占主導地位的一種土地制度，它還保留有原始社會公有制下農村公社對土地管理的某些形式，但其性質已是一種奴隸制下的土地剝削制度。

春秋戰國時期，隨著鐵犁牛耕的推廣，農民份地私有化，井田制逐漸崩潰。秦、漢以後，實行井田制的社會基礎已不復存在，但其均分共耕之法對後世的影響卻極為深遠。後世儒家也多有認為井田制是最理想化的土地制度。

初稅畝是什麼形式的田賦制度

初稅畝是春秋時期魯國實行的按畝徵稅的田賦制度。這是中國古代按實際占有田畝數徵稅的開始。

初，就是開始的意思；稅畝就是按土地畝數對土地徵稅，且不分公田、私田，一律按畝徵稅。具體方法是：對公田徵收其收成的十分之一作為稅賦，對公田之外的份田、私田同樣根據其實際畝數，收取收成的十分之一作為賦稅。

春秋時期，由於牛耕和鐵農具的普及和應用，農業生產力提高，大量的荒地被開墾後，隱藏在私人手中，成為私有財產；同時貴族之間透過轉讓、互相劫奪、賞賜等途徑轉化的私有土地也急劇增加。

與此同時，各諸侯、卿、大夫逐漸把「周天子」所賜的「公田」占為己有，據為私田。在這種形勢下，魯國為了彌補日益擴大的財政需求，首先承認了土地的私人占有地位，並開始按私人占有田畝的實際面積徵稅，即初稅畝。

初稅畝反映了土地制度的變化，標誌著地主土地制將發生，推動了社會生產力的發展。大多數研究者傾向於把魯國的初稅畝作為中國農業稅徵收的起點。

屯田制是何種農業生產組織形式

屯田是中國歷代封建王朝組織勞動者在官地上進行開墾耕作的農業生產組織形式。

漢武帝元狩四年（西元前119年）擊敗匈奴後，開始大規模的邊防屯田；從河套到河西酒泉張掖一帶布置了屯墾戍卒六十萬。這種以抗禦北方游牧民族為目的的邊防屯田及其採取的軍屯、民屯兩種形式，一直延續到後世。其中又以魏時期的屯田最具規模。

軍屯以士兵屯田，60人為1營，一邊戍守，一邊屯田。軍屯的出產全部用做軍需。

民屯，是由官府招募流亡的百姓，以50人為1屯，在典農都尉、典農校尉、典農中郎將的監管下實行耕種的方式。民屯的產品最初實行定額包乾，後來改作分成制；凡以官牛耕種者，產品官六民四；以私牛耕種者，官民對分。屯田農民不得隨便離開屯田。

民屯和軍屯，所墾田地，都為國家所有，屬於國家經營土地的一種方式。但二者相比，又以軍屯最被統治者看重，往往用於國家分裂時期對立政權在雙方接界附近地區，如三國時期、南北朝時期、宋金對峙時期的兩淮屯田都屬於軍屯的範疇。

唐宋時，屯田規模不大，金、元之後，屯田的地域開始發生變化，兵士屯種自給，屯田開始遍及內地和邊陲，明代臻於極盛，清代時屯田走向衰落，除保留漕運屯田外，裁撤衛所，只有內蒙古、新疆和西南苗疆有若干屯田。

占田法如何管理土地

秦漢以來，貴族、官僚爭相侵占田地，隱匿戶口。很多人不從事農業生產，導致農業荒廢，國庫空虛，百姓窮困。針對這種情況，西晉頒布了占田制。

據《晉書》卷二十六《食貨志》載：官員按品級占田：「官品第一至第九，各以貴賤占田，品第一者占五十頃，第二品四十五頃，第三品四十頃，第四品三十五頃，第五品三十頃，第六品二十五頃，第七品二十頃，第八品十五頃，第九品十頃。」國公侯還可以在近郊占芻槀田：「大國十五頃，次國十頃，小國七頃。」

從記載可見，官階每低一品，土地就要依次遞減。但這是貴族官員，編戶百姓的田地則要少很多，男子一人有權占土地七十畝，女子三十畝。這是應種土地的限額，不是實際授予土地的數額。在占田中，丁男有五十畝、次丁男有二十五畝、丁女有二十畝要課稅，這叫課田。每畝課田穀八升。不管田地是否占足，均按此定額徵收。

「占田法」的頒布，主要是為了限制個人對土地的無度攫取，有一定的積極意義。可惜的是，西晉只維持了五十餘年，「占田法」不久便成了歷史。

均輸、平準如何掌控流通領域

均輸、平準是西漢中期以後實行的國家直接參與和控管流通領域的兩項措施。其創始人是西漢的桑弘羊。

在漢武帝之前，各郡國諸侯的貢物要直接運往京師，民力耗費巨大，售價往往不足以抵償其運費；運輸過程中又往往損壞或變質。為了避免這些弊端，桑弘羊在任大農丞時，設立均輸法，即在大司農屬下設均輸官，均輸官駐紮在全國各地，各地將應貢之物（包括運輸費）依照當地最高價折成現錢，交給均輸官，由其根據朝廷的需求和市場行情。在價低之處購進，或運往長安，或轉賣到價貴之地。

均輸的實質，是將物貢變為錢貢，再將錢轉投到官營商業中，使投資增值。後世王安石變法，也曾推行均輸法，二者有一定的相似之處。

西漢實行均輸法以後，國家掌握了大量物資和現金，具備了調控市場價格的條件。於是桑弘羊在推廣均輸法的同時創立了平準法。

桑弘羊的平準思想深受先秦范蠡和《管子》價格論的影響。他對漢武帝建議說，如果大司農諸官掌握了天下貨物，貴賣賤買，那麼，大賈富商就不能再牟取暴利，只有返本歸農。如此，物價就不會失衡，天下之物即得到平抑，所以稱「平準」。

　　「平準」政策實施後，一方面，那些因為爭購物資而導致幣制統一後曾一度下跌的物價重新上漲，平準機構的主要目的是使物價恢復常態；另一方面，各郡國有不少物資運到京師出售，設立了平準機構，就可以有效防止私商操縱市場，牟取暴利。

　　在此後100年，王莽實行的所謂「市平」，基本上是沿著這個方向發展出來的。唐代劉晏也曾運用平準思想以「制萬物低昂，常操天下贏資」。北宋王安石推行的市易法，事實上是平準的變形。元明以後隨著封建社會商品經濟的發展，大規模的官營平準機構便不再出現了。

均田制是怎樣的土地管理制度

　　均田制是北魏至唐由政府「均給天下民田」的土地管理制度。

　　西晉末年，中國北方在長期戰亂之後，戶口遷徙，土地荒蕪。國家賦稅收入受到嚴重影響。為保證國家賦稅來源，北魏孝文帝採納大臣李安世的建議，於太和九年（西元485年）頒行均田制。

　　均田制主要規定：

　　一、男子十五歲以上，授種植穀物的露田四十畝，婦人二十畝。奴婢同樣授田。耕牛一頭授田三十畝，限四頭牛。授田視輪休需要加倍或再加倍。授田不准買賣，年老或身死還田，奴婢和牛的授田隨奴婢和牛的有無而還授。

　　二、男子授桑田二十畝。供種植桑、榆、棗樹，不必還給國家，可傳給子孫，可賣其多餘的，也可買其不足二十畝的部分。產麻地男子授麻田十畝，婦人五十畝，年老及身死後還田。授田以後，百姓不得隨意遷徙。

　　一夫一婦的授田戶，每年要向國家交納租粟二石、調帛二匹。貴族和

官僚則可以藉由奴婢和耕牛另外獲得土地。地方官吏按官職高低授給數額不等的職分田，刺史十五頃，太守十頃，治中、別駕各八頃，縣令、郡丞各六頃，不准買賣，離職時交與繼任者。

此後，北齊、北周、隋、唐都沿用均田制，具體辦法有所變更。如北齊男子十八歲開始授田；唐代女子不授田，男子授永業田二十畝，口分田八十畝。永業田、口分田均不得買賣（遷徙、身死無力營葬者及從狹鄉遷往寬鄉者除外）。

均田制的實施，肯定了土地的所有權和占有權，使農民擺脫豪強大族的控制成為國家編戶齊民，保證了國家的賦稅收入。唐中葉以後，人口增加，土地兼併日益嚴重，土地國有被破壞。唐德宗建中元年（西元780年），實行兩稅法，均田制被廢止。

莊田制如何占有土地

莊田制是古代土地占有的一種形式，始於唐代中期。

當時，貴族官僚、富商豪強都以大量擁有田業為時尚，如名相郭子儀、李德裕等都擁有自己的大莊園，一些貴族詩人（如王維、司空圖）的莊田則以風景秀麗著稱。皇室、官府，包括一些寺院也都擁有自己的莊園。

明代以後，朝廷賜給屬下或親王的田園稱莊田，分勳貴莊田和王府莊田兩種形式。

具體來說，因授爵而撥賜的莊田，稱為勳貴莊田。勳貴指有功勳的武將大臣和皇親國戚。勳貴莊田在朱元璋洪武年間特別盛行，其來源除了皇帝撥賜外，也有額外奏討、占奪而來的。洪武之後，欽賜功臣田土之事少見。此後勳貴莊田的來源多是占奪。耕種者稱佃戶、莊戶或莊民等。

王府莊田指的是各親王王府的莊田。皇帝諸子（除皇太子）封王，又稱親王。朝廷賜給親王田園，作為莊田。王府莊田的來源除欽賜外，也有奏討、受納投獻、侵奪而來的。王府莊田享有免交田賦的待遇。耕種者稱莊民，俗稱佃戶，他們要向王府繳納地租，名曰莊田子粒。莊田的出產多用於

自給，少數也出賣。

租庸調制是何種賦役制度

租庸調是唐代前期在均田制的基礎上向授田課丁徵收田租、戶調和力庸的賦役制度。

唐廷曾於武德二年（西元619年）和武德七年（西元624年）先後兩次頒布租庸調法。

其法為每丁每年向國家輸粟兩石，為租；輸絹兩丈、綿三兩，為調；服役二十日，稱正役，不役者每日納絹三尺，為庸。若因事增加派役，則以所增日數抵除租調，並限定所增日數與正役合計不得超過五十日。

這些規定，承襲了北魏以來的賦役制度，租調負擔比前代略有減輕，可以以庸代役，並訂有水旱災害減課辦法，有利於農業生產的恢復和發展。

唐初對免課有嚴格限制，其餘無論何人，都必須負擔租庸調，稱為課戶。租庸調的收入占當時財賦總收入的四分之三。

租庸調制雖然是和均田制聯繫在一起的，但是在實施過程中，租庸調的徵收實際上並不以授田多少為轉移，而更多地以戶籍為據。唐代的均田令並未在全國施行，而租庸調則推行到全國各地，甚至邊遠地區。唐代的租庸調制度雖然較前有進步之處，但對廣大農民的剝削仍很重。

兩稅法的主要內容是什麼

兩稅法是唐代後期開始實行的以資產為依據每年夏秋兩季徵收地稅和戶稅的賦稅制度。開始實行於德宗建中元年（西元780年）。其主要內容為：

一、取消租庸調及各項雜稅的徵收，保留戶稅和地稅兩種，一年分夏秋兩次徵收，因此，被稱為兩稅。夏稅到六月止，秋稅到十一月止，廢除了原來多種稅多次徵收的擾民制度。

二、徵收對象由人丁改為戶，不管是土著戶還是寄居戶，都在現住州縣

建立戶籍；不論是否課丁均按財產多寡分九等課稅。

三、除「田畝之稅」部分仍按規定交納穀粟外，其餘各稅一律折合貨幣交納，減少了實物課征之繁。此外，原來的庸併入兩稅後，改為賦稅代替徭役，人們可以錢代役免除正規徭役，勞役租稅的形式變成貨幣租稅了。

四、稅收總額由國家控制，然後分攤到各地按戶等差別徵收。

兩稅法在唐代均田制瓦解和租庸調制破壞的情況下推行，有利於改善財政極端混亂的狀況。它把各種雜稅合併統一徵收，簡化了稅制，便利了人民。廢除了人丁為本的不合理稅制，改按各戶的貧富等級征課，使納稅負擔趨於合理。它整頓了財政制度，削弱了地方權力，加強了中央控制。

兩稅制順應了唐中葉以後商品貨幣經濟增長和人身依附關係減弱的經濟發展新趨向，因此，後來雖屢遭非難，仍存而不廢。明朝的一條鞭法和清朝的攤丁入畝，都是沿著兩稅法的方向前進的。

一條鞭法有何積極意義

一條鞭法是明中期張居正改革推行的一項賦役制度，即把各州縣的田賦、雜稅和差役合併歸一，去繁從簡，統一徵收；課稅的主要對象由人丁改為田畝，各項賦稅、差徭均攤到地畝中去，計畝征銀；徵收方法，徭役由官府雇募，除去潛糧、白糧征米外，其他一切實物都改為折收銀兩。

在中國歷史上，一條鞭法有著明顯的積極意義，其主要表現在：

首先，改善了賦役不均的狀況。經過清丈土地重定賦役，總歸一目，按畝徵收，使無地或少地農民的沉重徭役負擔明顯減輕，再加上差役改由征銀，農民同封建政府的人身依附關係大為削弱，此外，徭役攤入地畝中，大土地所有者也必然會增加一定賦役負擔，有利於勞動農民。

其次，賦役制度簡化，騷擾減輕，國家財政收入有了保證。簡化內容後，徵收專案清楚，不能隨意加征，人民所受剝削有所削弱。

再次，推動了商品經濟的發展。賦役折銀徵收，既是商品經濟和貨幣經濟發展的結果，反過來又推動商品貨幣經濟進一步發展，促使農業商品性生

產增長，改善農業自然經濟結構，加速手工業和各部門經濟發展。

最後，一條鞭法的改革符合了當時社會經濟發展的總趨勢。但受到權貴勢力反對和破壞，所以，也只能在一定時期內一定程度上起到均平賦役的作用。

攤丁入畝是怎樣的賦稅制

攤丁入畝是清政府將歷代相沿的丁銀（人頭稅）併入田賦徵收的一種賦稅制，是中國封建社會後期賦役制度的一項重大改革。

清政府於康熙五十一年（西元1712年）正式命令以康熙五十年的人丁（24621324人）和丁銀（359萬兩）作為定數，以後增加人丁，永不加賦，定數之中的丁口如有缺額，以新增的人丁抵補。人丁和丁銀固定以後，便陸續將丁銀攤入田畝。這便是所謂的攤丁入畝。

攤丁入畝從原則上來講無地的農民可以不負擔丁銀，從而減輕一些少地或無地農民的繁重賦役，有利於社會生產的發展。但是，由於攤丁入畝絲毫沒有動搖封建秩序和財政壓榨，所以，儘管實行攤丁入畝，而清政府的加征仍源源不斷，徭役亦未盡除。

市舶制如何管理海外貿易

市舶制是中國古代管理海外貿易的制度。始於唐，歷經宋、元、明數朝。

中國的對外貿易最早可追溯至秦漢時期。秦時，絲綢、漆器等流入越南、朝鮮等周邊國家。漢時陸路、海陸貿易都得到了進一步發展，商品源源不斷地從長安往西，經新疆至伊朗，再轉運到西亞和歐洲。到魏晉南北朝時，對外貿易繼續擴大，廣州開始成為海路貿易的重鎮。

唐時，由於施行對外開放，外商貿易來往頻繁，廣州、揚州等城市成了重要通商口岸，國家遂在此設市舶使，檢查出入海港的外商船舶、徵收關

稅、收購政府專賣品等，也涉及外交事務。

宋代，由於貿易往來的空前繁榮，宋廷將市舶使發展成為市舶司，並且設置市舶務、市舶場。市舶司的管理職能較唐代更為完善，其主要職責是招徠和保護外商及負責徵稅和專賣。當時，與宋朝有海上貿易的達五六十國，進出口貨物在400種以上。

元代海外貿易規模超過宋代，其管理機構仍為市舶司，由行政省直接管轄，並且訂有市舶法則。市舶制較宋代更為嚴密完整，市舶收入在元朝財政開支中亦占據著重要地位。元代見於記載的有貿易關係的國家和地區在100個以上。

明初，貿易有增無減，沿海各處仍設有市舶司，後由於倭寇進犯浙東，明政府實行鎖國政策，禁止海外貿易。成祖即位後漸開海禁。在浙江、福建、廣東設市舶司，並派人到海外招徠外商，在市舶司所在地還設有專門的驛館接待外商。後來又派鄭和下西洋，進一步開拓海外貿易。清朝實行海禁政策，開放海禁後市舶制被海關所取代。

常平倉是什麼意思

常平倉，是中國舊時朝廷採取的建倉儲糧，以調節糧食市場價格的一種經濟措施。

「常平」源於戰國時李悝在魏所行的平糴（即政府於豐年購進糧食儲存，以免穀賤傷農；歉年賣出所儲糧食以穩定糧價）。漢武帝時的桑弘羊創立了平準法，是對這一思想的發展。宣帝時把平準法著重施之於糧食的收貯，在一些地區設立糧倉，收購價格過低的糧食入官倉，以利於百姓。這種糧倉已有「常平倉」之名。

宣帝五鳳四年（西元前54年），常平倉作為一項正式的制度推行於較大範圍之內。元帝初元五年（西元前44年）廢。隋唐時期常平倉制度有所變化。

隋朝和唐初都設置少量的義倉。唐玄宗天寶四年（西元745年）豐收，

命義倉亦照常平法收糴，義倉遂兼有常平職能。

天寶八年，關內、河北、河東、河西、隴右、劍南、河南、淮南、山南、江南十道常平倉積糧460餘萬石。憲宗元和元年（西元806年），規定諸州府於每年地畝稅內十分取二以充常平倉及義倉，依例糴、糶或賑、貸。自此常平倉與義倉職能合一，並稱常平義倉。

宋景德三年（西元1006年）後，除沿邊州郡外，全國先後普遍設置。各州按人口多少，量留上供錢一兩萬貫至兩三千貫為糴本，每歲夏秋穀賤，增市價三五文收糴，遇穀貴則減價出糶，所減不得低於本錢。若三年以上未經出糶，即回充糧廩，易以新糧。景祐以後，由於常平積有餘而三司兵食不足，常平錢穀經常被挪移助充軍費。常平倉已經名存實亡。

金代章宗明昌五年（西元1194年），全國置倉計519處，積糧3786萬餘石。元世祖至元八年（西元1271年）復命各路立常平倉，由本處正官兼管，按戶數收貯米粟，增時價十分之二經常收糴，不得攤派百姓。

但到元末，常平倉弊端百出，行省所發糴本被各級官吏層層剋扣，胥吏與里正主首又從中作弊，貧民反不能受益。

明太祖洪武三年，命州縣皆於四鄉各置預備倉（永樂中移置城內），出官鈔、糴糧貯之以備賑濟，荒年借貸於民，秋收償還，遂成定制，取代了常平倉。明末又在遼東、延綏一些邊鎮設立常平倉。

清順治年間，各府、州、縣都設置常平及義、社倉，設專人專管，每年造冊報戶部；十七年，定倉穀糴糶之法，春夏出糶，秋冬糴還，平價出息，如遇災荒，即以賑濟。康熙年間，又定春借秋還，每石取息一斗；各地常平、義倉儲糧永留本境備賑。還規定了各級州縣應儲之糧數。清中葉以後，積弊日甚，各地常平倉多數錢、穀兩虛，空有其名，已達不到應有的作用了。

為什麼說榷法是古代的國家專賣制度

榷法是古代的一種國家專賣制度。「榷」的原意是獨木橋，引申為專

利、專賣、壟斷。能夠實行專賣的行當通常都是能帶來巨額利潤的，比如冶鐵、製鹽等，利潤非常豐厚。

春秋戰國始，許多大商人都以鹽鐵業發家，如蜀郡卓氏以冶鐵致富；魯人猗頓靠煮鹽富甲一方；邴氏也以冶鐵致富，家資巨萬，許多讀書人羨慕之餘，紛紛仿效經商。

西漢武帝時，在桑弘羊主持下，實行全面的鹽鐵官營，開始壟斷一些重要經濟物資。漢武帝先是在全國各地設鹽官和鐵官，對鹽、鐵實行壟斷，稱榷鹽、榷鐵。後來對酒也實行專賣，稱為榷酒。經此一變，國庫立即豐盈。

然而，國家壟斷畢竟有其弊端，比如價格昂貴、商品品德不佳等。針對正反兩種聲音，漢昭帝時，召開了一次專論鹽鐵問題的會議。《漢書·昭帝紀》載，「議罷鹽鐵榷酒」，反對國家專賣的聲勢浩大。但無論怎樣，專營壟斷能帶來相當可觀的利潤，取消是根本不可能的。

由此以桑弘羊為代表的強勢官員和來自民間的賢良勢力針鋒相對，都據理力爭，桓寬根據當時的會議紀錄，還整理出了《鹽鐵論》。此後，國家專賣現象一直存在，壟斷的物資種類也在不斷增加。

三國時官方也推行了鹽鐵專賣的制度，以應付戰爭的需要。西晉王朝對此也未作改變。隋和唐初對民間採鹽不加干涉，冶鐵業除了官營，也允許私營，國家徵收礦稅。唐中後期時逐漸加強管理。宋、明、清各代均沿襲此種做法，一方面非常重視管理鹽業，並採取了許多新措施；另一方面對鐵的生產和流通則放鬆控制，只徵取一定稅收。榷茶則始於唐德宗時期。

漕運是何種運輸途徑

所謂漕運，就是中央政權在各地徵收租賦後，由水道轉輸集散，或供宮中消耗，或充軍旅糧餉，或作廒倉中儲的一種運輸途徑，它是中國歷史上封建王朝的一項重要經濟制度。由於主要依靠天然河道和人工運河運輸，故稱漕運。

漕運在中國具有悠久的歷史，清·黃汝成《日知錄集釋》說：「漕運始

於秦漢，而轉輸之法則始於魏隋而盛於唐宋」。

西漢漕運形成制度，主要是把關東漕粟運往首都所在的關中，漢武帝還為此開鑿了渭漕渠，漕糧數量由漢初每年幾十萬石逐步增加，一度達六百萬石。

隋唐以後，隨著全國經濟重心的南移，江南逐漸成為漕糧的主要供應地，漕運路線亦隨之變化。隋朝時開鑿的大運河，南北蜿蜒4000餘里，後來便成了漕運的水上黃金線。唐玄宗天寶初年，透過漕運幹線大運河轉運的糧食，每年已有400多萬石，到了宋朝真宗、仁宗年間，漕運量已達800萬石之巨，創了漕運史上最高紀錄。

元朝建立後，漕運在原來的基礎上繼續得到發展。元朝組織疏浚了大運河，縮短了漕程，使海河、黃河、淮河、長江和錢塘江五大水系貫通流暢。不過，元代的漕運始終以海運為主，年運量一度曾達350萬石之巨。

明清之世，對漕運的重視也達到了前所未有的地步。永樂年間，先是疏浚整治了大運河，建立了近50個水閘，增加運河的水量，投入了近萬艘漕船，每艘船載量都在二三百石以上。

到了清代，由於實行海禁，所以專門致力於河運。但運河年久失修，時時阻塞，所以，清政府對漕糧的北運做了一些新的嘗試，如選派所謂幹員監辦，舉辦官督商運，藉助商船漕運等。海禁開放以後，清代的漕運又透過海運得到發展。

錢法是怎樣的貨幣制度

錢法是中國古代的一種貨幣制度。

先秦時期，中國就已經出現了多種多樣的貨幣形制。商周時，以貝殼作為貨幣。春秋戰國時期，諸侯林立，各自為政，各國鑄造的貨幣也千姿百態，有刀幣、布幣、圜錢、蟻鼻錢等。黃金則為硬通貨，主要用於大宗支付。

西元前221年，秦始皇統一六國，從此書同文，車同軌，度量衡和貨幣

也都有了統一的制式。秦朝規定，黃金為上幣，以「鎰」為單位（一鎰合二十兩，也有說二十四兩）；以圓形方孔的銅錢為下幣，重十二銖（二十四銖為一兩），又稱「半兩錢」。

西漢時，黃金仍為上幣，只是單位改成了「斤」。《漢書·食貨志》載：「黃金方寸，而重一斤（合今二百五十克）。」銅幣則由國家統一鑄造，民間嚴禁私鑄。幣重五銖，稱「五銖錢」。由於「五銖錢」輕重適宜，至隋朝時仍在流通。

到了唐代，銅錢上鑄有「開元通寶」字樣。此後，銅錢不再以重量稱名，而改呼「通寶」，並冠以朝代、年號，如「開元通寶」、「永樂通寶」、「大順通寶」等，「開元」、「永樂」、「大順」都為年號。這就是製錢。

人們熟悉的白銀是在唐朝末年開始進入貨幣流通領域的，白銀在宋代極為流行，國家財政均以銀兩計算。當時白銀以五十兩為一錠，也稱「元寶」，其與銅錢的法定兌換比例為，銀一兩合銅錢一斤（在鴉片戰爭前，銅錢始終在一千文以下）。

宋仁宗時，官方開始發行紙幣，幣面分一貫至十貫不等，用時填寫。後來由官方印發，面額固定為五貫和十貫兩種。

元朝時，發行不可兌換的紙幣「中統寶鈔」，金銀和銅錢不再參與流通，無論公私均用紙幣。

明朝洪武二十七年（西元1394年），因「鈔法阻滯」，「詔禁用銅錢」，「令有司悉收其錢歸官，依數換鈔，不許更用銅錢行使」。從此，歷建文、永樂、洪熙、宣德四朝都使用紙幣「大明通行寶鈔」，但由於發行過濫，導致通貨膨脹不斷，銅錢、銀錢等貨幣又開始流通。

在整個明代，寶鈔一直不斷發行，但僅為保存祖制的形式而已。明朝末年，國外銀元輸入中國，至清代，政府開始鑄造銀元。此後，銀元制和銀兩制一直並行使用至民國。

公債是何種錢幣形式

公債，是國家以信用方式吸收巨額款項的一種形式，它是社會經濟發展的產物。

中國在出現這種形式之前，國家收入一向依靠地丁與錢糧。太平天國運動爆發後，連年戰爭使清廷元氣大傷、丁糧銳減，而且軍用浩繁，國家財政吃緊。在這種情況下，曾國藩為了搜刮軍費，圍剿太平軍，便與幕僚建議創「釐金」，後又開捐官之例，用來增加收入。

甲午中日戰爭爆發後，清廷已氣息奄奄，理財之術亦窮，經濟來源更加困難。正在清廷內外交困時，光緒庚辰科的狀元，翰林院侍讀學士、南京人黃思永仿效西洋列國籌集公債的先例，奏請清廷發行公債，以應當務之急。這篇奏摺，大受慈禧的讚賞，遂准奏。可是，慈禧認為稱債有失皇家體面，便取名叫「昭信股票」，以示昭大信於民之意。這次發行的「昭信股票」，均交各省派銷。

從此，中國就開始有了公債。

五銖錢是什麼錢

五銖錢始鑄於西漢武帝元狩五年（西元前118年），終於西元621年，在中國流行了700多年。由於錢重五銖，上鑄有「五銖」二篆字，故名。它的標準重量為4克。形狀為圓形方孔，內外邊緣有突出的輪廓，標準錢徑為2.5公分，厚0.12公分，具有大小得體、輕重適中、幣面文字經久耐磨等特點。

漢初貨幣制度仍承秦制，但認為秦貨幣太重，於是在漢初近100年間推行鑄幣減重政策，多次變更幣制。西元前118年，始鑄五銖錢，又於西元前113年禁止郡國鑄錢，只准上林三官（鐘官、技巧、辨銅三官）統一鑄造，從而奠定了中國貨幣史上五銖錢體制的基礎。

五銖錢制度在中國貨幣史上占有重要的地位，因其輕重適中，合乎社會經濟發展狀況與價格水準對貨幣單位的要求，因此，自漢至唐初，700餘年

基本上持續延用，是中國歷史上數量最多、流行最久的錢幣。

為什麼說交子是世界上最早的紙幣

子是中國北宋真宗時期發行的一種紙幣，也是世界上最早出現的紙幣。

交子的產生是北宋商業發展的產物，北宋時期商業發達，需要大量輕便的貨幣。而當時幣制混亂，如四川用鐵錢，體大值小，不便交易，大鐵錢每千文重二十五斤，小者十餘斤，一匹羅賣兩萬錢，要用車載。所以，四川首先出現了代替金屬貨幣的紙幣，即「交子」。

發行紙幣，決非偶然。交子的產生及發展，可以分為三個階段：第一階段為自由發行時期；第二階段為商人聯合發行；第三階段為官辦時期。西元1023年，設益州交子務，第二年二月起發行官交子。也就是說，中國的國家紙幣是在西元1024年開始發行的。官交子的一切技術規定均仿照私交子，以770文為一貫，初發行一貫至十貫，後改五貫、十貫兩種。交子的出現和使用，適應了商品經濟發展的要求，推動了商業的發展。

古代是如何管理戶籍的

戶籍是指登記戶口的簿冊。計家為戶，計人為口。

戶籍制始於戰國。秦孝公時，商鞅變法，在此基礎上「令民為什伍（以五家編為一單位）」，五家為一保，十保相連，一人犯罪，十家連坐，此即後世保甲制的雛形。其他諸侯則先後採取了「書社」制，以二十五家為一社的「社之戶口，書於版圖（版圖即戶籍）」。

秦漢之後，戶籍制開始制度化，如漢代每年八月實行，當時稱為「案比」（即人口普查）。普查時，以縣為單位，逐門逐戶核實居者的姓名、年齡、籍貫、身分、相貌、財富等，然後登記造冊，再派專員送交長安備案。這些資料是朝廷徵稅、徵兵、派役的重要依據，是國家運行的大帳簿。

戶籍的重要性，我們從一個史實中就可看出：漢高祖劉邦在攻占秦都咸

陽後，諸將大肆掠奪金銀珠寶，劉邦本人也陷入了溫柔鄉中。唯獨蕭何，急如星火地趕到了秦丞相御史府，派重兵包圍，然後令可靠將士將秦朝有關國家戶籍、地形、法令等圖書檔案一一清查，分門別類，登記造冊，統統收藏了起來。按當時秦制，丞相和御史大夫除了軍權外，幾乎總攬一切朝政。

蕭何的遠見卓識令劉邦感歎不已。這些律令圖書檔案，使劉邦對天下的關塞險要、戶口多寡、強弱形勢、風俗民情等瞭若指掌，為制定正確的方針律令提供了可靠的根據，為日後建立鞏固的西漢政權起到了巨大的作用。

漢代之後，戶籍制度愈發完善。如唐代戶籍包括戶口、土地、賦役三項內容，登記得非常具體，每三年修訂一次，各鄉戶籍在縣、州、尚書省三地備案。

宋代則分戶口版籍和二稅版籍。戶口版籍有時簡稱版籍或戶籍，又稱人戶產業簿、丁產等第簿或五等簿、五等丁產簿等；二稅版籍又稱稅租簿、夏秋稅簿、夏秋稅管額帳等。

元朝統一全國後，居民按職業分為一般民戶及軍戶、站戶、匠戶、鹽戶、儒戶、醫戶、樂戶、僧道、鷹房、打捕等十幾種，分別著籍，稱為諸色戶計；一經定籍，即不得更易，世襲其業，承擔不同的賦役。

明朝洪武三年（西元1370年），戶部籍全國戶口，置戶籍、戶帖。戶帖格式由戶部制定，頒行各州縣，各州縣照式刻印。十四年，編制賦役黃冊後，戶帖逐漸廢棄。黃冊以戶為單位，所編皆民戶，又名民籍黃冊，一式四份，在兵部與所在省、府、縣各存一份。黃冊每十年重造一次，依據舊冊，重填各戶人丁事產的變遷。

清沿明制。以丁口定賦役，戶籍編審約為五年一次。

古代如何徵收賦稅

賦稅，又稱稅收，是國家出現後的產物，是國家存在的經濟體現，是國家存在的物質條件。

據中國歷史記載，2000多年前的夏朝就出現了「貢」，貢就是獻生產

物給帝王。夏代的貢納，地區廣，名目多。據《尚書·禹貢》所載，除地處王畿的冀州無須納貢外，其他八州都有貢納。各州的貢納內容互有側重。除麻、絲、漆、羽毛、皮革和銅鉛等金屬外，有的州還須貢納珠寶、怪石、海貝、異獸等。

商朝時，國力強盛，貢納的範圍更廣，除諸侯封邑外，邊疆的氐、羌等族，也無不來納貢、稱臣。諸侯部族貢納的大量牲畜，更是商朝奴隸主對外戰爭所需畜力和祭祀用牲的主要來源。

進入西周後，貢納已經制度化。一方面，將貢納列入財政預算，「專貢專用」；另一方面，按等級核定貢納的輕重，即所謂的「天子班貢，輕重以列，列尊貢重」。

到了春秋時期，對私有土地按畝徵稅的「初稅畝」制實行後，就有了「稅」的徵收方式。後來，隨著手工業和商業的進一步發展，捐稅的種類日益增多。

中國的北魏和唐代中期以前實行均田制，稅收多以田畝徵收，兩稅法實行後，則以人口和財產多寡徵收，宋代也大致如此。

到了明代後期，實行了「一條鞭」新稅法。它以州縣為單位，把所有的田賦、勞役以及多種攤派的貢納和雜役，統統折合成銀兩，歸併成一個總數；然後按本州縣田畝分攤，向土地所有者徵收。

清初，繼續沿用「一條鞭」法。西元1713年，清政府下令，依照康熙五十年各地所報人丁數位，作為丁銀的固定稅額，後來又演化為將丁銀併入田賦徵收，丁銀和田賦都按田畝徵收。這種「地丁合一」是中國古代封建賦稅制度的最後形式。

明清時期的四大商幫

明清時期民間的販運貿易形成了四大主要商幫，即船幫、車幫、馬幫、駝幫。

船幫是指以船為主要交通工具，載運貨物於江河湖海之間的商幫。在中

國古代，由於交通的不便和道路的崎嶇，大宗貨物的長距離運輸主要依賴船隻，船幫在當時的行商中名氣頗大，多為「攜數萬之資，以求什一之利」的鉅賈組成。明朝中葉，規模較大的是黃河船幫，清朝晚期開始沒落。載運的貨物主要為糧、鹽和布匹，後期也曾以銅、鐵為主，主要是漂洋過海到日本採辦洋銅、洋鐵等。

車幫交通一律為大馬車，以販運內地商品經東北至中俄邊境貿易為主，沿途經過的多為平地草原。車幫出發時，一般二十輛組成一隊，白天休息，晚上趕路，一輛馬車首尾銜接，每輛馬車下掛一盞馬燈，前後有二十多條大狗尾隨，氣勢浩蕩。

馬幫指以騾馬毛驢等為交通工具的商幫，馬幫的規模與船幫比一般較小，販運的距離也較近，主要販運的貨物為人們日常需要的糧、油、棉、布以及其他日用品，多在山區活動。馬幫的首領在中原民間習慣上稱為幫頭，他所帶領的騾馬數量也以幾把鞭子來計算，每把鞭子必須趕足五頭牲口，幫主要自備一匹騎騾壓陣。馬幫早活動在中原一帶，大的馬幫一般擁有牲口上百匹，小的則只有十幾匹，甚至幾匹。

所謂駝幫，是指以駱駝為交通工具的商幫，由於駱駝的忍耐力極強，所以，駝幫主要從事的是遠距離的長途販運，他們跋涉於崇山峻嶺或荒漠草原，行旅辛苦。在民間，駝幫主要以販運江南的茶葉到中俄邊境哈克圖進行貿易為主，在清代曾十分有名，如黃河駝幫互市的主要地方——哈克圖曾被稱為中國的陸地碼頭。

票號是清代最重要的信用機構

票號是清代重要的信用機構，主要從事匯兌業務，又稱「匯票莊」或「匯兌莊」。由於這些票號多由山西人開辦和經營，因此，亦稱「山西票莊」、「西號」。

匯兌業務在中國有著悠久的歷史，唐時的飛錢，宋時的便換，明清時的會票（匯票）都是明證。不過在明朝中葉以前，因有便於攜帶的大面額紙幣

可以代替匯票的作用，尚沒有經營匯兌業務的專門機構。紙幣不行後，才恢復了由政府或商人兼辦的匯兌業務。

清朝中葉，開始出現了專營匯兌業務的山西票號。票號在各地設有聯號，剛開始時只為商人辦理埠際間的匯款，後來又經營政府的公款匯兌和官吏的錢財匯兌。

清咸豐、同治年間，由於爆發太平天國革命和撚軍起義，清政府遂以各地動亂，現銀運輸不便為由，下令各省輸送中央的協餉和中央政府下撥給各省的款項都透過票號來匯兌，這樣就使得票號的匯兌業務量激增。據統計，光緒年間，票號每年匯兌的款項，已達二千萬兩。

票號吸收的存款主要是公款和官吏的私人存款，放款對象主要是官吏和到京參加會試的舉人或已考中進士還未授官的士人，以及正在謀求升官、復職的人。

票號的利潤來源：一是經辦匯兌業務所收的匯水（匯費）；二是存、放款利息之間的差額，政府存款不計息，官吏和私人存款只付二至三厘低息，而放款利息率卻高達一分，對錢莊拆放利率有六至七厘；三是各地銀兩的成色、平碼不一，票號從中巧取暗吃，獲利亦豐。

1907年後，新式銀行業興起，票號的地位大受影響。匯兌業務急驟減少，曾盛極一時的票號紛紛倒閉，到辛亥革命後，已不見票號存在於金融界了。

經濟主張

「食貨」為什麼用以代表經濟

「食貨」一詞最早見於《漢書・食貨志》:「食謂農殖嘉穀可食之物,貨謂布帛可衣,及金刀龜貝。」這裏的「食」包括土地制度、戶口制度、勸課農桑之法、田租、徭役、賣官鬻爵、屯田、官俸、賞賜、皇室費用、預算制度等;「貨」包括軍餉、商稅、財產稅、治理水患、鹽鐵專賣、鑄錢、賑濟、借貸、五均、六筦等;經濟措施方面則涉及了均輸、平準、會計、漕運、常平倉等。

事實上,有關「食貨」的實踐早在約西元前21世紀的虞、夏之時就已經開始了。到了西周,「食貨」活動日益頻繁,與之相關的範疇也逐漸增多,如貢、助、徹、賦、稅等;與「食貨」相關的政策、制度也已初步確立,如井田制、稅制稅率(五十而貢、七十而助、百畝而徹、有什一而稅等)等。

關於「食貨」的理論則有均賦薄斂、量入為出等,還設立了與之相關的官職,如天官塚宰、地官司徒等。這一時期,由於經濟發展迅速,鐘鼎文、甲骨文開始出現,但因並不普及,所以,與「食貨」有關的活動、範疇、制度、理論等,還僅僅流於口頭傳說,稱不上概念。

進入戰國,政治、經濟都有了很大發展,「食貨」的範疇、制度、理論等都已被紀錄了下來。如《周禮》對「食貨」的記述就非常全面,北宋王安石稱其「一部周禮,半部理財」。這時的「食貨」制度有初稅畝、關市之徵、官山府海(鹽鐵專賣)等;「食貨」理論有輕賦薄斂、開源節流、裕民減賦等。

到了東漢初,國家「食貨」與皇室「食貨」逐步分離,分設職官管理,分設倉庫儲藏,「食貨」制度、法規愈發規範,相關的著作也陸續問世,如晁錯的《論貴粟疏》、劉安的《淮南子》、桓譚的《鹽鐵論》、司馬遷的《史記・平準書》等。

這一時期統一的政治制度、經濟制度及豐富的「食貨」理論，為「食貨」概念的確立奠定了基礎。到大約西元1世紀，班固在前代發展的基礎上，寫出了不朽的名篇《漢書‧食貨志》。這一概念才正式被確立下來。

四民分業是種什麼規定

「四民分業」是春秋時齊國實行的一種行政政策。所謂「四民」，就是指士農工商，是四種不同的職業群體。

《管子‧小匡》篇說：「士農工商四民者，國之石民也。不可使雜處，雜處則其言嚨，其事亂。是故聖王之處士必於閒燕，處農必就田野，處工必就官府，處商必就市井……」

意思是說，士農工商四民，是國家的柱石之民。不可使他們雜居，雜居則說的話做的事就會混雜。具體來說，士，指讀書人；農，是農業人口的統稱。包括各種階層的人，無論是地主還是佃戶，都屬「農」；工，指能工巧匠；商，指經商之人。

管仲規定，「處士必於閒燕，處農必就田野，處工必就官府，處商必就市井。」把士農工商分別安排在有利於他們生產、生活的「社區」居住。

「四民分業」政策使職業世襲化，使同一行業的人聚集在一起，彼此易於交流生產經驗，提高技術水準，有助於提高勞動生產率。另外，同一行業的人聚集在一起，可以互通資訊，促進商品的流通。

恆產論，孟子提出的經濟觀點

恆產論，是戰國時代孟子提出的經濟政策。《孟子‧滕文公上》中說：「民之為道也，有恆產者有恆心，無恆產者無恆心。苟無恆心，放辟邪侈，無不為己。」所謂「恆產」，就是指固定擁有或恆久使用的財產。

孟子認為，人們擁有一定數量的財產，是穩定社會秩序、維持「善良習慣」的必要條件。他提出要「制民之產」，使他們「仰足以事父母，俯足以

一本書讀懂國學

畜妻子，樂歲終身飽，凶年免於死亡。」

「制民恆產」是孟子富民思想的基礎和前提。孟子認為，人們之所以「放辟邪侈」，是因為無恆產所致。他從安定社會秩序出發，為私有財產制度的建立作了辯護。換言之，孟子認為只有發展小農經濟，才能推動社會發展，使人民富裕。

孟子置民恆產的方案是：以維持一個八口之家（包括一個男丁和他的父、母、妻以及四個子女）的農戶生活為標準，那麼，給這家農戶百畝田地，若干株桑樹，再讓他們養一些雞鴨豬狗，那麼，農戶所需的糧食、住宅及其他農副業就都有了，人們有衣穿，有肉吃，不會再受凍受餓。衣食足，接受禮儀教化即水到渠成，「仁政」的基礎也就奠定了。反之，剝奪百姓的生活資源，百姓缺衣少食，就會放縱胡來，無所不為，成為社會動盪的根源。

富民論體現了儒家什麼經濟思想

富民論是儒家提出的主張藏富於民的經濟思想。其基本內容是減輕人民的賦稅負擔，使人民富足，國家安定。

《論語・顏淵》中載，魯哀公請教孔門弟子有若：「荒年收成不好，財用不足，怎麼辦？」有若說：「實行徹法（什一稅）怎麼樣？」魯哀公說：「百分之二十我都不夠。怎麼可能取百分之十呢？」有若回答：「如果百姓足夠，您怎麼會不夠？如果百姓不夠，您又怎麼可能夠？」視富民為第一要義。

孟子也反對多收賦稅，甚至主張免去百姓商稅。他認為，「易其田疇，薄其稅斂，民可使富也，食之以時，用之以禮，財不可勝用也。」將減輕賦稅作為富民的一個條件。具體做法是：國家應當徵收什一稅或九一稅。貢納的多少，要根據當地幾年中收穫量的平均數額交納，這就是所謂的「貢者校數歲之中以為常」。

後來荀子發展了孔、孟的富民主張，明確地把民富作為國富的基礎，對

後世有極大的影響。然而，論述富民最多的是管仲的《管子》一書。首先，《管子》從治國治民的角度出發論述富民的必要性；其次，《管子》認為民富是君國的富源。但《管子》的富民講究「度」，即不可使民富無度，所以，一定要「貧富有度」，只有這樣才有利於統治階級。

以後歷代統治者，雖也希望多收賦稅，但還是將「富民」作為基礎，承認「輕徭薄賦」是仁政。

節用論如何提倡節制消費

節用論是中國歷史上重要的經濟思想，其基本觀點就是節制消費。

先秦時期儒、道、墨、法各家都主張節用政策。孔子提出「節用而愛人」。道家在物質生活上要求「去奢」崇儉，視「儉」為生活應當遵循的三項原則之一，法家的韓非認為「力而儉者」才能致富。

墨家不僅提倡節用，而且要做到身體力行。《墨子》一書在《節用》、《節葬》、《非樂》等篇目中，對人們的衣、食、住、行方面提出了一個以維持較低生活需要的標準，認為只要採取節用，國家的財富便可以成倍地增長。

墨子針對統治者的生活豪華無節制，反對禮樂，反對奢侈浪費，反對厚葬久喪，要求消除百姓的飢、寒、勞三大巨患。他提倡節用的目的是達到「民富國治」。

荀子的節用主張也是從「國富民足」著眼。但是他認為，節用就是嚴格按照禮所規定的等級地位取得享用。統治者和一般百姓應有不同的享用標準。他指責墨子的「粗衣惡食」的節用觀是「伐本」、「竭源」，不利於鼓勵人們的生產積極性，其結果會造成社會的貧困。

耕戰論是怎樣的政策主張

耕戰論又叫「農戰論」，是戰國時期將重農與重戰相結合以實現富國強

兵的一種政策主張。

戰國時兼併戰爭頻繁，各國普遍重視發展農業生產和增強軍事力量。在秦國主持改革的商鞅更是把農戰提到空前的高度，作為根本性的國策。

他認為，農業既是國家財政收入的來源，也是戰爭的物質基礎，而且能從事打仗的也是農民，所以，國家要富強，必須抓住農和戰這兩個根本。他認為，言談游士、商賈和為技藝者秉性多巧取欺詐，總想逃避農戰，很難驅使他們進行守戰，更談不到忠勇。只有農民樸實誠信並且很重視自己的居里，所以，很容易驅使他們為統治階級進行忠勇的守戰。

因此，他主張種田靠農民，打仗也要靠農民。為此，實行「作壹而得官爵」，即人們除農戰外不能以任何方式取得官爵。同時，要抑制妨礙農戰的社會勢力。把「《詩》、《書》談說之士」、「處士」（隱士）、「勇士」（好私鬥的人）、「技藝之士」和「商賈之士」「五民」列為抑制對象。

繼商鞅之後，韓非也力主農戰結合，並主張對非農戰的行為採取更嚴厲的限制。「農戰論」為新興地主階級政權實現國富兵強，進而統一中國有著重大歷史作用。

本末論是怎樣的一種經濟主張

「本」指本業，即以農業為根本；「末」指末業，即視工商為末作。

先秦時期的思想家大都以農業為「本業」，以「雕文刻鏤」一類奢侈品的生產和流通為「末業」。他們把發展農業放在經濟工作的首位，雖不否定工商業的社會職能，但認為不能聽任民間工商業過度發展，必須加以抑制，才能保證農業所需的勞動力。

商鞅在秦國推行的變法令，採取一系列政治、經濟措施，控制「商賈技巧之人」的數量，以保證大多數人致力於農業生產。韓非還指責工商業者為五種社會蠹蟲之一，進一步將「末」的範圍擴大到整個工商業，從而形成「農本工商末」的完整概念。

秦統一中國後，將「上農除末」定為國策。漢初社會經過長期戰亂，土

地荒蕪，亟待恢復，為防止大商賈操縱物價，重農抑商成為當前急務。漢高祖、文帝、景帝都採取了一系列重農抑商的政策，恢復國家經濟。

到了漢武帝時，為了加強中央集權，同時也為了應對戰爭，推出了一系列崇本抑末的政策。在抑末方面的政策是：鹽、鐵、酒專賣；施行均輸法；設平準制；算緡告緡；禁止商人擁有田地；限制奴婢數目等。在崇本方面的政策是：大力推廣鐵農具及牛耕；興修水利等。

但漢代有一些思想家如司馬遷雖認為「本富為上，末富次之」，仍肯定農、工、商都是致富的源泉，無輕重之分。桑弘羊則指出治理國家應「開本末之途」，富國也要靠發展官營工商業，而不是單靠農業。東漢王符提出新的本末劃分標準：以「農桑」、「致用」、「通貨」為本，以「遊業」、「巧飾」、「鬻奇」為末，而不是將工商一概稱為「末」。但總體來說，在漢代「重本抑末」論是社會的主流思想。

此後，傳統本末思想雖仍占統治地位，但發展民間工商業的新觀點卻在不斷擴大其影響。特別是明中葉以後，工商業的發展已經孕育和產生資本主義生產關係的萌芽。與此相適應，反對抑末輕末的觀點也同傳統經濟教條形成了日益尖銳的對立。

明清之際，黃宗羲抨擊世儒「以工商為末，妄議抑之」，提出工商「皆本」的新命題。清初王源則從國家不能「有農而無商」的認識出發，強調「本宜重，末亦不可輕」，把矛頭直接指向根深蒂固的輕商思想。

貴粟論是怎樣的一種經濟思想

貴粟論是主張提高糧食地位或農產品價格以促進農業生產發展的思想。中國古代有許多人主張貴粟。戰國時，商鞅在秦國採取了提高粟價、獎勵農耕等一系列具體措施，取得了良好的效果。然而，對後世影響最大、最具有典型性的貴粟論者是西漢時期的思想家晁錯和他的《論貴粟疏》。

晁錯反對商人對農民的剝削，並認為這是商人對農人之「兼併」並使農人流亡的根本原因。對農民，晁錯又抱著極大的同情。這種對前資本主義

商業賤買貴賣進行欺詐的深刻揭露和生動描繪，是他之前的思想家論述不多的。晁錯提出的「貴粟」更多地著眼於農民的疾苦，而不僅僅是統治者治國安邦的方略。

對於如何實行貴粟，晁錯提出可以用捐獻粟米的辦法取得官爵或抵除罪役。這種具體辦法把自古存在的重農思想推到了新的高峰。晁錯認為，實行貴粟政策能取富人的餘粟以供上用，能減少貧農的捐賦，即所謂的損有餘而補不足，這項建議被文帝採納後，對促進「文景之治」確實起到了一定的作用。

晁錯的貴粟論所表現出來的重農思想對後世影響很大，直至幾千年後人們還引用他的話強調農業生產的重要性。

輕重論是什麼樣的貨幣價格理論

輕重論是中國古代著作《管子》中以商品流通過程為研究對象的貨幣價格理論。《管子‧輕重篇》主要講商品流通、貨幣流通和價格的關係。後人凡是講到輕重理論或輕重之學，都是指《管子》的輕重理論。

戰國中後期，各諸侯國內商品貨幣經濟有了較大發展，在諸侯國之間有鹽、鐵、糧食等重要商品的貿易，貨幣亦由大而重的刀幣、布（鏟）幣等鑄幣，逐漸變為便於流通的圓錢，黃金則主要在諸侯國間流通。那時各國講求富國強兵，設法用經濟政策加強國家財力。《輕重》各篇所述，就是這些客觀存在的反映。

《輕重》各篇的基本思想，是透過貨幣和價格政策的規定，控制全國的重要物資如糧食、鹽、鐵等的流通，以達到加強國家財力和打擊富商大賈的目的，這就是所說的「以輕重御天下之道」。

由於輕重理論是從貨幣具有作為流通手段和貯藏手段的職能出發，進而論述貨幣可以用來作為控制各種物資的政策手段，所以，貨幣的貴賤，即貨幣價值的高低，成為這一理論的中心問題。輕重理論對後世影響很大，在中國封建社會言貨幣理論、貨幣價格政策以及糧食儲備、均輸平準、鹽鐵官營

等，都不斷地引用這種理論，並用以制定各種實施方案。

司馬遷的崇富論

　　崇富論是漢代史學家司馬遷的財富觀。司馬遷在《史記》中為商人大賈專門作了一個「貨殖」列傳。貨殖就是商人的意思，透過這些傳記，司馬遷很直率地發表了對貧富的見解，並從人性角度出發，揭示了「求富」乃是人類活動的本質。

　　在司馬遷的筆下，無論是將士、游俠，還是美女、公子、漁獵、賭徒、方士，三教九流，形形色色，無一不是為了「求富」。他總結道：「凡編戶之民，貧富相差十倍則卑下之，相差百倍則畏憚之，相差千倍則役使之，相差萬倍則奴僕之，這是自然之理」，故曰：「天下熙熙，皆為利來；天下攘攘，皆為利往。」「千乘之王，萬家之侯，百室之君，尚且擔心貧窮，何況小民百姓乎。」

　　司馬遷的坦誠直率，令後代文人往往很難為情，但其中的內涵卻頗值得回味。

古代都有哪些「人口論」

　　韓非子是中國最早注意到人口問題的思想家。他在《五蠹》中指出：人口增加，人均財富值就相對減少，人們就開始起紛爭，縱使加重賞罰也無法遏制。為此，韓非子認為，「民爭」的原因，就是人口增長。

　　韓非子的觀點很有預見性，但在當時不免有誇大之嫌。因為在春秋戰國時期，征戰頻仍，天災人禍，人口鮮有迅猛增長，諸侯各國甚至可以說是地廣人稀。

　　中國的人口一直都不是很多，直到清代中後期，人口猛增至四億，這才逐漸成為國家的負擔。

　　清代學者洪亮吉在其《治平篇》中首次對人口與財富的關係進行了論

證與分析。他以一人生二子計算，認為不出四代，就發展為二十多人，增加二十多倍，田地房屋的增加則最多不過三五倍。所以，田地房屋之數常不足，而戶與口卻常常過剩。

洪亮吉的分析很是細緻，清晰地揭示了人口的過快增長與生活資料較慢的增長間的矛盾。然而，可貴的是，洪亮吉還指出了減輕人口壓力的方法：一是「天地調劑之法」，即藉由自然災害來調劑；一是「君相調劑之法」，即國家透過政策調控。洪亮吉的人口論有其不足與局限性，但在當時已經是認識上的一個飛躍了。

「先富後教」是什麼意思

《論語‧子路》中載有這麼一個故事：有一次，孔子到衛國去，冉有為他趕車。他們一路上看到衛國的老百姓很多，孔子滿心高興，便讚歎了一聲：「人真是多啊！」冉有就問：「既然人已經足夠多了，那麼，下一步該怎麼辦？」孔子回答道：「人口眾多，還要讓百姓富足。」冉有又問：「富庶之後，又怎麼辦？」孔子回答說：「還要教化他們。」

這便是孔子著名的「先富後教」論。後來諸家多有繼續發揮孔子的主張。諸家一致認為，不管是以禮樂教化民眾也好，以「修治齊平」為目的也罷，都要以吃飯穿衣為首位任務，以「民以食為天」為首要前提。

誰最早提出了「商戰」

「商戰」指發展商業，參與國際競爭，加強國力，以進入強國之林。它是近代維新派積極宣導的強國戰略，但最早以「商戰」進行表述的卻是民族資本家鄭觀應。

鄭觀應（1842年～1921年），近代著名實業家，改良主義思想家。廣東香山（今中山）人。鄭觀應沒有功名，1858年到上海學商，並先後在英商寶順洋行、太古輪船公司任買辦。歷任上海電報局總辦，輪船招商局幫辦、總辦。

在經營工商業的過程中，鄭觀應關心時政，留意西學，1884年中法戰爭時，曾往南洋調查瞭解敵情，逐一繪圖貼說。次年初，途經香港，被太古輪船公司藉故控追「賠款」而遭拘禁，經年始得解脫。後隱居澳門近六年。撰成《盛世危言》，從政治、經濟、軍事、文化等方面論證了中國必須大力發展資本主義工商業，實行君主立憲制度。培養具有近代科學技術知識的實學人才。

鄭觀應的《盛世危言》中，寫有《商戰》篇，其中首次提出以商戰對商戰的觀點。鄭觀應認為，「各國兼併，各圖利己，借商以強國，借兵以衛商，其訂盟立約，聘問往來，皆為通商而設」。中國「欲制西人以自強，莫於振興商務」。

在《商戰》中，鄭觀應迫切地主張發展商業，對商業蘊含的巨大力量感受十分強烈，他主張中國積極參與各項商業競爭，如貨幣戰、食物戰、礦產戰、外貿戰等。簡而言之，就是用中國巨大，使中國登於富強之境的市場。

「耕者有其田」是怎樣實施的

這是孫中山晚年在國民黨改組後提出的滿足農民土地要求的口號，是新民主主義經濟綱領的一項重要內容。

這一思想最早由清初思想家王源提出，他希望用國家行政權力強制推行，但就當時而言是不現實的。孫中山到晚年才喊出「耕者有其田」的口號，以發動廣大農民起來參加革命。

孫中山設想了兩條途徑：一是授田，對於無地或少地的佃農，「國家當給予土地，資其耕作」；二是貸田，對於邊遠地區如新疆等地廣人稀的區域，國家要組織內地人口遷居。他站在徹底的民主革命的立場上提出耕者有其田的正確口號，具有深刻的現實意義和歷史意義。遺憾的是沒有實施。

直到在中國共產黨的領導下，經過大規模的土地改革，才從根本上廢除了封建地主階級土地私有制，滿足了廣大農民千百年來對土地的要求和渴望，歷史上第一次真正實現了耕者有其田。

何為「子母相權」

子母相權是中國最早的貨幣理論，也是世界上最早的貨幣理論。始見於《國語·周語》，由春秋末年人單旗提出。子母指兩種不同重量的銅鑄幣，重者為「母」，輕者為「子」。

「子母相權」論揭示了貨幣的有關職能，包括價值尺度和流通手段。在單旗看來，貨幣的產生是為了滿足客觀需要，貨幣不是可以隨意發行的。鑄幣分量輕重要視流通情況而定，要與商品的流通相一致。如果商品漲價，人們感到原來流通貨幣購買力低，就要鑄造分量大的鑄幣，同原來的輕幣按一定的比價同時流通，這叫做「母權子而行」。反之，叫做「子權母而行」。

這樣，兩種貨幣同時流通，人們就會感到方便。這種輕（子）重（母）兩種貨幣並存流通，視市場需要隨時增加其中一種的發行量，並以它為基礎確定對另一種鑄幣的兌換率，便是「子母相權」論的具體內容。

「子母相權」論在中國貨幣史上的影響很大，是秦漢以後整個封建時期占支配地位、具有代表性的貨幣理論。後來的不同幣材或金屬貨幣與紙幣同時流通，都是以「子母相權」論為理論依據的，直到十九世紀才被資產階級貨幣學說所取代。

「虛實相權」是怎樣的一種貨幣理論

虛實相權是中國歷史上主張紙幣與金屬貨幣相互兌換並同時流通的理論。唐以後提出「虛實」概念。所謂「虛」，是指不足值的金屬貨幣或紙幣，「實」則指足值的金屬貨幣。

南宋時，楊萬里主張互相兌換的紙幣與金屬貨幣並行流通，元朝承金、宋之後，將紙幣流通發展為基本上排除銅錢的純粹紙幣制度。由於鈔本日耗，紙幣貶值，致使商旅不通。史揖上書，建議實行銀鈔相權法，就是實行以銀為本的可兌換的紙幣制度，這些紙幣主要是按照商業及商品流通的需要投放的，因而具有信用兌換券性質。

西元1261年，元政府發行了「中統元寶交鈔」，即「中統鈔」。最初的中統鈔是以銀為本的信用兌換券性質，甚至是十足準備的銀本位制度。這是世界上較早出現的保證紙幣購買力的理論。

清代的王茂蔭運用虛實概念對紙幣流通作了較深入的分析，提出了「以實運虛」原則。以此為基礎，他創議實行以銀本位為基礎的銀兩、紙幣並用的「虛實兼行」制度。把虛實相權理論向前推進到一個新的水準。「虛實相權」論，在貨幣思想史上具有深遠的影響。

《鹽鐵論》是怎樣的一部經濟著作

《鹽鐵論》，是西漢桓寬根據著名的「鹽鐵會議」紀錄「推衍」整理而成的一部著作。桓寬，字次公，汝南（今河南上蔡西南）人，漢宣帝時被推舉為郎，曾任盧江太守丞。

《鹽鐵論》共十卷，六十篇，標有題目，前四十一篇寫會議辯論，第四十二至五十九篇寫會後餘談，最後一篇「雜論」是作者寫的後敘。

西元前81年2月，朝廷召集全國各地六十多位賢良文人到京城長安，與以御史大夫桑弘羊為首的政府官員共同討論民生疾苦問題，後人把這次會議稱為鹽鐵會議。

當時，雙方以鹽鐵問題為中心，對鹽鐵官營、酒類專賣、均輸、平準等財經政策，以至屯田戍邊、對匈奴和戰等一系列重大問題，展開了激烈爭論，這是中國古代歷史上第一次規模較大的關於國家大政方針的辯論會。

三十年後，桓寬據這次會議的官方紀錄，加以「推衍」整理，增廣條目，寫成《鹽鐵論》一書。儘管桓寬在政治上站在反對桑弘羊的立場，但他把鹽鐵會議辯論雙方的思想、言論比較忠實地整理出來，因而使《鹽鐵論》這部著作不僅保存了西漢中期較豐富的經濟史料，也把桑弘羊這一封建社會傑出理財家的概略生平、思想和言論相當完整地保留了下來，成為研究中國經濟思想史，特別是西漢經濟思想史的一部重要著作。

教育學府

中國的學校的由來

中國古代學校的起源，可以追溯到4000多年前，相傳在虞舜時代，中國就已經出現了稱之為「庠」的學校，高一級的叫「上庠」，近似國學的前身；低一級的叫「小庠」，近似鄉學的前身。

到夏朝時學校分成了四種，按其級別的高下分別稱之為「學」、「東序」、「西序」和「校」。商朝取代夏以後，又將這四種學校的名稱改為「學」、「右學」、「左學」和「序」。

西周時較高級的學校，分別稱為「辟雍」、「成鈞」、「上庠」、「東庠」、「瞽宗」。其中「辟雍」最尊。在諸侯各國則有稱為「泮宮」的學校，較低一級的學校。有每25家設立的「家塾」，也有每500家設立的「序」。

到了漢代，最高一級的學校稱為「太學」，太學以下的學校有「東學」、「南學」、「西學」、「北學」等。魏晉南北朝時「太學」又稱為「國子學」；北齊時則將其稱為「國子寺」。至隋代，隋煬帝又將「國子

寺」改名為「國子監」。此後，「國子監」之稱一直沿用到明、清兩代，但後來被稱為「國子監」的已非以前性質的學校，而是一種實施教育管理的部門，至於各類學校則分別稱為「書院」、「書堂」、「私塾」等。

至於「學」和「校」兩字的合用，最早見於《詩經》，比較嚴格意義上的見於漢朝。《漢書‧董仲舒傳》上有「抑黜百家，立官」。《漢書‧循吏‧文翁傳》說：「至武帝時，乃令天下郡國，皆立學校官。」班固《東都賦》中也有「是以四海之內，學校如林」之語，可見，漢代學校已經盛況空前了。

義塾，古代的免費私塾

義塾又稱「義學」，是古代的一種免費私塾，主要為民間孤寒貧困子弟提供教育。

義塾以地方和宗族為單位舉辦，以祠堂、廟宇的地租或私人捐款為辦學經費。教學內容與教學形式都和私塾一樣。

義學由漢代四川什邡縣令楊仁首創，此後主要是以籌集募款或用宗族公款延請教師講課，面向貧困子弟的學校，稱為義學。宋代以宗族為單位設立，限於教育本族後代。清代由政府提倡，義學開始廣為設置。

清康熙四十一年（西元1702年）在京師崇文門外設立義學，選五城各小學「成材者」入學就讀。後八旗也設置了義學，教授幼丁學習滿、蒙文字。後多次下詔，命貴州、廣西、雲南、四川等邊地設置義學。清末義學成為清代蒙學的重要組成部分。教貧民子弟，成為安身良民，不使他們「好勇鬥狠、輕生犯上」，這是清政府普遍設立義學的目的。

清代義學有鄉校、小學、冬學、村塾等不同名稱。清代武訓興學，即屬義學。武訓是清末人物，以乞討所得積累成數，放債置地，以此創設「崇堅義塾」，分蒙學、經學兩級。又創設「館陶楊三莊義塾」。

私塾，舊時私人辦的學校

私塾是舊時私人所辦的學校。私塾產生於春秋時期，作為私學的一種，在漫長的封建社會，除秦朝曾短暫停廢後，兩千餘年綿延不衰，對於傳播祖國文化，促進教育事業的發展，培養啟蒙兒童，使學童在讀書識理方面，有過重要的作用。

私塾的學生多六歲啟蒙。學生入學不必經過入學考試，一般只需徵得先生同意，並在孔老夫子的牌位或聖像前恭立，向孔老夫子和先生各磕一個頭或作一個揖後，即可取得入學的資格。私塾規模一般不大，收學生多者二十餘人，少者數人。私塾對學生的入學年齡、學習內容及教學水準等，均無統一的要求和規定。

就私塾的教材而言，多為中國古代通行的「三、百、千、千」，即《三字經》、《百家姓》、《千家詩》、《千字文》，以及《女兒經》、《教兒經》、《童蒙須知》等，學生進一步則讀四書五經、《古文觀止》等。其教學內容以識字、習字為主，還十分重視學詩作對。

至於私塾的教學原則和方法，在蒙養教育階段，十分注重蒙童的教養教育，強調蒙童養成良好的道德品德和生活習慣。如對蒙童的行為禮節，如著衣、叉手、作揖、行路、視聽等都有嚴格的具體規定，為中國教育的傳統。

在教學方法上，先生完全採用注入式。講課時，先生正襟危坐，學生依次把書放在先生的桌上，然後侍立一旁，恭聽先生圈點口授，講畢，命學生複述。其後學生回到自己座位上去朗讀。凡先生規定朗讀之書，學生須一律背誦。另外，私塾中，體罰盛行，遇上粗心或調皮的學生，先生經常揪學生的臉皮和耳朵、打手心等。

蒙學，對兒童實行啟蒙教育的學校

蒙學，是指對兒童進行啟蒙教育的學校。相傳蒙學始於商周時期，《大戴禮記·保傳》：「古者年八歲而出就外舍，學小藝焉，履小節焉」。《禮

記·內則》：「十年，出就外傅，居宿於外，學書計。」

　　漢代稱蒙學為「書館」、「學館」、「書舍」等。兒童八九歲入學，學習《倉頡》、《急就》等字書及《孝經》、《論語》。沒有固定的修業年限，採用個別教學，多屬私學性質。

　　唐宋以後，蒙學的教學內容和程序開始相對穩定，主要進行初步的道德行為訓練和基本文化知識的教學，以認字、寫字、背書為主。每日功課一般是背書、授新書、作對、寫字、讀詩，以及一系列的道德行為規範訓練。

　　在基本知識教學上，特別注重學習態度的培養和學習習慣的養成。如讀書強調勤苦、認真、專一，學字要求姿勢正確、几案淨潔、字畫端整。在知識教學上，重視對基本知識熟讀牢記。在道德教育上，十分注意生活儀節和行為訓練。

　　在教育教學教程中，注重兒童的學習興趣，因勢利導，多採用詩歌、舞蹈、故事等內容和形式。教材主要有《開蒙要訓》、《太公家教》、《三字經》、《百家姓》、《千字文》、《小學》、《弟子規》、《訓蒙詩》、《名物蒙求》等。專為女童編寫的蒙學教材有東漢的《曹大家女誡》、唐宋若萃的《女論語》等。

　　清光緒二十八年（西元1902年）《欽定學堂章程》規定初等教育分為三級：蒙學堂、尋常小學堂、高等小學堂。蒙學堂簡稱「蒙學」，入學年齡為5歲，修業4年，設修身、字課、讀經、史學、輿地、算學、體操等課程。但僅有章程，未能開辦。

稷下學宮是怎樣的高等學府

　　稷下學宮又稱為「稷下之學」，是戰國時齊國在國都臨淄的稷門下所設的高等學府。它由國家主持招納當時社會上活躍的著名的文人學士，也吸收了一批學生，既是講學讀書的地方，又是培養封建官吏的場所，是一個肩負教學和研究兩種職能的高等學校。稷下學宮初創於齊威王時期（前4世紀中葉），興旺於齊宣王時期（西元前319年～西元前301年），衰亡於齊王田

建時期（西元前264年～西元前221年）。

　　稷下學宮容納不同學派，提倡百家爭鳴，因此，在這裏聚集了儒、道、法、陰陽等派別的許多學者。在稷下學宮，「辯」是諸學派相互交流的手段。不僅先生與先生辯，而且先生也與學生辯。

　　稷下學宮先生待遇優厚，地位很高。齊王對各派的「士」禮遇甚豐，被封為「上大夫」者有76人。凡列為上大夫者，皆「為開邸康莊之衢，高門大屋，尊寵之」。

　　齊威王和齊宣王大興稷下之學，使「稷下學宮」成為聞名列國的東方文化聖地，各派學者薈萃的中心，為百家爭鳴提供了講臺，促進了學術思想的交流與發展。

鴻都門學，中國最早的專科大學

　　鴻都門學是漢代學習、研究文學藝術的高等專科學校。創立於東漢靈帝光和元年（178年）二月，以校館位於洛陽鴻都門而得名，是中國最早的專科大學。

　　鴻都門學所招收的學生和教學內容都與太學相反，學生由州、郡三公擇優選送，多數是士族看不起的社會地位不高的平民子弟。開設辭賦、小說、尺牘、字畫等課程，打破了專習儒家經典的慣例。學生畢業後，多給予高官厚祿，還有的封侯賜爵。

　　鴻都門學一時非常興盛，學生多達千人，但延續時間不長，一因士族猛烈的攻擊；二因黃巾起義，它隨著漢王朝的衰亡而結束。

　　鴻都門學不僅是中國最早的專科大學，而且也是世界上創立最早的文藝專科大學，在「獨尊儒術」的漢代，改變以儒家經學為唯一教育內容的舊觀念，提倡對文學藝術的研究，是對教育的一大貢獻。它招收平民子弟入學，突破貴族、地主階級對學校的壟斷，使平民得到施展才能的機會，具有進步意義。鴻都門學的出現，為後來特別是唐代的科舉和設立各種專科學校開闢了道路。

國子監，古代最高學府與管理機構

國子監是中國古代最高學府和教育管理機構。晉武帝司馬炎時，始立國子學。北齊改名國子寺。隋煬帝將國子寺改為國子監。唐、宋時期，國子監作為國家教育管理機構，統轄其下的「六學二館」，即國子學、太學、四門學、律學、書學和算學，以及弘文館和崇文館。

國子監最初只是掌管教育的行政機關，後來逐漸成為兼有行政機關和最高學府的兩種功能。國子監裏職位最高的是祭酒，其次有司業、監丞等人員。北京國子監的第一任祭酒是元代著名學者姚燧。

入國子監學習的人叫做監生，明代的監生因入學資格不同而分為舉監、貢監、蔭監、例監四類，當時還有外國留學生在監就讀，稱為夷生。

當時的國子監也有類似今天的實習，稱為「歷事」。即監生們到各衙門學習政事，開始時為半年，後改為三個月。白天實習，晚上歸舍，實習成績分為上、中、下三等，上等的選用，補充缺官；中等的繼續歷事；下等的回監讀書。

國子監始於隋代，為教育機關，後代沿之，至清代變為只管考試，不管教育的考試機構；到清末則成為賣官機構。

「杏壇」，孔子興教的象徵

孔子在杏壇設教，有弟子三千，授六藝之學，自古以為美談，為士林所稱頌。「杏壇」亦作為孔子興教的象徵。

「杏壇」的典故最早出自於莊子的一則寓言。《莊子‧漁父》說孔子到處聚徒授業，每到一處就在杏林裏講學。休息的時候，就坐在杏壇之上。後來人們就根據莊子的這則寓言，把「杏壇」稱作孔子講學的地方，也泛指聚眾講學的場所。

後來，人們在山東曲阜孔廟大成殿前為之築壇、建亭、書碑、植杏。北宋時，孔子後代又在曲阜祖廟築壇，環植杏樹，便以「杏壇」為名。

太學，古代設於京師的最高學府

太學是古代設於京師的全國最高學府。太學之名西周已有，周王室的太學以南北東西中為序，分別叫「成鈞」、「上庠」，「東序」、「瞽宗」和「辟雍」。「辟雍」則為其總代稱。太學裏的主要教學內容是「六藝」——禮、樂、射、御、書、數。當時「學在官府」，只有貴族子弟才能入學。

漢武帝在位時，採納了董仲舒、公孫弘的建議，尊孔崇儒，興辦太學。最初太學只設五經博士，置博士弟子50名，專門學習和研究儒家經書。漢成帝時，太學生增至3000人。王莽統治時期，為了樹立自己的聲望，籠絡廣大儒生，在長安廣置太學，博士弟子有萬餘人，規模之大，前所未有。

東漢時，太學規模更大，順帝永建元年（西元126年），對太學進行重建和擴建，費時一年，用工112000人，建成240房，1850室，所招學生稱之為太學生，有3萬多人。

漢靈帝還讓大書法家蔡邕等人把儒家經典刻在46塊碑上（即著名的《熹平石經》）。來抄寫經文的太學生車水馬龍，盛況空前。

西晉以後，太學和國子學並存，成為中央辦學的兩種形式。唐代，太學規模完備，盛極一時。太學的教師，主要是博士。博士的主要職責是授業傳道，此外，還要奉使議政，試賢舉能。

太學的學生，歷代稱謂不一，有稱「博士弟子」的，有稱「太學生」和「諸生」的。太學以儒家五經作為基本教材，講授「孔子之術，六藝之文」。歷代太學都制定規章制度，嚴禁各種「離經叛道」的思想行為。

書院的演變過程是怎樣的

書院是中國封建社會後期出現的新型教育組織。它始於唐代，唐玄宗時，設置了麗正書院，集中了當時全國著名的學者進行寫書、講書活動。

到宋代時，程朱理學崛起後，講學之風日盛，書院開始大行其道。這時期書院多是私人設立，也有得到官府資助的。北宋著名書院有六處，如江西

盧山的白鹿洞書院，湖南衡陽的石鼓書院，河南登封的嵩陽書院，湖南長沙的嶽麓書院，河南商丘的應天府書院，江蘇江寧的茅山書院。而以白鹿、石鼓、應天府、嶽麓四書院最著名。南宋時，書院興盛更勝於北宋，著名的有嶽麓、白鹿、麗澤、象山四處。

到了元代，各路、州、府都置有書院，逐漸發展為一種類似學校的體制。明代初期書院不興。後來官學逐漸衰退，成化年間書院開始發展，至嘉靖、萬曆年間達到高峰。在明代書院中，無錫東林書院最有影響。

清代對書院先是限制，後又提倡，使絕大多數書院官學化。清朝後期，湖南、湖北兩省的書院最為著名，如江漢書院、經心書院、江夏書院、晴川書院等。西元1890年，湖廣總督張之洞創辦了兩湖書院，是一所具有新式學校規模的書院，書院課程也增添了自然科學科目。西元1900年，兩湖書院改辦為兩湖師範學校，從此結束了書院的形式。

同文館，清末官辦的外語學校

同文館是清末創辦的第一所官辦外語專門學校，全名京師同文館。

鴉片戰爭以後，腐朽的清政府同西方列強簽訂了一系列喪權辱國的條約。當時，清政府有感於國內找不到多少精通外語的人才，而常受外國侵略者的欺蒙，為此決定在國內創辦外語學校。

恭親王奕訢於西元1861年1月（咸豐十年十二月）奏請開辦同文館，次年（同治元年）6月正式開課，總稅務司英國人赫德任監察官，實際操縱館務。這所學校開辦後，曾遭到守舊派的群起而攻之，他們認為開同文館、聘外籍教師是背宗叛祖、大逆不道、傷風敗俗、有喪國體的行為。後來，在清廷的干預下，守舊派敗下陣來，同文館辦了下來。

同文館完全按正規的學校來辦，陸續開設英文館、法文館、俄文館、德文館、東文館。入校學生不僅學外語，還學中文和自然科學，學制八年。學制分5年、8年兩種。

學生來源初以招收年幼八旗子弟為主，西元1862年6月入學的僅10人。

後擴大招收年齡較大的八旗子弟和漢族學生，以及30歲以下的秀才、舉人、進士和科舉正途出身的五品以下滿漢京外各官，入學學生逐年增多。

學生畢業後大半任政府譯員、外交官員、洋務機構官員、學堂教習。該館附設印書處、翻譯處，曾先後編譯、出版自然科學及國際法、經濟學書籍。此外，還設有化學實驗室、博物館、天文臺等。1902年1月（光緒二十七年十二月），併入京師大學堂，改名京師譯學館，並於次年開學，仍為外國語言文學專門學校。

通儒院，中國早期設想中的研究生院

通儒院是中國早期設想的研究生院。

清末，曾計畫在大學裏設立培養專門人才的「通儒院」，類似今天的研究生院。通儒招生對象是大學畢業生或具備相當水準的人，培養目標是「能發明新理以著成書，能製造新器以利民用為成效」。學制五年，學員不上課堂，只在圖書館和寢室搞研究，也可實地考察。學員由各科大學監督（系主任）管理，並由其指定或延聘指導老師。

通儒院畢業，不需考試，而以平時研究著述評定。畢業後待遇，予以翰林升階，或分用為較優京官、外官。但通儒院這套制度，還未來得及付諸實現，清王朝便垮臺了，但它對民國以後的研究生制度卻有一定的影響。

洋務學堂主要教授什麼內容

第二次鴉片戰爭以後，清廷內憂外患不斷，於是在洋務派的推動下逐漸開展起了洋務活動，希望藉由學習西方先進的科學技術，培養洋務人才以挽救清王朝的政治危機。洋務學堂就是在這種情況下產生的。

洋務學堂又分兩種：一種專習「西文」；另一種專習「西藝」。習「西文」的近代學校，主要有京師同文館、廣州同文館等；習「西藝」的近代學校，主要有馬尾船政學堂、天津水師學堂等。其中，京師同文館是第一個開

辦的，開了中國近代新式學校之先河。

當時，科舉考試仍然是銓選官吏的唯一制度，因而這些洋學堂出來的學生的出路很是尷尬。同治元年（西元1862年），朝廷頒布了《新設同文館酌擬章程》，規定京師同文館三年制優等畢業生可以被保舉為七、八、九品官。

此外，洋務學堂還受外國人經費、管理上的控制。雖然如此，開辦洋務學堂仍有其不可忽視的意義。比如，它打破了儒家學說一統天下的壟斷局面；對晚清科舉制度形成了衝擊；直接推動了中國近代早期留學生的派遣等。

另外，新學堂內除了開設西文，還有大量的數學、物理、化學、天文等近代自然科學課程，大大推動了西方近代科學技術在中國的傳播。

京師大學堂的由來

京師大學堂誕生於戊戌維新運動，1898年，經光緒帝下詔，京師大學堂在孫家鼐的主持下在北京創立，成為中國近代史上第一所國立綜合性大學，它既是全國最高學府，又是國家最高教育行政機關，統轄各省學堂。

1902年，京師大學堂因1900年義和團運動停辦後恢復，吏部尚書張百熙任管學大臣，請出吳汝綸和辜鴻銘任正副總教習，聘請兩大翻譯家嚴復和林紓分任大學堂譯書局總辦和副總辦。創辦於1862年洋務運動期間的京師同文館併入大學堂，藏書樓也於同年重設。1862年12月17日，京師大學堂舉行開學典禮，各個方面開始步入正軌。

大學堂首先舉辦速成科和預備科，速成科分仕學館和師範館，後者即是今天北京師範大學的前身。1904年京師大學堂選派首批47名學生出國留學，這是中國高校派遣留學生的開始。1910年京師大學堂開辦分科大學。辛亥革命後，於1912年改為北京大學，中國的高等教育揭開嶄新的一頁。

古代實行的學分制

中國實行學分制的歷史可以追溯到宋代。

北宋神宗熙寧、元豐年間，王安石為相，將太學分為外、內、上三舍，制定升舍法。升舍考試評定成績分為三等：操行和學業皆優的為上等，一優一平的為中等，兩種都平的或一優一否的為下等。三舍考試都用積分法。

元朝仁宗皇慶、延祐年間，調履謙為國子監司業，立升齋、積分等法。一是升齋法：每季考所習經書，課業成績合格和未違犯規矩者，以次遞升，即升上齋。逾再歲，始與私試。二是私試規矩：孟月、仲月、季月三考。詞理俱優者為上等，得一分。詞平理優者為中等，得半分。歲終統計其年積分。積至八分，得充高等，以四十人為額。三年不通一經及在學不滿一年，定章黜革。「所以人人勵志，士多通材」。

明朝也採取宋神宗時的辦法，凡國子監的學生積分達到及格就可授予相當的官職。國子監按學生的程度設六堂正義、崇志、廣義、修道、誠心、率性；編為初、中、高三個年級。高年級則分制。每次考試，文理俱優的給一分，文劣理優的得半分，文理俱劣的無分。在一年內積分達到八分的為及格。如有天資聰敏，成績優異的學生，可以不受年限的限制，報請批准，可以提前畢業，破格錄用。

清朝的國子監編制完全採用明朝的制度。凡月考列一等的給一分，列二等的給半分。歲終積八分為及格。

在古代，教師有哪些稱謂

教師的稱謂，最早見於西周金文中，稱為「師氏」，簡稱「師」，係教國子之官。「師」原是商、西周軍隊的組織單位。西周統治者為培養善戰的貴族子弟，開辦了「國學」，由高級軍官「師氏」任教。

由於「師」是傳授知識的，而「教」又是傳授知識的一種重要手段，從而使「教師」一詞成為「傳道授業解惑」者的美稱。

何謂師？《說文解字》注曰：「師教人以道者之稱也。」教師一般指直接從事教育工作或其他傳授知識技術的人，還泛指在其他方面值得學習的人。

從史書中看，先秦時期就有師傅、師長、先生此類稱謂。這些稱謂意思接近，生命力強，甚至今日仍在使用。不過，「師傅」現在常指教育教學之外，其他行業的老師；「先生」增加了對男子的尊稱和妻子稱丈夫的更多含意。

至於「老師」則是對年輩最高學者的稱呼，如《史記‧孟子荀卿列傳》：「齊襄王時，而荀卿最為老師……」到後來，人們習慣地把「老」與「師」並稱，就不再管年齡的大小，一概稱教師為老師了。

明清兩代時曾稱主考官為老師；清末辦學堂，稱教師為教習；辛亥革命後，因教師同其他官員一樣依法令任免，所以，又稱教師為教員。現在的「講師」，則是區別於教授和助教的教師職稱名銜。

為什麼把弟子稱為「桃李」

中國人喜歡在讚頌老師弟子多，貢獻大時，說他（或她）「桃李滿天下」，為何把學生比作桃李呢？

《韓詩外傳》載：春秋時期，魏國有一個大臣叫子庩，他得勢的時候曾培養和保舉過不少人。後來他失勢了，免官失職一落千丈，由他推舉入朝做官者卻都視而不見，沒一個人幫他的忙，他只好獨自逃到北方去了。

在北方，子庩遇見一個叫子簡的人，就向他發牢騷，說受過自己恩惠的人忘恩負義，在他落難時無動於衷，不來幫助他。

子簡笑著回答說：「你慢慢聽我分析，如果你在春天種下桃樹和李樹，夏天就可以在樹下休息納涼，秋天還可以吃到果子。可是如果你春天種下的是蒺藜（一種帶刺的植物），夏天長出刺還會刺人，到秋天也不能利用它的種子，你提拔的人都是不應提拔的。所以，君子培養人才，要像種樹一樣，應該選擇對象，然後再加以培養。」

此後，人們便把培養人才稱「樹人」，把提拔起來的優秀人才稱為「桃李」。如果一個老師教的學生非常多，就稱之為「桃李滿天下」。

「門生」的稱呼始於何時

「門生」這一稱呼，在春秋時就出現了。孔子聚徒講學，對親授業者或轉相傳授者都稱之為「門人」，戰國時，「門人」除了指受業弟子外，還指寄食於貴族門下的食客，這些食客都有一定的才能，屬於「士」階層。

東漢時，「門生」是指弟子的弟子，即轉相傳授者，但一些不是以學問相師承的鑽營投機者，也攀附權貴為「門生」，以作為升官的階梯。魏晉南北朝時此風愈熾，門生實際上已變成豪族的扈從了。隋唐以後實行科舉制，科舉的主考官稱「座主」，及第者，就稱為「座主」的「門生」。同時，在學問的師承關係上仍然沿用「門生」的稱呼。而到了現在，「門生」的稱呼已經漸漸消失了。

怎樣才算是「入室弟子」

《晉書・外戚傳・楊軻》記載，「雖受業門徒，非入室弟子，莫得親言。」這裏的「受業門徒」和「入室弟子」是分開說的，顯然不是同一個意思。由此看出，「入室弟子」與一般的「弟子」是不同的，那麼，什麼才是「入室弟子」呢？

《論語・先進》說：「由也升堂矣，未入於室也。」這可能是「入室」一詞最早的來源。這句話的意思是說，學識的深淺，就好像從外面走進屋子，子路得其門而入，已經到了升堂的境界，只不過沒能夠再精深一些達到入室的程度罷了。

先說一下「堂」。在古代房屋建築中，房子的各部分都有特定的稱謂和順序安排。一幢房子裏，最前面的必定是「堂」，「堂」後以牆隔開，後部中央才稱為「室」，「室」的兩邊稱為「房」。成語「登堂入室」是說只有

先到了「堂」才能由此通往「室」。

　　由此看來，《論語》中的「入室」一說，如果就程度而言，已經有了深一層的感覺。由此，「入室弟子」也就好解釋了，既然已是「入室」，必定是指學生中得師傅真傳，學問或技藝造詣高深的人。

古代什麼人可稱為「博士」

　　博士，春秋戰國時代儒家所說的「博學之士」的泛稱，不是官名。博士作為官名，最早出現在戰國時期。《史記・循吏列傳》：「公儀休者，魯博士也，以高第為魯相。」《漢書・百官公卿表上》：「博士，秦官，掌通古今。」

　　自秦及漢初，博士所掌為古今史事待問及書籍典守。漢武帝時，採納公孫弘的建議，設五經博士，置弟子員，博士專掌經學傳授，漢以後歷代皆設經學博士，或沿用五經博士舊名，或分稱國子博士、太學博士、四門博士等。

　　博士的選用，西漢和東漢以前採取征拜和薦舉的辦法，而且有一定的標準。到了東漢，任博士還須經過考試，只有精通《易》、《書》、《孝經》、《論語》的人，方能當選博士。

　　另外，古人也將專精一藝的職官稱為博士。從西晉開始設置律學博士，北魏開始設置醫學博士，隋唐又增設算學博士、書學博士等，這些都是官名。到了宋代才被廢止。與此同時，民間也有一些「博士」的稱謂，用以稱呼從事某一職業的人，如「茶博士」、「酒博士」等。孟元老《東京夢華錄・飲食果子》載：「凡店內賣下酒廚子，謂之茶飯量酒博士。」

　　到了近代，「博士」才漸漸作為了學位的一種名稱。

中國最早的一次學生運動

　　西漢武帝時期創立了太學，這是當時的最高學府。太學建成後，大批青

年到這裏就學，他們思想解放，反對保守，不為名教所縛，敢於干預政治。

西漢哀帝時，渤海高城人（今河北鹽山縣）鮑宣任司隸（主管京師治安）。鮑宣為人正直，心憂天下，曾多次上書勸諫時政，得到朝野一些有識之士的尊重。

有一次，丞相孔光違反規定，駕馬車在京城中奔馳。鮑宣見後，不畏權貴，依法辦事，拘留了孔光的下屬隨員，沒收了犯禁車輛，以示對丞相的警戒。孔光見此，遂以「以下犯上」為藉口，誣罪鮑宣，反把鮑宣下到獄中欲治以死罪。

後來，太學生知道這件事後，個個義憤填膺。太學生王咸在校園豎起大旗，奮臂高呼：「要救鮑司隸的都到這兒來。」立刻就得到了1000多人的回應。在王咸的領導下，他們高舉大旗，走出校園。在丞相孔光上朝的路上，攔阻孔光車輛，據理力辯，聲討孔光。接著又直奔宮廷，不畏嚴格的等級法度，集會於皇宮闕下。1000餘人聯名向哀帝上書，慷慨陳詞，力辯鮑宣之冤。

在太學生的強烈要求下，哀帝迫於壓力，赦免了鮑宣死罪，改為髠鉗（割頭髮）。這就是中國歷史上的第一次學生運動。

人才選拔

「察舉」，中國古代的一種選官制度

察舉又稱「薦舉」，是中國漢代到隋代的一種選官制度，即中央和地方一定級別的官吏通過考察，將無官職的士人及下級官吏推薦給中央政府，

由中央政府授予官職或予以提升。其科目主要有賢良方正、孝廉、秀才、明經、童科等。

西漢開國，高祖劉邦曾下求賢詔，令從郡國推舉有才能的「賢士大夫」，開漢代察舉制的先河。到漢文帝時，察舉正式成了一種選官制度。

定期的察舉科目稱為常科或歲舉，如孝廉、秀才科；由皇帝不定期地下詔要求貢舉的為特科或詔舉，如賢良、文學、明經、有道等科。察舉的對象，既有平民，也有現任的吏員。是兩漢重要的出仕途徑之一。

漢王朝當時所採取的這種選官方法一般分四個步驟進行：第一，先由皇帝不定期下詔令，根據所需人才，指定薦舉科目；第二，自丞相、列侯、公卿至地方郡國，按所定科目察舉人才；第三，各地把所推薦的人才送集京都，由皇帝親自對他們進行策問；第四，據對策的高下，集資授官。

察舉制在西漢到東漢初曾為網羅人才發揮過重要作用，以後隨著政治的日益腐敗，察舉不實的現象漸趨嚴重。到東漢末年，已經成了豪強官吏安插私人的工具，完全失去了最初的意義。於是，魏晉以後，九品中正制逐漸代替了察舉制。

「孝廉」與「舉孝廉」是怎麼回事

孝廉是察舉制的科目之一。「孝」指孝順父母，「廉」指辦事廉正，初為兩科，後合併為一科。漢武帝時，董仲舒認為當時官吏多出於「任子」或「貲選」，未必稱職，建議由列侯、郡守歲貢吏民之賢者二人於朝。武帝採納了他的建議，於元光元年（西元前134年）下詔郡國每年察舉孝者、廉者各一人。不久，這種察舉就通稱為孝廉，並成為漢代察舉制中最為重要的歲舉科目。

孝廉舉至中央後，按制度並不立即授以實職，而是入郎署為郎官，承擔宮廷宿衛，目的是使之「觀大臣之能」，熟悉朝廷行政事務。然後經選拔，根據品第結果被任命不同的職位。一般情況下，舉孝廉者都能被授予大小不一的官職。

漢順帝陽嘉元年（西元132年），規定應孝廉舉者必須年滿四十歲；同時又制定了「諸生試家法、文吏課箋奏」這一重要制度，即中央對儒生出身的孝廉要考試經術，文吏出身的則考試箋奏。

由此，歲舉一途遂出現了正規的考試之法，孝廉科因而也由一種地方長官的推薦制度開始向中央考試制度過渡。

東漢時，舉孝廉為仕進的要途，實際上察舉多為世族大家所壟斷，互相吹捧，弄虛作假，當時有童謠諷刺：「舉秀才，不知書；舉孝廉，父別居。」漢代以後，歷代因之，隋唐只舉秀才而不舉孝廉，明、清時俗稱舉人為孝廉。

漢代如何經由「賢良方正」選拔人才

「賢良方正」，漢代選拔統治人才的科目之一。賢良：才能、德行好；方正：正直。始於漢文帝二年（西元前178年）。

《史記・孝文本紀》：漢文帝下詔云：「舉賢良方正直言極諫者，以匡朕之不逮。」被舉薦者對政治得失應直言極諫。如表現特別優秀，則授予官職。

漢武帝時，復詔舉「賢良」或「賢良文學」。名稱時有不同，性質無異。歷代往往視做非常設之制科。唐宋沿用，設「賢良方正科」，如王播、裴度、牛僧孺、柳公綽都出身該科。

古代科舉大致情形如何

科舉考試最早開始於隋朝的「進士科」，西元607年4月，煬帝下詔定十科舉人，這就是「分科舉人」。其中「文才秀美」科就是以後的進士科。這標誌著科舉制度的正式產生。唐承隋制又增加了明經、明法、俊士、明書、明草等科。後來一直沿用至明清，到明清時，已經形成了完備的科舉考試制度。

明清時代，凡入學者必經童試，錄取者為童生。再經「歲考」，錄取者稱「生員」，俗稱「秀才」。

明清科舉考試，主要分三級進行：鄉試、會試和殿試。鄉試通過稱「舉人」。會試考中者叫「貢士」，第一名稱「會元」。殿試又叫廷試。會試錄取的貢士參試，一般殿試不黜落貢士，只是重新分定出等第名次。

古代流傳著這樣一副對聯：「何物動人，二月杏花八月桂；有誰催我，三更燈火五更雞。」八月桂花開放，對聯中的「八月桂」其實就是指鄉試得中。杏花在二月開放，所以，對聯中的「二月杏」其實指的是會試得中。這副對聯就是講人們「三更燈火五更雞」的刻苦攻讀為的就是一朝「金榜題名」。

為什麼叫「金榜題名」呢？原來是因為殿試放榜用黃紙，表裏二層，分大小金榜，小金榜存檔大內，大金榜由禮部尚書奉皇榜送出太和中門，至東長安門外張掛在宮牆壁，故考中進士者稱金榜題名。

常科考哪些科目

唐時的科舉，通常分為常科和制科兩種。常科的科目有秀才、明經、進士、俊士、明法、明書、明字、明算等五十多種。其中明法、明算、明字等科並不受重視，有的科（如俊士科）甚至不常舉行。秀才的稱呼人們都很熟悉，這一科在唐初要求很高，後來也逐漸被廢弛。所以，明經、進士兩科便成為唐代常科的主要科目。

唐高宗以後進士科更為時人所重，唐朝的許多宰相都是進士出身。唐朝皇帝都很重視進士科，武則天曾親自在宮殿中考查進士，開創了「殿試」的先河。

兩者相比較，明經科主要考察對儒家經書的記憶和理解，一般試帖經、經義、策論，錄取率約為十分之一，考中相對容易一些；進士科除考經書外，側重考詩賦和時務策，對文學水準和政治見解有很高的要求。一般試帖經、雜文、策論，錄取率約為六十分之一，考中十分不易。但進士前程遠

大，仕途光明，因而是當時讀書人入仕為官的終南捷徑。

常科的考生有兩個來源：一個是生徒，一個是鄉貢。由國子監（國子學、弘文館、崇文館）及州縣學館出身，而送往尚書省受試者叫生徒；不由學館而先經州縣考試，及第後再送尚書省應試者叫鄉貢，這類應試者通稱舉人。

州縣考試稱為解試（中頭名者稱解元），尚書省的考試通稱省試（通過者稱進士及第），或禮部試。由於禮部試都在春季舉行，故又稱春闈，闈，也就是考場的意思。唐朝初年，由吏部考功員外郎主持考試，開元二十四年（西元736年），以郎官地位太輕，改由禮部侍郎主持。

制科考哪些科目

相對於每年都舉行的常科，制科則是臨時增設的，由皇帝親自主持，目的在於選拔各種特殊人才。制科的科目有很多，僅在唐代有記載的就達百餘種，像博學宏詞科、文經邦國科、達於教化科、可以理人科等。參加考試的人除了平常考生外，也包括有出身和官職的人。

考生可以由他人舉薦，也可自薦。唐玄宗開元年間，全國參加制科的人「多則兩千，少猶不減千人」，所以，「所收百才有一」。考試以策論為主，也考經史和詩賦。錄取後「文策高者，特賜與美官，其次與出身」。制科以開元時期為最盛，文宗太和年間及以後就很少舉行了。

童子科主要考哪些內容

童子科是唐五代科舉制下常科科目中的一個小科目，雖然與進士、明經等科相比，童子科並不占重要地位，但童子科的設置對童蒙教育和唐五代科舉制的繁盛均起了積極作用。

唐五代童子科面向的對象為年幼、聰慧的童子。童子的年齡限定前後有所變化，唐初規定為十歲以下。大中十年，又將年齡限制在十二歲以下，五

代後唐應順元年，童子登科的年齡限制在十五歲以下。

童子科的考試內容據《唐會要》卷76《童子》：童子舉人，取十歲以下者，習一經（即《禮記》、《春秋左氏傳》、《詩》、《周禮》、《儀禮》、《易》、《尚書》、《春秋公羊傳》、《穀梁傳》九經中的任何一經）兼《論語》、《孝經》，每卷誦文十科。全通者授官。

唐五代童子登第後，一般都授虛官，也有登第後至弱冠才授官的，也有登第後未見授官，再登制科或吏部科目選者。

「會試」的大致情形如何

會試又稱「春闈」，是明清兩代每三年一次在京城舉行的考試。由禮部舉行，參加考試者為舉人，錄取者為「貢生」。會試主考官四人，稱總裁。一正三副，以進士出身之大學士，尚書以下，副都御史以官，由禮部提名皇帝欽命特派。

會試考三場，每場三日。逢辰、戌、丑、未年為正科，若鄉試有恩科，則次年亦舉行會試，稱會試恩科。考試初在二月，乾隆時改至三月，亦分三場。

會試放榜之日正值四月中旬，此時杏花盛開，所以，稱杏榜，會試考中者叫「貢士」，第一名稱「會元」。

「殿試」，科舉考試中的最高一級

殿試是科舉考試中的最高一級。由皇帝主考，在宮中殿廷親發策問，故又叫廷試。應試者為會試錄取的貢生。

其制源於西漢時皇帝親策賢良文學之士，始於武則天天授二年於洛陽殿前親策貢舉人，但尚未成定制。宋開寶八年，太祖於講武殿策試貢院合格舉人，並頒定名次，自此始為常制。

北宋太宗太平興國八年（西元983年），將殿試後的進士分為五甲，分

為三甲及一甲只限三人始於元順帝時，明清沿用。明清考試時間在會試後一個月，本在三月，乾隆時改在四月。中試者一甲三名賜「進士及第」，第一名稱為「狀元」，第二三名稱為「榜眼」及「探花」。二甲均賜「進士出身」，第一名稱「傳臚」。三甲均賜「同進士出身」。

何謂「鄉試」

鄉試，在唐宋時稱「鄉貢」、「解試」。明、清兩代每三年一次在各省省城（包括京城）舉行的考試。凡本省生員與監生、萌生、官生、貢生，經科考、錄科、錄遺考試合格者，均可應試。

逢子、卯、午、酉年秋季（八月）舉行，又稱「秋闈」，為正科。遇新君登極、壽誕、慶典加科為恩科。考三場，每場三日。及格者為舉人。第一名稱「解元」，第二名稱「亞元」。

舉人可任知縣、教職學官，算正式進入官場。

中國古代共有多少狀元

「狀元」一詞最早出現於唐代，自武則天時舉行廷試，錄取的名單中第一名稱為狀頭，亦名「狀元」。「元」即「頭」的意思。

中狀元者號為「大魁天下」，為科名中最高榮譽。因其為殿試一甲第一名，亦別稱「殿元」。

據統計，中國古代共有狀元551人。其中，較為人知者有唐代著名詩人賀知章、王維、柳公權，宋代張孝祥、文天祥，明代的胡廣、楊慎，清代的翁同龢、張謇等。

中國歷史上第一位狀元為唐武德五年（西元622年）壬午科狀元孫伏伽，最後一位狀元為清光緒三十年（西元1904年）甲辰科狀元劉春霖。

「榜眼」為何用來稱進士第二名

榜眼是中國科舉制度中在殿試中取得進士第二名的名稱，與第一名狀元、第三名探花合稱「三鼎甲」。

「榜眼」一詞則出現於北宋初年。起初，不只第二名可稱榜眼，第三名也可稱為榜眼，因為「眼」必有二。如王禹偁的詩《送第三人朱嚴光輩從事和州》中說：「賃船東下歷陽湖，榜眼科名釋褐初。」朱嚴光只中了第三名，卻也是「榜眼科名」。

至北宋末年，只以第二名為榜眼，第三名則稱探花。榜眼這名稱跟狀元、探花一樣，其實都是社會上習慣使用。在正式發放的金榜之上，只會稱進士一甲第一名，一甲第二名，一甲第三名。

如何算是考中了「進士」

進士，其意是貢舉的人員，始見於《禮記・王制》。隋煬帝大業年間始置進士科目。唐代科目中以進士科最為重要，是科舉考試的最高功名。

凡應試者謂之舉進士，中試者皆稱進士。試畢合格者，賜進士及第，也有未經考試而由皇帝封賜的，叫做「賜進士」出身，以區別於考試及第的進士。

考中進士，一甲即授官職，其餘二甲參加翰林院考試，學習三年再授官職。明清均以舉人會試考中者為貢生，由貢生經殿試賜出身者為進士，進士始專指殿試合格之人。

據統計，在中國1300多年的科舉制度史上，考中進士的總數不少於98749人。古代許多作家都是進士出身，如韓愈、劉禹錫、白居易、柳宗元、杜牧、歐陽修、司馬光、王安石、蘇軾等。

「舉人」的稱呼是怎麼來的

「舉人」得名於漢代的察舉，漢代取士用人無考試之法，皆令郡國守相

薦舉，被薦舉者稱為舉人。

唐宋科舉，重進士科，所謂舉人，不過指由此可應進士試，所以，又稱舉進士，仍不是專門稱謂詞。

至明、清則為鄉試考中者的專稱，鄉試共考三場，三場都過關者稱為「舉人」，舉人登科即可授官。由於鄉試的錄取名額按中央指定的數目錄取，故取得「舉人」的地位相當不易。中了舉人叫「發解」、「發達」，簡稱「發」。習慣上俗稱為「老爺」。

「貢生」都有哪些名目

在科舉制度盛行的封建時期，凡府、州、縣學生員中成績優異者，經挑選可升入京師的國子監讀書，這些被選中者就稱為「貢生」。意謂以人才貢獻給皇帝。

科舉考試的目的是為王朝選拔從政人才。各朝代貢生的具體名目不一，明代有歲貢、選貢、恩貢和細貢；清代有恩貢、拔貢、副貢、歲貢、優貢和例貢。清代貢生，別稱「明經」。

「貢院」，舉行鄉試會試的場所

貢院是中國明、清時期科舉考試舉行鄉試、會試的場所。唐開元二十四年，「考功郎中李昂，為士子所輕詆。天子以郎署權輕，移植禮部；始置貢院。」

明、清時代貢院的大堂東西兩側為外簾，供管理人員居住。大學後為內簾，供試官居住。貢院兩側建首試士席舍，稱「號合」，供應試者居住。主考、同考在內，謂「內簾官」，提調、監視官在外，謂「外簾官」，貢院牆有荊棘，亦稱「荊闈」。

「八股文」體例有什麼特點

八股文也稱「時文」、「制藝」、「制義」、「八比文」、「四書文」，是明清時期科舉考試所採用的專門文體。之所以被稱為八股文，是因為它要求文章中應有四段對偶排比的文字，一共八部分，而「八股文」的「股」正是對偶的意思。

八股文的特點是：題目均採自《四書》、《五經》，論述內容以北宋程頤、程顥，南宋朱熹等學派的注解為準，結構體裁有一套硬性的規格。全文由破題、承題、起講、入題、起股、中股、後股、束股、大結等各部分組成，作用互不相同。

破題是用兩句話將題目的意義破開，承題是承接破題的意義而說明之。起講為議論的開始，首二字用「意謂」、「以為」、「且夫」、「嘗思」等開端。「入題」為起講後入手之處。起股、中股、後股、束股才是正式議論，以中股為全篇重心。在這四股中，每股都有兩股排比對偶的文字，合共八股。

另外，八股文對字數也有一定的限制，一般限定在五百五十字到七百字之間，文中要求點句、勾股（標明段落）、塗改的字於文末以大字注明、試題低兩格、試文頂格，不符合規定的試卷則被取消資格。

由於八股文從內容到形式都很死板，沒有自由發揮的餘地，不僅使士人的思想受到極大的束縛，而且敗壞學風。

因此，光緒二十八年（西元1902年），八股文被廢。鄉、會試雖仍有四書義、五經義，但文章格式已不再限制。三年後，袁世凱、張之洞再次上摺，得到諭允，於是，有著700年歷史的八股文壽終正寢。

帖經、帖括指的是什麼

唐宋科舉士子以「帖括」形式讀書來應對科舉考試。唐代明經科，主要採用帖經法，專注重記憶。具體的考試方法：帖經者，以所習經掩其兩端，

中間開唯一行，裁紙為帖，凡帖三字，隨時增損，可否不一，或得四、得五、得六者為通。

也就是說，把所要考的那些書裏隨便抽一句，用紙貼住句子裏的某些部分，要應試者答出這句話是什麼，「貼經」，即貼住經文的意思。由於應試者越來越多，而必須加以淘汰，所以，帖經法越來越偏，應試者為了應對這種考試，便於記憶，就創造出帖括之法，即把難記偏僻的經文，概括成詩賦歌訣的形式。

古代的武舉制度

武科的科舉又稱為武舉，武舉制度創立於武則天稱帝後十二年（西元702年）。

唐代武舉偏重於技勇，重點是馬上槍法，只能說是武舉的創制時期。宋代的武舉考試，先考騎射的技藝，然後考策略決定去留，考弓箭射擊比試高下。

武舉在明清兩代非常興盛。明代的武舉考試，從成化十四年（西元1478年）起，每三至六年舉行一次，先考策略，後考弓馬。謝肇制《五雜組》中記述明英宗正統十四年（西元1449年）「土木之變」，明軍大敗，京城告急，遂開武科募招天下勇士，「山西李通者行教京師，試其技藝，十八般皆能，無人可與為敵，遂應首選。」

清代武舉制度比較完備，會試由兵部主持，外場試騎射、步射、弓、刀、石，內場試《武經》，由外場中試者參加內場考試。由於清朝武舉錄取相對公正，使得民間習武者對武舉考試趨之若鶩。清代武舉為國家提供了大批人才，其中產生了不少傑出人物。

據統計，清代的武會試，自順治三年開科，到光緒二十四年截止，一共進行了112次。一共產生了112個武狀元，其中「獨占三元」（即鄉試、會試、殿試均得第一）的一人，此人是清初浙江仁和的王玉。王玉體貌偉岸，武力絕倫，甚得順治賞識，曾任天津鎮總兵等職。

武舉作為中國封建社會的一種考試制度。從應運而生到不合時宜而廢，總共延續了1199年。

古代考試也會密封試卷嗎

試卷密封，即將考生試卷上的姓名密封起來，使閱卷人在不知應試者的情況下評卷，以防作弊。試卷密封源於中國唐代。

中國唐代吏部選人，最初試卷上寫有姓名、籍貫，能靠特權錄取。武則天曾下令用紙糊上考生姓名，開創了「糊名」的先河。不過武則天所創糊名之法，只是用於吏部升遷官吏的考試，還沒有成為科學考試的一項制度。

到了宋代，「糊名」才正式用於科舉。根據《宋史》卷155《選舉》談到，宋太宗淳化年間採用監丞陳靖的建議，推行「糊名考校」法。糊住姓名、籍貫，決定錄取卷後，才拆彌封。以「革考官窩私之弊」。

此舉，宋朝稱封彌，元朝以後稱彌封，明清一直沿用。封建時代，科舉作弊時有發生，為了防範，在封卷之外，還有許多相應措施，如在閱卷之前，有關部門還將組織人力進行統一的謄卷工作，然後才送交考官評卷。

「科舉四宴」是指哪「四宴」

科舉四宴是指科舉制度形成後漸成成規的鹿鳴宴、瓊林宴、會武宴、鷹揚宴。

鹿鳴宴是為新科舉子而設的宴會，起於唐代。因為宴會上要唱《詩經・小雅》中的「鹿鳴」之詩，所以，取名鹿鳴宴。從唐至明、清一直相沿。

瓊林宴是為新科進士舉行的宴會，起於宋代。「瓊林」原為宋代名苑，在汴京（今開封）城西，宋徽宗政和二年（西元1112年）以前，在瓊林苑宴新及第的進士，因此，相沿通稱為「瓊林宴」，後一度改為聞喜宴，元、明、清稱恩榮宴。

鷹揚宴是武科鄉試放榜後考官及考中武舉者共同參加的宴會。所謂「鷹

揚」，是取威武如鷹之飛揚的意思。

會武宴是武科殿試放榜後，在兵部舉行的宴會，規模比鷹揚宴更大。

「雁塔題名」的由來

唐代新科進士及第後，常題名於雁塔的一種習俗，即為雁塔題名。

五代王定保《唐摭言》記載：「神龍已來，杏園宴後，皆於慈恩寺塔下題名。同年中推一善書者記之，他時有將相，則朱書之。」這種傳統始於唐中宗神龍時。

當時進士張莒游慈恩寺，一時興起，將名字題在大雁塔下。不料，此舉引得文人紛紛仿效。尤其是新科進士更把雁塔題名視為莫大的榮耀。他們在曲江宴飲後，集體來到大雁塔下，推舉善書者將他們的姓名、籍貫和及第的時間用墨筆題在牆壁上。這些人中若有人日後做到了卿相，還要將姓名改為朱筆書寫。

在雁塔題名的人當中，最出名的是白居易。他27歲一舉中第，按捺不住喜悅的心情，寫下了「慈恩塔下題名處，十七人中最少年」的詩句。又如另一位新科進士劉滄寫道：「紫毫粉壁題仙籍」，簡直以為自己是天上的文曲星了。

五代時，都城移至洛陽，雁塔題名之風也逐漸廢弛。

「公車」如何成了應試舉人的代稱

1895年5月2日，維新變法的宣導者康有為在各省進京會試舉人的贊同下，向督察院呈遞上皇帝書，要求拒絕和日本簽訂《馬關條約》，這就是近代史上有名的「公車上書」。那麼，「公車上書」的「公車」是什麼意思呢？是今天單位的用車，或是城市裏的公共交通用車嗎？都不是。

從漢代開始，中國便開始以公家車馬送應試舉人赴京。清朝滿族貴族入主中原不久，為了籠絡知識份子，在順治八年作出規定：「舉人公車，由

布政使給予盤費。」即應試舉人的路費由各省政府的財政官員布政使發給，路費的多少，因路程的遠近而不同。廣東瓊州府最多，每名白銀三十兩，山東最少，每名只有一兩。其餘地區，由三兩至二十兩不等。另外，還規定雲南、貴州和新疆的應試舉人除每人發給白銀三兩外，還發給火牌，憑牌供給驛馬一匹，車上插一面「禮部會試」黃布旗。

以前，「公車」都是由政府提供給應試舉人使用的，因此，「公車」也就成了應試舉人的代稱。

蒙學讀本

《三字經》，古代私塾的啟蒙教材

《三字經》是古代私塾啟蒙教材的首選讀物，素有「蒙學之冠」的美譽。自南宋以來，該書已有七百多年歷史。

《三字經》的作者眾說紛紜，一般認為是宋儒王應麟所作，書中有關元明清部分為後人所加。

王應麟，字伯厚，號深寧居士，先世浚儀人，遷居慶元，知識淵博，著作頗豐，對經史百家、天文地理等都有研究，熟悉掌故制度，擅長考證。

此書共一千多字，三百八十句，結構嚴謹，文字簡練，首先從闡述教育的重要性出發，鼓勵兒童學習禮義，進而介紹名物常識、經史子集、歷史知識，以及先賢勤學事蹟，內容豐富，言簡意賅。三言成韻，朗朗上口。許多語句，如「養不教，父之過」、「勤有功，戲無益」等成為婦孺皆知、世代傳誦、膾炙人口的名言警句，被譽為「千古一奇書」。

《百家姓》的排列有規律嗎

《百家姓》是古代蒙學使用最為廣泛的讀物之一。它的成書和普及要早於《三字經》。

《百家姓》本是北宋初年錢塘（杭州）的一個書生編撰的蒙學讀物，將常見的姓氏編成四字一句的韻文，很像一首四言詩，雖然它的內容沒有文理，但讀來順口，易學好記。

據南宋學者王明清考證，這本《百家姓》開篇為「趙錢孫李，周吳鄭王」，如此排列，是有講究的。之所以把趙放在第一位是因為宋朝的皇帝姓趙，宋朝是趙家的天下，故列為百姓之首；錢是儒生所在的吳越國王的姓氏；孫為當時國王的正妃之姓；李為南唐國王李氏。

《百家姓》收錄姓氏498個，其中單姓436個，複姓62個。它與《三字經》、《千字文》相配合，成為中國古代蒙學中的固定教材。

除此以外，歷史上還有其他版本的《百家姓》。明朝人吳沉、劉仲質兩人編的《皇明千家姓》，改用「朱」字打頭，這是因為明朝的開國皇帝是朱元璋的緣故。到了清朝又有康熙編的《御制百家姓》，此書一反將皇族姓作為國姓的舊習，為宣導讀書，以孔夫子的「孔」姓為至尊的首姓了。儘管如此，它們還是無法取代原稿，這體現了原稿對後來創作的深遠影響。

《千字文》，中國早期的蒙學經典

《千字文》是中國早期的蒙學課本，原名《次韻王羲之書千字》，成書時間早於《三字經》和《百家姓》，是「三百千」裏唯一能夠確定作者和創作時代的蒙學經典。

其編訂者為南朝梁時的周興嗣。據載梁武帝命周興嗣從王羲之書帖中選出一千個不同的字，排列成文，周侍郎一夜白頭，作出「千字文」，包舉天文、地理、歷史、人倫等各方面知識，四言成韻，對仗工整，條理清晰，義理明確，文采斐然，流傳至今。

《千字文》全書均四字一句，共250句，1000個字。《千字文》既講述了人類早期的歷史，人的修養標準和原則，又描述了上層社會的奢華、下層普通百姓的恬淡田園生活。全書行文流暢，氣勢磅礴，辭藻華麗，朗朗上口。

該書在隋唐之際大為盛行，因流傳甚廣，以至文書編卷，常採用「天地玄黃」來代替數位。兄弟民族地區也出現了滿漢、蒙漢文的對照本字。由於歷代不少大書法家都曾書寫，更使《千字文》至今仍是學習各種書法的範本。

《千家詩》收錄了哪些詩作

《千家詩》，為南宋詩人劉克莊編選的詩集，他收錄唐宋律詩和絕句二百二十六首，包括了一百二十四位作者，上至皇帝、宰相、名人學士，下至和尚、牧童、無名氏，不論門第高低，只以內容為選錄標準。

所選詩作按時令、晝夜、百花、竹木、天文、地理等十四個方面進行選編，通俗易懂，雅致清新，是識字教學到閱讀教學的過渡，成為流傳時間最長的詩歌基礎教材。

《弟子規》包括哪些內容

《弟子規》又叫《訓蒙文》，是中國傳統的啟蒙教材之一，作者是清朝康熙年間山西絳州秀才李毓秀。後來清朝賈存仁修訂改編《訓蒙文》，並改名《弟子規》。

全書分為「總敘」、「入則孝，出則悌」、「謹而信」、「泛愛眾而親仁」、「行有餘力，則以學文」五節，具體列述弟子在家、出外、待人、接物與學習上應該恪守的守則規範。是啟蒙養正，教育子弟敦倫盡份防邪存誠，養成忠厚家風的最佳讀物。

《弟子規》是以三字一句，兩句一韻的文體方式編纂而成的。語言淺近

簡練，易於蒙童記誦。在清代極為流行，其影響甚至一度超過《三字經》。

《增廣賢文》，古代的民間諺語集

《增廣賢文》又名《昔時賢文》、《古今賢文》，是一種民間諺語集，同時也是中國古代兒童啟蒙書目。

該書書名最早見之於明代萬曆年間的戲曲《牡丹亭》，據此可推知，此書最遲寫成於萬曆年間。此後經過明、清兩代文人的不斷增補，才成為今日流傳的樣本。

《增廣賢文》內容十分豐富，其核心內容講述的是人生哲學、處世之道，涉及了對人際關係、人生命運的看法，並強調了讀書的重要和孝義的可貴。

該書語句通順、易懂。所選有韻的諺語和文獻佳句，如「一年之計在於春，一日之計在於晨」，「良藥苦口利於病，忠言逆耳利於行」，「善有善報，惡有惡報」等，都蘊含著深刻的哲理，流傳至今。

《聲律啟蒙》，培養兒童的啟蒙書

《聲律啟蒙》是舊時學校啟蒙讀物之一，訓練兒童應對、掌握聲韻格律。為康熙年間進士車萬育所著。

該書按韻分編，分為上下卷，包羅了天文、地理、花木、鳥獸、人物、器物等的虛實應對。從單字對到雙字對、三字對、五字對、七字對到十一字對，不一而足，聲韻協調，朗朗上口，兒童可從中得到語音、辭彙、修辭等方面的訓練。

《聲律啟蒙》在啟蒙讀物中獨具一格，經久不衰。明清以來，《訓蒙駢句》、《笠翁對韻》等書，都採用這種方式編寫，並得以廣泛流傳。

《幼學瓊林》，古代的百科全書

《幼學瓊林》是中國古代的兒童啟蒙讀物，原名《幼學須知》，又稱《成語考》、《故事尋源》。

一般認為，最初的編著者是明末的西昌人程登吉（字允升），也有認為編者是明景泰年間的進士邱睿。清朝嘉靖年間時，鄒聖脈作了一些補充，更名為《幼學故事瓊林》。民國時費有容、葉浦蓀和蔡東藩等人又進行了增補。

全書共分四卷，涉及著名人物、天文地理、典章制度、風俗禮儀、生老病死、婚喪嫁娶、鳥獸花木、朝廷文武、飲食器用、宮室珍寶、文事科第、釋道鬼神等諸多方面的內容，包羅萬象，被稱為中國古代的百科全書。

全書為駢體文，全部以對偶句寫成，書中有大量的成語、警句、格言，至今仍傳誦不絕。

《龍文鞭影》，典故與格律的教材

《龍文鞭影》是中國古代著名的兒童啟蒙讀物，原名《蒙養故事》，是明代萬曆時蕭良有撰的一本典故與格律方面的蒙學教材。後經安徽人楊臣諍增訂，改名為《龍文鞭影》。

所謂「龍文」，原是古代一種千里馬的名稱，據說它只要看見鞭子的影子就會奔跑馳騁。編者的寓意是，讀此書可收到「逸而功倍」的效果。

《龍文鞭影》分上下兩卷，全文都用四言，成一短句，上下兩句對偶，各講一個典故。逐聯押韻，全書按韻部分類，每類一章，共三十章，上下卷各十五章，主要介紹自然知識和中國歷史上的典故。

其中典故主要來自二十四史中的人物典故，同時又從《莊子》和古代神話、小說、筆記如《搜神記》、《列仙傳》、《世說新語》等書中廣泛收集故事。輯錄了歷史上許多著名人物的逸聞趣事。全書共收輯了兩千多個典故，文字簡練扼要，而能闡明故事梗概，可稱之為典故大全。

該書問世後，深受百姓喜愛。人們認為它不僅有益於童蒙，也有益於童蒙之師，所以，民間大量刻印，版本眾多。到了清代中晚期，《龍文鞭影》更是廣為流傳，成為深受蒙學師生歡迎的啟蒙教材。

《列女傳》，古代女子的家教讀物

《列女傳》亦稱《古列女傳》，古代女子家教讀物，西漢經學家劉向編。《列女傳》原本共8卷，現存的本子是7卷，每卷15人，共105名婦女的事蹟，每一事蹟有四言讚語，附圖解說明。

全書按其編排順序依次為《母儀》、《賢明》、《仁智》、《貞順》、《節義》、《辯通》、《孽嬖》。《母儀傳》，主要以封建倫理道德為標準，選取那些言行儀表中合封建禮儀道德的母親，以興教化。

後該書屢經傳寫，到宋代已非原本，其後續寫本有《列女後傳》十卷，高氏《列女傳》八卷，皇甫謐《列女傳》六卷等。它為研究古代婦女生活提供了豐富的歷史資料。

《蒙求》，第一部結合識字與掌故

《蒙求》為古代蒙學課本，由唐代李瀚著、宋代徐子光注。全書廣集歷史人物和傳說人物的故事，編為四言對偶韻文。上下兩句對偶，各講一個掌故，如「匡衡鑿壁，孫敬閉戶」、「孫康映雪，車胤聚螢」。

該書自宋代至清初廣為流傳，是蒙學史上第一部將識字與歷史掌故相結合的教材。後代仿此創作了多種「蒙求」續作，如《十七史蒙求》、《名物蒙求》、《純正蒙求》、《春秋蒙求》、《唐蒙求》等。

《五字鑑》，專述中國社會發展

《五字鑑》原名《鑑略妥注》，是明代李廷機根據中國古史資料所撰的一部蒙學讀物。

該書以時代為序，以五言詩句韻文的形式，將中國上自遠古，下至元明的社會歷史，以簡明的五言詩句韻文形式進行了總述和概括。可以說，《五字鑑》是一部專述中國社會政治歷史發展的蒙學讀物。

全書萬餘字，敘事分明，脈絡清晰，行文言簡意賅，在當時與《三字經》、《增廣賢文》、《幼學瓊林》一樣，有著很高的聲譽。

《顏氏家訓》是誰的家訓

《顏氏家訓》為南北朝時期記述個人經歷、思想、學識以告誡子孫的著作。北齊顏之推撰。7卷，共20篇。

顏之推，原籍琅琊臨沂（今山東臨沂北），先世隨東晉渡江，寓居建康。梁承聖三年（西元554年），西魏破江陵，顏之推被俘西去。他為回江南，先逃奔北齊，但南方陳朝代替了梁朝。於是，顏之推留居北齊，官至黃門侍郎。西元577年，齊亡後入周。隋代周後，又仕於隋。該書在隋滅陳（西元589年）以後完成。

顏之推士族出身，深受儒家名教禮法影響，又信仰佛教。但他博識有才辯，處世勤敏，應對賢明，所以，在南北胡漢各政權之下，先後都受寵任。他年逾60的一生中，「三為亡國之人」，行蹤遍及江南、河北、關中，又死在南北統一之後的隋開皇年間，所以，經驗、閱歷都較豐富，非南朝或北朝局促一隅的高門士族所可比擬。

該書包含不少有關南北朝社會、政治、文化的細緻的觀察和通達的議論。書中記載的許多情況，有很高的史料價值。諸如對南北士族風尚的異同、治學為文之方法，乃至語言雜藝都進行過比較，求其得失。談到梁代子弟之脆弱、鄴下讀書人教子之方法等，都是密切有關南北朝史事的。《書證》、《音辭》兩篇，反映了顏之推的學術成就。

一本書讀懂國學

文學體裁

詩是如何產生的

　　詩在世界各民族的文學發展史中，是產生最早的一種文學樣式。在中國幾千年來，詩更一直是文學史的主流。

　　那麼，詩是怎樣產生的呢？原來在文字沒形成之前，我們的祖先為把生產鬥爭中的經驗傳授給別人或下一代，以便記憶、傳播，就將其編成了順口溜式的韻文，這就是詩的形式最初形成的原因。當時詩起著記事的作用。據聞一多先生考證，詩與志原是一個字。「志」上從「士」，下從「心」，表示停止在心上，也就是記憶。文字產生以後，有了文字的幫助，不必再死記了，這時把一切文字的記載都叫「志」。志就是詩。在心為志，發言為詩。

　　從典籍中可知，詩最初是一種樂歌，與音樂、舞蹈為一體，能夠讓人載歌載舞。詩富有節奏韻律，因此，發展出了各種各樣的形式。

　　現存節奏韻律最簡單的詩體是《吳越春秋》上所引的一首古歌：「斷竹，續竹；飛土，逐肉。」周秦以來，詩歌的節奏韻律逐漸由簡入繁，出現了三言、四言、五言、六言、七言以及「雜言」不等的句式。

在秦漢以前，四言是最為流行的句式，魏晉以後，五言和七言成為最流行的體式。由於四聲（平、上、去、入）的發現，詩人開始講究行文聲律，詩作抑揚頓挫，鏗鏘悅耳，平仄參差十分講究，即「格律」。

到了唐代，詩的格律規定愈發嚴格、縝密，無論是字數、句數還是平仄、押韻都有詳細嚴謹的規定，詩也開始有了近體詩、古體詩之分。

古體詩有何特點

古體詩，是與近體詩相對而言的詩體。近體詩形成前，除楚辭外的各種詩歌體裁，都可以稱為古體詩，也稱古詩、古風。

古體詩格律自由，不拘對仗、平仄，押韻較寬，篇幅長短不限，句子有四言、五言、六言、七言體，也可雜用長短句，隨意變化，為雜言體。

四言詩，出現較早，《詩經》中收集的上古詩歌以四言詩為主，魏晉四言詩名篇有曹操《觀滄海》、陶淵明《停雲》。

五言和七言古體詩作較多，簡稱五古、七古。五古最早產生於漢代。《古詩十九首》都是五言古詩。唐代及其以後的古體詩中五言的也較多。而七古的產生可能早於五古。在唐代大量出現，唐人又稱七古為長句。

雜言詩，就是詩句長短不齊，有一字至十字以上，一般為三、四、五、七言相雜，而以七言為主，所以，習慣上歸入七古一類。《詩經》和漢樂府民歌中雜言詩較多。唐宋時代的雜言詩形式多種多樣，如李白的《將進酒》、杜甫的《茅屋為秋風所破歌》、李白的《蜀道難》都是典型的雜言詩。

由於古體詩形式靈活，便於傳達感情，因此，很受詩人青睞。不少文人墨客都是古詩高手，如李白、杜甫、劉長卿等，佳作迭出，為後人津津樂道。

近體詩有何特點

近體詩，是與古體詩相對的，也叫「今體詩」，唐代形成的律詩和絕句的通稱。

唐代將周、秦、漢、魏不講究格律的詩稱為「古體」或「古風」，將齊梁以來開始流行的格律詩稱為「近體詩」、「今體詩」。相對於古體詩，近體詩句數、字數和平仄、用韻等都有嚴格規定。

具體來說，在句數上，近體詩沒有古詩的參差變化，它具有一種整齊的美感，律詩分八句，超過八句屬長律、排律；絕句分四句，句式分五言、七言，又稱五律、五絕、七律、七絕。

近體詩包括絕句（五言四句、七言四句）、律詩（五言八句、七言八句）、排律（十句以上）三種，以律詩的格律為基準。最基本的格律包括：字數、句數平仄、用韻和對仗（絕句不要求對仗）等方面，主要有三點：

一是每句必須平仄相間，也就是說，七言句當中，第二、四、六字的平仄必然是間隔開的，如第二個字是平聲，第四個字必然是仄聲，第六個字則又是平聲，反過來一樣。同聯的兩句必須平仄相對，即每聯的對句（即後一句）和出句（即前一句）在平仄上必須相對。聯與聯之間必須平仄相黏，即下一聯出句的平仄必須和上一聯對句類型相同，平黏平，仄黏仄。

二是除首尾二聯外，必須要對仗。

三是要用一韻到底的平聲韻。

騷體有什麼主要特徵

先秦文學中的騷體是韻文體裁的一種，得名於屈原作品《離騷》。由於後人常以「騷」來概括《楚辭》，所以，「騷體」又可稱為「楚辭體」。漢代司馬相如的《長門賦》、《大人賦》，班固的《幽通賦》，張衡的《思玄賦》等作品與《離騷》體裁相似，所以，後者亦被稱之為「騷體賦」。這樣，「騷體」又包括了與《離騷》相近的一些賦。「騷體」一般篇幅較長，

句式靈活參差，多六、七言，以「兮」字作為語助詞。

騷體詩主要有以下特徵：一是句式上的突破。屈原創造了一種以六言為主，摻進了五言、七言的大體整齊而又參差靈活的長句句式，這是對四言的重大突破。二是章法上的革新。屈原「騷體」不拘於古詩的章法，放縱自己的思緒，或陳述，或悲吟，回環照應，脈絡極分明。三是體制上的擴展。屈原以前的詩歌大多只是十多行、數十行的短章。而他的《離騷》則長達三百七十二句，奠定了中國古代詩歌的長篇體制。

騷體賦在內容上側重於詠物抒情，且多抒發哀怨之情，近於《離騷》的情調。在形式上也與楚辭接近，常用帶有「兮」字的語句。

何為賦、比、興

賦、比、興是《詩經》最重要的表現手法，也是中國古典詩歌的重要表現手法。

賦，據朱熹說：「賦者，敷陳其事而直言之也」，就是陳述鋪敘，直截了當的描寫。包括一般陳述和鋪排陳述兩種情況。大體在《國風》中，除《七月》等個別例子，用鋪排陳述的較少；大、小《雅》中，尤其是史詩，鋪陳的場面較多。漢代辭賦的基本特徵就是大量鋪陳。

比，朱熹解釋說：「比者，引物連類」。就是說，比就是比喻，它使人或物的形象更加鮮明突出。如《氓》用桑樹從繁茂到凋落的變化來比喻愛情的盛衰；《鶴鳴》用「它山之石，可以為錯」（錯，磨物的工具）來比喻治國要用賢人；《碩人》連續用「荑」喻美人之手，「凝脂」喻美人之膚，「瓠犀」喻美人之齒等。

興，朱熹解釋說：「興者，先言他物以引起所詠之辭」。就是說，興是藉助其他事物作為詩歌發端，有引起聯想，烘托、渲染氣氛的作用；同時還兼有比喻、象徵的意味，顯得虛靈微妙。如嫁女詩《周南‧桃夭》，以「桃之夭夭，灼灼其華」起興，使人從桃花盛開聯想到新嫁娘的美貌；又如送別詩《邶風‧燕燕》，以「燕燕於飛，差池其羽」起興，使人從燕子飛翔時的

參差不齊聯想到送別時的依戀之情。

賦、比、興手法的運用，增強了作品的形象性，使《詩經》具備了動人的藝術魅力。

樂府詩來源於民歌

在古代，樂府是指音樂官署。「樂府」這個名字是在西漢時出現的，漢惠帝時設有「樂府令」，漢武帝時開始建立樂府。樂府的任務是制定樂譜，搜集民歌和訓練音樂人才。樂府的機關很大，有八百人。

皇帝為了聽到各地民間的好音樂，常派樂府官員去各地搜集民歌。搜集的時候連歌詞也搜集來，稱為「樂府歌辭」或「樂府詩」。隨著時間的變遷，當時搜集的樂譜已經失傳，而樂府詩卻憑藉文字記載保存了下來。這些詩是從各地搜集來的，有些是勞動人民自己創作的，有的詩反映了人民的疾苦，有的反映了對愛情的追求，對當時及後代詩人的創作有很大的影響。

其後，「樂府」引申為民歌的代稱。凡是合樂的詩，都稱為樂府，於是，宋人長短句的詞，元人的散曲小令，也可稱為樂府。例如，宋蘇軾的詞集稱為《東坡樂府》，元張可久的散曲集子稱為《小山樂府》。而樂府的名義，還擴大到詞、曲的範圍。

「歌行體」是何種詩歌體裁

「行」是樂曲的意思；「歌」與「行」名稱雖不同，但並無嚴格的區別，後來就有了「歌行」一體。

「歌行」是中國古代詩歌的一種體裁，屬樂府詩一類。漢魏以後樂府詩名為「歌」和「行」的很多，就有了「歌行」體。

歌行體為南朝宋鮑照所創，鮑照模擬和學習樂府，經過充分地消化吸收和熔鑄創造，不僅得其風神氣骨，自創格調，而且發展了七言詩，創造了以七言體為主的歌行體。初唐劉希夷《代悲白頭吟》與張若虛的《春江花月

夜》是這種體裁正式形成的標誌。

以「歌」命名的，如白居易的《長恨歌》、岑參的《白雪歌送武判官歸京》、杜甫的《茅屋為秋風所破歌》等；以「行」命名的，如白居易的《琵琶行》、杜甫的《兵車行》等；以「歌行」命名的，如高適的《燕歌行》。

歌行篇幅可短可長；保留著古樂府敘事的特點，把記人物、記言談、發議論、抒感慨融為一體，內容充實而生動；聲律、韻腳比較自由，平仄不拘，可以換韻；句式比較靈活，以七言為主，其中可以穿插三、五、九言的句子。

律詩的格式是怎樣的

律詩屬中國近體詩的一種。它發源於南朝齊永明時沈約等講究聲律、對偶的新體詩，至初唐沈佺期、宋之問時正式定型，而成熟於盛唐時期。初唐四傑寫了很多律詩，對律詩的成長發展起了重要作用。

律詩要求詩句字數整齊劃一，每首分別為五言、六言、七言句，簡稱五律、六律、七律，其中六律較少見。

通常的律詩規定每首八句。如果僅八句，則稱為小律或三韻律詩；超過八句，則稱排律或長律。通常以八句完篇的律詩，每兩句成一聯，計四聯，習慣上稱第一聯為破題（首聯）、第二聯為頷聯、第三聯為頸聯、第四聯為結句（尾聯）。每首的二、三兩聯（即頷聯、頸聯）的上下句必須是對偶句。排律除首尾兩聯不對偶外，中間各聯必須上下句對偶。小律對偶要求較寬。

律詩要求全首通押一韻，限平聲韻；第二、四、六、八句押韻，首句可押可不押，律詩每句中用字平仄相間。上下句中的平仄相對，有「仄起」與「平起」兩式。

另外，律詩的格律要求也適用於絕句。唐代律詩在定型化過程中和定型後，都存在變例，有些律詩不完全按照格式寫作，如崔顥的《黃鶴樓》，即前半首為古體格調，後半首才合律。律詩的這種變化被稱為拗體。

絕句的格式是怎樣的

絕句，又叫「絕詩」，或稱「截句」、「斷句」，近體詩體裁之一，一篇四句，有五言、七言之分，也有少數六言作品。

「絕句」的名稱起於南朝，梁陳時已較普遍地用絕句泛指四句短詩，押韻平仄較自由，即古絕句。

至於格律化的絕句，又稱「律絕」，須依守近體詩格式。五、七言絕句應起源於古詩，隨詩歌格律發展，而成為絕句，唐代達到極盛。王昌齡、王之渙、李白、杜牧、李賀、李商隱都是絕句的名家。宋朝以後，王安石、蘇軾、陸游同樣擅長絕句。

何謂回文詩

回文詩，又名回環詩，指正讀、倒讀都能成詩的一種詩體。

回文詩在中國有著悠久的歷史，其首創者是十六國時期前秦的女詩人蘇蕙。據史籍記載，蘇蕙的丈夫竇滔任安南將軍，鎮守襄陽。竇滔攜帶寵姬趙氏赴任，蘇蕙不肯同行，竇滔一怒之下竟斷絕了和蘇惠和書信往來，蘇惠傷感之餘，織了一幅《回文璇璣圖》給竇滔，竇滔看了以後很感動，於是趕走趙氏，迎回蘇蕙。唐代的女皇帝武則天在《璇璣圖序》中稱它「五色相宜，縱橫八寸，題詩二百餘首，計八百餘言。縱橫反覆，皆成章句」。後來有人為之尋繹，得詩更多。

有人認為，回文是一種文字遊戲，應予以否定。其實不然，回文作為一種修辭格，與其他修辭一樣，只是一種表現手段。它們都是為一定的內容服務的。

詩話是一種什麼文學體裁

詩話是評論詩人和詩的作品。狹義的詩話是指詩歌的話本，即關於詩歌的故事，隨筆體，如歐陽修的《六一詩話》；廣義的是指詩歌的評論樣式，

崛起於北宋，是中國古代詩歌體制特別是唐代律詩高度發展的產物，改變了中國古代文學批評原有的格局。

詩話，就內容而言，是詩歌的故事；其方式為漫談；體裁為隨筆、小品文；目的是助興、消遣。它相容並蓄，融詩品、詩式、詩格、詩論、詩說、詩本事於一爐。北宋時，詩話成為一種文學批評的專著形式。

寫詩話之風，宋朝最盛，明清兩代次之。最著名的有宋代歐陽修的《六一詩話》和清朝袁枚的《隨園詩話》等著作。

「詩話」還是古代說唱藝術的一種。宋、元時印行的《大唐三藏取經詩話》是現存最早的一部作品，它的特點為韻文與散文並用。

詞是如何產生及定型的

詞是一種配合音樂歌唱的新型格律詩體，它以其美妙的韻律，豐富的色彩，委婉的情調，不僅能作為一種重要文體與五七言詩抗衡，而且還以比詩更高的藝術魅力吸引著當代讀者。

詩詞同源，古已有之。清代著名理論家汪森指出：「自有詩，而長短句即寓焉。《南風》之操，《五子之歌》是已。周之《頌》三十一篇，長短句居十八，……是非詞之源乎！」他認為《詩經》中長短句相雜的詩就是詞的雛形，有詩就有詞。這種提法的出發點，一方面注意了長短句這一特徵；另一方面也為了糾正不少人把詞視為「小道」的傳統偏見，提高了詞的地位。

隋唐時期，從西域傳入的音樂逐漸和漢族的傳統音樂融合，產生了燕樂。它與傳統的「雅樂」相對而言，稱為「俗樂」，當時的詞，就是和這種新興音樂的樂曲相配的歌詞。

約從盛唐開始，由樂定詞，並開始講究聲律平仄，如李白的《清平樂》和《敦煌曲子詞》中的一些民間作品。至中唐作詞已漸成風氣，劉禹錫、白居易、王建等人填的一些小詞，以及當時不少民間詞，不僅句度參差，而且聲律錯落，標誌著詞體形式已經誕生了。

到了宋代，經過長期不斷的發展，詞進入了全盛時期。詞的特點在於

它是長短句，有小令和慢詞兩種，一般分上下兩闋。有人認為詞按字數分：五十八字以內為小令，五十九至九十字為中調，九十一字以外為長調。

詞牌的由來有幾種形式

詞牌，就是詞的曲調名稱。據統計，詞牌有1000餘個。早期的詞，曲調與內容差不多是一致的，如白居易的《憶江南》三首。到了後來，曲調、內容才分開，詞牌只標明曲調，不再作為題目。

詞牌的由來，主要有以下幾種形式。

一是取於原本的樂曲名稱。如「清平樂」，它是漢代樂府中清樂與平樂兩種樂調的全稱；「菩薩蠻」相傳是唐朝宣宗大中初年，女蠻國使者梳著高高的髮髻，戴著金冠，滿身佩掛珠寶，像菩薩般來大唐帝國進貢。當時的教坊，譜成「菩薩蠻」曲來款待使者，後來「菩薩蠻」也就成了詞牌。

二是截取詞中名句命名。如「憶秦娥」，李白用這個格式寫出了第一首詞，詞中有「簫聲咽，秦娥夢斷秦樓月」的句子，詞牌「憶秦娥」由此得名。「蝶戀花」是從南梁簡文帝詞句「翻階蛺蝶戀花情」而來。

三是原來就是詞的題目。如「浪淘沙」詠淘金人的勞動生活，「踏歌詞」是一種和著腳步歌唱的曲調。「拋球樂」說的是拋繡球等。

四是直接用詞的字數來命名。如「十六字令」全詞共十六個字。「百字令」全詞共一百個字。

五是以人名、事物名或故事為背景來命名。如「沁園春」，據說東漢明帝女兒沁水公主有座園林，名為「沁園」，後被外戚竇憲仗勢奪去，有人作詞詠此事，詞牌「沁園春」也就產生了。「念奴嬌」因唐明皇有個歌女名念奴而得名。「浣溪沙」亦作「浣溪紗」，以春秋時西施浣紗的故事為背景而得名。

賦的主要特點是什麼

「賦」通常是指賦體文章，是漢魏六朝重要的文學樣式之一。作為一種文體，它兼有韻文和散文兩種體制的特點。

在南朝劉勰《文心雕龍・詮賦》說：「然賦也者，受命於詩人，拓宇於楚辭也。」這是說，賦是由《詩經》、《楚辭》發展而來的。《詩經》是賦的遠源，《楚辭》是賦的近源。

賦還有一個淵源，就是戰國時代游士的「設辭」。游士們為了在各國君主面前表現自己的主張和才能，達到說服對方的目的，往往隨意編造故事，以誇張的對話體來展開論辯，這就是「設辭」。戰國後期，荀子的《賦篇》和舊題為屈原的《卜居》、《漁父》，以及宋玉的《對楚王問》、《風賦》等，在精神實質上也受到了設辭的影響。

賦的主要特點在於鋪陳事物，即劉勰在《文心雕龍・詮賦》中所說的「鋪采摛文，體物寫志」。從漢賦到唐宋的賦都是如此，可以說，這個特點貫串了整個賦史。例如，司馬相如的《上林賦》，其內容就是細膩誇張地描寫上林苑的水勢、山形、蟲魚、鳥獸、草木、珠玉、宮館等景物和皇帝在苑中進行田獵、宴樂等情況，真可謂極盡其鋪陳誇張之能事。

從形式上看，詩騷和賦都是押韻的，這是三者的共同點。但是一般來說，詩以四言為主；騷一般是六言，或加兮字成為七言；賦則字數不拘，但多數以四言六言為主。典型的漢賦多夾雜散文句式，詩、騷則基本上沒有散句。詩、騷在句與句之間，特別是段與段之間，偏重內在的聯繫，極少用連結的詞語。而賦則與散文一致，多用連結的詞語。

漢代著名的賦家有：賈誼、枚乘、司馬相如、東方朔、王褒、揚雄、班固、張衡、趙壹、蔡邕、禰衡等。

漢以後賦產生了兩個發展傾向：一是向駢文方向發展；二是進一步散文化。南北朝時，駢儷之風日盛，古賦變為駢賦（俳賦）。唐宋時，駢儷又變為律賦，徒趨形式，而價值日下。在這種情況下，又出現了文賦，突破格律樊籠，成為駢散結合的自由體裁，取得較高成就，如杜牧的《阿房宮賦》、

一本書讀懂國學

蘇軾的《赤壁賦》等，就與普通的文學散文差別不大了。

散文是如何產生及定型的

散文是文學的基本樣式之一，散文和詩歌一樣，在中國文學史上有著悠久的歷史。

中國古代散文的雛形可以追溯到殷商時期的甲骨卜辭，《易經》中的卦、爻辭已經有了文學意味，《尚書》中一些生動的敘事說理和比喻筆法，可視為中國散文的開端。春秋戰國時期，隨著社會的變革，散文逐漸勃興，出現了《左傳》、《國語》、《戰國策》等優秀歷史散文和《論語》、《墨子》、《孟子》、《莊子》、《荀子》、《韓非子》等優秀諸子散文。

漢朝時，散文的品種更加繁多，而且文質相生，異彩紛呈。這個時期，賈誼、晁錯等作家針砭時弊、筆鋒犀利的政論散文，司馬遷、班固的秉筆直書、愛恨分明的史傳散文，形成了中國古代散文的又一個黃金時代。

魏晉南北朝時，散文走向駢化，駢體文成為官方文章正體，散文受到壓抑變得無足輕重。但駢文片面追求形式，文風輕浮奢華，雖有妙文奇句，但終難取得令人嘆服的成就。在駢文顯露出種種弊端之後，到中唐時，韓愈、柳宗元等掀起了一場反駢、復古的運動，使散文得以重新振興。

到了宋代，人們開始把那些與駢文對立的文章稱為散文。明清時期，散文一詞流行起來，常與駢文對舉。到了近代，散文才專指一切用散體寫的文學作品，以區別於講求韻律的詩歌。

駢文是怎樣的一種文體

駢文也稱「駢體文」、「駢儷文」或「駢偶文」，這種文體，起源於秦、漢，形成於魏、晉，在南北朝時期極盛一時。而「駢文」一詞的出現，則始於中唐文人柳宗元，他在《乞巧文》中稱這種文體為「駢四儷六」，簡稱為駢文。駢的意思是指兩馬並駕一車。

駢文全篇主要是雙句（即儷句、偶句），講究對仗和聲律，崇尚誇飾和用典。因為它能根據漢語文字的特點組成整齊美觀的對偶句式，辭藻華美，色彩鮮麗，又注重聲韻的和諧，再加上多用典故，使文章不那麼直露，因此，這種文體對中國文學的發展曾起過一定的積極作用。

南北朝時期的駢文，比之前朝，在形式技巧上顯得更加緊密。不但要求把對偶句分類歸納為言對、事對、正對、反對等類型；而且隨著「四聲八病」說的提出，在聲律上要求平仄配合，並且在文句的字數上也漸漸趨向於「駢四儷六」。

起初，這種文體大都是由四四相對和六六相對的形式組成，如「勇冠三軍，才為世出；棄燕雀之小志，慕鴻鵠以高翔。」（丘遲：《與陳伯之書》），繼而發展到四字六字相間的形成，如「老當益壯，寧移白首之心；窮且益堅，不墜青雲之志。」（王勃：《滕王閣序》）。世稱之為四六文。四六文盛行於唐宋，後人作駢文大都採用這種方式，因此，人們習慣上也將駢文稱為四六文。

駢文注重形式技巧，有的文人往往為了聲韻的和諧，而走入了形式主義、唯美主義的死胡同，造成了文風的萎靡和形式的僵化。因此，自唐宋以後，駢文在文學發展史上逐漸歸於平淡。

散曲是什麼樣的詩歌體裁

散曲，元人稱為「樂府」或「今樂府」，是元代的一種新興詩歌體裁。由於這種詩歌樣式在元代最為興盛，故後人常以元曲與漢賦、唐詩、宋詞並稱。

散曲是在宋、金時代民謠俚曲的音樂基礎和發達的說唱藝術的影響下逐漸形成的。宋金是散曲的萌芽、發生時期；金末散曲已經成熟，元好問開始散曲創作是散曲正式成為詩歌形式的重要標誌。至元代，散曲進入繁榮時期。

散曲有小令和套數的分別，小令如同詞的小令，單獨一闋，自成格局；

套數則是集合同一宮調的小令，在內容上可以連貫，鋪敘一段故事或情節，如同詩詞中的聯章。如《西江月》、《四塊玉》、《天淨沙》等是小令，如馬致遠的《秋思》、關漢卿的《侍香金童》等是套數。

　　元代散曲作家，可分前後兩期，前期著名作家有關漢卿、馬致遠等，他們隨物賦形、曲折盡意地抒發自己的感慨，風格質樸自然；後期作家以張可久和喬吉為代表，散曲創作總的趨勢是講究格律辭藻，走向典雅工麗。

什麼是諸宮調

　　諸宮調，是指宋金元代流行於民間的敘述體說唱文學形式。它取同一宮調的若干曲牌聯成短套，首尾一韻，中間插以簡短的說白，再用不同宮調的許多短套，聯成長篇，講唱長篇故事，故稱諸宮調，或稱諸般宮調，亦稱「諸般宮調」。

　　這一曲種形成於北宋神宗年間，諸宮調相傳為北宋人孔三傳首創。它的語言通俗生動，在藝術上超越了以往的各種說唱藝術，獲得了人們的喜愛。南宋以後，諸宮調便十分流行了。

　　宋金諸宮調的內容相當豐富，涉及煙粉、靈怪、朴刀、桿棒、神話、歷史傳說等內容。諸宮調所用的伴奏樂器，宋時主要用鼓、板、笛；金、元時，有加用絃樂器和其他打擊樂器，又因為它用琵琶等樂器伴奏，故又稱「彈詞」或「弦索」。後來的明、清人又稱諸宮調為「口彈詞」或「彈唱詞」。

傳奇是何種小說體裁

　　「傳奇」是小說體裁之一。在中國小說裏，傳奇一般是指唐代、宋代文人寫的短篇小說而言。唐代以前，中國的短篇小說大多寫鬼怪故事。到了唐代，小說創作跨入了一個新階段，作家們寫的小說著力描寫人物和刻畫個性，故事曲折動人，敘述宛轉，文辭華豔。它們雖以現實人生為描寫對象，

但富有濃厚的浪漫色彩。

因為這些唐代宋代的傳奇小說大多成為宋元時代的戲文、諸宮調、元人雜劇、明清戲劇改編的題材，所以，這些說唱本子和戲劇也被稱為「傳奇」。

所謂的「傳奇性」，也是指此而言的。是指文學作品具有曲折離奇的故事情節、比較濃厚的浪漫主義色彩等。

什麼是筆記小說

所謂「筆記小說」，就是兼有「筆記」和「小說」特徵的、帶有散文化傾向的小說創作形式。簡單說，「筆記小說」泛指一切用文言寫的志怪、傳奇、雜事、逸聞、傳記、隨筆之類的著作，內容廣泛駁雜，舉凡天文地理、朝章國典、草木蟲魚、風俗民情、學術考證、鬼怪神仙、豔情傳奇、笑話奇談、逸事瑣聞等，包羅萬象。

「筆記」在記敘上獲得了一種散文化的記敘空間，作者可以敘述，也可以表達別人及自己的思考以及觀點，而「小說」則是一種帶有故事性的敘述和創作，二者的相互交叉，使其優勢十分明顯。

筆記小說歷代都有表現，較為成熟的是魏晉、唐、宋時期。《搜神記》、《世說新語》、《太平廣記》等，都是這方面的代表。清代紀曉嵐的《閱微草堂筆記》和蒲松齡的《聊齋志異》筆記小說，又達到了相當高度。

筆記小說可分為志人小說和志怪小說。東晉干寶的《搜神記》是志怪小說的代表作，南朝宋代劉義慶的《世說新語》是志人小說的代表作。

什麼是志怪小說

所謂志怪，就是紀錄怪異，主要指魏晉時代產生的一種記述神仙鬼怪故事的小說，也可包括漢代的同類作品。

志怪小說的內容很龐雜，大致可分為三類：炫耀地理博物的瑣聞，如東

方朔《神異經》等；記述正史以外的歷史傳聞故事，如託名班固的《漢武故事》等；講說鬼神、怪異的迷信故事，如東晉干寶《搜神記》等。

志怪之所以在魏晉南北朝興盛，一方面，繼承了古代神話傳說的文學傳統；另一方面，有其現實的社會原因。魏晉南北朝時期，社會動盪，戰爭頻繁，災禍和死亡時時威脅著每一個人，於是宗教迷信思想得到了最適宜的時機而流行起來，這些都反映在志怪小說的創作中。

章回小說是如何發展起來的

章回小說是中國古典長篇小說的主要形式，它是在宋元時期「講史話本」的基礎上發展起來的。

所謂「講史」，就是藝人們講述的一些歷史故事，這些故事一般都很長，表演者們沒法一次講完，只好將其分為若干次來講。每講一次，就相當於後來章回體小說中的一回。在每次講說以前，藝人要用題目向聽眾揭示主要內容。這就是章回體小說回目的起源。我們可以從章回體小說中經常出現的「話說」和「看官」等詞中，看出它和講史話本之間的繼承關係。

「回」的意思就是「次」。通常我們聽藝人講說故事，往往到了緊要關頭，他就會說「欲知後事如何，且聽下回分解」。下回，即下一次。

宋元兩代，是章回小說的孕育期，經過長期的發展，首批章回體小說在明朝初年開始出現。其中著名的有《三國志通俗演義》、《水滸傳》等。這些小說都是在民間長期流傳，經過說話藝人補充內容、逐漸豐富，最後由作家加工改寫而成的。明代中葉以後，章回體小說的發展更加成熟，出現了《西遊記》、《西廂記》、《金瓶梅》等著名作品。

由於社會生活日益豐富，這些章回體小說的故事情節更趨複雜，描寫也更為細膩。它們在內容和講史上已沒有多少聯繫，只是在體裁上還保持著講史的痕跡。

章回小說的特點是：分回標目，段落整齊，首尾完整，篇目一般較長。

話本有何特點

宋人小說中最出色的不是發展志怪或傳奇，而是發展白話短篇小說，世稱「話本」，也是市井小說，即說書人所用的底本。

宋元說話藝術分為小說、講史、說經等。小說家的話本稱為小說，均為短篇故事。按題材又分為靈怪、煙粉、傳奇、公案、朴刀、桿棒、神仙、妖術八類。

話本早在唐代已有，敦煌出土的敦煌卷中，便有少量的話本，如《韓擒虎話》、《廬山遠公話》等。今人所傳宋人白話短篇小說，以《本通俗小說》為代表，其中如《碾玉觀音》、《錯斬崔寧》、《拗相公》、《馮玉梅團圓》等八種，便代表了宋人短篇小說的面貌。

明代白話短篇小說流行，有馮夢龍所采輯的《三言》：包括《警世通言》、《喻世明言》、《醒世恆言》，以及凌濛初所采輯的《拍案驚奇》初刻本、二刻本兩部，以上五種，每種均收錄四十篇短篇小說，共兩百篇。後有個抱甕老人從兩百篇中，選出四十篇，命名為《今古奇觀》，尤為膾炙人口。

元雜劇是如何產生及定型的

元人雜劇13世紀前半葉在宋雜劇、金院本、諸宮調等基礎上融合音樂、說唱、舞蹈、美術等藝術而形成的戲曲藝術形式。它主要以中國北方流行的曲調演唱，故稱北雜劇、北曲等。

元人雜劇，每齣包括四個套曲，每一套曲，稱為一折，因此，元人雜劇的基本架構，每本為四折。一折又可以分幾場，有的雜劇還有「楔子」，它的位置不固定，安排在第一折之前的，稱開場楔子；置於各折之間的，稱為過場楔子。楔子只用一支或兩支單曲，不用套曲演出。每一折都用同一宮調的若干曲牌組成套數，且要求用韻相同。

每齣戲由一人主唱，就是說，每個劇本，只為一種角色（行當）安設唱

腔。由女主角主唱叫「旦本戲」，由男主角主唱叫「末本戲」。

　　元雜劇劇本前多有題目正名，整齣戲要求用北方音樂演唱。元雜劇的劇本由曲詞、賓白、科範組成。曲詞的主要作用是抒情，一般由一個主要演員歌唱，是元雜劇的主體。賓白是劇中人物說白，主要用於交待情節。科範簡稱「科」，是對演員的主要動作、表演和舞臺效果的提示。元雜劇的角色大致分為末、旦、淨、雜四類，正末、正旦是元雜劇中主唱的角色。

　　元雜劇分為前後兩期，以大德年間為界。前期是高度繁盛的時期，活動的中心在大都，主要作家有關漢卿、王實甫、馬致遠、白樸等，後期活動的中心南移，主要作家有秦簡夫、鄭光祖、喬吉等。

　　元雜劇按題材可分為婚戀戲、公案戲、水滸戲、歷史戲、神仙道化戲、教化戲六類。在當時非常繁榮，知名作家的作品有500種之多。

南戲的演變情況是怎樣的

　　南戲是「南曲戲文」的簡稱，它是在宋雜劇的基礎上，結合唱賺、宋詞及里巷歌謠等多種藝術綜合而成的戲曲形式，宋元時代流行於南方，用南方的語言和南曲來演唱，和北方雜劇、院本對稱，故稱。

　　一般認為，「南戲」是中國戲曲最早的成熟形式。南宋時南戲風行一時。在元代南北統一之後，南戲逐漸北上，出現了南北戲劇藝術交流的局面。

　　到了元末明初，南戲更加成熟，在創作上出現了新的高峰，當時產生了「五大南戲」：《荊釵記》、《白兔記》、《拜月亭記》、《殺狗記》、《琵琶記》。在戲曲史上有著重大的影響和作用。

　　在明成化、弘治以後，南戲進一步發展演變為「傳奇」，對明、清兩代的戲曲影響很大。劇本有一百七十多種，但是全本留傳的僅有《小孫屠》、《張協狀元》、《宦門子弟錯上身》等。

　　南戲的體制比雜劇自由靈活，沒有固定的出數，長短自由；一齣也不限於一個調，還能換韻；各種角色都可以唱，還有對唱、合唱等多種形式；題

目則在劇本前面，演出時還有副末「開場」，報告劇情梗概。

評點是怎樣的一種文體

評點意即評語並圈點（詩文）。是中國古代文學批評的常用形式。評點時，評論家即興、隨意地將自己的意見批在書眉或內文中，或圈點出自認為精彩的詞句，然後公之於世。

在文章不同位置做批注，名稱也不同，在書眉上落筆稱「眉批」，在內文中下評語稱「行批」，在文末稱「總批」。

據說評點始於宋代，如劉辰翁曾評點《世說新語》，宋代後，評點的形式流行開來，評點的對象十分豐富，詩詞歌賦、戲曲小說，無不可評。如《紅樓夢》即有「脂評」（脂為脂硯齋），唐詩、宋詞的評點更是數不勝數。

文學流派

建安文學為何有「建安風骨」之稱

建安是東漢末年漢獻帝（西元196年～西元220年）年號，文學史上的建安時期則是指以建安時期為主體並且下延到魏明帝太和七年（西元233年）近四十年的文學。

這一時期，在當時都城鄴城（今河北臨漳縣境內）以曹操、曹丕、曹植為中心，聚集了一批文人，孔融、陳琳、王粲、徐幹、阮瑀、應瑒、劉楨是他們的代表。與漢末儒生不同，他們有自己的政治理想與抱負，個性鮮明，

為中國詩歌打開了一個新的局面。

他們的詩或反映社會動亂，或抒發渴望國家統一的抱負，大都情辭慷慨，格調剛健遒勁，在思想性和藝術性上均有鮮明特色。後人稱這種特色為「建安風骨」。唐陳子昂所說的「漢魏風骨」，亦即指此而言。

正始文學有什麼特點

正始是魏齊王曹芳的年號（西元240年～西元248年），但習慣上所說的「正始文學」，泛指魏國後期的文學，以其開始出現於魏齊王正始年間而得名。

正始時期，玄學開始盛行。玄學中包涵著一種窮究事理的精神，莊子強調的精神自由，也為玄學家所重視，當時，有人主張「越名教而任自然」，以「竹林七賢」（阮籍、嵇康、阮咸、山濤、向秀、王戎、劉伶）為代表，也有主張名教與自然相統一的，以何晏、王弼為代表。

這一時期是魏晉歷史上最為黑暗的時期之一，司馬氏掌權，對國內實行高壓政治，文人們不能保全生命和全家。正始文人面對這種嚴酷的現實，發展了建安文學中「憂生之嗟」，集中抒發了個人在外部力量強大壓迫下的悲哀。以阮籍、嵇康為代表的文人們，用詩歌來揭露禮教的虛偽，抒發內心的苦悶。正始文學呈現出濃厚的哲理色彩，深刻的理性思考和尖銳的人生悲哀，是它的基本特點。

南朝宮體詩有什麼特點

南朝時，以女性為描寫題材的詩派稱「南朝宮體詩」。始見於《梁書‧簡文帝紀》：「然傷於輕豔，當時號曰『宮體』。」

梁朝簡文帝蕭綱為太子時，常與文人在東宮相互唱和，專門描畫女性，抒寫男女之情，辭采豔麗、風格柔靡、情意婉轉。由於該詩體首倡者為太子及其東宮僚屬，故人稱「宮體」，後來有人把豔情詩叫做宮體詩。

雖然蕭綱做的大張旗鼓，但描寫歌詠女性與男女之情的作品卻並不是由他發端，早在《詩經》中就隨處可見這樣的詩篇，比如「手如柔荑，膚如凝脂」，其描寫不可謂不細膩。到了南朝時，民間專歌男女之情者，如雨後春筍，不勝枚舉。甚至如簡文帝、陳後主也精於此道，「宮體詩」遂成為梁、陳兩代文學的主流。

宮體詩情調輕豔，詩風比較柔靡緩弱。宮體詩在聲律上進一步發展了「永明體」，對聲律要求極其精緻嚴格，它對律詩的形成，有著重要的推動作用。在內容上，詠物描摹，沒有什麼寄託，不表現高尚志趣，把纖麗的詩風發展至裱麗甚至淫靡。宮體詩的風格，為後來的吳歌西曲奠定了基礎。

田園詩派的特點及代表作家

田園詩指以田園鄉村生活為描寫對象的詩歌。

田園詩產生於東晉末年。代表人物為陶淵明，《歸去來兮辭》、《歸園田居》、《庚戌歲九月中於西田獲早稻》、《飲酒》（之四）等為其代表作。

唐代詩人王維、孟浩然的田園詩在前人基礎上有新的發展，形成了田園詩派。宋代楊萬里、范成大也創作田園詩。此後各代均有田園詩傑作面世。

他們往往透過對田園景色的描繪，流露出對恬靜的田園生活的留戀和對大自然秀麗風光的熱愛，同時也抒發了懷才不遇的苦悶和對黑暗官場的厭惡。

總體來說，田園詩具有平淡自然、意境深遠、語句凝練、形象生動等藝術特點。

山水詩派的特點及代表詩人

南朝晉宋之際，文學發展出現了新的轉折，劉勰概括為「莊老告退，山水方滋」。當時，一些文人失意退隱山林，寄興自然，因此，玄言詩中已出

現描繪山水的內容，孫綽的名句「赤城霞起而建標，瀑布飛流以界道」中已露山水文學的端倪。

而真正以山川景物之美為主題，意境清麗，開創山水文學這一新的流派，則自謝靈運始。南齊謝朓繼出，與靈運並稱大小謝，使山水詩更趨於成熟，更加講求詞句的錘煉和文字的工巧。在小品文領域也逐漸出現了描繪山水的名作。山水逐漸成為中國文學的主題之一。

齊梁之後，山水詩題材不斷擴大，風格日益繁多。到了唐代，其創作空前繁榮，山水詩派開始形成。

盛唐的經濟繁榮，文化昌盛，富足的生活加上佛老思想的盛行，為詩人隱居、閒適提供了物質條件和精神寄託。這時的山水詩人也因此增多，成就最高的則是王維和孟浩然，世稱「王孟」。

山水詩派主要以山水景物作為審美對象、創作題材，在山水中展現詩人幽獨的心靈。可以說，以山水取景，以禪心、空靈入境，輔之以淡遠的風格，即是我們所定義的山水詩。

邊塞詩派的特點及代表詩人

邊塞詩指以邊塞生活為題材的詩歌。形成於盛唐時期，代表人物有高適、岑參、王昌齡、李頎等，成就最大的是高適和岑參。

邊塞詩的作者大多數親身經歷過邊疆軍隊生活，如高適曾棄官投奔河西節度使哥舒翰，任掌書記；岑參曾兩度從軍，為安西節度使府掌書記及安西北庭節度判官。

邊塞詩在內容上常常描寫軍旅生活和邊塞風光，表達慷慨從戎、不畏艱苦、抗敵禦侮的愛國思想，抒發馳騁沙場、建功立業的壯志豪情。岑參《輪臺歌奉送封大夫出師西征》、高適《燕歌行》等，都是邊塞詩的名篇。此外，有些邊塞詩反映了征夫思婦的幽怨，有些也反映了唐代內部的各種矛盾。

邊塞詩大都氣勢奔放、情辭慷慨，蒼涼悲壯。如高適的代表作《燕歌

行》，把大漠風光與艱苦的戰爭交融在一起，既激昂奔放，又蒼涼悲壯。

西昆體產生了哪些影響

北宋真宗景德二年（西元1005年）秋，楊億、錢惟演、劉筠等人奉真宗詔命編纂大型類書《冊府元龜》。他們修書之餘往來唱和，後來楊億將這些詩編成一集，定名為《西昆酬唱集》，西昆體也由此而得名。

《西昆酬唱集》的創作內容狹窄，多是宮廷宴遊，流連光景之作。在藝術風格上，以師法李商隱為主，兼學唐彥謙，崇尚精麗繁縟詩風，追求用典的貼切、屬對的工巧、音節的和婉，仿效李商隱無題詩的隱約朦朧。這確實增強了詩歌語言的凝練美和深幽之感。但由於西昆詩人的生活內容貧乏，又只是片面追求李商隱的雕采巧麗和唐彥謙的鏗鏘韻律，所以，難免在創作中要為文造情，鑽故紙堆，以編織故事爭勝。

西昆體在宋初詩壇影響很大，產生了一定的消極影響，但這種風格也在一定程度上反映了北宋前期統一帝國的堂皇氣象。

唐詩派為何推尊唐詩

唐詩派指明清時期的宗唐詩派。中國古典詩歌在唐代達到極盛，唐詩在讀者心中有著崇高的地位。南宋的嚴羽在《滄浪詩話》中非常推尊唐詩，對宋以來的「以文字為詩，以議論為詩，以才學為詩」的論調不以為然。

元時，唐詩仍相當有影響。到了明代，唐詩一躍被詩壇奉為典範，以何景明、李夢陽、王世貞、李攀龍為首的前後七子，認為「詩自中唐以後，皆不足觀」，宣導「詩必盛唐」，將唐詩（尤其是盛唐詩作）尊為詩的極則。由於宣導者是當時的詩壇領袖，其影響可想而知。到了清代，像王士禎、沈德潛這樣的大家亦以唐詩為典則。

宗唐詩派追求的是唐詩非凡的氣象和情韻，他們的作為擴大了唐詩的影響，由於他們的推介、解讀，唐詩在中國幾乎家喻戶曉。

宋詩派為何推尊宋詩

宋詩派指清代的宗宋詩派。詩壇在宋代，有了新的氣象。宋詩和唐詩各領風騷，形成了迥然不同的風格。

宋人作詩喜歡議論，嚴羽概括道：「本朝人尚理，唐人尚意興。」和唐詩相比，宋詩缺少氣象、情韻，多的是學養、理趣。錢鍾書說：「唐詩多以豐神情韻擅長，宋詩多以筋骨思理見勝。」

相比唐代詩歌的雄渾大氣、氣象萬千，考究、理性的宋詩很難在廣大讀者心中引起共鳴，清人沈德潛甚至認為「宋詩近腐」。但仍是在清代，宋詩卻迎來了復興。乾隆、嘉慶時期，崇尚博學，詩壇受其影響，宋詩開始贏得好口碑，翁方綱曾評道：「宋詩妙境在實處。」這裏的「實處」，即指學問義理。直至近代，宋詩仍在詩壇占有一席之地。

中唐文人為什麼推行古文運動

古文運動是提倡古文反對駢文的一次文風、文體、文學語言的革新運動。「古文」，是指先秦兩漢時期的散文，形式自由，內容翔實。「駢文」，指六朝以來講究排偶、辭藻、音律、典故的文體。當時形式僵化、內容空虛的駢文，成了文學發展的障礙。

這一運動發起於中唐，韓愈等人首先舉起「復古」的旗幟，還進一步強調要文以明道。道，即儒道。文道合一，以道為主，這是韓愈宣導的古文運動的基本觀點。他還積極實踐自己的主張，寫了許多優秀的作品，大大提高了古文的水準。其後又得到了柳宗元等人的大力支持，產生了廣泛的社會反響，形成一次影響深遠的「運動」。

由於韓愈、柳宗元的大力宣導和創作，唐後期古文寫作極盛，質樸流暢的散體終於取代駢體，成為文壇的主要風尚。值得一提的是，韓愈的古文，本有「文從字順」和「怪怪奇奇」兩種風格，後追隨者們片面發展了韓文奇崛艱深的一面，古文運動開始走向衰落，駢文重又占據了主導地位。

北宋時期，以歐陽修為代表的一些文人，極力推崇韓、柳，又掀起一次新的古文運動。一面反對晚唐以來的文風；一面提倡繼承韓愈的道統和文統，寫了大量平易自然、有血有肉的散文，共同掃清了綺靡晦澀的文風，使散文走上了平易暢達、反映現實生活的道路。

為什麼會出現新樂府運動

唐朝貞元、元和年間，廣大地主士大夫要求革新政治，以中興唐朝的統治。在這股浪潮的推動下，白居易、元稹等詩人主張恢復古代的采詩制度，發揚《詩經》和漢魏樂府諷喻時事的傳統，使詩歌起到「補察時政」，「洩導人情」的作用，即新樂府運動。

白居易在《與元九書》中提出：「文章合為時而著，歌詩合為事而作。」倡議為君、為臣、為民、為物、為事而作，不為文而作。在《新樂府序》中，他又全面提出了新樂府詩歌的創作原則，要求文辭質樸易懂，便於理解；說話要切中時弊，使聞者足戒；敘事要有根據，令人信服；詞句要通順，能合聲律，可以入樂。這種新樂府運動的精神，為晚唐詩人皮日休、聶夷中、杜荀鶴所繼承。

新樂府詩中，著名的作品有白居易的《新樂府》五十首和《秦中吟》十首，元稹的《田家詞》、《織婦詞》，李紳的《憫農》詩等。

花間詞派是如何形成的

五代時，後蜀趙崇祚收錄了溫庭筠、皇甫松、韋莊等十八家詞，共五百首，編為《花間集》，這些作家詞風上大體一致，後世稱為「花間詞人」或「花間派」。

花間派的出現與當時的社會現狀密切相關：五代十國時，中原動盪不安，蜀中地區則相對穩定，經濟十分繁榮。由此，文人薈萃，濟濟一堂。偏安西蜀的小朝廷終日沉湎於歌舞昇平之中。花間詞由此流行開來。

花間派的主要代表是晚唐的溫庭筠。他精通音律，熟悉詞調，「能逐弦吹之音，為惻豔之詞」（《舊唐書‧溫庭筠傳》），是中國文學史上第一個大量寫詞的文人。他的詞現存六十多首，多寫閨情。部分詞對一些婦女的不幸遭遇有所同情，同時也流露出因被排擠而產生的不滿情緒。溫詞風格濃豔，聲律諧和，詞意含蓄，耐人尋味。

可以說，在詞的藝術方面，溫庭筠有很高的成就，這有助於後來詞的藝術特徵的形成，對詞的發展有推動作用。但是，他的詞題材比較狹窄，表現過於柔弱，詞句也過於雕琢，給當時和後世帶來了一些消極的影響。

花間詞人中和溫庭筠齊名的是韋莊。他的詞現存五十餘首，語言清麗，多用白描手法寫閨情離愁和遊樂生活。在花間詞人中，韋莊的詞和溫庭筠一樣，是比較有內涵的。

南唐詞派因何得名

這是五代時期形成的一個詞派，由於該派的主要作家李璟、李煜、馮延巳都是南唐的君臣，故名「南唐詞派」。

他們集中在南唐的都城金陵，終日縱情聲色，不圖進取，因此，他們的詞都有一種頹靡浮豔的色彩和情調。該詞派成就最高的是後主李煜，他前期的詞主要表現宮廷豪華生活。隨著南唐內外危機的深化，李煜詞中逐漸流露出深重的哀愁，他的《虞美人》、《浪淘沙》都是傳唱一時的作品。

婉約派有什麼特點

婉約詞派是宋詞的兩大流派之一。婉約是宛轉含蓄之意，魏晉六朝時用以形容文學辭典。詞的婉轉柔美風格淵源於其合樂演唱的方式；場合無非宮廷貴家、秦樓楚館，目的多為娛賓遣興，歌詞的內容不外乎離愁別緒、閨情綺怨。唐朝《花間集》開「香軟」詞風先河，宋朝承其餘緒，婉約詞風盛行。

北宋時，國家穩定，城市繁榮，繁華的城市生活促進了婉約詞的發展，形成了婉約詞派。婉約派題材比較狹窄，多寫男女情愛、風花雪月。詞風清切婉麗、纖巧優美，追求「富豔精工」、「縝密典麗」，創造出一種柔美的意境。

該派著名作家有歐陽修、晏殊、晏幾道、柳永、秦觀、賀鑄、周邦彥、李清照等，柳永成就最高。

婉約詞派把過去的狹窄的豔情詞擴展到城市生活的各個方面；過去僅有的小令，又創造出慢詞長調，語言多用城市中百姓市民常用的話，因而廣受歡迎，相傳凡是有井水的地方都能唱柳永的詞。

婉約詞風長期支配著詞壇，名篇佳作有柳永《雨霖鈴‧寒蟬淒切》、秦觀《鵲橋仙‧纖雲弄巧》、李清照《聲聲慢‧尋尋覓覓》。南宋又出現了姜夔、吳文英、張炎等優秀婉約派詞人。

豪放派有什麼顯著特點

豪放派為宋詞兩大流派之一，因為題材、風格、用調及創作手法等與婉約派多不相同，被婉約派稱為「別派」。

豪放作為文學風格，最早見於司空圖《二十四詩品》，意思是豪邁放縱。北宋蘇軾第一個用「豪放」評詞，並開始寫作打破傳統詞風的詞。南宋辛棄疾繼而致力於豪放派詞的創作，南宋人遂把蘇、辛作為豪放派的代表。

豪放派的詞作，大都視野廣闊，氣象恢弘雄放。它不僅描寫花前月下、男歡女愛，更喜攝取軍情國事等重大題材入詞。格律不拘，行文汪洋恣意，「無言不可人，無事不可入」。如婉約詞要小姑娘唱，豪放詞就需關西大漢拿銅琵琶鐵綽板來歌。

豪放派內部的分派亦較少，僅蘇派、辛派、叫囂派三個階段性的細支，彼此之間稍有差異。豪放派的出現有一定的政治背景，其不足也顯而易見：嗜用典故、議論過多，導致一些詞作韻味不濃，艱深晦澀，格律亦欠缺等。但無論怎樣，豪放詞派確實震動並統治了整個宋代詞壇，對後代詞人產生了

深遠的影響。從宋、金直到清代，歷來都有高舉著豪放旗幟，大力學習蘇、辛的詞人。

江西詩派是什麼樣的詩文派別

「江西詩派」是指以北宋詩人黃庭堅為首的一個詩歌派別，也是中國文學史上第一個有正式名稱的詩文派別。

北宋末年，呂本中作《江西詩社宗派圖》，並刊行《江西宗派詩集》。首尊黃庭堅為江西詩派之祖，下列陳師道等25人。認為這些詩人與黃庭堅是一脈相承的。後被人歸入江西詩派的還有呂本中、曾幾、陳與義等。

他們並非都是江西人，在理論和創作上也各有差異，但都以學習江西詩人黃庭堅為標榜，故稱。

江西詩派的詩歌理論強調「脫胎換骨」、「點鐵成金」，即或師承前人之辭，或師承前人之意；崇尚瘦硬奇拗的詩風；追求字字有出處。在創作中，詩派「以故為新」，重要作家的詩作風格迥異，自成一體。

黃庭堅宣導求新求變，主張多讀前人作品，從中汲取藝術營養，熟練地掌握煉字、造句、謀篇等寫作技巧，同時力求打破技巧的束縛；陳師道作詩「閉門覓句」，和黃庭堅並稱為「黃陳」；呂本中提出了「活法」，主張擺脫既有的法則而自有所得，陸游認為作詩工夫在詩外，楊萬里也受到江西詩派的影響。

常州詞派的主張是什麼

常州詞派是清代嘉慶以後出現的重要詞派。康乾時期，詞壇主要為浙派所左右。其作品多寫瑣事，記宴遊，且有不少無聊的詠物之作。在藝術性方面，則把宋代詞人周邦彥、姜夔的風格、格律和技巧，奉為填詞的最高境界。

面對這樣的現象，常州詞人張惠言疾呼詞應與《風》、《騷》同科，強

調比興寄託，掃卻瑣屑、無病呻吟之風。

由於張氏的宣導很貼合實際，因此，和者頗多，蔚然成風，常州詞派遂興起。張氏之後，周濟又進一步加以發展，常州詞論更趨完善。

當然，常州詞派也有其不足，比如過分尋求前人詞作的微言大義而流於穿鑿附會；雖勇於立論，然疏於考史等。儘管如此，張氏強調的詞作比興寄託，較之浙派追求的清空醇雅，其格調顯然還是高出一籌。因此，對清末詞壇影響也很大。

前七子都有誰

「前七子」是明代以李夢陽、何景明為中心，包括康海、王九思、邊貢、王廷相、徐禎卿在內的文學流派。

弘治、正德年間，李夢陽、何景明針對當時虛飾、萎弱的文風，鄙棄自西漢以下的所有散文以及自中唐以下的所有詩歌，提倡復古，強調文章學習秦漢，古詩推崇漢魏，近體宗法盛唐。他們的主張被當時許多文人所接受，於是形成了影響廣泛的復古運動。

「前七子」力倡復古，影響甚巨。當時的唐詩選集，均遵從他們的主張而只收中唐以前的詩歌。作為「後七子」的前導，他們影響了明代文壇達百年之久。但由於過分強調復古，他們的作品創造性顯得不足，有的甚至淪為「高處是古人影子耳，其下者已落近代之口」，給文壇帶來了新的流弊。

後七子都有誰

「後七子」是明嘉靖、隆慶年間的文學流派。以李攀龍、王世貞為代表，成員包括謝榛、宗臣、梁有譽、徐中行和吳國倫。因在「前七子」之後，故稱「後七子」，又有「嘉靖七子」之稱。

「後七子」繼承「前七子」的文學主張，同樣強調「文必秦漢，詩必盛唐」，以漢魏、盛唐為楷模，稱「文自西京、詩自天寶而下，俱無足觀」；

其創作則「無一語作漢以後，亦無一字不出漢以前」，較「前七子」更為絕對。

他們復古擬古，主格調，講法度，互相標榜，廣立門戶，聲勢更浩大，從而把明代文學的復古傾向推向了高潮。「後七子」在文壇上活躍的時間比「前七子」長。

「後七子」的創作總體上沒有脫離對前人的模仿，但也取得了一定的成就，有些人後來已表現出某種重視獨創和性靈的傾向。故清初仍有人接受他們的觀點，創作上也受其影響。

公安派是怎樣的一種文學流派

公安派是晚明文學領域一個具有相當影響的文學流派。領袖是荊州公安縣的袁宗道、袁宏道、袁中道，史稱「公安三袁」。重要成員還有江盈科、陶望齡、黃輝、雷思霈等人。

公安派反對前後七子的擬古風氣，主張「獨抒性靈，不拘格套」，「從真情實境中流出」的文學主張，這就是「公安派」的旗幟。

公安派在解放文體上頗有功績，遊記、尺牘、小品也很有特色，或秀逸清新，或活潑詼諧，自成一家。但他們多描寫身邊瑣事或自然景物，缺乏深厚的社會內容，因而創作題材愈來愈狹窄。他們的後學隨意寫作，不加約束，爭相使用方言土語，造成了文學的低俗化。但對於解放人們的心靈，破除模擬教條，對當時文壇的發展起到了進步作用。對以後幾百年的歷史乃至五四文化運動都產生了積極的影響。

吳江派推崇哪種戲劇主張

吳江派是明代戲曲文學流派。以沈璟為代表，屬於這一派的還有顧大典、呂天成、王驥德、葉憲祖、馮夢龍、沈自晉等。

沈璟戲劇理論的主要內容是要求作曲「合律依腔」，語言「僻好本

色」。他與湯顯祖的主張「以意趣神色為主」的意見相左，產生了戲曲界的「湯沈之爭」。

吳江派釐定曲譜、規定句法，注明字句的音韻平仄，給曲家指出規範，但過分強調音韻格律，主張寧肯曲辭不工整，也要符合音律；提倡戲曲語言要「本色」，原本意在反對明初的駢儷頹風，但由於他把「本色」狹窄地理解為只是採用俗言俚語、家常語，因此，也產生了弊病。

呂天成《曲品》主張戲曲創作允許虛構，不必都符合事實，重視戲曲結構，注意舞臺演出特點。戲曲創作的實踐上，比較突出的當數沈璟、沈自晉和沈自征。「吳江派」活躍於明末，對後世的戲曲創作理論與實踐都有重大影響。

桐城派是怎樣的一種散文流派

桐城派是清代散文的重要流派，因其主要代表人物方苞、劉大櫆、姚鼐都是安徽桐城人而得名。方、劉、姚又被尊為「桐城派三祖」。

桐城派文論體系和古文運動的形成，始於方苞，經劉大櫆、姚鼐而發展成為一個聲勢顯赫的文學流派，其他代表人物還有戴名世、姚瑩、曾國藩、吳汝綸。

方苞首標「義法」為文章綱領，義即言有物，指文章的內容，法即言有序，指文章的形式，「義法」就是要求做到二者的統一。他所重者在於「法」，要求文章取捨精當，結構布局合理，以及語言文字雅潔。

劉大櫆又提出「神氣」、「音節」、「字句」。神氣即文章的氣勢和風格，它要透過具體的章節和字句去表現，因此，劉格外重視音調節奏。他本人的文章音調高朗，讀起來鏗鏘有力。

姚鼐要以「詞章」為手段，以「考據」為憑藉，來闡發儒家的「義理」，提出了富有創見性的陰陽剛柔說，選輯《古文辭類纂》影響了以後兩百多年的學術界。

桐城派的文章選取素材、運用語言，只求簡明達意、條理清晰，不重

一本書讀懂國學

羅列材料、堆砌辭藻，不用詩詞與駢句，力求「清真雅正」，一般都清順通暢，尤其是記敘文，如方苞的《獄中雜記》、《左忠毅公軼事》，姚鼐的《登泰山記》等，都為桐城派的代表作品。

該流派對清代文壇影響極大，無論是其持續時間之長，作家人數之多，還是流行、傳播區域之廣，在文學史上都是罕見的。「天下文章，其出於桐城乎」便是清乾隆年間人對桐城文章的讚譽。

講史小說是什麼小說流派

「講史小說」為明清小說流派之一。宋元時期，說書藝人把歷代的歷史都編成了故事。有的故事較長，還要分幾次才能講完。這些講史的故事很受時人歡迎。從流傳下來的《武王伐紂平話》、《東周列國志》、《隋唐演義》、《三國志平話》、《五代史平話》等，隨著講史形式的發展，「講史」小說便開始有了後世章回體的雛形。

到了明代，「講史」小說分成了兩支。一是「歷史演義」，如《東周列國志》、《三國演義》等；一是「英雄傳奇」，如《水滸傳》、《說岳全傳》等。

「歷史演義」多以正史為藍本，以忠於史實相號召。這在仍是講史的當時，頗有廣告效應，因為人們喜歡聽「真實」的故事。「英雄傳奇」也寫歷史人物，但多取材於民間傳說和野史，以虛構的成分居多。

講史小說對於傳播歷史知識有著積極的意義。也出過一些鳳毛麟角的作品，像我們熟知的《三國演義》、《隋唐演義》等，都是講史作品中的經典之作。

神魔小說的發展情況是怎樣的

「神魔小說」是明代後期在通俗小說領域中興起的一類小說。「神魔小說」之名來自魯迅先生。在《中國小說史略‧明之神魔小說》中，他首次稱

一批表現神魔「鬥法」故事的作品為「神魔小說」。

這類小說受宗教思想引導，加上古代神話、六朝志怪以及唐代傳奇、宋元話本的影響得以成型。

神魔小說與講究相對正統的歷史演義、英雄傳奇等不同，它的主要特徵是「奇幻」，以神魔怪異為主題，參照現實生活中政治、倫理、宗教等方面的矛盾和鬥爭，比附性地編織了種種情節。

這類作品中，以出現最早的《西遊記》為代表，其他如《三遂平妖傳》、《東遊記》、《南遊記》、《北遊記》、《封神演義》、《三寶太監下西洋通俗演義》等。這些小說作者很多是以凡人為主人翁，往往藉由凡人的活動，如西天取經、興兵伐紂、遠航西洋等為展開情節的線索，然後突出神魔間的較量。

發展到後來，一些以神魔為主人翁，以鬥法為主要情節的小說也被列入此類，如《飛劍記》、《鐵樹記》、《咒棗記》、《韓湘子全傳》、《綠野仙蹤》、《女仙外史》等。由此，「神魔小說」正式成為明清小說中一種重要類型。神魔小說受宗教尤其是佛、道教的影響很大，但最終沒有脫離中國古代小說的志怪傳統。

公案小說和案件有關嗎

明清小說流派，是和案件有關的小說。但凡案件，必有故事性或傳奇色彩，這在古今都基本相同。把衙門案件寫進小說，曾一度十分流行，在宋代時，就有民間說書藝人「說公案」的記載。其內容多為社會上發生的各類案件，包括鬥毆、冤情、姦情、兇殺、打家劫舍等，很能吸引公眾的目光，是人們日常樂於談論的話題。

這和我們今天的偵破小說、法制文學很有相似之處。公案小說最初都比較短，如《錯斬崔寧》、《三現身包龍圖斷案》等。

到明代後，公案小說極為繁榮，開始出現長篇，如《包公案》、《施公案》、《海公案》、《龍公案》等。它們的行文構思簡明，缺少文學技巧，

無外乎案發、告狀、論判。最後清官結案，真相大白。

這類小說貼合民眾心理，因此，很受歡迎。清代嘉慶、道光年間，公案小說有了新發展，主人翁多了新的形象，比如行俠仗義的俠客等。也深受百姓喜愛。這類人物的出現讓公案小說多了曲折的情節，內容也愈發豐富。比較有代表性的小說有《七俠五義》、《彭公案》等。

譴責小說是諷刺小說嗎

譴責小說是晚清的一個小說流派。戊戌變法被鎮壓後，清廷內政反動腐朽，外交軟弱無能，國勢衰微到了極點。在這樣的時勢下，小說界出現了大量抨擊時政、揭露官場陰暗與醜惡的作品。魯迅概括這類小說的特點是「揭發伏藏，顯其弊惡，而於時政，嚴加糾彈，或更擴充，並及風俗」，故稱之為「譴責小說」。

譴責小說的題材和內容，涉及社會生活的各個領域，如官場、商界、華工、女界、戰爭等各方面，以寫官場最為普遍。這類小說的風格很尖銳。

但其出現的最初，為了適應報紙連載，往往缺乏較充裕、完整的構思和寫作時間。因此，小說的結構不夠嚴密，多屬聯綴短篇成長篇的性質，缺乏貫穿始終的中心人物。在表現手法上，「辭氣浮露，筆無藏鋒」，缺乏含蓄，描寫誇大失實，不足是顯而易見的。因此，魯迅稱其為譴責小說，就是說它還稱不上「諷刺小說」。

譴責小說的代表作有李寶嘉的《官場現形記》、吳沃堯的《二十年目睹之怪現狀》、劉鶚的《老殘遊記》、曾樸的《孽海花》等。

重要作家

屈原，楚辭的創立者和偉大的詩人

屈原（約西元前340年～約西元前278年），名平，字原，戰國末期楚國人，楚辭的創立者和代表作者，開創了「香草美人」的文學傳統。

屈原學識淵博，明於治亂，長於辭令。任楚懷王左徒，頗受信任，對內與懷王商議國事，制定政策，發布號令；對外則接待賓客，主張聯合當時的齊國抗衡秦國。西元前305年，屈原因反對楚懷王與秦國結盟，被楚懷王逐出郢都，流放到漢北。

屈原流放期間，創作了大量的文學作品，如《離騷》、《天問》、《九章》、《九歌》等。屈原作品的藝術特色，主要體現為濃郁的浪漫主義色彩。

屈原以前的詩歌，篇幅都比較短，而屈原結合楚國本地民歌的體裁與內容將其發展為長篇巨作。在語言形式上，屈原突破了《詩經》以四字一句為主的格局，創造了一種句法參差錯落、靈活變幻的新詩歌形式——楚辭體，這種體裁辭藻華美、對偶工整，句中句尾多用「兮」字，以「之」、「於」、「乎」、「夫」、「而」等虛詞來協調音節，形成跌宕起伏、一唱三歎的韻致。

在表現手法上，屈原把賦、比、興三者巧妙地融為一體，大量運用比興手法，創造了一系列的藝術形象。

在內容上，他大量採用神話故事和寓言形式，創造出雄偉壯麗的境界，形成浪漫主義的傳統。

西元前278年，秦國大將白起揮兵南下，攻破了郢都，屈原在絕望和悲憤之下投身汨羅江。傳說當地百姓投下粽子餵魚以此防止屈原遺體被魚所食，後來逐漸形成一種儀式。以後每年的農曆五月初五為端午節，人們吃粽子，划龍舟以紀念這位偉大的愛國詩人。

宋玉的辭賦成就

宋玉（生卒年不詳），又名子淵，戰國後期楚國辭賦家。

關於宋玉的生平，據《史記‧屈原賈生列傳》載：「屈原既死之後，楚有宋玉、唐勒、景差之徒者，皆好辭而以賦見稱。然皆祖屈原之從容辭令，終莫敢直諫。」《韓詩外傳》寫有「宋玉因其友而見楚相」，劉向《新序》則說他「因其友而見楚襄王」，習鑿齒《襄陽耆舊傳》記載宋玉為「楚之鄢人，故宜城有宋玉土塚，始事屈原，原既放逐，求事楚友景差。」大體可知宋玉生在屈原之後，出身寒微，仕途不得志。

相傳宋玉所作辭賦甚多，《漢書》錄有賦十六篇，今多亡佚。流傳作品有《九辯》、《風賦》、《高唐賦》、《登徒子好色賦》等。所謂「下里巴人」、「陽春白雪」、「曲高和寡」的典故皆由他而來。

《九辯》是一首自敘性的長篇抒情詩，此詩借景抒情，情景交融，句法多變，語言優美，感情真摯動人。開篇「悲哉秋之為氣也，蕭瑟兮草木搖落而變衰」，將蕭殺的秋景與悲愴的心境融為一體，宋玉因此被稱為「悲秋之祖」，「悲秋」也成為後世文學作品中不斷重複的主題。

宋玉賦中描寫女性的神情、體貌，想像豐富，長於鋪陳，但多佚蕩的情思而乏諷喻之意，為後世宮體、艷情詩的發端，對於後世辭賦也有一定影響。

宋玉在楚辭與漢賦之間，承前啟後，在文學史上常「屈宋」並稱，但其成就遠不如屈原。

賈誼的作品主要與政論相關

賈誼，（西元前200年～西元前168年），西漢文學家、政治家，洛陽人。

賈誼18歲時，就以博學能文而聞名於郡中，二十多歲被薦任博士，掌文獻典籍。受到漢文帝重視後，外任太中大夫，朝廷法令、規章制度多由其

主持進行。因部分朝臣不滿、散布謠言而被文帝疏遠，離開都城任長沙王太傅。後被召回京師長安，任文帝少子梁懷王太傅。後梁懷王墜馬身亡，賈誼自慚失職，年僅33歲便鬱悶而死。

賈誼的作品，《漢書‧藝文志》著錄有文58篇，賦7篇。其文主要是政論文和奏疏，前者有《過秦論》，後者有《陳政事疏》（又名《治安策》）。

《過秦論》是賈誼最著名的政論作品，分上、中、下三篇，上篇寫強秦速亡，引發歷史教訓；中篇和下篇寫秦二世和子嬰應該採取什麼措施，才能挽回敗局。藝術價值以上篇最高，全篇極富氣勢，鋪張揚厲，雄辯滔滔，有戰國縱橫家文章遺風，其恢宏氣度，勝過前人；誇張、渲染、對比手法的運用，大大增強了文章的形象性和說服力；語言重修飾鋪排，又長短錯落，顯得跌宕整麗。

《陳政事疏》詳盡地討論了國家所面臨的各種危機和應取的對策。言辭犀利激切，用喻準確，具有打動人心的力量。

賈誼辭賦傳世很少，代表作為《鵩鳥賦》、《吊屈原賦》。前者採用主客問答方式抒寫懷才不遇的憤懣，形式上顯示出騷體賦過渡到漢賦的端倪。後者寫於赴長沙過湘江時，抒發對屈原的同情並寄寓作者自己的身世之感。

司馬相如的辭賦成就

司馬相如（約西元前179年～西元前117年），字長卿，蜀郡成都人，西漢著名辭賦家。

司馬相如少好讀書擊劍，被漢景帝封為武騎常侍。後為梁王門客，與鄒陽、枚乘等交遊，著《子虛賦》。

梁王死後司馬相如歸蜀，投奔臨邛縣令王吉。臨邛縣有一富豪卓王孫，其女卓文君，容貌秀麗，素愛音樂又善於擊鼓彈琴，而且很有文才，但不幸成望門新寡。司馬相如趁做客卓家的機會，借琴曲《鳳求凰》表達自己對卓文君的愛慕之情，卓文君聽後怦然心動，在與司馬相如會面之後，一見傾

心，於是二人一起私奔回成都。

卓王孫對二人的行為感到非常憤怒，發誓不給文君錢財。因司馬相如家徒四壁，他們只得回臨邛，在街上開了一家酒店，文君坐櫃檯打酒，相如穿上圍裙，端酒送菜，洗碗刷碟子。這讓卓王孫很是難堪，無奈之下給文君夫婦錢百萬，奴僕百人，二人才過上了安定的生活。二人的姻緣也就此成了一段佳話，為後世文學、藝術創作所取材。

漢武帝即位後，讀了他的《子虛賦》，大為歡賞，於是將他召入宮中，成為宮廷辭賦家。著有《子虛賦》、《上林賦》、《美人賦》、《長門賦》等。

司馬相如的辭賦成就較高，後世常將其與司馬遷相提並論，稱為「文章西漢兩司馬」。《子虛賦》和《上林賦》為其代表作。兩賦假設楚國子虛、齊國烏有先生各以本國山川湖澤之廣、物產珍寶之豐、國王田獵之盛互相誇耀辯難，歌頌了大一統王朝無可比擬的氣魄與聲威，同時又委婉勸諫統治者不要過分奢侈。

兩賦極盡鋪敘、誇張、想像、排比之能事，鋪採摛文，張揚物色，窮聲極貌，氣勢恢弘；同時也堆砌典故，連篇累牘，搬弄文字，刻意求新，粉飾太平，勸百諷一，真正從各個方面展示了散體大賦的特點。

班固的文學成就

班固（西元32年～西元92年），字孟堅，扶風安陵（今陝西省咸陽市東）人，東漢著名史學家、文學家。

班固出身世宦之家從小受家庭薰陶，「年九歲，能屬文誦詩賦」。後入洛陽讀太學。在太學，他博覽群書，窮究九流百家之言，為日後撰寫《漢書》打下了堅實的基礎。

《漢書》書成之後，產生過很大影響。前人每以《史》、《漢》並稱，認為「古來詞章，無論駢散，凡雅詞麗藻，大半皆出其中，文章之美，無待於言」。作為文章楷模，《漢書》可與《史記》並駕齊驅而無愧。

班固的著作除《漢書》外，還有紀錄章帝時白虎觀議五經同異情況的《白虎通義》四卷。

他的辭賦和散文，被後人輯編為《班蘭臺集》。他在《兩都賦序》裏稱賦是「古詩之流」，「或以抒下情而通諷喻，或以宣上德而盡忠孝，雍容揄揚，著於後嗣，抑亦《雅》、《頌》之亞也」。從這樣的觀點出發，他的賦作自然離不開歌功頌德的內容和雍容華麗的藝術風格。

《兩都賦》中的《西都賦》和《東都賦》都是頌揚朝廷聲威的鴻篇巨制。形式上模仿司馬相如，缺乏獨創性。但是敘述兩都盛事時贍而不穢、詳而有節，亦體現出班固的文史之才。《答賓戲》是一篇散文賦，表示自己決心「專篤志於儒學，以著述為業」。形式上模擬東方朔的《答客難》和揚雄的《解嘲》，但反對東方朔等，「曾不折之以正道」。這篇作品文辭繁富，但是缺乏骨力。

曹植為何被稱為「建安之傑」

曹植（西元192年～西元232年），字子建，譙縣（今安徽亳縣）人。他是曹操第三子，曹丕之弟。曾封為陳王，死後諡「思」，故世稱陳思王。他是建安時期最負盛名的作家，《詩品》稱之為「建安之傑」。

曹植自幼聰慧，十餘歲便誦讀詩、文、辭賦數十萬言，出言為論，下筆成章。深得曹操寵愛，幾次想要立他為太子。然而曹植行為放任，屢犯法禁，引起曹操的不滿，最終立其兄長曹丕為太子。曹丕稱帝後，曹植備受猜忌與迫害，屢遭貶爵、遷封，後憂鬱而死。

曹植志向高遠，希望在政治上有所作為；且自視甚高，也不乏卓見。他思想駁雜，雜糅儒道、陰陽，法家也有涉獵。勤於著述，詩、賦、各體散文，不論數量品德，都冠絕當時。謝靈運曾說：「天下文章只一石，子建獨得八斗。」後世稱讚人有才華為「才高八斗」即由此而來。

曹植是第一個大力創作五言詩的文人，他的五言詩不僅體現了建安「雅好慷慨」的詩風，還在繼承漢代樂府以敘事為主的基礎上，使其兼具抒情、

說理、寫景、贈答等功能，完成五言詩由樂府民歌向文人詩的轉變，為確立五言詩在中國文壇的地位作出了重要貢獻。代表作有《白馬歌》、《野田黃雀行》、《洛神賦》等。

阮籍的詩作體現了哪些思想

阮籍（西元210年～西元263年），字嗣宗，陳留尉氏（今河南尉氏縣）人。三國時魏國文學家、思想家。「竹林七賢」之一，與嵇康齊名。在魏時曾任步兵校尉，世稱阮步兵。

魏高貴鄉公時阮籍曾封關內侯，任散騎侍郎。入晉後接受司馬氏授予的官職，歷任散騎常侍、步兵校尉等職。

阮籍本有濟世之志，政治上傾向於曹魏，對司馬氏高壓政治不滿，但明哲保身，縱酒佯狂，口不臧否人物。

阮籍不拘禮節，豪放高傲，任性不羈，行為怪異放蕩。他家門口有個賣酒的鋪子，老闆娘很漂亮。阮籍常去飲酒，醉後就睡在老闆娘身邊，毫不避嫌。他家裏的人都愛喝酒，以至於養的豬也愛喝酒，於是便和豬一起喝。

他採取這種極端的方式來蔑視和否定束縛人生自由的封建禮法，也瞧不起拘泥於封建禮法的儒生。據《晉書‧阮籍傳》記載，阮籍的眸子黑白分明，當志同道合者來訪時，他用青眼看人；當儒者來訪的時候，則用白眼看人。比如母親過世時，嵇喜來弔喪，他翻白眼不理人。嵇喜回去後不久，嵇康（嵇喜的弟弟）拿著酒帶著琴來，阮籍一看大悅，立即以青眼示人。

他的詩多抒發個人的憂憤，故被認為「頗多感慨之詞」。代表作為《詠懷詩》八十二首。《詠懷詩》在藝術上往往大量運用比興手法，或借自然界的景象，或借歷史故事，或描繪主觀心態，以象徵的手法創造意象表達情意，這就構成了《詠懷詩》含蓄蘊藉、隱約曲折的獨特風格。因而他的詩可以從總體上加以體味，卻無法一一指實，所以，鍾嶸說他的詩：「言在耳目之內，情寄八荒之表」，「厥旨淵放，歸趣難求」（《詩品》）。

阮籍的詠懷詩在命題方式上具有開創意義，後來陶淵明的《飲酒》、庾

信的《擬詠懷》、陳子昂的《感遇》、李白的《古風》等，都在一定程度上受到了它的影響。

陶淵明為何被譽為「田園詩祖」

陶淵明（約西元365年～西元427年），字元亮，晚年更名潛。一說本名潛，字淵明。自號五柳先生，卒後親友私諡靖節，世稱靖節先生。因其曾任彭澤令，後人又稱為「陶彭澤」。潯陽柴桑（今九江市）人。晉末宋初傑出的詩人、辭賦家、散文家。

陶淵明出生於沒落的仕宦家庭，29歲時雙親相繼過世，家道中落。早期的陶淵明，曾有「大濟蒼生」的願望，曾任江州祭酒，但由於忍受不了俗吏事務，不久便自動辭歸，躬耕自給。以後又屢官屢辭。

辭彭澤令是陶淵明前後兩期的分界線，此後他不再「為五斗米而折腰」，躬耕隱居，創作了大量文學作品。

陶淵明所作詩歌，現存120多篇，辭賦3篇，散文8篇，而以詩歌的成就為最高。其詩歌從內容上又可分為飲酒詩、詠懷詩和田園詩三大類。

陶淵明的詩有四分之一是田園詩，這些詩歌多方面表現了田園生活，抒發了詩人複雜的思想感情。

他的詩描寫出幽美恬靜的田園風光，表達了詩人悠然自得的感情。在這些詩中，作者把田園自然風光當作與黑暗現實、混濁官場完全對立的另一世界，看成是一種人生的安身立命之所，因而寄寓了美好的人生理想，如《歸園田居》。

陶淵明的《桃花源詩並序》大約作於南朝宋初年，描繪了一個烏托邦式的理想社會。此後，「世外桃源」便成為與現實世界不同的、純淨樂土的代名詞，更是歷代文人遭受挫折後所嚮往的精神家園。

陶淵明是中國文學史上第一個作田園詩的詩人，他的詩以及詩中所反映的思想，對後世文人產生了深遠的影響，他也因此被譽為「田園詩祖」。

謝靈運為何被稱為「山水詩祖」

謝靈運（西元385年～西元433年），陳郡陽夏（今河南太康）人，東晉名將謝玄之孫。南朝晉宋間著名詩人，被稱為「山水詩鼻祖」。

謝靈運出生於會稽始寧（今浙江上虞），因從小寄養在錢塘杜家，故族人因名為「客兒」，世又稱「謝客」。襲封康樂公，由於性情狂傲，與朝廷發生矛盾，後被降至為康樂侯，故又稱「謝康樂」。

謝靈運曾任永嘉太守，因政治上不得意而肆意遊山玩水。後來隱居會稽始寧，大建別墅，尋山探幽。文帝時曾任臨川內史，後被誣謀反而流放廣州，最終被殺。

謝靈運詩大都描寫永嘉、會稽等地的山水名勝與自然風景，如《登池上樓》、《過白岸亭》、《游南亭》、《石門岩上宿》等，有些詩表達了對時政不滿、渴望歸隱的思想。謝詩扭轉玄詩詩風，開拓了詩歌的表現領域，開創了山水詩派。其詩刻畫景物清新細緻，景中寓情，注重聲色渲染，時人譽為「如初發芙蓉，自然可愛」（鮑照）。唐代的李、杜、王、孟、韋、柳諸大家，都曾從謝詩中汲取過營養。

除詩文創作外，他還兼通史學，精通佛教老莊哲學，工於書法、繪畫。宋文帝劉義隆曾稱讚他的詩和字為「二寶」。

庾信，宮體文學的代表作家

庾信（西元513年～西元581年），字子山，南陽新野（今屬河南）人，南北朝時著名文學家。

庾信自幼隨父親庾肩吾出入於宮廷，後來又與徐陵一起任蕭綱的東宮學士，成為宮體文學的代表作家，他們的文學風格也被稱為「徐庾體」。侯景之亂後出使西魏，其間梁亡，因此，被留在西魏。此後歷仕西魏、北周，官至驃騎大將軍、開府儀同三司，世稱「庾開府」。

雖然庾信身居顯貴，被尊為文壇宗師，受皇帝禮遇，與諸王結布衣之

交，但卻深切思念故國鄉土，為自己身仕敵國而羞愧，因不得自由而怨憤。這個時期他的創作風格發生了較大變化。

由南入北的經歷，使庾信的文學成就達到了「窮南北之勝」的高度，既吸收了齊梁文學聲律、對偶的修辭技巧，又接受了北朝文學剛健的文風，是南北文學互相借鑑、融合的典範，為唐代新詩風的形成做了必要的準備，即所謂的「庾信文章老更成」。而以抒發鄉關情思的作品的成就為最高，代表作是《詠懷》二十七首。

陳子昂的文學表現了革新精神

陳子昂（西元661年～西元702年），字伯玉，梓州射洪（今四川射洪）人，唐代詩人。

陳子昂青年時期發憤讀書，有遠大抱負。24歲時舉進士，一度得到武后賞識，官至右拾遺。25歲和36歲兩次從軍出征，先後到過西北邊塞和燕京一帶。因在朝十餘年始終抑鬱不得志，38歲便辭職還鄉。最後因武三思指使縣令段簡加以迫害，死時僅42歲。

陳子昂工詩擅文。在詩歌創作上，表現出極強的革新精神。他反對唐初詩歌沿習六朝內容空虛、偏重形式的柔靡詩風，標舉漢魏風骨，強調比興寄託，要求詩歌有政治傾向、思想感情及現實內容。

陳子昂代表作為《登幽州臺歌》。詩中遼闊蒼茫的時空境界，慨然獨立的主體形象，孤高悲涼的情感格調，在後人心中引起強烈的共鳴。

孟浩然與「盛唐之音」第一聲

孟浩然（西元689年～西元740年），盛唐詩人，襄州襄陽（今屬湖北）人，世稱孟襄陽。

孟浩然40歲前在家種菜養竹，閉門讀書。開元十六年（西元728年）到長安應進士舉不第，失意而歸；其間曾賦詩太學、名動公卿，並與王維

交遊。其後在江淮吳越漫遊幾年之後，重歸故鄉。開元二十五年（西元737年），張九齡任荊州刺史，他曾應邀作過幕僚，但不久便又歸隱鹿門。後病逝於襄陽。一生未仕，人稱「孟山人」。

孟浩然潔身自好，不事逢迎，其耿介性格和高尚情操，為時人和後人所傾慕。李白稱讚他「紅顏棄軒冕，白首臥松雲」、「高山安可仰，徒此揖清芬」（《贈孟浩然》）。王維曾畫孟浩然像於郢州一亭，題「浩然亭」，後人因崇敬他，不願直呼其名，改稱「孟亭」。可見，人們對他的崇敬達到了一定程度。

孟浩然的山水詩主要有兩部分：一部分是遊歷南北各地所寫的山水景色；另一部分是隱居故鄉襄陽所寫的自然風光。他在漫遊途中描摹的山水景物生動逼真，而且富於變化，顯示了卓越的藝術表現力。

孟浩然在這一類詩中追求的是一個「清」字。他的作品善於運用清淡平和的語言描繪清幽絕俗的意境，出語灑脫，詩風平易，怡然自得，韻致高遠，「誦之有泉流石上、風來松下之音」（陸時雍《詩鏡總論》）。

孟浩然的田園詩數量遠比山水詩少，但是其風格特色卻很值得稱道。膾炙人口的《過故人莊》一詩，用口語，寫眼前景，敘家常事，成功地表現了簡樸親切的田園生活、真淳動人的故人情誼；全篇於自然平淡中蘊藏著深厚的情感和濃郁的詩意。

孟浩然是唐代大量寫作山水景色與隱逸生活的第一人。作為初唐詩歌向盛唐高峰發展的一座里程碑，他的作品雖然還留有某些過渡的痕跡，但卻體現了鮮明的個性，因而獨標風韻，自成境界，成為「盛唐之音」的第一聲。

李白為什麼會有「詩仙」之譽

李白（西元701年～西元762年），字太白，號青蓮居士。祖籍隴西成紀（今甘肅秦安縣）。先世於隋時因罪徙居中亞。李白於武后長安元年（西元701年）出生在安西都護府碎葉城（今吉爾吉斯斯坦托克馬克城），約五歲時，隨父遷居蜀中綿州昌隆縣（今四川江油縣）青蓮鄉。

李白的父親李客是商人，家境富裕。李白青少年時期在家博覽群書，除儒家經籍外，還有六甲和百家等。愛好劍術，輕財任俠，善作詩賦。

二十五歲時，李白開始了漫遊而兼求仕的時期。他遊至安陸，與退休宰相許圉師的孫女結婚，並定居安陸，又先後北遊、東遊、南遊，遍及大半個中國。在漫遊中，他時而縱橫遊說，時而上疏請命，時而隱居求仕。

李白在長安期間，結識了衛尉張卿，透過他向玉真公主獻了詩。在長安，李白還結識了賀知章。李白與賀知章的結識頗有趣味：一次，李白去紫極宮，意外遇見賀知章。李白早就拜讀過賀老的詩，這次邂逅讓他欣喜不已，立刻上前拜見，並呈上袖中的詩本。賀知章讀後十分欣賞《蜀道難》和《烏棲曲》，竟興奮地解下衣帶上的金龜叫人去換酒與李白共飲。

天寶元年，唐玄宗下詔徵赴長安入翰林。但玄宗所賞識的是李白的才華，把他看作是點綴昇平的御用文人，這使李白感到政治理想的破滅。三年的翰林供奉，使他逐步認識到統治階級的腐朽和政治的黑暗。

天寶十四年，安史之亂爆發，李白隱居盧山，次年冬入永王李璘幕府。李璘因奪其兄肅宗帝位未果被滅，李白因此獲罪下獄。出獄後，被流放夜郎（今貴州桐梓一帶）。此時，李白已58歲，行至巫山，幸遇大赦，才得東歸。

上元二年，李白已61歲，從政熱情未減，從金陵上路，準備從李光弼部平史朝義叛亂，不幸途中生病折回，次年病逝於當塗（今安徽當塗），終年62歲。

一千多年來李白被稱為「謫仙」、「詩仙」。他是中國文學史上繼屈原之後又一偉大的浪漫主義詩人。他經歷坎坷，思想龐雜，既是一個天才的詩人，又兼有遊俠、刺客、隱士、道人、策士等人的氣質。儒家、道家和遊俠三種思想，在他身上都有體現。「功成身退」是支配他一生的主導思想。

李白的詩富於自我表現的主觀抒情色彩，感情的表達具有一種排山倒海、一瀉千里的氣勢。比如，他入京求官時，「仰天大笑出門去，我輩豈是蓬蒿人！」想念長安時，「狂風吹我心，西掛咸陽樹。」這樣一些詩句都是極富感染力的。這種非凡的氣魄和生命激情，充分體現了盛唐昂揚向上的時

代精神，具有強烈的陽剛之美。

唐文宗曾下詔以李白歌詩、裴曼劍舞、張旭草書為三絕，因為這三者都是追求浪漫個性的典型代表。他與杜甫合稱「李杜」，代表了唐代詩歌的最高成就，在中國詩歌史上具有不可替代的地位。

杜甫為何又稱「詩聖」

杜甫（西元712年～西元770年），字子美，原籍襄陽（今湖北襄陽）人，生於河南鞏縣。

杜甫出生在一個世代「奉儒守官」的家庭，是唐初著名詩人杜審言之孫。自幼好學，7歲吟詩。青年時期兩次漫遊，遍歷江南與山東。其間與李白相遇洛陽，相攜暢遊齊魯。天寶年間，杜甫曾任左拾遺、檢校工部員外郎，因此，後世稱其「杜拾遺」、「杜工部」。又因為他居住在長安城外的少陵，也稱他「杜少陵」。

杜甫在詩歌藝術上取得了輝煌的成就，他的詩多涉及社會動盪、政治黑暗、人民疾苦。杜詩格律嚴謹，感情真摯，平實雅淡，沉鬱頓挫，細膩感人，形象鮮明，特別注意遣詞煉句，追求「語不驚人死不休」的創作風格。

由於杜甫憂國憂民，人格高尚，詩藝精湛，杜詩所展現的人格魅力，集中了儒家文化傳統裏的一些最重要的品德和情懷，因此，又被稱為「詩聖」，對後世影響深遠。唐代大文學家韓愈曾把杜甫與李白並論，說：「李杜文章在，光焰萬丈長。」

岑參的邊塞詩作有何特點

岑參（西元715年～西元770年），南陽（今屬河南）人，少年發憤，遍讀經史。天寶三年（西元744年）進士，授兵曹參軍，曾兩度從軍。經杜甫等人推薦，任右補闕，官至嘉州刺史，世稱「岑嘉州」。後罷官，客死成都旅舍。

岑參早期詩多為寫景、述懷及贈答之作，如《暮秋山行》等。入戎幕後，轉為描寫邊塞風光和軍旅生活，所作邊塞詩描繪邊地壯闊、奇麗的自然景象，反映了將士們建功立業的壯志豪情，歌頌保家衛國的正義戰爭。如《走馬川行奉送出師西征》、《白雪歌送武判官歸京》、《輪臺歌》等。也有一些反映邊塞風習、懷鄉思親的詩作，如《逢入京使》。晚期詩篇中，時時反映出壯志未酬的消沉及歸隱思想。

岑參擅長七言歌行，作品想像豐富，氣勢磅礴，具有新奇瑰麗、挺拔沉雄的風格。殷璠稱其詩「語奇體峻，意亦造奇」（《河岳英靈集》）。

韓愈為何名列「唐宋八大家」之首

韓愈（西元768年～西元824年），字退之，河陽（今河南省孟州市）人。唐代文學家、哲學家。郡望河北昌黎，世稱「韓昌黎」。晚年任吏部侍郎，又稱「韓吏部」。唐代著名的文學家、思想家、教育家。「唐宋八大家」之首，「古文運動」的積極宣導者。

韓愈出身小官僚家庭，3歲喪父，在兄長培養下考取進士。歷任監察御史、國子博士，反對王叔文政治改革。後因諫迎佛骨，被貶官外任。晚年回朝，歷任國子祭酒、部侍郎及京兆尹等顯職，政治上較有作為。

韓愈的一生，宦海沉浮，經歷過很多人生的大起大落。後人對他的評價頗高。他主張學習先秦兩漢的散文語言，破駢為散，擴大文言文的表達功能。一時韓門弟子甚多，李翱、皇甫湜等都追隨他積極作古文。宋代蘇軾稱他為「文起八代之衰」，明人則推他為唐宋八大家之首。與柳宗元並稱「韓柳」，有「文章巨公」和「百代文宗」之名。

韓愈還是一個語言巨匠，他善於使用前人詞語，又注重當代口語的提煉，得以創造出許多新的語句，其中有不少已成為成語流傳至今，如「業精於勤」、「動輒得咎」、「雜亂無章」等。在思想上，他又是中國「道統」觀念的確立者，是尊儒反佛的代表人物。

劉禹錫為何得名「詩豪」

劉禹錫（西元772年～西元842年），字夢得，河南洛陽人。

唐代文學家、哲學家。自言系出中山（今屬河北定縣）。貞元間連登進士、宏辭二科。授監察御史。參加王叔文集團，反對宦官和藩鎮割據勢力。失敗後，貶朗州司馬，遷連州刺史。後以裴度力薦，遷太子賓客，加檢校禮部尚書，世稱「劉賓客」。和柳宗元交誼很深，人稱「劉柳」，後與白居易唱和甚多，也並稱「劉白」。

劉禹錫一生坎坷，四處漂泊，直到晚年，才居於洛陽，後逝於洛陽。他的家庭是一個世代以儒學相傳的書香門第。政治上主張革新，是王叔文派政治革新活動的中心人物之一。

劉禹錫的詩現存800餘首，最為人稱道的是詠史懷古的詩作。這些詩語言平易簡潔，意象精當新穎，在古今相接的大跨度時空中，緩緩注入詩人深沉厚重的悲情，使得作品具有一種沉思歷史和人生的滄桑感、雋永感，在中唐詩壇獨樹一幟，如《西塞山懷古》、《荊州道懷古》、《金陵懷古》、《姑蘇臺》、《金陵五題》等作品，無不沉著痛快、雄渾老蒼。故有「詩豪」之稱。

柳宗元的文學成就

柳宗元（西元773年～西元819年），字子厚，河東（今山西永濟）人，世稱「柳河東」。唐代文學家、哲學家和散文家，唐宋八大家之一。

柳宗元出身官宦家庭，少有才名，貞元進士，授校書郎，調藍田尉，升監察御史里行。與劉禹錫參加王叔文集團，任禮部員外郎。失敗後，貶為永州司馬。後遷柳州刺史，故又稱「柳柳州」。

柳宗元主張文要「有益於世」，詩要「導揚諷諭」。他與韓愈皆宣導古文運動，並稱韓柳；劉禹錫與之並稱「劉柳」。王維、孟浩然、韋應物與之並稱「王孟韋柳」。所作散文峭拔矯健，說理透澈。《捕蛇者說》、《三

戒》、《永州八記》等都是人所共知的名篇。

同時，柳宗元也是一位著名的詩人。他的詩有對時弊的揭露和批判，《古東門行》反映宰相武元衡被殺事件，《田家》三首表現農民遭受的痛苦，都是愛恨分明的力作。但他較多的是利用寓言形式，以飛禽自況，在自傷與歎世、苦悶與不平的抒寫中反映政治的黑暗、鬥爭的殘酷。其寓言詩《跛鳥詞》、《籠鷹詞》、《放鷓鴣詞》等，刻畫形象，托物寄諷，和他的寓言散文手法相似、精神相通。

王維為何得名「詩佛」

王維（西元701年～西元761年），字摩詰，太原祁（今山西祁縣）人，後居住於浦（今山西永濟），唐朝著名詩人。

王維精通佛學，欽佩維摩詰。開元進士科第一，曾任大樂丞、右拾遺等。天寶末年，安祿山攻占長安，王維被迫出任偽職。但是他並不願意，曾作詩表達了心跡。當安祿山兵敗後，王維因此得到了赦免，並任太子中允，後轉尚書右丞，故世稱「王右丞」。晚年無意仕途，誠心奉佛，故後世又稱其為「詩佛」。

王維擅長各種詩體，尤以五言律詩和絕句著稱。其中，他的山水田園詩數量多，藝術成就高，最能代表他的藝術風格，如《漢江臨眺》、《山居秋暝》等。他的山水田園詩，描物精細，狀寫傳神，色彩鮮明如畫。語言清新凝練，含蓄生動。

王維除詩作優美外，又擅畫，為當時著名畫手。蘇軾在《書摩詰藍田煙雨圖》中稱：「味摩詰之詩，詩中有畫；觀摩詰之畫，畫中有詩。」所評極為精當。

此外，王維還精通音樂，擅長書法。有《王右丞集》傳世。

白居易的詩作有何特點

白居易（西元772年～西元846年），字樂天，下邽（今陝西渭南東北）人，唐代著名詩人。

白居易天資聰穎，少有詩名。貞元十六年（西元800年）進士，兩年後與元稹同時考中「書判拔萃科」，從此訂交；後來詩亦齊名，並稱「元白」。

白居易立志中興國家，參與王叔文改革，屢次上疏言事，但均不見用。後因宰相武元衡遇刺案越職言事，被貶為江州司馬，此後壯志逐漸消磨。後改任忠州刺史，兩年後回朝，先後任中書舍人等職，但因國事日非、朋黨傾軋、言事不用，請求外任，出為杭州刺史，並短期任蘇州刺史。在杭時修堤浚井，頗有治績；離蘇時士民泣涕相送。後定居東都洛陽，任太子賓客、太孫傅。晚年閒居，修香山寺，詩酒遊玩，「棲心佛氏」，因其長期居住在洛陽香山，又號「香山居士」。

白居易強調詩歌的政治功能，並力求通俗，他宣導新樂府運動，促進了唐詩的發展。作有《新樂府》五十首、《秦中吟》十首。中年以後漸漸以閒適詩為主。

他一生作詩很多，語言通俗易懂，被稱為「老嫗能解」。敘事詩中《琵琶行》、《長恨歌》等極為有名，代表了他在詩歌藝術上的最高成就。

白居易的詩在當時流傳廣泛，上自宮廷，下至民間，處處皆是。他去世後，唐宣宗李忱寫詩悼念他：「綴玉連珠六十年，誰教冥路作詩仙？浮雲不繫名居易，造化無為字樂天。童子解吟《長恨曲》，胡兒能唱《琵琶篇》。文章已滿行人耳，一度思卿一愴然。」

白詩對後世文學影響巨大，晚唐皮日休、宋代陸游及清代吳偉業、黃遵憲等，都受到他的啟示。

李賀為何得名「詩鬼」

李賀（西元790年～西元816年），字長吉，祖籍隴西，是唐宗室鄭王李亮後裔。生於福昌縣昌谷（今河南洛陽宜陽縣），後人稱為「李昌谷」。

儘管李賀出生時，其家道業已沒落。但李賀志向遠大，勤奮苦學，少有詩名，曾深得韓愈賞識。因父親名晉肅，「晉」、「進」同音，不能舉進士，只做過三年奉禮郎。李賀一生命途坎坷，鬱勃不平，以27歲華年而終。

因仕途失意，李賀把全部精力都用在寫詩上。在詩歌創作上，李賀不僅注意借鑑前人的藝術經驗，同時也嘔心瀝血，苦心孤詣，努力創造超越傳統、高於生活的美學境界，以出人意表的構思、奇異瑰麗的意境、自由隨意的結構、新穎獨特的修辭、華美新奇的語言，構建了別具一格的詩歌形式，人稱「長吉體」。

其詩多揭露時弊之作和憤懣不平之音，既有昂揚奮發之氣，也有感傷低沉之情；既有熱烈奔放的抒懷，也有淒冷虛幻的意境。在唐代詩壇乃至整個中國詩歌史上，他是一位異軍突起的傑出詩人。杜牧為李賀詩集撰序，並指出李賀詩多藉助於荒墳野草、牛鬼蛇神等奇異的形象，表達怨恨悲愁情緒和荒誕虛幻的意境。故李賀又被稱為「詩鬼」。

李商隱為什麼會被視作朦朧詩鼻祖

李商隱（約西元812年～約西元858年），晚唐詩人，字義山，號玉溪生，又號樊南生，他和杜牧合稱「小李杜」，與溫庭筠合稱為「溫李」，與同時期的段成式、溫庭筠風格相近，且都在家族裏排行十六，故並稱為「三十六體」。

李商隱才華橫溢，史稱其「五歲誦經書，七歲弄筆硯」。文宗開成三年（西元837年）進士及第，踏上仕途，曾三入幕府。但因處於牛李黨爭的夾縫之中，鬱鬱不得志。僅任過九品的秘書省校書郎、正字和閒冷的六品太學博士，為時都很短。

李商隱工詩善文，尤以詩歌成就最高。他是關心現實和國家命運的詩人，各類政治詩不下百首。此外，李商隱詩集中的其他篇章，多半屬於吟詠懷抱、感慨身世之作，表現詩人的境遇命運、人生體驗和精神意緒。

其詩以深婉見長，有些詩迷離恍惚、晦澀費解，與現代的朦朧詩有一定的類似，故有人認為李詩即是古代的朦朧詩，他也因此被稱為中國古代的「朦朧詩鼻祖」。

李商隱詩歌創作很少直抒胸臆，而是致力於婉曲見意，有時甚至是刻意求深求曲。這主要表現在：藉助環境景物的描繪來渲染氣氛、烘托情思，如《射日》；驅遣想像，將實事實情化作虛擬的情境，如《夜雨寄北》；編織綺麗文字、大量運用典故，造成光怪陸離、朦朧隱約的詩歌意象，如《錦瑟》；大量運用比興寄託手法，托彼言此，如《嫦娥》。而大量的無題詩則更是如此。

這些詩作婉曲見意的表現形式，與「深情綿邈」的內涵相結合，表現出「寄託深而措辭婉」（葉燮《原詩》）的「深婉」風格。其詩往往寄興深微，寓意空靈，索解無端，而又餘味無窮。其中部分作品旨意難明，成為千古皆不破的「詩迷」。

杜牧的作品體現了他的什麼情思

杜牧（西元803年～西元852年），晚唐詩人。字牧之，京兆萬年（今陝西西安）人。文宗太和二年（西元828年）進士。初為弘文館校書郎，後為監察御史。歷任黃、池、睦諸州刺史，晚年任司勳員外郎、史館修撰，官終中書舍人。

杜牧生活於晚唐多事之秋，目睹了國家的內憂外患、紛亂多事的時代，因此，感時傷世、憂國愛民的情結常出現在他的作品中。如《感懷》、《郡齋獨酌》等都是他的力作。

杜牧的詠史詩也很有名，其特點是善於選擇最典型的事件並加以形象的刻畫，在不違背歷史真實的情況下，又能有較強的藝術感染力。

杜牧的絕句又多有紀行詠物、寫景抒懷之作。他善於利用七絕這樣短小的體制，創造鮮明生動的意象，寄寓悠遠真摯的情思。他的這類作品顯得才思俊逸活潑，風調清麗悠揚，聲情意韻並佳，藝術成就更高。

「郊寒島瘦」說的是誰

「郊寒島瘦」是蘇東坡對中唐著名詩人孟郊和賈島的詩歌特點的概括，道出了兩位詩人創作上的共性，即詩歌格局上較為窄小，缺乏韓愈、李賀等人的氣勢；手法上雕詞琢句，嘔心瀝血，給人以寒瘦的窘迫之感。

孟郊（西元751年～西元814年），中唐詩人。字東野，湖州武康（今浙江德清）人。早年生活貧困，無所遇合，屢試不第。46歲進士及第後曾任小官，但不事職任，作詩為樂，被罰半俸。後又數任微職，轉徙途中，暴病而亡。

孟郊作詩以內容上「吟苦」和藝術上「苦吟」著稱。他有廣為傳誦的《遊子吟》等平易近人之作，但是更多的是《苦寒吟》、《秋懷》、《寒地百姓吟》一類作品。在後一類作品中，他極力表現生活的窮困和遭遇的不幸以及從中獲得的人生體驗，使用頻率較高的是「憂」、「愁」、「哀」、「傷」、「飢」、「寒」、「病」、「苦」一類字眼，因而作品多有孤寒淒苦的色調。

賈島（西元779年～西元843年），字閬仙，范陽（今北京附近）人，早年為僧，法名無本。還俗以後考中進士，曾官長江主簿。他和孟郊一樣以詩歌為生命，以苦吟為旨趣，但與韓愈、孟郊注重古體不同，賈島創作致力於近體。他多以五律抒寫清苦寂寞的生活和荒涼冷僻的景物，並以瘦硬苦澀的風格取勝。他的才力不如韓、孟深厚，想像不如韓、孟奇詭，但是由於他苦心推敲，著力錘鍊，因而作品多有佳句。

「大曆十才子」都有誰

大曆（西元766年～西元779年）是唐代宗李豫的年號。在這個時期，唐代詩歌發展在開元、天寶年間因李白、杜甫的傑出成就而形成了一個高潮，到了貞元年間，元稹、白居易宣導新樂府運動，則形成了另一個高潮。在這兩個高潮之間，唐代詩歌經歷了一個由背離到轉趨現實主義的階段，那就是大曆時期。著名的「十才子」便是這一階段的重要作家。

一般認為，「十才子」「竊占青山、白雲、春風、芳草等以為己有」，流連山水，稱道隱逸，反映社會現實的詩歌較少，多數是唱和應別之作。風調相高，稍趨浮響。當然，到了大曆後期，詩風有所改變，寫了一些反映現實生活的作品，歷來學者注重研究這一階段的作品。

關於十才子包括哪些人，歷來有不同說法：《新唐書・文藝・盧綸傳》：「綸與吉中孚、韓翃、錢起、司空曙、苗發、崔峒、耿湋、夏侯審、李端，皆能詩，齊名，號大曆十才子。」其他書所載，十人姓名略有出入。計有功《唐詩紀事》謂：「大曆十才子，……盧綸、錢起、郎士元、司空曙、李端、李益、苗發、皇甫曾、耿湋、李嘉佑。又云：吉頊、夏侯審亦是。或云：錢起、盧綸、司空曙、皇甫曾、吉中孚、苗發、郎士元、李益、耿湋、李端。

溫庭筠為何成為「花間鼻祖」

溫庭筠（約西元812年～西元870年），本名岐，字飛卿，太原祁（今山西祁縣）人，唐初宰相溫彥博的後裔。晚唐著名詩人、詞人。詩與李商隱齊名，並稱「溫李」。詞與韋莊齊名，並稱「溫韋」。

溫庭筠多才多藝，精通音律，工詩擅詞，才思豔麗敏捷，工於小賦。每次考試的時候，大多是八次叉手文章就做成了，時人稱之為「溫八叉」。

無論是「八叉」或「八吟」，都從一個側面反映出溫庭筠的敏捷才思。但其生活卻放蕩不羈，縱酒狎妓，好譏刺權貴，多觸忌諱，屢試不第，一生

潦倒。

溫庭筠的詩賦辭藻華麗，當時頗為有名，但為其詞名所掩。他長期出入秦樓楚館，「能逐弦吹之音，為側豔之詞」，是中國文學史上第一個努力作詞的人，並把詞同南朝宮體與北里倡風結合起來，形成濃豔精巧、綿密隱約的詞風。在五代人選編的《花間集》中列於首位，入選作品達六十六首，被稱為「花間鼻祖」。

李煜為何又是「千古詞帝」

李煜（西元937年～西元978年），字重光，初名從嘉，號鍾隱、蓮峰居士、鍾峰白蓮居士，徐州人。五代十國時南唐國君，元宗李璟第六子，「生於深宮之中，長於婦人之手」，西元961年繼位，由於是南唐最後一位皇帝，史稱李後主。

李煜雖然不是一位稱職的國君，但他工書善畫，精通音律，詩詞文賦無所不能，詞的成就尤為突出。在中國詞史上占有重要的地位，被稱為「千古詞帝」。

他以國君的身分，在寫詞過程中能充分展示自己的本色與真情，一任真實情感傾瀉，而較少有理性的節制。以降宋為界，把他的詞分為前後兩期：前期主要為反映宮廷生活、男女情愛以及相應的感受，對自己的沉迷與陶醉，不加掩飾；後期的詞主要寫亡國之痛，血淚至情，將詞的創作向前推進了一大步，擴大了詞的表現領域。

同時，李煜的創作善於以今與昔、夢與真的強烈對比結構篇章反映生活；善於對人生的情感體驗進行準確、凝練的藝術概括；善於用簡潔的白描、精妙的比喻以及平易自然的語言，創造真切可感的形象，構成清新高遠的意境，因而在藝術上超越了以往的詞人，取得了傑出的成就。

「柳詞」是誰的作品

柳永（約西元987年～約西元1053年），初名三變，字景莊，後改名永，字耆卿，崇安（今福建武夷山）人。排行第七，故稱柳七。

柳永出身官宦之家，為人放蕩不羈，常出入於秦樓楚館。曾做過睦州推官、餘杭縣令等，官至屯田員外郎，後世又稱「柳屯田」。他一生在仕途上抑鬱不得志，終身潦倒，獨以詞作著稱於世，是婉約派最具代表性的人物之一。

宋仁宗曾在批閱進士名錄時說：「此人風前月下，好去淺斟低唱，何要浮名，且填詞去。」將柳永名字抹去。他於是自稱「奉旨填詞柳三變」，以畢生精力作詞，並以「白衣卿相」自許。

柳永的詞大大開拓了詞的題材。他用詞敘寫都市的繁華富庶，描述男女豔俗情事，抒發羈旅行役情懷，還寫過一些自敘懷抱，感慨身世遭際的作品。柳詞突破了晚唐、五代至宋初詞的狹隘內容，使詞的內容題材有了新的開拓。

柳永還大量製作慢詞，從根本上改變了唐五代以來詞壇上小令一統天下的格局，使慢詞與小令平分秋色。他還在許多慢詞的調名上注明宮調名稱，使其能入樂演唱。在創作手法上，柳詞善於層層鋪敘，情景兼融，語言淺顯自然，不避俚俗。

柳詞在其身前即廣為流傳，所謂「凡有井水飲處，即能歌柳詞」。柳詞對後來的秦觀、周邦彥、姜夔等人都有一定的影響。是北宋前期最有成就的詞家之一。

歐陽修如何「以文為詩」

歐陽修（西元1007年～西元1072年），字永叔，號醉翁，晚年又號六一居士，廬陵（今江西吉安）人。官至參知政事，諡曰文忠，故世稱「歐陽文忠公」。北宋傑出的政治家、文學家、史學家。

歐陽修博學多才，詩文創作和學術著述都成就卓著，為天下所仰慕。他又是一代名臣，政治上有很高的聲望。作為北宋一代文壇盟主，他團結同道，汲引後進，蘇軾父子及曾鞏、王安石皆出其門下。

他自幼喜愛韓文，後來寫作古文也以韓、柳為學習典範，內容充實，形式多樣，說理暢達，抒情委婉。使得散文的體裁更加豐富，功能更加完備，時人稱讚他：「文備眾體，變化開合，因物命意，各極其工。」

他的詩風與散文近似，重氣勢而能流暢自然，特點是「以文為詩」，對宋詩風格的形成有重大影響，蘇軾就承襲了歐陽修以文為詩的特點，並將其發揚光大。詞深婉清麗，承襲南唐餘風。曾與宋祁合修《新唐書》，並獨撰《新五代史》。歐陽修又喜歡收集金石文字，編有《集古錄》。

林逋作品有何特點

林逋（西元967年～西元1028年），字君復，錢塘（今浙江杭州）人，少年時家境貧寒，衣食不足。早年曾漫遊於江淮之間，後來回到杭州，居住在西湖孤山，二十餘年不曾到過杭州城，隱居自娛。林逋終身不娶，也不曾做官。他養鶴種梅，以梅、鶴為伴，人稱其「梅妻鶴子」。終年62歲。賜諡和靖先生。

林逋不僅品行高尚，而且善於作詩，與梅堯臣、范仲淹等人往來唱和。他居住孤山數十年，清淨幽雅的生活環境為他提供了獨特的詩材，因此，描寫湖山景色便成為他詩歌的重要主題。

尤其是林逋所居多養梅畜鶴，因而他的詠梅詩更負盛名，其中《山園小梅》其一最為膾炙人口。第三、四句「疏影橫斜水清淺，暗香浮動月黃昏」，抓住了梅花疏淡幽香的特點，又以溪水、明月來映襯，巧妙地刻畫出梅花的骨秀神清的高貴品格，因而贏得了歷代文人墨客的交口稱讚。林逋詠梅詩所取得的巨大成就，是與他「梅妻鶴子」的生活經驗分不開的。

蘇軾的作品有何影響

蘇軾（西元1037年～西元1101年），字子瞻，號東坡居士，眉州眉山（今屬四川）人，是古文名家蘇洵的長子。北宋著名文學家、書畫家。

蘇軾自少年起即刻苦讀書，涉獵極廣。仁宗嘉祐二年（西元1057年）進士及第，得到主考官歐陽修的熱情讚揚。官至翰林學士、知制誥、禮部尚書。一生經歷仁宗、英宗、神宗、哲宗、徽宗五朝，在新舊兩黨鬥爭中屢遭排擠打擊，幾經貶謫，仕途坎坷不平。但他在各地做地方官時勤政愛民，興利除弊，深得人民的擁戴。

蘇軾是藝術上的全才，在文、詩、詞三方面都達到了極高的造詣。他的詩歌內容廣闊，風格多樣，而以豪放為主，清新豪健，善用誇張比喻，筆力縱橫，窮極變幻，具有浪漫主義色彩，為宋詩發展開闢了新的道路。

作為傑出的詞人，蘇軾變革詞風，以詩為詞，將詩的表現手法移植到詞中，開闢了豪放詞風，與傑出詞人辛棄疾並稱為「蘇辛」，對後代影響深遠。

他的散文風格隨著表現對象的不同而變化自如，像行雲流水一樣文理自然，姿態橫生，藝術風格生動多樣、兼收並蓄，善於翻新出奇，將敘事、抒情、說理三種功能完美地結合起來。辭賦和小品文則往往情景兼備，韻味雋永。

不僅如此，他在書法、繪畫等領域內的成就也尤為突出，與黃庭堅、米芾、蔡襄並稱「宋四家」。他對醫藥、烹飪、水利等科學門類也有所貢獻。

蘇軾在當時文壇上享有巨大的聲譽，很多青年作家如黃庭堅、張耒、晁補之、秦觀、陳師道等都向他學習請教。他的作品在後世仍作為學習的範式。他進退自如，寵辱不驚的人生態度和文化精神，也成為後世文人學者學習的典範。

李清照在詞界的地位

李清照（西元1084年～約西元1155年），宋朝傑出女詞人，濟南章丘（今屬山東）人。

其父李格非是學者兼文學家，其母也知書能文。在父母的影響下，李清照幼承家學，早有才名。18歲時，李清照與太學生趙明誠結婚，婚後生活非常幸福美滿，夫婦倆詩詞酬唱，共同收集整理金石文物，編寫了《金石錄》。他們的住所為「易安堂」，因此，李清照也就自號為易安居士。

金兵南下後，李清照夫婦南渡淮河。不久趙明誠不幸病逝，李清照隻身漂泊在杭州、越州、金華一帶，過著類似逃難的生活，境況極其悲慘。晚年生活缺乏資料記載。這些坎坷經歷在李清照的詞作中都有生動體現。

可以說，李清照是中國文學史上創造力最強、藝術成就最高的女性作家。她工書能文，通曉音律，以詞著名，詞的風格以婉約著稱，而又兼得豪放之長，尤其是她的後期詞，無論是反映生活的廣度，抒發感情的深度，還是藝術概括的高度，都有突破性的提高，從而形成了她獨具特色的「易安體」。

她還在理論上確立了詞體的獨特地位，提出了詞「別是一家」之說，認為詞是與詩不同的一種獨立的抒情文體，在詞學理論方面意義重大。

辛棄疾生平及作品特點

辛棄疾（西元1140年～西元1207年），字幼安，號稼軒，山東歷城（今山東濟南）人，南宋著名愛國詞人。

辛棄疾早年受祖父影響，曾至燕山考察敵情。青年時期率眾人參加抗金義軍。翌年，受義軍首領耿京之命赴建康奉表歸宋，在返回山東之時，義軍叛徒張安國殺耿京降金。辛棄疾帶領數十騎闖入金營，將張安國縛歸斬首。

不久，辛棄疾率部分人馬南下建康，希望依託江南實現恢復中原的夙願。南歸後，歷任兩湖、贛閩微職，又常賦閒散居。其間不斷上疏朝廷，希

望北伐，但始終不被採納，並遭到主和派的打擊，屢被派去平定內亂。

後由於政績突出，漸受信用，隨之又因所推行整頓改革為眾人所不容而遭彈劾落職。此後過著退隱生活，前後長達18年。嘉泰三年（西元1203年），時年60歲的辛棄疾被起用，但終因抱負不同而被言官彈劾而罷職。不久，「抱恨入地」，齎志而歿。

辛棄疾在大部分詞作中抒發了自己力圖恢復中原的雄心和壯志難酬的悲憤，並對南宋上層統治集團的屈辱投降進行了揭露和批判。辛棄疾的詞藝術風格多樣，而以豪放為主，展示了虎嘯風生、氣勢豪邁的英雄形象。他的詞作情懷雄豪激烈，意象雄奇飛動，境界雄偉壯闊，語言雄健剛勁，與蘇軾並稱為「蘇辛」。

辛棄疾的詩、文也有一定成就。現存辛詩約130首，所反映的生活和思想可與詞作印證。辛棄疾的文多為「平戎策」，議論時世，鼓動抗敵。如《美芹十論》、《九議》，都識見不凡，體現了辛棄疾經綸濟世的才能。

陸游為何被譽為「小李白」

陸游（西元1125年～西元1210年），字務觀，號放翁，越州山陰（今浙江紹興）人，南宋著名詩人。

陸游出身世代為官且具有濃厚文學修養的家庭。出生次年，金兵攻陷北宋都城汴京，舉家避難安徽壽春，輾轉流離之後又回到家鄉。因母親所迫，不得已與深愛的妻子唐婉離散。

29歲時，陸游中進士，因名列秦檜孫子之前，複試時被除名。秦檜死後曾受任用，但因主張抗戰，被投降派罷黜還鄉。後受四川宣撫使王炎邀請，入其幕中襄理軍務，寫出許多愛國詩篇。其後離蜀，先後在福建、江西、浙江等地任地方官。此後幾經任用、罷官。晚年鄉居，壯心不已，最終以85歲高齡齎志而歿。

陸游一生著作豐富，自言「六十年間萬首詩」，今尚存九千三百餘首。他的詩主要是愛國、軍旅題材，慷慨激烈，悲憤昂揚，誓要為國家報仇雪

恥，恢復北方疆土，解救淪陷人民，如《夜讀兵書》、《老馬行》。但由於壯志難酬，詩中又表現了難以抑制的悲愴與憤慨，如《書憤》、《病起書懷》等。有些詩還無情揭露和譴責了投降派，如《關山月》、《感憤》等。

陸游的詩還包括閒適詩篇，深雅細膩，狀物貼切，對偶工致，如「山重水複疑無路，柳暗花明又一村」、「小樓一夜聽春雨，深巷明朝賣杏花」等，後人有「古人好對偶被放翁用盡」的說法。

他的詩歌藝術創作，繼承了屈原、陶淵明、杜甫、蘇軾等人的優良傳統，風格雄奇奔放，沉鬱悲壯，洋溢著強烈的愛國主義激情，在思想上、藝術上取得了卓越的成就。

初有抗金之志的孝宗即位後，對陸游的策論和詩作極為讚賞。一天，孝宗駕臨華文閣視察，向隨行的周益公問道：「現時也有像唐李白那樣的大詩人嗎？」周回奏：「依臣看，只有陸游可與比肩。」孝宗點頭。從此，人們稱陸游為「小李白」。這一別號，是朝野對其詩歌創作的高度評價。

著名劇作家關漢卿

關漢卿，生卒年不詳。號己齋叟。大都（今北京）人。元初著名劇作家。

元朝統一中國後，城市經濟逐漸復甦並日漸繁榮。在城市裏，雜劇逐漸興起。但在當時，由於異族文化的衝擊，儒學思想和知識份子的地位變得十分低下，甚至有「七匠八娼九儒十丐」的說法。

不僅如此，當時社會上還存在著嚴重的種族歧視。關漢卿本出身行醫世家，由於醫術高明，在當地頗有名氣，還曾被召進宮中做太醫院尹，但因志不在醫，不久即辭官。

此後，關漢卿和許多仕子一樣，進則無門，退則不甘，但由於生性灑脫，便和同時代的很多儒生一樣走進了勾欄（戲園子）、倡優（藝人）中間。

關漢卿「生而倜儻，博學能文，滑稽多智，蘊藉風流」，交友十分廣

泛，與雜劇作家、演員、青樓女子、官員都有交往。作為封建社會的知識份子。他熟讀儒家經典，書寫劇本時，典籍中的句子信手拈來。

雖然生在仕途堵塞的時代，但關漢卿卻能衝破思想的束縛，放下士子的清高，虛心接受、學習雜陳的民間文化，這在他的雜劇和散曲中，人們都能夠感受到：無論是左右逢源的民間俗語還是三教九流的行話，都栩栩如生，極具欣賞價值。

關漢卿本人亦頗有才華，不但吹拉彈唱樣樣精通，而且能歌善舞，形象動人，經常粉墨登場，是時人公認的「梨園領袖」。

關漢卿一生寫有六十多種雜劇作品和數十首散曲，流傳下來的僅有十八種。收錄於在《關漢卿戲曲集》中，其中如《竇娥冤》、《救風塵》、《蝴蝶夢》、《魯齋郎》、《拜月亭》、《調風月》、《望江亭》等都是廣為流傳的名篇。

金代最有成就的文人元好問

元好問（西元1190年～西元1257年），字裕之，號遺山，山西秀容（今山西忻州）人。金代最有成就的作家和歷史學家，也是傑出的詩論家。

元好問曾受學於郝天挺門下，得以飽覽經傳百家；後又以詩受知於趙秉文。由於生活在金元興替之際，在戰亂動盪的社會環境裏，元好問經歷了國破家亡的慘痛、流離逃難的生活。

元好問存詩有一千四百餘首，內容豐富，題材多樣。其中大量寫現實生活之作，真實地記述了金亡前後社會的動亂，百姓慘遭荼毒，元軍的殘暴行徑，情感悲憤深摯，感染力甚強，具有詩史的意義，是杜甫之後少見的傑出作品。

元好問詞同樣內容多樣，兼有婉約、豪放諸種風格，題材之廣為古代諸詞家不及。其詞為金代之冠，被譽為「集兩宋之大成」者。

此外，元好問在古代文學批評史上也占有重要的地位。他的《論詩絕句三十首》全面地評論了自漢魏到宋末的一千多年間的重要詩人及詩派，表達

出重視自然天成的意境和雄放壯偉的風格的詩學主張，一直為後代的詩論家所重視。

明初最有成就的詩人高啟

高啟（西元1336年～西元1374年），字季迪，長洲（今江蘇蘇州）人。元末曾隱居吳淞江畔的青丘，因自號青丘子。明初受詔入朝修《元史》，授翰林院編修。西元1370年，朱元璋擬委任他為戶部右侍郎，他固辭不赴，返青丘授徒自給，後被朱元璋借蘇州知府魏觀一案腰斬於南京。

高啟為明初最有成就的詩人，與楊基、張羽、徐賁合稱「吳中四傑」。高啟的詩雄健有力，富有才情，開始改變元末以來縟麗的詩風。

他學詩兼采眾家之長，無偏執之病。但從漢魏一直摹擬到宋人，又死於盛年，未能熔鑄創造出獨立的風格。他反映人民生活的詩質樸真切，富有生活氣息，吊古或抒寫懷抱之作寄託了較深的感慨，風格雄勁奔放。

他的不少作品流露出憂鬱、苦悶、彷徨、孤獨的情緒，反映了當時生活的動盪及其對時局的恐慌不安和個人前途命運的憂慮，體現出較為強烈的個人主體意識。

袁宏道首創了「性靈說」

袁宏道（西元1568年～西元1610年），字中郎，又字無學，號石公，又號六休。荊州公安（今屬湖北）人。明代文學家，「公安派」主帥。

袁宏道萬曆十六年（西元1588年）中舉，四年後進士及第。曾問學李贄，頗受其思想影響。屢官屢辭，醉心山水名勝，曾遍遊楚中及江南名勝。後返故里，卜居柳浪湖畔，潛心學問文章。與其兄袁宗道、弟袁中道合稱為「公安三袁」。

袁宏道工詩能文，他在文學上提出「獨抒性靈，不拘格套」的「性靈說」，反對前後七子「文必秦漢，詩必盛唐」的文學復古。所謂「獨抒性

靈，不拘格套」，就是在寫詩的時候強調真實表現作者個性化思想情感，反對各種陳規舊俗的約束以及「粉飾蹈襲」，爭取擺脫道理聞識的束縛。在創作上，注重有感而發、直寫胸臆，崇尚信手而成、隨意而出，而不喜歡鋪陳道理、刻意雕琢，語言通俗活潑、隨意輕巧，追求一種清新灑脫、輕逸自如、意趣橫生的創作效果。

袁宏道的散文可分為四類：一為尺牘。長短不同，多達千字，少則數十字。大多簡凝活脫，風趣詼諧。代表作有《致聶化南》。二為隨筆。題材多樣，意趣別具。記述風俗人情的《畜促織》、《鬥蛛》等篇，為傳世名作。三為傳記。這類文塑造人物形象栩栩如生，其中以《徐文長傳》、《醉叟傳》為名篇。四為遊記。大多刻畫細膩，文筆優美，在寫景中注入主觀情感。名篇較多，如《滿井遊記》、《虎丘》、《晚遊六橋待月記》等，真切動人，語言平易，流傳較廣。

「隨園先生」袁枚

袁枚（西元1716年～西元1797年），字子才，號簡齋，錢塘（今浙江杭州）人。因居南京小倉山隨園，世稱隨園先生，自號倉山叟、隨園老人等。清代乾隆、嘉慶時期代表詩人之一，與趙翼、蔣士銓合稱為「乾隆三大家」。

袁枚性格豁達，喜好山水，廣交四方文士。他的詩不拘一格，追求直率自然，清新靈巧，與沈德潛、翁方綱的格調說和肌理說相抗衡，影響甚大，形成了性靈派。

情是其詩論的核心，認為男女是真情本源，並公開為寫男女之情的詩歌張目，在當時頗有振聾發聵之效。主張寫詩要寫出自己的個性，直抒胸臆，寫出個人的「性情遭際」。將「性靈」和「學識」結合起來，以性情、天分和學歷作為創作基礎，以「真、新、活」為創作追求，這樣才能將先天條件和後天努力相結合，創作出佳品。

袁枚作詩以才運筆，抒發性靈，極有特色，感情奔放、議論新穎、筆調

活潑，語言曉暢、句法靈巧，從內容到形式都有一定的創新。著述甚豐，有《小倉山房文集》、《隨園詩話》、《子不語》、《隨園食單》。

《聊齋志異》的作者蒲松齡

蒲松齡（西元1640年～西元1715年），字留仙，一字劍臣，別號柳泉，亦稱柳泉居士。山東省淄川縣（今淄博市淄川區）人。清代傑出的文學家。

蒲松齡天資聰慧，勤於攻讀，文思敏捷。19歲初應童子試，以縣、府、道三試第一，得中秀才，受到山東學政、著名文學家施閏章的獎譽，「文名藉藉諸生間」。然而此後屢應鄉試不中，直到年逾古稀，方得一個歲貢生的科名，沒幾年即與世長辭了。

蒲松齡一生位卑，寄人籬下，以做童蒙師、代抄文稿糊口度日。由於蒲松齡詩文俱佳，很得鄉紳畢際有的賞識，彼此相處融洽。這一時期，他寫過很多文章，多駢散結合，文采斐然，然而多是代人歌哭的應酬文字。詩作甚豐，終身不廢吟哦。詩如其人，大抵率性抒發，質樸平實，其中頗多傷時譏世之作。由於長年做塾師，他還寫過《省身語錄》、《懷刑錄》等教人修身齊家的書。

當然，其一生大部分時間都是在創作《聊齋志異》。晚年時，《聊齋志異》基本輟筆，轉而為民眾寫作，如以民間曲調和方言土語創作的俚曲《歸妹曲》、《翻魘殃》、《牆頭記》；還有為方便民眾識字、種田、養蠶、醫病而編寫的《日用俗字》、《曆字文》、《農桑經》、《藥祟書》等。

在眾多的作品中，《聊齋志異》成了流傳至今不朽的名著。在蒲松齡生前，《聊齋志異》已引起了人們的興趣，人們競相傳抄。後來《聊齋志異》刊行，更是風行天下。本世紀以來，《聊齋志異》仍為人們所喜愛，其中的很多篇章不斷地被改編為影視作品，影響深遠。

曹雪芹，清代最傑出的小說家

曹雪芹（約西元1715年～約西元1763年），名霑，字夢阮，號芹圃、芹溪，清代最傑出的小說家。

他出生於一個「百年望族」的大官僚地主家庭，從曾祖父起三代世襲江寧織造一職，達六十年之久。後來父親因事受株連，被革職抄家，家庭的衰敗使曹雪芹飽嘗了人生的辛酸。他在人生的最後幾十年裏，以堅忍不拔的毅力，專心致志地從事《紅樓夢》的寫作和修訂，死後遺留《紅樓夢》前八十回的稿子。

《紅樓夢》是一部內涵豐厚的作品，情節曲折、思想認識深刻、藝術手法精湛、內容渾然一體，是中國古典小說中偉大的現實主義作品。從寶黛釵愛情婚姻悲劇和大觀園的毀滅，描繪了封建大家族的沒落，書中各類人物血肉豐滿、性格獨特，展示了人物性格的豐富性。

《紅樓夢》一書，是對小說傳統寫法的全面突破與創新，它徹底地擺脫了說書體通俗小說的模式，極大地豐富了小說的敘事藝術，對中國小說的發展產生了深遠的影響。

吳敬梓如何創作《儒林外史》

吳敬梓（西元1701年～西元1754年），清代著名小說家、詩人。字敏軒，自號文木老人。又因曾移居南京，故又自號秦淮寓客。

吳敬梓出身官僚家庭。他年幼聰穎，少年曾隨父宦遊大江南北，對社會有初步瞭解。

23歲，他的父親去世，為爭奪田產，他的親族一個個都撕下「孝悌慈愛」的假面具，這就發生了《移家賦》中所說的「兄弟參商，宗族詬誶」的財產糾紛。這使他看清了世人的真面目。

由於吳敬梓性格豪爽，「遇貧即施」，加之揮霍無度，不到十年的時間，產業蕩盡。同族人罵他為敗類。他曾經熱衷科舉，也很早就中了秀才，

但一直未能中舉。這一時期，他從親身經歷中體會到了封建家族的道德淪喪和科舉的弊端，從而厭倦功名，並逐漸形成了傲岸不屈、鄙棄世俗的性格。

吳敬梓在33歲時，舉家遷往南京，開始了賣文生涯。在與社會的廣泛接觸中，更是認清了儒林、科舉制度的真面目。在這一時期，他創作了《儒林外史》。

吳敬梓經歷了從熱衷功名到絕意仕進，從封建家庭的一員到封建家庭的逆子這一坎坷過程，這就是《儒林外史》的思想基礎。《儒林外史》對科舉制度和儒林群丑作了尖銳的批判，並旁及當時人倫關係、官僚制度以至整個社會風尚，奠定了中國古典諷刺小說的基礎，「於是說部中乃始有足稱諷刺之書」（魯迅《中國小說史略》）。

龔自珍，中國近代文學的先驅

龔自珍（西元1792年～西元1841年），字璱人，號定盦；更名易簡，字伯定；又更名鞏祚，別署羽㻲山民。浙江仁和（今杭州）人。清末傑出的思想家、文學家，近代改良主義的先驅者。

龔自珍出生於世代官宦學者家庭。27歲為舉人，歷任內閣中書、禮部主事等職。後因忤其長官而辭職南歸，主講江蘇丹陽雲陽書院，兩年後病逝。

龔自珍主張進行社會改革，曾與林則徐、魏源等結宣南詩社，講求經世治國之學。著作輯為《定庵全集》，今通行本為《龔自珍全集》。

龔自珍是中國近代文學的先驅，詩、文、詞都有創作，其中以詩作最為著名。他的詩多為傷時、諷世之作，總是著眼於現實政治、社會形勢，抒發感慨，議論縱橫，想像奇異，形式多樣，風格多姿，語言不拘一格。其中，《詠史》、《己亥雜詩》、《夜坐》、《秋心三首》是名作，《己亥雜詩》中的「九州生氣恃風雷，萬馬齊喑究可哀。我勸天公重抖擻，不拘一格降人才」更是被人傳誦的名句。

龔自珍文亦多有感而發，對時事、世事予以評論和建議，記載了他的思想發展歷程。其他類型作品更多傳世之作，如諷刺寓言小品《病梅館記》呼

喚個性解放，情真意切，發人深省；記敘文《說居庸關》、《己亥六月重過揚州記》借景抒情，內容充實。

文學典籍

《詩經》，中國最早的一部詩歌總集

《詩經》是中國最早的一部詩歌總集，也是儒家最早傳習的經典之一。最初只稱《詩》，或舉其整數稱《詩三百》，漢代儒生始稱《詩經》。

《詩經》收集了從西周初年到春秋中葉約500多年間的詩歌305篇，大部分為民間歌謠，小部分是貴族創作的，深刻地反映了周代社會的全貌。

現存的《詩經》是漢朝毛亨所傳下來的，所以，又叫「毛詩」。據說《詩經》中的詩，當時都是能演唱的歌詞。

《詩經》的內容，按作品的性質和樂調的不同，分為「風」、「雅」、「頌」三類。「風」即「國風」，包括周南、召南、邶風、鄘風、衛風、王風、鄭風、齊風、魏風、唐風、秦風、陳風、檜風、曹風、豳風，稱為十五國風，大部分是黃河流域的民歌，小部分是貴族加工的作品，共160篇。

「雅」是周王畿地區的樂歌，分為「大雅」、「小雅」，意同後世的大曲小曲，共105篇，基本上是貴族的作品，只有小雅中的一部分來自民間。

「頌」是朝廷宗廟祭祀的舞曲歌辭，包括周頌、魯頌和商頌，共40篇。

「國風」部分是《詩經》的精華所在，其中很多作品是當時人民口頭創作的，反映了人民對壓迫的抗議，體現了他們追求自由和幸福的理想。

《詩經》的句式，以四言為主，其間雜有兩言至八言不等。二節拍的四

言句帶有很強的節奏感，構成了《詩經》整齊韻律的基本單位。同時，還常用重章疊句和雙聲疊韻，使詩歌可以圍繞同一旋律反覆吟唱，而且在意義表達和修辭上，也有很好的效果。

早在春秋時期，《詩經》就已廣泛流傳。當時的士大夫常在外交場合引用《詩經》中的句子來表達自己的意見、願望，孔子也以其為「六藝」之一教育弟子。漢初，《詩經》被奉為儒家經典，立於學官。

作為儒家經典，《詩經》的作用和影響遠遠超出了文學領域，被用以進行道德教化等。此外，《詩經》中還保存了上古社會的許多史料，反映了當時的社會生活、典章制度、風俗習慣以及社會各階級、階層的精神風貌。《蒹葭》、《采薇》、《關雎》等都是《詩經》中的名篇。

《說苑》對後世筆記小說的影響

《說苑》是西漢劉向根據皇家藏書和民間圖籍，按類編輯的先秦至西漢的一些歷史故事和傳說。全書原二十卷，後僅存五卷，大部分已經散佚，後經宋曾鞏搜輯，復為二十卷，每卷各有標目。

《說苑》取材廣泛，採獲了大量的歷史資料。有些史料可與現存典籍互相印證；有的也與《史記》、《左傳》、《國語》、《戰國策》、《荀子》、《韓非子》、《管子》、《晏子春秋》、《呂氏春秋》、《淮南子》等有出入，足資後人分辨、考證。此外，《說苑》中還收錄了一些已經散佚的古籍。

《說苑》以對話體為主，故事性很強，敘事意蘊諷喻。作者在敘事的同時，夾有議論，借題發揮儒家的政治思想和道德觀念，帶有一定的哲理性。

《說苑》一般以第一則或前數則為一卷的大綱，雜引前人言論陳說本卷主旨，以下便用大量歷史上的實例加以證明。

《說苑》除卷十六《談叢》外，各卷的多數篇目都是獨立成篇的小故事，有故事情節，有人物對話，文字簡潔生動，清新雋永，有較高的文學欣賞價值，對魏晉乃至明清的筆記小說也有一定的影響。

《楚辭》，中國詩歌發展的源頭之一

《楚辭》是繼《詩經》之後出現的一種新詩體，西元前4世紀在楚地興起。在興起之初，它並沒有一個固定的名稱。楚國詩人在作品中或者自稱為詩，或者自名為誦（頌），或者因襲樂章之名，稱為九辯、九歌等。「楚辭」之名始見於漢初的《史記·酷吏列傳》，以後沿用不變，就固定為這種文體的名稱。

西漢末年，經文學家劉向等人整理，收錄了屈原的《離騷》、《九歌》、《天問》、《九章》、《遠遊》、《卜居》、《漁父》、《招魂》，宋玉的《九辯》，景差的《大招》，賈誼的《惜誓》，淮南小山的《招隱士》，東方朔的《七諫》，嚴忌的《哀時命》，王褒的《九懷》，劉向的《九歎》16篇詩歌，合為一編，取名為《楚辭》。於是，《楚辭》又成了僅後於《詩三百篇》的一部古代詩集。東漢王逸又為《楚辭》作《章句》，並附入己作《九思》，全書遂成17卷，成為現在流傳的本子。

因屈原的《離騷》為《楚辭》的代表作，故也稱這種詩體為「騷體」。它在形式上突破了《詩經》的四言體，以其自由舒展的語句，豐富了中國詩歌的表現力。屈原作為《楚辭》的主要作者，寫出了諸如《離騷》這樣輝煌的詩篇。屈原在詩中直抒胸臆，馳騁高遠，使《離騷》成為中國最早的一首長篇抒情詩，屈原自己也由此成為中國歷史上第一個抒發個人激情的偉大的浪漫主義詩人。

《楚辭》和《詩經》以其巨大的藝術魅力被人們並稱為「風騷」，構成中國詩歌發展史上的兩大源頭，對後世文學影響十分深遠。

《世說新語》的文學成就

《世說新語》是南北朝時期的一部記述東漢末年至東晉時豪門貴族和官僚士大夫的言談逸事的書。編撰者是南朝宋臨川王劉義慶，南朝梁劉孝標為其作注。

全書原為八卷，劉孝標注本分為十卷，今傳本皆作三卷，分為德行、言語、政事、文學等三十六門，每門收有若干則故事，共一千二百多則，每則文字長短不一。記述了自漢末到劉宋時名士貴族的遺聞軼事，主要為有關人物評論、清談玄言和機智應對的故事，可以說，是魏晉風流的一部故事集。

其語言也極具特色，主要特點是高度的準確、簡潔，文字清麗，筆調含蓄，用詞精當，寥寥幾句就表達出比較複雜的情愫，描繪出人物的品性、才能、風範。

比如，在《尤悔篇》裏，桓溫說：「作此寂寂，將為文（晉文帝司馬昭）景（晉景帝司馬師）所笑。」接著又說：「既不能流芳後世，亦不足復遺臭萬載邪！」這短短幾十個字，就生動地刻畫出了那個權臣野心勃勃的心理。此外，書中還運用大量對比、比喻等修辭手法，極富形象性。

關於《世說新語》，魯迅贊其「記言則玄遠冷雋，記行則高簡瑰奇」。《世說新語》除了有文學欣賞的價值外，人物事蹟、文學典故，也多為後世作者所取材引用，對後來的筆記小說影響極大。後世許多成語便出於此書，如「難兄難弟」、「拾人牙慧」、「咄咄怪事」、「一往情深」等等。

《文心雕龍》的地位

《文心雕龍》是中國古代文學批評理論巨著，它是古代文論領域成書的始祖。南朝齊、梁時期的文學理論家劉勰撰。「文心」謂「為文之用心」，「雕龍」指精細如雕龍紋般地進行研討。「文心雕龍」，即文章寫作精義。全書共十卷，五十篇，分上下兩編，各二十五篇。

《文心雕龍》一書全面而系統地論述了寫作上的各種問題，尤為難得的是，對應用寫作也多有論評。全書包括總論、文體論、創作論、批評論四個部分。

從《原道》至《辨騷》的五篇，是全書的總論，其核心則是《原道》、《徵聖》、《宗經》三篇，要求一切要本之於道，以聖人為師，研究聖人的著作即儒家經典。從《明詩》到《書記》的二十篇，以「論文序筆」為中

心，對三十多種文體源流及作家、作品逐一進行研究和評價，是文體論。其中《諸子》、《論說》等篇意義較大。

從《神思》到《物色》的二十篇（《時序》不計在內），以「剖情析采」為中心，重點研究有關創作過程中各個方面的問題，是創作論。《時序》、《才略》、《知音》、《程器》四篇，則主要是文學史論和批評鑑賞論。

中國古代文學理論批評史上的許多問題在這幾部分中都有所涉及。而創作論與批評論更是全書的精華所在。這部著作以駢文成體，頗具文采。由於其深遠的影響和卓越的理論成就，成為學術界研究的熱點，以至研究團隊有了「龍學」的美譽。

《詩品》是怎樣品評詩歌的

《詩品》是一部品評詩歌的文學批評名著。「品」是「品第優劣，區分高下」的意思。《詩品》論述的對象主要是五言詩，大約作於南朝齊中興二年（西元502年）至梁天監十二年（西元513年）前後。

齊梁之際，文學思潮浮靡訛濫，《詩品》之作，正是感於創作與批評兩方面的「淆亂」，欲為創作立高標，為批評樹標準的。鍾嶸仿照班固《漢書‧古今人表》和劉歆《七略》的品論方法，把兩漢至梁代的詩人分為上、中、下三品，其中上品十一人，中品三十九人，下品七十二人。每品又依時代先後次序排列，一一予以品評。

鍾嶸在《詩品》中除了品評之外，還在序中提出了關於詩歌創作的重要理論，即「吟詠情性」。提出詩歌自然和諧的標準、詩的「滋味」說，宣導「直尋」，強調詩的「自然英旨」，反對專事用典，饒有滋味的詩篇在內容和形式上的體現，便是「幹之以風力，潤之以丹彩」，他的主張為詩歌的健康發展端正了方向。

此外，對作家作品的風格淵源進行了分析，提出了較為系統的看法。《詩品》的評論言之切切，時能一語中的，為歷代所推崇。但言辭頗尖銳激

烈，有些地方有失偏頗；對作家的分品也有不妥之處，如將曹操貶為下品，陶潛、鮑照等抑於中品等等，都是引起後世非議之處。雖如此，鍾嶸的《詩品》對後代的詩話影響仍然十分深遠。許多學者將《詩品》和劉勰的《文心雕龍》並稱，稱它們為文論史上的「雙子星座」。

《玉臺新詠》收錄了哪些詩歌

《玉臺新詠》是徐陵在南朝梁中葉時選編的一部詩歌總集。書中收錄東周至南朝梁代的詩歌，共計769首，計有五言詩8卷，歌行1卷，五言四句詩1卷，其中大多為自漢至梁的作品。

據近代人考證，此書繫專為梁元帝蕭繹的徐妃排憂遣悶而編。本書編纂的宗旨是「選錄豔歌」，即主要收男女閨情之作。或寫閨怨，或抒棄婦之哀情，雖多脂粉氣，然也有些在文學史上有重要影響的情詩，如《古詩為焦仲卿妻作》，雖是情詩，但卻有反封建禮教、爭取婚姻自由的積極的思想意義。在藝術上，結構嚴謹，層次清晰，詳略得當，語言樸實無華卻生動形象。

在編纂體例上，《玉臺新詠》有三個特色：首先是按題材或主題歸類；其次是對所錄作家作品按時間順序進行編排；最後，它收錄了在世人物之作。

總的來說，《玉臺新詠》中雖有一些格調不夠高尚的作品，但是表現真摯愛情和婦女痛苦的作品也不少，如《上山采蘼蕪》、《羽林郎》、《陌上桑》等，都反映了一定的社會現實。這表明了《玉臺新詠》所錄並非全為豔情詩。

《玉臺新詠》所選詩篇又有可資考證、補闕佚的，如所收曹植的《棄婦詩》，庾信的《七夕詩》，為他們的集子所闕的，如班婕妤、鮑令暉、劉令嫻等女作家的作品，也賴此書得以保存和流傳。

作為繼《詩經》、《楚辭》後的一部具有代表性的詩歌總集，《玉臺新詠》保存了大量漢魏六朝的詩歌資料，由於成書較早，對校正其他古書的紕

漏也有一定的參考價值。

《文選》，中國現存最早的詩文總集

　　《文選》是中國現存最早的一部詩文總集，由南朝梁武帝的長子蕭統組織文人共同編選。蕭統死後諡「昭明」，所以，他主編的這部文選稱作《昭明文選》。

　　《文選》是應運而生的。據《隋書‧經籍志》記載，自晉至隋，詩文總集共有二百四十九部，早於《文選》的有摯虞的《文章流別集》、李充的《翰林論》、劉義慶的《集林》等，但它們均已亡佚。因而《文選》就成為所能見到的最早的也是影響最大的總集。

　　據《梁書‧昭明太子傳》記載，蕭統生而聰睿，5歲即遍讀《五經》。長大後被立為皇太子，其東宮藏書3萬卷，引納文士，相與商榷吟和，一時名才並集。後未及即位而卒，諡「昭明」，世稱「昭明太子」。

　　蕭統博覽典籍，雅好文學，信佛能文。他鑑於文學作品數量眾多，有必要進行品鑑別裁、芟繁剪蕪，遂及閭下文士編成《文選》。

　　《文選》共收錄作家一百三十家，上起子夏（《文選》所署《毛詩序》的作者）、屈原，下到去世於526年的陸倕。編排「凡次文之體，各以彙聚」，先以體裁分類，再按時間先後排序。大致劃分為賦、詩、雜文3大類，又分列賦、詩、騷、詔、冊、令等38小類。其中以楚辭、漢賦和六朝駢文占有相當比重，詩歌則多選對偶嚴謹的顏延之、謝靈運等人作品。

　　全書的分類，體現了蕭統對古代文學發展、尤其是對文體分類及源流的理論觀點，反映了文體辨析在當時已經進入了非常細緻的階段。但由於分類過於碎雜，因而也遭到後世一些學者如章學誠、俞樾等人的批評。

　　隋、唐以來，開始有了「文選學」這一名稱。當時，「文選學」與「五經」並駕齊驅，盛極一時士子必須精通《文選》。時至北宋年間，民間尚傳諺曰：文選爛、秀才半。宋代有「文章祖宗」之說。延至元、明、清，有關《文選》的研究亦未嘗中輟。是今人研究梁以前文學的重要參考資料。

《搜神記》內容為何

《搜神記》，中國現存最早的筆記體志怪小說集，可謂是靈怪之祖。晉干寶撰，《隋書‧經籍志》著錄為30卷，今本凡20卷，係後人綴輯增益而成。

干寶（西元283年～西元351年），字令升，新蔡人。初為著作郎，以平杜瞍功，封關內侯，是一個有神論者，他在《自序》中稱，「及其著述，亦足以發明神道之不誣也。」就是想藉由搜集前人著述及傳說故事，證明鬼神確實存在。

《搜神記》內容十分豐富，其中保留了相當一部分西漢傳下來的歷史神話傳說和魏晉時期的民間故事，主角有鬼，也有妖怪和神仙，雜糅佛道。大多篇幅短小，情節簡單，設想奇幻，極富浪漫主義色彩。

《搜神記》對後世影響深遠，如關漢卿的《竇娥冤》，蒲松齡的《聊齋志異》，神話戲《天仙配》等許多傳奇、小說、戲曲，都和它有著密切的聯繫。

《樂府詩集》是怎樣收錄樂府詩的

《樂府詩集》是上古至唐五代樂章和歌謠的總集，宋人郭茂倩編。郭茂倩，生平不詳。此書現存一百卷，是現存收集樂府歌辭最完備的一部。主要輯錄漢魏到唐、五代的樂府歌辭兼及先秦至唐末的歌謠，共五千多首。

《樂府詩集》搜集廣泛，各類有總序，每曲有題解，作者在題解中寫道：「徵引浩博，援據精番，宋以來考樂府者無能出其範圍。」另外，題解還對樂曲的起源、性質、演唱配器等均有詳盡說明。《樂府詩集》是現存收集樂府歌辭最完備的一部。它是繼《詩經‧風》之後，一部總括中國古代樂府歌辭的著名詩歌總集。

《樂府詩集》把樂府詩分為郊廟歌辭、燕射歌辭、鼓吹曲辭、橫吹曲辭、相和歌辭、清商曲辭、舞曲歌辭、琴曲歌辭、雜曲歌辭、近代曲辭、雜

歌謠辭和新樂府辭十二大類；其中又分若干小類。它所收錄的詩歌。多數為優秀的民歌和文人以樂府舊題為題所作的詩歌，對我們今天的研究者瞭解樂府歌詩源流有著重大意義。

《樂府詩集》中保存了不少業已失傳著作中的一些珍貴史料，對文學史和音樂史的研究均有重要的參考價值。但《樂府詩集》也存在著缺點，比如把某些文人詩列入樂府題目之中；由於它重在曲調，因此，所錄歌辭往往和關於曲調的敘述不太一致；此外，在分類上也不是很科學。

《容齋隨筆》是怎樣的一部筆記小說

《容齋隨筆》是南宋史學家洪邁寫的一部筆記小說。洪邁（西元1123年～西元1202年），字景盧，鄱陽（今江西波陽）人。曾為翰林學士，龍圖閣學士。他涉獵經史，考閱典故，著作甚多。

《容齋隨筆》是洪邁花四十年光陰寫出的不朽名著，又稱《容齋五筆》，因為該書包括5部分：《隨筆》、《續筆》、《三筆》、《四筆》、《五筆》，文字總量達50萬字。

《容齋隨筆》之所以被稱為「隨筆」，是因為洪邁讀書每有心得，便隨手紀錄下來，歷時數十年的集腋成裘而撰寫成書。《容齋隨筆》內容博大精深，涉及領域極為廣泛，自經史百家、文學藝術、人物評價到歷代典章制度、醫卜星曆、掌故志怪等，無不有所論說，而且其考證辨析之確切，議論評價之精當，皆高人一籌。各篇短小精悍、多姿多彩，可讀性極強。

宋代的筆記體著作數以百計，洪邁的《容齋隨筆》堪稱同類作品中的佼佼者。《四庫全書總目提要》推《容齋隨筆》為南宋筆記小說之冠，甚至有人讚譽此書是補《資治通鑑》之不足、集中國數千年歷史文化精粹的珍品。

《菜根譚》，論述為人處世之作

《菜根譚》是明代還初道人洪應明所著的一部論述修養、人生、處世、

出世的語錄體文集，該書之所以稱《菜根譚》，據說是作者把菜味比作世味，認為種菜的人只有厚培菜根才會有味，也有人認為是「咬得菜根則百事可為」。

《菜根譚》成書於明萬曆年間，而真正流傳於世則是在清乾隆時期。清乾隆五十九年，遂初堂主人遊古剎時，在殘卷棄書中拾到一本明代洪應明著的《菜根譚》。通讀之後，他深感此書關於性命之學，令人警醒，於是，校正付印，公之於世。

《菜根譚》由上下兩卷和《菜根譚續遺》三部分組成，共536條。該書將儒家的中庸、道家的無為、佛家的出世和自身生活的體驗熔於一爐，形成了一套出世入世的法則，表現了中國古人對人性、人生和人際關係的獨到見解。

《菜根譚》採用語錄體，書中不乏嘉言格論，深入淺出，發人深省，是一部有益於人們陶冶情操，磨練意志，奮發向上的通俗讀物，是中國歷史上有關修身養性不可多得的經典著作。

《花間集》是怎樣收錄詞作的

《花間集》是中國文學史上第一部文人詞部集，五代後蜀人趙崇祚編輯。集中搜錄晚唐至五代十八位詞人的作品，共五百首，分十卷。

十八位詞人，除溫庭筠、皇甫松、和凝三位與蜀無關外，其餘十五位都曾活躍於五代十國之一的西蜀。他們是韋莊、薛昭蘊、牛嶠、張泌、毛文錫、顧敻、牛希濟、歐陽炯、孫光憲、魏承班、鹿虔扆、閻選、尹鶚、毛熙震、李珣。這批西蜀詞人刻意模仿溫庭筠豔麗香軟的詞風，以描繪閨中婦女日常生活情態為特點，互相唱和，形成了花間詞派。填詞風氣，在晚唐、五代時期已十分普遍。唐代文人為避亂紛紛入蜀，填詞風氣也由中原帶入西蜀。

因此《花間集》中詞作多才子佳人眉眼傳情，當筵唱歌，辭藻極盡軟媚香豔之能事。但也有一部分作品除外，如鹿虔扆的《臨江仙》抒寫的是「暗傷亡國」之情。

《花間集》在詞史上是一塊里程碑，標誌著詞體已正式登上文壇，也確立了宋以來「詞為豔科」的詞學傳統。

《滄浪詩話》，負盛名的詩話著作

《滄浪詩話》是一部詩歌理論著作，是宋代最負盛名、對後世影響最大的一部詩話。作者嚴羽，南宋人，字丹丘，一字儀卿，自號滄浪逋客，《滄浪詩話》之名就因其號而來。

《滄浪詩話》分為五部分：《詩辨》、《詩體》、《詩法》、《詩評》和《考證》，另附《答吳景仙書》一文。是一部以禪喻詩，論述古今詩歌藝術風格與創作的詩歌理論著作。

該書基本的觀點是：「學詩者以識為主」，「識」的內涵就是當時人常用的「禪」和「悟」，由有「識」而得「悟」，又由妙悟而通禪道，以達到「言有盡而意無窮」的境界。

嚴羽反對當時以才學、議論、文字寫詩的弊病，以為詩歌創作需要特殊的才能，詩歌本身具有特殊的趣味，和才學、議論沒有必然的關係。他推崇漢魏、盛唐詩歌，以為漢魏詩歌語言、理趣、意興都結合得非常完美；唐詩既有意興而且還有理趣。

《滄浪詩話》全書系統性、理論性較強，對詩歌的形象思維特徵和藝術性方面的探討，對中國古代詩歌的發展有一定貢獻。但其脫離生活和某些唯心色彩的弊病，對後世也有不良影響。

《太平廣記》，大型的文言小說總集

《太平廣記》是一部大型文言小說總集，中國北宋四大部書（《冊府元龜》、《文苑英華》、《太平廣記》、《太平御覽》）之一。李防、扈蒙、李穆等奉宋太宗之命編纂。因為它編成於太平興國三年（西元978年），所以，定名為《太平廣記》。全書五百卷，目錄十卷，取材於漢代至宋初的野

史小說及釋藏、道經等和以小說家為主的雜著，屬於類書。

書中最值得重視的是，雜傳記九卷，《李娃傳》、《柳氏傳》、《無雙傳》、《霍小玉傳》、《鶯鶯傳》等傳奇名篇，多數僅見於本書。還有收入器玩類的《古鏡記》，收入鬼類的《李章武傳》，收入神魂類的《離魂記》，收入龍類的《柳毅傳》，收入狐類的《任氏傳》，收入昆蟲類的《南柯太守傳》等，也都是同類作品中現存最早的本子。

《太平廣記》引書較廣，有些篇幅較小的書幾乎全部收錄，失傳的書可據以輯集，有傳本的書也可據其異文互校。書中引文比較完整，分類較細，也便於按題材索檢資料。

《太平廣記》對於後世文學的影響很大。宋代以後，唐人小說單行本已逐漸散佚，話本、雜劇、諸宮調等多從《太平廣記》一書中選取題材、轉引故事，加以敷演；說話人常以「幼習《太平廣記》」為標榜。

《唐詩三百首》的選詩標準是什麼

《唐詩三百首》是一部輯錄唐代詩歌的選集。編者是清代乾隆年間的蘅塘退士孫洙，字臨西，江蘇無錫人。孫洙有感於《千家詩》選詩標準不嚴，體裁不備，體例不一，希望以新的選本取而代之，成為合適的、流傳不廢的家塾課本。故成《唐詩三百首》。

《唐詩三百首》共六卷，或作八卷。選入唐代詩人七十七位，計三百一十首詩，其中五言古詩三十三首，樂府四十六首，七言古詩二十八首，七言律詩五十首，五言絕句二十九首，七言絕句五十一首，諸詩配有注釋和評點。

選詩標準是「因專就唐詩中膾炙人口之作，擇其尤要者」。既好又易誦，以體裁為經，以時間為緯。書中所收作者中，包括帝王、士大夫、僧、歌女、無名氏等，但大多數是唐代重要詩人，並重點突出了杜甫、王維、李白、李商隱等人，其內容大致反映了唐代的社會生活和詩歌風貌。

《全唐文》，唐五代文的總集

　　《全唐文》，為唐五代文總集。清人董誥等編，成書於嘉慶十九年（西元1814年），當時曾設「全唐文館」，由董誥任總裁，阮元、徐松、陳鴻犀等參與編選，編校者有100多人。

　　此書共一千卷，共收文章18488篇，作者3042人，每一位作者都附有小傳。編次以唐及五代諸帝居首，其次是后妃、諸王、公主；再次為各朝作者，釋道、閨秀、宦官、四裔附編書末。每人之下皆附有小傳，簡明扼要。

　　此書以清內府所藏舊鈔本《唐文》為底本，並采輯《四庫全書》、《永樂大典》、《文苑英華》等書編纂而成。搜羅宏富，卷帙浩繁，較為全面地反映了唐五代文的成就。但該書在編纂、考訂上還有不少缺點，包括文章漏收、誤收、重出，作者弄錯，題目和正文的訛脫，小傳記事不確，採用的書不注出處等等。

《全宋詞》，收錄齊備的宋詞總集

　　《全宋詞》是一部宋詞總集，由今人唐圭璋編。全書共輯兩宋詞人1330餘家，詞作19900餘首，殘篇530餘首。

　　《全宋詞》採錄廣泛、搜求務盡，舉凡宋人文集所附、詞選所選、筆記所載，以及類書、方志、金石、題跋、花木譜等書中所載之詞，俱一併採錄，即使斷句零章，也予以摭拾。上繼《全唐詩》中的五代詞，下迄宋亡。凡唐五代詞人入宋者，俱以為唐五代人；凡宋亡時年滿20者，俱以為宋人，僅入元仕為高官如趙孟頫等人除外。體例上按詞人年代先後排列，不再按「帝王」、「宗室」等分類排列。同時，每一作者均附以小傳。

　　《全宋詞》，收錄齊備，考訂較為精審，改正了不少前人承謬踵誤之處，為研究宋詞的重要參考書。但此書仍沒有囊括全部宋詞。今人孔凡禮從明抄本《詩淵》及其他書中輯錄遺佚，編為《全宋詞補輯》，收錄詞人140餘人（其中41人，已見《全宋詞》），詞作430餘首。

《西廂記》，曲詞警人的言情小說

《西廂記》全名《崔鶯鶯待月西廂記》，是元代著名雜劇作家王實甫所作的雜劇作品，也是一部優美動人的言情傳奇小說。王實甫，大都（今北京）人，他一生寫作了14種劇本，《西廂記》是其代表作。這個劇一上舞臺就驚倒四座，博得男女青年的喜愛，被譽為「西廂記天下奪魁」。

《西廂記》的故事，最早起源於唐代元稹的傳奇小說《鶯鶯傳》，而董解元的《西廂記諸宮調》則是王實甫創作的《西廂記》的直接藍本。全劇五本二十一折，突破了一劇四折的體例，在雜劇創作史上是一個開創。

《西廂記》敘述書生張珙與同時寓居在普救寺的已故相國之女崔鶯鶯相愛，在婢女紅娘的幫助下，兩人在西廂約會，鶯鶯終於以身相許。後來張珙赴京應試，得了高官，歸來求親，有情人終成眷屬。

劇本反封建傾向鮮明，突出了「願普天下有情人都成眷屬」的主題思想。在藝術上，劇本透過錯綜複雜的戲劇衝突，來完成鶯鶯、張生、紅娘等藝術形象的塑造，使人物的性格特徵生動鮮明，加強了作品的戲劇性。

《西廂記》的曲詞華豔優美，富於詩的意境，可以說，每支曲子都是一首美妙的抒情詩。曹雪芹在《紅樓夢》中，透過林黛玉的口，稱讚它「曲詞警人，餘香滿口」。

中國第一部長篇章回體小說

《三國演義》是中國古代第一部長篇章回體小說，是歷史演義小說的經典之作。明代小說家羅貫中以三國的歷史和雜記為背景，在廣泛汲取民間傳說和民間藝人創作成果的基礎上，加工再創作而成。

《三國演義》描寫的是從東漢末年到西晉初年之間近一百年的歷史風雲。全書反映了三國時代的政治軍事鬥爭，反映了三國時代各類社會矛盾的滲透與轉化，概括了這一時代的歷史巨變，塑造了一批叱吒風雲的英雄人物。

在對三國歷史的把握上，作者表現出明顯的擁劉反曹傾向，以劉備集團作為描寫的中心，對劉備集團的主要人物加以歌頌，對曹操則極力揭露鞭撻。尊劉反曹是民間傳說的主要傾向，在羅貫中時代隱含著人民擁護明君、憎惡暴君的普遍願望。

《三國演義》透過記敘驚心動魄的軍事和政治鬥爭，運用誇張、對比、烘托、渲染等藝術手法，成功地塑造了一批鮮明豐滿的人物形象。全書寫了四百多個人物，其中家喻戶曉的就有幾十個，而曹操、諸葛亮、關羽等形象最為出色。透過不同人物的塑造，在一定程度上反映了人民群眾的愛憎感情、道德觀念和理想願望。

小說還表現了忠、孝、節、義等封建倫理觀念及迷信思想。此外，小說情節曲折生動，引人入勝；藝術結構既宏偉而又嚴密；小說的語言「文不甚深，言不甚俗」，具有獨特的風格。它是歷史演義小說的典範。

中國第一部古典長篇白話小說

《水滸傳》又名《忠義水滸傳》、《江湖豪客傳》，是中國第一部古典長篇白話小說，作於元末明初。作者歷來有爭議，一般認為是施耐庵所著，一說施耐庵作、羅貫中編輯。現在一般認可前一種說法。

《水滸傳》取材自發生於北宋末年宋徽宗宣和年間（西元1119年～西元1126年）宋江起義的故事。宋江起義因聲勢極盛，便在民間產生許多奇聞異說，流傳中不斷得到無名作者的加工增飾。施耐庵就是在長期民間傳說、民間說話藝術和元雜劇水滸戲的基礎上加工寫定成書的。

全書以農民起義的發生、發展過程為主線，透過各個英雄被逼上梁山的不同經歷，描寫出他們由個體覺醒到走上小規模聯合反抗，到發展為盛大的農民起義隊伍的全過程，表現了「官逼民反」這一封建時代農民起義的必然規律，塑造了農民起義領袖的群體形象，深刻反映出北宋末年的政治狀況和社會矛盾。

作者站在被壓迫者一邊，歌頌了農民起義領袖們劫富濟貧、除暴安良的

正義行為，肯定了他們敢於造反、敢於鬥爭的革命精神。

作為中國古代優秀的長篇小說，《水滸傳》有著高度的藝術表現力、生動豐富的文學語言、引人入勝的故事及眾多鮮活生動的人物形象。比如，在故事色彩上，它起伏跌宕，變化莫測，「拳打鎮關西」、「智取生辰綱」、「武松打虎」、「血濺鴛鴦樓」、「江州劫法場」、「三打祝家莊」等情節中都有深刻體現。

小說對人物的塑造更是可圈可點。如寫武松、林沖、盧俊義三人，他們武藝高強，都是梁山泊的頭等好漢。三人都受過官府的陷害，被充過軍，但三人的表現卻迥然不同。

林沖、盧俊義在充軍的路上受差人任意擺布，忍氣吞聲，又都是受騙被捆在樹上低頭受死。武松則相反。第一次充軍孟州，一路上是兩個差人服侍他。二次充軍恩州，押解他的兩個差人被人收買，再加上蔣門神的兩個徒弟，合謀在半路上害死他，結果都被他輕而易舉地收拾了。他還不解恨，一氣奔回孟州，又殺了張都監、張團練和蔣門神等。

三人的不同是因為，林沖和盧俊義，一個是北京首富，一個是八十萬禁軍教頭，有身分有地位有家室，只是不幸遭受冤枉，遂一心盼著刑期滿後能重振雄風。因抱存幻想，故而在公人面前一忍再忍。而武松無家室之累，久走江湖，因此，性情強悍，無所畏懼，加上他不斷被人暗算。所以，有強烈的報復之心。

除了上述三人外，小說中其他人物的塑造也各有特色，如魯智深的粗中有細，李逵的憨直、剛強等。由於內涵深刻，對人物的刻畫又成功到位，《水滸傳》順理成章地有了攝人心魄的強大力量。

《西遊記》，古典神魔小說

《西遊記》是一部古典神魔小說，為中國「四大名著」之一，著者吳承恩，寫於明代中葉，是在民間流傳的唐僧取經故事的基礎上，經過豐富的想像而創作的神話小說，在世界文學史上，它也是浪漫主義的傑作。

《西遊記》的出現，開闢了神魔長篇章回小說的新門類，是一部思想性和藝術性都臻於一流的偉大作品，將善意的嘲笑、辛辣的諷刺和嚴肅的批判巧妙地結合的特點直接影響著諷刺小說的發展。同時，它也是明代神魔小說的代表作。

《西遊記》最值得稱道的是，孫悟空、豬八戒和唐僧這三個藝術形象的成功塑造。

孫悟空和豬八戒兩個形象，既表現出了動物本身的特點，又有人類的思維感情，而這二者又達到了和諧的統一。在動物的特點上，孫悟空尖嘴縮腮，輕便靈活，活潑好動，聰敏機智；豬八戒則肥頭大耳，行動笨拙，好吃懶做，反應遲鈍。而在人性上，孫悟空不怕困難、積極樂觀、見義勇為，對師傅更是忠心耿耿；豬八戒心地善良，但卻有見異思遷、安於現狀、貪圖美色、貪小便宜的毛病。兩個形象的對比更加突出了各自的特徵。

而對唐僧形象的塑造，既歌頌了人的善良、執著的品格，又諷刺了那些恪守宗教信條和封建禮教，迂腐頑固、輕信讒言、顛倒是非的人。這也是《西遊記》與以往傳統取經故事的不同。

除了人物的成功塑造外，《西遊記》中還大膽創造了神奇絢麗的神話世界，上到天宮，下到龍王府，描繪出令人神往的廣闊世界，外加風情各異的異域風光，都極具有浪漫主義色彩。

在中國文學史上，《西遊記》無疑是一部藝術成就最高的神魔小說。

《紅樓夢》，「古典四大名著」之首

《紅樓夢》是成書於清代乾隆年間的一部章回體古典長篇小說，曾用名《石頭記》、《情僧錄》、《風月寶鑑》、《金陵十二釵》。作者曹雪芹。

《紅樓夢》是一部中國封建社會末期的百科全書，內蘊著一個時代的歷史容量。小說以賈、林的愛情悲劇及賈、薛的婚姻悲劇為經線，縱向剖析了造成悲劇的深刻社會根源；同時，以賈府的興衰為緯線，藉由賈、王、史、薛四大家族間衛道者與叛逆者之間的矛盾衝突，橫向展示了由眾多人物構成

的廣闊的社會生活環境，囊括了多姿多彩的世俗人情。

《紅樓夢》之所以成為「中國小說文學難以征服的頂峰」，不僅僅是因為它具有很高的思想價值，還在於它非凡的藝術成就。《紅樓夢》完全打破了傳統小說的單線結構，它以賈寶玉為中心人物，以賈與林、薛的愛情婚姻糾葛為貫穿線索，但是又把這中心人物和事件放進錯綜複雜的環境中，與生活環境中的各種線索齊頭並進，它展現的各種情節就像生活那樣，是多層次、全方位的，使讀者更易完全融入其中。

曹雪芹「披閱十載，增刪五次」的《紅樓夢》被認為是「中國四大名著」之首。在現代產生了一門以研究紅樓夢為主題的學科「紅學」。《紅樓夢》的藝術成就，以及作者展現的對烹調、醫藥、詩詞、繪畫、建築、戲曲的豐富知識和精到見解，都得到了舉世的公認。

《竇娥冤》，中國古代悲劇的代表作

《竇娥冤》，全名《感天動地竇娥冤》，元代雜劇作品，刊行於明萬曆十年，關漢卿的代表作，也是中國古代悲劇的代表作。

《竇娥冤》全劇為四折一楔子，它的故事淵源於《列女傳》中的《東海孝婦》及《太平御覽》中鄒衍下獄的故事。

劇情說楚州貧儒竇天章因無錢進京趕考，無奈之下將幼女竇娥賣給蔡婆家為童養媳。竇娥婚後丈夫去世，婆媳相依為命。蔡婆外出討債，被賽盧醫騙到郊外，企圖謀害，恰遇張驢兒父子相救，並脅迫她們婆媳嫁給他父子二人。在遭到竇娥的堅拒後，張驢兒便想毒死蔡婆以要脅竇娥，不料意外害死其父。

張驢兒誣告竇娥殺人，官府嚴刑逼訊婆媳二人，竇娥為救蔡婆屈打成招，自認殺人，被判斬刑。在臨刑之時，竇娥指天發下三條誓願：一要在刀過頭落後，頸血飛濺丈二白練之上；二要六月降雪，掩蓋她的屍體；三要當地大旱三年。後來果然都應驗。三年後，其父竇天章任廉訪使至楚州，見竇娥鬼魂出現，於是重審此案，為竇娥申冤，終得昭雪。

作品成功地塑造了「竇娥」這個悲劇主人翁形象，使其成為元代被壓迫、被剝削、被損害的婦女的代表，成為元代社會底層善良、堅強而走向反抗的婦女的典型。

《長生殿》寄託了作者什麼理想

《長生殿》是清初劇作家洪昇（西元1645年～西元1704年）所作的劇本，是一部傳奇作品，初名《沉香亭》，繼稱《舞霓裳》，最後定名為《長生殿》。

劇情取材於唐代詩人白居易的長詩《長恨歌》和元代劇作家白樸的劇作《梧桐雨》。全劇五十齣。

劇本講的是唐玄宗和貴妃楊玉環之間的愛情故事。唐玄宗繼位以來，寄情聲色，寵幸貴妃楊玉環，終日遊樂，不理朝政，朝中大權由楊貴妃的哥哥楊國忠把持。

七月七日，楊貴妃與唐明皇在長生殿上情意綿綿，密誓永不分離。不久，安祿山因與楊國忠爭權，發兵叛亂。聞得兵變，唐玄宗和隨行官員倉皇逃離長安。在四川馬嵬坡，軍士譁變，要求處死罪魁禍首楊國忠和楊玉環。唐玄宗無奈，讓楊玉環上吊自盡。

安祿山叛亂平息後，唐明皇日夜思念楊貴妃。後來，道士楊通幽運用法術架起一座仙橋，讓唐明皇飛升到月宮，與楊貴妃相會，實現了他們在長生殿上立下的「生生死死共為夫妻」的盟誓。

《長生殿》重點描寫了唐朝天寶年間皇帝昏庸、政治腐敗給國家帶來的巨大災難，導致王朝幾乎覆滅。劇本雖然譴責了唐玄宗的窮奢極侈，但同時又表現了對唐玄宗和楊玉環之間愛情的同情，間接表達了對明朝統治的同情，還寄託了對美好愛情的理想。

這部劇本以宮廷生活為主線，穿插社會政治的演變，情節跌宕起伏，加之人物唱腔豐富，因此，一經演出，立刻轟動。京城中幾乎家家能唱其中的唱段。另外，值得一提的是，劇作家洪昇因《長生殿》而成名，也因《長生

殿》被革職回鄉，結果酒醉落水而亡。

《桃花扇》抒發了作者何種情懷

《桃花扇》是清初作家孔尚任經十餘年苦心經營，三易其稿寫出的一部傳奇劇本，在清聖祖康熙三十八年完成。

全劇共有四十齣，分上下兩卷。該劇藉由明末復社文人侯方域與秦淮名妓李香君的愛情故事來展現南明一代的興亡，抒發了對末世王朝的無奈情懷。

劇中，侯方域逃難到南京，結識了秦淮名妓李香君。兩人陷入愛河，訂下了婚約。當時，閹黨餘孽阮大鋮有意結交復社，拉攏侯方域。於是暗送妝奩，資助侯方域。李香君知曉後堅決退回。

阮大鋮懷恨在心，弘光皇帝即位後，起用阮大鋮，他趁機陷害侯方域，迫使其投奔史可法，並強將李香君許配他人。李香君堅決不從，欲自盡未遂，血濺詩扇。侯方域的朋友楊龍友，利用血點在扇中畫出一樹桃花。南明滅亡後，李香君入山出家。幾經波折後，侯方域逃回尋找李香君，二人撕破桃花扇，出家遁入空門。

全劇在一派悲歌聲中結束。《桃花扇》以侯方域、李香君的愛情故事為線索，利用真人真事和大量文獻資料，形象而深刻地揭示了明末腐朽、動亂的社會現實，譴責了南明王朝昏王當朝，權奸掌柄，爭權奪利，置國家危亡於不顧的腐朽政治。

《桃花扇》的藝術成就，主要表現在人物塑造和藝術結構上，在人物安排上，經過精心構思，形成了一個完整的形象體系。全劇以侯、李愛情為線索，組織多方面的社會矛盾，結構嚴整緊湊。曲辭亦流暢優美，富於文采而又適合於舞臺表演。

《牡丹亭》，昆曲舞臺上長盛不衰

《牡丹亭》全名《牡丹亭還魂記》，也稱《還魂夢》或《牡丹亭夢》。作者湯顯祖，《牡丹亭》是他創作的「臨川四夢」之一。全劇五十五齣，據明人小說《杜麗娘慕色還魂》改編而成。

劇中，少女杜麗娘，衝破約束，私自遊園，在夢中與書生柳夢梅幽會，從此一病不起，懷春而逝。

麗娘的父親杜寶升官離任，在杜麗娘墓地造了一座梅花觀。柳夢梅進京赴試，借宿在觀中，正好在園內拾到杜麗娘的自畫像，終於和畫中人陰靈幽會。

柳夢梅依暗示掘墓開棺，杜麗娘起死回生，兩人結成夫婦，同往臨安。當時正逢金兵入侵，杜寶在淮安被圍，柳夢梅受杜麗娘之托前去稟報還魂喜訊，不料反被杜寶囚禁。敵兵退去，柳夢梅以階下囚一變而成狀元，杜寶拒不承認女兒的婚事，強迫他們離異。糾紛鬧到皇帝面前，才得以圓滿解決。

《牡丹亭》是中國戲曲史上浪漫主義的傑作，洋溢著追求個人幸福、呼喚個性解放、反對封建制度的浪漫主義理想，感人至深。

《牡丹亭》以文辭典麗著稱，曲詞兼用北曲潑辣動盪及南詞婉轉精麗的長處。明呂天成稱之為「驚心動魄，且巧妙迭出，無境不新，真堪千古矣！」《牡丹亭》在崑曲舞臺上保持著歷久不衰的魅力。

《金瓶梅》，第一部文人獨立創作

《金瓶梅》，明代長篇小說，共100回，成書約在隆慶至萬曆年間，作者署名蘭陵笑笑生。蘭陵今屬山東棗莊，作者大約是山東人。

明代後期，統治階級腐朽墮落，社會道德極端敗壞，社會上出現了一批揭露現實的腐朽和黑暗的小說，《金瓶梅》是其中很有代表性的一部。書名從小說中西門慶的三個妾潘金蓮、李瓶兒、龐春梅的名字中各取一字而成。

《金瓶梅》借《水滸傳》中西門慶私通潘金蓮一段故事為引子，透過對

兼有官僚、惡霸、富商三種身分的封建時代市儈勢力的代表人物西門慶及其家庭罪惡生活的描述，暴露了明代中葉社會的黑暗和腐敗，具有較深刻的認識價值。

西門慶原是個破落財主、生藥鋪老闆，但他善於鑽營，又巴結權貴，與宰相蔡京、和太尉、巡撫等大臣串通一氣，狼狽為奸，作惡多端，他欺壓人民的種種勾當，深刻地披露了市儈勢力和封建統治機構互相勾結的罪惡行徑和醜惡嘴臉，增強了作品批判的深刻性。

西門慶原有一妻二妾，又先後用不正當的方法謀取了孟玉樓、潘金蓮、李瓶兒為妾，並和婢女春梅等發生淫亂關係。這些妻妾婢女間爭寵吃醋、鉤心鬥角，互相陷害。這種錯綜複雜、矛盾尖銳的家庭關係，正是當時官宦、商人的富人家的真實寫照。

一般認為，《金瓶梅》是中國文學史上第一部由文人獨立創作的長篇小說。《金瓶梅》之前的長篇小說，莫不取材於歷史故事或神話、傳說的。《金瓶梅》擺脫了這一傳統，以現實社會中的人物和家庭日常生活為題材，使中國小說現實主義創作方法日臻成熟，為其後《紅樓夢》的出現做了必不可少的探索和準備。

作品語言流暢明快，描寫細膩，人物塑造鮮明，在藝術上取得了較高的成就。但這部小說中淫穢內容描寫太多，對後世的淫穢小說創作開了不良的先例，在很長時間內被列為「淫書」，使其美學價值受到嚴重損傷。

《聊齋志異》，蒲松齡的孤憤之作

《聊齋志異》是蒲松齡的代表作，「聊齋」是他的書屋名稱，「志」是記述的意思，「異」指奇異的故事。全書共有短篇小說四百九十一篇。題材非常廣泛，內容極其豐富。作者稱此書是「孤憤」之作，深含「寄託」。

書中寫的是一個花妖鬼狐的世界，既有對如漆墨黑的社會現實的不滿，又有對懷才不遇、仕途難攀的不平；既有對貪官污吏狼狽為奸的鞭笞，又有對勇於反抗，敢於復仇的平民的稱讚；而數量最多、品德上乘、寫得最美最

動人的是那些人與狐妖、人與鬼神以及人與人之間的純真愛情的篇章。

它成功地塑造了眾多的藝術典型，人物形象鮮明生動，故事情節曲折離奇，結構布局嚴謹巧妙，文筆簡練，描寫細膩，堪稱中國古典短篇小說的高峰，在它的影響下產生了一大批效仿之作。

《儒林外史》，清代長篇諷刺小說

《儒林外史》，清代長篇諷刺小說。作者吳敬梓。原本55回，其最末一回為後人偽作。根據程晉芳《懷人詩》可知，吳敬梓在49歲時，該書已脫稿，但是直到其死後十多年才由金兆燕刻版問世。該刻本已失傳。今通行的是五十六回刻本。

這部小說是中國古代諷刺文學的典範作品，它表面上寫明代生活，實際上展示了一幅18世紀中國社會的風俗畫。以封建社會後期知識份子及官紳的活動和精神面貌，諷刺了因熱衷功名富貴而造成的極端虛偽、惡劣的社會風習，反對科舉制度和封建禮教對人性的扭曲。

作者是透過對一系列書生及其活動的描述來體現主題的。比如，小說中的范進，是個屢考不中、年已過百的「花白鬍鬚」的老童生，他僥倖中了舉人，看到報帖，拍手發笑，跌昏在地，醒後爬起身來邊笑邊跑出門，原來他歡喜得發了瘋。

再如，魯編修的女兒與蘧公孫成婚後，魯家小姐見到丈夫專好做詩、偏偏對八股文「不甚在行」，就愁眉苦臉，只好把希望寄託在年僅4歲的兒子身上，每天強迫孩子讀書，有時甚至通宵達旦。

讀書人神魂顛倒、追逐名利，可真正被科舉培養出來的「人才」又是什麼樣的呢？

小說中一個叫王惠的進士新任南昌知府，一到任就公開打聽：「地方人情可還有什麼出產？詞訟裏可也略有些什麼通融？」他心中的「崇高信念」是「三年清知府，十萬雪花銀」。

除受科舉制度毒害的讀書人外，作者還著力於描寫在他周圍的各色人

物。小說不是一味地憤世嫉俗，在尖刻諷刺的同時，也歌頌了許多正直仁善的人物。藉由人物之間的輻射，揭示了社會關係的本質，使《儒林外史》成為一部現實主義的傑作，也是中國敘事文學中諷刺藝術的高峰。同時，他也開創了以小說直接評價現實生活的範例，對以後的譴責小說產生了巨大影響。

一「編」驚人的《古文觀止》

《古文觀止》，中國歷代散文選本，清代吳楚材、吳調侯編選，並經吳興祚審定。他們本身沒有功名，編選《古文觀止》的初衷是想為初習寫作的人提供一個好的範本。「觀止」二字，出自《左氏傳》：吳國公子季札云：「觀止矣，若有他樂，吾不敢請已。」即觀賞到此為止，已盡善盡美。古文選本「觀止」作名，意謂他們的選錄內容都是古文精華。

《古文觀止》以散文為主，兼取駢文。上起先秦，下迄明末，絕大多數是千古傳誦的名篇。收文共222篇，分為12卷。與《文選》以後的古文選本相比，它跨越的時代既廣，卷帙又不甚繁，且文章體裁多樣，較少偏見，可謂廣收博采，繁簡適中。

編排上按時代先後分為7個時期，每個時期皆突出重點作家作品。由此可縱觀古文發展之源流，也可參照分析作家之不同風格。體例方面不因循前人按文體分類之慣例，而是以時代為經、作家為緯，入選的文章也兼顧思想性和藝術性，語言精練、篇幅短小。

需要說明的是，吳氏叔侄所處的時代，科舉盛行。凡是考生都要會寫「八股文」。「八股文」在語言、結構、文體等方面都有特殊的要求。故《古文觀止》的一個直接目的，就是為當時的學童和其他讀書人編撰一本啟蒙讀物，殊不知，一「編」驚人，受到普遍歡迎，兩個人藉此而名留史冊。

「三言二拍」是哪些小說的合集

「三言二拍」不是一部書的名字，而是指明代五本著名傳奇短篇小說集

的合稱。

所謂「三言」，即《喻世明言》、《警世通言》、《醒世恆言》的合稱，明代馮夢龍編著。「三言」每集40篇，共120篇。這些作品有的是輯錄了宋元明以來的舊本，有的是據文言筆記、傳奇小說、戲曲、歷史故事，乃至社會傳聞再創作而成，故「三言」包容了舊本的匯輯和新著的創作，是中國白話短篇小說在說唱藝術的基礎上，經過文人的整理加工到文人進行獨立創作的開始。三言的出現，標誌著古代白話短篇小說整理和創作高潮的到來。

在「三言」的影響下，凌濛初編著了《初刻拍案驚奇》和《二刻拍案驚奇》各40卷，人稱「二拍」。共收有擬話本小說78種，「取古今來雜碎事可新聽睹、佐談諧者，演而暢之」，可見，基本上都是個人創作。「二拍」善於組織情節，因此，多數篇章有一定的吸引力，語言也較生動。但從總的藝術魅力來說，它比「三言」稍為遜色。

《全元散曲》，一部元代散曲的總集

《全元散曲》是今人隋樹森編的中國元代散曲總集。全書分上、下兩冊，收入自金代至元末明初散曲家213家，上起元好問，下迄元末明初湯式、谷子敬，此外，還包括元代和元末明初的無名氏作品；共收小令3800餘首，套曲450餘套，包括元代作者的散曲殘句斷語等。

該書以作家為經輯錄作品，編排上大體以作家年代先後為序，每一作家附有小傳。對所收散曲作品，於曲章節附註明出處。這部作品搜羅詳備，作者不但仔細校閱了元、明兩代的散曲總集和別集，並且遍閱了曲譜、曲話、文集、詞集、詞話、道藏及有關材料約一百一十種，儘量網羅、剔抉、校正、比對而成規模。

與此同時，作者還採用《小山樂府》、《筆花集》、《南北詞廣韻選》、殘本《北宮詞紀外集》等珍本，加以補充和校勘。對所收散曲，於曲章節附註明出處，關於作者、異說、題目差異、字句不同等則附有比較詳細

的校勘記。因此，此書比較全面地反映了元朝一代散曲創作概況，對於研究元代散曲有重要的參考價值。

《古文辭類纂》內容為何

　　《古文辭類纂》是中國古代重要的古文總集，由清代桐城派大家姚鼐編。此書74卷，卷首《序目》略述各類文體的特點和源流，所選文章以唐宋八大家為主，兼選先秦至清代知名作家的作品約七百篇，分為論辨、序跋、奏議、書說、贈序、詔令、傳狀、碑誌、雜記、箴銘、頌贊、辭賦、哀祭十三類。每類冠以小序，概述各類文體源流。

　　此書選文謹嚴，考核細緻，是代表桐城派文學觀點的一部古文選本，一度頗為流行，被譽為「文章正宗」、「閱此便知為文之門徑」，並推薦為「人人必讀之書」。清末王先謙、黎庶昌都先後編有《續古文辭類纂》。

《太平御覽》，一部綜合性類書

　　《太平御覽》是一部綜合性類書，北宋四大部書之一。李昉等奉詔編纂。成書於太宗太平興國年間。因編於「太平興國」年間，初名《太平總類》，太宗按日閱覽，改題此名。

　　全書1000卷，分55部，每部之下又分若干子目，共4558類。據書前「圖書綱目」所載，引用圖書1690種，連同雜書、詩、賦、銘、箴等，引書實用2579種。所引用的古書十之七、八已失傳，是保存古代佚書最為豐富的類書之一。

　　此書體例是每條引證都先寫書名，次錄原文，按時間先後排列。不加己見。所採多為經史百家之言，小說和雜書引得很少。正文作大字，注文作雙行小字，附於本句之下，較其他類書更為明晰。

　　作為按部依類檢索古代資料的類書，該書有很高的史料價值。在編纂方面，該書體例時有失當，類目亦有重複，引用書名往往錯亂。

史學體類

正史，以帝王本紀為綱的紀傳體史書

正史是中國古代史書的一種，指歷代以帝王本紀為綱的紀傳體史書，我們常說的「二十四史」就都是正史。

「正史」一名，始見於南朝梁阮孝緒《正史削繁》。到唐修《隋書・經籍志》時才正式設立。《隋書・經籍志》將《史記》、《漢書》等以帝王傳記為綱的紀傳體史書列為正史，居史部書之首位。《明史・藝文志》又以紀傳、編年二體，並稱正史。清乾隆四年（西元1739年），規定從《史記》到《明史》的24部史書為正史，私家不能擅自增加。1921年，北洋軍閥政府又增《新元史》，合稱二十五史。

就體裁而言，歷代正史均為紀傳體史書，以帝王的本紀為綱，以列傳為輔，本紀、列傳是不可少的內容。此外，志、表則不是所有正史都有。同時，除了《史記》、《南史》、《北史》等為通史外，其餘大都為斷代史。

就修纂而言，唐以前的正史多為個人所撰，唐及以後的正史則均為官修，只有歐陽修的《新五代史》是私撰。官修正史往往開設史局或史館，由

高官（多為宰相）主持，負責對一些敏感問題定奪、拍板；一般是新朝成立，即開始纂修前代之史；所用資料多為內府的實錄等檔案資料。

在階級社會中，由於正史的階級性，決定了歷朝歷代的封建統治者在編修歷史時，不可能做到實錄其事，而必有嚴格的取捨。因此，對官修正史，我們應該科學對待，要採取辨證的、客觀的、歷史的、階級的態度去分析，不能簡單化、絕對化，甚至神聖化。

雜史，中國古代私家著述的史書

雜史，史籍類別之一。「雜史」，顧名思義，其收錄的內容非常駁雜，不僅形式雜，內容也雜，簡言之，雜史就是中國古代私家著述的史書，是以記載帶有掌故性見聞為主的史書。最早創始於《隋書‧經籍志》，《四庫全書》的史部也有雜史一類。

雜史既不同於紀傳表志等體例齊全的正史，也不同於關係一朝大政的別史，它是異體雜記，是不受體例拘束的又一種體裁的史書。如先秦兩漢時期的史籍《國語》、《戰國策》、《逸周書》、《竹書紀年》、《穆天子傳》，科技史籍《齊民要術》、《農政全書》、《天工開物》，學術類史籍《宋元學案》、《明儒學案》、《漢學師承記》，傳記史籍《高僧傳》、《碑傳集》，地理方志類史籍《水經注》、《大唐西域記》、《大清一統志》、《四川通志》等，都可歸入「雜史」。

其他如筆記、考辨及各種類書、目錄書等，也都被收錄進「雜史」。「雜史」大多為私家撰述，偶爾也有官修的。其體例沒有「正史」嚴謹，撰述也未必系統。但由於所記大多是作者親歷、親見或親聞，所以，載有許多一手資料；又因為所記領域可能比較獨特，很少為其他書籍所涉及，所以，所載資料往往有其獨特性，可以補充罕見的史料。

別史，正史之外最為齊整的史書典籍

別史，史籍類別之一，是官定「正史」之外有體例、系統、組織的史書典籍。別史之名，最早見於南宋陳念孫的《直齋書錄解題》。用以著錄「上不至於正史，下不至於雜史」之書。

別史是正史之外最為齊整的史書，它與正史的區別主要在於，是否受到了官方的認定。比如《舊唐書》和《舊五代史》，在清朝皇帝欽定之前，只能算是別史。別史與雜史的區別主要在於，雜史是私家對瑣雜小事的記述，而別史所記則是關係一朝大政的史事，而且有一些也是官修的。

別史的體裁形形色色，有紀傳體，如《續漢書》；有編年體，如《資治通鑑》；有典志體，如《通典》、《通志》；有紀事本末體，如《宋史紀事本末》；有實錄體，如《明實錄》、《清實錄》；還有會要體，如《唐會要》、《宋會要》等，種類繁多。由此可見，「別史」無論是從內容，還是從行文體裁，都比「正史」要豐富，其史學價值是很高的。

專史，專門記載某一學科領域

專史為史書分類之一種。指專門記載某一學科或領域的歷史著作。包括典章史（如會要）、學術史（如學案）、傳記、族譜、經濟史、文學史、史學史、軍事史、哲學史等，後來其意域逐漸廣泛，凡是專記一人或專敘一事的史書，也稱專史，如《揚州十日》、《虎門銷煙》等皆屬專史。

通史，連續地記述各個時代的史書

通史指記載歷代史實、貫通古今的歷史著作。簡言之，就是連貫地記敘各個時代史實的史書。與只記一個時代的斷代史不同，如司馬遷的《史記》，記載了上自傳說中的黃帝，下至漢武帝時代，歷時三千多年的史實；還有司馬光的《資治通鑑》，也是著名的通史。

通史有兩個重要的特點：一是要求敘述的內容廣泛，所有重要事件和研

究課題（軍事、文化、藝術）涉及內容不深但都要有所涉及；二是要求在敘述中體現歷史發展脈絡或貫穿其中線索，給人一種整體的認識。

通史根據不同體例，可分為紀傳體通史、編年體通史、紀事本末體通史和典志體通史。

斷代史，記載單一朝代史實

斷代史指與通史相對的僅記載單一朝代史實的歷史著作。

斷代史始創於東漢班固所著的《漢書》。《漢書》是中國第一部紀傳體斷代史，分為12篇紀、8篇表、10篇志、70篇傳，共100篇，八十多萬字。記事上起漢高祖元年，下至王莽地皇四年，共229年歷史。二十五史中除《史記》外均屬此體。

編年體和紀事本末體的史書，以朝代為斷限的，也屬斷代史。其中《南史》、《北史》、《五代史》包舉數朝，仍然屬於斷代史的範圍。編年體和紀事本末體的史書，以朝代為斷限的也屬於斷代史。今人所著的《秦漢史》、《隋唐史》等都屬於斷代史範圍。

野史，解讀歷史的另一種角度

野史，即古代私家撰寫的雜史。是一種口語化的稱謂，不屬於目錄學上的標準分類。之所以稱「野史」，主要是針對官方欽定的「正史」而言。野史之名始見於《唐書・藝文志》所載《大和野史》，後有宋鄭樵《通志》所載的龍袞《江南野史》等。明高儒《百川雜誌》始立為一門。

就內容來說，野史多為作者道聽塗說或耳聞目睹的一些逸聞趣事，文字多涉歷史掌故。「野史」並不都是信史，傳疑傳信，風格有的近於「小說家言」，因此，又有「稗官野史」一稱。其為私家撰述，少有忌諱，很多人在「正史」中難得一見的事件，在「野史」中往往可以尋到蛛絲馬跡，甚至詳細描述，如宋太祖「燭影斧聲」之謎，明清兩代的「文字獄」，雍正帝的死

因等，在「野史」中都有記載，可供後人參考、分析。

相對於「正史」、「別史」的正襟危坐，「野史」能夠讓人們更多地看到有關官場、宮闈的秘聞，社會生活的細枝末節，風土人情的變遷及生活中的悲歡離合等，形形色色，不一而足。

「野史」，是今人瞭解過去的一個重要視窗。魯迅先生就對「野史」非常看重，他甚至認為，要想真正瞭解中國的歷史，就必須多讀歷代「野史」，對「正史」不能完全聽信。簡言之，「野史」的價值不菲，它為後世讀者提供的是解讀歷史的另一種角度。

紀傳體，正史的標準編纂體例

紀傳體是以本紀、列傳人物為綱、時間為緯的一種史書編纂體例。中國最早的紀傳體史書，是西漢司馬遷編纂的《史記》。此後歷代正史都採用這種體裁。它以人物傳記為中心，最主要的部分是本紀和列傳，故稱「紀傳體」。

司馬遷著《史記》，將先秦史籍如《禹本紀》、《尚書》、《周譜》、《世家》、《穆天子傳》、《帝王諸侯世譜》等所採用的各色體裁熔於一爐，成「本紀」、「表」、「書」、「世家」、「列傳」五大部分，記載從三皇五帝至西漢武帝時期的一段通史。

本紀以歷代帝王為中心，表為大事年表，書記禮制、官制及經濟制度等，世家、列傳記各諸侯國以及武帝以前的各類重要歷史人物，少數民族，鄰近國家的史實，其中世家與列傳就占了一百篇。

以後出現的《漢書》、《後漢書》等，基本都沿用了《史記》的體例，《漢書》稍作修改，將「本紀」改稱「紀」，「列傳」改稱「傳」，「書」改稱「志」，「世家」不錄，從而形成了「紀」、「傳」、「表」、「志」四位一體的結構，成為後世修「正史」的標準形式。

但紀傳體也有其弊端，即「一事而複見數篇，賓主莫辨」，分頭敘述人物，歷史事件則被分記到人物傳之中，產生重複矛盾的缺陷。到南宋，始出

現了克服編年、紀傳二體缺陷而綜合其優點的紀事本末體。

編年體，中國最早的史書編纂體例

編年體是在春秋戰國時由孔子纂編《春秋》時創立的，它是中國最早存在的史書體裁。編年體的體例特點是記事以時間為線索，按年代的順序敘述每年發生的歷史大事，所謂「記事者以事繫日，以日繫月，以月繫時，以時繫年」（杜預《春秋經傳集解序》），使史實發展的秩序分明。中國上古時代的史書，多數是編年體的，墨子所謂的百國《春秋》，即此類。

西晉初年在汲郡戰國古墓中出土的《竹書紀年》和孔子據魯國史書編纂的《春秋》，是早期編年體史書的代表作。《春秋》以魯國歷史為主幹，記載了自魯隱西元年（西元前722年）至魯哀公十四年（西元前481年）的史實，是一部編年史。

《春秋》文義晦澀，魯國人左丘明又作《左傳》進行注釋，按《春秋》的編年線索，補充敘述《春秋》未詳的重要史實，讓讀者瞭解《春秋》對歷史人物和事件的褒貶含義。

由於《左傳》以記史實的始末為重要特點，故又是編年紀事本末體。《春秋》和《左傳》問世之後，後代仿效者很多，但獨以宋代司馬光編纂的《資治通鑑》最為傑出，成為中國現存編年體史書中規模和影響最大的一種。

但編年體也有很大的缺陷，即每年記載各種事件，而把單一事件數年甚至數十年的連續發展順序割裂開來，所謂「一事而隔越數卷，首尾難稽」。所以，在編年體盛行不久，紀傳體隨之而出。

紀事本末體，完整敘述歷史事件

紀事本末體主要是相對於編年體而言的。始創者為宋代的袁樞及其《通鑑紀事本末》。它以事為經，由本至末，原原本本、前後連貫地記事，故稱

「紀事本末體」。

司馬光《資治通鑑》問世後，受到普遍歡迎。南宋人袁樞喜讀此書，但又苦其浩博，一件事往往「隔越數卷，首尾難稽」，「事之本末」難以全窺。於是，袁樞突發奇想，將《資治通鑑》按年記載之事，摘抄在一起，自成一個單元，這樣就將編年體的《資治通鑑》改編為以239個事件為中心的《通鑑紀事本末》。如秦滅六國、豪傑亡秦、高帝滅楚、三家分晉、匈奴和親等，各事件均從始至終，連貫而有條理。

袁樞的《通鑑紀事本末》面世後，不意竟廣受歡迎。隨之，仿其體例的史書也不斷湧現，蔚為大觀，差不多覆蓋了整個中國古代史，諸如，明陳邦瞻的《宋史紀事本末》、清谷應泰的《明史紀事本末》、李有棠的《遼史紀事本末》、《金史紀事本末》等。

紀事本末體能完整地再現歷史事件，非常適合大眾瞭解歷史，所以，歷來很受歡迎。但這種體裁也有局限，諸如典章制度等很難用它來表述。

典志體，典章制度的專史體裁

典志體，就是以典制為中心，記述歷代典章制度及其因革損益。它以分門別類為表述上的特點，曾被稱為分類書。典制體史書是從紀傳體史書中的「書」、「志」分離來，發展為獨立的體裁的。

典志體發端於紀傳體史書中的志以及東漢以後出現的典章制度專史，至唐代杜佑的《通典》完成體裁的創制。

典章制度最早載於史書，如《史記》中有「八書」，《禮書》、《樂書》、《律書》、《曆書》、《天官書》、《封禪書》、《河渠書》、《平準書》，較系統地記述了漢武帝之前歷代典章制度的概況。《漢書》中則有「十志」，《律曆志》、《禮樂志》、《刑法志》、《食貨志》、《郊祀志》、《天文志》、《五行志》、《地理志》、《溝洫志》、《藝文志》，較之《史記》的紀錄更加豐富。

東漢以後，與典章制度有關的專史開始出現，如應劭的《漢官儀》、

衛宏的《漢舊儀》、丘仲孚的《皇典》、何胤的《政禮》；到了唐代前期，編纂之風一度盛行，典志書籍如雨後春筍，如李林甫的《唐六典》、唐穎的《稽典》、王顏威的《唐典》、李延壽的《太宗政典》、劉秩的《政典》。

中唐時，杜佑以劉知幾之子劉秩所著《政典》為基礎，擴展成《通典》，從而創制了典志體。《通典》也是中國第一部通史式的典章制度專史。其上起傳說中的黃帝，下迄唐代宗，跨越千餘年。

元初，馬端臨撰《文獻通考》，348卷，較《通典》有所增益。《通典》和《文獻通考》都是典制體通史，後人把它們和《通志》合稱「三通」。到了清朝乾隆年間，朝廷還特設「三通館」，組織學者續編「三通」，先後成書《續通典》、《續通志》、《續文獻通考》（簡稱「續三通」）、《清通典》、《清通志》、《清文獻通考》（簡稱「清朝三通」）。原「三通」加上此「六通」再加上民國時劉錦藻的《清朝續文獻通考》，我們今天能看到的共有「十通」。

會要，分門別類記述一代典章制度

會要體是一種分門別類記述一代典章制度的史書體裁。這種體裁創始於唐人蘇冕的《會要》，完善於宋人王溥的《唐會要》。它按朝代彙集史事和典章制度，故稱「會要」。明清兩代的此類史著也稱「會典」。

會要體作為典志體史書的一支，以斷代史的形式，總結一代法度典章，起到編年、紀傳體史書所不能起的作用。

清代學者俞樾曾指出：「觀一人之始終，莫如紀傳，而甲與乙不相聯繫；考一時之治亂，莫如編年，而前與後不相貫穿，於是後人又有會要之作。」他認為，會要體史書「蓋編年、紀傳外，不可少之書也。」

起居注，紀錄帝王言行的實錄

起居注是紀錄帝王言行的實錄。它的起源很早，在先秦就有所謂的「君

舉必書」制度，而且還有「左史記言，右史記事」，「動則左史書之，言則右史書之」的說法。說明古代早就注意對君主言行的紀錄了。

有人認為，從汲冢出土的《穆天子傳》，就是起居注的最初形式。在漢代，據說由宮中女史擔任此職，而在漢以後，則歷代都有史官司專職紀錄皇帝每天的言行，並定名為「起居注」。

魏晉時期，由史官著作郎兼修起居注，尚書專職起居官。到了北魏，開始專門設置起居令史，另外，還有修起居注、監起居注等專職官員，他們平時侍從皇帝，隨行左右，紀錄皇帝言行。

隋代則在中書省下設史官司起居舍人；唐代又於門下省設起居郎，和起居舍人分掌其事。宋朝對起居注特別重視，還專門設立了起居院撰寫起居注。元朝時候，由給事中兼修起居注。明朝又專設起注官。清朝則以翰林、詹事等官兼任，稱起居官。

在這類以起居注命名的史書中，現在所能知道的最早著作是漢武帝時的《禁中起居注》和東漢明德馬皇后撰寫的《明帝起居注》。從《隋書‧經籍志》所載看，從漢武帝至北周太祖期間，歷代皇帝的起居注有四十多種。

唐宋時候的起居注最為詳備，元明以後稍見簡略。起居注一般由專職起注官撰寫，但也不盡是。例如，《大唐創業起居注》，是由李淵的參軍根據自己的見聞撰成的，它紀錄了從李淵起兵、攻克長安直到稱帝這一段勝王朝創建過程的歷史。

起居注一般都成為後世編史的第一手參考史料，唐初國史館修撰梁、陳、北齊、周、隋等史，就是靠了一大批起居注為其提供充足的原始材料，才得以在短期內完成的。

實錄，紀錄皇帝在位時的資料性史書

實錄，是中國古代記載皇帝在位期間重要史實的資料性史書，其體裁也稱「實錄體」。實錄體在梁朝開始產生，周興嗣寫的紀錄梁武帝事的《梁皇帝實錄》，謝昊寫的紀錄梁元帝事的《梁皇帝實錄》，是最早的官修實錄。

開始時，「實錄」還沒有成為皇帝編年事蹟的專稱，如唐李翱記載其先祖事蹟的著作即稱《皇祖實錄》，隨著皇權的增強，「實錄」就成為帝王史書的專稱了。唐朝開始，宰相親撰「時政記」，每當新君即位，都要下令讓國史館根據前朝皇帝的起居注、前朝宰相的時政記等材料加以匯總，纂修一部前一朝皇帝的編年史長編，也就是實錄。

以後，實錄的編制成為定制，宋、遼、金、元、明、清各朝相沿因襲。宋朝修實錄特別發達，國家專門設立實錄院從事此事，宋各朝實錄，現都歷歷可考。

歷朝修撰實錄前，一般還撰錄日曆作為基礎，如宋朝還特別設立日曆所專司編修日曆。日曆匯總時政記、起居注及諸司關報，係以日、月，詮次排列，在此基礎上，再編成實錄。實錄修成之後，一般要將草稿全部焚毀，只留下定本，據說這是為了保證參加編修者能排除顧慮，直筆詳書而定下的措施。

實錄年經月緯，以日繫月，以月繫年，將重要事件分別歸屬，內容十分繁富，凡是各種政治設施、軍事行動、經濟措施、自然災祥、社會情況等都詳細記載，同時對詔令奏議、百司重要案牘，乃至大臣生平事蹟也大都選載。

「實錄」雖然號稱「據實詳錄」，但中間也常有曲筆諱飾之處，有時隨著政治風雲的變幻，還可重修過去的實錄，將史事根據當時政治的需要加以刪改。但由於它基本根據檔案材料編撰，所以，史料價值比一般雜史、野史紀錄要高，歷來為史學家們所重視。

據統計，歷代實錄共有116部，但絕大多數已亡佚，現存最早的一部完整實錄，是唐代韓愈的《順宗實錄》，宋代也僅存《太宗實錄》殘本。至於整個朝代的實錄比較完整地保存到今天的，只有《明實錄》和《清實錄》。

方志，紀錄某一地的綜合性百科全書

方志，又叫地方誌，是一種系統、全面地記載某一地方地理、政治、經

濟、社會、文化等方面的綜合性著作，因此，方志可看作是有關一地的「百科全書」。此外，專門記載名山大川、城池都邑、寺廟宮觀、名勝古跡、風土人情的書籍，也可以歸入此類之中。按傳統的分類法，此類書籍歸史部。

中國方志的發展源遠流長，早在《尚書·禹貢》中就有關於方域、山川、土質、物產、貢賦等的記載。著名的先秦古籍《山海經》中則紀錄了物產、神話、巫術、宗教、古史、醫藥、民俗、民族、山川、古蹟等，內容之豐富，令人歎為觀止。這些都已具備方志的特點。

秦漢魏晉南北朝時期是方志的形成階段，當時，無論是體例內容，方志皆屬地理書，其稱謂亦多為地志、地記。現存第一部比較完整的方志書《越絕書》（相傳為東漢袁康所撰），就出現在這個時期。

隋唐兩朝，圖經盛行，以志、記為名的方志書也發展起來。宋代，以記地為主的方志成為史學的一個分支。至此方志書始體例初備，自成一體。明代的方志又有所發展，數量和種類都有所增加。全國有一統志，各省普遍修總志或通志，省以下的府州縣亦各多次修志。此外，還出現了更小行政區劃的鄉村鎮志、里坊志，專門行政（或軍事、經濟）單位的志書，如衛所司志、邊關志、鹽井志等，也屬此類。

清代是地方誌的全盛時期，不但種類全、數量多，在體例和內容方面也更加充實完備。清末又新出現鄉土志。與清代相比，民國時期方志的編纂，規模要小得多，體例多數亦沿襲舊志，不過也出現了一些新的內容，如注意記載農工商業的生產情況和人們的生活面貌，還增加了各種統計圖表，等等。

類書，輯錄各門類資料的工具性書籍

類書是中國古代輯錄各種門類或某一門類資料的工具性書籍，大體相當於現代的百科全書。由於內容廣闊，博采群書，分類編輯而成，所以得名。

類書分若干部（如天文、地理、職官、帝王、服飾等），下設若干子目（如「天」部之下，又細分日、月、星、雲、霧、雨、雷等）。每個子目部

下都有依次羅列的古書中的各種資料。

　　中國的類書起源很早，最早的正規類書，是三國時代魏文帝曹丕在延康元年（西元220年）命王象等人編纂的《皇覽》，分40餘部，每部數十篇，共800餘萬字。此後，編纂類書蔚然成風，如南北朝時的《古今注》（崔豹纂）、《集林》（劉義慶纂）、《四部要略》（蕭子良纂）、《類苑》（劉孝標纂）等，可惜多已失傳。

　　唐宋以後，官方編纂類書成為慣例，著名的「宋四大書」《太平御覽》、《太平廣記》、《冊府元龜》、《文苑英華》。明清兩代類書的特點是規模宏大，其中最著名的兩部是《永樂大典》和《古今圖書集成》，為中國古代類書之最。

　　值得一提的是，官方編纂類書一般都是在開國之初，這與在政治上拉攏、安撫前朝舊臣有很大關係；士大夫往往有「編書情結」，朝廷則正好將這些影響頗大的飽學之士搜羅在自己身旁，為己所用。

　　據統計，中國古代類書從三國至清末，見於記載的有600餘種，現存的在300種以上。

叢書，匯輯許多種書而成的書籍

　　叢書是匯輯許多種書而成的書。「叢」即「彙聚」、「聚集」的意思，叢書即「叢聚之書」。叢書又有「叢刻」、「叢刊」、「叢稿」、「文庫」等稱謂，而每套書叢書又必須有自己的名字。叢書名可以明確標示「叢書」字樣，如《四部叢刊》；也可以不明確標示，如《四部備要》。

　　叢書一般至少要匯輯兩種圖書，超大型的叢書則有匯輯數千種之多的。叢書中所包含的單種圖書舊稱「子目」，它必須具有圖書的相對完整性。

　　中國現今發現最早的叢書，是南宋寧宗嘉泰元年（西元1201年）編刻的《儒學警悟》，收宋人著作六種。

　　編刻的叢書在清代最為興盛，除了官修的《四庫全書》外，私家匯刻的各種叢書也極其豐富，專門性的叢書如《十三經注疏》、《宋六十名家詞》

等；綜合性的叢書如《知不足齋叢書》等；以區域劃分的叢書如《畿輔叢書》、《安徽叢書》等；以朝代為限的叢書如《漢魏叢書》、《唐宋叢書》等；以個人著作彙編而成的叢書如《船山遺書》、《章氏遺書》等。

到了民國時，匯刻的古籍叢書仍然很多，如《四部叢刊》、《四部備要》、《叢書集成初編》等。

叢書有其絕佳的好處，首先它給學者提供了閱覽的方便，另外，使很多古籍善本得以完存。目前，中國尚存的各類古籍叢書有2790多種，歷經歲月洗禮，彌足珍貴，為後人研究古典文化提供了寶貴的資源。

史學著作

《國語》，國別體記言史書

《國語》為國別體史書，大致成書於戰國初年，又稱之為《春秋外傳》，和作為《春秋內傳》的《左傳》並列，兩書互為表裏，互相參證。

《國語》的作者至今學界多有爭論，現在還沒有形成定論。相傳為春秋時左丘明所撰，現一般認為是先秦史家編纂各國史料而成。所記為當時的人物、事蹟以及言論，因為涉及教誨的內容，而且偏重言辭，故稱「語」，是所謂的「記言」之書。

全書共21卷，分《周語》、《魯語》、《齊語》、《晉語》、《鄭語》、《楚語》、《吳語》、《越語》八個部分，《晉語》最多。其所記史事上自西周穆王征犬戎，下至韓、趙、魏三家滅智伯，約五百年的歷史，以記言為主，兼以記事，透過上層統治階級士大夫的言論、辯論來反映歷史事

件，探討興衰治亂之根源。

《國語》的思想比較複雜。它重在紀實，所以，表現出來的思想也隨所記之人、所記之言不同而各異。如《魯語》記孔子語則含有儒家思想；《齊語》記管仲語則談霸術；《越語》寫范蠡功成身退，帶有道家色彩。《國語》與《左傳》、《史記》不同，作者不加「君子曰」或「太史公曰」一類評語。所以，作者的主張並不明顯，比較客觀。

《國語》有較濃重的神祕色彩，遇事求神問卜，由對天命的崇拜，轉向對人事的重視，重視人民在江山社稷中的作用；且述事情節每多虛構，如驪姬夜半而泣進讒言，顯然是作者援情虛構，卻成功刻畫出一個口蜜腹劍，陰險狠毒的人物形象。

《國語》敘述史論結合，在史學思想上是一個進步，且其記敘涉及邊遠地區，也記載了諸如經濟、制度、風俗等方面的內容，可補《左傳》之闕。司馬遷寫作《史記》時，亦曾大量取材於此書。

《左傳》是怎樣解說《春秋》的

《左傳》又名《春秋左氏傳》和《左氏春秋》。是解說《春秋》的「三傳」之一，也是重要的儒家經典。它使《春秋》的綱目詳細化，成為一部詳贍的編年體史著。

相傳《左傳》為春秋末年魯國盲史官左丘明所作，實際上成書於戰國中期。該書廣泛採錄了當時的各種文獻，且以左丘明口頭敘述的史事為主體，故成書時最後編定者便以左氏主名。

《左傳》的體例是編年紀事體，內容大部分是傳注史事，敘述《春秋》經文重要史事的過程，起於魯隱西元年（西元前722年），終於魯悼公十四年（西元前454年），紀錄了269年的歷史。比較全面地記述了春秋時代各主要諸侯國在政治經濟、軍事外交和道德文化等方面所發生的重大事件，充分表現了各國之間道德、仁義、誠信、禮儀、智慧、膽識、勇力等方面的較量，氣勢恢弘，群星燦爛。

尤其是「社稷無常俸，君臣無常位」的歷史觀和對於「君義臣行，父慈子孝，兄友弟恭」等由舜所宣導的五教的標榜，都對後世中華民族大一統觀念和倫理道德的構建起到了重要作用。

《左傳》注本主要是西晉杜預作《春秋經傳集解》。唐時孔穎達作《春秋左傳正義》，陸德明撰《經典釋文》，均採用杜注。

《戰國策》，紀錄戰國歷史的著作

《戰國策》是中國古代記載戰國時期政治鬥爭的一部最完整的著作。主要記述了戰國時期的縱橫家的政治主張和策略，展示了戰國時代的歷史特點和社會風貌，是研究戰國歷史的重要典籍。

《戰國策》最初並不是要編成一部史書，而是要給當時的熱門職業謀臣策士提供一部學習手冊，供人揣摩學習。這種手冊主要彙編各種書策說辭，而且當時不止一部。到西漢成帝時，劉向依據國別，再略按時間次序，把這些書策說辭編成33篇，共460章。全書共有12國策，即西周、東周、秦、齊、楚、趙、魏、韓、燕、宋、衛、中山策，定名為《戰國策》。

《戰國策》為敘事體，著重記述戰國縱橫家的言論和行動，表現他們的才能和辯智，宣揚士人在歷史上的作用，開以人物為中心的紀傳體之先河，是一部典型的「戰國縱橫家書」。

《戰國策》有著較高的思想性和文學成就。比如，反映了民本思想，一些文章表現出對平民力量的重視，如「趙威后問齊使」把平民的地位放在君位之上，認為「苟無民，何以有君？」同時，還對那些殘害百姓、殺戮忠良、荒淫無恥的統治者予以無情地揭露，表現了一定的正義感。

另外，《戰國策》紀錄了許多嘉言善行，雖主要是對某些統治者的規勸，但對後世也有一定的教育意義。還有，對於銳意改革、勵精圖治的國君，《戰國策》給予了充分肯定。如趙武靈王的胡服騎射。《戰國策》的政治觀比較進步，最突出的是體現了重視人才的政治思想。

《戰國策》的文學成就也非常突出，該書文辭優美，語言生動，富於

雄辯與運籌的機智，描寫人物繪聲繪色，在中國古典文學史上亦占有重要地位。在中國文學史上，它標誌著中國古代散文發展的一個新時期。清初學者陸隴其稱《戰國策》「其文章之奇足以娛人耳目，而其機變之巧足以壞人之心術」。

二十四史包括哪些史書

「二十四史」是中國一套珍貴的歷史巨著，即《史記》（漢・司馬遷）、《漢書》（漢・班固）、《後漢書》（南朝宋・范曄）、《三國志》（晉・陳壽）、《晉書》（唐・房玄齡等）、《宋書》（南朝梁・沈約）、《南齊書》（南朝梁・蕭子顯）、《梁書》（唐・姚思廉）、《陳書》（唐・姚思廉）、《魏書》（北齊・魏收）、《北齊書》（唐・李百藥）、《周書》（唐・令狐德棻等）、《隋書》（唐・魏徵等）、《南史》（唐・李延壽）、《北史》（唐・李延壽）、《舊唐書》（後晉・劉昫等）、《新唐書》（宋・歐陽修、宋祁）、《舊五代史》（宋・薛居正等）、《新五代史》（宋・歐陽修）、《宋史》（元・脫脫等）、《遼史》（元・脫脫等）、《金史》（元・脫脫等）、《元史》（明・宋濂等）、《明史》（清・張廷玉等）。

「二十四史」上起傳說中的黃帝（西元前2550年），止於明朝崇禎十七年（西元1644年），計2213卷，約4000萬字，用統一的本紀、列傳的紀傳體編寫。可以說，是中國的一部比較完整、系統的「編年大史」。

「二十四史」稱法有其形成的歷史。三國時社會上已有「三史」之稱。「三史」通常是指《史記》、《漢書》和東漢劉珍等寫的《東觀漢記》。《後漢書》出現後，取代了《東觀漢記》，列為「三史」之一。「三史」加上《三國志》，稱為「前四史」。

歷史上還有「十史」之稱，它是記載三國、晉朝、宋、齊、梁、陳、北魏、北齊、北周、隋朝十個王朝的史書的合稱。後來又出現了「十三代史」，「十三代史」包括了《史記》、《漢書》、《後漢書》和「十史」。

到了宋代，在「十三史」的基礎上，加入《南史》、《北史》、《新唐書》、《新五代史》，形成了「十七史」。明代又增以《宋史》、《遼史》、《金史》、《元史》，合稱「二十一史」。清朝乾隆初年，刊行《明史》，加先前各史，總名「二十二史」。後來又增加了《舊唐書》，成為「二十三史」。從《永樂大典》中輯錄出來的薛居正《舊五代史》也被列入。乾隆四年（西元1739年），經乾隆皇帝欽定，合稱「二十四史」，並刊「武英殿本」。

1920年，柯劭忞撰《新元史》脫稿，民國十年（1921年）大總統徐世昌以《新元史》為「正史」，與「二十四史」合稱「二十五史」。但也有人不將新元史列入，而改將《清史稿》列為二十五史之一。或者，如果將兩書都列入正史，則形成了「二十六史」。

《史記》，中國第一部紀傳體通史

《史記》是中國第一部紀傳體通史，最初沒有固定書名，或稱《太史公書》，或稱《太史公記》。「史記」本來是古代史書的通稱，從三國開始，「史記」由通稱逐漸成為《太史公書》的專名。

司馬遷，字子長，西漢左馮翊夏陽（今陝西韓城縣）人。他的父親司馬談學識淵博，曾任太史令，一直有志於論著「天下之史文」，但未能如願。司馬遷從小受到父親的嚴格教育，在父親死後，他繼任太史令，繼承父親遺志，於西元前104年開始了《史記》的創作。

5年後，司馬遷因替戰敗被俘的李陵辯護，被處以宮刑，飽嘗屈辱和世態炎涼之苦。但他沒有放棄《史記》的撰著，終於在西元前91年基本完成了這一工作，實現了他和父親兩代人的心願。

《史記》全書包括十二本紀、三十世家、十表、八書、七十列傳。所記之事起於傳說中的黃帝，迄於漢武帝，有3000餘年。

《史記》取材相當廣泛。當時社會上流傳的《世本》、《國語》、《國策》、《秦記》、《楚漢春秋》、諸子百家等著作和國家的文書檔案，以及

實地調查獲取的材料，都是司馬遷寫作《史記》的重要材料來源。

特別可貴的是，司馬遷對搜集的材料做了認真的分析和選擇，淘汰了一些無稽之談，對一些不能弄清楚的問題，或採用闕疑的態度，或記載各種不同的說法。由於取材廣泛，修史態度嚴肅認真，所以，《史記》記事翔實，內容豐富，魯迅先生贊為「史家之絕唱，無韻之《離騷》」。

《漢書》，第一部紀傳體斷代史

班固的《漢書》是史學史上第一部紀傳體斷代史。記事始於漢高祖（劉邦）元年（西元前206年），終於新（王莽）地皇四年（西元23年）。是繼《史記》之後中國古代又一部重要史書，與《史記》合稱「史漢」。

班固（西元32年～西元92年），字孟堅，扶風安陵（今陝西咸陽東北）。父親班彪也是一個史學家，曾續補《史記》作《後傳》65篇。班彪死後，年僅二十幾歲的班固，整理父親的遺稿，決心繼承父業，著手編撰《漢書》。不久，班固因以「私改作國史」被告發入獄，永元四年死在獄中。當時，《漢書》還有八表和《天文志》沒有寫成，漢和帝叫班固的妹妹班昭補作。班昭續補八表，馬續補修《天文志》。班昭是二十四史中絕無僅有的女作者。

《漢書》共100篇，其中包括紀12篇、表8篇、志10篇、傳70篇，後人分為120卷。其在體制上與《史記》相比，已經發生了變化。《史記》是一部通史，《漢書》則是一部斷代史。

《漢書》把《史記》的「本紀」省稱「紀」，「列傳」省稱「傳」，「書」改曰「志」，取消了「世家」，漢代勳臣世家一律編入傳。《漢書》新增加了《刑法志》、《五行志》、《地理志》、《藝文志》、《食貨志》。既記載了西漢的政治、經濟、軍事和思想文化等方面的重大事件及長安的興建沿革，又保存了當時的社會生活、民俗風情及歷史人物等方面的大量史料，是研究漢代長安的最主要史籍之一。

《漢書》對不少人物形象的塑造筆力不減《史記》，許多人物寫得生動

活潑，個性突出，給人留下不可磨滅的印象。

《後漢書》，一部私人撰寫的正史

　　《後漢書》是繼《史記》、《漢書》之後，又一部私人撰寫的重要史籍，是記述東漢歷史的紀傳體史書。因其接續《漢書》所述歷史編撰，所以，也稱《續漢書》。作者為南朝宋人范曄。

　　范曄（西元398年～西元445年），南朝宋史學家。字蔚宗，順陽（今河南淅川）人。少好學，善文章隸書，通曉音律。他曾做過宋文帝劉裕之子彭城王劉義康的參軍，後升至尚書吏部郎。元嘉九年（西元432年），因王妃去世時深夜飲酒、聽挽歌為樂而觸怒劉義康，貶職為宣城太守，鬱鬱不得志，遂刪取諸家書而作《後漢書》，著力探討東漢社會問題，「正一代得失」。

　　《後漢書》原書只有紀、傳，北宋時把晉司馬彪的《續漢書》八志與之相配，成為今本120篇，其中，紀、傳90卷，志30卷。保存了東漢諸多史料，包括社會政治、經濟、文化狀況，一些歷史大事件諸如黨宦之爭、黨錮之禍、圖讖盛行等，井井有條地敘述了東漢一代的歷史興亡大勢，錯落有致地描繪出東漢一代的社會、民情與人物百態。

《三國志》，三國歷史的真實記載

　　《三國演義》眾人皆知，但那只是小說，是文學作品，其中有很多作者的演繹，並不完全是真實的歷史。而《三國志》則是對那段歷史的真實記載。

　　《三國志》是記述魏、蜀、吳三國歷史的不完全紀傳體的史書，晉陳壽撰，南朝宋裴松之注。全書共65卷，包括魏志30卷，蜀志15卷，吳志20卷。

　　陳壽（西元233年～西元297年），字承祚，西晉巴西安漢（今四川南充）人。少年好學，仕蜀時為散騎黃門侍郎，入晉後曾任著作郎、治書侍御

史。晉滅吳後，陳壽利用當時人王沈的《魏書》、魚豢的《魏略》、韋昭的《吳書》，並自採蜀國史料，撰成《三國志》。

《三國志》是一部紀傳體國別史，主要記載從魏文帝黃初元年（西元220年）到晉武帝太康元年（西元280年）魏、蜀、吳三國鼎立時期共六十年的歷史。全書共65卷，分為《魏書》（30卷）、《蜀書》（15卷）、《吳書》（20卷）。

陳壽是晉朝朝臣，晉承魏而得天下，所以，《三國志》中尊魏為正統，稱曹操、曹丕、曹睿為帝。吳、蜀君主即位，都記魏的年號。東吳只有孫權稱「主」，孫亮等都稱名。蜀漢劉備父子稱先主、後主，不同於孫吳，反映出陳壽對於蜀漢的故國之思。

《三國志》有紀、傳而無志（這也是稱其為不完全紀傳體的原因），因此，所記主要是人物。該書取材審慎謹嚴，文字也以簡潔見長，所以，前人說其書「裁制有餘，文采不足」。此外，陳壽對於晉朝皇室的敘述時有曲筆，尤其是對魏晉禪代時司馬氏的所作所為多有諱飾。

《晉書》創制了「載記」的體例

《晉書》是記述西晉、東晉歷史的紀傳體史書。全書共130卷，包括紀10卷、志20卷、列傳70卷、載記30卷。記事上起西晉武帝泰始元年（西元265年），下迄東晉恭帝元熙二年（西元420年），包括西晉和東晉的歷史共計156年。

《晉書》為唐人所修，撰著者為房玄齡、褚遂良、許敬宗。《晉書》的撰寫，從受命到成書，歷時不到三年。成書時間之所以較短，主要有兩個原因：一是《晉書》由於有政府做後盾，人力、物力、財力和圖書檔案資料都有保證，這些條件，是私人修史無法比擬的；二是有多種晉史著述可供參考。由於有藍本作為依據，成書自然較為容易。

《晉書》的創制是設立載記。唐代以前的紀傳體史書中，少數民族的歷史人都歸入列傳，排在末尾。《晉書》將除前涼、西涼以外的東晉時期由少

數民族建立的14個政權的歷史，作為紀傳以外的獨立部分，稱為「載記」。在二十四史中，載記為《晉書》獨有。

《晉書》在取材方面，不十分注意史料的甄別取捨，喜歡採用小說筆記裏的奇聞軼事，《搜神錄》、《幽明錄》中一些荒誕不經之談也加以收錄，有損於它的史料價值。另外，書中有記事前後矛盾和疏漏遺脫的地方。《晉書》的執筆人，大多數擅長詩詞文賦，撰史過程中，有片面追求辭藻華麗的傾向。因此，後人批評它「競為綺豔，不求篤實」，這確是《晉書》的痼疾。

《宋書》，記述南朝劉宋歷史

《宋書》為記述南朝劉宋一代歷史的紀傳體史書。梁沈約撰。

沈約（西元441年～西元513年），吳興武康（今浙江德清西）人，出身江南大族。歷仕宋、齊、梁三朝，以文字稱世，齊永明五年（西元487年）時，任太子家令兼著作郎，奉詔撰《宋書》。他依據宋代何承天、蘇寶生、徐爰等修撰的《宋書》及其他記述宋代歷史的書籍，增補宋末十幾年的事蹟，只用一年時間，到次年二月就完成紀、傳七十卷，後又續修八志三十卷。

該書以資料繁富而著稱於史林，為研究劉宋一代的基本史料。該書篇幅大，一個很重要的原因就是該書很注意為豪門士族立傳。

另一個特點是書中的八種志往往上溯到魏晉乃至三代秦漢，可以彌補《三國志》等前史的缺略。

《禮志》把郊祀天地、祭祖、朝會、輿服等合在一起。《律曆志》詳細記載了楊偉《景初曆》、何承天《元嘉曆》、祖沖之《大明曆》全文，從中可反映出當時自然科學水準，為曆法學的珍貴資料。《樂志》記敘漢魏及兩晉樂府情況，樂府詩章分類開錄，保存了漢魏以來大量樂府詩篇及樂舞文辭，其中「古辭」多為漢代遺篇，是研究樂府及詩史的重要文獻。

《宋書》紀傳敘事縝密，列目入載二百三十餘人，其中收錄的大量詔

令、奏疏、書簡及文章，雖冗長，但有多方面的史料價值。另外，《宋書》特設符瑞志，從遠古敘起，體例上是創制，內容卻荒誕不經；缺食貨與藝文兩志，是該書的缺點。

《南齊書》，記述南朝蕭齊歷史

《南齊書》是記述南朝蕭齊歷史的紀傳體史書，初名《齊史》，或《齊書》，後為區別於李百藥所撰的《北齊書》，北宋人曾鞏等給它加了一個「南」字，才有了今天的書名。

此書為蕭子顯（約西元489年～西元537年）撰。蕭子顯是南朝豫章王蕭嶷的兒子，齊高帝蕭道成的孫子，以文才著稱。蕭子顯是以前朝帝王子孫身分而修前朝史書的，在二十四史中僅此一家。

《南齊書》共60卷，現存59卷，包括本紀8卷、志11卷、列傳40卷，所佚的1卷為序錄。由於此書基本上是當代人寫當代史，一方面保留了可信的原始資料；一方面又難免毀譽出於恩怨、抑揚有所偏頗。該書比較可取的是志，《州郡志》每州之下除地理建置沿革外，還簡略敘述風土人情，史料價值頗高。

另外，此書敘事比較簡潔，後來《南史》用《南齊書》一般都有所增添。

《梁書》、《陳書》是否出於同一人

《梁書》、《陳書》是分別記述南朝梁、陳歷史的紀傳體史書，撰著者均署名姚思廉。

姚思廉（西元557年～西元637年），唐代史學家。本名簡，以字行，雍州萬年（今陝西西安）人。父姚察在梁朝以文才著稱，陳時任吏部尚書。陳滅後入隋，任秘書丞，隋文帝楊堅命他繼續修撰早已著手的梁、陳兩代歷史。史稱其「學兼儒史，見重於三代」。

隋代大業二年（西元606年）姚察去世，遺囑姚思廉繼續完成兩部史書。唐代貞觀初年，姚思廉任著作郎、弘文館學士，後官至散騎常侍。貞觀三年（西元629年），他奉詔與魏徵共同修撰梁、陳二書，約於貞觀十年修成。姚思廉雖然生長在六朝，但他所著的史書使用質樸的古文，沒有沾染六朝的駢儷習氣。

《梁書》包括本紀6卷，列傳50卷，共56卷。《陳書》包括本紀6卷，列傳30卷，共36卷，是二十四史中卷帙最少的一部。

《梁書》、《陳書》的主要作者是姚思廉，但其父姚察的功績不可抹煞，魏徵也在其中留下了痕跡。《梁書》26卷梁朝前期人物列傳以及《陳書》中的兩卷，卷末論贊稱「陳吏部尚書姚察曰」，可以推見是姚察的原稿；《梁書》卷六《敬帝紀》後總論有梁一代興亡的論贊署名「史臣鄭國公魏徵」，可見，魏徵曾參與該書論贊的撰寫。

《魏書》為何「毀譽參半」

《魏書》是記述北朝拓跋氏所建立的北魏及東魏歷史的紀傳體史書，北齊魏收撰。全書共124卷，包括本紀12卷、列傳92卷、志20卷，記述了拓跋氏170多年的史事。

魏收（西元506年～西元572年），字伯起，鉅鹿下曲陽（今河北晉縣西）人。北魏中興元年（西元531年）曾以散騎侍郎典起居注，並修國史；東魏時也一直參與纂修國史，北齊受魏禪後，魏收任中書令，仍兼著作郎。天保二年（西元551年）受詔撰魏史。五年三月奏上本紀、列傳，十一月奏上十志。自北魏末經東魏到北齊，魏收參與修史達20餘年。

《魏書》在當時及隋唐時毀譽參半，甚至有人稱其為「穢史」。原因是魏收為人恃才傲物，嫉賢妒能，利用修史的便利，一方面凌辱有過節的人，有的甚至罵到別人的高祖、曾祖，致使申訴不公平者有100多人；另一方面，他收受賄賂、為人遮掩，如傳說他因受金而為爾朱榮作佳傳。

其實「穢史」之說，只是一些門閥士族計較自己祖先在書中的反映而編

造的誇大不實之辭，並不完全符合事實。更可貴的是，魏收在《魏書》中新創釋老、官氏二志，符合時代狀況，也為後人提供了方便。

魏晉以後，佛、道二教影響到社會思想的許多方面，應在史書中有所反映。《魏書》始設《釋老志》，不能不視為卓識創舉。北魏時鮮卑部族蕃衍，太和以後又有改鮮卑姓為漢姓之舉。《魏書》仿漢人氏族譜牒之意，結合北方民族部落族姓的風習，設《官氏志》，在百官之外兼志氏族，是適應時代特徵的處理方法，為後人研究北魏歷史提供了極大方便。

《北齊書》為什麼多用口語

《北齊書》是記述北朝高氏創建的北齊歷史的史書，唐李百藥撰。

李百藥（西元565年～西元648年），字重規，定州安平（今河北深縣）人。出身仕宦之家。李百藥從小好學，博覽經史著作，隋初曾任太子舍人，襲父爵為安平公。其父李德林，北齊時曾參與修撰國史，完成紀、傳27卷。隋代開皇初年，奉詔續撰，增為38卷。

唐貞觀元年（西元627年），李百藥拜中書舍人，又受詔撰《齊書》。他根據父親的舊稿，雜采他書，擴充改寫為50卷，貞觀十年成書，加散騎常侍、太子左庶子。

《北齊書》原名《齊書》，宋時才加一「北」字而成今名。全書共50卷，包括本紀、列傳42卷。至北宋時，該書已有殘缺，今本只有18卷是李氏原書，其餘是後人用《北史》、高峻《小史》補足的。

該書的一大特點是口語的運用，由此而保存了不少當時的口語。比如，卷二十三寫魏愷被調任青州長史，卻無論如何都不去，被人報入宮中，皇帝大怒，說：「何物漢子，我與官，不肯就！明日將過，我自共語。」之所以如此運用口語，可能與李百藥利用了王劭所撰《齊志》有關。

王劭是隋代史家，他曾撰《齊志》，受到劉知幾的極口稱讚，可惜其書不傳。劉知幾稱讚王書的其中一點，就是它運用了「方言世語」，使敘述更真實、生動。李百藥正是因為採錄了部分《齊志》原文，並受該書編撰及當

時風氣影響，才多用口語的。

《周書》為什麼文字古奧

《周書》是記述北朝北周一代歷史的紀傳體史書。唐令狐德棻撰，參加編寫的有岑文本和崔仁師。

令狐德棻（西元583年～西元666年），宜州華原（今陝西耀縣）人。在唐初頗有文名，多次參加官書的編寫。武德五年（西元622年）任秘書丞，向唐高祖李淵提出，梁、陳和北齊還有記載保存，而由於隋末戰亂，北周、隋文獻多有遺缺。現在耳目所及，還能得到可以憑信的史料。唐因隋繼承北周歷數，唐朝祖先建立功業都在北周時，因此，令狐德棻建議，修梁、陳、北齊、北周、隋五朝之史。

高祖採納其意見，並給每一史都委派了主持人。時過數年，修史事業未能成就。貞觀三年（西元629年），唐太宗李世民又下令修撰五朝史，周史由令狐德棻等負責，貞觀十年成書，即《周書》。全書共50卷，包括紀8卷、列傳42卷。

此書僅記20餘年的歷史，有紀、傳而無表。不過，《周書》的史料頗有不足、失實之處，因此，劉知幾稱其「多非實錄」（《史通・雜說》）。

《周書》的另外一個特點，就是文字古奧。之所以如此，在於北周君主宇文泰覺得自己門望不如中原、文化不如江南，所以，特別發展了一套制度與文化，突出表現就是官制用周朝時的官制，文字用先秦時期的文字，以示誇耀。因此，此書的文字像周朝的文告，非常深奧。

《周書》的列傳收人很多，近300人。這是因為隋、唐兩代與北周關係密切，這些人的子孫在唐代大多官居顯要，自然要讓祖宗名垂青史。正因如此，研究隋唐制度源流與人物家世，多要參考《周書》。

記述南北朝的紀傳體史書

《南史》、《北史》是記述南北朝時期歷史的紀傳體史書，均為唐李延壽撰。

李延壽（生卒不詳），字遐齡，出於隴西大姓，世居相州（今河南安陽）。父親李太師，熟悉前代舊事，認為南北朝互相隔絕，各朝史書詳於本國而略於他國，有褒貶不當和失實之處，因而有意按編年體記述南北朝史事，未成書而去世。

李延壽追承父志，修成《南史》、《北史》。兩史條理分明，詳簡適宜，遠遠超過了舊史。李延壽還曾參與《晉書》和《五代史志》（即《隋書》十志）的修撰；又撰《太宗正典》，受到唐高宗的褒獎。去世時任符璽郎，並兼修國史。

《南史》、《北史》這兩部史書並非新撰，而是分別匯合、刪節南朝的四部史書《宋書》、《齊書》、《梁書》、《陳書》及北朝的三部史書《魏書》、《北齊書》、《周書》編成的。

《南史》共80卷，包含宋本紀3卷、齊本紀2卷、梁本紀3卷、陳本紀2卷，列傳70卷。該書記述從宋永初元年（西元420年）至陳禎明三年（西元589年）南朝宋、齊、梁、陳四代共170年的史事。

《北史》成書於貞觀十七年（西元643年），共100卷，包含魏本紀5卷、齊本紀3卷、周本紀2卷、隋本紀2卷，列傳88卷。該書記述從魏登國元年（西元386年）至隋義寧二年（西元618年）北朝北魏、北齊（包括東魏）、北周（包括西魏）和隋四代233年的史事。

《南北史》簡化了南北朝的七種舊史，把不同朝代的父子祖孫，以家族為單位合為一卷，使史事更加有條理，兩史配合也較好。此外，新增《賊臣傳》（貶侯景），這是前史所無，屬於創制。

唐初名臣監修的《隋書》有什麼特點

《隋書》是記述隋朝歷史的紀傳體史書，全書共85卷，包括帝紀5卷，志30卷，列傳50卷。紀、傳主要記載隋文帝開皇元年（西元581年）至恭帝義寧二年（西元618年）共38年的歷史。

該書的署名有兩種情況：一是全書署「魏徵等撰」；一是把紀、傳和志分開，紀、傳體魏徵撰，志體長孫無忌撰。魏氏和長孫氏都是位在宰輔的唐初名臣，其實他們只是監修者（魏徵寫了一些序論），編撰者為顏師古、孔穎達、李淳風等。

《隋書》的志原本叫《五代史志》，單獨成書，後來編入《隋書》。因此，《隋書》的志雖然比帝紀、列傳卷數要少，篇幅則不相上下。

《隋書》的十志（禮儀、音樂、律曆、天文、五行、食貨、刑法、百官、地理、經籍）內容豐富。比如，天文、律曆二志記載魏晉以來特別是南北朝時期著名天文學家、曆法學家的成就和流派，並作了比較和評論。祖沖之對圓周率的研究，張子信和劉焯關於「日行盈縮」的探討，以及漢魏以來歷代度量衡變遷的情況，志中都有較詳細的記載。又如《經籍志》，概括自漢至隋600年來書籍的情況，敘學術源流，考書籍存亡，是《漢書‧藝文志》以來對中國古代書籍的第二次總結，提供了一部非常重要的書目，在學術文化史上貢獻突出。

最早紀錄唐代歷史的史籍

《舊唐書》是現存最早的系統紀錄唐代歷史的一部史籍。本來稱《唐書》，宋代歐陽修、宋祁等編寫的《新唐書》問世後，才改稱《舊唐書》。

全書200卷，包括帝紀20卷，志30卷，列傳150卷。五代後晉時，劉昫、張昭遠等撰。記載了唐朝自高祖武德元年（西元618年）至哀帝天佑四年（西元907年）共290年的歷史。

基本上，《舊唐書》只是抄錄現成的唐史有關文獻，照抄國史、實錄及

唐末文書檔案，許多「大唐」、「本朝」、「今上」字樣仍然保留；唐武宗以後的宣、懿、僖、昭、哀五代，無實錄存下，則雜采各家傳聞和《髀年補錄》、《唐末三朝聞見錄》諸書。因此，《舊唐書》在保存史料上有一定的價值。

但《舊唐書》出於多人之手，全書比較粗糙，多有缺失。諸如，前半部分頗為詳明，後半部分則或煩瑣冗雜，或缺漏較多；列傳有重複，前後表、疏也有重出的等等。因此，在北宋《新唐書》修成刊行以後，該書受到冷遇。

《新唐書》與《舊唐書》的優缺點

《新唐書》由北宋宋祁、歐陽修等撰，為宋代官修唐史。它修成於宋仁宗嘉祐五年（西元1060年），前後共歷達17年。其中宋祁（西元998年～西元1061年）始終參與其事，撰成列傳150卷；歐陽修在設立唐書局10年後奉命參加，負責編修紀、志與表，並審定全書。全書225卷，包括紀10卷、志50卷、表15卷、列傳150卷。

相比《舊唐書》，《新唐書》有很多優點。比如編者很重視志，新增了《舊唐書》所沒有的《儀衛志》、《選舉志》和《兵志》等，分記軍事制度、學校科舉和官吏銓選、儀仗服飾等。其中，《兵志》屬《新唐書》首創；《食貨志》、《地理志》等都比前書系統、翔實；《天文志》、《曆志》、《藝文志》則在篇幅上超過了以往。

《新唐書》的「宰相」、「方鎮」諸表，也給讀者認識唐朝宰相族系（世家大族）的升降和藩鎮勢力的消長，提供了一條線索，結束了《史記》、《漢書》以後正史無表的情況。

另外，編修者皆為北宋著名文學家，無論文筆、態度都十分謹嚴。由於有眾多過人之處，書修成後，主編曾公亮曾上皇帝表說：「其事則增於前。其文則省其舊。」得意之情溢於言表。

自然，《新唐書》也有其不足，比如編者對隋末、唐末農民起義大加

撻伐，如稱黃巢為「逆臣」；評述隋末竇建德等農民軍時，用語更是惡毒，如「蝟毛而奮」、「磨牙搖毒」、「孽氣腥焰」等，不一而足。其觀念之正統，遠過《舊唐書》。其他如排斥佛教、過度刪減《舊唐書》史料等，都是該書的遺憾之處。

雖是如此，《新唐書》歷宋、元、明至清初一直占有正統地位，刊行版本亦多於《舊唐書》。後世對《新唐書》進行糾謬、辨證的著作也有很多，如吳縝的《新唐書糾謬》，王若虛的《新唐書辨》，羅振常的《南監本新唐書斠義》等。

《舊五代史》有哪些歷史價值

《舊五代史》，原名《五代史》，也稱《梁唐晉漢周書》，是記述五代歷史的紀傳體史書，北宋薛居正等撰。後人為區別於歐陽修的《新五代史》，便習稱《舊五代史》。

全書共150卷。含本紀61卷，列傳77卷，志12卷，以五代斷代為書。有《梁書》24卷，《唐書》50卷，《晉書》24卷，《漢書》11卷，《周書》22卷，志12卷。少數民族如契丹、吐蕃、回鶻、黨項等則寫入《世襲列傳》、《僭偽列傳》、《外國列傳》。

該書以范質《五代通錄》作底本，並參考五代（後梁、後唐、後晉、後漢、後周）時期各朝實錄，至西元974年成書，前後只用了一年。正因為成書太快，因而來不及對史料加以慎重的鑑別，有的照抄五代時期的實錄，以至把當時明顯為了某種政治目的而歪曲史實和溢美人物的不實之詞錄入書中。

但是從史料角度說，《舊五代史》為後人保存了大量原始資料。尤其經過長期南北分裂混亂，許多五代時期的「實錄」和其他第一手材料大部分已散佚，因而這部近乎「實錄」壓縮本的史書，價值就更高了。

《舊五代史》修成後約80年，歐陽修的《新五代史》面世，舊史讀者日漸減少；金代立《新五代史》於學官後，該書漸廢。至明初只有內府才有傳

本，《永樂大典》和《大事記續編》曾大量地引用該書。清初已不見其本。

《新五代史》，宋代唯一的私修正史

《新五代史》是宋代唯一的私修正史，原名《五代史記》，為與薛居正撰《五代史》相區別，故稱《新五代史》。由北宋歐陽修編撰。

《新五代史》共74卷，包括紀12卷、傳45卷、考3卷、世家及年譜11卷、四夷附錄3卷。材料多從薛居正《五代史》，加以刪削，並兼采小說、筆記資料，補充了薛史之缺。體例上，薛居正之書系五代分敘，該書則將五代融而為一。傳都用類傳，有家人、死節、死事、一行、唐六臣、義兒、伶官、雜傳等傳目，多為新創。

編撰此書的目的，歐陽修以為五代時期是「自古未之有」之亂世，因此，他仿照《春秋》「因亂世而立法」，作史以匡正世風人心。

《新五代史》的編撰比《舊五代史》的成書晚了60多年，這使它在《舊五代史》的基礎上增加了一些新的史料。和《舊五代史》相比，《新五代史》的特點是比較明顯的。

《舊五代史》將五代分別敘述，《新五代史》將五代融而為一。《新五代史》最有特色的是列傳，它採用類傳的形式，設立《家人傳》、《臣傳》、《死節傳》、《死事傳》、《一行傳》、《唐六臣傳》、《義兒傳》、《伶官傳》、《宦者傳》、《雜傳》等名目。每類傳目，內寓特定含義，用以貫徹作者的「褒貶」義例。譬如，將相大臣，凡專事一朝的在《臣傳》，歷事幾朝的則列《雜傳》；又如，根據死者「忠」的不同程度，分為兩等，頭等的進《死節傳》，次等的入《死事傳》。

作者認為五代是個名分綱常顛倒的亂世，其典章制度一無可取，所以，將《舊五代史》的「志」改為了「考」，只有《司天考》、《職方考》，分別相當於《舊五代史》的《天文志》、《郡縣誌》。

《新五代史》的世家及世家年譜，大致相當於《舊五代史》的《世襲列傳》和《僭偽列傳》，明確將中原以外的割據政權分為吳、南唐、前蜀、

後蜀、南漢、楚、吳越、閩、南平、東漢十國。各小國的劃分編排，條理清晰，首尾完具，顯然勝於舊史。《四夷附錄》相當於舊史的《外國列傳》。

歐陽修還恢復設表，《史記》創立十表，以後只有班固採用，歐陽修加以恢復。其本紀連敘五代，詔令全刪去，事蹟簡淨。

歐史的「春秋筆法」旨在維護君臣、父子的封建秩序，有些評價未免失當，史料的主觀取捨則有玷史筆。因此，這一點受到了後代許多史家的批評。

《宋史》，二十四史中最龐大的一部

《宋史》是記述宋代歷史的紀傳體史書。它撰修於元朝末年，全書有本紀47卷，志162卷，表32卷，列傳255卷，共496卷。作者署名脫脫。

早在元初，元世祖忽必烈就曾詔修宋史，因體例未定而未能成書。元朝末年，丞相脫脫主張分別撰修宋、遼、金三史，各自獨立，這一意見得到元順帝的同意，於至正三年（西元1343年）三月開局，三史同時修撰。經過兩年半時間，至正五年（西元1345年）十月，《宋史》便匆匆成書。

《宋史》卷帙浩繁，是二十四史中最龐大的。它向來被批評為繁蕪雜亂，但又有許多漏略，大體上是北宋詳而南宋略。不過，史家認為，繁蕪固是不足，但對保存史料卻是長處。此外，《宋史》志和表的參考價值較高。列傳裏又有《忠義傳》，在《儒林傳》外又有《道學傳》，也反映了宋代的一些歷史特點。

同時《宋史》的主要材料是宋代的《國史》、《實錄》、《日曆》等書，這些史籍現在幾乎全部散佚了，而《宋史》是保存宋代官方和私家史料最系統的一部書。

《遼史》、《金史》有什麼獨特之處

《遼史》、《金史》是分別記述遼、金兩朝歷史的紀傳體史書，兩書署名作者均為元丞相脫脫，實則以翰林學士歐陽玄等人出力居多。

《遼史》全書116卷，包括紀30卷、志32卷、表8卷、列傳45卷。本書系統地記載了中國古代契丹族建立的遼朝二百多年的歷史，並兼載遼立國以前契丹的狀況，以及遼滅亡後耶律大石所建西遼的概況，是研究遼和契丹、西遼的重要史籍。

但《遼史》紀錄簡略，篇幅很不相稱。此外，往往同一事實分見於紀、志、表、傳，重複甚多；前人譏諷《遼史》編撰為「縱橫舞劍」，即指此類而言。

《金史》全書135卷，包括本紀19卷、志39卷、表4卷、列傳73卷，是反映女真族所建金朝的興衰始末的重要史籍。由於《金史》有比較完整的《實錄》以及相關史著為依據，元初以來又經幾次修撰，實際上是經營已久，與宋、遼二史倉促成書不同，故在三史之中號稱最善。

《遼史》、《金史》都在書末附有《國語解》，內容是對少數民族語言的官制、宮衛、部族等進行簡略注釋，以便讓讀者能明瞭其義。這是兩史的獨特之點，很有益處。

《元史》為何受到學者非難

《元史》是記述元朝史事的紀傳體史書，成書於明朝初年。

明太祖洪武元年（西元1368年），元朝滅亡，朱元璋下令編修《元史》。洪武二年，以宋濂、王禕總裁、汪克寬等16人為纂修，開史局於南京天界寺，進行編寫。從洪武二年二月到八月，用188天的時間，修成順帝以前各朝的歷史，共159卷。

接著，明朝政府派歐陽佑持等12人到全國各地徵集順帝一朝的資料。洪武三年二月重開史局，仍由宋濂、王禕任總裁，但纂修人員作了大幅度的調整，這一次纂修共15人，只有趙塤曾參與第一次工作，其餘都是新人。八月書成，共53卷，歷時143天。

前後兩次修成的文稿經過統一加工，共210卷，本紀47卷，志58卷，表8卷，列傳97卷。兩次開局共歷時331天。

該書由於倉促成書，又出於眾人之手，留下了不少錯誤，受到許多學者的非難。主要問題是隨得隨抄、不加剪裁，前後重複；蒙文、漢文的譯改失實，有的竟與原義相反；照抄案牘，有的有姓無名、有職無名；史料中沒有廟號的皇帝改寫時弄錯不少；纂修者對前代和元蒙典章制度不熟，出現錯誤。所以，清代史學家嘲笑「修《元史》者，皆草澤腐儒，不諳掌故」，因此，下筆「無不差謬」。

其實，《元史》在保存史料方面不僅不比別的正史差，而且有超出之處。元代十三朝的實錄和《經世大典》失傳，其部分內容賴《元史》得以保存。《元史》的本紀和志占全書一半，雖不合正例，卻發揮了保存史料的作用；列傳部分對於蒙古、色目人的紀錄也遠較其他史書詳盡。因此，《元史》仍是我們今天瞭解、研究元代歷史極其珍貴的文獻。

《明史》，官修史書中歷時最長

《明史》，全書共332卷，包括本紀24卷、志75卷、表13卷、列傳220卷，另有目錄4卷，記載了自朱元璋洪武元年（西元1368年）至朱由檢崇禎十七年（西元1644年）200多年的歷史。

清朝順治二年（西元1645年）設立明史館，纂修明史，因國家初創，諸事叢雜，未能全面開展。康熙四年（西元1665年），重開明史館，因纂修《清世祖實錄》而停止。康熙十八年（西元1679年），以徐元文為監修，開始纂修《明史》。於乾隆四年（西元1739年）最後定稿，進呈刊刻。從第一次開館至最後定稿刊刻，前後經過九十多年，是官修史書歷時最長的一部。

《明史》體例多有不同於前代正史或其他史書者。《曆志》中的圖表，簡便易明，為過去所未有；《藝文志》只記述明代著述，不同於前代正史《藝文志》的歷朝並錄；在表的部分，較前代諸史增加了《七卿表》；另專門立有《閹黨》、《流賊》、《土司》等列傳，突出記述了明代的主要社會問題。

在二十四史中，《明史》以編纂得體、材料翔實、敘事穩妥、行文簡潔為史家所稱道，是一部水準較高的史書。編者對史料的考訂、史料的運用、史事的貫通、語言的駕馭能力都達到較高的水準。雖然它的篇幅在二十四史中僅次於《宋史》，但讀者並不感到冗長而生厭。

《清史稿》為什麼未被列入正史

《清史稿》是記述清代歷史的紀傳體史書，民國趙爾巽主編。這部書未被列入正史，原因在於它是初稿（所以叫《清史稿》），沒有得到官方的承認。但後來由於並無定本，也無新修權威清史面世，故也有人把它與二十四部正史合在一起，稱「二十五史」。

《清史稿》修於民國年間。1914年起修，1927年修成，1928年刊印。共印1100部，其中700部存北京，稱「關內本」；另400部存東北，稱「關外本」。現在的標點本就是用「關外本」為底本刊行的。

《清史稿》共529卷，包括本紀25卷，共12類；志135卷，共16類；交通、邦交二志為前史所無；表53卷，共10類；列傳316卷，疇人、藩部、屬國三傳為新建。

該書詳細敘述了清代的人物、史事及典章制度，是一部比較重要的大型清史著作。但又存在許多謬誤和缺陷，編撰者多係清朝遺老，其書一味頌揚清「德」，敵視晚清革命，疏略亦多，致使該書價值有所降低。

中國第一部編年體通史

《資治通鑑》簡稱「通鑑」，是北宋司馬光主編的中國第一部編年體通史，在中國史書中有極重要的地位。

司馬光花了整整十九年的精力，日夜操勞，奉敕編撰《資治通鑑》，旨在有助於國家政治，而將整個歷史作為借鑑。本書294卷，另有《目錄》30卷、《考異》30卷。上起周威烈王二十三年（西元前403年），下迄五代後

周世宗顯德六年（西元959年），共記載了十六個朝代1326年的歷史事件。

　　該書按朝代分為十六紀，分別是：《周紀》5卷、《秦紀》3卷、《漢紀》60卷、《魏紀》10卷、《晉卷》40卷、《宋紀》16卷、《齊紀》10卷、《梁紀》22卷、《陳紀》10卷、《隋紀》8卷、《唐紀》81卷、《後梁紀》6卷、《後唐紀》8卷、《後晉紀》6卷、《後漢紀》4卷、《後周紀》5卷。卷帙浩繁，規模空前。

　　《通鑑》由司馬光綜其大成，協修者有劉恕、劉攽、范祖禹3人。劉恕博聞強識，自《史記》以下諸史，旁及私記雜說，無所不覽，對《通鑑》的討論編次，用力最多。劉攽於漢史、范祖禹於唐史，都有專深的研究。他們分工合作，都做出了重要貢獻。最後，由司馬光修改潤色，寫成定稿。

　　這部書選材廣泛，除了有依據的正史外，所引雜史諸書達數百種，而且對史料的取捨非常嚴格，力求真實。書中敘事，往往一事用數種材料寫成。遇年月、事蹟有歧義處，均加考訂，並注明斟酌取捨的原因，以為《考異》。《通鑑》具有相當高的史料價值，尤以《隋紀》、《唐紀》、《五代紀》史料價值最高。

　　《通鑑》是一部編年體通史，按時間先後敘述史事，同時往往用追敘和結語的手法，說明史事的前因後果，使人得到系統而明晰的印象。此書使編年體史書又一次為史家所重視，續書、仿作層出不窮。

　　敘事之外，《通鑑》還選錄了前人史論97篇，司馬光自己又撰寫史論118篇，比較集中地反映了其政治、歷史觀點。

　　《通鑑》編成後，宋神宗十分看重，認為其「鑑於往事，有資於治道」，特賜書名《資治通鑑》。自成書以來，歷代帝王將相、文人墨客爭讀不止。點評批注《資治通鑑》的帝王、賢臣、鴻儒及現代的政治家、思想家、學者數不勝數。而對《資治通鑑》的稱譽，更是除《史記》之外，幾乎再沒有任何一部史著可與之媲美了。

《史通》，集唐以前史論之大成

《史通》是唐朝著名史學評論家劉知幾撰寫的一部系統性的史論專著。它兼有史學理論和史學批評兩方面內容，是集唐以前史論之大成的宏偉巨著。

劉知幾（西元661年～西元721年），字子玄，彭城（今江蘇徐州）人。生於唐代名門，父兄都是唐高宗和唐玄宗時的官僚。家學淵源，博覽群書，但他仕途頗不得意，於是私家撰寫《史通》來闡述他的思想和主張，到西元710年完成。

《史通》全書共分為20卷，分內篇、外篇兩部分，各為10卷。內篇有39篇，外篇有13篇，合計52篇。內篇為全書的主體，著重講史書的體裁體例、史料採集、表述要點和作史原則，而以評論史書體裁為主；外篇論述史官制度、史籍源流並雜評史家得失。

《史通》在中國史學的發展中有著重要的意義。首先，它歷述了中國史館的起源及變遷，列舉歷代官修和私撰的各種史書，以及各家史書的體裁，加以評論，形成了唐以前史學史的規模，為中國史學史的發展奠定了基礎。

其次，還對歷史編纂學提出了一些可貴的見解。《史通》主張刪除天文、藝文、五行三種，而增加都邑、方物、氏族等志。在編纂方法方面，指出敘事是撰史的重要手法，而敘事最避忌繁蕪，提出使用「當世口語」撰史。

此外，劉知幾指出對史料須加以選擇和鑑別。這些主張都有很大的借鑑價值。

《史通》著成之後，受到人們的重視，給予高度評價。如曾與劉知幾合作修纂《武后實錄》的徐堅就認為歷史研究者應該將此書置於座右。不過，此書的某些評論也有過激之處。

《通典》，中國第一部典章制度專史

《通典》是中國第一部，也是成就最高的一部典章制度專史。編者為唐

代杜佑。

杜佑（西元735年～西元812年），字君卿，唐京兆萬年（今陝西西安）人。杜佑出生於名門大族，文化修養深厚，青年步入仕途，40歲以後任嶺南、淮南等地的長官，近70歲時任宰相。多年的從政經歷使杜佑既能以史學家的眼光把握現實問題，又能以政治家的見識撰寫歷史著作。他於大曆初年（約西元766年）開始撰寫《通典》，至貞元十七年（西元801年）上表進書，歷時三十六年。

《通典》全書200卷，內分食貨、選舉、職官、禮、樂、兵、刑、州郡、邊防九典，每典各冠總論，下繫子目，共計1584條，正文約170萬字。記述了中國唐代天寶以前歷代經濟、政治、禮法、兵、刑等典章制度及地志、民族。

《通典》取材十分廣泛，凡群經、諸史、地志，漢魏六朝文集、奏疏、唐國史、實錄、檔案、詔誥文書、政令法規、大事記、《大唐開元禮》及私家著述等，博采眾收。材料皆以時間為序分類編撰。全書通記歷代典章制度建置沿革史，各典於歷代制度多究其原本，明其始末，並引前人議論，參以己見，見其得失。

《通典》亦有其不足，比如，僅《禮典》就有100卷，占了全書的一半，而兵、刑部分卻沒有記載軍事制度的發展變遷。如此，不免給人以全局失衡之感。但從總體來看，《通典》編排得是整齊有序，條理井然，很便於讀者查閱。

《通典》在歷史編纂學史上占有重要地位，它是典章制度專史的開創之作。杜佑「統前史之書志，而撰述取法乎《官禮》」，創造性地撰成綜合性制度通史，在中國史學發展上樹立了一座里程碑。後世所謂的「三通」、「九通」、「十通」都與《通典》有關。清代乾隆皇帝把《通典》視為「恢恢乎經國之良模」。其影響之大，可以想像。

《唐會要》，現存最早的會要體史書

《唐會要》是記載唐代典章制度的專書，是現存最早的會要體史書。宋人王溥撰。

王溥（西元922年～西元982年），字齊物，並州祁（今山西祁縣）人，後周宰相，宋初罷相，遷官至太子太師。書成於宋太祖建隆二年（西元961年）。

《唐會要》共100卷，分帝系、禮、宮殿、輿服、樂、學校、刑、曆象、封建、佛道、官制、食貨、四裔13類，下又細分514目，另在不少條目下有雜錄，將與該條有關聯又不便另立條目的史事列入。書中所記史事有不少為兩《唐書》和《通典》所無。唐起居注、實錄已亡佚，部分內容多靠此書保存，所以，彌足珍貴。

《唐會要》所記，以宣宗前的內容較豐富，宣宗以後因編者無所因循，加以唐末歷史資料散佚，故所述較為簡略。

《通志》是怎樣的一部通史

《通志》是記載歷代史料的通史，南宋鄭樵撰。

鄭樵（西元1103年～西元1162年），字漁仲，宋興化軍莆田（今福建莆田）人。他從十六歲開始謝絕人事，閉門讀書，深居夾漈山講學三十年，人稱夾漈先生。鄭樵出身貧寒，卻靠艱苦自學，成為罕見的史學家，花費了數十年心血成就了一部包羅各代歷史的《通志》。

《通志》全書共200卷，有帝紀18卷、皇后列傳2卷、年譜4卷、略51卷、列傳125卷。上起三皇，下迄隋代（禮、樂、刑、政至唐）。

《通志》的體例和編纂方法，在中國史學發展史上有過一定的影響。清乾隆年間所修的《續通志》和《清朝通志》，就是根據《通志》的體例和方法修成的。甚至馬端臨的《文獻通考》以及《九通》中的其他著作，在體例上也吸取了《通志》的成果。

「總序」和「二十略」是全書的精華。鄭樵在「總序」和「二十略」中用了他大部分的精力，提出了一些超越一般史家水準的卓越見解。這二十略有些是鄭樵獨創的，提供了許多珍貴的史料。

由於鄭樵受時代和階級的局限，《通志》也存在一些不足，譬如，它仍然沒有突破正統的舊史的格式；在史料的考訂方面，也難免有主觀片面的臆斷。還有其立場觀點上的問題，對農民起義持批判態度。此外，鄭樵還存在著地理史觀、宿命論以及復古主義思想等。

《文獻通考》，一部典志體史書

《文獻通考》是記載上古至宋寧宗時典章制度的典志體史書，簡稱《通考》，元人馬端臨撰。

馬端臨（約西元1254年～西元1323年），字貴與，饒州樂平（今江西樂平）人。南宋右相馬廷鸞之子。以蔭補承事郎，宋亡，隱居不仕，據說，其從34歲左右開始編纂《文獻通考》，以20餘年精力著成。《文獻通考》可補唐杜佑《通典》之不足。

該書的資料主要來源於經史、歷代會要以及百家傳記（即「文」），臣僚的奏疏、諸儒的評論以及名流的燕談、稗官的紀錄（即「獻」），並藉由這些材料，對各項典章制度進行原始要終、融會貫通，故名《文獻通考》。

《文獻通考》共348卷，24門（有田賦、錢幣、戶口、職役、征榷、市糴、土貢、國用、選舉、學校、職官、郊社、宗廟、王禮、樂、兵、刑、輿地、四裔19門，又加入了《通典》所沒有的經籍、帝系、封建、象緯、物異5門）。

自《經籍》至《物異》5門為《通典》所未有者，另19門均為《通典》的原目或子目。書的內容起自上古，終於南宋寧宗嘉定年間。就其體例與內容來看，實為《通典》的擴大與續作，這是本書的第一個特點。

本書的取材中唐前以《通典》為基礎，並進行適當補充。中唐以後則是馬端臨廣收博采的結果，尤其是宋代部分，當時《宋史》尚未成書，而馬氏

所見到的宋代史料最豐富，所以，其所收之材料多為《宋史》所無者。取材廣博，網羅宏富，可以說是本書的第二個特點。

此外，《通典》以《食貨》為首，說明杜佑對國家經濟的重視；鄭樵《通志》移之於《選舉》、《刑法》之後；而馬端臨更將之列於全書之首，且增加為8門之多，可知馬氏對經濟的重視更超過杜氏、鄭氏。

《通典》、《通志》和《文獻通考》三書都以貫通古今為主旨，又都以「通」字為書名，故後人合稱為「三通」。

《冊府元龜》是怎樣的一部史學類書

《冊府元龜》是史學類書，北宋四大部書之一。王欽若等編修，成書於大中祥府六年（西元1013年）。書名為宋真宗趙恆詔題，「冊府」是帝王藏書的地方，「元龜」是大龜，古代用以占卜國家大事；書名之意，即指此書可作帝王治國理政的借鑑。

該書歷八年而成，取材十分嚴格，均以正史為主（間及經書、子書），小說、雜書一律不收；類目以人物、事類為中心，不及其餘。體例以編年體和列傳體相結合，共31部，1104門。門有小序，述其宗旨。

由於該書徵引繁富，也成為後世文人學士運用典故、引據考證的一部重要參考資料。其中唐朝、五代實錄史料極其豐富，是《冊府元龜》的精華所在，不少史料為該書所僅見，即使與正史重複者，也有校勘價值。其中收集的大量的《舊唐書》史料，由於《舊唐書》失佚已久，要復原此書，必須大量引用《冊府元龜》。

中國第一部學術史專著

《明儒學案》是中國第一部嚴格意義上的學術史專著，它系統記載、總結論述了明代學術思想的發展演變和流派，是明代思想史、哲學史、學術史的專著。由「明末清初三大思想家」之一的黃宗羲編纂。

全書共62卷，於康熙十五年（西元1676年）成書。全書一共記載了明代的210位學者。「明儒」是指明朝的讀書人，「學案」的「學」指學術、流派，而「案」則謂考察、按據。

首列《師說》一篇，作為全書總綱；以下略按時代先後和學術流別，以及各家治學宗旨分類，共列崇仁、白沙、河東、三原、姚江、浙中王門、江右王門、南中王門、楚中王門、北方王門、粵閩王門、止修、泰州、擴泉、諸儒、東林、蕺山17個學案。

每個學案前面為案序，略述該學派師承淵源、主要代表人物、學術宗旨等內容；其次是學者小傳，首列學派創始人作為案主，然後按照師承或地域列本派學者個案；小傳之後摘錄傳主的主要學術著作或言論之精華，編成《語錄》，間或撰有案語加以評論，力求全面客觀地反映出每個學案的學術風貌。

《明儒學案》是中國古代第一部完整的學術史著作，開創了史學上的學案體史書體裁，適應了中國封建社會後期學術思想繁榮的需要。

《明儒學案》中未為李贄立案，對顏鈞、何心隱只在《泰州學案》敘論中提到，也不免偏見。

《華陽國志》，地方誌中最好的一部

《華陽國志》又名《華陽國記》，是東晉人常璩在東晉永和四年（西元348年）到永和十年（西元354年）所著，它記載了巴蜀地區的歷史、地理、人物等諸多情況，它是古代地方性史地書中較為完整的一部，向來受人稱道。

常璩，字道將，生卒年不詳，蜀郡江原（今四川崇州東南）人，曾在十六國中的成漢政權擔任散騎常侍，掌管文書。東晉大將軍桓溫滅成漢後，常璩被桓溫任命為參軍，後隨桓溫一起到了建康。

常璩之所以寫下《華陽國志》，一方面是因為心懷故土；一方面也是為了保存蜀地文化。在編撰體系上，《華陽國志》自成體系，它把東晉初年以

前的梁、益、寧三州的歷史面貌、政治變遷、不同時期的人物傳記，由遠及近、由廣而微地編撰成一書，是一部地方史的傑作。

《華陽國志》對西南30多個少數民族和部落的名稱、分布進行了詳細記述，特別是一些部落的歷史、傳說、風俗、與漢族皇朝關係的記載，為研究民族的起源、遷徙歷史提供了重要線索和依據。

《洛陽伽藍紀》，地區專業志的佳作

《洛陽伽藍記》是南北朝時期記載北魏首都洛陽佛寺興衰的地方誌，「伽藍」為梵文音譯「僧伽藍摩」的簡稱，即寺廟。作者是東魏楊衒之，北平郡（今河北盧龍）人。

洛陽曾是北魏都城，當時有千餘寺廟。北魏滅亡後，該城日漸破敗，寺廟也都毀敗不堪。楊衒之親睹洛陽城佛寺興衰，感慨繫之，乃撰此記。

本書所記只有43寺。書中以興廢沿革為綱，然後按遠近次序，分城內、城東、城南、城西、城北各為1卷。其體例為先寫立寺人、寺廟防衛及建築風格，再寫相關人物、事件、傳說、逸聞等，是一部重要的佛教典籍，也保存了許多洛陽地區的掌故、風土人情和中外交流諸事，此外，其文筆生動優美，「秩麗秀逸，煩而不厭」，兼用駢儷，風格與《世說新語》相似，亦是上品文章，為中國早期地區專業志的佳作之一。

琴棋書畫

「八音」是指哪八類樂器

中國在三千多年前就已經有了八十多種樂器。古人將這些樂器根據製作材料的不同分為八類，它們是金、石、土、革、弦、木、匏、竹。這就是所謂的「八音」。所以說，「八音」是中國古代的樂器分類法，也是對樂器的統稱。

金是指青銅鑄造的編鐘；石是用堅硬的石塊製成的磬等打擊樂器；土是指用黏土製成的塤；革是指用皮革製成的鼓；弦是用木料及纖維材料製成的彈撥樂器；木是用木料製作的板等打擊樂器；匏是用竹管和簧片製作的笙等吹奏樂器；竹是用竹管製作的笛等吹奏樂器。

「八佾」，為天子跳舞的佇列

所謂「佾」，就是跳舞時的佇列，天子八佾、諸侯六佾、大夫四佾、士二佾。每佾人數，如其佾數。

另有一種說法稱：「每佾八人。」現在沒有定論哪種說法更為準確。《論語》中孔子說季氏：「八佾舞於庭，是可忍也，孰不可忍也？」季氏身為大夫而僭用天子之樂，孔子認為是不能容忍的事。

「十二律」是怎樣的一種律制

十二律是古代的定音方法，即用三分損益法將一個八度分為十二個不完全相同的半音的一種律制。各律從低到高依次為：黃鐘、大呂、太簇、夾鐘、姑洗、仲呂、蕤賓、林鐘、夷則、南呂、無射、應鐘。

十二律又分為陰陽兩類，凡屬奇數的六種律稱陽律，屬偶數的六種律稱陰律。另外，奇數各律稱「律」，偶數各律稱「呂」，故十二律又簡稱「律呂」。

十二律中最基本的是黃鐘，而中國曆法最基本的則是含有冬至的月份。《月令》中所列出的，正是以黃鐘對應冬至所在的仲冬月份──子月（十一月）。

古代音樂都用「工尺譜」記譜嗎

所謂工尺譜，它是一種以音高符號為「工、尺」等字而得名的一種記譜形式。在古代，詞、曲、戲曲等音樂都是用工尺譜記譜的。

工尺譜最晚於晚唐五代產生。其音高符號屬於首調唱名法（當然也有用固定唱名法的），如上（『1』）、尺（『2』）、工（『3』）、凡（『4』）、六（『5』）、五（『6』）、乙（『7』）等。它的調號以上字調（降B）、尺字調（C）、小工調（D）、凡字調（降E）、六字調（F）、五字調（正宮調G）、乙字調（A）等為標記，其中以小工調、正宮調、尺字調、乙字調最常用。

工尺譜的節奏符號稱為板眼。一般板代表強拍，眼代表弱拍，共有散板、流水板、一板一眼、一板三眼、加贈板的一板三眼等形式。散板就是自

由節奏；流水板是每拍都用板來記寫，一般是1/4的節奏；一板一眼就是一個板與一個眼合成2/4的節拍；一板三眼就是一個板和三個眼合成的4/4節拍；加贈板的一板三眼只有在崑曲的南曲中才有，大致相當於4/2節拍。

這種記譜法到清乾隆、嘉慶年間發展到極致，出現用工尺譜記寫的管弦樂合奏總譜──《弦索備考》，即著名的《弦索十三套》。

古琴，中國最古老的彈撥樂器

琴是中國最古老的彈撥樂器，有3000多年的歷史，被譽為琴棋書畫四藝之首，在古代是地位最崇高的樂器。

古琴充滿著傳奇的象徵色彩：長3尺6寸5分，代表一年有365天；13個徽位，代表一年的12個月及閏月。琴面弧形代表天，琴底為平象徵地，為天圓地方。有西方音樂人評價：這個樂器的構造，是依據中國天與地之間關係的觀念而設計的，使人聯想到傳說中只有天上神仙才能聽得到的音樂。

在中國，關於琴漫長的發展歷史中，產生了嚴密的製琴工藝和眾多的造琴名家。南朝梁代丘明（西元494年～西元590年）傳譜的《碣石調幽蘭》為現存最早的琴曲譜。明代朱權（西元1378年～西元1448年）編訂的《神奇秘譜》為現在最早的琴曲譜集。

編鐘，中國古代的槌擊樂器

編鐘，就是將多個鐘按音程高低懸在架子上編成一組，它是中國古代的槌擊樂器。

早期的編鐘是用泥土燒製的，是陶鐘。夏商之際開始出現了用青銅製造的編鐘。1978年，在湖北隨縣曾侯乙墓發現了一套編鐘，全用青銅鑄造，共65件，總重量有5000多斤，編鐘分三排懸掛在鐘架上，每件銅鐘都能敲出兩個樂音。

整個編鐘的音階結構與現今國際通用的C大調七聲音階屬同一音列，音

域寬廣，包含5個8度，比鋼琴僅兩端各少一組音域。在中心的三個八度範圍內，有著完整的半音階。不但可以「旋宮轉調」，甚至可以演奏現代和聲與複調手法的多聲部樂曲。

此外，曾侯乙編鐘每件都有關於樂律的銘文，共2800字，紀錄著許多音樂術語，在科學概念上表現出相當精確的程度。

這套編鐘的鑄成，顯示了中國古代青銅鑄造工藝的巨大成就和音律科學達到的高度，在世界音樂史上具有劃時代的意義。

箏，一種撥絃樂器

箏為中國撥絃樂器。東漢劉熙《釋名》說：「施弦高急，箏箏然也。」可見，箏是以音響效果命名的樂器。其形制為扁長方形，底板平直，上開設兩個出音孔；面板為弧形，上面排列著數量不等的琴弦，每根弦都用一個柱碼支起。整個箏體即是一個共鳴箱。其發音渾厚明亮，音韻優美華麗。演奏時將其放置於支架上，左手撫弦，右手彈奏發音。

箏最早見於《史記·李斯列傳》的諫逐客書一文。說明春秋戰國時，已流行於秦國（今陝西省），故有秦箏之稱。有人認為，箏起源於一種名為築的擊絃樂器，後又受到瑟的影響。箏在漢、晉以前為12弦，唐以後為13弦，明清以來為15弦和16弦，20世紀60年代後逐漸增至18弦、21弦、25弦，音域達四個八度。箏弦也由傳統的絲弦改為鋼絲弦或尼龍纏弦，並試製出利用機械變音裝置進行快速轉調的變調箏。

箏的演奏技法非常豐富，右手主要有托、劈、勾、剔、摘、撮、搖等；左手主要有吟、顫、揉、按、滑、泛等。箏既常用於合奏、重奏和伴奏，也是非常優秀的獨奏樂器。由於廣泛流傳於民間，箏在不斷發展中，形成了以不同音韻特點和獨特演奏技法為特色的地方流派，並造就了各自的代表人物和樂曲。

琵琶是波斯傳入中國的樂器

琵琶二字本為中國古代摹擬演奏手法的形聲字，右手向前彈出曰琵，向後彈進曰琶。在很長的歷史時期內成為直項圓形琵琶、曲項梨形琵琶及五弦琵琶等樂器的統稱。唐代以後，作為獨立樂器名詞專指曲項梨形琵琶。

西元350年前後，隨著與西域的文化交流，琵琶由波斯經新疆傳入中國。當時它有4弦4柱（只有相位，沒有品位），橫抱，用撥子彈奏。

唐以後，從樂器製作到演奏技法，借鑑了中國阮的一些特點，如將品位增至14柱；改撥彈為手彈；改橫彈為豎彈，使其在逐步中國化的同時，大大豐富了表現力，除了擔任唐代歌舞大麯的領奏、伴奏外，獨奏藝術得到迅猛發展。載入史冊的琵琶專家人數眾多。歷代詩詞與文獻對琵琶演奏與作品也多有涉及。

琵琶流派眾多、曲目豐富。華秋蘋（西元1784年～西元1859年）於19世紀初採集編訂的《琵琶譜》是刊行於世的第一部琵琶譜集。

古今的簫有何區別

「簫」是指一種編管樂器，又名洞簫，以竹製成。簫有著悠久的歷史。《風俗通》說：「舜作簫，其形參差，以像鳳翼。」說明那時的簫並不是單管，而是由許多長短不同的竹管直排而成的，形制很像飛鳥張開的翅膀。

今日橫吹的單管簫，古代叫「笛」，又叫「羌笛」。這種樂器，大約在漢武帝時才由西域傳入中原地區。最初，它只有四個按孔，西漢音樂家京房（西元前77年～西元前37年）在背面加一孔。西晉樂工列和在西元247年左右所演奏的簫，已有6個按孔，與今天的簫很接近。

簫大多用紫竹、黃枯竹或白竹製作，全長70公分左右。其品種很多，其中產於黔東玉屏縣的玉屏簫已有300多年的歷史，明清兩代曾作為朝廷貢品，有「貢簫」之稱。

瑟，中國原始的絲絃樂器

瑟是中國原始的絲絃樂器之一，多用整木製成，面稍隆起，體中空，下嵌底板。多為25弦，也有23弦或24弦的。另有木質瑟柱施於弦下，用以調節弦長，確定音高。

瑟這個名稱最早見於《詩經》，《詩經》中有「窈窕淑女，琴瑟友之，我有嘉賓，鼓瑟鼓琴。」的記載。可見，早在西周時期，瑟就已經出現了。

據有關文獻記載，古代宴享儀禮活動中，常用瑟伴奏歌唱。魏晉南北朝至隋唐時期，瑟是相和歌與清商樂演奏中必不可少的樂器。

宋末元初的熊朋來（西元1246年～西元1323年）曾編著6卷本《瑟譜》，包括介紹瑟的形制及演奏方法、舊譜12首和所創新譜20首。從中可知當時的瑟弦25根，按12律呂半音排列，指法有擘、托、抹、勾等8種，用拇、食、中、無名各指分別向內外方向撥弦演奏。從古代有關詩文的記述推斷，瑟似乎宜於表現悲哀幽怨的情調。

雅樂與俗樂有何不同

雅樂是古代祭祀天地、祖先和朝會、宴享時所用的正統音樂。相傳孔子聽了盡善盡美的雅樂《大韶》後，竟至「三月不知肉味」。

雅樂最早出現在周公時期，是為鞏固統治所制訂的一套禮樂制度。西周雅樂有「六代之樂」，歌頌黃帝、唐堯、虞舜、夏禹、商湯、周武王；有「詩樂」，即後來《詩經》中「風」、「雅」、「頌」的內容；有「四夷之樂」及敬神禮鬼的宗教性樂舞。雅樂的應用有嚴格的等級區別。王的樂隊排四面，諸侯的排三面，卿、大夫的排兩面，士只排一面。

雅樂的演奏樂器由金、石、土、革、絲、木、匏、竹八類材料製成，主要是編鐘和編磬。

俗樂，是指在民間流行的音樂。《詩經》十五國風中的鄭風與衛風，也即鄭國和衛國的民間音樂就屬於俗樂。

由於俗樂歷來受到儒家的排斥，因此，自戰國時代起，雅樂和俗樂就成了歷代音樂的兩大壁壘。但在隋、唐以前，還沒有明確區分雅樂和俗樂，宮廷宴會時二者都可採用。隋文帝時，音樂分雅、俗二部。唐玄宗時設左右教坊，選樂工演奏俗樂，教法取自梨園，稱為皇帝梨園弟子，於是俗樂達到極盛。俗樂在歷史上先後被稱為「清樂」和「燕樂」。

《樂律全書》，古代的音樂理論文獻

朱載堉（西元1536年～西元1611年），字伯勤，號句曲山人，又號狂生。他是明太祖第九代孫。嘉靖年間，朱載堉的父親因皇族內訌獲罪，朱載堉也被削奪了世子冠帶。對這場變故，19年裏，朱載堉潛心於天文、曆算、樂律和音樂藝術的研究。

西元1606年，朱載堉將自己的13種著作編纂成音樂理論文獻巨著《樂律全書》，獻給皇帝。這些著作涉及聲律、音樂、舞蹈、曆算等多種學科。而其中價值最大的則是十二平均律的創建。

《廣陵散》，古代的著名琴曲

《廣陵散》為古代著名琴曲，又名《廣陵止息》。是以戰國時聶政刺韓王的故事為題材的大型器樂敘事曲。東漢末至三國時已流行。三國末期，嵇康因反對司馬氏專權而遭殺害，臨刑前曾從容彈奏此曲以為寄託。

今存見的曲譜最早為明代朱權所編《神奇秘譜》一書。全曲45段，即開指1段、小序3段、大序5段、正聲18段、亂聲10段、後序8段。每段皆有小標題，如「取韓」、「投劍」等。音樂特徵與標題吻合，採用一種作為琴的調弦法的慢高調，即降低第二弦商音與第一弦宮音相同。雙弦彈奏低音，渾厚堅實、氣勢磅礴，有助於表現激昂慷慨的情緒。

《廣陵散》曲體結構龐大，旋律豐富，曲調激昂悲壯而不失優美，表現力極強，具有很高的思想性及藝術性。

唐朝歌舞的集大成之作

　　《霓裳羽衣曲》是唐朝歌舞的集大成之作，它是一個帶有宗教意識的、表現仙女姿態的藝術珍品。《霓裳羽衣曲》是由唐玄宗作曲，在開元、天寶年間曾盛行一時。

　　此曲約成於西元718年至西元720年間，關於它的來歷，則有三種說法：

　　第一種說法是玄宗登三鄉驛，望見女兒山（傳說中的仙山），觸發靈感所作。

　　第二種說法是說唐玄宗乙太常刻石的方式，更改了一些西域傳入的樂曲，此曲就是根據《婆羅門曲》改編的。

　　第三種說法認為，此曲前部分（散序）是玄宗望見女兒山後悠然神往，回宮後根據幻想而作；歌和舞，則是他吸收河西節度使楊敬述進獻的印度《婆羅門曲》的音調而成。

　　《霓裳羽衣曲》全曲共分三十六段，分散序（六段）、中序（十八段）和曲破（十二段）三部分，融歌、舞、器樂演奏為一體，其舞、其樂、其服飾都著力描繪虛無縹緲的仙境和舞姿婆娑的仙女形象，給人以身臨其境的藝術感受。

《破陣樂》，唐代宮廷的樂舞大曲

　　《破陣樂》又名《七德舞》，原名《秦王破陣樂》，為中國唐代宮廷樂舞曲。最初用於宴饗，後用於祭祀，屬武舞類。

　　唐滅隋後，李淵稱帝，封李世民為秦王。此曲即為歌頌秦王李世民帶兵平叛將劉武周所編制。貞觀元年（西元627年），李世民稱帝，在宮中首演《秦王破陣樂》。後唐太宗親繪《破陣樂圖》，令太常編制音樂。

　　《破陣樂》的表演形式較多，有一百二十人的男子舞，有幾百人的女子舞，還有十幾人或四人表演的小型舞。其音樂以漢族清樂為基礎，吸收龜茲樂因素，是中國歷史上著名的歌舞大麯之一。

《陽關三疊》中「三疊」如何疊法

《陽關三疊》也是有名的古曲。明清時有不同傳譜，但都是配有歌詞的琴曲，可獨奏，亦可弦歌。

《陽關三疊》的歌詞，就是王維《送元二使安西》一詩：「渭城朝雨浥清塵，客舍青青柳色新。勸君更進一杯酒，西出陽關無故人。」這首詩抒寫離愁別緒很有典型意義，在唐代是一首「流行歌曲」。唐朝時被稱為《渭城曲》或《陽關曲》。而「三疊」是宋人提出的。

三疊如何疊法，後人記法各異。以蘇軾之說為例。是第一句唱一遍，後三句皆重複唱一遍，共七唱，極盡迴腸盪氣之能事。現在流行的《陽關三疊》琴曲，是清末《琴學入門》的傳譜。

《陽春白雪》有哪兩種版本

《陽春白雪》為古琴十大名曲之一。陽春白雪雖然被指高雅藝術，但不少資料對《陽春白雪》解題時，都稱它以清新流暢的旋律、活潑輕快的節奏，生動地表現了冬去春來，大地復甦，萬物向榮，生機勃勃的初春景象。

該曲歷來有「大陽春」和「小陽春」（又名「快板陽春」）兩種不同版本。前者指李芳園、沈浩初整理的十段與十二段的樂譜；後者是近代琵琶家汪昱庭所傳。

「小陽春」全曲只有七個樂段，可劃分為起承轉合四個部分，是一首具有循環因素的變奏體樂曲。「起」部標題名為「獨占鰲頭」，使用「加花」、「隔凡」以及結構上的擴充和緊縮等民間常用旋法，使《八板》原型得到變化發展，並以半輪、推拉等演奏技巧潤飾曲調，充滿了生動活潑、明快愉悅的情緒。

《八板》變體運用分割和倒裝、變化節奏等方法加以展開。並在第六段中引入了新的音樂材料。在演奏上時而用扳的技法奏出強音：時而用摭分彈出輕盈的曲調。「合」部標題為「東皋鶴鳴」，再現了第二段，並在尾部

作了擴充。透過慢起漸快的速度，連續的十六分音符進行，並在每拍頭上加「劃」，不斷增加音樂的強度，使全曲在強烈的氣氛中結束。

《胡笳十八拍》是怎樣的一種樂曲

《胡笳十八拍》是古代樂曲。胡笳是一種吹奏樂器，漢代流傳於塞北和西域一帶，是漢、魏鼓吹樂中的主要樂器。

現存《胡笳十八拍》有琴曲與琴歌兩種。琴歌曲作者佚名，詞作者為詩人蔡琰，即蔡文姬。她是漢末的文學家、書法家蔡邕的女兒，博學多才，精通音律，但生活坎坷，曾被匈奴部將所虜，遂遠嫁匈奴，後被曹操贖了回來。

《胡笳十八拍》具有不羈而雄渾的氣魄，滾滾怒濤一樣不可遏抑的悲憤。這18段樂曲，音調哀婉悽楚。調式變化豐富，層次發展分明，表現了文姬既思念故土、又懷念幼子的痛苦情懷，真切感人，催人淚下。

該曲18段，每段歌詞8句、10句、12句不等，因此，與之相配合的音樂也長短不一。每段音樂是完整獨立的，可以單獨或連接演唱。同時，全曲內在上和諧統一。清初《澄鑑堂琴譜》載有全曲。

《十面埋伏》，以楚漢相爭為題材

《十面埋伏》為一琵琶獨奏曲，又名《淮陽平楚》。該曲以西元前202年中國歷史上楚漢相爭為題材，音樂扣人心弦，有很強的戲劇性和一定的寫實性，表現了波瀾壯闊的史詩場面。

全曲時間約6分36秒，由三個大部分十個小段組成。其藝術特點主要表現在反映古代重大歷史題材時，抓住了典型時間、典型環境，在描寫楚漢相爭這一特定歷史背景時，選擇了最有代表意義的垓下決戰場面，在表現垓下大戰中又突出了吶喊，形成全曲高潮，完成了對漢軍這一攻擊者、追擊者、勝利者生龍活虎的形象塑造，成功地展現出古代戰場上激烈壯觀的場景。

圍棋的起源

圍棋是中國傳統棋藝之一，是中國古代文化的瑰寶之一。

圍棋在中國起源很早，先秦史官編的《世本》說：「堯造圍棋」；晉張華《博物志》說：「或曰舜以子商均愚，故作圍棋以教之」，堯、舜都是傳說中的人物，這類記載並不可靠。迄今發現的有關圍棋最早的文字是《左傳》中以圍棋來比喻衛國國政的記載，說的是西元前559年的事情，距今2500多年了。這說明當時圍棋已發展到一定階段。

圍棋在古代頗為風行，不管帝王將相，還是平民百姓，都常以奕為尚。春秋戰國出現了像「奕秋」這樣的圍棋高手，可謂圍棋的鼻祖。春秋時，圍棋理論逐漸形成，對於圍棋發展起了重要作用。

三國時，圍棋出現了大發展的局面，湧現出大批圍棋高手。由於社會賢達的喜愛和注意，這個時期出現了一些有關圍棋的專著，魏末晉初，興玄學，作為娛樂工具的圍棋也風靡一時，南北朝時圍棋在宮廷中受寵，劉宋時曾舉行全國性的圍棋比賽，選拔出278個圍棋高手。宋明帝在位時還給棋家設置官署，授以俸祿，梁武帝蕭衍曾親自撰寫《棋經》，中國現存最早的圍棋著作是從敦煌石室發現的北周時期的手抄本《棋經》，記載了當時的圍棋規則和棋藝。

唐時，圍棋有了空前發展，唐玄宗為棋手們設置了官階九品的「棋待詔」，使棋手成為國家的高級文職官員，從而促使圍棋在更大更廣的範圍內得到迅速發展。南宋更是出現了有理論、有經驗、有指導的系統圍棋著作《忘憂清樂集》。

明朝，圍棋高手輩出，女棋手薛素素頗負盛名。清王朝的前期，也是中國圍棋高手輩出的時代。黃龍士、徐星友、施襄夏、范西屏的棋藝至今仍為中外人士所稱道。但是到了清道光年間，由於帝國主義入侵，清朝政府的腐敗，經濟文化衰退，圍棋的命運也日益艱難，這是圍棋史上最衰退的時期。

象棋的起源

象棋在中國有著悠久的歷史。它大約起源於商周時代，那時盛行著一種文博象棋，每方有棋子6枚。棋子，有梟、盧、雉、犢、塞。塞有2枚。梟為首，即主帥。

棋盤裏的河界，又名「楚河漢界」。這個名稱，可能是受到楚漢相爭、韓信做象棋的傳說的影響，由後人附加的。據傳說：韓信帶兵攻打趙、齊等國，一段時間打仗，一段時間休整，在休整時做象棋以教士兵。

唐代，象棋在中國發生了很大的變化，有了一些變革，已有「將、馬、車、卒」4個兵種，棋盤和國際象棋一樣，由黑白相間的64個方格組成。後來又參照中國的圍棋，把64個方格變為90個點。

北宋末南宋初，中國象棋基本定型，除了因火藥的發明增加了「炮」之外，還增加了「士」和「象」。宋代的《事林廣記》中就記載著中國目前所能看到的最早象棋譜。據發現的宋代象棋實物，一副象棋正是32子，其中，將2枚，士4枚，象4枚，馬4枚，車4枚，炮4枚，卒10枚，雙方各16枚，棋正面刻上楷體漢字，背面刻有相應的圖案。元代象棋已演變為今天的黑卒紅兵制度。

到了明代，為了便於下棋和記憶，才將一方的「將」改為「帥」，和現代中國象棋一樣了。

現在，中國象棋已流傳到十幾個國家和地區。在日本、菲律賓還成立了中國象棋協會。

五子棋的起源

五子棋，亦稱「連五子」、「串珠」等，是起源於中國古代的傳統黑白棋種之一。

五子棋相傳起源於四千多年前的堯舜時期，比圍棋的歷史還要悠久。有關早期五子棋的文史資料與圍棋有相似之處，因為古代五子棋的棋具與圍棋

是完全相同的。

在上古的神話傳說中有「女媧造人，伏羲做棋」一說，《增山海經》中記載：「休輿之山有石焉，名曰帝臺之棋，五色而文狀鶉卵。」李善注引三國魏邯鄲淳《藝經》中曰：「棋局，縱橫各十七道，合二百八十九道，白黑棋子，各一百五十枚。」可見，五子棋頗有淵源，亦有傳說。

在古代，五子棋具雖然與圍棋類同，但是下法卻是完全不同的。正如《辭海》中所言，五子棋是「棋類遊戲，棋具與圍棋相同，兩人對局，輪流下子，先將五子連成一行者為勝」，至於國人中有將五子棋稱為「連五子」、「串珠」，也許是源於史書中「日月如合璧，五星如連珠」（《漢書》）。

何謂碑、碣

古代人稱長方形的刻石為「碑」，稱圓首形的或形在方圓之間、上小下大的刻石為「碣」。

秦始皇刻石紀功，樹碑立碣的風氣也由此盛行。東漢以後，碑碣漸多，有碑頌、碑記，又有墓碑，用以紀事頌德，碑的形制也有了一定的格式。唐代規定，五品以上的人用碑，五品以下的則用碣，但到後來，碑碣往往也混用了。

碑的正面謂「陽」，刻碑文；碑的反面謂陰，刻題名；碑首稱「額」，題標題用；碑座稱「趺」，有龜趺、方趺等形式。碑碣上的文字，經常有善書者乃至書法名家題寫，而碑碣保存時間長久，往往成為後世學習書法的範本，比如《泰山刻石》、《龍門二十品》、《九成宮醴泉銘》、《顏勤禮碑》等皆是。

但書法經過工匠刻刀，再加上多年風雨剝蝕，在增加其刀筆之味、古樸之氣的同時，也讓後學者不易見到其原來的風貌。因此，在學習碑碣書法的時候，要善於「透過刀鋒看筆鋒」。

法帖，古人學習書法的範本

法帖，指摹刻在石版或木版上的法書，包括它的拓片。

在紙張發明之前，寫在竹片或木片上的文字，稱簡牘或簡書；書寫在絲織品上稱為帖。在造紙發明以後，凡書寫在紙或絲織品上篇幅較小的文字均稱之為帖。在唐代，由於帝王的喜愛，出現勾摹前人墨蹟的集帖，到宋代又出現了彙集歷代名家書法墨蹟，將其鐫刻在石版或木版上，然後拓成墨本並裝裱成卷或冊的刻帖。刻帖既使古人的書法得以流傳，又是學習書法的範本，所以，又稱為法帖。

明清之際，彙集前人書法墨蹟，鐫刻法帖的規模越來越大。著名的法帖有《萬歲通天帖》、《淳化閣帖》、《絳帖》、《潭帖》、《大觀帖》、《寶晉齋法帖》、《真賞齋帖》、《停雲館帖》、《餘清齋帖》、《墨池堂選帖》、《快雪堂法書》、《式古堂法書》、《三希堂法帖》等。

榜書有什麼特點

榜書也叫牓書，古名「署書」。原指宮闕門額上的大字。後來把招牌一類的大字，統稱為榜書，特別大的榜書字又稱為「擘窠書」。

據記載，第一位書寫榜書的書家是秦丞相李斯，而漢丞相蕭何則是第一位運用榜書藝術裝飾帝王宮殿的書家。隨著社會的發展，榜書從讚頌帝王功德，裝飾皇家宮殿苑囿，發展到題寫重臣宅第、寺宇廟堂、要塞城樓、園林景觀、名山大川，最後進入尋常百姓家，商家則用以書寫招牌。

榜書的主要特點：一是形體大，使人遠觀可見；二是易識，因而多用規矩的隸書、楷書、行書題寫，而很少用篆書或草書。

「永」字有哪八法

「永字八法」為以「永」字的八種筆劃概括正楷用筆的一種方法。相傳為隋代智永所傳，一說為東晉王羲之或唐代張旭所創。

「永」字的八個筆劃是書法中的基本筆劃，分別是側、勒、努、趯、策、掠、啄、磔。其法稱點為「側」，須側鋒峻落，勢足收鋒；橫畫為「勒」，須逆鋒落紙，緩去急回；直筆為「努」，須直中見曲，直而不僵；趯為「起」，須駐鋒突提，力透筆尖；提為「策」，須發筆用力，得力畫末；長撇為「掠」，須出鋒稍肥，送力穩到；短撇為「啄」，須落筆左出，快而峻利；捺筆為「磔」，須逆鋒輕落，折鋒鋪毫緩行，至末收鋒。因永字八法為楷書的基本法則，後人又有將其作為書法的代稱。

「顏筋柳骨」說的是誰

唐朝是中國書法藝術空前繁榮的時代。有唐一代近300年間，傑出的書法家輩出，楷書、草書、隸書、行書如林花璀璨、鮮豔奪目。

初唐書壇上唱主角的是歐（陽洵）、虞（世南）、褚（遂良）、薛（稷）四大名家。其後則以張旭的草書最為人稱道，再後，則以顏真卿和柳公權的楷書最具特色。

顏真卿（西元709年～西元785年），字清臣，京兆萬年（今陝西西安市）人。因曾任平原太守，賜爵魯郡開國公，人稱為「顏平原」，亦稱「顏魯公」，是中國盛唐——中唐時期著名的書法家。

顏真卿一生曾與楊國忠、魚朝恩、元載、盧杞等奸相權臣進行不屈的鬥爭。安史之亂發生後，他又是叛亂與分裂的堅決反對者，作為國家重臣，他置生死於度外，竭盡全力平息叛亂，在他76歲時終於以身殉國。

顏真卿的書法，初學褚遂良，後又師從張旭，作為集大成者，顏真卿熔鑄漢魏兩晉以來書法藝術的造型經驗，汲取了篆、隸、行、楷、草的字形構架、線條形式和用筆特點。他所開創的「蠶頭燕尾」筆法，點畫更顯得遒勁有力，故世稱「顏筋」。

在楷書造型上，顏真卿汲取篆隸特點，以篆隸入楷，正面取勢，使左右豎劃略帶弧形，且橫輕豎重，使筆下的楷字具有立體感，這是不少書法家的楷書不宜寫成大字，而顏真卿楷書寫成大字更妙的原因。

顏真卿的書法作品，流傳至今的墨蹟及碑刻拓本約有70種。其中最為著名的楷書有《多寶塔碑》、《大唐中興頌》、《顏氏家廟碑》、《祭侄稿》等。

柳公權（西元778年～西元865年），字誠懸，京兆華原（今屬陝西）人。他是唐代繼顏真卿之後又一位楷書的集大成者，他的楷書，人稱「柳體」，歷來是學習楷書者必學的重要書體，而且往往是楷書入門必學的範本。柳公權的代表作有《玄秘塔碑》、《神策軍碑》等。

鍾繇創制了楷書

鍾繇（西元151年～西元230年），字元常，潁川長社（今河南長葛東）人。官至太傅，世稱「鍾太傅」。三國魏書法家。

鍾繇的書法師承曹喜、蔡邕、劉德升等名家，博採眾長，善寫各體書。相傳鍾繇為了練字，曾十六年足不出戶。睡在床上，也會情不自禁地以指劃被，以至把被子都劃穿了。

據說楷書就是鍾繇最初衍化而來的，後以其正楷書法享譽一時。鍾繇所處的正是隸楷錯變的時代，因此，在他的真書中也帶有濃厚的隸意。他的小楷體勢微扁，行間茂密，點畫厚重，筆法遒勁，醇古簡靜，富有一種自然質樸的意味。

鍾繇傳世書作真跡已無存。宋以來法帖中所刻《宣示表》、《賀捷表》、《力命表》等都出於後人臨摹。

王羲之為何被譽為「書聖」

王羲之字逸少，琅邪臨沂（今屬山東）人，因做過右軍將軍、會稽內史。人稱「王右軍」或「王會稽」。

王羲之初學書法時，拜著名女書法家衛夫人為師，後來見識漸長，又博采眾家，草書學張芝，楷書學鍾繇，並遍學李斯、蔡邕、張旭等人的篆、隸

書體，終於推陳出新，自成一家。他的行書和草書寫得姿媚瀟灑，一改漢魏以來質樸厚重的書風。很受時人喜愛。

唐太宗曾尊王羲之為「書聖」，對他的書法極為喜愛，盛讚王羲之的書法「詳察古今，研精篆隸，盡善盡美」，還借帝王之尊，廣泛搜羅王羲之的書法真跡，並請名家臨摹複製。

時至今日，王羲之的真跡雖難尋覓，但傳世的摹本和刻本卻為數不少，如今草書《十七帖》，行書《快雪時晴帖》、《蘭亭序》，楷書《黃庭經》、《曹娥碑》，都是中國古代書法藝術的珍品。後代書法評論家認為，王羲之的各種書體中，以行書最好，筆跡遒潤，天資自然，繼鍾繇之後，臻於頂峰，草書雖圓豐妍美，卻缺乏神氣。

王羲之字不但寫得好，對書法理論也很有見地。他提出，書法創作一定要經過充分的醞釀構思，做到「意在筆前」。王羲之的藝術理論和實踐奠定了中國書法藝術的堅實基礎，成為後世書法家學習的榜樣。但效法失當，不得右軍神韻，徒然講求形態的姿媚，成為一種「館閣體」，就會流於唐代韓愈所批評的「俗書」。

王羲之作為一代書法大家，其藝術特點是非常突出的。他博采諸家之長，草、隸、八分、飛白、章、行諸體皆精，尤其以行楷見長。

王羲之的書風嫵媚多姿，頗具神韻美。其落筆之字氣勢雄逸，如龍跳天門，虎臥鳳闕。難怪唐太宗李世民對王羲之推崇備至。在王羲之的字中，古樸、瀟灑、妍美三者相結合，又各具所長。

張旭的書法有什麼特點

張旭，字伯高，吳縣（今江蘇蘇州附近）人，是唐代著名書法家。曾官金吾長史（一說右率府長史），人稱張長史。

在書法上，張旭尤擅長於草書。他的草書連綿迴繞，起伏跌宕。所謂「張妙於肥」是說他的草書線條厚實飽滿，極盡提按頓挫之妙。唐大文學家韓愈在《送高閒上人序》中對他的草書藝術推崇備至。他的草書和李白的詩

歌、裴旻的劍舞被時人稱為「三絕」。

張旭喜歡喝酒，與李白、賀知章等當時的名士合稱「酒中八仙」。每次大醉後，號呼狂走，索筆揮灑，變化無窮，若有神助，時人號為「張顛」。據李肇《國史補》說，張旭每次飲酒後就寫草書，寫時，揮筆大叫，把頭浸在墨汁裏，用頭髮書寫。他的「髮書」飄逸奇妙，異趣橫生，連他自己酒醒之後也大為驚奇，這恐怕有誇張之嫌。

張旭《古詩四帖》墨蹟本，五色箋，狂草書。縱28.8公分，橫192.3公分，40188字。無款，前兩首是庾信的《步虛詞》，後兩首是南朝謝靈運的《王子晉贊》和《四五少年贊》。原跡現藏遼寧省博物館。明董其昌定為張旭書，後人多沿此說，但也頗有爭議。

以草書著名的懷素

懷素（西元725年～西元785年），字藏真，零陵郡（今湖南永州市）人。懷素7歲時到零陵縣城河西20華里之外的「書堂寺」為僧，後到東門外的「綠天庵」為僧。但懷素性情疏放，對佛門戒律時有違反。常常吃魚吃肉，又喜豪飲，一日九醉，每至酒醉興發，即提筆揮灑。

因無錢買紙練字，懷素就在寺旁空地種下許多芭蕉，以蕉葉代紙練字。經長期勤學精研，禿筆成堆，埋於山下，名曰「筆塚」。旁有小池，常洗硯水變黑，名為「墨池」。現永州的綠天庵、浯溪碑林、高山寺都留有懷素的遺跡。永州現存懷素的作品有《千字文碑》、《瑞石帖》、《秋興八首》等，屬中國書法珍品。

懷素最擅長草書，他的草書繼承了張旭草書的特點，氣勢如暴風驟雨，萬馬奔騰。他的草書在篇章布局上講究疏密、斜正、大小、虛實、枯潤的對照，線條瘦勁凝練而圓轉自如，富於彈性。前人有「藏真妙於瘦」的評語。至其晚年，書風逐漸超於平淡雅致，但圓熟豐美，又有一種神韻。

懷素的書跡傳世的很多，其中著名的有墨蹟《自敘帖》、《苦筍帖》和《食魚帖》。

宋代書法家黃庭堅

　　黃庭堅（西元1045年～西元1105年），是宋代一位著名的大書法家。他出於蘇軾門下，而與蘇軾齊名，世稱「蘇黃」。其書法《宋史》本傳稱為「善行、草書，楷法亦自成一家」。

　　黃庭堅書法藝術風格上的一個主要特點是新奇。他說：「隨人作計終後人，自成一家始逼真。」很能反映他的藝術思想。

　　黃書中最奇偉、成績最突出的是草書。用筆瘦勁婉美，雄放瑰奇，體勢縱橫開闔，奇姿危態百出，筆力豐道婉暢，滲入篆意，自成一格。其草書主要代表作品《李白憶舊遊詩卷》、《諸上座帖》、《花氣詩帖》、《廉頗藺相如傳》等。

　　黃氏的行書，更是別具一格，小行書挺透自然，大行書落筆奇偉，面目清新，風神俊挺英傑，極具氣魄，用筆圓厚沉著，得折釵屋漏之妙。其代表作品有《山預帖》、《苦筍帖》、《松風閣詩》等。

　　黃庭堅的楷書不但行筆穩健，結體嚴謹，而且落筆奇偉，豐筋多力。真可謂「楷法亦自成一家」。

　　黃庭堅薈萃百家書藝之長，究極歷代體制之變，真、行、草、隸、篆都樂於學習，在學習過程中，咀英嚼華，得心應手，學古而不寄古人籬下，終於自成一家，創為「黃體」。

宋代書法家蔡襄

　　蔡襄，字君謨，福建仙遊人。天聖進士，為西京留守推官。累官知諫院、直史館、兼修起居注。為北宋名臣、大書法家。與蘇軾、黃庭堅、米芾一起被後人譽為「宋四家」。

　　蔡襄是宋四家中年齡最長，名望最高的。他不僅是北宋一代名臣，而且蔡襄的書藝，在宋代被譽為當世第一。宋仁宗對他的書法十分欣賞，年輩稍長蔡襄的梅堯臣則把蔡襄與王羲之、鍾繇相提並舉。

蔡襄的書法有兩個鮮明特點：一是書意晉唐，恪守法度；二是神氣為佳，講究古意。前者體現在作品的點畫用筆、字體間架，通篇意法等「形」上；後者體現在作品中的書家個性、氣質與書寫時的思想感情等「神」上。

蔡襄的傳世作品中以楷書為最，兼有行書和草書。其楷書或氣勢磅礡，字體巨集壯道麗；或秀麗自然，淳淡婉美，風格各具。

以行書聞名的米芾書法

米芾（西元1051年～西元1107年），原名黻，字元章，號襄陽漫士、鹿門居士、海岳外史、中嶽外史，世稱「米南宮」、「米襄陽」，官至書畫學博士、禮部員外郎，是北宋四大書法家之一。

米芾的書法，以行書的成就最高，他以晉人的風韻為根基，又參以唐代李北海、顏真卿、沈傳師、徐季海等行書大家的優點，再吸收六朝風骨，從而形成姿容俊美的個人風貌。

米芾的刷字，運筆勁健、迅速、率意、揮灑自然。字體結構嚴謹、自然、妥帖、分行、布白恰當，整體氣韻生動活潑。米芾的刷字在重視技法的同時，也注重「意」的表達。書勢任意縱橫，神氣飛揚，淋漓盡致，被蘇軾稱之為「風檣陣馬，沉著痛快」。

米芾的書法藝術在宋代享有很高的聲譽，也影響了後來人。宋高宗趙構，范成大乃至現代的書家郭沫若都受到米芾的影響。可見其流傳之廣，影響之深。

何為「天下第一行書」

《蘭亭序》是書法大家王羲之的代表作。

這篇文字作於東晉穆帝永和九年（西元353年）三月初三日，王羲之和當時名士孫綽、謝安和釋支遁等四十一人，為禊事活動，在蘭亭宴集。與會的人士都有詩作，事後把這些詩篇彙編成集，《蘭亭序》就是王羲之為這個

一本書讀懂國學

詩集所寫的序言。序中記敘蘭亭周圍山水之美和聚會的歡樂之情，抒發作者好景不長、生死無常的感慨。

法帖相傳之本，共28行，324字，通篇氣息淡和空靈、瀟灑自然，用筆道媚飄逸，手法既平和又奇崛，大小參差，既獨具匠心，又沒有做作雕琢的痕跡，自然天成。其中，凡是相同的字，寫法各不相同，如「之」、「以」、「為」等字，各有變化，達到了高度的藝術境界，被稱為「天下第一行書」。

《中秋帖》與「一筆書」之祖

《中秋帖》傳為東晉書法家王獻之所書，與王羲之《快雪時晴帖》、王殉的《伯遠帖》合稱「三希」。

王獻之（西元344年～西元386年），字子敬，王羲之第七子，幼年隨父羲之學書法，兼學張芝。書法眾體皆精，尤以行草著名。與其父同為具有革新精神的書法家，他的楷書在王羲之的基礎上創造出更加妍媚流變的書體，故與其父合稱「二王」。

王獻之注重情感的宣洩，似乎更近於浪漫主義的表現色彩，但傳統審美觀歷來重中庸平和，獻之書風雖精魄超然，神采照人，為時人所喜愛，卻也由此遭唐代帝王貶斥，只能屈居父後，甚至遭到冷落，直到宋以後才得人們珍視。

《中秋帖》是王獻之所書中國著名的古代書法作品，現藏故宮博物院，人們稱此帖為「一筆書」之祖。「一筆書」所體現的是一筆下去連綿無盡的審美特質，是書法美的魅力所在。

「寫意」是怎樣的一種中國畫技法

寫意俗稱「粗筆」，與「工筆」對稱。為中國畫技法名，屬於簡略一類的畫法。要求透過簡練概括的筆墨，著重描繪物象的意態神韻，故名。如南

宋梁楷、法常，明代陳淳、徐渭，清初朱耷等，均擅長此法。

「工筆」是怎樣的一種中國畫技法

　　工筆亦稱「細筆」，與「寫意」對稱，為中國畫技法名。屬於工整細緻一類密體的畫法，用細緻的筆法製作，工筆劃著重線條美，一絲不苟，是工筆劃的特色，如宋代的院體畫，明代仇英的人物畫，清代沈銓的花鳥走獸畫等。

　　工筆劃的技法有：描、分、染、罩。所謂描，指的是白描，畫者分別用濃墨、淡墨描出底稿；分，是指用墨色上色，用清水分暈開來，表現出畫面的層次；染和分是一個意思，只不過用的不再是墨色，而是用彩色來分暈畫面；罩，指的是整體上色，比如整片葉子上的綠色。

「皴法」是怎樣的一種中國畫技法

　　「皴法」是一種中國畫技法。早期山水畫的主要表現手法以線條勾勒，但線條勾勒對表現大自然中山石樹木的紋理形貌、山嶽的凸凹明暗等有一定的局限，隨著畫法技藝的發展，能夠更形象地表現粗糙脈絡的皴擦筆法逐漸廣泛地使用開來。

　　其基本方法是：以點線為基礎來表現山石樹木的明暗（凹凸）。因所要表現的對象不同，皴法的使用分為諸多種類。清朝鄭績把它列為「十六家皴法」，如表現樹身表皮的，有鱗皴、繩皴、橫皴等；表現山石、峰巒的有披麻皴、雨點皴、解索皴、折帶皴、牛毛皴、大斧劈皴、小斧劈皴、荷葉皴等。

「潑墨」是怎樣的一種繪畫手法

　　相傳，唐代王洽醉後以酣飽筆墨，潑於紙素，或點或刷，應手隨意，繪出雲霞風雨，而無墨汙之跡，宛若神巧，被人稱為「潑墨」。

潑墨的繪畫手法即用毛筆吸足經過調製的水墨，以酣暢淋漓的墨色、豪放疾速的筆勢快速作畫。講究筆墨的乾濕、濃淡，或先以淡墨潑卷，再根據繪畫需要，在淡墨一定乾濕度時潑以濃墨，以增加繪畫層次或表現墨蹟的韻致；或蘸滿淡墨之後，筆尖稍蘸濃墨，一筆即見濃淡相滲漸變的墨色。

「白描」是怎樣的一種中國畫技法

白描是中國畫中完全用線條來表現物象的畫法，有單勾和複勾兩種。以線一次勾稱為單勾，有用一色墨，亦有根據不同對象用濃淡兩種墨勾成。複勾則光以淡墨勾成，再根據情況複勾部分或全部，其線並非依原路刻板複疊一次，其目的是加重質感和濃淡變化，使物象更具神采。複勾線必須流暢自然，否則易呆板。

物象之形、神、光、色、體積、質感等均以線條表現，難度很大。因取捨力求單純，對虛實、疏密關係刻意對比，故而白描有樸素簡潔、概括明確的特點。中國古代有許多白描大師，如顧愷之、李公麟等都取得了突出的成就。

為何古代繪畫中山水畫影響最大

在中國古代繪畫各科中，山水畫是最重要的一個科目，也是影響最大的。

中國山水畫的歷史可追溯到戰國以前，那時人們在生產勞動中，將大川河流的形象廣泛用於工藝裝飾，於是山水畫也隨之崛起，如南商周銅鼎上的山雲紋等。

魏晉六朝儘管山水畫有所發展，但繪畫中的山水還只是作為人物故事的陪襯出現在畫面上的。以表現景物為主的山水畫，大約始於隋代展子虔的《遊春圖》。展子虔筆下，山水成了構圖的主體，並且注意到客觀物體之間遠近、大小、高低的比例關係。它的出現是山水畫成為獨立藝術的標誌。

到唐朝時，山水畫出現了青綠和水墨兩種不同的表現手法和審美風格。青綠山水，也就是用礦物質石青、石綠作為主色的山水畫，筆法工整，著色濃重，金碧輝煌。代表人物有展子虔和大小李將軍（李思訓、李昭道父子）等；水墨山水是當時創立的新興畫派，其特點在於，以墨的濃淡變化和層次交融來展現大自然的空間深度及韻致。主要代表人物有張璪、王維等。王維將詩的意境熔鑄在繪畫之中，是和他在創作技法上的創新分不開的。傳說他的傳世作品有《雪溪圖》。

山水畫創作的全盛時期是五代和北宋，當時湧現出不少名畫家。以他們所處的不同地區，劃分為兩大畫系：北方畫派以荊浩、關仝、李成、范寬為代表，作品較多表現出雄壯峭拔的風格。此外，還出現了以潑墨為法，追求「意似」之「簡」的米芾、米友仁父子，他們畫山畫樹重在墨法，墨中見筆，以渾然之水墨描繪空蒙雲霧中的煙雨景象，達到「滿紙淋漓障猶濕」的境界，開創了山水畫創作的新的藝術境界。

元代出現了許多山水畫家，其中成就很大的有錢選、趙孟頫、高克恭和「元末四大家」即黃公望、吳鎮、倪瓚、王蒙。尤其是元末四大家，他們的水墨寫意山水畫在題材選擇和審美意識上都表現出文人想擺脫仕途煩惱，思想孤高，隱逸山林以尋求內心平衡的心態。

明代，初期有以戴進為代表的浙派，明中期則有被稱為「吳門四大家」的沈周、文徵明、唐寅、仇英，他們打破了以往畫家拘守一格的局限，既畫山水也畫花卉、人物，雖然審美風格各有特點，但總的傾向是注重抒發文人瀟灑淡逸的意興，發揚光大了文人畫的傳統。

清代山水畫的代表人物是「四畫僧」，即漸江、石溪、八大山人和石濤。他們在藝術創作上的共同特點是，反對當時復古的風氣，主張師古而不囿於古，強調「師造化」，即以自然為師。石濤更明確提出「我自用我法」，在藝術上要有自己的創造。

古代人物畫的特點

以人物形象為主體的繪畫，是中國書畫中的一個大科目，通常稱為「人物畫」。

在中國古代繪畫各科目中，人物畫是較早出現並較早趨於成熟的。1949年，長沙楚墓出土的《人物龍鳳帛畫》，是至今見到的最早的具有獨立意義的繪畫作品。距今已有兩千多年。漢墓壁畫中，也有不少人物作品。

魏晉時期，一代宗匠顧愷之，是一位傑出的人物畫家。他提出了「以形寫神」等藝術見解，為人物畫的創作奠定了理論基礎，對後世影響很大。代表作品《洛神賦》、《女史箴圖卷》等，至今舉世聞名。

人物畫在唐代發展到高峰。閻立本、吳道子是唐代人物畫的傑出代表。閻立本的許多人物畫作品都是奉唐太宗之命創作的。其中有不少是肖像畫。傳世的《步輦圖》是閻立本的代表作。吳道子被人們譽為「古今獨步」的「畫聖」，主要從事壁畫創作，題材以釋道人物為主。傳世作品有《天王送子圖》。

唐代值得一提的還有以張萱和周昉為代表的宮廷仕女畫。張萱的《虢國夫人遊春圖》、《搗練圖》和周昉的《簪花仕女圖》，著意描繪了民間社會的女性，體態豐腴，體現了唐人的審美觀點。

五代、兩宋以後，人物畫轉而以社會實踐為內容，在人民生活中，產生了很大影響。

古代花鳥畫的特點

花鳥畫是中國畫的一種，其淵源可上溯到7000年以前的新石器時代。河姆渡文化、仰韶文化的彩陶上有植物形紋飾以及鳥、魚、花、草類的圖案。商周銅器、戰國秦漢的漆器上，更離不開花鳥。花鳥在那時因負有與上帝神祇交通的使命而更具神秘的性質。

魏晉六朝時期，在顧愷之等著名畫家筆下，花鳥畫已經從人物山水畫中

獨立而出，到唐代，花鳥終於成為文獻記載的名正言順的畫種。當時的代表人物有邊鸞、滕昌佑、刁光胤等。

五代的花鳥畫分成兩種畫法體系，即黃筌的重彩寫生（設色）和徐熙的重墨寫意。徐熙所畫多為江湖汀花、野竹、水禽之類，而黃筌表現的則為奇花異草、珍禽稀獸。兩人所畫內容和表現手法迥異，但二人都對後世、特別是宋代的花鳥畫的發展，產生了極其深遠的影響。

北宋後期花鳥畫步入全盛，這與宋徽宗「嗜玩」書畫有著直接的關係。他不僅自己兼長書畫，重視寫生，以精工逼真著稱；而且還擴充並親自掌管翰林圖畫院，對繪畫的發展，頗有功績。

明代後期，水墨寫意花鳥十分興盛，花鳥畫有了很大的突破性進展，其中以陳淳、徐渭為傑出代表，將水墨寫意風格推向成熟的高峰。他們筆下淋漓奔放的大寫意花鳥畫對後世影響頗大，其後如石濤、朱耷以至近現代的吳昌碩、齊白石、潘天壽等無不深受影響。

顧愷之為何有「三絕」之稱

顧愷之（西元346年～西元407年），江蘇無錫人，小名虎頭，生平三絕。

第一是癡絕，他為人寬厚，遇事通達，詼諧有趣，但往往裝糊塗。他有一櫃畫寄存在當時的一員大官桓玄家裏，桓玄撬開櫃的後壁把畫偷走。顧愷之不願得罪這種有權勢的人，故裝驚訝地說，我的畫奇妙通神，不翼而飛，像成仙得道升天了。他這種裝癡呆的事很多，所以，人們說他「癡絕」。

第二是才絕，他的學問很好，善詩賦，一生好遊山水，吟詩作畫。

第三是畫絕，他所畫的《女史箴圖》，《烈女圖》等已達到藝術佳境，成為藝術遺產的稀世珍寶。據說，他畫人物往往不點睛，一點睛就活了。

吳道子為何被稱為「畫聖」

吳道子（西元680年～西元759年），河南陽翟人，原名吳道玄，畫史尊稱吳生。

吳道子幼年貧窮孤苦，浪跡東京洛陽，學習丹青繪畫，尤其專攻寺院的壁畫製作，道教中人呼之為「吳道真君」、「吳真人」。開元年間，吳道子以善畫被唐玄宗召入宮中，以後一直為宮廷服務。

吳道子性格豪爽，喜歡在酒醉時作畫，且畫畫時速度很快，一氣呵成。他主要從事宗教壁畫的創作，題材很豐富，其代表之作《天王送子圖》，描繪了釋迦牟尼佛降生以後被其父淨飯王和摩耶夫人抱著去朝拜大自在天神廟，諸神向他禮拜的故事。

吳道子在歷史記載中名聲很大，但因為他大量創作的是壁畫，所以，很少有傳世作品保留下來，無真跡傳世，傳至今的《天王送子圖》可能為宋代摹本。

擅長畫人物的閻立本

閻立本（？～西元673年），雍州萬年（今陝西臨潼）人，唐朝畫家。

閻立本與兄長閻立德受其父閻毗影響，皆機巧有思，也都擅長繪畫。父子三人並以繪畫馳名隋唐之際。

閻立本的繪畫藝術先承家學，後師張僧繇、鄭法士，所畫人物、車馬、臺閣都達到很高水準，特別長於刻畫人物神貌，筆法圓勁，氣韻生動。

他的《太宗真容》、《秦府十八學士圖》、《凌煙閣功臣二十四人圖》，圖繪唐太宗李世民及眾臣，形象逼真傳神，是當時名作，時人譽之為「丹青神化」。

現存相傳為閻立本的作品有《歷代帝王圖》、《步輦圖》、《職貢圖》等。《步輦圖》描繪的是唐太宗與迎接文成公主入藏的吐蕃使臣會見的情景，是反映漢藏和親的歷史畫卷。

「南宋四大家」是指哪四位畫家

李唐、劉松年、馬遠、夏珪四人對五代、北宋的山水、人物畫進行了重大變革，創立了南宋的「院體」畫風，形成了鮮明的時代特色，故被人稱為「南宋四大家」，這其中又以馬遠、夏珪成就最高。

馬遠繼承家學取法李唐而自成一派。他畫山石用筆如斧劈木，方硬多稜角，畫樹木橫斜曲折，畫樓閣大都運用界尺加襯染，著重濃淡層次的變化，遠近分明。其構圖多以偏概全，集中強調畫一角或半邊的景物，打破了全景式構圖，使形象更為突出，畫面簡潔。

夏珪與馬遠同創水墨蒼勁一派，但又有自己的風格，構圖喜歡取半邊之景，側重一隅，意境開闊。

「元四家」是指哪四位畫家

元四家指黃公望、吳鎮、王蒙、倪瓚四人。他們繼承五代董源、巨然的畫法而有所創新，主要用水墨或淺絳畫法，強調筆情墨趣，突出作品的畫外趣味，畫風簡淡高逸、蒼茫深秀，開創了一代新風，對明清畫壇影響很大。他們的山水畫代表了中國山水畫史上的一個高峰。

黃公望（西元1269年～西元1354年），常熟人，形成了「氣清質實，骨蒼神腴」的藝術風格。他的代表性作品《富春山居圖》，花了七年時間完成，畫家中鋒、側鋒兼施，尖筆、禿筆並用，長短幹筆皴擦，濕筆披麻，渾然一體。

倪瓚（西元1301年～西元1374年），無錫人，他的畫主要表現太湖一帶風光，簡略曠遠。他善用側鋒淡墨，乾筆皴擦，作品筆墨精粹，意境幽遠，代表作品有《漁莊秋霽圖》、《紫芝山房圖》、《江岸望山圖》。倪瓚主張繪畫不過「逸筆草草，不求形似」，「聊以自娛」，多為文人畫家所稱道。

吳鎮（西元1280年～西元1354年），浙江嘉興人，博學多識，性情孤傲，他的畫師承南唐著名的畫僧巨然，善用濕墨，充分發揮水墨的特性，畫

風沉鬱蒼莽，傳世作品有《嘉禾八景圖》、《水村圖》等。

　　王蒙（西元1308年～西元1385年），湖州人，生活於元末明初，作畫喜用焦墨渴筆，點細碎苔點，畫面繁密充實。他善畫江南林木豐茂的景色，濕潤華滋，意境幽遠，代表作品有《青卞隱居圖》、《夏日山居圖》、《春山讀書圖》等。

以畫花鳥、山水知名「八大山人」

　　八大山人（西元1626年～西元1705年），清代畫家、僧人。原名朱耷，江西南昌人，明宗室後裔，明亡後出家，一生字、號、別號極多，尤以八大山人最為知名。

　　他在畫作上署名時，常把「八大」和「山人」豎著連寫。前二字又似「哭」字，又似「笑」字，而後二字則類似「之」字，哭之笑之，以寄託憤懑。據載，他還曾棄僧入道，改名朱道朗，字良月。

　　作為明宗室後裔，朱耷身遭國亡家破之痛，一生不與清王朝合作。他性情孤傲倔強，行為狂怪，以詩書畫發洩其悲憤抑鬱之情。一生清苦，命運多舛。

　　朱耷擅花鳥、山水。其花鳥承襲陳淳、徐渭寫意花鳥畫的傳統，發展為闊筆大寫意畫法，其特點是透過象徵寓意的手法，並對所畫的花鳥、魚蟲進行誇張，以其奇特的形象和簡練的造型，使畫中形象突出，主題鮮明，甚至將鳥、魚的眼睛畫成「白眼向人」，以此來表現自己孤傲不群、憤世嫉俗的性格，從而創造了一種前所未有的花鳥造型。

　　其畫筆墨簡樸豪放、蒼勁率意、淋漓酣暢，構圖疏簡、奇險，風格雄奇樸茂，他的山水畫初師董其昌，後又兼取黃公望、倪瓚之長，多作水墨山水，筆墨質樸雄健，意境荒涼寂寥。

唐寅，「江南第一風流才子」

明朝中期，唐寅與沈周、文徵明、仇英合稱「明四家」，是「吳門畫派」的代表畫家。其中唐寅又獨以「風流才子」之名著稱於江南。

唐寅（西元1470年～西元1523年），字子畏，又字伯虎，號六如，江蘇吳縣人，製酒商之子。他在29歲上應鄉試，是應天（南京）府中第一名解元，從此唐寅成為遠近聞名的江南第一才子，備受眾人的推崇。

春風得意的唐寅30歲時又入京參加進士考試，但這次因朋友案受株連，不願做小吏。回故鄉同師友詩酒往來，又潛心學字畫，居然詩文書畫，大為出色，成一代大家。

他又曾應明朝藩王之召，官未做成，只得又回到故鄉蘇州桃花庵飲酒吟詩，舞文弄墨，自命風流，生活上十分苦悶潦倒，又頗為放蕩，自號「江南第一風流才子」，不顧旁人的議論，我行我素。所以，有人將「三笑點秋香」的故事附會在他身上。

唐寅晚年思想越趨空幻，皈依了佛教，自號「六如居士」，隱居在自築的桃花庵內，靠賣字畫維持生計。

揚州八怪指哪些人

清代康熙、雍正、乾隆三朝有一批在揚州賣畫的「怪」畫家，他們的繪畫風格與當時的正統畫家不同，他們的思想行為也和當時的習俗不大一樣，因而後人稱其為「揚州八怪」。

「揚州八怪」都有哪些人？歷來說法不一，《天隱堂集》謂是鄭燮、金農、高鳳翰、李鱓、李方膺、黃慎、邊壽民、楊法；《古畫微》謂是李方膺、汪士慎、高翔、邊壽民、鄭燮、李鱓、陳撰、羅聘，《甌缽羅寶書畫過目考》謂是羅聘、李方膺、李鱓、金農、黃慎、鄭燮、高翔、汪士慎；《中國繪畫史》謂是金農、羅聘、鄭燮、閔貞、李方膺、汪士慎、黃慎、李鱓。

「揚州八怪」的繪畫，往往取材平凡，但能從平凡中畫出不平凡。他

們畫作的共同特點：以奔放的筆調，抒寫心靈。他們強調在筆墨上的個性表達，這是文人畫在這個時期具有的一種朝氣反映。

《洛神賦》，早期人物畫的精品

顧愷之的傳世精品《洛神賦圖》是依據三國時期的文學家曹植名著《洛神賦》創作而成的巨幅畫卷。

全卷分為三個部分，曲折細緻而又層次分明地描繪了曹植與洛神真摯純潔的愛情故事。此長卷採用連環畫的形式，採用工筆重彩技法繪成，筆法細勁古樸、延綿流暢，色彩鮮豔厚重、華麗富貴。所畫人物神態安詳自然，細緻生動。山川樹石畫法幼稚古樸，所謂「人大於山，水不容泛」，體現了早期山水畫的特點。

《洛神賦圖》與原作中以華麗辭句寫無奈離愁之情有異曲同工之妙，是中國繪畫史上一件著名的早期人物畫作品。

《清明上河圖》描述的內容為何

《清明上河圖》全卷長528.7公分，高24.8公分，以全景式的構圖反映了北宋都城汴河兩岸清明時節的風光景象。

全圖約可分為三大段，開端一段寫的是城郊景色：寒意尚未退去，樹枝上卻已露出了新綠，路上往來的行人，有的匆匆趕路，有的趕著毛驢往城裏送炭，有的則是攜親帶眷踏青掃墓歸來。中段是全圖最精彩的地方：以一座橫跨的拱橋為中心，汴河上船隻穿梭往來，一艘巨大的漕船正放倒桅桿準備過橋洞，船夫的吆喝聲引來眾多駐足觀望的人，呈現出一派運輸、商貿的繁忙景象。末段繪的是城區繁華景象，各式各樣的店鋪作坊鱗次櫛比，不僅藥鋪、旅舍、肉店、錢莊應有盡有，甚至看相算命等三教九流也無所不包。城區內行外人摩肩接踵，有官吏、士紳、兵丁、和尚、乞丐、苦力等，一應俱全。

整個《清明上河圖》繪有人物五百餘人，可稱得上是宋代社會的一個縮影。整幅畫面內容豐富，結構嚴謹，繁而不亂。

中醫養生

何謂「養生」

「養生」一詞最早見於道教經典《莊子》內篇。所謂生，就是生命、生存、生長的意思；所謂養，即保養、調養、補養。

身體是我們生活的根本，健康的身體不僅是我們健康人生的基礎，也是長壽的先決條件，而每個人的健康狀況在很大程度上又依賴於他所生活的環境。一切生物都要適應環境而生存，人類不但要適應環境，而且還要利用、支配和改造環境。這樣人才有可能「盡終其天年，度百歲乃去」。

因此，養生就是根據生命的發展規律，達到保養生命、健康精神、增進智慧、延長壽命的目的的科學理論和方法。

何謂岐黃、懸壺、青囊、杏林

岐黃。相傳黃帝和他的臣子岐伯都會治病。黃帝曾與岐伯論醫而作《內經》，他們被認為是醫家之祖，後來便以「岐黃」為中醫學術的代稱。

懸壺。據《後漢書・費長房傳》載，東漢方士費長房見「市中有老翁賣藥，懸一壺於座，市罷，跳入壺內」。這裏說的是賣藥，但因古代醫藥不分家，就把「懸壺」作為行醫的代稱，稱頌醫生「懸壺濟世」。

青囊。據史書記載，三國時名醫華佗在被曹操殺害之前，曾將一個裝

滿醫書的青囊交給看守的獄吏。華佗死後，靠青囊使一部分醫術保存、流傳了下來，因而「青囊」也成了醫術的代稱。明代沈繹詩曰：「白髮至親惟叔嬸，青囊傳世有兒孫」，即用此典。

杏林。三國時醫生董奉，隱居江西廬山。他為人治病不取酬金，只要求：重病者治好後在山上植杏樹五株，輕病者治好後植杏樹一株。數年後，「癒人無數，得杏樹十餘萬株，蔚然成林」。後來，遂以「杏林」代稱中醫界。

望、聞、問、切「四診法」

望、聞、問、切是中醫傳統診斷疾病的基本方法，又稱為「四診法」。《素問‧脈要精微論》說：「診法何如？切脈動靜而視精明，察五色，觀五臟有餘不足，六腑強弱，形之盛衰，以此參伍，決死生之分」。可見，診法就是對人體進行全面診察的方法，藉以判斷人的健康與疾病狀態。

望診就是醫生運用視覺，看面色舌苔；「聞」就是聽聲音呼吸；「問」就是問病人的病情；「切」就是把脈搏。

中國最早全面運用中醫四診法的人是春秋戰國時的扁鵲。扁鵲是中醫脈學創導者，他把古代勞動人民長期同疾病鬥爭的許多方法加以總結，歸納為「四診法」。從《史記‧扁鵲傳》中記載的病例看，扁鵲診斷齊桓侯的病，運用的就是中醫的「望」診：初時疾在腠理，繼而逐漸移入血脈，移入腸胃，最後深入骨髓，直至不治為止。扁鵲的望診技能和由表入裏，由淺入深，不斷發展的病理觀念是科學的。

望聞問切是古代中醫調查瞭解疾病的四種方法，各有其獨特作用，不能相互取代，但在臨床應用時，必須將它們有機地結合起來，才能全面瞭解病情，作出正確的診斷。

針灸，中醫頗具特色的重要發明

針灸是中醫學的重要組成部分。針與灸是兩種不同的技術，針是指用針具來治療，灸則是指用某些具有藥性的易燃材料，藉助燃燒時的熱量作為刺激源，來進行治療。針灸術是中國傳統醫學中頗具特色的發明，有著悠久的歷史。針灸療法在春秋戰國時已經比較普遍。

針刺所用的器具，有一個演變過程。起初不是由金屬製成，也不是針狀，只是一種被稱之為砭石的鋒利石體而已。砭石治療疾病，這在《黃帝內經》中已有記載。

隨著生產力的不斷發展，針刺工具也隨之得到提高和改進，從砭石發展為骨針、竹針、陶針，金屬煉冶術發明後，被銅針、銀針所代替。

古代人發明灸灼療法，大約和圍火取暖有關。人們在圍火過程中，發現火不僅能取暖，而且可以疏通血脈，甚至可以清除某些疾病；時有不慎，被火灼傷，反而減輕了某些病痛，於是，灸灼療法逐漸被應用起來。

針灸學發展到漢晉，逐漸完備。開始用圖形表示針灸穴位。一些總結性的針灸著作也出現了。其中西晉人皇甫謐撰寫的《甲乙經》是一部重要的也是中國目前保存最早的針灸著作。該書對針灸治療及穴位都記載詳細而有條理。

唐代開始在太醫院中設針灸科，有針博士、針助教進行針灸教學。宋代是針灸學大發展時期，不斷發現新的穴位。隨著針灸學的發展，元，明、清三代都整理和編纂了一些針灸學專著。這無疑對針灸學的總結和發展起到重要作用。

經絡學說是怎樣形成的

經絡是中醫術語，指人體內氣血循行的通道。

中國早在2000多年前的先秦時期，就已有了較完整的經絡概念和學說。1973年，在馬王堆三號漢墓出土了《十一脈灸經》，這說明，當時的人們利

用經絡來治病已經很普遍了。

經絡學說認為，人體的裏裏外外，都由一些管線系統相連，全身氣血就在其中流動，到達全身，並把全身各個部分連結成一個有機的整體。在經絡系統中，其主要幹線稱為經絡，而其所分出的分支，逐漸變小，有橫行的，有網路狀的，稱為絡，直至最小的孫絡。在經脈上，有一些氣血灌注點，就是通常所說的穴位。

全身共有十二條主要經絡，稱為正經，還有八條奇經。正經分別是手太陰肺經、手陽明大腸經、足太陽膀胱經、足少陰腎經、手厥陰心包經、手少陽三焦經、足少陽膽經、足厥陰肝經。八條奇經稱為督脈、任脈、帶脈、沖脈、陽蹺脈、陽維脈、陰維脈等。

由經絡形成的學說，不僅是中醫生理解剖學結構中的一部分，更重要的是，它還是中醫病理學和治聞學的重要依據。經絡是客觀存在的，現代研究人員藉由多學科、多途徑的方法，對經絡進行了廣泛深入的研究，儘管仍未能最後確定其實體，但它的存在與臨床以及生物學中的應用，卻是不可否認的。

拔火罐作為醫療療法，源於何時

拔火罐是中國常見的一種民間療法，它的起源很早。

唐朝以前，拔火罐又稱為「角法」，或簡稱「角」，因為當時的拔罐工具是用動物的角製成的，即用獸角，中間挖空，罐口四周打磨光滑即可使用，這樣的火罐，不僅不易破碎，而且獸角在當時是比較容易得到的材料。長沙馬王堆出土的漢代帛書《五十二病方》中就有用角法治療的記載。在唐代，醫學分科還比較粗略，只分八個科，角法即為其中之一。

唐宋以後，由於動物不斷被獵殺，獸角的來源逐漸減少。於是，人們把尋求火罐材料的目光轉向了竹子，同獸角相比，竹火罐不僅其材質輕巧，加工方便，而且來源更為豐富，成本也低廉，故千百年以來一直沿用，直至近代。隨著時代的發展，又相繼出現了銅火罐、玻璃火罐等，它們與竹火罐相

比，都各具優缺點。

刮痧療法起源於何時

刮痧療法，是根據中醫十二經脈及奇經八脈、遵循「急則治其標」的原則，運用手法強刺激經絡，使局部皮膚發紅充血，從而起到醒神救厥、解毒祛邪、清熱解表、行氣止痛、健脾和胃的效用。

刮痧療法歷史悠久，源遠流長。其確切的發明年代及發明人，難以考證。較早記載這一療法的，是元代醫家危亦林在西元1337年撰成的《世醫得效方》。「痧」字從「沙」演變而來。

最早「沙」是指一種病症。刮痧使體內的痧毒，即體內的病理產物得以外排，從而達到治癒痧症的目的。因很多病症刮拭過的皮膚表面會出現紅色、紫紅色或暗青色的類似「沙」樣的斑點，人們逐漸將這種療法稱為「刮痧療法」。

傳統健身術「五禽戲」是誰創造的

「五禽戲」是中國傳統的健身術，對體內的氣血、身體的骨骼筋肉都有好處，它是中國東漢末年著名醫學家華佗模仿虎、鹿、熊、猿、鳥五種動物的活動姿態而創編的。

華佗對他的弟子吳普說：「人體應該經常勞動和鍛鍊，但不能過度。運動助消化，使血脈流通，不生疾病。所以，古代的仙人創造了『導引』的功法。我也創造了一個方法，叫『五禽之戲』。一曰虎、二曰鹿、三曰熊、四曰猿、五曰鳥。透過做『五禽戲』，使身體出汗，汗出多了，身體自然就會輕鬆，食欲也就隨之增加。這樣，疾病就會消除。」

吳普按照華佗的方法去做，果然效果很好，到90多歲時，仍然耳目聰明，齒牙完堅。

後世人據此受到啟發，在華佗五禽戲的基礎上，創編並發展了多種流派

的五禽戲。

五禽戲與現代體操的差別是有無氣功，五禽戲是一種結合氣功的肢體運動，而今天的體操則沒有氣功。經驗證明，結合氣功鍛鍊能有較顯著的收效。

「方劑」的組成部分有哪些

方劑是按照醫師處方為某一位患者專門調製，並且明確指出用法用量的藥劑，在中醫學中，是在中醫理論的指導下，在辯證審因、決定治法之後，選擇適當的中藥，按組方原則，酌定用量、用法，妥善配伍而成。

方劑一般由君藥、臣藥、佐藥、使藥四部分組成。君藥是方劑中針對主症治療的藥物，是必不可少的，其藥味較少，藥量根據藥力相對較其他藥大。臣藥協助君藥，以增強治療作用。佐藥是協助君藥治療兼症或次要症狀，或抑制君、臣藥的毒性和劇烈性，或為其反佐。使藥引方中諸藥直達病症所在，或調和方中諸藥作用。

導引和養生有什麼關係

導引是中國古代的醫療體育和養生方法，是中國最早的一種醫療保健體操。據《呂氏春秋》記載，它起源於原始社會末期.

春秋戰國時期，導引已成為一種流行的療病保健和養生方法，並出現專門從事導引的養生家。他們把民間導引寫進了醫書，其大意是說，那些屬於肌肉萎縮、關節轉動不靈，或由於寒熱造成血氣不周的疾病，都可以用練習導引或用按摩的方法治療。

戰國時期的莊子，把導引概括為養氣和養形二者的結合。在《莊子·刻意》篇中，肯定了「導引術」是既包括吐故納新的呼吸運動，又包括類似熊、鳥活動姿勢的肢體運動，能起到疏通經絡、調和氣血、祛病延年的作用。

西晉以後，有關「導引術」的書和圖解不斷出現，它的內容和名稱也日益豐富。由「導引術」衍生出來的各種保健運動更是各具特色。人們現在熟知的太極拳、八段錦、十二段錦等，都是由此流傳而來的。

張仲景，辨證施治第一人

張仲景（約西元150年～西元219年），又名張機，南陽郡涅陽（今河南南陽縣）人。出身地主家庭，自幼受到良好教育，他在史書中看到了扁鵲望診齊桓侯的故事，於是對醫術產生了興趣。

但後來，他棄醫入仕，擔任了長沙太守。可是在他任內，南陽瘟疫流行，死了很多人，就連張仲景自己家竟也死了過半人數。瘟疫流行時，他也曾替自己的家人、替別人開過藥方，但都無濟於事。他感到自己有必要專心於醫學，以尋求治好瘟疫的辦法。於是，他辭去官職，全心全意研究醫理，潛心領會其中精要。後來，張仲景醫術終於日臻完善，成為中國辨證施治第一人。

一天，兩個病人一齊登門求醫。張仲景按望、聞、問、切的辦法，發覺他們都患了外感風寒的傷寒症。因症狀並不嚴重，張仲景也就沒有注意他們的區別，便一起開了服出汗的藥，讓他們回家買藥煎服。

第二天，張仲景出診途中經過這兩個人的家，就順便去隨訪一下。走進第一家，看到病人已經痊癒，屋裏屋外正忙著處理家務。問起病情，病人感激萬分：「昨晚吃了大人的藥，前半夜出了一身汗，早上醒來就沒事兒了。真的非常感謝大人妙手施救呀。」瞧著他生龍活虎般模樣，張仲景心裏十分高興。他覺得，治風邪，出汗確實是一種好方法。

誰知到了第二家，卻不見病人，只聽到臥室裏有人一聲接一聲地呻吟。張仲景趕緊進去，看到病人頭上緊緊紮了一條帶子，還不住地喊頭痛。這是怎麼回事呢？同樣一張發汗的藥方，為什麼會有截然不同的後果？

張仲景仔細給病人複診，發現自己昨日太疏忽了。這個人雖然也是外感風寒，但由於體質弱，昨日已經出了汗，現在手心還是濕濕的發燙。今日再

一本書讀懂國學

叫他出大汗，當然會支撐不了了。於是，張仲景連忙換了服清熱的藥方，病人終於轉危為安。

事後，張仲景得出結論，中醫施治雖然廣有八法，但究竟用哪一法，還需看病情和病人體質；風邪在表能用發汗法，大熱之症得用清熱法才行。在實踐的基礎上，張仲景逐漸形成了辨證施治的觀點。他也得以被後人尊稱為「醫方之祖」、「醫聖」。

《黃帝內經》內容為何

《黃帝內經》，簡稱《內經》，由現存的《素問》、《靈樞》兩部分組成。該書是中國古代勞動人民在長期的實踐中所積累的豐富醫療經驗的總結，戰國時期就開始編纂，到西漢時經過修訂充實而成。

《黃帝內經》運用的哲學思想突出地表現為吸收了陰陽五行學說，這一學說便成為中醫分析生理、病理及進行辨證施治的一種哲學基礎和思維方法。它以陰陽為天地萬物以及人的總根源，以陰陽形容人體的平衡。又採納五行相生相剋的學說，認為肝、心、脾、肺、腎依次分屬於木、火、土、金、水五行，並認為人的五臟也與五行生剋一樣是相互依存和相互制約的。

《黃帝內經》豐富了哲學思想，主要表現為形成了整體平衡觀念。它認為，人體結構的各個部分都不是孤立的，而是彼此聯繫的統一整體。認為人體某個部分的病變可以影響全身，而全身的狀況又可影響局部的病變。

《黃帝內經》還將人放在同外界環境的相互聯繫中進行考察，注意人和自然的平衡關係，強調按照自然界的變化來調節人的各種活動。

可以說，中國醫學史上的重大學術成就的取得以及眾多傑出醫學專家的出現，與《黃帝內經》無不有著緊密的聯繫，因此，它也被歷代醫學家稱為「醫家之宗」。

《傷寒雜病論》創造了哪三個第一

東漢時期張仲景刻苦學習《黃帝內經》，廣泛收集醫方，寫出了傳世巨著《傷寒雜病論》。本書是中國醫學史上影響最大的古典醫著之一，也是中國第一部臨床治療學方面的巨著。

它系統地分析了傷寒的原因、症狀、發展階段和處理方法，創造性地確立了對傷寒病的「六經分類」的辨證施治原則，奠定了理、法、方、藥的理論基礎，是中醫臨床的基本原則和中醫的靈魂所在。

在這部著作中，張仲景創造了三個世界第一：首次記載了人工呼吸、藥物灌腸和膽道蛔蟲治療方法。

《傷寒雜病論》奠定了張仲景在中醫史上的重要地位，並且隨著時間的推移，這部專著的科學價值越來越顯露出來，成為後世從醫者人人必讀的重要醫籍。直到目前，《傷寒雜病論》和《金匱要略》仍是中國中醫院校必學的書籍。

一部著名的中醫方書

《肘後備急方》，本名《肘後救卒方》，簡稱《肘後方》，東晉葛洪撰，是著名的中醫方書。今存八卷，分五十一類，該書主要記述各種急性病症或某些慢性病急性發作的治療方藥及針灸、外治等法，並略記個別病的病因、症狀等。

《肘後備急方》中收載了多種疾病，其中很多是珍貴的醫學資料。這部書上描寫的天花症狀，以及對天花的危險性、傳染性的描述，都是世界上最早的記載，而且十分精確。

書中還提到了結核病的主要症狀，並提出了結核病「死後復傳及旁人」的特性，還涉及了腸結核、骨關節結核等多種疾病，可以說，其論述的完備性並不亞於現代醫學。書中還記載了用狂犬腦組織治療狂犬病，被認為是中國免疫思想的萌芽。

另外，對於流行病、傳染病，書中還提出了「癘氣」的概念，認為這絕不是所謂的鬼神作祟，這種科學的認識方法在當今來講，也是十分有見地的。書中對於恙蟲病、疥蟲病之類的寄生蟲病的描述，也是世界醫學史上出現時間最早，敘述最準確的。

《千金方》，綜合性臨床醫學著作

《千金方》是中國古代綜合性臨床醫學著作，全稱《備急千金要方》，簡稱《千金要方》或《千金方》，30卷，唐代著名醫學家孫思邈著。《備急千金方》寓意人命重於千金，而一個處方能救人於危殆，價值更當勝於此，因而用《備急千金要方》作為書名。

本書集唐代以前診治經驗之大成，對後世醫家影響極大。其書首篇所列的《大醫精誠》、《大醫習業》，是中醫倫理學的基礎，內容包括醫德、本草、製藥等；再後則以臨床各科辨證施治為主，計婦科2卷，兒科1卷，五官科1卷，內科15卷，外科3卷，解毒急救2卷，食治養生2卷，脈學1卷及針灸2卷，共233門，方論5300首。

其治內科病提倡以臟腑寒熱虛實為綱，與現代醫學按系統分類頗有相似之處，而其中的將飛屍鬼疰（類似肺結核病）歸入肺臟症治，提出霍亂因飲食而起，以及對附骨疽（骨關節結核）好發部位的描述、消渴（糖尿病）與癰疽關係的記載，均顯示了相當高的認識水準。

另外，此書關於針灸孔穴主治的論述，為針灸治療提供了準繩，而「阿是穴」的選用、「同身寸」的提倡，對針灸取穴的準確性頗有幫助。

因此，《千金方》長期以來都為後世的醫學家所重視，是一部不朽的醫學巨著。

《本草綱目》，中醫本草學經典

《本草綱目》是中國人人皆知的一部醫學經典，明代李時珍著。

李時珍（西元1518年～西元1593年），字東璧，號瀕湖，湖北蘄州人。他出身於一個世醫家庭，從小受到父親薰染，對醫學特別是本草學十分熱愛。他深入實際，在全國各地周遊，實地調查研究，向有實踐經驗的農夫、漁人、獵戶、手工業者暸解，曾親自解剖動物、觀察動物生活習性，分析各種藥用植物的形態和培植方法。如此數十年，孜孜不倦，終於著成不朽的本草學名著《本草綱目》。

　　《本草綱目》全書共有190多萬字，52卷，記載了1892種藥物（新增374種），分成60類，收集醫方11096個，書中還繪製了1160幅精美插圖，分為16部60類。

　　這本藥典，不論從它縝密的科學分類，或是從它包含藥物的數目之多和流暢生動的文筆來看，都遠遠超過了古代的任何一部本草著作。

　　它的成就，首先在藥物分類上改變了原有上、中、下三品分類法，採取了「析族區類，振綱分目」的科學分類，把藥物分礦物藥、植物藥、動物藥，每一種又細分，這樣的分類法，已經過渡到按自然演化的系統來進行了。從無機到有機，從簡單到複雜，從低級到高級，這種分類法在當時世界上都是十分先進的，尤其是對於植物的科學分類，要比瑞典著名的分類學家林奈早了200年。

　　此外，本書在化學、地質、天文等方面的紀錄，也都有著非常突出的貢獻，顯示了中國古代科學所達到的較高水準。

農業科技

「五穀」、「六畜」各指的是什麼

「五穀」一詞最早見於《論語》，古代關於五穀有多種不同說法，最主要的有兩種：一指稻、黍、稷、麥、菽；另一種指麻、黍、稷、麥、菽。兩者的區別是：前者有稻無麻，後者有麻無稻。古代經濟文化中心在黃河流域，稻的主要產地在南方，而北方種稻有限，所以，「五穀」中最初無稻。後來，五穀成為穀物的統稱，並不一定限於五種。

六畜指六種家畜，包括馬、牛、羊、豬、狗、雞，是古代先民較早馴養的幾種家畜。《三字經》有：「馬牛羊，雞犬豕。此六畜，人所飼。」後也用來泛指各種家畜。

《氾勝之書》，西漢晚期的農學著作

《氾勝之書》是西漢晚期的一部重要農學著作。作者氾勝之，漢成帝時人，曾為議郎，在今陝西關中平原地區教民耕種，獲得豐收。

《氾勝之書》便是他總結當時的農業生產經驗寫成的一部農學著作。全書18卷，早已散佚，保存到現在的只有三千多字。主要內容包括耕作的基本原則，播種日期的選擇，種子處理，個別作物的栽培、收穫、留種和貯藏技術，以及各種種植方法等。就現存文字來看，以對個別作物栽培技術的記載較為詳細，包括禾、黍、麥、稻、大豆、小豆、枲、麻、瓜、瓠、芋、桑等13種。

書中「凡耕之本，在於趨時，和土、務糞澤，早鋤、早獲」的生產原則和春耕時宜測定法、牽索趕霜保苗法、稻田水溫調節法、穗選法、溲種法、嫁接法等技術措施，至今仍有科學價值，充分反映了兩千年前中國農業科學技術的發展水準。

《齊民要術》，古代的農業百科全書

　　《齊民要術》是中國北魏賈思勰所著的一部綜合性農書，也是世界農學史上最早的專著之一，是中國現存的最早、最完整的農書。

　　賈思勰，北魏農學家，生卒年不詳，山東益都（今山東壽光）人。曾任北魏高陽郡太守，具有深厚的農事知識。南北朝期間，戰亂頻仍，民不聊生，作者從傳統的農本思想出發，深入民間，跟農民進一步地接觸，從平凡的生活中汲取經驗，最終寫成了《齊民要術》。

　　全書共10卷、92篇，約11萬字，其中正文約7萬字，注釋約4萬字。書中系統總結了6世紀以前黃河中下游地區農牧業生產、食品的加工與貯藏、野生植物的利用等方面的經驗，凡有關農業生產之事，書中應有盡有。在地區方面，除反映黃河中下游的農業生產技術外，也涉及南方及其他地區的情況。因此，被人稱為「中國古代的農業百科全書」。

第一部貫通南北的農業大書

　　《王禎農書》是一部大型綜合性農書，元代王禎著。全書共36卷，13.6萬多字，分為《農桑通訣》、《百穀譜》、《農器圖譜》三個部分，和歷代農學著作相比，具有不少特點。

　　《王禎農書》是中國第一部貫通南北農業的大農書，並附有插圖約300幅，為人們提供了大量的形象資料。書中第一次創立了農具圖譜，全面介紹了中國的各類農具，並附以圖形。後世附有農具的農書或類書，有關農具的內容，無不採用了該書的資料。今日我們研究古代農具，主要也是依靠《王禎農書》所提供的資料。

　　書中還記載了許多新的農業技術，如在土地利用方面，介紹了圩田、圍田、櫃田、梯田、架田、沙田、塗田等多種土地利用方法；在無性繁殖方面，介紹了身接、根接、皮接、枝接、庸接和搭接六種嫁接方法；在園藝方面，介紹了食用菌人工接種、溫室囤韭、培育韭黃的技術，這些都是首次見

於記載。

《農政全書》，集前人農業科學之作

《農政全書》為中國明代農副業科學技術著作，作者徐光啟，這是一部集前人農業科學之大成的著作。

全書60卷，50萬餘字，內容分農本、田制、農事、水利、農器、樹藝、蠶桑、蠶桑廣類、種植、牧養、製造和荒政12門，每門又各分若干子目。內容雖然大量摘錄前代農書和有關文獻，但經作者精心剪裁，取其要旨，開用夾注、旁注或評語等形式加入了許多作者自己的精闢見解和經驗體會，使該書成為一個完整的農學體系。

書中，屯墾、水利、荒政三項是全書的重點。為歷代農書所少見，係作者企圖針對明末朝政腐敗、生產凋敝、農民無法生存的嚴重情況所提補救措施，因為《農政全書》不僅單純地囊括了古代農業生產和人民生活的各個方面，而且其中貫穿著一個基本思想，即徐光啟的治國治民的「農政」思想。而這正是本書不同於前代大型農書的特色之所在。

此外，《農政全書》還系統總結了當時的農業生產經驗，對發展中國的農學作出了重要的貢獻，擴大了傳統農學的研究範圍，系統總結了南方稻田的旱作技術，全面總結了棉花和番薯的栽培經驗，這也是中國歷史上對棉花栽培技術最早、最全面的一次總結。

《花鏡》，一部園藝學專著

《花鏡》，清代陳淏子撰，是中國較早的園藝學專著，主要闡述了花卉栽培及園林動物養殖的知識。

《花鏡》與歷代農書以糧食作物、蔬菜為主要內容不同，僅限於觀賞植物及果樹栽培，並對前人經驗有較多的科學總結和精闢的見解，是中國較早的一部園藝專著。

全書共六卷：卷一「花曆新栽」中，除占驗和占候外，授時部分共分十項，列舉各種觀賞植物栽培的逐月行事。卷二「課花十八法」，屬栽培總論，包括課花大略、辨花性情法、種植位置法、接換神奇法、扦插易生法、移花轉垛法、澆灌得宜法、培壅可否法、治諸蟲蠹法、變花摧花法、整頓刪科法等內容。主要記述觀賞植物的栽培原理和管理方法，是全書的精華。其中有很多寶貴的經驗與理論，至今仍有參考價值。三至五卷是栽培分論，著重敘述各種花木的名稱、形態、生活習性、產地、用途及栽培。卷六附錄若干種園林中常見的禽、獸、鱗介、昆蟲等觀賞動物的調養方法。

畢氏定理為何又稱「商高定理」

畢氏定理，即直角三角形中夾直角兩邊的平方和，等於直角的對邊的平方。這是幾何學中最重要的一條定理，用途很廣。

中國古代稱直角邊為「勾」與「股」，斜邊為「弦」或「徑」，因而將這條定理稱為「畢氏定理」。這條定理是誰首次在理論上闡明的呢？

據《九章算術》記載，畢氏定理是在距今3000多年前周朝的商高發現的。據說周公聽說商高精通數學，就問商高：「古時候伏羲觀測天制曆法，而天無臺階可攀，也難用尺寸度量，請問數從何而來？」商高回答說：「是經過測量計算而得出的。」而測量工具「矩」是將一條木頭按三、四、五比例分為三段做成的直角三角形，「折矩以為勾，廣三，股修四，徑隅五」，「故禹之所以治天下者，此數之所生也」。周公又「請問用矩之道」，商高詳細講解了各種用矩測量的方法。最後周公嘆服地說：「善哉。」

由於這個典故，在中國，畢氏定理又稱「商高定理」。

古代最精確的圓周率是怎麼發現的

圓周率是指圓的周長和同一圓的直徑的比率。它的應用範圍很廣，現在差不多涉及圓的問題，都需要用圓周率來推算。

中國古代的勞動人民在很早以前就已經在生產實踐中開始應用了圓周率。最早求得的圓周率值是「3」，這當然是很不精確的。隨著時代的發展，科學越來越進步，西漢末年時，劉歆又得出3.1547的圓周率值；東漢張衡算出3.1622的圓周率值，但這些仍然不夠精確。

三國末年時，數學家劉徽創造了用割圓術求圓周率的方法，求得3.141024的圓周率值。這是中國古代關於圓周率研究中的一個光輝成就。

後來，南北朝時期南朝傑出的數學家祖沖之（西元423年～西元500年），求出圓周率在3.1415926和3.1415927之間，還保留了兩個用分數表示圓周率的資料，其中較精確的稱密率為355/113，還有約率為22/7。這與現代求得的圓周率的真值很相近，是當時最精確的圓周率。

祖沖之算出來的結果有7位小數，科學家們推測，他在運算過程中，至少保留12位小數。12位小數的乘方，尤其是開方，運算起來極其麻煩。沒有技巧和毅力，是無法完成這上萬次繁難複雜的運算的。在歐洲，到西元1573年，德國的奧托才求得了圓周率的近似值，比祖沖之晚1000年。

《九章算術》呈現了哪些數學成就

《九章算術》是中國古代數學專著，是算經十書中最重要的一種。該書成書於東漢初年（西元1世紀），是幾代人共同勞動的結晶，它的出現標誌著中國古代數學體系的形成。

《九章算術》問世以後，受到很多數學家的推崇，唐宋兩代都由國家明令規定為教科書。西元1084年，由當時的北宋朝廷進行刊刻，是世界上最早的印刷本數學書。

《九章算術》的數學成就主要體現在以下方面：首次提出了分數的概念；提出了整套的比例理論；介紹了開平方、開立方的方法；採用分離係數的方法表示線性方程組，相當於現在的矩陣；引進和使用了負數；提出了勾股數問題的通解公式；提出了各種多邊形、圓、弓形等的面積公式。

《疇人傳》的內容及其貢獻

《疇人傳》是一部記述中國歷代天文、曆算學家的傳記，清阮元撰，共46卷，33萬餘字。「疇人」是中國古代對具有數學、天文、曆法等方面專業知識學者的泛稱。

《疇人傳》收有自上古至清乾隆末年的天文、曆法、算學家400多人，包括域外41人，敘述他們的事業和貢獻。內容涉及歷代天文曆法推算資料、論天學說、儀器制度以及算學等許多方面；星占之學則未予以採收。

所敘事蹟、論說及著作，均摘編自有關典籍的原文。除人物姓名、籍貫、生卒年月、曾任主要官職外，其他政治與文化成就都略而不載。有些傳後附有編者的評論。歷代知名數學家及其貢獻傳入中國的外國數學家均被收入，是為研究中國天算的重要參考資料。

《疇人傳》是透過編者搜集資料、薈萃別人的作品而來。一般說來，選材精當，但其中「西學中源」說的認識片面不足取。1898年，黃鍾駿又撰《四編》11卷，補270餘人，但所收之人或無著作，或著作失傳，影響不大。《疇人傳》在研究中國科技史方面具有開創性、啟發性的影響，贏得了國內外學者的崇高讚譽。

「司南」的構造是怎樣的

早在戰國時期，中國人民就利用磁鐵造成了一種指示方向的工具——「司南」，司南就是指南的意思。

司南的樣子像一隻勺，由整塊的天然磁鐵琢磨而成，底圓，可以在平滑的「地盤」上自由旋轉，等它靜止的時候，勺柄就會指向南方。「地盤」是用青銅做的，有的是塗漆的木盤。這種底盤內圓外方，四周刻有八干（甲、乙、丙、丁、庚、辛、壬、癸）和十二支（子、丑、寅、卯、辰、巳、午、未、申、酉、戌、亥），加上四維（干、坤、巽、艮）共二十四向，用來配合司南定向。

火藥是怎麼出現的

火藥是中國古代四大發明之一，已有1000多年的歷史。

火藥的主要原料是木炭、硝石和硫黃。中國古代勞動人民很早就掌握了伐木燒炭的技術。大約在西漢年間，中國湖南就發現了豐富的硫黃礦。以後，在山西、河南等省也陸續發現了硫黃礦。硝石也是一種礦物，大約也是西漢時候發現的，出產在四川、甘肅一帶。

到了唐代初期，煉丹方士們找到了提煉硫黃、硝石、木炭的方法。他們夜以繼日地煉丹，想煉就使人們長生不老的「仙丹」，沒想到卻煉出了有爆炸性的火藥。

唐初著名醫學家，煉丹家孫思邈著的《丹經》一書中，記載了配製火藥的方法。將硫黃、硝石的粉末放在鍋裏，然後加入點著火的皂角子，就會發生焰火。這是現在發現的最早的一個有文字記載的火藥配方。據此推測，中國火藥最遲在唐朝初年就已經發明了。

火藥發明後，立即得到了廣泛利用。到中國宋代，火藥開始用於軍事，到元代，因為有了火藥，就發明了火炮和火銃。14世紀，中國火藥西傳，在歐洲開始大規模推廣，使之發明槍、炮、彈藥等。

印刷術的發展過程是怎樣的

印刷術是中國古代四大發明之一。它開始於隋朝的雕版印刷術，到了北宋仁宗時，畢昇又發明了「活字印刷術」。並由蒙古人傳到了歐洲。所以，後人稱畢升為印刷術的始祖。

根據沈括《夢溪筆談》記載，活字印刷術分為三道工序。

首先，用膠泥做成一個個四方長柱體，一面刻上單字，再用火燒硬，這就是一個一個的活字。這是活字印刷的基本工具。然後在印書的時候，先預備好一塊鐵板，板上敷一層松脂、蠟和紙灰等合製的藥品，鐵板四周放著一個鐵框，在鐵框內密密地排滿活字，滿一鐵框為一版，再將鐵板放在火上

烘烤，使鐵板上的藥品稍稍熔化。另外，用一塊平板在排好的活字上面壓一壓，把字壓平，一塊活字版就排好了。它同雕版一樣，只要在字上塗墨，就可以印刷了。這就是最早發明的活字印刷術。這種膠泥活字稱為泥活字。

在這一過程中，現代活字印刷術的三個主要步驟都已具備了。

後來，元代著名農學家與機械學家王禎發明了木活字，並創造出比較簡捷的適於漢字特點的轉盤排字方法。後來又發明了金屬活字，使活字印刷術得到了改進。

造紙術源於何時

造紙術是中國古代四大發明之一，作為書寫材料的紙，在其歷史發展中有幾千年的演變過程。在紙沒有發明以前，中國紀錄事物多靠龜甲、獸骨、金石、竹簡、木牘、縑帛之類。所有這些材料均不便於使用。隨著社會文化的發展，對書寫材料的需要與日俱增，最後導致造紙術的發明。

關於造紙術的起源，過去多是沿襲西元6世紀的范曄在《後漢書·蔡倫傳》中的說法，認為紙是東漢宦官蔡倫於西元105年發明的。然而1957年在西安市郊灞橋發掘的古墓中，發現88片古紙，化驗證明係以大麻和少量苧麻的纖維為原料製成的，年代不晚於漢武帝時（西元前140年～西元前87年），故稱灞橋紙，比「蔡侯紙」要早200多年，科技人員認定這是世界上最早的植物纖維紙。

由此可見，早在西元前2世紀，中國勞動人民就已經發明了造紙術，不過早期的西漢麻紙比較粗糙，不便書寫。到了西元2世紀，在宮廷中任尚方令的蔡倫，憑藉充足的人力和物力，監製並且組織生產了一批良紙，於西元105年獻給朝廷，和帝大悅，在嘉獎蔡倫的同時，立即通令大國採用。由於蔡倫曾被封為「龍亭侯」，後人便把他組織監製的紙叫做「蔡侯紙」。

《夢溪筆談》，中國科技史上里程碑式的典籍

沈括（西元1031年～西元1095年），北宋年間錢塘（今浙江杭州）人，北宋治平元年（西元1064年）進士。他博學多才，為一代學問大家，史稱：「博學善文，於天文、曆志、律曆、音樂、醫藥、卜算，無所不通，皆有所論著。」被西方人稱為「中國科學史上的活座標」，所著《夢溪筆談》在中國歷史上具有深遠的影響。

《夢溪筆談》這部書是沈括畢生研究的科學結晶，全書按內容分為故事、辯證、樂律、象數、人事、官政、權智、藝文、書畫、技藝、器用、神奇、異事、謬誤、譏謔、雜誌、藥議17門，涉及典章制度、財政、軍事、外交、歷史、考古、文學、藝術，以及科學技術等廣闊的領域，可謂包羅萬象，應有盡有。

在這些條目中，屬於人文科學，例如，人類學、考古學、語言學、音樂等方面的，約占全部條目18％；屬於自然科學方面的，約占總數36％；其餘的則為人事資料、軍事、法律及雜聞逸事，約占全書46％。

本書反映了11世紀時期中國科學技術的水準，其中不少成就在當時世界科學技術領域中居於領先的地位。因此，本書被視為中國科學技術史上里程碑式之典籍，在中國歷史上留下了廣泛而深遠的影響。

海鴿 文化出版圖書有限公司
Seadove Publishing Company Ltd.

作者	曾愛仕
美術構成	驟賴耙工作室
封面設計	斐類設計工作室
發行人	羅清維
企畫執行	林義傑、張緯倫
責任行政	陳淑貞

古學今用 143
一本書讀懂國學

出版	海鴿文化出版圖書有限公司
出版登記	行政院新聞局局版北市業字第780號
發行部	台北市信義區林口街54-4號1樓
電話	02-27273008
傳真	02-27270603
e - mail	seadove.book@msa.hinet.net

總經銷	創智文化有限公司
住址	新北市土城區忠承路89號6樓
電話	02-22683489
傳真	02-22696560
網址	www.booknews.com.tw

香港總經銷	和平圖書有限公司
住址	香港柴灣嘉業街12號百樂門大廈17樓
電話	（852）2804-6687
傳真	（852）2804-6409

出版日期	2020年12月01日　二版一刷
定價	450元
郵政劃撥	18989626戶名：海鴿文化出版圖書有限公司

國家圖書館出版品預行編目資料

一本書讀懂國學：修訂版／曾愛仕著--
二版，--臺北市 ： 海鴿文化，2020.12
面 ； 公分. －－（古學今用；143）
ISBN 978-986-392-338-1（平裝）

1. 漢學

030　　　　　　　　　　　　　109017828